2022年

上海法院

案例精选

主编 陈昶

副主编 郑天衣

上海人民出版社

2022 年上海法院案例精选编委会及相关工作人员名单

编者的话

  《2022年上海法院案例精选》由上海市高级人民法院组织编写,系根据2021年上海法院百例精品案例的评选结果,在全市法院审结的87万余件刑事、民事、商事、知识产权、海事、金融、行政、执行等案件中精选而成,共96件,具有典型性、疑难性或新颖性的特点,从一个侧面体现了上海法院审判工作的成果。本书在体例上分标题、案情、审判和点评四个部分,在如实介绍案件事实和审判情况后,邀请专家学者着重从法律适用和提炼审判经验的角度进行了点评,对审判实践和理论研究具有一定借鉴和参考价值。

  最高人民法院于2010年11月发布了《关于案例指导工作的规定》,优秀案例在司法实践中的参考、示范和指导功能得到不断强化,在创新法律规则方面的作用也日益突出,案例的编选工作也日益显示出其重要性、紧迫性和必要性。2012年3月上海市高级人民法院制定了《关于进一步加强上海法院案例工作的规定》,并继续将上海法院百例精品案例评选与《上海法院案例精选》编辑出版工作相结合,与报送最高人民法院指导性案例、公报案例等相结合,进一步发挥案例在审判指导和法制宣传中的重要作用。

  限于时间和水平,本书在编辑过程中可能存在疏漏和不足,敬请广大读者批评指正。

目　录

民　事

商　事

知识产权

行　政

刑　事

执 行

民 事

1. 黄某诉邵某隐私权纠纷案

——相邻关系中隐私权的保护

案 情

原告黄某

被告邵某

原告黄某、被告邵某为同一小区相邻楼栋的业主,原告楼栋在北向,被告楼栋在南向,楼间铺设消防通道。被告房屋系复式结构,一楼大门外即为消防通道,大门内为露天院落,院落最里端为连接至二楼的露天楼梯,楼梯口正对被告入户门(距离两米左右),楼梯口东侧为入户电梯。被告入户门朝向正对原告房屋南面(该侧为卧室及阳台),双方一致确认被告入户门与原告阳台距离为 20 米。

2020 年年初,原告黄某发现被告邵某在其入户门中间位置安装了可视门铃,感觉个人隐私被侵犯,后原告多次通过物业协商,要求被告拆除门铃,还曾报警处理,未果。被告将其门铃从入户门中间部位平移至靠东位置,原告认为仍有影响,曾提议将门铃移位至入户门侧面的墙体,物业公司也愿意协助安装。在此期间,因原告使用设备将强光反射至被告家中,双方还发生口角。

所涉门铃系型号 D819 的 360 牌可视门铃,镜头视角为对角视角 162 度、水平 110 度、垂直 100 度,红外夜视距离 3 米,感应角度 130 度,感应距离最大 3 米,监测范围远、中、近用户可调,支持逗留徘徊监测、人脸身份识别,存储为 360 安全云存储及本地 TF 卡存储。根据产品介绍,360 安全云存储的时间为 48 小时,若有人在门口停留时间超过 15 秒,门铃立即拍摄短视频推送到用户手机,内置人体传感器可感知门前动态,3 米内有人出现,会录制视频等。原、被告一致确认,如门铃电量充足,并购买 360 安全云存储服务或安装存储够的 TF 卡,且保证相应程序始终在手机前端运行,可通过手机不间断录制,最长录制时间为 48 小时。

经法院至现场勘查,确认在被告邵某房屋的门栋入口、入户电梯以及大门外的消防通道内,物业均已安装安防监控摄像头。至被告大门处时,因双方房屋距离近,肉眼观察原告室内情况的确比门铃录制的视频更为清晰。原告将其室内调整到最利于门铃拍摄的环境后,被告操作手机 App 录制视频,视频中可见原告房屋内部分陈设及室内人员走动情况,但人员面貌均无法看清。但原告所在楼栋的一楼室内,因位置低且无遮挡,可见范围更广、更清晰。

原告黄某诉称,该可视门铃系广角镜头,可以长时间实施远程实时监控,导致原告的家庭活动、个人隐私完全暴露在被告的监控之下,给原告一家带来巨大的安全隐患和精神损害,严重影响其正常的居家生活和身心健康。为维护正当权利诉至法院,请求判令被告拆除可视门铃,赔礼道歉,赔偿为诉讼而产生的财产损失 6 000 元和精神损害抚慰金 3 000 元。

被告邵某辩称,因发现有陌生人员在家门周围徘徊,才安装可视门铃保障安全。该门铃采用人脸识别技术,感应到门前异常后才会自动录制视频,且自动感应距离仅为 3 米,视频中原告处的影像十分模糊,难以辨认其中内容,清晰度还不及现场所见,没有达到侵害原告隐私权的程度。此外,被告也不可能长时间操作手机监控窥探原告隐私,故不同意拆除可视门铃。

审 判

一审法院经审理后认为,隐私权系指自然人享有的私人生活安宁与私人信息秘密依法受到保护,不被他人非法侵扰、知悉、收集、利用和公开的一种人格权。被告安装案涉门铃的目的在于保障家庭安全,避免不法侵害,具有相应的合理性,但被告在维护自身合法权益时,应尽到妥善的注意义务并选择合适的设备、合理的安装方式和位置以减少对公共利益和他人隐私的影响。案涉门铃具有自动摄录、存储信息的功能,因原告房屋南面正对该门铃,原告室内的部分场景不可避免地被摄录在内,虽然受设备的硬件条件所限,所摄影像较为模糊,但并没有达到无法识别、辨别的程度,而该设备的自动录制及存储功能,又为通过视频获取包括原告家中人员活动等信息提供了可能。虽然该设备之于被告的用途并不在此,被告主观上无窥视原告方活动的故意,但综合考虑门铃的性能、安装位置,该门铃对原告的个人隐私确实构成现实威胁,原告所述的私人生活安宁受到侵犯并非没有依据,邻里关系也确实受到了影响。至于被告主张的为维护家庭安全,安装门铃确有必要,是其正当行使权利。法院认为,该小区已经为保障业主安全采取了一定的措施,而通过现场勘查的情况,亦有能兼顾原告隐私的改良方案,被告在入户门上安装案涉门铃并非必要。故对原告要求拆除被告入户门处的可视门铃的诉请,法院予以支持。至于原告要求赔偿损失并赔礼道歉的诉请,法院认为,被告的行为未对原告造成严重后果,在此前的磋商过程中原告亦有不当之处,原告主张的损失亦未有相应证据支撑,故对该些诉请,法院不予支持。综上,一审法院依照《中华人民共和国侵权责任法》第二条、第六条第一款、第十五条的规定,判决被告拆除其入户大门上的可视门铃,驳回原告的其余诉讼请求。

一审宣判后,原、被告双方均未上诉,本案判决已生效。

点 评

  安装可视门铃是日常生活中一种常见的行为,有助于提升居住环境的安全性,也是居民的权利,但权利的行使并非无限制,必须以不侵害他人的合法权益为基本要求,否则就不具有充分的正当性。行为人安装可视门铃可能会拍摄到他人住宅内的生活情况,从而与他人的隐私权保护之间存在冲突,此时需要综合考量案涉场所的安全性、他人隐私权受损的程度等因素,以便决定行为人是否有安装可视门铃的必要性或者行为人安装可视门铃的方式是否恰当。本案肯定被告安装门铃保障家庭安全具有一定的合理性,同时又强调被告需要尽到妥善的注意义务,减少对公共利益和他人隐私的影响。由于被告安装的门铃具有自动摄录、存储信息的功能,且能拍摄到原告室内的部分场景,显然对于原告隐私权的侵害较为明显。本案在充分衡量安装门铃所要维护的权益以及他人的隐私权保护的基础上,认定他人的隐私权更应优先获得保护,要求被告拆除案涉可视门铃,符合《中华人民共和国民法典》所秉持的"以人为本"的立法精神,有利于引导人们规范使用可视门铃等智能设备,合理合法地行使自己的权利,避免侵害他人的合法权益,有助于建立和谐的邻里关系,对于此类纠纷的解决亦具有重要的指导意义。

案例提供单位:上海市青浦区人民法院

编写人:彭丽颖

点评人:彭诚信

2. 毕某诉上海汉涛信息咨询有限公司网络侵权责任纠纷案

——网络平台自治边界的司法审查与责任认定

案 情

原告(上诉人)毕某

被告(被上诉人)上海汉涛信息咨询有限公司

被告上海汉涛信息咨询有限公司(以下简称汉涛公司)系"大众点评"平台运营商。原告毕某为大众点评注册用户,等级为 Lv8 级。

被告汉涛公司监测到,2019 年 9 月 25 日至同年 10 月 9 日期间,原告毕某账户每日点赞量为 2 万上下;同年 10 月 20 日至 11 月 6 日期间,每日点赞量为 2—3 万;同年 5 月 1 日至 10 日期间,每日点赞量为 1—2 000。汉涛公司认定点赞数据异常,于同年 11 月 12 日进行预处罚,以"通过买粉或第三方软件等方式干预或制造虚假的粉丝量、浏览量、点赞量等社交数据"为由扣除毕某诚信分 9 分。在毕某申诉失败后,汉涛公司对其采取三级处罚,处罚措施包括:扣除违规点评贡献、扣除贡献值 43 143 点、撤销 VIP、禁止申请"霸王餐"等免费活动 90 天、论坛公示等。

被告汉涛公司《大众点评用户服务条款》规定,用户应确保发布信息的真实性、客观性、合法性,不得进行其他影响点评客观、干扰扰乱大众点评正常秩序的违规行为。《美团点评用户诚信公约》规定,用户干预或制造虚假的社交数据,将会被扣除诚信分 9 分,对应三级处罚;对于扰乱平台秩序的行为,由系统判定;鉴于"扰乱平台秩序模型"系统及其算法均为核心商业秘密,平台仅需将初步证据和结论通知用户而无需披露算法依据。

一审庭审中,毕某当庭进行点赞演示,一分钟内点赞 91 个。

原告毕某诉称,被告汉涛公司的处罚无任何事实依据,侵犯了毕某的财产权和名誉权,具体体现为在大众点评论坛公示对毕某处罚,造成毕某名誉权受损,同时对毕某的处罚措施侵犯了毕某的贡献值,毕某贡献值属于虚拟财产,汉涛公司扣除毕某贡献值并且限制期间不能再获得贡献值,侵害其财产权。故请求判令:(1)撤销汉涛公司对毕某大众点评用户账号的三级处罚;(2)汉涛公司增加毕某大众点评账号的贡献值 56 643 点(其中包含处罚时扣除的 43 143 点,以及处罚期间因点评无法进入损失的贡献值 150 点×90 天＝13 500 点);(3)汉涛公司补发毕某大众点评用户账号"PASS 卡"一张;(4)汉涛公司在大众点评上公示诚信处罚相关明细规则和依据;(5)汉涛公司对毕某进行赔礼道歉,并在大众点评 App 论坛上公示;(6)汉涛公司给予毕某大众点评用户账号参加 2020 年大 V 年会名额 1 个;(7)汉涛公司赔偿毕某经济损失 25 000 元(包括律师费 20 000 元、公证费 2 000 元、交通费3 000 元)。

被告汉涛公司辩称:(1)对于采取三级处罚的事实确认,但认为汉涛公司是基于平台规则及毕某账号出现违规行为(长期存在点赞数据极度异常)而做出管理动作符合平台规则和事实依据;(2)扣除相应贡献值的事实符合平台规则,而毕某要求增加其尚未点评而不一定存在的贡献值即 13 500 点不符合侵权责任法中恢复原状的规定;对于 150 点×90 天的算法,因是符合汉涛公司平台的情况的,故予以认可,认可扣除的贡献值为 43 143 点,但认为是管理行为导致的,故不同意恢复;(3)即使毕某无法使用账号"PASS 卡",也是因为其违反平台规则而受到对应处罚措施所产生的影响;(4)平台已公示用户诚信公约,涉案违规行为及处罚措施均在上述公约中予以明确规定;(5)汉涛公司并未对毕某做出侵权行为,本案并不涉及名誉权等人格权损失问题,故不存在赔礼道歉;(6)处罚措施中不涉及大 V 年会名额,且能否参加大 V 年会不是用户必然获得的权利;(7)汉涛公司不存在侵权事实,故不应承担侵权责任。

审 判

一审法院经审理后认为,本案的主要争议焦点在于:被告汉涛公司对原告毕某的处罚行为是否构成对原告毕某财产权和名誉权的侵权。首先,关于合法权益受损的情况,用户贡献值虽存在于网络虚拟空间,但该贡献值可以用以兑换"霸王餐"、优惠券等现实权益,具有一定的经济价值,具有财产属性,属于合法的财产性权益,可以作为侵权行为的客体。其次,关于系争行为的违法性问题,需要重点考量毕某在本案中的点赞行为是否合理适当,是否具有规制必要。一方面,点赞功能让用户能够通过对他人点评内容的点赞操作来表达自己的认可,为平台其他用户提供更多客观、真实、有效的消费信息参考。因此,即使毕某客观上可以进行一段时间内集中点赞大量内容的操作,但点赞结果并不能客观反映该条内容的价值性,与点赞功能的设置目的相悖。另一方面,从点赞数据的客观影响来看,如果点赞数据丧失正常的理性判断和客观评价的过程,会对平台数据的真实性、公平性产生不良影响。毕某的案涉点赞行为不符合一般点赞行为的行为特点,也无法实现真实的点赞功能,所以该行为确属会扰乱平台正常秩序的行为。据此,一审法院依据《中华人民共和国侵权责任法》第二条、第六条,《中华人民共和国民事诉讼法》第六十四条第一款及《最高人民法院关于适用〈中华人民共和国民事诉讼法〉的解释》第九十条之规定,判决驳回毕某的全部诉讼请求。

一审判决后,原告毕某不服,提出上诉称,一审判决未能查明毕某是否存在"买粉或使用第三方软件"的行为,不应依据毕某当庭进行的点赞演示作为判决理由,不当分配举证责任。

二审另查明:(1)案涉期间,点赞量在不同时段存在波动性(0 至 3 946);(2)《大众点评用户服务条款》《美团点评用户诚信公约》均无何种情形下可予点赞、判断点赞异常的数量及标准的相关条款;(3)一审中,汉涛公司将毕某违规行为解释为其非本人点赞。

二审法院经审理认为,本案二审争议焦点为:(1)能否认定上诉人毕某存在"买粉或通过第三方软件等方式干预或制造虚假的点赞量等社交数据"的行为;(2)若难以认定上诉人毕某存在上述行为,如何评价案涉点赞行为,是否仍属被上诉人汉涛公司可处罚的情形;(3)如认定处罚依据不足,被上诉人汉涛公司是否侵害上诉人毕某民事权益以及如何承担责任。

关于第一项争议焦点,双方之间虽属平等民事主体关系,但上诉人毕某在接受汉涛公司提供的网络服务时客观上接受其管理。然汉涛公司的平台管理权限之行使应合法有据。本案中,汉涛公司主张毕某干预或制造虚假的社交数据,具体表现为案涉点赞非毕某本人所为,应是"通过买粉或第三方软件等方式"实现。依此,应由汉涛公司对毕某存在上述行为承担举证责任,但该公司未能完成举证。首先,汉涛公司未提供直接证据,而是通过数据的比对与说明进行反向推定。其次,汉涛公司提供查询与统计明细等证据,虽初步证明了点赞异常,但毕某当庭演示一分钟可点赞 91 个,动摇了汉涛公司前述证据的证明效力。此时,汉涛公司应对前述证据的证明力进行补强。但该公司仅是简单否认毕某长时间维系该等速率的可能性,并未进一步举证。根据毕某当庭演示的情形,即便选取案涉点赞量的峰值,亦难排除其人力所及的可能性。

关于第二项争议焦点,被上诉人汉涛公司主张,即便案涉点赞系上诉人毕某本人所为,但因该类无差别"刷赞"行为缺乏理性判断、违背点赞目的,亦属于"干预或制造虚假数据"的行为。对此,二审法院未予采纳。首先,就汉涛公司所主张点赞目的,该公司并未提供明确条款予以证明。其次,"虚假"与否的认定,不应脱离文义内涵、具体规则而径行评价。从已列举的"买粉""第三方软件"的行为性质来看,均属非本人行为,故该条款未列明的"等外"情形,应保持同一性质。现汉涛公司主张,毕某本人实施的无差别"刷赞"行为也产生了"虚假"的社交数据。此种扩充性解释语义牵强,不符通过该规则所列情形而提取的判断标准。最后,平台治理应有边界。平台管理将在一定程度上约束用户的行为,应审慎有度。管理措施存在多种形式,应遵循行为后果与责任大小相适应的比例原则,而处罚将直接造成用户行为的受限、权益的减损,宜作为最后手段。本案中,汉涛公司虽主张毕某的行为扰乱平台秩序,存在可能性危害,但该公司未举证证明案涉点赞量对平台秩序所直接造成的实质影响或重大威胁,以评判该公司在采取"取消异常点赞数据"等管理措施外,仍须作出"三级处罚"的必要性与合理性。

关于第三项争议焦点,如上所述,被上诉人汉涛公司的处罚行为缺乏依据。该行为所扣除及冻结的账号贡献值、"PASS 卡"等,虽存在于网络虚拟空间,但可以用以兑换优惠券、"霸王餐"等现实权益,具有一定的经济价值与财产属性,属于合法的财产性权益,可以作为侵权行为的客体。故汉涛公司应依法承担侵权责任。

最后,需要指出的是,上诉人毕某的点赞方式值得商榷,不应被鼓励或被效仿。《网络安全法》第六条规定,国家倡导诚实守信、健康文明的网络行为,推动传播社会主义核心价值观。毕某作为大众点评的顶级会员,有义务遵守上述法律规定,规范自己的网络言行。被上诉人汉涛公司亦应注意,平台规则除了具有对用户行为的事后评价作用,亦有对用户行为的事先指引作用。用户可通过平台公开的规则,调整其行为方式。汉涛公司理应平衡好商业秘密保护与规则公开透明两者之间的关系,优化申诉机制与处罚程序,与用户消弭争议。

由此,二审法院依照《最高人民法院关于适用〈中华人民共和国民法典〉时间效力的若干规定》第一条第二款以及 2009 年《中华人民共和国侵权责任法》第二条、第三条、第十五条,《中华人民共和国民事诉讼法》第一百七十条第一款第二项规定,判决:一、撤销一审判决;二、汉涛公司撤销毕某"大众点评"用户账号的"三级处罚"记录;三、汉涛公司增加毕某"大众点评"用户账号贡献值 43 143 点;四、汉涛公司补发毕某"大众点评"用户账号"PASS 卡"一张;五、汉涛公司赔偿毕某律师费损失 3 000 元;六、汉涛公司赔偿毕某公证费损失 2 000 元;七、驳回毕某的其余诉讼请求。

点 评

《中华人民共和国电子商务法》等法律法规授权网络平台制定自治规则,由此,网络平台不仅仅是普通的市场经营者,而且是兼具准公共性管理功能的主体,享有某种程度的"私权力"。平台规则一方面体现出契约性,是平等民事主体之间的约定,具有私法性质;另一方面平台规则的目的在于维护安全、稳定的网络秩序,具有公共性、管理性特征。本案判决明确指出,平台自治有其边界,应在维护平台秩序、保障正常运营的限度内发挥作用。网络平台对用户进行处罚,应当以明确具体的规范作为依据,并对违规行为充分举证。网络平台对管理措施的选择,应遵循行为后果与责任大小相适应的比例原则,处罚宜作为最后手段。本案依法分配举证责任,合理划定自治边界,创新借鉴比例原则,明确平台主体的侵权责任,对平台自治实践中的纠纷解决具有一定的指导意义,也为同类案件提供适例参考。

案例提供单位:上海市第一中级人民法院

编写人:叶 佳 陈 姝

点评人:彭诚信

3. 蔡某某诉上海京东才奥电子商务有限公司网络购物合同纠纷案

——电商平台依据用户协议取消订单及处理个人信息的合法性认定

案 情

原告(上诉人、再审申请人)蔡某某

被告(上诉人、再审被申请人)上海京东才奥电子商务有限公司

2019 年 8 月 11 日 14 时 10 分左右,原告蔡某某使用 QQ 号 ******1623 关联 1 号店,生成 1 号店的账户 ******@tentcent 进行下单,购买五湖大豆油 4 桶,使用优惠券后实际价款 103.60 元,并支付成功,交易订单号 ********7003。蔡某某订单付款成功后即被系统取消订单,付款被退回支付账户,在账户订单栏目查询不到该订单。之后,蔡某某分别在 2019 年 8 月 11 日和 12 日下单均被取消,隐藏订单。

原告蔡某某在 2019 年 8 月 7 日至 2019 年 8 月 11 日期间,通过 1 号店多个与其有关联的账户、设备、IP 地址下单购买成功大豆油订单 30 个,每个订单四桶,合计 120 桶,其中通过涉案订单账户购买了 16 桶,其间另下单购买了大量洗发水等商品。上述订单收货人、联系电话大多数为蔡某某本人,送货地址为"福建漳州市平和县城区永兴路某超市"。

原告蔡某某 2019 年 8 月 11 日涉案交易订单号 ********7003,被取消原因为系统判定为"异常订单或经销商订单"。

首次使用 QQ 账户、微信账户、手机号等登录 1 号店,会自动弹出会员协议,点击同意后,方能同步注册 1 号店账户。1 号店《服务协议及隐私声明》约定,账户管理:1 号店只允许每位用户使用一个 1 号店网站账户。如有证据证明或 1 号店有理由相信您存在注册或使用多个 1 号店网站账户的情形,1 号店有权采取冻结或关闭账户、取消订单、拒绝提供服务等措施……订单生效规则:销售方仅向消费者提供商品或服务,若销售方根据您过往的购买记录、购买数量、IP 地址、设备号、退货率、投诉率等因素合理怀疑您并非因生活消费购买商品或服务,则销售方有权单方

取消订单（该部分内容以首部加★标记、文字加粗加黑、特别提醒等合理方式，提醒注册会员注意该条款）。

1 号店首页公示的《违规 1 号店账号处理规则》《违规订单处理规则》规定：出现出售、转让、借用 1 号店账号等非注册人持有、使用行为，有权限制注册、登录、领券、下单等客户行为。一人或多人合意使用一个或者多个 1 号店账号购买商品或服务超过正常生活消费需求的订购行为……有权取消订单、无任何赔偿、补偿。

1 号店平台是 B2C 电商平台，企业用户有专门的企业频道。1 号店已被被告上海京东才奥电子商务有限公司（以下简称京东才奥公司）收购。

原告蔡某某诉称，1 号店在事先没有告知的情况下取消并隐藏订单的行为是滥用市场支配地位，利用技术手段欺诈消费者，侵犯消费者的知情权，为此诉至法院请求判令：（1）京东才奥公司公开蔡某某在 1 号店账户 ******@tencent，用户昵称宗哥，关联 QQ 号 ******1623，所有的被取消和隐藏的订单信息；（2）被告对取消订单号 ********7003 的欺诈行为进行三倍赔偿，订单额度 103.60 元，赔偿额度不足 500 元，赔偿金额应为 500 元。

被告京东才奥公司辩称，双方行为应受 1 号店《服务协议及隐私声明》约束；蔡某某的行为违反了 1 号店账户及订单管理规则，1 号店有权取消订单；1 号店取消订单的行为，并未给蔡某某带来任何损失，蔡某某提交涉案订单后，付款被系统拦截，付款失败原路退回，订单商品并未出库，该行为未给蔡某某带来任何损失。综上，蔡某某的诉请没有事实和法律依据，请求予以驳回。

审 判

一审法院经审理认为，原告蔡某某 2019 年 8 月 11 日购买大豆油订单号 ********7003 付款成功，蔡某某认为买卖合同成立，符合法律、规定，一审法院予以采信。被告京东才奥公司辩称原告注册 1 号店账户时同意《用户服务协议》，对蔡某某有约束力。京东才奥公司依据协议中账户管理及订单生效的规定，系统判断订单为"异常订单或经销商订单"。蔡某某在 2019 年 7 月 26 日至 2019 年 8 月 11 日期间，通过 1 号店多个与自己关联的账户，购买大豆油数量明显超过其生活消费需求，且收货地址多数为"小 k 超市"。因此，京东才奥公司取消蔡某某的订单符合服务协议约定，该约定并不违反法律法规的规定，取消订单合法有效，并且立即退还了价款，没有造成蔡某某损失，故不构成欺诈。京东才奥公司该辩称意见，于法有据，一审法院予以采信。

综上，原告蔡某某诉讼请求恢复订单号 ********7003 信息，一审法院予以支持，赔偿 500 元请求，不予支持。一审法院依照《中华人民共和国合同法》第八条、第九十三条、第九十六条,《最高人民法院关于贯彻执行〈中华人民共和国民法通则〉若干问题的意见(试行)》第六十八条,《中华人民共和国电子商务法》第三十一条、第四十九条、《中华人民共和国民事诉讼法》第十三条第二款、第六十四条第一款之规定,判决:一、京东才奥公司应于判决生效之日起七日内恢复蔡某某交易订单号＊＊＊＊＊＊＊7003 信息(包括取消订单原因);二、驳回蔡某某请求赔偿 500 元的诉讼请求。

一审判决后,双方均不服提出上诉。

上诉人蔡某某上诉称,京东才奥公司认为涉案二十个账户为蔡某某所有,是京东才奥公司非法使用京东后台数亿份个人信息通过筛选分析所得到的,该证据为非法证据,应当排除。京东才奥公司主张的是单方解除合同,合同解除并没有通知蔡某某。因此,一审法院认为京东才奥公司取消订单依法有据适用法律错误,该合同至今合法有效。据此请求二审法院予以纠正。

上诉人京东才奥公司上诉称,京东才奥公司电子商务平台使用全国统一的系统功能,无法按照一审判决在个案中增加显示订单取消原因。一审判决第一项客观上无法履行。如需强制执行,不仅要投入大量、不必要的研发成本,还要经过系统立项、开发、测试等流程,无法预测实现日期。一审法院恢复信息(含取消原因)的判决,既与蔡某某诉请不符,又加重了京东才奥公司的法律责任,损害了京东才奥公司的合法权益,请求二审法院予以纠正。

二审法院经审理认为,涉案交易因出现关联账号异常状况被京东才奥公司取消交易,蔡某某否认关联账号为其所有或控制,与其一审中的陈述相悖,也与事实不符,二审法院不予采信。京东才奥公司通过《服务协议及隐私声明》告知用户相应的权利义务,对于订单的取消事项以醒目方式予以提示,一审法院据此认为京东才奥公司取消订单符合服务协议约定,也不违反法律法规的规定,对此,二审法院予以认同。蔡某某的上诉主张缺乏事实与法律依据,且部分上诉主张超出一审诉请范围,二审法院不予支持。关于京东才奥公司的上诉主张,订单的成立或取消应当及时向消费者披露,订单取消原因与订单信息之间并非互为排斥关系,一审法院判令恢复蔡某某交易订单号＊＊＊＊＊＊＊7003 信息(包括取消订单原因),应予肯定。至于京东才奥公司所称统一平台恢复信息的困难,属于信息传输的方式,京东才奥公司可以考虑采取具备操作可能的明示方式将相应信息告知蔡某某,目的是保证蔡某某的知情权。因此,对于京东才奥公司的上诉主张,二审法院亦不予支持。一审判决并无不当,可予维持。据此,二审法院判决驳回上诉,维持原判。

再审申请人蔡某某不服二审判决,申请再审称,原审法院认定双方成立网络购物合同关系,京东才奥公司没有任何证据证明其有合同解除通知,该合同依然有效。同时,京东才奥公司提供的多个账户下单购买记录,其中大部分订单记录为京东平台购买,是京东才奥公司非法使用京东后台数亿份个人信息通过筛选分析所得,为非法证据,但并未被排除。

再审审查法院经审查后认为,本案各方的争议焦点为京东才奥公司是否有权取消蔡某某网络购物订单、京东才奥公司是否滥用及损害蔡某某个人信息和京东才奥公司关于"合理怀疑"之证据来源是否合法。

首先,关于京东才奥公司是否有权取消蔡某某网络购物订单问题。原审查明,1 号店平台是 B2C 电商平台,针对的用户是进行正常生活消费的普通消费者(针对企业另有专门通道)。1 号店《服务协议及隐私声明》明确:"只允许每位用户使用一个 1 号店网站账户。如有证据证明或 1 号店有理由相信您存在注册或使用多个 1 号店网站账户的情形,1 号店有权采取冻结或关闭账户、取消订单、拒绝提供服务等措施……销售方仅向消费者提供商品或服务,若销售方根据您过往的购买记录、购买数量、IP 地址、设备号、退货率、投诉率等因素合理怀疑您并非因生活消费购买商品或服务,则销售方有权单方取消订单。"同时,1 号店首页公示的《违规订单处理规则》也已经明确了相关的处理原则:"违规订单的情形包括但不限于以下行为:……一人或多人合意使用一个或多个 1 号店账号购买商品或服务等数量超过正常生活消费需求的订购行为……利用软件、技术手段、拆单或其他方式,为套取优惠、折扣、赠品、运费或其他利益而注册一个或多个 1 号店账号、一人使用同一或多个 1 号店账号,或合意他人使用同一或多个 1 号店账号进行下单的行为……若出现以上第一条中的任一情形,用户承诺自愿接受 1 号店或商家对违规订单进行任一项或多项操作:1. 取消订单;2. 不发货;3. 对已出库、发货的订单进行拦截、退回……若出现本规则中规定的违规订单情形,1 号店、商家将采取取消订单、不予发货、不向客户提供商品或服务等措施,无任何赔付、补偿……"

从协议内容来看,上述条款性质系平台将相对优惠的价格之交易对象限定为普通消费者,而非以转售盈利为目的的购买者。上述内容属于正常商业考量和市场行为范畴,并未违反国家关于市场竞争秩序及消费者权益保护方面的强制性规定。在此基础上,协议约定"若销售方根据您过往的购买记录、购买数量、IP 地址、设备号、退货率、投诉率等因素合理怀疑您并非因生活消费购买商品或服务"之条件下,"销售方有权单方取消订单"之权利,系对违约后果之约定,亦不违反相关强制性规定。上述协议内容以首部加★标记、文字加粗加黑,应视为平台已尽提示说明之义务。蔡某某注册 1 号店账户时,通过点击同意的形式在线签署该协议后注册成功,应视为已知晓并同意协议内容,故上述权利义务属于当事人意思自治确定,对双方均有约束力。蔡某某对首页公示的《违规订单处理规则》内容也应当知情。现京东才奥公司根据涉案账户订单显示的收货人、收货手机号、收货地址、购买商品和数量,以及下单 IP、设备号等信息均关联指向蔡某某的事实,认为其存在

"购买商品或服务等数量超过正常生活消费需求的订购行为",已经构成对蔡某某"并非因生活消费购买商品或服务"之合理怀疑,并据此按照协议约定取消订单并无不当。

其次,关于京东才奥公司是否滥用及损害蔡某某个人信息,其关于"合理怀疑"之证据来源是否合法问题。原审查明,1 号店《服务协议及隐私声明》明确,"1 号店有权对用户的注册信息及购买行为进行查阅,如发现注册信息或购买行为中存在任何问题的,有权向用户发出询问及要求改正或者做出冻结或关闭账户、取消订单等处理","本 1 号店网站(包括 PC 端、移动端及应用程序)由上海京东才奥电子商务有限公司运营并由其关联公司提供各种支持""可能获取的个人信息类型包括:(1)注册信息……(2)个人或公司联系方式……(3)订购信息……(9)您的设备信息……(10)您的行为或交易信息……"。

京东才奥公司作为 1 号店的实际运营主体,为维护电商平台正常交易秩序,在确保相对人知情权并取得其同意后,可以在合理、必要的限度内依法收集、处理履行合同必需的相关交易信息和个人信息,这也符合《中华人民共和国民法典》第一千零三十五条关于处理个人信息的规定,即处理个人信息应当遵循合法、正当、必要原则,并应征得该自然人同意,公开处理信息的规则,明示处理信息的目的、方式和范围,且不违反法律、行政法规的规定和双方的约定。而本案中京东才奥公司用以支持其"合理怀疑"的信息来源,即收货人、收货手机号、收货地址、购买商品和数量,以及下单 IP、设备号等信息,并未超出合同履行目的及必要范畴,事先也已在协议中明确告知,蔡某某通过点击同意的形式在线签署该协议后注册成功,应视为已知晓并同意协议内容。蔡某某也未能提供证据证明京东才奥公司存在买卖或者损害其个人信息的相关行为,故对其主张难以支持。

综上,再审审查法院依法驳回蔡某某的再审申请。

点 评

伴随着互联网的飞速发展,各大电商平台迅速崛起,实践中出现大量电商平台与用户的网络合同纠纷。本案对电商平台能否依据用户协议取消订单及处理个人信息的合法性认定具有典型意义,厘清了《中华人民共和国民法典》与《中华人民共和国电子商务法》之间的适用关系。一方面,电商平台与用户之间的服务协议约定电商平台依据用户协议取消订单,体现了 B2C 电子商务模式的特殊考量,属于正常的商业考虑和市场行为,没有违反国家关于市场竞争秩序及消费者权益保护方面的强制性规定。只要电商平台尽到合理提示义务,不存在限制对方权利、免除自身义务或加重对方责任的情形,该协议对双方具有约束力。另一方面,电商平台为维护正常的交易秩序,在相对人知情并同意的情况下,在合理、必要的限度内依法收集、处理履行合同必需的相关交易信息和个人信息,并以此作为合理怀疑用户非普通消费者的依据,具有合法性,有利于促进平台经济健康发展。

案例提供单位:上海市高级人民法院

编写人:顾　全　高佳运　蔡一博

点评人:彭诚信

4. 曹某某诉苏州智铸通信科技股份有限公司劳动合同纠纷案

——军令状在劳动关系解除案件中的效力认定

案 情

原告(被上诉人)曹某某

被告(上诉人)苏州智铸通信科技股份有限公司

原告曹某某于 2015 年 11 月 12 日入职被告苏州智铸通信科技股份有限公司处(以下简称智铸通信公司),双方的最近一份劳动合同期限为 2018 年 11 月 13 日至 2021 年 11 月 13 日。

原告曹某某于 2019 年 1 月 19 日签订销售人员军令状,承诺曹某某自愿选择 2019 年的业绩目标为 2 700 万元,完成率低于 30% 则自动离职。曹某某 2019 年度实际完成业绩 264 万元。

2020 年 3 月 17 日,被告智铸通信公司向原告曹某某出具通知书,上载:"曹某某先生:因您于 2019 年销售业绩未能完成《销售人员军令状》的销售承诺,且销售业绩完成率低于业绩目标的 30%。该情形触发了'您将在业绩未达到目标 30% 时则自动离职'的许诺,现公司根据上述约定,通知您:自 2020 年 3 月 17 日起,公司与您的劳动合同即告终止。请于 2020 年 3 月 20 日以前办理好工作交接及其他离职手续……"曹某某、智铸通信公司于当日进行交接。

2020 年 3 月 26 日,原告曹某某向上海市闵行区劳动人事争议仲裁委员会申请仲裁,要求被告智铸通信公司支付解除劳动合同的经济补偿 54 627.5 元、未提前三十日通知解除劳动合同的一个月工资 12 139.5 元等。该会于 2020 年 5 月 19 日作出闵劳人仲(2020)办字第 795 号裁决书,对曹某某上述两项仲裁请求不予支持。

原告曹某某诉称,曹某某虽在销售人员军令状上签字,但这不是曹某某的真实意思表示,曹某某是被迫签字的。被告智铸通信公司违法解除曹某某、智铸通信公司之间的劳动合同。现曹某某不服仲裁裁决,诉至法院请求:(1)智铸通信公司支付曹某某违法解除劳动合同赔偿金人民币 122 641.83 元;(2)智铸通信公司支付曹某某未提前三十日通知解除劳动合同的一个月工资 12 139.5 元等。

被告智铸通信公司辩称,原告曹某某的第一项诉讼请求未经仲裁前置,而且曹某某是基于承诺自行离职,并非智铸通信公司违法解除劳动合同,故不同意曹某某的第一、二项诉讼请求。

审 判

一审法院经审理认为,被告智铸通信公司认为原告曹某某因未达销售人员军令状的销售业绩而自动离职,但曹某某从未向智铸通信公司作出过解除劳动合同的意思表示。在曹某某的销售业绩未达预期目标时,智铸通信公司应对其进行培训或者调整工作岗位,仍不能胜任工作的,智铸通信公司方可依法解除劳动合同。现智铸通信公司直接以销售业绩未达到目标 30% 为由解除劳动合同属违法,应当向曹某某支付赔偿金。故依照《中华人民共和国劳动合同法》第二条第一款、第三十条第一款、第四十八条、第八十七条之规定判决:一、智铸通信公司于判决生效之日起十日内支付曹某某违法解除劳动合同赔偿金 122 641.83 元;二、智铸通信公司于判决生效之日起十日内支付曹某某提成 6 060 元;三、智铸通信公司于判决生效之日起十日内支付曹某某工资差额 6 980 元;四、驳回曹某某的其余诉讼请求。

一审判决后,被告智铸通信公司不服提出上诉。

二审法院经审理认为,《中华人民共和国劳动合同法》对劳动合同的解除及终止的情形已作出明确规定。上诉人智铸通信公司主张被上诉人曹某某未达到销售人员军令状的销售业绩自动离职,但曹某某从未向智铸通信公司作出过解除劳动合同的意思表示。智铸通信公司表示双方系协商一致解除劳动合同,但提供的证据并不能证明其事实主张。此外,曹某某虽在销售人员军令状上签字,但在曹某某的销售业绩达不到预期目标时,智铸通信公司应对其进行培训或者调整工作岗位,仍不能胜任工作的,智铸通信公司方可依法解除劳动合同。现智铸通信公司直接以曹某某销售业绩未达到目标 30% 为由解除双方的劳动合同确属违法,应当依法向曹某某支付违法解除劳动合同赔偿金。据此,二审法院驳回智铸通信公司上诉,维持原判。

点 评

军令状是意思自治中责任和承诺的重要表现,也是公司治理过程中的重要激励机制。军令状作为用人单位与劳动者之间对工作内容、工作目标作出奖惩性的约定,在本质上属于劳资双方经协商一致后对劳动力交换内容作出的合意变更。在未违反强制性规定的情形下,双方的意思自治并不会受到法律当然的否定性评价,其效力受到概括的承认。但是,由于劳动法具有社会法的属性,为了校正劳资关系中天然的地位不对等情况,需要对劳动者进行倾斜保护,防止劳资双方的"意思自治"给劳动者的合法权益造成不当损害。具体到军令状这一劳资双方当事人的意思自治,不能突破劳动法律的强制性规定。该案裁判从关于目标事项的约定、关于目标完成或未完成之结果的约定两个维度对军令状的内容加以解析,参照最高人民法院近期公报案例,聚焦充分尊重双方意思自治、切实保障劳动者人格尊严、区分目标约定的拘束效力、审慎厘清意思表示的作出时间等展开充分说理,在裁判结果上于法有据,合情合理,既维护了劳动者的体面劳动和人格尊严,又尊重双方在法律允许范围内的意思自治,平衡了劳动者的合法权益保护和公司治理机制健全的现实需要,有利于缓和劳动者和用人单位之间的关系,促进社会主义市场经济健康发展。

案例提供单位:上海市第一中级人民法院

编写人:王剑平　徐文进

点评人:彭诚信

5. 方某等诉上海嘉景国际旅行社
有限公司等生命权纠纷案

——旅行社应对其同意的旅游者自行
选择的景点承担安全保障义务

案　情

原告(上诉人)方某

原告(上诉人)方某某

原告李某

被告(被上诉人)上海嘉景国际旅行社有限公司

被告(被上诉人)山西皇冠假日国际旅行社有限公司

案外人周某系老年大学摄影班的学员,原告方某系周某的丈夫,原告方某某系周某的女儿,原告李某系周某的母亲。2019 年 5 月,周某看到被告上海嘉景国际旅行社有限公司(以下简称上海某旅行社)发布的《【东航直飞　陕北大环线】安塞大峡谷、安塞腰鼓、波浪谷、雨岔大峡谷、乾坤湾、碛口古镇双飞 8 日摄影采风》的微信文章(以下简称微信文章),介绍其旅行社的该旅游线路及日程安排,在该文的"温馨提示"中,写明"本活动为定制的旅游摄影主题活动","本活动属于旅游摄影活动,参与者本着自愿参加、风险自担、责任自负的原则参加","组织方有义务提醒参与者,户外摄影采风活动具有一定的危险性,在参加活动时请一定注意安全,并对由此产生的后果、责任和义务有充分考虑"等,文中多次使用"原始、未开发"形容旅游景点。

2019 年 6 月 10 日,案外人周某及另外共 29 人与被告上海某旅行社签署了《上海市境内旅游合同》【陕北大环线】安塞大峡谷+安塞腰鼓+波浪谷+雨岔大峡谷+乾坤湾+碛口古镇双飞 8 日 7 晚摄影采风,其中组团方式为自行组团,地接社为被告山西皇冠假日国际旅行社有限公司(以下简称山西某旅行社)。约定第四天前往安塞大峡谷,第五天前往雨岔大峡谷。并提示由于安塞大峡谷景区现在处于原始未开放阶段,可能因天气或其他原因临时关闭,如遇关闭,则更换景点拍摄。雨岔大峡谷景区因修路,因景区内地理构造特殊,可能因天气或其他原因临时关闭,具体以景区实际发放通知为准,如遇关闭,无费用可退,更换为梁家河景点。

2019 年 6 月 14 日,案外人周某等人如约出发。2019 年 6 月 17 日,周某等游客被告知因安塞大峡谷和雨岔景区关闭,故原定 17 日、18 日的行程无法按原计划进行,两被告提出了变更及补偿方案,但游客并未同意。

后游客游览过程中,通过当地人了解到毛项峡谷和情人谷峡谷,故要求将行程变更为上述两处峡谷,两被告同意后,游客书写了行程变更说明,写明"因峡谷发展未成熟,因此期间发生的任何问题,与导游、旅行社无关",周某在该行程变更上签名。

2019 年 6 月 17 日下午,在当地人冯某(案外人)的带领下,旅行团乘坐旅游车到达情人谷峡谷。游客步行进入该峡谷,游览了 40 分钟左右返回。当日 15 时许,在经过一陡坡时,周某失足落入水潭,同行游客发现后,距离周某较近的游客进行救援,被告上海某旅行社安排的摄影指导黄某(案外人)参与救援,导游知晓后,跑出景区打电话报警并寻求帮助。最终周某因心跳呼吸骤停(溺水)死亡。

报警后,当地派出所出警并向相关人制作了询问笔录,后对周某非正常死亡案终止了调查。

事发后,周某的亲友前往当地,两被告垫付了医疗费、殡葬费、交通费、住宿费等费用。

2019 年 6 月 10 日,被告上海某旅行社作为投保人出资为含周某在内的本次团员共 30 人向保险公司投保了境内旅行保险。事发后,保险公司依据保险合同向方某、方某某理赔了 300 000 元。

三原告诉称,根据《消费者权益保护法》的相关规定,经营者应当保证其提供的商品或者服务符合保障人身、财产安全的要求。对可能危及人身、财产安全的商品和服务,应当向消费者作出真实的说明和明确的警示,并说明和标明正确使用商品或者接受服务的方法以及防止危害发生的方法。又根据《旅游法》的相关规定,旅游经营者应当保证其提供的商品和服务符合保障人身、财产安全的要求。旅游经营者应当制定旅游者安全保护制度和应急预案。两被告在本案中,未能尽到必要的告知、警示义务及安全保障义务,未采取相应的安保措施,导致周某在旅游过程中不幸溺亡,故应由两被告承担赔偿责任。据此请求两被告赔偿死亡赔偿金 1 111 072 元、丧葬费 46 992 元、交通费 23 381.50 元、医疗费 538.20 元、住宿费 9 506 元、精神损害抚慰金 50 000 元、误工费 60 310 元、律师费 60 000 元、翻译费 6 000 元。

被告上海某旅行社辩称,游客明知峡谷发展未成熟,自行变更旅游项目,在此期间发生的任何问题与旅行社无关。经公安机关认定,周某是溺水导致死亡,系其自身原因,旅行社的工作人员已经对周某进行了积极的救助,尽到了安全保障和救助义务,故不同意承担赔偿责任。

被告山西某旅行社辩称,本案事故的发生,系周某未小心谨慎所致,其旅行社已经尽到了安全告知、警示、救助等安全保障义务,其旅行社不应承担赔偿责任。同时,其旅行社与上海某旅行社之间并不存在共同故意或过失,故亦不同意承担连带责任。

审 判

一审法院经审理认为,双方明确本案中,被告上海某旅行社是组团社,被告山西某旅行社是地接社。根据法律规定,旅游经营者应当保证其提供的商品和服务符合保障人身、财产安全的要求;由于地接社、履行辅助人的原因造成旅游者人身损害、财产损失的,旅游者可以要求地接社、履行辅助人承担赔偿责任,也可以要求组团社承担赔偿责任;组团社承担责任后可以向地接社、履行辅助人追偿。旅游经营者在组织旅游过程中,未尽到安全保障义务,造成旅游者人身损害,旅游者请求旅游经营者承担侵权责任的,人民法院应予支持。

被告上海某旅行社作为旅游经营者,在提供旅游服务过程中,应对提供的产品和服务进行评估,考虑是否会对旅游者的人身安全造成不合理的危险。本案中,在关于景区的选择上,上海某旅行社以拍摄原生态为主题宣传涉案的旅游产品,所选取的景点包含正处于开发和建设阶段的景区,在上海某旅行社已明知户外摄影采风活动具有一定的危险性,同时本次旅游的游客均系 60 岁左右的老人的情况下,在设计交通、景点等旅游行程时,应充分考虑到老年人的身体特点和景区情况,安排适当的景区予以参观。本案行程变更为情人谷虽系游客提出,但经两被告同意,法院认为情人谷亦属于上海某旅行社安排的景点。但上海某旅行社对情人谷无任何了解,更遑论对情人谷是否适合该旅游团游览及游览的安全性进行评估,即同意按照游客的意见变更行程,因此,上海某旅行社对该行程安排失当,存在过错。关于安全警示的告知上,虽周某等人在行程变更证明上签名确认"因峡谷发展未成熟,此期间发生的任何问题,与导游旅行社无关",系提前放弃生命、健康权,该约定并不发生法律效力,但也证明了周某本人已知晓峡谷发展未成熟,同时周某系看到微信文章后选择该旅游产品,故周某对本次旅游系拍摄原生态景区有明确了解,微信文章的"温馨提示"中亦已对旅游过程中可能出现危险予以警示,故法院认为两被告已履行了相应的安全警示义务。关于救助义务的履行上,在周某落水后,距离较近的同团游客即进行施救,上海某旅行社安排的摄影指导黄某知晓后积极参与救援,协助将周某从水中救出并进行人工呼吸,山西某旅行社导游前往谷口电话求助等,均是符合当时现场救援所采取的合理措施,法院认为上海某旅行社及山西某旅行社已完成了适当的救助义务。综上,法院认为,上海某旅行社未考虑到周某等老年旅游者的身体特点,未对临时变更的景区有任何了解、评估,涉及的旅游行程安排失当,是周某不幸死亡的原因之一,上海某旅行社应承担侵权责任。原告要求山西某旅行社承担连带赔偿责任,无事实及法律依据,法院不予支持。考虑到周某明知此次行程系拍摄原生态景区,也了解情人谷景区开发未成熟,且其落水并非两被告的直接行为所致,故在确定上海某旅行社的侵权责任比例时,法院结合上海某旅行社的过错程度,其行为与损害结果之间的原因力综合予以考量。

综上,一审法院依照《最高人民法院关于适用〈中华人民共和国民法典〉时间效力的若干规定》第一条第二款、2009 年《中华人民共和国侵权责任法》第十六条、第二十六条,《中华人民共和国旅游法》第七十一条第二款、第七十九条第二款,2003 年《最高人民法院关于审理人身损害赔偿案件适用法律若干问题的解释》第十七条、第二十九条,2014 年《中华人民共和国民事诉讼法》第七十四条之规定,判决:一、上海某旅行社赔付三原告共计 322 928.70 元,与上海某旅行社已支付的 22 928.70 元相抵扣,余款 300 000 元,于判决生效之日起十日内履行完毕;二、驳回三原告其余诉讼请求。

一审判决后,原告方某、方某某不服提出上诉,二审法院经审理认为,一审判决正确,判决驳回上诉,维持原判。

点 评

本案系旅游经营者组织旅游过程中未尽安全保障义务引发的侵权责任纠纷。本案审理思路清晰、逻辑严谨、论证翔实。首先,本案判决通过意思表示解释规则,将旅游者经旅行社同意后自行选择景点的行为定位于合同内容的变更,确立了旅游经营者承担安全保障义务的前提。其次,分析旅游经营者义务的具体履行情况,判断其是否尽到安全保障义务。具体而言,安全保障义务包含安全保护义务、告知警示义务和适当救助义务等内容。安全保护义务要求旅行社选择安全、可靠的旅游线路;告知警示义务要求旅行社对旅游行程中的注意事项以及旅游景点中的危险等予以风险提示;适当救助义务要求旅游行程中一旦发生意外,旅游经营者要提供及时、有效的救助,采取合理的处置措施。综合观之,该案旅游经营者未尽安全保障义务。最后,结合旅游者过错、旅游者同意等因素以及民法基本原理和其他法律规定,综合判断旅游经营者是否存在减免责任的事由。

该判决对于指导同类案件的审判实践具有借鉴参考意义。在该类案件的过错分配与认定中,旅游经营者往往通过协议等形式,以旅游者同意为由主张免责。诚然,就一般发生的高危项目而言,旅游者对风险的知晓以及自愿承担等可以认定其对这类活动的危险性具有一定的认识。当旅游经营者不存在故意或重大过失时,合理范围内的伤害由旅游者风险自担。但是旅游者同意并非经营者必然减免责任的依据,例如本案中经营者未尽到相应的安全保障义务,对旅游景点的选择存在重大过错,仍应承担侵权责任。

案例提供单位:上海市长宁区人民法院

编写人:付　琰

点评人:彭诚信

6. 干某某诉武汉斗鱼网络科技有限公司等赠与合同纠纷案

——网络充值、打赏行为性质评价及效力认定

案 情

原告(上诉人)干某某

被告(被上诉人)武汉斗鱼网络科技有限公司

被告(被上诉人)林某

被告(被上诉人)沈某某

原告干某某与被告沈某某系夫妻关系,两人于 2005 年 5 月 21 日登记结婚。被告沈某某在 2016 年 3 月至 2019 年 2 月间,使用被告武汉斗鱼网络科技有限公司(以下简称斗鱼公司)运营的斗鱼直播平台观看直播,陆续用本人名下银行卡、支付宝、微信充值 6 个账号,充值金额单笔少则 1 元,多则 20 000 元。除了大部分在林某的直播间打赏外,其还向平台的其他主播发送过虚拟礼物。经诉辩各方核对,最终确定沈某某的充值金额总计为 744 004 元,打赏给林某 753 693.2 个鱼翅所兑换的虚拟礼物。沈某某明确,上述账户内的虚拟货币基本花费完毕。沈某某充值后,通过上述账号进入林某的直播间,观看直播并发送虚拟道具。具体方式为通过充值获得虚拟货币(鱼翅),在林某的直播间中,点击虚拟道具(如火箭、飞机、喷泉、冲鸭等),即时发送给林某。

被告沈某某观看直播的时间在晚上十点至凌晨两三点间,打赏也基本发生在这一时间段内。原告干某某表示,对沈某某观看直播一事并不清楚,干某某平时主要负责照顾小孩,只知道沈某某喜欢玩电脑、打游戏。林某的直播内容以与用户(粉丝)聊天互动为主。

原告干某某诉称,第一,沈某某的行为是无偿、单务的赠与行为,充值和打赏应视为一体,充值是手段也是前置程序,打赏才是目的。大额的金钱支出未经过夫妻双方协商,系处分夫妻共同财产,且明显超出日常生活所需,损害了夫妻共同的财产权益。第二,沈某某与林某之间还存在网上暧昧、网络婚外情的不正当关系,沈某某的赠与行为违背公序良俗的民法基本原则,同时也损害了干某某的正当利益,

故应当认定无效。第三,林某因沈某某的打赏行为所取得的钱款是非善意的不法取得,权衡干某某的合法财产权,法律不应当保护林某。第四,干某某与沈某某收入一般,上有老,下有小。沈某某几乎将家庭的全部积蓄均赠与林某,对家庭造成很大伤害和打击。第五,沈某某在斗鱼直播平台上所充值、打赏的钱款,最终由林某与斗鱼公司按比例分成,故上述两被告应对充值、打赏的钱款承担共同返还的责任。第六,直播等互联网创新模式需要保护,但不应无原则保护,为了彰显法律的公平、公正、合理,传播正确的社会价值观和公序良俗,在本案的个案认定中,应侧重保护夫妻家庭财产的安全。据此,干某某提出:(1)请求确认沈某某于 2016 年5 月至 2019 年 2 月期间,在斗鱼公司开设的斗鱼直播平台上为林某充值、打赏的赠与行为无效;(2)判令林某和斗鱼公司共同返还干某某 913 559 元。

被告斗鱼公司辩称,第一,被告沈某某与斗鱼公司签订了用户服务协议。沈某某是完全民事行为能力人,签订该协议是沈某某的真实意思表示,双方签订的协议合法有效,并不存在可撤销的情形。第二,沈某某与斗鱼公司根据上述协议所形成的是网络服务合同关系,沈某某通过网络平台享受各项网络服务,例如通过充值获得鱼翅,并对鱼翅享有占有、使用的权利。打赏则是用鱼翅通过点击道具而来,斗鱼公司只是提供平台媒介,主播提供了表演互动服务,直播窗口也显示动画等,其实是有对价的服务内容。并且,网络直播服务模式有别于其他模式,其主要通过打赏获利,网络直播中会有才艺表演、技术分享等,包含了知识产权,故也是等价有偿的,并非是赠与行为。若干某某坚持认为是赠与行为,则赠与对象为林某,斗鱼公司并不是赠与的接收方,非属适格的主体。第三,干某某提供的证据并不能证明沈某某充值、打赏的真实金额。其中仅有一个账号为沈某某的实名认证账号,其余要么未实名认证,要么系他人账号。即使认可 6 个账号均为沈某某所有,现其主张金额也是根据用户等值消费推算的金额,并不是实际消费的金额,且与斗鱼公司的后台数据不符。第四,沈某某作为一个完全民事行为能力人,其消费行为在有权处分的范围内,干某某未能证明无权处分的事实。第五,斗鱼公司作为一个提供网络服务的平台,应属善意第三人。即使沈某某处分了夫妻共同财产,斗鱼公司也不知晓,无论是从技术上还是法律上,都不能确认每笔消费是不是夫妻共同财产。在签订用户协议的时候,平台也已经明确告知过相关的权利义务,不允许主播与粉丝有私下往来。如果沈某某据此要求退还消费金额,会导致直播平台无法正常开展经营,并直接影响电子网络经济的发展。第六,干某某作为妻子,应该尽到对夫妻共有财产的监管义务。沈某某在长达三年的时间里不断进行网络娱乐消费,干某某却称不知情,证明干某某在财产管理方面并没有尽到注意义务,也可证明沈某某的消费行为并不影响其家庭的正常生活。

被告林某辩称,第一,原告干某某所主张的充值、打赏行为,性质上是网络服务的正常消费行为。从斗鱼公司的运营和盈利模式来看,服务分为两种,一种是收费服务,一种是免费服务。沈某某充值鱼翅、鱼丸是一种增值服务,即一项收费服务,为双务有偿行为,并不符合赠与的构成要件。林某作为签约主播,她的直播行为是斗鱼公司的另一种服务,这种服务是面向所有用户,为免费服务。这种服务虽不收费,但是它的目的是为了刺激消费,刺激斗鱼用户购买鱼翅、鱼丸。林某作为签约主播只是作为展示者,其根据自己的服务按月从斗鱼公司领取报酬,林某通过自己的劳动获得报酬具有正当性。第二,沈某某与林某之间是网络粉丝与网络主播之间的正常关系,不存在不正当关系。沈某某除刷虚拟礼物给林某之外,也给其他主播刷过礼物。沈某某与林某之间并不形成法律关系,干某某将提供表演服务的主播作为被告,明显主体不适格。第三,干某某主张的充值、打赏金额过高,存在计算错误。且干某某是以无权处分夫妻财产起诉,但沈某某的消费总额是在 2016 年至2019 年之间近三年的时间里小额累计达成的,每笔金额较小,仍在夫妻一方有权处分的范围之内。林某认为其无须向干某某返还钱款。

被告沈某某辩称,同意干某某的诉讼请求。其于 2016 年 5 月至 2019 年 2 月期间,下载斗鱼公司开设的斗鱼直播平台,观看林某的直播,累计充值、打赏约 900 000余元。2016 年开始打赏之后,斗鱼公司存在诱骗打赏的行为,主播的人气数和实际观看的人数不一致。而经纪公司和主播之间也是做托的关系,经纪公司也会对主播进行打赏,进一步诱导用户进行打赏。上述钱款为其与干某某的长年共同积蓄,是在干某某不知情的情况下充值、打赏给林某的,林某和斗鱼公司共同获得了该部分钱款,故应当共同予以返还。

审 判

一审法院经审理后认为,依法成立的合同,对当事人具有法律约束力。当事人应当按照约定履行自己的义务,不得擅自变更或者解除合同。依法成立的合同,受法律保护。根据各方当事人的诉辩称意见,争议焦点有三:一是如何界定被告沈某某在斗鱼平台上的充值行为及向林某发送虚拟道具的行为,本案应界定为何种法律关系;二是因涉及处分夫妻共同财产,沈某某的充值、发送虚拟道具的行为效力如何界定;三是本案中是否存在违背公序良俗的事实从而影响沈某某充值、打赏行为的效力。

关于争议焦点一,被告沈某某符合两项行为构成,一是将真实货币兑换成虚拟货币的行为,即充值;二是向林某发送虚拟道具的行为,即打赏。两行为性质的界定应当结合主体之间的法律关系以及案情综合认定。沈某某的充值、打赏行为系一个完整的消费行为,并非赠与行为,且充值行为是应受法律评价的行为,打赏行为则因其在本案中的特殊性不纳入法律评价之中。故沈某某与斗鱼公司构成服务接受者与服务提供者之间的网络服务合同法律关系;沈某某与林某之间在斗鱼直播平台中并不直接发生法律关系,双方之间不构成赠与合同关系。

关于争议焦点二,夫或妻在处理夫妻共同财产上的权利是平等的。因日常生活需要而处理夫妻共同财产的,任何一方均有权决定。夫或妻非因日常生活需要对夫妻共同财产作重要处理决定,夫妻双方应当平等协商,取得一致意见。他人有理由相信其为夫妻双方共同意思表示的,另一方不得以不同意或不知道为由对抗善意第三人。夫妻财产权利的保护属于家庭内部关系,交易安全的保护是社会外部关系。当两者发生冲突时,并未规定孰轻孰重,而应当根据案情具体考量。本案中,因充分考虑到充值金额、充值次数、充值时间、持续周期、平台义务等多种原因,故认定沈某某的充值、打赏行为未超出夫妻共同财产处分权范围,应为有权处分。有基于此,对于干某某提出沈某某的充值、打赏行为因其擅自处分夫妻共同财产而无效的主张,不予采纳。

争议焦点三,民事主体从事民事活动,不得违反法律,不得违背公序良俗。该民法基本原则的要求是法律行为的内容及目的不得违背公共秩序或善良风俗。三被告的行为均未违反公序良俗的民法基本原则,故不影响沈某某充值、打赏的行为效力。

有据于此,涉案合同应界定为网络服务合同,该合同已实际履行完毕,且不存在效力瑕疵或合同无效的情形,应认定有效。故对原告干某某要求确认赠与合同无效并要求被告林某、斗鱼公司返还充值、打赏金额的诉讼请求,难以支持。

综上,一审法院根据《中华人民共和国民法总则》第八条、第一百一十三条、第一百四十三条,《中华人民共和国合同法》第八条、第一百八十五条,《中华人民共和国婚姻法》第十七条第二款,《最高人民法院关于适用〈中华人民共和国婚姻法〉若干问题的解释(一)》第十七条,《最高人民法院关于适用〈中华人民共和国民事诉讼法〉的解释》第九十条之规定,判决驳回干某某的全部诉讼请求。

一审判决后,原告干某某不服提出上诉。二审法院经审理认为,一审判决认定事实清楚,适用法律正确,判决驳回上诉,维持原判。

点 评

在直播行业蓬勃发展的过程中,与直播打赏相关的案件陆续出现。此类案件的核心争议问题通常是打赏的钱款能否请求返还,打赏行为的法律性质是解决这一问题的关键。直播打赏的运作模式大致为:用户先在直播平台上充值虚拟币,后用虚拟币或将虚拟币兑换成虚拟礼物向主播打赏,主播再依据打赏的金额或虚拟物品的价值从平台获得分成。在此模式下,对打赏行为的定性需明确用户与平台、用户与主播之间的法律关系。就此,理论观点和司法裁判都存在分歧。

本案的亮点是否定了用户与主播间因打赏行为而存在法律关系。法院认为,充值和打赏行为系一个完整的消费行为,法律上只需对形成网络服务合同关系的充值行为作出评价,对打赏行为无需再额外作出法律上的评价。这一思路不同于目前多聚焦于分析打赏行为性质,且多将该行为认定为赠与的做法。关于行为效力,受行为能力(如未成年人)、财产性质(如犯罪所得或夫妻财产)、意思瑕疵(如欺诈)、公序良俗(如表演涉黄或暧昧关系)等因素的影响,需结合具体案情加以判断。本案为直播打赏纠纷的解决提供了一种新的分析思路。

案例提供单位:上海市杨浦区人民法院

编写人:奚 懿

点评人:彭诚信

7. 顾某英等诉顾某琴等遗嘱继承纠纷案

——遗嘱义务与法定义务的位阶比较

案　情

原告(上诉人、被申诉人)顾某英

原告(上诉人、被申诉人)顾某妹

原告(上诉人、被申诉人)顾某珍

被告(被上诉人)顾某琴

被告(被上诉人、申诉人)顾根某

被告(上诉人、被申诉人)顾某兴

被继承人顾财某与沈根某系配偶,两人生育顾某英、顾某妹、顾某珍、顾某琴、顾根某、顾某兴、顾某新等七子女。沈根某于 1996 年 5 月 14 日报死亡;顾财某于 2017 年 12 月 15 日死亡。上述两人死亡时,其父母均已分别先于该两人死亡。顾某新于 2013 年 10 月 4 日死亡,其配偶为沈燕某,两人未生育子女。案外人顾瑛某系顾某兴之女。

上海市冠生园路某弄某号 102 室房屋(以下简称 102 室房屋)产权于 2000 年登记于顾某新、顾瑛某名下(共同共有),后于 2009 年 5 月 25 日变更登记于顾某新、顾瑛某、顾财某名下(共同共有)。顾某新死亡后,其配偶沈燕某作为原告至一审法院提起分家析产、遗嘱继承纠纷诉讼,一审法院于 2016 年 7 月 22 日作出一审判决,认定并判决 102 室房屋产权由顾某新、顾瑛某、顾财某各享有三分之一;顾某新在 102 室房屋中的三分之一产权份额归顾财某所有。顾财某等人不服提起上诉,二审法院于 2016 年 10 月 27 日作出二审判决,驳回上诉,维持原判。目前 102 室房屋产权未作变更。顾某兴为顾财某丧事事宜共支出人民币 59 559.20 元(以下币种相同)。

一审中,原告顾某英、顾某妹、顾某珍提供顾财某于 2009 年 8 月 8 日所立代书遗嘱及 2009 年 8 月 11 日律师见证书各一份,主要内容为,顾财某在 102 室房屋中拥有的产权由顾某英、顾某妹、顾某珍、顾某兴四人继承;顾财某拥有的银行存款自己保管,用于今后生老病死、日常生活之用。若不够由六子(孙)女按房产份额分摊承担。律师许某某、潘某某受顾财某委托,对 2009 年 8 月 8 日代书遗嘱的真实性进行见证。

一审中,证人蔡某某出庭作证,证人蔡某某与顾财某系邻居关系。2009 年的一天,其前往顾财某 102 室房屋,应顾财某要求,代书本案争遗嘱,遗嘱主要内容为 102 室房屋由四个子女继承,具体哪四个子女证人记不清楚了。代书遗嘱经顾财某签字确认,并有证人蔡某某及在场的顾财某保姆签字见证。后因顾财某担心代书遗嘱效力问题,证人蔡某某于代书遗嘱制作第二天邀请两位律师见证。两位律师在当面询问顾财某相关事宜后,出具相关文书对系争代书遗嘱效力进行了确认。两位律师中的一位许某某亦出庭作证。证明见证系争遗嘱当日在场人有顾财某、蔡某某、顾财某保姆、证人及其律师助理潘某某。其余证明内容与蔡某某证明内容可相互印证。一审中,顾某英、顾某妹、顾某珍表示,无法联系遗嘱见证人李某(系顾财某保姆)及潘某某(系许某某律师助理)出庭作证。

一审中,顾某兴表示,顾财某曾向其借款,均有借条(内容系由顾某兴书写),具体为:第一,2013 年 1 月 5 日借款 36 000 元;第二,2014 年 10 月 3 日借款 52 000元;第三,2015 年 11 月 20 日借款 63 000 元;第四,2016 年 7 月 10 日借款 55 000元。该些费用均系由顾某兴现金给付顾财某,用于支付保姆费及医药费。另,顾某兴为顾财某支付诉讼费用等共计 84 387 元及购买白蛋白 948 元,该些钱款系借给顾财某的,亦是现金给付,但未写借条。

原告顾某英、顾某妹、顾某珍共同诉称,因顾财某于 2009 年 8 月 8 日留有代书遗嘱一份,其在 102 室房屋内的份额应由三原告及被告顾某兴继承,请求法院判令:102 室房屋中属于被继承人顾财某的三分之二份额由三原告及被告顾某兴均等继承;继承方式上要求按份共有,不要求实际分割房屋。

被告顾某琴和顾根某辩称,三原告所述家庭关系及遗产范围属实。不认可三原告提供的代书遗嘱。该份遗嘱不是顾财某的真实意思表示,要求遗产按法定均等继承处理。

被告顾某兴辩称,三原告所述家庭关系及遗产范围均属实。认可原告提供的代书遗嘱,遗产应该遗嘱继承。同时,顾财某生前向顾某兴借款,且顾某兴垫付了顾财某的诉讼费用等并支付了丧事费用,故要求该些费用在本案中一并处理。

审 判

一审法院经审理认为,首先,遗产是公民死亡时遗留的个人合法财产。遗产在家庭共有财产之中的,遗产分割时,应当先分出他人的份额。102 室房屋经法院生效判决确认,顾财某享有三分之二的份额,故该份额属于其遗产。其次,关于原告提供的顾财某于 2009 年 8 月 8 日所立代书遗嘱的效力,根据法律规定,代书遗嘱应当有两个以上见证人在场见证,由其中一人代书,注明年、月、日,并由代书人、其他见证人和遗嘱人签名。现见证人之一无法到庭陈述当时立遗嘱的具体情况,而律师所作见证并非在立遗嘱当日,即原告现无法证明在立遗嘱当日,该份遗嘱的见证满足"两人以上进行见证"这一形式要件,故法院确认该份遗嘱无效。顾财某的遗产应按法定均等继承处理。最后,关于顾某兴主张的四笔借款,现其未提供钱款给付的证据,且顾财某本人有退休金及领取过撤村费用,这些钱款可以满足其一般生活所需,故法院对顾某兴主张的借款不予确认。顾某兴主张的为顾财某支付的相关诉讼费用及购买保健品费用,现均无证据证明系借款,故法院亦不予确认。顾某兴支出的丧事费用可在本案中一并处理。据此,依照《中华人民共和国继承法》第三条、第十条之规定,判决:一、102 室房屋中属于被继承人顾财某的三分之二产权份额由顾某英、顾某妹、顾某珍、顾某琴、顾根某、顾某兴均等继承;二、顾某英、顾某妹、顾某珍、顾某琴、顾根某应于判决生效之日起十日内分别给付顾某兴支出的丧事费用 9 926.53 元。

一审判决后,原告顾某英、顾某妹、顾某珍不服提出上诉,请求撤销一审判决,改判支持三上诉人一审诉讼请求。被告顾某兴亦不服一审判决,上诉请求:(1)撤销一审判决第一项,改判 102 室房屋中属于被继承人顾财某的三分之二份额由顾某英、顾某妹、顾某珍、顾某兴均等继承;(2)应从顾财某遗产中扣除顾某兴对顾财某享有的债权共计 13 笔 267 000 元。

二审法院经审理认为,系争代书遗嘱文本、代书人、见证人证言等证据相互印证,可以证明设立 2009 年 8 月 8 日代书遗嘱时,有两名见证人即蔡某某、李某在场,该代书遗嘱是顾财某真实意思的表示,符合法律规定的代书遗嘱形式要件,故认定顾财某于 2009 年 8 月 8 日所立代书遗嘱合法有效。另,关于顾某兴主张的借款及其他费用,由于借款数额较大但顾某兴未提供钱款给付的证据以及其他费用的借条,故对顾某兴的该项上诉主张不予支持。据此判决:一、维持一审判决第二项;二、撤销一审判决第一项;三、102 室房屋中属于被继承人顾财某的三分之二产权份额由顾某英、顾某妹、顾某珍、顾某兴均等继承。

二审判决后,顾某琴、顾根某不服,向二审法院申请再审。再审法院裁定驳回顾某琴、顾根某的再审申请。

顾根某不服,向检察机关申请抗诉。检察机关以丧葬费承担主体有误为由向上级法院提出抗诉。上级法院依法予以支持,并裁定提审。

再审法院经审理认为,关于本案遗嘱效力问题:本案遗嘱在订立时有蔡某某、李某两人到场见证并署名,翌日又有许某某、潘某某两位律师对遗嘱进行了审查确认。该节事实除系争代书遗嘱本身和律师见证书等书证外,在原一审程序中蔡某某、许某某亦出庭作证,上述证据之间可以相互印证,系争遗嘱的订立系立遗嘱人的真实意思表示,且符合法律规定的代书遗嘱的形式要件,故本案遗嘱合法有效。关于丧葬费的分担问题:法律并不禁止遗嘱人通过遗嘱为继承人设定义务。但是根据权利义务一致以及公平的原则,继承人的义务应小于遗嘱继承所取得的遗产利益,且继承人同意负担遗嘱义务。本案争议的遗嘱第二条明确,被继承人的"生老病死费用"由其自有财产先行支付,不足部分由遗嘱所列的六位晚辈"按房产份额分摊"。现尚无证据证明被继承人的自有财产已足以支付丧葬费,故按照上述遗嘱意愿,丧葬费应由遗嘱所列六位继承人分担,但是鉴于顾某新、顾瑛某两人未获得任何遗嘱利益,且顾某新早于遗嘱人顾财某死亡,故遗嘱该项内容对顾某新与顾瑛某不发生效力。

综上,本案系争遗嘱有效,应充分尊重立遗嘱人的意愿,由四位遗嘱继承人继承房产,同时分摊丧葬费。据此,再审法院依照《中华人民共和国民事诉讼法》第二百零七条第一款、第一百四十四条、第一百七十条第一款第二项之规定,判决:一、维持原二审判决第二、三项;二、撤销原二审判决第一项;三、顾某英、顾某妹、顾某珍应于判决生效之日起十日内分别给付顾某兴支出的丧事费用 14 889.8 元。

点 评

本案有两个争议焦点,一是案涉代书遗嘱是否有效,二是丧葬费的分担主体如何界定。

就争议焦点一,一审法院认为由于一名代书人未能出庭作证,而两位律师的见证又发生在遗嘱订立的次日,因此不符合两位见证人在场见证的形式要件。二审和再审纠正了一审的判决,实属正确。对于代书遗嘱的形式要件,关键在于两位无利害关系的见证人见证遗嘱的订立,至于见证人是否出庭作证,并不应当对遗嘱的效力起决定作用。本案中,律师对于遗嘱效力的审查虽然发生在第二天,但有遗嘱人、见证人的在场确认,足以确保代书遗嘱内容的真实性。

关于争议焦点二丧葬费的分担主体界定,二审法院与再审法院则持不同观点。二审法院认为应由全体法定继承人分担,再审法院认为应由遗嘱继承人分担。案涉代书遗嘱为附义务遗嘱,亦属于附义务的民事法律行为。该义务施加是单方意思表示,无需与对方协商,也无需征得对方同意,相对人只存在接受与不接受的选择权,义务具有强制性,如果相对人不履行义务,其享有的权利可能被撤销。案涉代书遗嘱为六位子(孙)女施加了义务,其中一位先于立遗嘱人死亡,故案涉遗嘱对其不发生效力,另一位因不在遗嘱继承人范围内,立遗嘱人亦无权对其课加义务。该遗嘱义务仅对其余四位遗嘱继承人有效。

子女赡养父母是法定义务,但父母在遗嘱中明确由哪个儿女赡养是父母的自由,指定赡养人并不免除其他子女的赡养义务。本案中,四位遗嘱继承人的赡养义务属于意定义务,其余两位非遗嘱继承人的义务则属于法定义务。对于立遗嘱人的赡养义务,出现了法定义务和遗嘱义务并存的情况。本案的创新之处在于,从权利义务相一致的立场出发,确立了遗嘱继承人的意定赡养义务优先于法定继承人的法定赡养义务的规则,在兼顾被继承人意愿的情况下实现了各主体的利益均衡,具有一定的指导意义。

案例提供单位:上海市高级人民法院

编写人:沈盈姿　姚铭潮

点评人:彭诚信

8. 郭某某诉上海琅钰建筑装潢有限公司抵押权纠纷案

——非法吸收公众存款罪被告人之抵押权效力认定

案 情

原告郭某某

被告上海琅钰建筑装潢有限公司

2016 年 3 月 16 日,原告郭某某(甲方)和案外人上海豪熠资产管理有限公司(以下简称豪熠公司,乙方)分别签署两份《债权转让之服务协议合同书》,其中均包括两份协议,一是《债权转让之服务协议》(以下简称《债权转让协议》),主要约定:甲方在本协议中同意受让债权为 100 万元;受让期限自 2016 年 3 月 16 日起至 2017 年 3 月 15 日止;甲方的预期收益率为 18%/年;不论何种情况造成甲方预期收益和受让期限到期债权的受让本金不能及时收回的,乙方必须在三个工作日内全额先行垫付给甲方,被告名下的上海市闵行区永德路某弄某号某室房屋(以下简称永德路房屋)作为抵押。二是《债权回购协议》,原告系受让人,豪熠公司系回购人,主要约定:回购对象为《债权转让协议》中所受让的债权本金 100 万元;回购期限自 2016 年 3 月 16 日起至 2017 年 3 月 15 日止;回购费率 18%/年等。

案外人豪熠公司向原告郭某某出具"稳盈利项目债权清单",载明该项目债权人为柳某荣,债务人为"西安数字科技技师学院",债权 5 000 万元,资金用途为教育投资基金,用于该学院改扩建项目,受让金额为 100 万元,原告郭某某在受让人处签名。

2016 年 3 月 16 日,原告郭某某支付 100 万元。次日,另案外人向豪熠公司支付 100 万元。2016 年 3 月 16 日,豪熠公司出具《收款确认书》,确认收到 200 万元。

永德路房屋于 2016 年 3 月 15 日被登记至被告上海琅钰建筑装潢有限公司(以下简称琅钰公司)名下。2016 年 3 月 21 日,原告郭某某(抵押权人、出借人)与被告琅钰公司(抵押人、借款人)签订《房地产抵押借款合同》,约定:借款金额 200 万元;借款期限自 2016 年 3 月 21 日起至 2017 年 3 月 20 日止;利率为年化 18%;抵押物为永德路房屋,价值 280 万元;抵押担保范围是本合同项下的借款本金、利息等。同日,双方申请办理抵押权登记。2016 年 3 月 23 日,永德路房屋上设定了抵押权人为原告郭某某,债权数额为 200 万元,债务履行期限为 2016 年 3 月 21 日至 2017 年 3 月 20 日的抵押权。

2018 年 3 月 20 日,上海市第一中级人民法院作出刑事判决书,判决豪熠公司犯集资诈骗罪;柳某校犯集资诈骗罪(单位);本案原告郭某某犯非法吸收公众存款罪;违法所得予以追缴发还被害人,不足部分责令退赔等。

该刑事判决书查明,柳某校于 2014 年 11 月注册成立豪熠公司,于 2016 年 6 月成立上海玺庆珠宝有限公司(以下简称玺庆公司)。两公司均由柳某校实际控制。2015 年 1 月至 2016 年 6 月期间,豪熠公司、玺庆公司及柳某校虚构债权转让等项目,指使下属业务人员骗取社会公众投资共计 3.19 亿余元。至案发共造成 935 名被害人实际损失 1.77 亿余元。本案原告参与非法吸收公众资金 1 920 万元;获得工资性收入为 16.71 万元,因销售某债权转让项目获 17.5 万元特别收入。

在该刑事案件中,被告人华某某的供述、证人张某某的证言证实:2016 年年初柳某校想做放贷业务,就找到该二人;同年 2 月上海旌祥投资咨询有限公司(以下简称旌祥公司)成立,对外开展小额贷款业务,资金主要来源于柳某校。旌祥公司未取得小额贷款金融资质,其实就是对个人的民间借贷,主要收购借款人房产,赚取房产价格与放出的贷款之间的差额。这些房产都过户至本案被告名下,被柳某校用于单一的不动产抵押债权项目,出卖给豪熠公司的投资人。本案被告法定代表人史某某的证言及银行业务回单证实:柳某校因非上海人,故以本案被告名义买房,并将全款汇入史某某私人账户。后柳某校让其公司员工陪史某某办理了四套上海房屋的抵押手续。

该刑事案件一审宣判后,部分被告人不服提起上诉。2018 年 11 月 23 日,上海市高级人民法院裁定驳回上诉、维持原判。

2019 年 1 月 24 日,上海市第一中级人民法院裁定将本案被告名下的永德路房屋等房产予以拍卖、变卖,所得钱款发还被害人。

本案审理中,一审法院向经侦部门调取了《司法会计鉴定意见书》,载明:柳某校(由于其非上海市户籍,所购房产均用他人名义购买)用投资者投入的款项购买包括永德路房屋在内的 7 套房屋,均已抵押或被查封;"豪熠资产、玺庆珠宝"非法吸收资金最终去向,包含支付给被告法定代表人史某某用于柳某校购房的 940.11 万元;原告担任区域经理期间,共销售理财产品 1 971 万元(已扣除自投订单 950 万元),未兑付金额 1 266 万元(已扣除自投订单 750 万元)。2016 年 6 月 17 日,公安部门出具查封决定书,对永德路房屋进行了查封。

原告郭某某在审理中陈述:其向朋友借款 200 万元投入豪熠公司,其提出要求抵押,豪熠公司老板同意将永德路房屋抵押,当时史某某也在场。由于房地产交易中心不会接受此类债权转让协议,故其与被告当场签订了《房地产抵押借款合同》,豪熠公司老板指定史某某和被告两员工与其一起去办理。涉案款项名为收购债权,实为借款。法院向原告释明,如抵押合同无效,是否需要变更诉讼请求,原告坚持不变更诉讼请求。

原告郭某某诉称,被告琅钰公司与豪熠公司共同向原告借款 200 万元,被告以其所有的房屋作为抵押。后豪熠公司因集资诈骗罪被判刑,原告也因非法吸收公众存款罪获刑。被告因与非法吸收公众存款无关,未被追究刑事责任。原告 200 万元债权至今没有下落,故诉至法院,请求:(1)判令被告归还原告 200 万元,并支付以 200 万元为基数,自 2016 年 3 月 16 日起至实际还清之日止,按年利率18‰计算的利息;(2)判令对被告所有的永德路房屋采取拍卖、变卖等方式依法变价,原告对变价后所得款项享有优先受偿权。

被告琅钰公司辩称,其名下的房屋均为豪熠公司所有,原告作为豪熠公司员工明知涉案房屋实际所有权不属于被告,且原告所谓的抵押借款实际是原告在豪熠公司的投资款,款项也由豪熠公司所收取,原告已作为刑事案件受害人获得赔偿,故请求法院驳回原告的诉讼请求。

审　判

一审法院经审理认为,争议焦点一是关于原、被告之间的法律关系。原告与豪熠公司签订《债权转让之服务协议合同书》,虽然名义上是债权转让,但豪熠公司并非原债权人,其无权进行转让。双方约定由原告向豪熠公司支付款项,到期后享有固定本息,豪熠公司须在原告收益及本金无法收回的三个工作日内全额垫资,故原告与豪熠公司之间实际上构成借贷关系。涉案款项由原告支付给豪熠公司而非被告,《债权转让之服务协议合同书》也是原告与豪熠公司所签订,并明确约定以被告名下的永德路房屋作抵押。虽然原告与被告之间签订了《房地产抵押借款合同》,但原告亦陈述因考虑到房地产部门不会接受《债权转让之服务协议合同书》,才当场另行签订了该份抵押借款合同。可见,该份抵押借款合同是为了办理抵押权登记而签订,并不能证明原告与被告之间存在真实的借贷关系。原告也提出被告系抵押人,并坚持主张本案系抵押权纠纷,故其要求被告归还 200 万元并支付利息的诉讼请求,法院不予支持。

争议焦点二是关于合同效力问题。民间借贷本身涉集资诈骗等经济犯罪,债权人起诉担保人的,主合同、担保合同的效力应当根据合同法、民间借贷司法解释等相关规定予以认定。非法集资,是指未经国务院金融管理部门依法许可或者违反国家金融管理规定,以许诺还本付息或者给予其他投资回报等方式,向不特定对象吸收资金的行为。国家禁止任何形式的非法集资。首先,根据生效刑事判决,豪熠公司及其实际控制人柳某校构成集资诈骗罪,原告构成非法吸收公众存款罪,对相关集资参与人造成了巨大的经济损失,并对国家金融管理秩序造成破坏。原告与豪熠公司签订的《债权转让之服务协议合同书》违反了金融安全秩序,违背了公序良俗,故该合同无效。此外,原告作为豪熠公司的区域经理,即便其对于豪熠公司非法占有之目的不明知,但对于豪熠公司以涉案方式对外募集资金之行为并无相关公文许可及相关部门批准,向社会不特定对象吸收资金并许诺还本付息之方式不合法是明知的。出借人事先知道或者应当知道借款人借款用于违法犯罪活动仍然提供借款的,民间借贷合同无效。原告为了获得高额回报(不仅包括约定的利息,还包括提成等工资性收入),而仍向豪熠公司进行非法集资活动提供借款,借贷合同无效。主合同无效,从合同亦无效,故涉案抵押合同亦无效。

其次,根据刑事案件的判决书及相关卷宗材料,永德路房屋系豪熠公司实际控制人柳某校以投资者投入的款项所购买,并登记在被告名下,故永德路房屋实际系豪熠公司而非被告所有,实际抵押人为豪熠公司,且该房屋属于豪熠公司的违法所得。一方面,豪熠公司存在众多债权人,并约定了较高利率,其资产显然无法及时清偿所有债务,原告作为区域经理,比一般集资参与人对此更为清楚,对相关信息的掌握与知情更为及时全面。另一方面,永德路房屋登记至被告名下时间是 2016 年 3 月 15 日,原告与豪熠公司签订《债权转让之服务协议合同书》的时间为 2016 年 3 月 16 日,时间衔接如此之紧凑,且其陈述双方约定抵押时被告的法定代表人史某某也在场,豪熠公司老板指定史某某及被告的两名员工与其一起至房地产交易中心办理了抵押登记手续。其表示对于该房屋具体情况不清楚,并不符合常理,难以令人信服。基于原告身份之特殊性,为了优先保证自身投入款项的安全,其在与豪熠公司、被告签订合同并设定抵押权的过程中,不免存在串通之嫌,亦对集资参与人的利益造成损害,构成权利滥用。

再次,永德路房屋在刑事案件中依法被查封,待执行处理后发还被害人。虽然依据《最高人民法院关于刑事裁判涉财产部分执行的若干规定》之相关规定,即使抵押物已被生效的刑事判决查封甚至没收,并不影响债权人已经合法成立的优先受偿权。但该规定目的是为了保护善意抵押权人的合法利益,而原告难谓善意抵押权人,法院对其抵押权不予保护。

因此,法院认定原告对永德路房屋的抵押权无效。经法院释明,原告仍坚持原诉讼请求,故对于原告要求行使该抵押权的主张,法院不予支持。至于原告与豪熠公司之间的纠纷,可另行主张。

综上,一审法院依照《最高人民法院关于适用〈中华人民共和国民法典〉时间效力的若干规定》第一条第二款,1995 年《中华人民共和国担保法》第五条第一款,

2015 年《最高人民法院关于审理民间借贷案件适用法律若干问题的规定》第十三条第一款、第十四条第三、四项的规定,判决驳回原告郭某某的诉讼请求。

一审宣判后,原、被告均未提出上诉,该判决已生效。

点 评

民间借贷刑民交叉案件中,受害人除了刑事报案之外,还会提起民事诉讼以期弥补经济损失,本案较好地处理了诉讼中的债权认定和担保效力问题。

当集资行为已经触犯刑法时,应当穿透交易的形式,探求当事人的真意。若债权人与债务人试图以债权转让和债权回购掩盖背后的借贷法律关系,应认定双方构成借贷法律关系。在效力上,借贷行为构成犯罪时,民间借贷合同并不当然无效,应根据合同法及司法解释的相关规定认定效力。出借人事先知道或者应当知道借款人借款用于违法犯罪活动仍然提供借款的,民间借贷合同无效。如果民间借贷合同不违反法律、行政法规强制性规定,不属于以合法形式掩盖非法目的,可以认定为有效。

抵押合同本身之效力,也应根据《民法典》等相关规定予以判断。借贷行为构成集资诈骗时意味着债务人无法归还全部借款,此时债务人不得再歧视对待各债权人。在债务人不愿履行或不能履行的情况下,债务人做出的歧视性对待行为不再受到私法自治原则的保护。债务人为了优待个别债权人而为之设定担保时,将减少其他普通债权人的受偿额度,排斥了其他普通债权人的平等受偿,且交易双方明知上述事实,因而该项担保设立行为应当受到否定性评价,抵押权人不得就抵押物主张优先受偿权。

案例提供单位:上海市浦东新区人民法院

编写人:俞 硒 罗晓楠

点评人:彭诚信

9. 何小某诉黎某确认合同无效纠纷案

——新型"以房养老"协议的定性、评价与处理

案 情

原告(上诉人)何小某

被告(被上诉人)黎某

2007 年 10 月,案外人周某某(1930 年 2 月出生、2017 年 1 月死亡)书写《遗赠》:其自 1993 年认识被告黎某并受到被告照顾,于 2004 年将上海市静安区延长路某号某室房屋(建筑面积 46.25 平方米)一半份额转与被告,自 2005 年入住被告家庭,受到被告家庭的良好照顾;而其女即原告何小某自 2000 年起与其断绝联系;为崇尚爱心、报答扶助,将系争房屋的全部份额交与被告继赠。

2015 年 2 月,案外人周某某与被告黎某签订《以房养老有偿服务合同》(以下简称以房养老协议),约定:2004 年 9 月,周某某自愿将系争房屋的一半份额无偿赠与过户给被告,经十余年共同生活,被告仍一如既往照顾与关怀,故将系争房屋余下份额以以房养老形式给予被告;被告承诺赡养周某某衣食住行到终老,周某某对赠与房屋享有终身居住权,百年后骨灰交被告选址安排。

2004 年 9 月、2013 年 7 月,案外人周某某先后两次签订《房屋买卖合同》(转让价分别为 11.50 万元、30 万元),逐步将系争房屋所有权让与被告黎某。被告则以接纳周某某进入家庭居住与共同生活的方式扶养周某某十余年,直至周某某去世,后又办理后事。

原告何小某诉称,原告对系争房屋享有权利,案外人周某某无权擅自转让房屋;且周某某年老患病,丧失部分民事行为能力。两份《房屋买卖合同》非真实意思表示,故诉请确认《房屋买卖合同》无效、房屋所有权登记至原告名下。

被告黎某辩称,系争房屋系案外人周某某个人财产,周某某有权处分;且周某某神志清晰,具备民事行为能力。因原告何小某将周某某赶出家门、长期拒绝赡养周某某,周某某陷入老无所养的境地。在以房养老协议中,周某某将房屋让与被告的意思表示真实明确,公平合理,且双方均已履约完毕;两份《房屋买卖合同》系"名为买卖实为赠与",不影响被告取得房屋所有权。

审 判

一审法院经审理认为,本案存在以下争议焦点:

一、系争房屋所有权的归属

原告何小某主张系争房屋系周某某与何苏某的夫妻共同财产,因何苏某在先死亡,原告作为继承人对系争房屋享有相应权利,故周某某对系争房屋不享有完整的所有权、周某某处分系争房屋须经原告同意。

被告黎某主张系争房屋由周某某在与何苏某离婚后取得,并非夫妻共同财产,周某某有权处分个人财产、无须经原告同意。

法院认为,夫妻在婚姻关系存续期间所得的财产归夫妻共同所有。周某某与何苏某于 1993 年离婚并在自愿离婚协议中约定何苏某居住、户籍均迁出系争房屋;周某某于离婚后(1995 年)独自将系争房屋买成产权房,并非在婚姻关系存续期间取得系争房屋所有权;且自周某某取得系争房屋所有权已逾二十年,现对系争房屋权属提出异议已超出合理期限;原告未能提供系争房屋系周某某与何苏某的夫妻共同财产的相关证据,故法院对原告该项主张不予采信。

二、周某某在处分系争房屋时是否具有完全民事行为能力

原告何小某主张周某某在签订涉案两份合同及办理相关手续时存在脑部疾病,丧失部分民事行为能力。为此,原告提交《放射诊断报告》《门诊病人挂号费用清单》《门诊病人费用清单》等证据作为佐证。

被告黎某主张周某某在签订涉案两份合同及办理相关手续时头脑清晰,亲自到不动产登记机构办理相关手续,且多次手书材料明确、严谨、稳定地表示将系争房屋赠与被告,周某某自 2013 年再次办理系争房屋转让手续至去世间隔多年,并无神志问题,原告从未要求为周某某指定监护人,原告所称周某某身患脑部疾病并无证据佐证。

一审法院认为,成年人为完全民事行为能力人,可以独立实施民事法律行为。周某某在签订涉案两份合同及办理相关手续时已年满十八周岁、系成年人,应依法视为完全民事行为能力人。原告未提供充分证据证明周某某丧失相关民事行为能力,提供的证据不足以证明周某某在签订涉案两份合同及办理相关手续时存在丧失相关民事行为能力之情形,故法院对原告相关主张不予采信。

三、周某某与被告转让系争房屋所有权的行为实质上属于何种法律关系

原告何小某认为,因周某某与被告签订了两份买卖合同,就系争房屋所有权的转让,周某某与被告存在无效的买卖合同关系,且不存在赠与合同关系。

被告黎某认为,虽周某某与被告签订了两份买卖合同,但只是名义上的,两人存在事实上的赠与合同关系,系争房屋所有权的转让实质上系对赠与合同的履行。

一审法院认为,买卖合同是出卖人转移标的物的所有权于买受人,买受人支付价款的合同。本案中,从合同内容来看,涉案两份合同文本中并无房款支付等房屋买卖合同之必要内容;从合同履行来看,被告黎某未实际支付房价款,本案当事人亦未提交证据显示周某某要求支付房价款。因此,周某某与被告黎某均无房屋买卖的真实意思,两人签订涉案两份合同系以虚假的意思表示实施的民事行为。

同时,赠与合同是赠与人将自己的财产无偿给予受赠人,受赠人表示接受赠与的合同。从合同主体真实意思表示来看,被告黎某主张与周某某存在以房养老关系并认为上述房屋转让行为系属赠与,周某某签字的手书材料中提及"交与黎某继赠""无偿赠与过户""以房养老形式给予乙方"。周某某将系争房屋无偿给予被告黎某并要求被告黎某为其养老,被告表示接受赠与及所附养老义务,两人作出附义务赠与的意思表示明确、一致。因此,两人转让系争房屋的行为实质上属于赠与合同法律关系,法院对被告黎某该项意见予以采纳。

四、对于涉案两份《上海市房地产买卖合同》及赠与合同的法律效力问题应当如何适用法律规定

对于缺乏真实意思表示的涉案两份合同的法律效力,合同签订当时并无法律条文作出针对性规定,2017 年 10 月 1 日起施行《中华人民共和国民法总则》(以下简称《民法总则》)对此作出了直接规定,故本案可适用《民法总则》。根据《民法总则》第一百四十六条第一款之规定,行为人与相对人以虚假的意思表示实施的民事法律行为无效,故涉案两份合同均属无效。

同时,根据《民法总则》第一百四十六条第二款之规定,以虚假的意思表示隐藏的民事法律行为的效力,依照有关法律规定处理。本案中,周某某与被告黎某之间赠与系争房屋的行为系隐藏的民事法律行为,该行为系两人真实意思表示,未违反法律强制性规定,原告何小某亦未能提供充分证据证明上述赠与行为存在有违公序良俗或恶意串通损害第三人利益等无效情形,故该赠与行为合法有效。

五、原告关于变更系争房屋所有权的诉请能否得到支持

一审法院认为,合同无效或者被撤销后,因该合同取得的财产,应当予以返还。本案中,一方面,虽涉案两份合同无效,但不存在应当返还的财产:并未支付房价款,周某某亦非基于房屋买卖合同关系转让系争房屋,涉案两份合同自始未能引起财产所有权或占有发生变动,故尽管该两份合同无效,但不存在应当返还的财产。

另一方面,赠与合同有效且无可撤销事由,由此引发的财产变动无须返还:第一,周某某签字的手书材料中确认被告黎某实际照养自身,被告黎某以对周某某生养死葬的实际行为按约履行受赠人所负义务;第二,周某某与被告黎某于周某某生前将系争房屋分步过户登记至黎某名下,赠与标的物的权利转移已经完成;第三,原告何小某未举证证明存在可由其撤销上述赠与行为的法定事由。

因此,被告黎某有权基于赠与合同关系取得并保有系争房屋所有权。原告何小某要求将系争房屋所有权变更登记到其名下的诉请,缺乏法律及事实依据,法院不予支持。

综上所述,一审法院依照《中华人民共和国民法总则》第十八条、第一百四十六条,《中华人民共和国合同法》第八条、第一百八十五条、第一百九十条之规定,判决:一、被告黎某与周某某就上海市静安区延长路某号某室房屋于 2004 年签订的《上海市房地产买卖合同》及 2013 年签订的《上海市房地产买卖合同》无效;二、对原告其余诉讼请求不予支持。

一审判决后,原告何小某不服,提出上诉。

二审法院经审理后认为,一审判决认定事实清楚,适用法律正确,判决驳回上诉、维持原判。

点 评

随着我国人口老龄化程度的加深,养老问题逐渐成为全社会关注的热点,多元化、个性化的养老模式也在实践中应运而生。本案中的"以房养老协议",既有别于法律上的遗赠扶养协议,又不同于政策上的老年人住房反向抵押养老保险,是一种新型的"以房养老"模式。本案适用新规妥善处理了"名为买卖、实为赠与"的法律关系,在性质上将"以房养老协议"定性为附负担或附义务的赠与合同。该种模式的优点主要体现在以下三个方面:一是在赠与人生前完成房屋所有权的移转,以避免日后遗产纷争;二是赠与人分步移转房屋所有权,既激励受赠人切实履行扶养义务,也制约道德风险的发生;三是赠与人仍保留对房屋居住的权利,这与后来《民法典》物权编新增的"居住权"制度几无二致,即转移房屋所有权并为自己设立居住权,现已能够在登记制度上得到实现。本案从司法层面上对"以房养老"的新型模式予以认可,即以签订协议为基础、以居家养老为形式、以在生前分步转移房屋所有权为激励方式、以设立居住权为保障的新型养老模式,具有较高的政策研究价值和现实借鉴意义。同时,本案也摒弃了拒绝尊老孝亲的行为,体现了对社会主义核心价值观的维护。

案例提供单位:上海市静安区人民法院

编写人:钟献明

点评人:彭诚信

10. 金某诉张某生命权、健康权、身体权纠纷案

——动物所有(管理)人因过失致他人受到惊吓的司法救济

案 情

原告金某

被告张某

2020 年 8 月 31 日晚 8 时 37 分左右,原告金某(五岁)在长宁来福士门口草坪玩耍,被告张某饲养的未牵狗绳的狗冲出追赶原告金某,被告张某在此过程中未成功制止狗的追逐,原告金某的父亲当时距离原告金某约十几米远,发现后赶到并制止。原告金某父母与被告张某发生争执,原告金某父母随即报警,警察到现场处置,未认定被告张某的狗咬伤原告金某。上海市公安局长宁分局对本案被告张某所涉的遛狗未牵狗绳行为处以 100 元罚款的行政处罚。原告金某的母亲当晚带原告金某至天山中医医院犬伤门诊就诊,就医记录记载"体格检查:目前未见明显活动性出血。目前未见骨折表现。可能有软组织破损","西医诊断:为抗狂犬病采取必要的免疫"。原告金某父母当天未带原告金某接种狂犬疫苗,此后也没有带原告金某再进行过检查、治疗。法院综合原、被告陈述及证据,认定被告张某的狗并未咬到原告金某。被告张某未向原告本人进行过道歉,被告张某曾向原告父母口头道歉,但原告父母认为被告张某态度不诚恳未接受其道歉。

原告金某诉称,在被狗追逐的过程中存在惊恐情绪,在事发后几天出现做噩梦、半夜惊醒等情况,现在也不再愿意亲近小动物,不敢靠近狗,这种精神损害对于五岁幼童来说是巨大且持久的。据此,原告金某认为被告张某的行为已经构成侵权,请求:(1)判令被告承担原告因本案支出的医疗费 19 元、交通费 108.83 元、精神损害抚慰金 5 000 元;(2)判令被告以书面方式公开(在省级媒体)向原告本人致歉;(3)判令被告承担本案原告因本案已支付的律师费 10 000 元。

被告张某辩称,遛狗当日确实未牵狗绳,这一行为已经接受了行政处罚。被告的狗虽然存在追逐原告的行为,但并未触碰到原告身体的任何部位,也没有对原告身体、健康造成任何伤害,原告父母未让原告注射狂犬疫苗可以充分印证被告的这

一主张。因此,即使被告存在侵权行为,也没有造成侵权的后果或仅仅是造成显著轻微的后果。故只同意承担天山中医医院的医疗费 19 元、原告往返医院的交通费 31 元,对于原告的其他诉讼请求均不同意。

审 判

一审法院经审理认为,本案争议焦点有三个:一是在本案中,原告是否有权获得精神损害抚慰金,二是原告是否有权要求被告赔礼道歉,三是原告主张的其他损失是否可以支持,如果支持的话,应该支持多少。

关于第一个争议焦点原告是否有权获得精神损害抚慰金。本案中被告的狗对原告的追逐,是让原告的身体处于受到伤害的危险之中,原告当时不得不四处闪躲以避免伤害,这样的行为构成对原告身体权的侵害。但根据我国法律规定,对于主张精神损害赔偿的,需是"造成严重精神损害"。基于以下三点理由,法院认为本案中原告因为被告的侵权行为所受到的心理上的损害尚未达到严重程度。第一,被告未牵狗绳遛狗的行为虽然违反了相关法规,但这一行为的主观性质还难言极端恶劣。被告的这种过错还是基于对狗不会去追逐、咬伤他人的自信,其主观上更多是一种轻信损害结果不会发生的心理状态,这与那种主观上故意或者其他严重过错去实施的侵权行为还是有所不同。第二,从事发当时的情况看,原告的反应尚属于受到惊吓后的正常反应。原告除了有把手放在胸前、待在父母身边这样的受到惊吓的反应外,并没有诸如大哭、呆滞、情绪失控等特别反应。在出警的警察向原告了解事情经过时,原告能够以正常的语气与警察交流,正常回答警察的提问,言语表达也很正常。第三,从事后原告所陈述的其心理上受到伤害的情况看,原告所提供的证据也没有证明其受到的心理伤害达到严重程度。原告当天晚上在天山中医医院就诊之后,并没有再去其他医院进行过任何与此事有关的治疗,包括心理上的治疗和干预。在庭审过程中,法院又特别就原告在事后的心理状况向原告父亲进行了询问,询问原告事后有没有诸如焦虑、恐惧或者其他的严重心理反应,对此原告父亲的回答是,"原告不再摸狗,刚开始几天晚上会睡得不踏实,现在好多了"。除此之外并未说出更多有关原告精神、心理方面受伤害的表现。在法院委托的青少年社工向原告了解相关情况时,原告所作的有关事后其生活状态的陈述与原告父亲在庭审中的陈述基本一致。法院认为,这些陈述都表明被告的狗追逐原告,给原告带来的心理伤害尚没有达到严重的程度,原告也未提供充分的证据证明原告当时的惊吓及事后对原告带来的精神损害达到了严重程度。因此,法院对原告要求被告赔偿精神损失的诉讼请求难以支持。

本案的第二个争议焦点是,原告要求被告赔礼道歉的诉讼请求是否应该支持。

被告提出身体性人格权并非精神性人格权,不应适用赔礼道歉这一责任承担方式。法院认为,侵权法上并未将赔礼道歉这一民事责任承担方式仅仅限定在侵害精神性人格权的范围,身体权等物质性人格权同样可以适用。从我国文化传统来看,人们也不认同侵害身体权就不需要道歉。但对于原告提出的要求被告在省级媒体上进行公开赔礼道歉的请求,法院认为,赔礼道歉的范围应该限定在侵权行为所发生的范围,方式应该和侵权行为性质及后果相适应。从本案被告实施的侵权行为性质及后果看,是让原告产生了惊吓,由被告进行书面道歉就是恰当的方式。被告的侵权行为只是对于原告个人身体权的侵害,因此,被告赔礼道歉的范围应该限定在向原告作出即可。

本案的第三个争议焦点,是原告主张的律师费和交通、医疗费用是否可以得到支持? 本案中争议较大的是原告主张的律师费 10 000 元,被告认为,本案争议小,双方完全可以协商解决,这些费用是原告不必要支出的费用、是原告扩大的损失,且数额过高,因此不同意支付律师费。法院认为,尽管本案争议看起来是个小事件,实际造成的损失金额也不大,但从事后双方未能相互谅解,即使在派出所调解之下也未能和解来看,双方的争议还是很大的。在这样的情况下,原告委托律师、通过诉讼来寻求解决之道就是合理的选择,原告向法院提起诉讼并非没有任何原因的无事生非,而是有着合理的诉的利益。原告在法院诉讼需要有专业的法律知识,需要调查提取相关证据,需要办理立案手续,参加庭审,原告有权就此委托律师从事这样的专业工作,这样做是合理的,并非扩大损失。至于本案应承担的律师费的具体金额,法院根据案件的难易程度、律师工作量的大小等因素合理酌定为 5 000 元。

综上,一审法院根据 2017 年《中华人民共和国民法总则》第一百一十条,2009 年《中华人民共和国侵权责任法》第十五条、第二十二条、第七十九条,《中华人民共和国民事诉讼法》第六十四条以及《最高人民法院关于适用〈中华人民共和国民法典〉时间效力的若干规定》第一条第二款,判决:一、被告张某向原告金某作出书面赔礼道歉(内容需要经法院审核);二、被告张某向原告金某支付医疗费 19 元、交通费 78.83 元、律师费 5 000 元;三、对于原告金某的其他诉讼请求不予支持。

一审判决后,原、被告双方均未提起上诉,一审判决已经生效。

点 评

不文明遛狗行为在生活中较为常见,本案即为一起因未牵狗绳遛狗引发的侵权纠纷,本案主要涉及以下三项法律争议:侵权责任的构成要件是否满足、精神损害赔偿的主张能否支持、赔礼道歉是否为妥适的责任方式。针对侵权责任的构成要件,本案判决正确指出对身体权的侵害并不限于显性、有形的方式,通过隐性、无形的方式侵害身体权的行为同样受到法律规制。围绕精神损害赔偿的"严重性"要求,本案提出根据物理伤害之有无进行区分的判断标准,明确了在没有物理接触的情形中,精神损害的"严重性"需要更加明确、有力的证据。判决通过对原告心理伤害严重程度的具体分析,为驳回精神损害赔偿诉请提供了坚实的法律论证。此外,判决并未将侵害精神性人格权作为承担赔礼道歉责任的前提,而是坚持将该责任形式一体适用于精神性、物质性人格权领域,并根据被告侵权行为的性质及后果,确定了相应的赔礼道歉范围与方式。本案明确了动物所有人(管理人)的法律责任及被侵权人的司法救济途径,对于同类案件的处理具有一定的参考价值。

案例提供单位:上海市长宁区人民法院

编写人:王　飞　徐　莉

点评人:彭诚信

11. 金某等诉上海市嘉定区东方豪园小区第一届业主委员会业主撤销权纠纷案

——业主撤销权纠纷审理中的若干法律问题分析

案 情

原告(被上诉人)金某等七人

被告(上诉人)上海市嘉定区东方豪园小区第一届业主委员会

原告金某等七人(以下简称金某等)系上海市嘉定区东方豪园小区(以下简称东方豪园)业主。

2019 年 11 月 6 日,上海市嘉定区东方豪园小区第一届业主委员会(以下简称东方豪园业委会)作出东方豪园选聘物业方案告知书,就物业服务企业选聘方案公告内容进行告知,其中选聘方式为协议选聘,并表示如业主大会表决未通过,根据《上海市嘉定区东方豪园小区业主大会议事规则》(以下简称《业主大会议事规则》)规定,委托招标代理机构办理小区物业公开招标工作。同日,东方豪园业委会作出召开业主大会的公告,会议讨论事项为选聘物业服务企业。

2019 年 11 月 27 日,东方豪园业主大会、东方豪园业委会发布《关于上海市嘉定区东方豪园小区第二次业主大会会议决定的公告》,载明业主大会会议于 2019 年 11 月 24 日举行,会议表决情况如下:本次业主大会未通过选聘在管物业,将采用公开招投标的方式聘用新物业服务企业。

被告东方豪园业委会 2020 年 1 月 8 日会议纪要载明,本次会议应到委员数五人,实到委员数五人。会议议题为对招投标公司进行表决,目前有三家招投标公司可选择,且已经报价。上海青蓝招投标公司报价 3 万元,上海芸绮投资管理有限公司(以下简称芸绮公司)报价 2.5 万元,上海国际关系公司未报价,视作放弃。东方豪园业委会的五位委员分别进行了书面表决,其中四位委员投票选择芸绮公司。

2020 年 1 月 10 日,被告东方豪园业委会作出《上海市嘉定区东方豪园关于确定物业公开招投标代理公司的公告》,确定芸绮公司为东方豪园小区代理物业公开招投标工作。

《业主大会议事规则》第七条规定"业主大会依法履行以下职责：……（六）审议决定业主委员会和专业中介服务机构的工作权限和活动经费……（十三）审议决定委托专业中介服务机构的代理事项和代理费用……"。

《上海市嘉定区东方豪园小区管理规约》（以下简称《管理规约》）第十八条规定，业主大会授权业主委员会委托招标代理机构办理本物业管理区域实施物业管理招投标活动的相关事宜。业主大会选聘物业服务企业之前，应当按照本物业管理区域业主大会议事规则的约定召开业主大会，对选聘方式、具体实施者、物业服务合同的主要内容进行表决。业主大会依法选聘、解聘物业服务企业的，须经专有部分占建筑物总面积过半数的业主且占总人数过半数的业主同意。

原告金某等诉称，《业主大会议事规则》规定，业主大会审议决定业主委员会和专业中介服务机构的工作权限和活动经费；审议决定委托专业中介服务机构的代理事项和代理费用。《上海市物业管理招投标管理办法》规定，业主大会通过公开招标选聘物业服务企业前，业主委员会应当拟定选聘方案，选聘方案包括招投标活动实施方案等。东方豪园业委会在未公开招投标活动实施方案以及未召开业主大会公开表决的情况下，张贴确定芸绮公司为东方豪园代理物业公开招投标工作的公告，侵害了业主的合法权益。诉请撤销东方豪园业委会作出的确定芸绮公司为东方豪园代理物业公开招投标工作的决定。

被告东方豪园业委会未应诉答辩。在庭后调查中，东方豪园业委会主任表示，《管理规约》规定，业主大会授权业主委员会委托招标代理机构办理本物业管理区域实施物业管理招投标活动的相关事宜。据此，确定芸绮公司为东方豪园代理物业公开招投标工作的决定不在业主大会表决范围内。

审 判

一审法院经审理后认为，业主大会或者业委会作出的决定侵害业主合法权益的，受侵害的业主可以请求人民法院予以撤销。根据《业主大会议事规则》，审议决定委托专业中介服务机构的代理事项、专业中介服务机构的工作权限等属于业主大会的职责，现确定芸绮公司为东方豪园代理物业公开招投标工作的决定不在东方豪园业主大会表决范围内，违反了相关程序，侵犯了原告金某等业主表决权等合法权益，其要求撤销该决定的诉请，于法有据，法院予以支持。

据此，一审法院依照《中华人民共和国物权法》第七十八条第二款、《中华人民共和国民事诉讼法》第一百四十四条之规定，判决撤销东方豪园业委会作出的确定芸绮公司为东方豪园代理物业公开招投标工作的决定。

一审判决后,被告东方豪园业委会不服提起上诉。

二审法院经审理后认为,本案争议焦点为:第一,上诉人东方豪园业委会是否有权委托招标代理机构;第二,应如何审查上诉人东方豪园业委会的决定是否侵害业主合法权益。

一、关于上诉人东方豪园业委会是否有权委托招标代理机构

上诉人东方豪园业委会有权委托招标代理机构,主要是基于以下两方面的考量:

一方面,从强制性规定考虑,根据法律规定,选聘和解聘物业服务企业或者其他管理人系业主共同决定的事项,业主委员会无权自行决定。本案中,《管理规约》规定业主大会仅授权业主委员会委托招标代理机构,而委托招标代理机构系选聘物业服务企业的前期准备性环节,仅为业主大会确定可选聘的物业服务企业提供便利,业主委员会实际并不直接选聘物业服务企业,而对于物业服务企业的选择,依然需召开业主大会,由全体业主行使共同管理权才能确定。

另一方面,从授权性规定考虑,《物业管理条例》明确业主大会可依法授权业主委员会履行部分职责,对于不属于法律规定必须由业主大会共同决定的事项,业主大会也可授权业主委员会代为行使权利。本案中,虽然《业主大会议事规则》对委托专业中介服务机构的相关事宜规定为由业主大会决定,但《管理规约》已经明确将该事项的权利授权给了业主委员会。两者均在同一天经业主大会表决通过,并无效力高低之分,而仅有一般与特殊之别。本案所涉授权并未违反法律、法规强制性规定,也未违背公序良俗,应为有效。

二、应如何审查上诉人东方豪园业委会的决定是否侵害业主合法权益

业主以其共同管理权被侵犯为由主张撤销业主委员会决定的,其所主张受侵害的权益应该是明确、具体的,而非抽象的、概念化的,也即决定应该具有实害性。业主主张行使共同管理权的事项应是法律明确规定需由业主共同决定的事项,业主委员会所侵犯的权益应是实体权利或重大程序权利,而不应是少数业主超过该权利需要的个性化、中间过程性的权利。特别是在业主大会已经授权其日常执行机构业主委员会的情况下,更不宜仅以权利应属业主大会所享有为由而要求撤销业主委员会决定。本案中,对于经过业主大会授权的,东方豪园业委会按照工作流程选择招标代理机构的决定,被上诉人金某等仅以侵犯其知情权、决定权为由要求撤销,依据不足。

据此,二审法院撤销一审判决,改判对金某等请求撤销东方豪园业委会作出的确定芸绮公司为东方豪园代理物业公开招投标工作的决定的诉讼请求不予支持。

点 评

本案是关于业主如何正确理解和行使撤销权的典型案例,解决了业主委员会和业主大会权限、业主和业主委员会(业主大会)的举证责任分配等较为关键的问题。不论是司法实践抑或法学研究,对于业主撤销权的行使条件均不甚清晰,因此有必要通过案例的积累逐步完善。本案裁判的核心在于明确业主委员会的权限。在审查业主委员会的权限时,既要考虑法律法规、小区管理规范,也应注意业主委员会对业主的实体、程序权利的影响。业主合法权益的保护固然重要,但同样也不能忽视业主委员会的正常管理行为。物业服务企业或其他管理人的选聘、解聘属于业主大会的职权范围,而且这些事项也可以授权交予业主委员会行使。而本案中业主委员会的行为只是招投标代理机构的确定,且已有授权,因此并不越权。另外,在业主撤销权纠纷中,业主和业主委员会的举证责任分配需依据举证能力、权益的性质区别对待。具体而言,业主在实体权益受侵害时应就侵害承担证明责任,业主委员会在业主程序权益受侵害时,对程序正当性承担证明责任。本案事实认定清楚,裁判思路清晰、完整,说理充分,具有较强的参考价值。

案例提供单位:上海市第二中级人民法院

编写人:王晓梅　高　勇

点评人:彭诚信

12. 李某等诉上海艳域摄影有限公司 承揽合同纠纷案

——影楼与顾客法律关系和权利义务的司法认定

案 情

原告李某

原告景某

被告上海艳域摄影有限公司

支持起诉机关上海市虹口区人民检察院

2019 年 12 月 20 日,两原告了解到被告处有 19.9 元的古装写真套餐,遂与被告取得联系。被告工作人员告知:潇湘主题服装任选 1 套,提供 1 套豪华妆面服务,提供 1 次品牌造型服务,8 寸高档摆台×1,3 张七寸精修照片,20 寸精美放大海报×1,全程五对一品质服务(提供化妆品、粉扑、眼影盘等),订单预定高级团队,没有任何隐形消费和附加费用的。当天不拍摄,带您看看服装,半个小时左右,服装是可以试穿的,觉得满意就定,想什么时候拍摄一年内有效的,不满意也没有强制消费,也有礼品赠送,全场正价套餐 6.8 折。不多加服装、照片就是 19.9 元。推出这个活动是想扩大一下品牌的宣传,88 名谁抢到就是谁的。

同年 12 月 31 日,两原告至被告处与被告签订一份《定单协议》,约定两原告在被告处拍摄写真照,套餐价格两人合计 1 100 元,含"礼遇区四套衣服四个造型、17 张电子版精修照片(每人 7 张单人,另有 3 张闺蜜照)、入册照片 7 张×2、8 寸相册(5P)×2、10 寸蕾梦娜摆台×2、24 寸绢丝挂画×2、小古镜×2"。两原告在该定单协议上签名确认,当天原告景某向被告支付了 1 100 元。该《定单协议》同时约定:"……拍摄完成,乙方(原告李某和原告景某)进行选片,所选定放大或加选照片及相框经乙方认可满意后制作,乙方应慎重选择,一经制作完成后,不得更改或退还。"该协议另载明:"如在服务过程中有员工强行推销及要求消费,务必请您在现场拒绝……超出套系规定数量或规格以外的电子底片需另行收费等。"

2020 年 12 月 20 日,两原告去被告处拍摄,原告景某与被告另行签订一份《摄影服务合同补充协议》(合同编号:A1000540),约定增加的项目或服务为"礼服升级、一片式胸贴,赠送项目为美甲",协议价款 1 588 元,原告景某当日向被告支付了 1 588 元;同年 12 月 23 日,两原告去被告处选片,共同作为甲方另行与作为乙方的被告签订了《摄影服务合同补充协议》(合同编号:0000682)(以下简称补充协议)一份,约定选片增项为:加中国风相册×2、加 10×10 寸荷塘清趣相册×2、加花锦摆台一套×2、加 109 张精修照片入盘;赠送项目为:24 寸升 36 寸绢丝挂画×2、送摆台×2,费用合计 24 000 元。两原告向被告支付了 18 100 元,尚余 5 900 元未支付。该补充协议另约定赠送两原告业务单(编号分别为 SH0001753、SH0001754)一次。审理中,双方确认,该补充协议系对 2019 年 12 月 31 日《定单协议》约定服务内容的增加;另,被告赠送两原告的业务单即为双方于同日签订的《摄影服务合同》,内容含"2 套服装(贵宾区和新品区服装)、20 张精修照片、10 寸琉璃相册(10P)、任选摆台×1、36 寸绢丝挂画×1"。该补充协议约定:本补充协议是《摄影服务合同》不可分割的一部分,具有同等法律效力,摄影服务合同约定不明,以《补充协议》约定为准。本补充协议自双方签字盖章后生效,一式两份,甲乙双方各持一份。补充违约责任:因本司所有产品属于厂商代工,选片制作服务属于后期增项,一经下单进入制作流程,乙方与其厂商(丙方)制作合同立即生效,如因甲方违约,所导致乙方与丙方制作合同违约,其违约责任由甲方全部承担(后期增项费用的 70%),乙方有权额外收取甲方惩罚性违约金 20%(后期增项费用的 20%)。

同年 12 月 23 日,两原告联系被告工作人员,提出删减一点照片,减少点费用,被告工作人员予以拒绝。12 月 24 日至 26 日,双方继续协商,被告仍然坚持拒绝变更合同内容,两原告投诉至虹口区消保委,消保委协调未果,将案件移送法院立案,虹口区人民检察院出具支持起诉意见书支持两原告起诉。

两原告诉称,请求判令解除两原告与被告于 2019 年 12 月 31 日签订的《定单协议》,于 2020 年 12 月 20 日签订的《摄影服务合同补充协议》(合同编号:A1000540),于 2020 年 12 月 23 日签订的两份《摄影服务合同》(合同编号 SH0001753、SH0001754)、《摄影服务合同补充协议》(合同编号:0000682);判令被告退还两原告已支付的合同价款 20 788 元,合同余款 5 900 元不再支付。

被告辩称,不同意两原告的全部诉请。第一,两原告从被告处 19.9 元的引流活动到 1 100 元的摄影套餐,以及后续的 1 588 元额外拍摄费用,后增加到 24 000 元的摄影套餐均系两原告自愿消费的项目,两原告亦在上述协议上签字确认。第二,双方签约后,被告按 24 000 元的套餐项目对原告选定的照片进行了精修排版,且签约当日已联系厂家订制后续半成品,至本案起诉时已完成该部分工作。现两原告提出解除合同,对被告会造成一定的损失,故不同意两原告的诉请,要求继续履行合同。第三,如果原、被告之间的多份协议最终由法院判决解除,被告要求两原告按照协议约定承担违约责任。

上海市虹口区人民检察院支持起诉称,第一,两原告为外地来沪就读的在校大学生,被告为经营多年的专业摄影机构,双方不具备同等的商业谈判能力。基于诚信原则,被告应当就合同条款向两原告进行充分的告知和说明,并遵守合同的约定,及时有效地履行。本案中,两原告与被告共签订了五份协议,且两原告已支付了绝大部分合同价款,但被告至今未交付任何精修照片、相册等产品。第二,被告以 19.9 元低价套餐及全场正价套餐 6.8 折的广告吸引两原告到店消费,并在两原告到店后诱使其购买价值 1 100 元的基础套餐,后又在选片时诱导并强制两原告签订合同价款为 24 000 元的《摄影服务合同补充协议》,但未向两原告就产品差异和服务价格明细进行充分说明和提醒。第三,经调查,被告近年来多次实施了类似针对本案消费者的违法侵害行为,截至目前已被投诉至上海市虹口区消费者权益保护委员会四十余次之多,严重侵害了众多消费者的合法权益。因此,为维护弱势消费者的合法权益,维护自愿、平等、公平、诚实信用的交易原则,依据《中华人民共和国民事诉讼法》第十五条的规定,该院决定接受两原告申请,支持起诉。

审 判

一审法院经审理认为,本案争议焦点一在于:原、被告之间法律关系的定性。对此,法院认为,本案中,两原告与被告签订了《定单协议》《摄影服务合同》《摄影服务合同补充协议》等协议,该系列协议均系被告按照两原告的特定拍摄、化妆、选片、选相册等要求而订立,被告以自己的设备、技术和劳力,根据两原告的指示进行相应工作,交付约定的工作成果,两原告向被告支付约定的报酬。系争协议签订后,原、被告双方历经选服装、化妆、拍摄、选片、选相册等成品、付款等协议内容,最终需要被告提交约定的精修电子照片、相册、摆台等工作成果。因此,本案双方当事人之间应为承揽合同关系,两原告为定作人,被告为承揽人。该系列协议均系双方真实意思表示,依法成立并生效。

争议焦点二,系争系列协议是否应当解除。被告称系争协议生效后,双方当事人均应严格遵守,依约履行,对此法院予以认可,这亦是合同法对秩序价值的追求,有利于合同关系的稳定性;但是,合同法同时赋予了定作人合同的任意解除权,允许不再需要合同履行结果的定作人放弃或终止尚未履行或正在履行过程中的服务,既避免合同双方更多时间、精力或金钱的无谓付出,又避免社会资源的浪费,这是合同法对自由与效率的价值追求。综合本案事实,两原告享有对系争系列协议的任意解除权,有权向被告提出解除系争系列协议。

但是,法律对定作人解除权的行使限制了一定的条件。第一,定作人应在承揽工作完成前解除合同。本案中,作为承揽人的被告虽举证其已将补充协议约定的照片精修入盘,但其并未举证证明其系在两原告 2020 年 12 月 26 日通知解除之前已完成该工作成果,其亦未举证证明其已经完成并交付了《定单协议》或补充协议约定的其他工作成果,故两原告任意解除权的行使期限符合法律规定。第二,定作人解除合同应当通知承揽人。本案中,显然两原告已于 2020 年 12 月 26 日向被告明确提出解除补充协议,履行了通知义务,系争补充协议及《摄影服务合同》(编号分别为 SH0001753、SH0001754)应自两原告的通知到达被告时解除,合同的权利义务终止;而对于《定单协议》和《摄影服务合同补充协议》(合同编号:A1000540),两原告直接以向法院提起诉讼的方式请求解除,亦符合法律规定。第三,定作人应当赔偿因其解除合同给承揽人造成的损失。根据法律规定,定作人解除合同,如果给承揽人造成损失,定作人还应当承担赔偿承揽人损失的责任。本案中,被告不同意解除系列协议,称若解除,两原告应承担后期增项费用的 70% 的违约责任和 20% 的惩罚性违约金,但其并未提供证据证明其因两原告的任意解除合同的行为遭受到何种损失。虽然被告辩称其已经完成了精修照片等部分后期工作成果,但从在案证据上看,其行为并非是在两原告向其提出解除系争协议前完成,根据法律的减损规则,被告不应就其扩大的损失向两原告要求赔偿。故对其辩称,法院不予采纳。

争议焦点三,系争系列协议解除的法律后果。根据法律规定,合同解除后,合同义务尚未履行的,终止履行;已经履行的,根据履行情况和合同性质,当事人可以要求恢复原状、采取补救措施,并有权要求赔偿损失。承揽合同中,定作人解除合同的,合同解除后,承揽人应当将已完成的部分工作成果交付定作人,定作人按合同约定预先支付报酬的,承揽人在扣除已完成部分的报酬后,应当将剩余价款返还定作人。按照摄影行业惯例,客户拍摄照片一般分为预定、付款、服装、造型化妆、拍摄、选片、排版确认、制作相册等成品、付清余款等几个环节。对被告的损失,法院综合系列协议的履行情况、被告付出的劳动以及两原告解除的时间节点等因素,予以酌情确定。本案中,一共存在五份协议,法院分述之:第一,2019 年 12 月 31 日签订的《定单协议》,协议价款 1 100 元。双方均确认,该份协议约定的照片、相册和其他成品均被 2020 年 12 月 23 日的补充协议内容所取代,两原告于本案诉讼时提出解除该《定单协议》,法院予以准许,但考虑到被告已为两原告提供了服装和化妆服务,并为两原告拍摄了 200 余张照片,且对照片进行了一定修饰,产生了一定的工作量,法院酌情确定被告的损失。第二,2020 年 12 月 20 日签订的《摄影服务合同补充协议》(合同编号:A1000540),协议价款 1 588 元。被告依约提供了礼服升级、化妆用品升级等服务,且两原告均已拍摄完成,该份补充协议已于当天履行完毕,两原告享有任意解除权的基础已不复存在。故两原告提出解除该份《摄影服务合同补充协议》,法院依法不予支持。第三,2020 年 12 月 23 日签订的补充协议及两份《摄影服务合同》(合同编号:SH0001753、SH0001754),协议价款 24 000

元。该三份协议签署后,两原告当天即就补充协议的履行与被告发生争执,后于同年 12 月 26 日向被告提出解除协议,符合任意解除权行使的法定条件,且被告亦未提供证据其于两原告提出补充协议解除之前向两原告交付补充协议约定的工作成果,故法院认定,被告并未提交补充协议约定的工作成果,且两份《摄影服务合同》双方亦均未履行。因此,对原告要求解除该三份协议且余款不再支付的诉请,法院予以支持。对支持起诉机关的应解除该补充协议的意见,法院予以采纳。

综上,一审法院依据《中华人民共和国民法典》第五百六十五条第二款,《最高人民法院关于适用〈中华人民共和国民法典〉时间效力的若干规定》第一条第二款、第十条,1999 年《中华人民共和国合同法》第六十条第一款、第九十七条、第二百五十一条、第二百六十八条,2015 年《最高人民法院关于适用〈中华人民共和国民事诉讼法〉的解释》第九十条之规定,判决:一、两原告与被告于 2019 年 12 月 31 日签订的《定单协议》于 2021 年 1 月 21 日解除;二、两原告与被告于 2020 年 12 月 23 日签订的两份《摄影服务合同》(合同编号:SH0001753、SH0001754)及《摄影服务合同补充协议》(合同编号:0000682)均于 2020 年 12 月 26 日解除;三、被告于判决生效之日起十日内返还两原告人民币 18 600 元;四、驳回两原告的其余诉讼请求。

一审判决后,原、被告双方均未提起上诉,本案判决已生效。

点 评

本案系一起顾客与影楼之间发生的消费者权益保护纠纷案件,涉及的问题主要包括顾客与影楼之间法律关系的性质争议,以及合同解除权的行使条件与法律后果。本案判决通过探寻缔约双方真实意思,分析合同约定的义务内容,将系争协议正确定性为承揽合同。同时,主审法官妥当运用我国《民法典》等相关法律条文,结合双方合同订立和履行的具体情况,对定作人的任意解除权及权利行使条件进行细致的分析,结合个案具体情形确定合同解除的法律后果。本案判决坚持消费者权益保护的价值导向,不仅维护了消费者的现实利益,更对同类案件的处理提供了明确的规则指引。本案先后有消保委参与协调和检察院支持起诉,又有互联网直播和电视台现场转播,起到了相当积极的法治宣传效果,倡导消费者树立正确消费观、经营者诚信经营,共同营造良好的消费环境,实现了社会效果和法律效果的统一。

案例提供单位:上海市虹口区人民法院

编写人:曹艳梅 孙鼎铭

点评人:彭诚信

13. 李某甲诉李某乙抚养费纠纷案

——高额抚养费主张的司法认定

案 情

原告(上诉人)李某甲

被告(被上诉人)李某乙

被告李某乙系原告李某甲的父亲,被告与原告母亲肖某原系夫妻关系,双方于 2010 年 12 月 17 日生育原告,后于 2018 年 11 月 27 日办理离婚登记,并签订离婚协议书。该离婚协议书中双方约定李某甲抚养权归肖某,随肖某共同生活,李某乙支付抚养费方式如下:对于李某甲的教育费用,包括学费、学杂费、校服费、校车费及保险费、医疗费等合理费用,李某乙按照 50% 的比例承担;对于其他经李某乙认可的李某甲参加的兴趣班、夏令营等活动(目前李某甲在学的兴趣班李某乙均认可,新增课程需额外征求李某乙意见),李某乙按照 50% 的比例承担费用,肖某须提供相关活动费用证明;李某乙抚养费按月支付,每月不晚于第 5 个自然日前将当月抚养费支付给肖某,并一直支付到李某甲大学毕业独立工作生活为止;如有任意一期李某乙未按约足额支付抚养费,则李某乙同意变卖山东省招远市某 101 室的房产用以偿付,此偿付在售出后 7 个自然日内一次性支付所有欠款,并自愿承担违约责任,违约金按照中国人民银行同期逾期贷款利息标准计算,肖某可以就全部未付金额即时向法院起诉,并有权参照上一年度抚养费金额要求李某乙一次性预付剩余年度抚养费。李某乙同意单独支付李某甲 2019 年上半学期的学校收取的学费,共计人民币陆万元(￥60 000),此费用将在入学前直接转入学校账号。离婚协议书另对其他事项进行了约定。

2018 年 12 月至 2019 年 7 月期间,被告李某乙已按照 50% 的比例向原告李某甲支付以下项目费用,共计支付 71 807 元:钢琴课及相关费用、英语阅读课、生日蛋糕及送礼、班费及学校学杂费、学校早点费、书籍、春夏校服费、芭蕾课及考级标准服装费、2019 年年度校车费用、羽毛球课及集训、旱地冰球课程及相关费用、牙医相关费用、美术课、街舞课、年度商业保险、轮滑球课程及相关费用、游美夏令营、泉州古建筑游学团及机票、机器人学校集训、暑期机票及高铁费、室内滑雪兴趣班及集训、千岛湖夏令营交通费、玛蒂尔达音乐剧、2018 年 12 月、2019 年 1 月及 2019

年 7 月的餐费。

除上述费用外,2018 年 12 月至 2019 年 7 月期间,原告李某甲还发生如下费用:书籍 62 元、电动牙刷牙膏 276 元、衣服 777 元、零食 165 元、芭蕾考级费用 495 元、机票(长春)1 460 元、钙铁锌口服液 184 元、摇滚学校音乐剧 780 元、展览 300 元。

2019 年 8 月至 2019 年 11 月期间,原告李某甲发生如下费用:旱地冰球相关费用 4 740 元、牙医费 1 200 元、钢琴课 6 828 元、学校学费及学杂费 62 500 元、班费 500 元、书包文具及服装 2 749 元,羽毛球课程费用 4 500 元、护眼灯 1 999 元,芭蕾学费及鞋子费用 3 203 元、舞台剧 560 元、艺术展 320 元。

另查明,被告李某乙已支付原告李某甲 2019 年上半年的学费 6 万元。2019 年 8 月至 2019 年 11 月期间,被告李某乙每月向原告李某甲支付抚养费 8 333 元,共计 33 332 元。

2018 年 11 月至 2019 年 7 月,被告的工资收入情况为 20 580.11 元至 48 728.56 元不等。

2020 年 4 月 30 日,被告李某乙与案外人某科技公司解除劳动合同,并办理退工手续。该公司向被告支付服务年限经济补偿 52 588 元以及额外经济补偿 120 333.33 元。

原告李某甲诉称,被告李某乙与其母亲肖某于 2018 年 11 月 27 日签订离婚协议书,就其抚养权归属及抚养费支付方式约定明确,但被告李某乙自 2018 年 12 月起拒绝履行离婚协议的约定,无故少给、拖欠抚养费。现请求:(1)被告支付 2018 年 12 月 1 日至 2019 年 11 月 30 日欠付的抚养费 42 168.50 元及违约金 1 054 元;(2)被告自 2019 年 12 月 1 日起至 2033 年 7 月 1 日止,每年 6 月 1 日前向原告支付每年的抚养费 177 000 元(折合每月 14 750 元)。

被告李某乙辩称,不同意原告李某甲的诉讼请求。首先,部分教育培训费用不合理,如旱地冰球课,学校开设了相同课程,无重复报班必要;如街舞课、暑期班等,作为离婚后新增的课程,肖某让孩子打电话告知其,且大部分费用都是已经花销后才告知其的,违背了离婚协议中的约定。其也不认同给原告报太多兴趣班的做法,减少陪伴孩子的时间、影响孩子正常休息。其次,因疫情原因,其已被公司裁员,暂时无法回国找工作,加之外租房和赡养老人,其无力承担高额抚养费。最后,原告年花销最多 20 万元,被告同意每年支付抚养费 10 万元(折合每月 8 333 元)。

审 判

一审法院经审理认为,本案中,原告李某甲主张的抚养费金额虽高至上海市月最低工资标准的五倍,但该主张具有未成年人既有生活消费水平居于高位、抚养人具有负担能力和负担意愿的事实基础,故在抚养费金额的认定上应依次进行如下审查。

一、审查抚养人之间就子女抚养费约定的具体内容

原告母亲肖某与被告李某乙签订的离婚协议书就原告应支付的抚养费进行了约定,协议真实有效,对双方具有约束力。对于原、被告发生分歧的各项费用,应根据离婚协议书中的约定,结合费用的性质以及合理性等实际情况予以不同处理。

1. 存在明确约定的情形

父母双方就子女抚养费的支付标准、支付条件以及支付方式存在明确约定的,即便该约定明显高于当地一般生活水平,原则上不应予以推翻。

本案中,对于原告 2019 年 8 月至 2019 年 11 月期间因就学、医疗发生的牙医费用、学费、班费合计 64 200 元,因双方对该费用的负担具有明确约定,根据离婚协议书之约定,应当由被告按照 50% 的比例承担,故原告所提主张,符合双方约定,法院予以支持。对于被告支付的 2019 年上半年的学费 6 万元,根据离婚协议书之约定,应当由被告承担,故法院予以确认。

对于 2019 年 12 月起被告应承担的抚养费,现原告要求被告按年支付固定金额的抚养费,被告虽就抚养费金额及付款方式提出异议,但亦认可按固定金额支付,系双方变更离婚协议书载明的按 50% 比例结算各笔费用的支付方式的合意,法院予以采纳。

2. 未作约定或约定不明的情形

对于抚养费的支付标准、支付条件、支付方式等没有约定或存在理解歧义的情形,则应从文义解释的角度结合抚养人的实际生活、教育、医疗等需要,就其主张的合理性与否进行严格审查。

二、审查被抚养的未成年人实际生活和教育需要

在抚养人之间未约定或约定不明的情形下,高额抚养费的争议焦点集中于未成年人教育培训方面的高频开支是否合理以及实际抚养一方有无履行必要的告知义务。本案中,原告作为在读小学生,其参加的兴趣班、培训班、夏令营活动有十余项之多,可谓"精英化教育",在费用认定时应根据培训费的参与情况予以区分。

1. 对约定时既已参加的培训费用

对于既已参加的培训项目支出,应考虑到该费用支出并未超出抚养人的合理预期,为保证未成年人接受教育的持续性和连贯性,将父母婚姻关系的解除对未成年人的生活影响降到最低,原则上该部分费用主张的合理性应予以支持。

本案中,对于原告 2019 年 8 月至 2019 年 11 月期间,因旱地冰球、钢琴、羽毛球、芭蕾兴趣班发生的相关费用以及 2019 年 1 月原告支出的芭蕾考级费、冬令营(长春)机票合计 21 226 元,上述课外活动系肖某与被告离婚前,原告已确认参加的,且因兴趣班衍生的比赛费用、交通费、护具等配套用具的费用,确系原告因参加兴趣班所实际产生的费用,金额及用途尚属合理,亦未超出合理预期。故根据离婚协议书之约定,上述费用应当由被告按照 50% 的比例承担。

2. 对约定时尚未参加的培训费用

对于约定时尚未参加的培训费用,则应以抚养人之间充分协商为前提,这既保障了抚养费支付一方享有与支付义务相关的知情权,又尊重了未实际抚养的一方父母参与子女教育的权利。此情形下,实际抚养一方负有当然的告知义务,其主张费用时应就向对方履行了告知义务且征得了对方同意进行举证,并承担举证不能的责任。

如抚养人之间未协商或协商不成,实际抚养一方仍坚持支出的费用,应视为其自愿为子女负担的部分,不宜作为未实际抚养一方的抚养费分担范围。

本案中,在被告不同意原告安排太多课外兴趣班的情形下,要求被告分担现有全部课外兴趣培训班费用不尽合理。故对于 2018 年 12 月至 2019 年 11 月期间,原告因购买书籍、电动牙刷、服装、零食、钙铁锌口服液、护眼灯、书包文具以及观看舞台剧、艺术展所产生的费用,以及原告主张的保姆费、餐饮费,离婚协议书对此并未作明确约定,且相关费用的支出亦未事前征得被告的同意,故原告要求被告按照 50% 的比例支付上述费用的主张,法院难以支持。

当然,对于兴趣培训班投报较多的情形,必要时,可结合未成年人所处的年龄层次、教育阶段,作出是否征询未成年人意见的选择。同时针对该征询意见,就费用主张的合理性进行判断。

三、审查支付抚养费一方的实际负担能力

对于实际负担能力的标准判断,应从义务人的收入水平和财产状况两方面予以考察。其中,义务人的实际收入水平客观上可能存在浮动性和不确定性,但合理范围内的波动不应对抚养费的支付标准产生影响,有无负担能力不能单纯考察某一时间结点的收入水平,而应对支付义务人的整体收入能力进行判断,短暂性的工作调整而收入减少并非必然导致抚养费标准的调低。支付义务人存在固定资产或存在其他财产性收益的情形下,也应视为具有负担能力。

本案中,对于被告的负担能力,不能单纯地以其当前失业的状态加以判断,应结合其失业原因以及所从事行业收入水平等因素予以认定,且被告现亦同意支付每年 10 万元的抚养费。本案的特殊性在于原告的教育费所需较高,但其父母一定程度上具有相应的负担能力,且系其父母离婚前已形成的费用水平,根据原告现有的教育费用,并结合一般生活水平所需的生活费及医疗费,法院酌定被告每年应承担原告抚养费 12 万元,由被告于每月 5 号前向原告支付当月抚养费 1 万元。

综上，一审法院依照《中华人民共和国婚姻法》第三十七条、《最高人民法院关于适用〈中华人民共和国婚姻法〉若干问题的解释（一）》第二十一条规定，判决：一、被告李某乙向原告李某甲支付截至 2019 年 11 月底的抚养费 24 381 元；二、被告李某乙自 2019 年 12 月起至 2033 年 6 月止，于每月 5 号前向原告李某甲支付当月抚养费 1 万元；三、驳回原告李某甲的其余诉讼请求。

一审宣判后，李某甲不服，提起上诉。

二审法院经审理认为，一审判决认定事实清楚，适用法律正确，判决驳回上诉，维持原判。

点 评

本案系因未成年人主张高额抚养费引发的纠纷，案件的争议焦点在于未成年人教育培训方面的高额开支是否合理，以及实际抚养一方有无履行必要的告知义务。基于未成年人既有生活消费水平居于高位的事实基础，法院并没有机械地将当地一般生活水平作为参照标准。本案中，承办法官从抚养人之间关于抚养费支付标准、支付条件、支付方式等的真实意思出发，以被抚养未成年人的实际生活和教育需要为基础，并结合收入水平和财产状况两方面因素判断支付抚养费一方的实际负担能力，对未成年人的高额抚养费主张进行认定。本案判决一方面维护了未成年人接受教育的持续性，将解除婚姻关系对未成年人造成的不利影响降到最低；另一方面保障了未实际抚养一方对费用支出的知情权，以及参与子女教育并发表意见的权利。本案较好地平衡了不同主体间的利益关系，引导未成年人父母树立正确的家庭育儿观念，妥善解决离婚后未成年子女的教育抚养问题，对类似案件的处理有一定的借鉴意义。

案例提供单位：上海市闵行区人民法院

编写人：陈献茗　黄　湛

点评人：彭诚信

14. 强某某诉苏某某等机动车交通事故责任纠纷案

——租赁车辆投入网约车经营发生交通事故的责任承担

案 情

原告(被上诉人、再审被申请人)强某某

被告(被上诉人、再审被申请人)苏某某

被告(被上诉人、再审被申请人)久行(上海)汽车租赁服务有限公司

被告(上诉人、再审申请人)天安财产保险股份有限公司上海分公司

2018 年 6 月 6 日,被告苏某某驾驶租赁的被告久行(上海)汽车租赁服务有限公司(以下简称久行公司)所有的小型客车行驶至上海市华灵路大华三路路口时与骑自行车的原告强某某发生交通事故,导致强某某受伤,交通事故认定书载明的事故原因为"开车门"。经交警部门认定,被告苏某某负事故全部责任。

涉案小型客车(行驶证载明使用性质为租赁)在被告天安财产保险股份有限公司上海分公司(以下简称天安保险公司)处投保交强险及三责险(保单载明被保险人为大昌行公司,车主名称为久行公司,机动车使用性质为企业非营业客车),事故发生在保险期间内。交强险责任限额为 122 000 元,其中死亡伤残赔偿限额为 110 000 元;医疗费用赔偿限额为 10 000 元;财产损失赔偿限额为 2 000 元。商业三责险限额 100 万元,购买不计免赔。

2018 年 12 月 21 日,司法鉴定科学研究院出具鉴定意见书,结论为原告强某某左肩等处交通伤,后遗左肩功能障碍,构成九级伤残。伤后一期治疗休息 150—180 日,护理 120 日,营养 90;今后若行二期治疗,休息 30 日,护理 15 日,营养 15 日。原告强某某支付鉴定费 1 950 元。

原告强某某系非农业户口。

事发后,被告苏某某先行支付原告强某某 11 000 元,被告天安保险公司先行支付原告强某某 10 000 元,强某某同意在本案中予以抵扣或返还。

原告强某某起诉请求判令三被告赔偿医疗费 49 136.20 元、住院伙食补助费 320 元(20 元/天×16 天)、伤残赔偿金 258 529.20 元(68 034 元/年×19 年×

20%)、护理费 5 400 元(40 元/天×135 天)、营养费 4 200 元(40 元/天×105 天)、精神损害抚慰金 10 000 元、交通费 500 元、衣物损失 500 元、鉴定费 1 950 元、辅助器具费 140 元(肩臂吊带)、律师费 4 000 元。要求被告天安保险公司在交强险及商业第三者责任保险范围内承担赔偿责任,超出部分由被告苏某某、被告久行公司承担赔偿责任。

被告苏某某辩称,对事故事实及责任认定无异议。车辆本身没有问题,该车虽然用于网约车,但次数很少,事发时是用于网约车,认为商业第三者责任保险应予赔偿。

被告久行公司辩称,对事故事实及责任认定无异议。车辆本身没有问题,久行公司不应承担赔偿责任。投保时久行公司明确告知天安保险公司车辆用途系租赁,天安保险公司也检查过车辆行驶证,行驶证上明确载明车辆使用性质为租赁,天安保险公司没有告知过久行公司投保的是企业非营业客车保险,也没有告知过改变车辆用途商业第三者责任保险拒赔,故认为商业第三者责任保险应予理赔。

被告天安保险公司辩称,对事故事实及责任认定无异议。肇事车辆在天安保险公司投保交强险及商业第三者责任保险(限额 100 万元,有不计免赔),事发时在保险期间内,同意在交强险限额内赔偿,因车辆投保的是企业非营业客车保险,而车辆实际租赁给苏某某从事营业活动,事发时也是因为从事营业活动,乘客打开车门导致原告受伤,被保险人购买的保险险种与实际性质不同,使保险人承担了与保费不对等的风险,依据保险条款第五十二条规定,不同意在商业第三者责任保险范围内赔偿。

审 判

一审法院经审理后认为,肇事车辆在天安保险公司处投保交强险,故天安保险公司应在交强险范围内承担赔偿责任。关于商业三责险是否应当理赔,天安保险公司在签订保险合同时应当审查车辆的所有权人及使用性质。肇事车辆行驶证载明使用性质为租赁,商业三责险保单载明的车主也为久行公司,可见天安保险公司明知车主为汽车租赁公司,车辆使用性质为租赁,应当预料到车辆可能会用于网约车等营运行为。这样的车辆投保"企业非营运客车保险",天安保险公司有义务进行特别提示,告知其投保登记的车辆性质以及改变车辆用途的后果。现无证据证明天安保险公司特别告知过投保人免责条款,故对天安保险公司商业三责险免赔的主张不予支持。因车辆本身并无问题,强某某主张久行公司承担赔偿责任,不予支持。苏某某系肇事驾驶员,交通事故认定书上无其他人信息,无法判断系谁开车门导致强某某受伤,故判决苏某某对超出保险范围的损失承担赔偿责任。如果确实存在其他侵权人应承担责任的情况,苏某某可在赔偿后另行追偿。

综上,一审法院依照《中华人民共和国侵权责任法》第十六条、《中华人民共和国道路交通安全法》第七十六条、《最高人民法院关于审理道路交通事故损害赔偿案件适用法律若干问题的解释》第十六条之规定,判决:一、天安保险公司赔偿强某某医疗费 49 116.20 元、住院伙食补助费 320 元、伤残赔偿金 258 529.20 元、精神损害抚慰金 10 000 元、护理费 5 400 元、营养费 3 150 元、交通费 500 元、衣物损失 200 元、鉴定费 1 950 元、辅助器具费 140 元,扣除天安保险公司先行支付的 10 000 元,天安保险公司还应支付 319 305.40 元;二、强某某返还苏某某 7 000 元;三、强某某的其余诉讼请求不予支持。

被告天安保险公司不服,提起上诉。

二审法院经审理后认为,天安保险公司在签订保险合同时应当审查车辆的所有权人及车辆的使用性质,肇事车辆行驶证载明车主为久行公司,使用性质为租赁,商业三责险保单载明的车主也为久行公司,因此天安保险公司应当预料到车辆会用于租赁,而租赁后的车辆不排除用于网约车等营运行为的可能,故不属于投保人故意不履行如实告知义务的情形。此种车辆投保"企业非营运客车保险",天安保险公司除通过加粗加黑字体及保单重要提示栏请求被保险人详细阅读免责条款外,应当有义务就系争免责条款进行特别提示与明确说明,明确告知其投保登记的车辆性质以及改变车辆用途的后果。现天安保险公司未提供证据证明明确告知过投保人改变车辆用途的免责条款,其承保行为应当认定存在过失,故对天安保险公司的上诉理由不予采纳。据此,二审法院判决驳回上诉,维持原判。

判决生效后,上诉人天安保险公司仍不服,申请再审。再审审查法院经审查后认为,再审申请人天安保险公司申请再审的理由符合《中华人民共和国民事诉讼法》第二百条第六项规定的情形,故裁定提审本案。

再审法院经审理后认为,本案的争议焦点是:第一,天安保险公司是否应在商业第三者责任险范围内承担赔付责任;第二,对于交强险赔偿后仍不足的部分,应由哪些主体对强某某承担赔偿责任以及责任应该如何分担。关于焦点一,由于投保方在为肇事车辆投保非营运险时未对车辆实际使用情况履行如实告知义务,车辆出租后投入网约车经营已构成危险程度显著增加,被保险人亦未能及时履行通知义务,上述行为均违反了《保险法》及其司法解释的相关规定,因此,天安保险公司可免于承担商业三责险的赔付责任。再审中,天安保险公司自愿在商业三责险的范围内赔付部分金额,属于自愿处分权利,于法不悖,故依法予以准许。关于焦点二,苏某某作为车辆使用人,经交警部门认定在交通事故中负全部责任,系直接侵权人,对于交强险赔偿后仍不足的部分应承担主要责任,酌定责任比例为60%。久行公司作为车辆所有权人,将车辆有偿出租给案外人并将公司印章交由他人掌管,却未能有效监管车辆的使用情况,对交通事故的发生也存在一定的过错。同时,久行公司作为出租方亦未能按照合同约定为车辆购买合适的商业三责险,客观上也导致肇事车辆发生保险事故后受害者无法得到足额理赔。因此,久行公司应对交强险赔偿后仍不足的部分承担次要责任,酌定责任比例为 40%。故依照《中华人民共和国保险法》第十六条第一款、第四款、第六款、第十七条、第五十二条,《最高人民法院关于适用〈中华人民共和国保险法〉若干问题的解释(二)》第十条,《最高人民法院关于适用〈中华人民共和国保险法〉若干问题的解释(四)》第四条第一款第一项,《中华人民共和国侵权责任法》第四十九条,《中华人民共和国道路交通安全法》第七十六条第一款第二项,《最高人民法院关于审理道路交通事故损害赔偿案件适用法律若干问题的解释》第十六条第一款,《中华人民共和国民事诉讼法》第二百零七条第一款、第一百七十条第一款第二项以及《最高人民法院关于适用〈中华人民共和国民事诉讼法〉的解释》第四百零七条第二款之规定,判决:一、撤销二审判决及一审判决第一项;二、维持一审判决第二项、第三项;三、天安保险公司在交强险范围内赔付强某某 120 200 元;四、天安保险公司在商业三责险范围内赔付强某某 129 105.40 元;五、苏某某赔偿强某某 48 000 元;六、久行公司赔偿强某某 32 000 元。

点 评

肇事司机租赁车辆投入网约车经营发生交通事故,因汽车租赁公司仅为车辆投保非营运险,保险公司拒赔商业第三者责任险,由此引发本案纠纷。由于机动车所有人与使用人不一致,本案呈现诉讼主体多元、法律关系多重的特点,实践中的处理方案也存在较大争议。本案核心争点有二:其一,保险公司是否应在商业第三者责任险范围内承担赔付责任;其二,对于保险赔偿后仍不足的部分,应如何在不同主体之间进行分担。针对争点一,再审法院从投保人的如实告知义务、危险程度显著增加的具体情形、保险公司对危险程度的预见性以及免责条款的说明提示义务等方面予以考量,正确认定保险公司免于承担商业三责险责任。对于争点二,就保险赔偿后仍不足的部分,再审法院结合肇事司机和汽车租赁公司的过错程度及与损害后果之间的因果关系,合理分配两者相应的责任比例,不仅遵循了侵权责任法的归责原理,也保障了受害人的合法权益。本案为同类案件的处理提供了清晰的判断路径,具有一定的参考价值。

案例提供单位:上海市高级人民法院

编写人:方　遴

点评人:彭诚信

15. 上海安盛物业有限公司诉王某某劳动合同纠纷案

——企业用工管理权合理边界探析

案 情

原告(上诉人)上海安盛物业有限公司

被告(被上诉人)王某某

被告王某某于 2008 年进入原告上海安盛物业有限公司(以下简称安盛物业公司),岗位为保安,做二休一。安盛物业公司规定,员工请事假或公休需填写请假申请单,写明假别、时间、事由等,申请单落款签字栏分别为"申请人""主管部门""人事"及"经理"等。安盛物业公司考勤管理细则规定,员工请事假一天由主管领导审批,连续二天由行政事务部(办公室)审批,连续三天以上(含三天)由公司总裁(总经理)审批;累计旷工三天以上(含三天)者,视为严重违反公司规章制度和劳动纪律,公司有权辞退,提前解除劳动合同并依法不予支付经济补偿。王某某签收并学习了上述文件。

2020 年 1 月 6 日,被告王某某因父亲生病向主管提交请假单后回乡,请假时间为 1 月 6 日至 1 月 13 日。次日,王某某因公司告知未准假而返回,途中得知父亲去世,王某某向主管汇报,主管让其安心回家料理后事,王某某便再次回家。后,公司未再联系王某某。王某某于 1 月 14 日返回上海,次日开始上班。2020 年 1 月 6 日至 14 日期间,王某某应出勤日期为 6 日、8 日、9 日、11 日、12 日、14 日。2020 年 1 月 31 日,安盛物业公司向王某某出具《解除劳动合同通知书》,以王某某未经审批同意擅自离职回乡,按照公司考勤管理规定应视为旷工,即使扣除 3 天丧假,旷工天数也已达到累计三天以上(含三天),严重违反公司规章制度和劳动纪律为由,解除劳动合同。

被告王某某 2019 年应享受 10 天年休假,已休 7 天。原告安盛物业公司保安岗位在 2019 年 8 月 1 日至 2020 年 7 月 31 日期间实行以季为周期的综合计算工时工作制。

被告王某某于 2020 年 3 月 27 日申请仲裁,要求原告安盛物业公司支付违法解除劳动合同赔偿金 104 069.06 元、2020 年 1 月 1 日至 2 月 29 日工资 11 190.53 元及 2019 年未休年休假工资差额 2 464.38 元。仲裁裁决安盛物业公司支付王某某 2020 年 1 月工资 3 419.3 元、违法解除劳动合同赔偿金 75 269.04 元及 2019 年未休年休假工资差额 865.16 元,对王某某的其余请求不予支持。安盛物业公司不服,诉至法院。

原告安盛物业公司诉称,被告王某某请假未经批准擅自离岗,共缺勤 6 个工作日,即使给足 3 天丧假,累计旷工也达 3 个工作日,符合辞退条件。其因私请假虽事出有因,但必须遵守公司规章制度,人情不能大于法,一味偏袒员工,对用人单位显失公平。王某某不等审批即离岗,说明其主观已有旷工故意。其提供的由村委会出具的其父死亡及火化下葬证明,真实性无法确认,公司对此存有合理质疑。超出法定丧假期间的,公司完全有权根据实际情况和工作需要,适当作出是否批准的决定。公司充分考虑实际情况后审慎作出辞退决定,并未违反合理、限度和善意的原则,故请求不支付违法解除劳动合同赔偿金。

被告王某某辩称,不同意安盛物业公司的诉讼请求,认可仲裁裁决结果。

审 判

一审法院经审理后认为,用人单位行使管理权应遵循合理、限度和善意的原则。解除劳动合同系最严厉的惩戒措施,用人单位尤其应当审慎用之。被告王某某因父去世回老家操办丧事,既是处理突发的家庭事务,亦属尽人子孝道,符合中华民族传统的人伦道德和善良风俗。安盛物业公司作为用人单位,应给予充分的尊重、理解和宽容。王某某所请 1 月 6 日至 1 月 13 日的事假在 1 月 7 日后性质发生改变,转化为事假丧假并存。扣除三天丧假,王某某实际只请了两天事假。考虑到王某某老家在外地,路途时间亦耗费较多,王某某请事假两天,属合理期间范围。在此情形下,安盛物业公司不予批准,显然不近人情,亦有违事假制度设立之目的。1 月 14 日不在请假期间范围,王某某未按时返岗,可认定为旷工。另,王某某因其父病危于 1 月 6 日早上提交了事假申请,安盛物业公司的主管和小区物业经理已在请假单申请上签字,但迟至当日下午才提交集团公司审批,于次日才告知未获批准,故 1 月 6 日缺勤行为,系因公司未及时行使审批权所致,不应认定为无故旷工。王某某缺勤的期间涉及六个应出勤日,扣除三天丧假,王某某实际只旷工两天,也并未达到安盛物业公司规章制度所规定的可以解除劳动合同的条件。关于 2019 年年休假工资,双方均认可王某某当年度应享受十天年休假,已休七天,故王某某尚余三天年休假未休。仲裁裁决的金额在法院核算范围内,王某某未提起诉讼,应视为认可。关于 2020 年 1 月工资,仲裁裁决安盛物业公司支付王某某 2020 年

1 月工资 3 419.3 元,双方均未提起诉讼,应视为认可,法院予以确认。

综上,一审法院根据《中华人民共和国劳动合同法》第四十七条第一款、第三款、第八十七条,《职工带薪年休假条例》第三条第一款、第五条第三款之规定,判决安盛物业公司支付王某某违法解除劳动合同赔偿金 75 269.04 元、2019 年未休年休假工资差额 865.16 元、2020 年 1 月工资 3 419.3 元。

一审判决后,原告安盛物业公司不服,提起上诉。

二审法院经审理后认为,劳动合同履行期间,用人单位及劳动者均负有切实、充分、妥善履行合同的义务。劳动者有自觉维护用人单位劳动秩序,遵守用人单位的规章制度的义务;用人单位管理权的边界和行使方式亦应善意、宽容及合理。

上诉人安盛物业公司以被上诉人王某某旷工累计达三天为由解除劳动合同,是否构成违法解除,应审视王某某是否存在相应违纪事实。王某某工作做二休一,2020 年 1 月 6 日至 14 日,其请假日期为 6 日至 13 日,应出勤日期为 6 日、8 日、9 日、11 日、12 日、14 日。对于 6 日,王某某于该日早上提交请假手续,其主管签字同意,但迟至下午才报公司审批,次日才告知未获批准,因公司未及时行使审批权,6 日不应认定为旷工。对于 7 日至 13 日,7 日王某某因公司未准假返回上海,途中得知父亲去世便再次回家办理丧事,至此,事假性质发生改变,转化为丧假事假并存,扣除三天丧假,王某某实际事假天数为两天。其请假事出有因,回老家为父亲操办丧事,符合中华民族传统人伦道德和善良风俗,无可厚非,且并未超过合理期限,安盛物业公司应以普通善良人的宽容心、同理心加以对待。村委会出具的证明亦显示其父从去世到火化下葬尚在合理期间,尊重民俗,体恤员工的具体困难与不幸亦是用人单位应有之义。至于 14 日,不在请假期间范围,王某某未到岗,公司可认定旷工。综上,王某某旷工未达三天,安盛物业公司系违法解除。至于其余诉请,安盛物业公司不服一审判决,其依据的事实和理由与一审审理中陈述的一致,法院对其余诉请亦难以支持。

综上,二审法院判决驳回上诉,维持原判。

点 评

本案为劳动合同纠纷,关键在于对企业用工管理权的边界和行使方式合法性的审查判断。

劳动合同关系存续期间,劳动者有义务自觉遵守用人单位的规章制度,相应地,用人单位在行使用工管理权时应当遵循善意、宽容、合理的原则。本案围绕企业以无故旷工为由解除与劳动者之间的劳动合同关系是否违法展开,裁判文书中体现出法院对于事实判断及法律适用的准确性。值得肯定的是,一、二审法院根据具体案件事实对请假制度、请假程序、请假期间范围、解除劳动合同条件等方面进行了全面审查,正确地把握了"事假"与"丧假"在时间线上的性质转变,并恰当地认定了劳动者的缺勤原因及请假瑕疵的责任归属。

从属性是劳动关系的典型特征,劳动合同履行过程中,用人单位对劳动者具有用工管理权,对劳动者违反企业规章制度和劳动纪律的行为有权进行惩戒,但惩戒方式不应超过合理的限度。本案判决中,法院明确企业用工管理权合理边界的审查标准应当符合合法性、正当性及合理性的要求,对于妥善把握企业管理与劳动者权益保障之间的关系有着重大意义。同时,在查明案件事实和正确适用法律的基础上,依托情、理、法,遵循公序良俗,保障了劳动者"为父奔丧"的正当休假权,促进了休息休假权之法律价值与社会价值的协调统一,符合我国的社会主义核心价值观。

本案在社会上引起高度关注,一、二审法院的判决条分缕析,深入说理,合法合理合情,彰显出法律尺度下的司法温度,应作为典型案例推广,同时不断探析如何平衡企业用工管理权和劳动者合法权益的关系。

案例提供单位:上海市第二中级人民法院

编写人:陈　樱　张　曦

点评人:李　峰　刘克钰

16. 上海恒升健康医疗科技股份有限公司诉王某某等清算责任纠纷指定管辖案

——侵权行为诉讼管辖与依职权移送管辖的界定与适用

案 情

原告上海恒升健康医疗科技股份有限公司

被告王某某等六人

2016 年 4 月 15 日,原告上海恒升健康医疗科技股份有限公司(以下简称上海恒升)与中彩盈投资有限公司(以下简称中彩盈公司)、被告王某某及中国社会工作联合会康复医学工作委员会、中国医疗康复协会(筹)约定合作开展"哈佛中国卫生领导力计划"的中国境内招生工作,其间就合作内容签订了《合作协议》《补充协议(一、二)》,其内容为,由原告拿出 500 万元作为筹备资金,原告两年内收回。如若不能收回,培训计划不能落实,中彩盈公司及王某某退还筹备资金,并承担原告的经济损失。原告于 2016 年 4 月 7 日将筹备款 500 万元汇至王某某账户,后因项目未落实,中彩盈公司及王某某承诺退还该款项。2020 年 9 月 8 日,原告与中彩盈公司、王某某签订《补充协议(三)》,中彩盈公司和王某某承诺,2020 年 11 月 15 日前归还第一期本金 100 万元,2020 年 12 月 31 日前归还第二期本金 300 万元,2021 年 4 月 30 日前归还第三期本金 100 万元、2016 年 4 月 5 日至 2017 年 4 月 4 日经济损失 75 万元以及 2017 年 4 月 5 日至还清之日止的利息,利率按年 6％计算。如不能按时归还,每逾期一日按万分之一支付滞纳金,王某某承担连带责任。直至 2021 年 1 月 5 日,中彩盈公司及王某某未支付任何款项,原告向上海市 A 区人民法院申请立案,该院于 2021 年 1 月 25 日组织双方诉前调解,中彩盈公司与王某某到场表示一切债务均认可,但因归还时间未能达成共识而调解未成。之后,被告暗中通过恶意注销中彩盈公司来逃避债务责任。经调查,被告王某某、夏某某、王某二、缪某、朱某某为中彩盈公司股东,均未足额缴纳出资,被告王某三为中彩盈公司法定代表人和总经理。

原告上海恒升诉称,依据《最高人民法院关于适用〈中华人民共和国民事诉讼法〉的解释》(以下简称《民事诉讼法解释》)第六十四条规定,企业法人解散的,依法清算并注销前,以该企业法人为当事人,未依法清算即被注销的,以该企业法人的股东、发起人或者出资人为当事人。依据《中华人民共和国民法典》第七十条规定,执行机构负责人是清算义务人,清算义务人未及时履行清算义务,造成损失的,应当承担民事责任。故诉至上海市 A 区人民法院请求判令六被告赔偿原告损失 500 万元及相应的利息损失。

审 判

上海市 A 区人民法院经审理认为,本案系清算责任纠纷,从案件性质来看,清算责任纠纷本质上属于侵权责任纠纷,应由侵权行为地或者被告住所地人民法院管辖,其中侵权行为地包括侵权行为实施地和侵权结果发生地。本案中,侵权行为地应为中彩盈公司住所地,侵权结果发生地应为原告上海恒升住所地,故该两地人民法院即本案原、被告住所地人民法院对本案均有管辖权。中彩盈公司住所地位于北京市朝阳区,而原告住所地在中国(上海)自由贸易试验区,属于上海市 B 区人民法院辖区。因此,上海市 A 区人民法院对本案无管辖权。故基于原告对管辖法院的选择,于 2021 年 3 月 19 日裁定,将本案移送上海市 B 区人民法院处理。

上海市 B 区人民法院经审理认为,因侵权行为提起的诉讼,由侵权行为地或者被告住所地人民管辖。侵权行为地包括侵权行为实施地和侵权结果发生地。本案中,不能以原告所在地作为侵权结果发生地,中彩盈公司所在地可认定为侵权行为地,而该公司注销前的住所地位于北京市朝阳区。此外,本案被告住所地亦不在其辖区,故其对本案无管辖权。故于 2021 年 6 月 2 日报请上海市第一中级人民法院指定管辖。上海市第一中级人民法院认为,上海市 B 区人民法院关于本案管辖的意见成立,故于 2021 年 7 月 19 日,报请上海市高级人民法院指定管辖。

上海市高级人民法院经审理认为,首先,《中华人民共和国民事诉讼法》第二十八条规定,因侵权行为提起的诉讼,由侵权行为地或者被告住所地人民法院管辖。所谓侵权行为,是指加害人不法侵害他人民事权益的行为。因此,"因侵权行为提起的诉讼",并不等同于或仅限于《民事案件案由规定》中的"侵权责任纠纷"诉讼,它还包括因侵害名誉权、著作权等侵权行为提起的名誉权纠纷、著作权侵权纠纷等诉讼。本案案由为清算责任纠纷,属于《民事案件案由规定》中二级案由"与公司有关的纠纷"项下的三级案由,虽不属于二级案由"侵权责任纠纷"及其项下的三级案由与四级案由,但清算责任纠纷,是指清算组成员在清算期间,因故意或者重大过失给公司、债权人造成损失,应当承担赔偿责任的纠纷,本质上属于"因侵权行为提起的诉讼",因此,本案应由侵权行为地或者被告住所地人民法院管辖。

其次,侵权行为地应当根据受害人指控的侵权人和具体侵权行为来确定。根据《民事诉讼法解释》第二十四条规定,侵权行为地包括侵权行为实施地、侵权结果发生地。一般而言,实施侵权行为的过程,也是造成侵权结果的过程,当侵权行为完成时,侵权结果即同时发生。因此,侵权结果发生地,应当理解为侵权行为直接产生的结果的发生地,而非侵权结果到达地,不能当然地以原告受到损害就认为原告住所地就是侵权结果发生地。本案原告指控被告作为中彩盈公司股东和清算组成员,未足额缴纳出资且未履行清算义务,侵犯了其对中彩盈公司享有的债权,故侵权行为实施地及其直接指向的侵权结果发生地均为中彩盈公司住所地,而非原告住所地。根据现行法律和司法解释关于管辖的相关规定,民事诉讼管辖既要便于当事人诉讼,又要便于法院行使审判权,而且一般以"原告就被告"为原则,没有特别规定可以将原告住所地作为侵权结果发生地的情形,不宜随意突破。因此,在现行法律和司法解释没有规定清算责任纠纷案件被侵权人住所地可作为侵权结果发生地的情况下,不能将本案原告住所地作为侵权结果发生地。因此,原告住所地法院对本案无管辖权。

再次,上海市 A 区人民法院将本案依职权移送上海市 B 区人民法院处理,存在明显不当。根据上述分析,本案应由中彩盈公司住所地或者被告王某某、夏某某、王某二、缪某、朱某某住所地法院管辖。而中彩盈公司住所地和六被告住所地均不在上海市,因此,上海市 A 区人民法院和上海市 B 区人民法院对本案均无管辖权。《民事诉讼法解释》第三十五条规定,当事人在答辩期间届满后未应诉答辩,人民法院在一审开庭前,发现案件不属于本院管辖的,应当裁定移送有管辖权的人民法院。上海市 A 区法院于 2021 年 3 月 16 日受理本案后,并未向被告发送起诉状副本,被告答辩期尚未开始,更未届满,即于 2021 年 3 月 19 日裁定移送无管辖权的上海市 B 区人民法院处理,不仅明显违反上述规定,而且既可能剥夺被告依法享有的管辖异议权,又可能剥夺被告应诉答辩形成的应诉管辖权,显属不当。

综上,上海市 A 区人民法院将本案移送管辖的处理不当,应予纠正。鉴于本案侵权行为地和被告住所地人民法院均不属于上海市高级人民法院指定管辖辖区范围,故依照《中华人民共和国民事诉讼法》第三十六条规定,裁定指定上海市 A 区人民法院继续审理本案,并重新对管辖权问题依法作出处理。

点 评

本案审理涉及一个法律适用问题、一个实体问题及两个程序问题,值得关注:

首先,关于侵权行为诉讼管辖规定的适用。就本案性质而言,系公司未依法清算即被注销而侵犯了原告对公司享有的债权,完全符合侵权行为的认定,属于清算责任纠纷。因此应当适用《民事诉讼法》"因侵权行为提起的诉讼,由侵权行为地或者被告住所地人民法院管辖"的规定,而非适用《最高人民法院关于适用〈中华人民共和国公司法〉若干问题的规定(二)》第二十四条关于"解散公司诉讼案件和公司清算案件由公司住所地人民法院管辖"的规定,亦非适用一般管辖规定。上海市高级人民法院对侵权行为诉讼的案件类型和范围进一步予以明确,条理清晰,对审判实践具有类案指导意义。

其次,关于侵权行为地的认定和理解。根据《民事诉讼法解释》第二十四条规定,侵权行为地包括侵权行为实施地、侵权结果发生地。侵权结果发生地应当按照侵权行为直接产生结果的发生地来确定,而非将"受损害"的主体所在地当然地理解为侵权结果发生地。本案裁决厘清了审判实践中可能存在的误区,防止对"原告就被告"原则的任意突破。

再次,关于依职权移送管辖的期间。根据《民事诉讼法解释》第三十五条规定,当事人在答辩期间届满后未应诉答辩,人民法院在一审开庭前,发现案件不属于本院管辖的,应当裁定移送有管辖权的人民法院。擅自将移送管辖期间提前可能剥夺被告依法享有的管辖异议权及被告应诉答辩而形成的应诉管辖权,上海市高级人民法院的纠错符合程序法理与规定。

最后,关于指定管辖的法院范围。指定管辖,是指上级人民法院以裁定方式指定其辖区内的下级人民法院对某一案件行使审判权的管辖制度。上海市高级人民法院在确定本案管辖法院后,以不属于指定管辖辖区范围为由作出裁定,依据明确,理由充分。

案例提供单位:上海市高级人民法院

编写人:戴　曙

点评人:李　峰　刘克钰

17. 上海马鲍建筑塑料有限公司诉山东莱钢建设有限公司建设工程分包合同纠纷案

——因未准确开具发票致税款损失的请求权行使

案 情

原告(上诉人)上海马鲍建筑塑料有限公司

被告(被上诉人)山东莱钢建设有限公司

第三人上海宝顺置业有限公司

2015 年 11 月 30 日,第三人上海宝顺置业有限公司(以下简称宝顺公司,系发包人、甲方)、被告山东莱钢建设有限公司(以下简称莱钢公司,系总承包方、乙方)和原告上海马鲍建筑塑料有限公司(以下简称马鲍公司,系承包人、丙方)签订《罗店大型居住社区经济适用房二期 C11 地块 II 标段塑钢门窗工程承包合同》(以下简称《塑钢门窗工程承包合同》)约定:"1.合同工期:暂定计划开工日期:2016 年 3 月 10 日。2.合同价格(暂估值):4 387 800.22 元······本合同项下,分部分项工程综合单价保持不变。其中分部分项工程综合单价包括为完成合同约定工作内容所需的人工费、材料设备费······但不包含承包服务费、总承包管理费、税金,综合单价在合同履约阶段不因市场变化因素而变动······税金、承包服务费、总承包管理费另计。总承包管理费(即总承包合同价款构成中的其他费用)由发包人向总承包方支付,总承包管理费不属于承包人,总承包方也不得向承包人另行收取管理费(或类似费用)。承包服务费由发包人在总承包合同内向总承包方(按地块或标段划分)支付,总承包方不得向承包人另行收取承包服务费(或类似费用),承包服务费涵盖范围详见发包人与总承包方签订的总承包合同。工程结算依据最终的施工图、设计变更及现场签证所计算工程量为基数进行计算,工程结算值=分部分项工程固定综合单价×(最终施工图的工程量+设计变更工程量+现场签证工程量)+总承包管理费+税金。3.税金由总承包方代扣代缴,并提供完税证明给承包人,具体实施方式,由总承包方根据项目所在地税务局相关规定进行约定。承包人每次领取工程款时,必须符合总承包方审批流程等要求,并向总承包方出具工程款收据(或发票);发包人每次支付工程款前,总承包方需出具相应的工程款发票。如因承包人开不出工程发票导致不能及时办理代扣代缴手续所造成的一切经济损失由承包人自行承担。4.工程款支付节点:(1)首次进度款支付形象节点为:门、窗框加工完成,到现场验收合格,正式开始安装,经发包人、监理确认后 30 日内,支付至本单位工程分部分项工程费(含税金)的 25%;(2)第二次进度款支付形象节点为:门、窗框加工完成,到现场验收合格,正式开始安装,经发包人、监理确认后 30 日内,支付至本单位工程分部分项工程费(含税金)的 70%;(3)第三次进度款支付形象节点为:本标段门、窗全部安装完毕,经发包人、总承包方、监理验收合格后 30 日,支付至合同总价的 85%;(4)第四次进度款(竣工结算款):工程竣工并经质监部门验收达到合格标准后,承包人以书面形式向总承包方、发包人提供结算资料;与发包人、总承包方办理结算完成后 30 日内支付至结算总价的 95%;(5)保修金(最终结清):两年保修期满、无质量问题,发包人收到物业服务企业签署的质量保证期满的证明文件复印件后,发包人支付 5%保修金(不计利息);总承包管理费:本工程的总承包管理费,按本合同上述支付节点、支付比例,由发包人另行同步支付至总承包方。5.支付申请:承包人应按合同约定向总承包方提出工程款支付申请(总承包管理费无需申请,由发包人单独考虑),并提交相应资料。支付申请由总承包方归集后,一并向发包人提出……承包人向总承包方申请办理付款的手续,必须符合总承包方的各项要求。若不符合总承包方要求,导致工程款支付不及时,由承包人自行承担。6.款项支付:本工程款项均由发包人支付给总承包方后,由总承包方及时向承包人支付。7.门窗工程量清单报价表(附件):(1)C11 地块分部分项工程费合计:4 197 040.53 元(含人材机及规费、管理费、利润等,不含税金);(2)C11 地块:其他费用:41 970.41 元(备注:1%);(3)C11 地块:税金:148 789.28 元(备注:3.51%);(4)C11 地块投标报价:4 387 800.22 元。"

2016 年 7 月至 2019 年 12 月,被告莱钢公司分 7 次支付原告马鲍公司工程款共计 4 141 075 元。相应地,马鲍公司也分别向莱钢公司开具金额总计为 4 146 966 元的上海增值税普通发票,税率为 17%,应税劳务、服务名称为"塑钢门窗工程款"。

2016 年 7 月至 2019 年 9 月间,被告莱钢公司向第三人宝顺公司开具金额总计为 4 772 059.90 元的上海增值税普通发票,税率为 3%,应税劳务、服务名称为"塑钢门窗工程款"。发票金额中包含 C11 地块总包工程款及 C11 地块防火门工程款总计 388 475.38 元,扣除这两项后发票金额应为 4 383 584.52 元。

2017 年 12 月 19 日,第三人宝顺公司(发包人、甲方)、被告莱钢公司(总承包方、乙方)和原告马鲍公司(承包人、丙方)签订《工程结算定案表(三方)》确定结算值为 4 383 584.53 元。

关于税金,在 2016 年营改增之后,实行差额纳税,被告莱钢公司收到原告宝顺公司的工程款后,向宝顺公司开具了税率为 3% 的增值税发票,但在支付马鲍公司款项时,因马鲍公司的资质问题造成其无法开具 3% 税率的工程发票,导致莱钢公司不能抵扣税金,因此需扣除税金。另外,除所缴纳的 3% 增值税外,根据税法及相关政策要求,建筑业取税中随主税种附加税一般包括城建税、教育费、地方教育费附加、河道基金及其他税种。另根据《调整〈上海市建设工程施工费用计算规则(2000)〉部分费用内容》第五条规定:"税金包括营业税、城市维护建设税、教育费附加、地方教育费附加和河道管理费。建筑和装饰、安装、市政和轨道交通……施工措施费和规费之和为基数,乘以相应税率计算,纳税地税率:市区为 3.51%,县镇为 3.44%,其他为 3.32%。"故税金为总费用的 3.51%。综上,扣除税金及管理费后,其应支付金额为 4 193 008.12 元,已支付 4 141 075 元,尚欠马鲍公司 51 933.12 元。并提交由宝顺公司出具的证据《门窗工程量清单对比表》,表中显示,工程总价为 4 383 584.53 元。其中 C11 地块分部分项工程费 4 193 008.12 元,其他费用(即总承包管理费)41 930.08 元(1%),税金 148 646.33 元(3.51%)。

原告马鲍公司对《门窗工程量清单对比表》显示的总价及组成明细皆予以认可,但表示不同意莱钢公司扣除税金,莱钢公司应根据合同约定履行工程价款 3.51% 税金的代扣代缴行为,但其始终未能履行,从而造成原告为履行纳税义务而按 17% 税率进行缴税。

原告马鲍公司诉称,马鲍公司作为罗店大居经济适用房二期 C11 地块路 II 标段的塑钢门窗工程承包人,和总承包方莱钢公司于 2015 年 11 月 30 日签订《塑钢门窗工程承包合同》,约定由马鲍公司负责对 C11 地块内的住宅、地库、垃圾房图纸范围内进行塑钢门窗、百叶窗等相关施工工作。项目已于 2017 年 12 月 19 日通过验收并经工程结算定案,最终结算价格为 4 383 584.53 元。莱钢公司至今已支付 4 141 075 元,仍拖欠原告 242 509.53 元。工程现已竣工且 2 年保修期已于 2019 年 12 月 18 日届满,莱钢公司应支付全部工程款,马鲍公司多次与莱钢公司沟通未果,故诉请:(1)判令莱钢公司支付马鲍公司罗店大居经济适用房二期 C11 地块路 II 标段的塑钢门窗工程款 242 409.53 元;(2)判令莱钢公司支付上述工程款的利息损失。

被告莱钢公司辩称,不同意原告马鲍公司的诉讼请求。涉案工程由建设单位第三人宝顺公司与莱钢公司、马鲍公司签订三方合同并约定,工程结算款由宝顺公司支付给莱钢公司,莱钢公司应扣除税金、1% 承包服务费、1% 总包管理费后剩余价款支付给马鲍公司。C11 地块工程结算值为 4 383 584.53 元,扣除约定费用后,实际价款为 4 151 493.18 元,莱钢公司仅欠马鲍公司 10 418.18 元。另外,根据合同约定,承包人应按合同约定向总承包方提出工程款支付申请,至今马鲍公司未向莱钢公司提出申请,因此马鲍公司要求莱钢公司支付未付款利息没有依据,故仅同意支付 10 418.18 元。

第三人宝顺公司述称,第三人宝顺公司与被告莱钢公司、原告马鲍公司签订《塑钢门窗工程承包合同》,并在合同的第五条约定了合同的计价方式,包括工程的结算值的各项组成部分,其中包含税金和管理费,而服务费则是宝顺公司与莱钢公司在总包合同中另行约定,不应在本工程款中扣除。按照三方交易往来,莱钢公司收到宝顺公司的工程款后,再将钱款支付给马鲍公司。截至本案起诉前宝顺公司已按照合同的约定将结算的总价款 4 383 584.53 元全额支付至总承包方即莱钢公司。

审 判

一审法院经审理后认为,第三人宝顺公司、被告莱钢公司与原告马鲍公司签订的《塑钢门窗工程承包合同》系当事人真实意思表示,未违反法律和行政法规的强制性规定,当属合法有效。各方对于工程最终结算值均不持异议,但对相关款项是否应扣除存在争议。本案争议焦点有二:一是马鲍公司与莱钢公司间的应付款项如何确定,二是马鲍公司主张的逾期付款利息能否得到准许。

关于第一项争议焦点。首先应当明确工程总价的具体组成,审理中各方当事人对于工程总价 4 383 584.53 元及其组成明细均予以认可,结合庭审中当事人意见表述及相关证据,应当认定工程款由分部分项工程费 4 193 008.12 元、总承包管理费 41 930.08 元(1%)及税金 148 646.33 元(3.51%)组成,1%承包服务费未计入工程总价中。

其次是关于被告莱钢公司能否扣除总承包管理费的问题。根据合同约定及当事人庭审表述,工程款的支付流程应为宝顺公司向莱钢公司支付工程款,再由莱钢公司向马鲍公司支付工程款,因此根据《塑钢门窗工程承包合同》中"总承包管理费(即总承包合同价款构成中的其他费用)由发包人向总承包方支付,总承包管理费不属于承包人……"的约定,莱钢公司理应扣除该笔款项。

最后是关于税金是否应扣除的问题。涉案合同《塑钢门窗工程承包合同》系宝顺公司、莱钢公司与马鲍公司于 2015 年 11 月 30 日签订的,彼时建筑工程缴税仍按营业税模式进行,根据当时规定,工程款的税金需由总承包方代扣代缴,并提供完税证明给承包人,承包人可将完税证明作为抵减应纳税额的依据,在这种模式下,承包人即马鲍公司收到的工程款应为扣除税金后的价格。

但在 2016 年 5 月 1 日后,国家全面推行营业税改征增值税试点,由总包进行代扣代缴的方式被"各自差额纳税"的方式所取代。根据财政部、国家税务总局下发的《关于全面推开营业税改征增值税试点的通知》(以下简称《通知》)规定,一般纳税人为建筑工程老项目提供的建筑服务,可以选择适用简易计税方法计税,即按3％的税率缴税。本案《塑钢门窗工程承包合同》约定的开工日为2016年3月10日,符合《通知》对于建筑工程老项目的规定。同时根据《通知》规定"一般纳税人跨县(市)提供建筑服务,选择简易计税方法计税的,应以取得的全部价款和价外费用扣除支付的分包款后的余额为销售额,按照3％的征收率计算应纳税额"。莱钢公司需向宝顺公司开具税率为3％的总包工程价款的增值税普通发票,而马鲍公司需向莱钢公司开具税率为3％的分包工程价款增值税普通发票。莱钢公司在其申报期内,凭马鲍公司开具的同样税率的发票以总包工程价款开票额减去分包工程价款开票额的余额缴纳增值税。在此模式下,承包人即马鲍公司收到的工程款应为包含税金的价格。但是根据本案查明的事实,马鲍公司向莱钢公司开具的都是税率为17％的增值税普通发票,从税率可获知,该发票并非工程发票,由此导致莱钢公司缴税时无法减去工程价款而全额缴纳税款,造成经济损失。根据三方签订的《塑钢门窗工程承包合同》约定"如因承包人开不出工程发票导致不能及时办理代扣代缴手续所造成的一切经济损失由承包人自行承担",莱钢公司在支付给马鲍公司的工程款中理应扣除税金。

综上,被告莱钢公司扣除税金及管理费后应支付原告马鲍公司的工程款金额为4 193 008.12元,已支付4 141 075元,尚欠马鲍公司51 933.12元。

关于第二项争议焦点系原告马鲍公司主张的逾期付款利息。纵观马鲍公司同莱钢公司的整个合作过程,2016年7月至2019年12月,莱钢公司分7次支付马鲍公司工程款共计4 141 075元,表明双方已经形成了均予以认可的工程款支付流程,莱钢公司在审理中也未能提供相应证据证明其基于马鲍公司书面请款申请而支付工程款,且马鲍公司在2019年8月至12月间,一直就工程款支付事宜与莱钢公司相关人员进行短信联系,莱钢公司关于马鲍公司没有申请付款的抗辩,法院难以采信,马鲍公司诉请相应利息,合法有据,应予支持。关于利息的起算时间,根据合同约定,2年保修期届满后,莱钢公司应支付马鲍公司全部工程价款。2017年12月19日,宝顺公司、莱钢公司和马鲍公司签订《工程结算定案表(三方)》,2年保修期自此起算,故马鲍公司主张自2019年12月19日起算利息并无不妥,当予准许。

据此,一审法院依照《中华人民共和国合同法》第六十条第一款、第一百零九条、《最高人民法院关于审理建设工程施工合同纠纷案件适用法律问题的解释》第十八条之规定,判决:一、莱钢公司向马鲍公司支付工程款51 933.12元;二、莱钢公司向马鲍公司支付上述工程款自2019年12月19日起至实际还款之日止的利息,按同期全国银行间同业拆借中心公布的贷款市场报价利率(LPR)计付;三、马鲍公司的其余诉讼请求,不予支持。

一审判决后,原告马鲍公司不服,提出上诉。

二审法院经审理后认为,上诉人马鲍公司的上诉请求不能成立,一审判决结果正确,判决驳回上诉,维持原判。

点 评

本案为建设工程分包合同纠纷,涉及的核心问题是民事合同中收款方未履行准确开具发票的义务,相对方能否请求赔偿税款损失。

增值税损失的逻辑起点在于我国增值税的计算方式,根据我国增值税的相关法律规定,对于一般纳税人而言,增值税链条上任一环节的未准确开具发票均会导致进项税额抵扣利益的损失。本案中,法院全面查明案件事实,准确区分了不同税率和类型的增值税发票,基于当事人之间的合同约定、收款方的纳税人类型及对应权益、增值税进项税额的可抵扣范围等因素,认定收款方未准确开具发票对付款方造成的相应税款损失。

司法实践中,开具发票在性质上一般属于合同附随义务,准确、及时地开具发票并向相对方交付系合同双方明确约定开具发票的应有之义。本案重点审查了收款方未准确开具发票的原因,及付款方所主张的税款损失的实际发生情况,判决由收款方承担其因自身过错未准确开具发票导致相对方税款损失的责任后果。

一、二审法院基于本案事实与法律,结合增值税征收的逻辑和开具发票的义务性质作出判决,依据明确,理由充分,对今后审判实践中同类案件处理有典型的指导价值。

案例提供单位:上海市宝山区人民法院

编写人:蒋梦娴

点评人:李　峰　刘克钰

18. 上海自如企业管理有限公司诉 韦某某房屋租赁合同纠纷案

——"长租公寓"模式下各方主体法律关系界定及责任划分

案 情

原告(反诉被告)上海自如企业管理有限公司

被告(反诉原告)韦某某

上海市黄浦区瑞金二路某弄 12 号楼某室房屋(以下简称系争房屋)权利人为被告韦某某。原告原企业名称为上海自如资产管理有限公司,于 2019 年 10 月变更企业名称为上海自如企业管理有限公司(以下简称自如公司)。

2018 年 6 月 20 日,原告自如公司(合同乙方)与被告韦某某(合同甲方)签订《资产管理服务合同》,约定甲方授权乙方对标的资产进行经营出租供他人居住。乙方为甲方提供资产管理服务。管理期限自 2018 年 6 月 28 日起至 2023 年 12 月 4 日止。甲方应当在 2018 年 6 月 28 日向乙方交付系争房屋。双方经评估后一致认为,标的资产依据市场行情预期合理收益为 6 260 元/月,从第 2 个管理周期起每个管理周期递增 3%。乙方应于合同签署后交付日起 5 个工作日内,向甲方支付首期服务质量保证金 6 260 元,此后,每个管理周期的服务质量保证金需于上一管理周期最后一个结算日 5 个工作日内支付给甲方。双方认可自 2018 年 8 月 27 日始计收收益,每个履约年度内每个月为一次结算周期,如遇需扣减业主承受的空置期的,则空置期间不计算在结算周期内,每个结算周期最后一日为本期的结算日,最后一次结算日为合同终止后一个月内。本协议项下首个结算日为 2018 年 9 月 26 日。管理期内,乙方会为标的资产购置新的设备、设施或用具,新配置设施的所有权为乙方所有。合同提前解约,甲方应向乙方支付新配置设施的损失费。合同到期或提前解约乙方购置的相应配置设施所有权归甲方,并保证配置设施处于正常使用状态。合同第 6.2 条(1)(d)约定,其他可能妨碍或影响乙方对标的资产进行管理或第三方正常使用标的资产的情形,或者因为甲方原因导致乙方重大损失的,乙方有权随时单方解除合同。第 7.2 条约定,甲方违反第 6.2(1)约定导致乙方单方解除合同,甲方应向乙方支付等额于双倍月预期收益的违约金,并赔偿乙方相应损失:装修损失费;新配置设施损失费。乙方向资产使用人支付的违约金。

被告韦某某于 2018 年 6 月 28 日向自如公司交付系争房屋。2018 年 7 月 2 日,原告自如公司向被告韦某某支付服务质量保证金 5 960 元。自如公司对系争房屋装修并将房门更换成智能电子锁后于 2018 年 7 月 25 日与白某某签订《房屋租赁合同》并交付系争房屋。之后,系争房屋大门被泼漆涂字,内容为"告示 此房屋内有多人户口并享有房屋权益。房产纠纷未解决,不可对外租借,造成一切经济损失,后果自负。房产共有人:韦某二。021-57 ＊＊＊＊03"。自如公司要求韦某某解决案外人泼漆纠纷事宜。韦某某清理大门油漆后,系争房屋大门于 2019 年 2 月 28 日再次被落款人为"韦某二"的泼漆涂字,韦某某称曾经为此报警,警方表示系家务事让其自行处理。2019 年 3 月 20 日,自如公司工作人员向韦某某家人发送短信,告知智能锁密码修改方法。

原、被告于 2019 年 11 月 21 日就系争房屋进行交接,原告自如公司购置的家具家电尚在系争房屋内。

原告自如公司诉称,2018 年 6 月 20 日,被告韦某某向自如公司提供房地产权证明及身份证复印件,证明其系系争房屋唯一权利人,自如公司依据该产权证书与韦某某签订了《资产管理服务合同》,约定自如公司受韦某某委托管理运营系争房屋。自如公司对系争房屋进行了重新装修和设备配置后,与案外人白某某订立《房屋租赁合同》。白某某在使用系争房屋过程中,多次受到韦某二在房门泼油漆字的骚扰。2018 年 8 月 12 日,白某某与自如公司解除《房屋租赁合同》。根据《资产管理服务合同》约定,韦某某的行为已经构成违约,自如公司起诉要求:(1)确认原、被告于 2018 年 6 月 20 日签订的《资产管理服务合同》于 2018 年 8 月 12 日解除;(2)被告支付违约金 12 520 元;(3)被告承担房屋装修损失费、配置折旧费(以评估金额为准);(4)被告返还服务质量保证金 5 960 元。

被告韦某某辩称,原告自如公司未根据《资产管理服务合同》第 8 条约定向其出具解除合同的书面通知,双方直至 2019 年 11 月 21 日才办理系争房屋交接手续。此前,系争房屋一直由自如公司占有使用,故同意解除《资产管理服务合同》但不认可自如公司所称的解除时间和解除事由。韦某某按约交付系争房屋,自如公司占有使用期间从未支付过任何租金。自如公司与案外人签订房屋租赁合同后又自行解除,此节事实与韦某某无关,不应将解约责任归于韦某某,故不同意支付违约金。韦某某同意对系争房屋不可分离的装修部分适当进行补偿,其余与系争房屋可以分离、拆除的物品,要求自如公司取回。同意在自如公司支付租金前提下,返还服务质量保证金。据此,韦某某提出反诉请求:(1)确认反诉原、被告于 2018 年 6 月 20 日签订的《资产管理服务合同》于反诉状副本送达之日解除;(2)自如公司按照每月 6 260 元的标准支付韦某某自 2018 年 7 月 25 日起至 2019 年 11 月 21

日止的租金和房屋占有使用费;(3)要求自如公司支付违约金 12 520 元。

原告自如公司对被告韦某某的反诉请求辩称,根据《资产管理服务合同》约定,系争房屋内的相关配置设施所有权归韦某某所有,自如公司在韦某某支付折旧费前不同意腾空系争房屋,但韦某某可以进房查看。自如公司受韦某某委托对外出租系争房屋,在扣除委托费用后将租金余款交付韦某某。因租客遭到韦某二多次骚扰致房屋租赁合同解除,系争房屋至今未产生实际收益,故自如公司无须向韦某某支付租金并承担违约责任。

审 判

一审法院经审理后认为,本案争议焦点为:(1)本案的系争基础法律关系是房屋租赁合同还是委托合同;(2)涉案合同解除的归责方;(3)自如公司对系争房屋占有利益损失分担。

一、本案的系争基础法律关系

根据《资产管理服务合同》约定,被告韦某某负有向自如公司交付系争房屋并就该房屋承担瑕疵担保责任。原告自如公司向被告韦某某按月进行收益结算。虽合同就收益部分约定了"预期收益""实际收益""增值收益""增值收益分成"等名称并明确各自含义,但自如公司向韦某某按月支付收益的金额固定,即每月支付相当于预期收益金额的 6 260 元。自如公司对外出租收取的租金若低于预期收益金额的,需从服务质量保证金中予以抵扣,由此可见自如公司对外出租的收益风险实际与韦某某无关。从该份合同的主合同权利义务约定来看,符合房屋租赁合同的特征。自如公司主张涉案合同为委托合同,但其以自己名义与案外人签订《房屋租赁合同》后,在履约的各个阶段,均未向韦某某履行委托合同应有的法定报告义务,且自行与案外人办理解约手续并进行结算。综上,从《资产管理服务合同》约定的主要权利义务内容以及原告、被告、白某某三方的履约情况来看,原、被告之间建立的法律关系应为房屋租赁合同关系。

二、涉案合同解除的归责方

原、被告均以对方违约为由主张解除合同,原告自如公司认为违约事由系案外人的侵权行为致合同目的无法实现,被告韦某某则表示自如公司拖欠租金构成违约。一审法院认为,根据《资产管理服务合同》约定,韦某某应当知晓自如公司租赁系争房屋的目的系装修后转租获益,自如公司作为经营者对租赁房屋负有较于一般出租方更高的注意义务。因自称"韦某二"的案外人表示对该房屋享有产权并对系争房屋实施大门泼漆的不当行为,客观上对租客正常使用系争房屋造成干扰,导致租客白某某与自如公司就系争房屋提前解约。嗣后,因案外人侵权行为的持续性,韦某某未能自行消除该侵权行为带来的不利影响,无法提供适宜长期稳定居住的房屋。自如公司提出解约,符合合同约定,虽侵权行为系案外人所为,但根据合同相对性原则,韦某某应当对此承担违约责任。自如公司与租客白某某的《房屋租赁合同》虽于 2018 年 8 月 12 日解除,但起诉前从未向韦某某发出解除合同的意思表示,故法院以起诉状副本送达之日即 2019 年 4 月 12 日作为合同解除日。根据《资产管理服务合同》约定,自如公司应当自 2018 年 8 月 27 日起计算系争房屋租金收益并在 2018 年 9 月 26 日作为支付第一笔收益的结算日,韦某某同意在装修、寻找客户、客户更换空档期、房屋维修等原因导致的空置期内不收取收益。故韦某某以自如公司不支付收益为由行使合同解除权,缺乏法律依据,一审法院不予支持。韦某某作为违约方,应根据约定向自如公司承担违约责任,即支付系争房屋装修残值 28 339.07 元、家具家电现值 10 000 元并返还自如公司已经支付的 5 960 元服务质量保证金。

三、原告自如公司对系争房屋占有利益损失分担

原告自如公司虽然在案外人实施侵权行为且被告韦某某不能消除上述不当影响的情况下于 2019 年 3 月通过短信告知韦某某电子锁密码以及修改事宜,但从未明确表达过要求解除合同并进行房屋交接的意思表示,故法院不予采信自如公司以该短信作为系争房屋已经交接依据的意见,双方实际于 2019 年 11 月 21 日进行的房屋交接。对韦某某主张的 2018 年 7 月 25 日起至 2019 年 11 月 21 日止的房屋租金和占有使用费,一审法院认为,根据《资产服务管理合同》约定,原、被告理应从 2018 年 8 月 27 日开始计收收益,但因为寻找客户或客户更换空档期等造成的房屋空置期,韦某某同意不收取任何收益。因案外人的侵权行为造成租客在 2018 年 8 月 12 日退租,韦某某对此知晓并采取措施避免侵权人继续实施侵权行为,但直至 2019 年 2 月底,系争房屋的上述不利影响还未消除,自如公司未向韦某某支付上述期间的租金收益符合合同约定情形。此后,韦某某于 2019 年 3 月向自如公司要求返还房屋,自如公司在明知系争房屋无法转租的情况下以相关费用未实际支付为由拒绝腾房,其即便于当月发短信告知密码更换事宜,以此表示同意韦某某收房但之后亦未进一步跟进韦某某的收房情况,故自如公司对系争房屋在 2019 年 3 月 20 日至 2019 年 4 月 12 日期间的空置损失存在过错,法院酌情从其主张的违约金中予以扣减相关金额。自如公司以起诉方式主张解除合同后,负有在合理期限内向韦某某返还房屋的后合同义务,但现未有证据证明自如公司积极要求交房的事实,故酌定支付截至 2019 年 11 月 21 日的房屋占有使用费 43 820 元。

综上,一审法院依照《中华人民共和国合同法》第九十三条第二款、第九十六条第一款、第九十八条、第一百零七条、第一百二十一条、第一百七十四条、第二百一十二条,《最高人民法院关于审理买卖合同纠纷案件适用法律问题的解释》

第三十条之规定,判决:一、自如公司与韦某某于 2018 年 6 月 20 日签订的《资产管理服务合同》于 2019 年 4 月 12 日解除;二、韦某某向自如公司支付房屋装修损失费 28 339.07 元、配置折旧费 10 000 元;三、韦某某向自如公司支付违约金 8 520 元;四、韦某某向自如公司返还服务质量保证金 5 960 元;五、自如公司向韦某某支付房屋占有使用费 43 820 元;六、驳回韦某某的其他诉讼请求。

一审判决后,双方当事人均未提起上诉。本案判决已生效。

点 评

本案为房屋租赁合同纠纷,核心在于如何理解与认定合同性质、解约责任的归责以及损失的合理分配问题。

案件审理过程中,不难看出原、被告对涉案法律关系界定的严重分歧,法院通过审查《资产管理服务合同》的主要权利义务和各方履约情况等事实,结合"房屋租赁合同"与"委托合同"的各自典型特征,精准地确定了涉案合同的真实性质及原、被告之间的房屋租赁合同关系。

本案系反诉与本诉合并审理,双方诉讼请求与主张互不相同,法院首先审查合同目的、合同权利义务条款及违约事实,又准确判断出合同解除时间和解除事由,在查明案件事实的基础上,运用司法经验,正确认定了涉案合同解除的归责方。同时,就合同解除后原告未及时交还房屋的过错,法院也一并予以审查,根据减损规则判决由原告分担对系争房屋的占有利益损失,酌情从其主张的违约金中扣减,分析得当,思维严谨,合法合理。

"长租公寓"是当下房地产市场的新兴行业,涉及房屋权利人、专门机构以及租客三方主体,房屋权利人与专门机构之间或者专门机构与租客之间的合同效力、合同有效期间、合同履行情况等因素都可能彼此产生影响甚至引发纠纷,本案的主要参考意义在于对行业合规问题以及涉纠纷主体的维权思路具有良好的引导作用。

案例提供单位:上海市黄浦区人民法院

编写人:魏乐陶

点评人:李　峰　刘克钰

19. 上饶市天同文化传播有限公司诉王某某合同纠纷案

——涉游戏主播行业巨额违约金的审查与判定

案 情

原告(反诉被告、上诉人)上饶市天同文化传播有限公司

被告(反诉原告、上诉人)王某某

2018 年 9 月 27 日,被告王某某(乙方)与案外人上饶市乐游网络科技有限公司(以下简称乐游公司,甲方)签署《经纪代理合同》,约定合作期限为 2018 年 9 月 27 日至 2023 年 9 月 27 日,并约定:"乙方承诺将严格遵守本合同及《主播专项独家合作协议》(以下简称《合作协议》)等双方间签署的任何合同及协议,甲方同意于本合同签署之日起 30 个工作日内向乙方支付履约承诺金人民币 800 000 元(大写:捌拾万元整),乙方应于收到甲方支付的履约承诺金之日起 7 个工作日内向甲方开具税率为 9%增值税专用发票……甲方有权将本协议整体转让给具有关联关系的经纪公司,乙方对此将不提出异议。若经甲方提出,乙方同意配合办理相应手续。"

同日,被告王某某与案外人乐游公司签署《合作协议》,约定合作期限为 2018 年 9 月 27 日至 2023 年 9 月 28 日。

2019 年 1 月 24 日,被告王某某出具《代付款确认函》一份,内载:"上饶市乐游网络科技有限公司于 2018 年 12 月 6 日通过转账方式支付人民币叁拾万元整(¥300 000)至账户(账号:62284826784 ＊＊＊＊ 1371)(以下简称农业银行账户)用于本人直播活动。本人确认此笔款项属于上饶市乐游网络科技有限公司为本人支出的费用。"王某某另出具《代付款确认函》一份,内载:"上饶市乐游网络科技有限公司于 2019 年 1 月 10 日通过转账方式支付人民币拾万元整(¥100 000)至账户(账号:62284826784 ＊＊＊ 1371)用于本人生日活动。本人确认此笔款项属于上饶市乐游网络科技有限公司为本人支出的费用。"王某某还出具《收款确认函》一份,内载:"今收到上饶市乐游网络科技有限公司支付的人民币柒拾贰万元整(¥720 000),此款为经纪代理合同约定的签字费。"

王某某名下前述农业银行账户内于 2018 年 10 月 26 日收到上述签字费 728 000

元,于 2018 年 12 月 5 日收到上述活动费 30 万元,于 2019 年 1 月 10 日收到上述生日费 10 万元。

合同履行过程中,案外人乐游公司将其合同项下的权利义务一并转让给原告上饶市天同文化传播有限公司(以下简称天同公司),并由被告王某某(乙方)与原告天同公司(甲方)签订系争《合作协议》《经纪代理合同》《补充协议》各一份。三份协议的落款时间均为 2018 年 9 月 27 日。案外人乐游公司出具《情况说明》一份,确认其与被告王某某签署的《经纪代理合同》《合作协议》等所有合约中的全部权利义务已经由原告天同公司全部承接并继续履行。

关于系争协议的内容,《合作协议》约定合作期限为 2018 年 9 月 27 日至 2023 年 9 月 28 日,并约定:"2.1 本协议生效之日起乙方即成为甲方独家签约的游戏或文艺表演主播,甲方为乙方作为甲方独家签约的游戏或文艺表演主播提供物质条件支持……9.3 除本协议另有约定外,乙方违反本协议下任何规定的,每违反一次,均应按甲方要求按以下一种或几种方式承担违约责任:(1)向甲方支付至少人民币[500 万]元(大写:[伍佰万元整])元作为违约金;(2)向甲方返还甲方已支付的全部或部分合作费用;(3)向甲方支付全部乙方违约所得收益;(4)造成甲方与第三方发生争议或被相关部门处罚的,还应赔偿甲方为处理该等争议支出的全部费用(包括但不限于甲方向第三方支付的赔偿金、违约金、和解金、诉讼费、保全费、仲裁费、律师费等)和政府罚款;(5)向甲方支付按 2.2 条提供的全部或部分物质支持费用;(6)甲方还有其他损失的,乙方还应赔偿损失。9.4 如乙方根本违约的(视为乙方构成根本违约的情形:i.乙方擅自解除本协议;ii.乙方违反本协议任一约定,经甲方书面通知后十五个工作日内仍未改正的),甲方有权解除本协议,乙方应按甲方要求按以下一种或几种方式承担违约责任:(1)应一次性向甲方支付解约金[50 000 000]元(大写:[伍仟万]元)。"9.4 条中的剩余(2)至(6)项违约责任与 9.3 条一致。

双方一致确认,前述协议未约定合作费用。

《经纪代理合同》约定合作期限从 2018 年 9 月 27 日至 2023 年 9 月 27 日,并约定"9-1……甲乙双方在本合同有效期内,所有因经纪代理关系而产生的所有经济收益(包括但不限于《主播专项独家合作协议》约定的直播间礼物、商务合作费用等全部净得收入)的毛收入(无论此项毛收入产生于本合约履行期内或之后),按以下方式分配:9-1-1 所有毛收入由甲方向第三方先行收取;9-1-2 所有毛收入在实际收到后,应首先扣除甲方代表乙方或为乙方利益实际支付的费用;包括但不限于乙方从事此项收益直接相关交通、运输、通讯、法律服务等费用。9-1-3(具体分配方式为空白)","17-1-1 违约金标准:乙方违反本合同约定的,甲方有权解除本合同,乙方应向甲方退还甲方在本合同期限内支付给乙方的履约承诺金、全部毛收入、奖金提成、食宿费用、补贴和其他甲方报销给乙方的费用,并支付人民币 100 000 000

元(大写:壹亿元整)作为违约金","17-1-2 推广费用的计算标准为:直播培训支出60 000/天,微博宣传推广 80 000/次,微信宣传推广 60 000/次,直播资源推广200 000/次,新闻、网络资源推广 200 000/篇","17-1-3 如因乙方违反《合作协议》等双方签署的其他合同或协议导致甲方解除《合作协议》等双方签署的其他合同或协议,视为乙方严重违反本合同,甲方有权按照本合同 17-1-1 约定要求乙方承担违约责任","17-1-4 如乙方违反本合同的,甲方有权暂缓向乙方支付本合同约定的毛收入等款项,直至乙方纠正其违约行为并经甲方认可"。

《补充协议》约定:"甲乙双方经友好协商达成以下约定:1.乙方一年直播礼物及商务收益在 200 万人民币以内的,甲方不参与抽成。2.乙方一年直播礼物及商务收益在超过 200 万人民币以外的部分,按上述合同约定抽成。3.如果其他直播平台愿意支付给乙方的直播签约费用低于 700 万元每年,则乙方拥有单方面决定是否跳换平台的选择权。"

原、被告一致确认,前述《补充协议》第 2 条约定的抽成方式为:王某某一年直播礼物及商务收益在超过 200 万人民币以外的部分,由双方五五分成。

2018 年 10 月至 2019 年 9 月,王某某在快手平台直播收礼金额为 5 028 816.60元。双方一致确认该收礼金额的一半归快手公司所有,剩余一半属王某某的礼物收益。故在 2018 年 10 月至 2019 年 9 月,王某某的礼物收益为 2 514 408.30 元。

2018 年 1 月 1 日至 2018 年 10 月 1 日,王某某在快手平台粉丝数从 2 663 381人增长至 5 166 057 人。2018 年 10 月 1 日至 2019 年 10 月 1 日,王某某快手平台粉丝数从 5 166 057 人增长至 9 140 229 人。

合同履行过程中,快手平台的礼物收益先由被告王某某自行取现,后经原告天同公司要求,由天同公司管理提现账户。2019 年 5 月 7 日至 2019 年 5 月 15 日,天同公司提现共计 100 万元。后于 2019 年 5 月 8 日至 2019 年 6 月 14 日期间陆续将该笔提现金额转至王某某的支付宝及农业银行账户内,合计转账金额 984 800 元。剩余 15 200 元,天同公司在审理中同意支付。

2019 年 9 月 22 日,天同公司向王某某的农业银行账户支付报销款 129 348元。同月 25 日,王某某将该款退回天同公司,且于同日注销农业银行账户,并更改快手平台绑定账号。

2019 年 9 月 30 日,天同公司向王某某发出警告函,指出王某某存在直播天数及直播时长不符合协议约定、私改直播账号密码导致公司无法进行运营工作、诋毁公司、私自与其他主播达成协议进行流量导出等违约行为,要求王某某限期纠正并严正警告。王某某确认收到该警告函。

原告天同公司诉称,原告系国内知名电子竞技俱乐部皇族(RNG)电子竞技俱乐部所在的公司,被告系从事游戏主播业务的人员。2018 年 9 月 27 日,原、被告签订《经纪代理合同》以及《合作协议》,被告成为原告公司 Rstar 旗下快手主播(艺名:王小某,快手号:www0-0www),合同期限 2018 年 9 月 27 日至 2023 年 9 月 26 日。合同签订后,原告耗费大量资金人力物力为被告进行推广。然,被告依仗日益剧增的粉丝量以及获得的超高人气,于 2019 年屡次违约,私改直播账号阻止公司正常运营,拒绝联系原告公司人员,注销个人与公司资金往来的农业银行账户。根据《合作协议》第 9.4 条及《经纪代理合同》第 17-1-1 违约金标准,被告违反合同约定,原告有权解除合同,原告根据合同约定自愿调整违约金为 6 000 万元,并请求判令:(1)解除原、被告之间签订的《合作协议》《经纪代理合同》及《补充协议》;(2)被告支付原告违约金 6 000 万元;(3)担保费 6 万元、公证费 2.6 万元及律师费 10 万元由被告承担。

被告王某某辩称及反诉称,同意解除《经纪代理合同》《合作协议》及《补充协议》,不同意支付违约金及担保费、公证费、律师费等损失。其认为:第一,系争三份协议已于 2019 年 9 月 15 日解除,原告违约在先,致使合同目的无法实现,被告不承担违约责任。原告的违约行为在于:(1)原告未依据合同约定,依托 RNG 的影响力为被告提供推广、运营;(2)一再拖延被告与北京快手科技有限公司(以下简称快手公司)的签约,致使被告错失进一步发展的机遇;(3)原告管理混乱,且根本不重视被告的利益,经纪人换了三次,水平均有限,工作不称职,导致被告工作生活无序;(4)原告为被告提供的住房隔音差,影响直播;(5)原告经营范围明确不含国家专项审批项目,不包括互联网视听节目服务;(6)原告至今尚欠被告巨额收益和应报销费用,包括礼物收益、广告收入、报销费用等。第二,关于原告主张的高额违约金:(1)就物质支持的计算方式是原告在格式条款中设下的陷阱,高额计算标准并无依据;(2)原告实际投入成本较少,无证据证明其有巨额的实际支出;(3)根据 2018 年至 2019 年的合同履行情况及双方约定的抽成比例,推算五年的合同期,原告预计只能分得百万元不到的抽成收益。故要求 6 000 万的违约金,远超实际损失及预期利益损失。王某某遂提起反诉,要求判令:(1)天同公司支付王某某快手平台收益 15 200 元;(2)天同公司支付王某某比心广告费 30 000 元;(3)天同公司支付王某某快手活动奖金 50 000 元;(4)天同公司支付王某某母亲劳务报酬报销款 27 000 元;(5)天同公司支付原告房屋押金 10 000 元;(6)天同公司支付王某某报销款 129 348 元。

反诉被告天同公司就反诉辩称,同意支付快手平台收益 15 200 元、比心广告费 3 万元、快手活动奖金 5 万元。原告母亲的报酬报销款及押金无依据,不同意支付。报销款 129 348 元已于 2019 年 9 月 22 日支付被告,被告在毫无征兆的情况下于 2019 年 9 月 25 日将该笔钱款返还原告,并注销账户,原告已履行了报销款的支付义务。

审 判

一审法院经审理认为,本案的争议焦点为:(1)系争《合作协议》《经纪代理合同》《补充协议》是否依法成立并有效;(2)双方是否存在违约行为,是否构成根本违约,以及是否依法享有合同解除权;(3)原告主张的违约金数额是否合理。

关于争议焦点一,乐游公司与被告所签署的《合作协议》《经纪代理合同》系双方真实意思表示,且不违反法律法规的强制性规定,当属有效。合同履行过程中,乐游公司将其合同项下的权利义务转移给原告,由原、被告重新签署系争三份协议,并保持落款日期与此前协议一致。根据《合同法》的规定,当事人一方经对方同意,可以将自己在合同中的权利和义务一并转让给第三人;再根据乐游公司与王某某签署的《经纪代理合同》第 18 条第 4 款规定:"甲方(乐游公司)有权将协议整体转让给具有关联关系的经济公司,乙方(王某某)对此将不提出异议。若经甲方(乐游公司)提出,乙方(王某某)同意配合办理相应手续。"故乐游公司的转让行为具有法律和合同依据,当属有效。基于该转让行为而签署的三份系争协议亦属合法有效。

关于合同效力,被告首先辩称其与天同公司之间的合同无效。理由有二:其一,存在欺诈,其一直以为是乐游公司在运营和推广。其二,天同公司成立于 2018 年 12 月 12 日,合同落款日期为 2018 年 9 月 27 日,天同公司不具有主体资格。对此,法院认为,就其一,首先,被告并未提供足具证明力的证据证明其与原告之间所签订的系争三份协议存在欺诈行为;其次,欺诈并非法律规定的合同无效之法定情形。就其二,根据《公司法》规定,以未成立的公司名义签署合同,公司依法成立后,由成立后的公司依法承担合同责任。故被告主张合同无效之理由,均无法律依据,法院不予支持。被告还辩称其与乐游公司的合同先解除后再与天同公司签署系争协议,否认存在权利义务的转移,然又未提供其与乐游公司解除合同的依据,故被告的该辩称意见,法院亦无法支持。

关于争议焦点二,在系争协议均合法有效的情况下,当事人应当按照协议约定全面履行自己的义务。本案中,根据《合作协议》的约定:被告擅自解除本协议的或被告违反本协议任一约定,经原告书面通知后十五个工作日内仍未改正的,构成根本违约。就本案双方履行合同的情况,法院分析如下:第一,被告答辩时称,系争协议均于 2019 年 9 月 15 日解除,被告亦于该日离开公司。被告认为原告在履行合同过程中存在未依约积极推广、耽误被告发展、管理混乱、拖欠费用等问题,故原告违约在先,其有权解除合同。对此,法院认为,根据法律规定,合同解除包括约定解除和法定解除:(1)从法定解除的角度来说,被告所提及的原告在履行合同过程中存在的问题,实属原告履行瑕疵范畴,尚未达到根本违约的程度,故被告并不享有法定解除权。(2)从约定解除的角度来说,即使原告存在违反合同的情形,被告亦应按照合同约定的方式行使解除权,然被告并未提供证据证明其就解除合同进行过协商或已履行书面通知的义务。故被告的解除行为属协议约定的"擅自解除合同"之情形。第二,根据合同约定,所有毛收入由原告向第三方先行收取。然被告在协议履行过程中,注销公司用于管理其礼物收益的农行账户并更改快手平台绑定账户,违反合同的前述约定,公司以书面警告函的形式要求被告改正,但被告至今未予以纠正。该行为属"被告违反本协议任一约定,经原告书面通知后十五个工作日内仍未改正"之情形。综上,被告的行为已构成根本违约,原告依约可解除合同,并要求被告承担相应的违约责任。原告在本案第一次证据交换时(2019 年 11 月 26 日)发出解除合同通知,被告确认收到。据此,法院确认原、被告签署的《合作协议》《经纪代理合同》《补充协议》于 2019 年 11 月 26 日解除。

关于争议焦点三,根据《合作协议》的约定,一般违约的违约金数额为至少 500 万元,根本违约的解约金为 5 000 万元,根据《经纪代理合同》的约定,违约金数额为 1 亿元。现原告依据《经纪代理合同》来主张违约金,符合《经纪代理合同》第 17-1-3 的约定,且其自愿根据各项损失调整违约金数额为 6 000 万元,该金额包含其实际损失及预期利益损失:直播活动费 30 万元;签字费 72.8 万元;生日活动费 10 万元;房屋租赁费 130 404 元;水电费 7 368.51 元;各类报销款 189 114.73 元;应收账款(分红)2 050 555.65 元;依据合同约定计算方式所产生的物质支持费用:(1)视频制作费 1 066 800 元;(2)团队运营费 936 000 元;(3)新闻、网络推广费用 11 200 000 元;预期利益损失至少 3 000 万元以上。审理过程中,经组织结算,双方确认不存在需分红的钱款。现被告认为违约金数额过高,法院应予以调整。

一审法院认为,当事人主张约定的违约金过高请求予以适当减少的,应当以违约造成的损失为基础,综合衡量合同履行程度、当事人的过错、预期利益、当事人缔约地位强弱、是否适用格式合同条款等多项因素,根据公平原则和诚实信用原则予以综合权衡。

本案中,首先,从缔约地位的角度来看,原告作为格式条款提供方,在协议内容的约定上,属于缔约地位的强势方。例如:就违约责任承担方式来说,《合作协议》第九部分"违约责任",9.1 条从双方的角度约定各方存在违约后的通知义务。9.2 条从双方的角度约定存在虚假陈述和保证等情形时构成违约。但就如何承担违约责任,仅在 9.3 条及 9.4 条对乙方的违约责任承担方式予以具体化,包括违约金数额及其他具体的赔偿项目。《经纪代理合同》第七部分"违约责任"同样仅约定乙方的违约责任承担方式,包括具体的违约金标准、物质支持计算标准等。两份协议均未约定甲方违约时的违约责任的具体承担方式。且通观《合作协议》《经纪代理合同》的内容,乙方的合同义务及对乙方的限制明显高于甲方。

其次,从双方过错的角度来看,根据被告与经纪人的聊天记录显示,经纪人向被告借款或让被告垫付钱款以及被告催讨礼物收益、报销款等钱款的事情屡有发生。原告作为专业的经纪公司,在经纪人的管理及账目的管理上存在不足。原告旗下运营有如 RNG 这类知名度较高的游戏俱乐部,其运营的品牌是其运营能力的一种证明,也是被告与该经纪公司签署合约的原动力。然,原告的品牌力在被告身上的运营效果并不突出。而被告作为年轻游戏主播,在对公司不满的情况下,法律意识淡薄,擅自解约,过错更为明显。

最后,从合同履行情况及履行利益的角度来看,根据现有证据,原告为被告投入钱款已有百万余元。就原告提及的物质支持部分,因尚无证据证明其有依据约定计算方式而产生的相对应的实际物质支出,故就该物质支持部分的计算数额,法院难以认同。但就其推广过程中产生必要的成本支出,应适当予以考虑。经一审法院主持结算,双方在合同履行过程中未实际分红也不存在需要分红的部分,也就是说原告尚未有获益。双方在《补充协议》中约定一年礼物和商务收益超过 200 万元的部分由双方五五分成。原告投入在前,对被告占用的运营推广成本及人力成本转化为被告粉丝数的增长、礼物额的增长、商务收益的增长必然需要时间的积累沉淀,并在剩余合同期间内释放积累效益,然在合同履行一年左右,被告擅自离开公司,原告前期的成本投入无法转化为公司的收益,故原告的履行利益受损有其客观性,应当在违约金的数额上予以考虑。

本案涉及网络直播行业,从立足于互联网直播行业的健康有序发展、营造良好与理性的互联网直播环境的角度出发,一方面,提示经纪公司应加强经纪人的人员管理及合约履行过程中的财务管理,同时也提示年轻主播应提高法律意识与契约精神。另一方面,在尊重当事人意思自治、维护契约自由的同时,也要防止因缔约地位的强弱差异而产生的巨大利益失衡问题。鉴于被告自 2018 年 10 月至 2019 年 9 月期间,其直播平台礼物收益为 250 万余元,故其实际收益情况与《经纪代理合同》中约定的 1 亿元违约金有巨大的差距,难以认定该违约金的约定是合理的。故,法院综合考虑原告的实际损失,并结合前述缔约地位强弱、双方过错程度、合同履行情况、履行利益损失的客观性、原告的投入及收益程度、被告年收益情况,再兼顾公平原则及利益平衡效果,酌定被告支付原告违约金 550 万元。

关于原告主张的律师费、担保费、公证费等损失,在系争三份协议中均未明确约定,且在前述违约金的认定上已充分考虑原告的实际损失。故对原告的该部分请求,法院不予支持。

关于反诉原告的各项诉请,首先,就快手平台收益 15 200 元、比心广告费 3 万元及快手活动奖金 5 万元,经双方结算后,反诉被告对该三部分的主张均予以认可,法院予以确认。其次,就反诉原告母亲的劳务报酬报销款 27 000 元、房屋押金

10 000 元,反诉原告未提供足具证明力的证据证明该两项费用的合同依据及实际产生的依据,法院难以支持。最后,就报销款 129 348 元,反诉被告称其已于 2019 年 9 月 22 日支付至反诉原告的农业银行账户,其已履行该报销款的支付义务。反诉原告将其退回,系其放弃该笔钱款,故反诉被告不再承担相应责任。然反诉原告则称其因生气报销款不足才于 2019 年 9 月 25 日将该笔钱款退给反诉被告。对此,法院认为,现尚无足具证明力的证据证明反诉原告有放弃该笔款项的明确意思表示,又因该笔报销款系属反诉被告应当支付于反诉原告的钱款,现反诉原告在诉讼中再次要求支付,系其对该金额的最终确认,故对反诉原告的该项诉请,法院予以支持。

据此,一审法院依照《中华人民共和国合同法》第六条、第八条、第九十三条、第九十六条第一款、第一百一十三条第一款、第一百一十四条第一款、第二款以及《最高人民法院关于适用〈中华人民共和国合同法〉若干问题的解释(二)》第二十九条之规定,判决:一、天同公司与王某某签订的落款日期为 2018 年 9 月 27 日的《合作协议》《经纪代理合同》及《补充协议》于 2019 年 11 月 26 日解除;二、王某某支付天同公司违约金 5 500 000 元;三、天同公司支付王某某快手平台收益 15 200 元、广告费 30 000 元、快手活动奖金 50 000 元及报销款 129 348 元;上述第二、第三项相抵扣,王某某支付天同公司 5 275 452 元;四、驳回天同公司的其余诉讼请求;五、驳回王某某的其余诉讼请求。

一审宣判后,双方均提起上诉,上诉人天同公司上诉认为应按照合同约定支持其要求王某某支付 6 000 万元违约金的请求,上诉人王某某则上诉认为天同公司违约在先,其不应承担向天同公司支付违约金的责任。

二审法院经审理后认为,一审判决认定事实无误,适用法律正确,判决驳回上诉,维持原判。

点 评

本案为合同纠纷,涉及网络直播行业的巨额违约金调整问题。

合同自由是合同自身法律属性的要求和表现,是民法理论上意思自治原则的具体体现,但其同时受到诸如诚实信用原则、公平原则的限制。对违约金数额的调整是为了平衡形式自由与实质正义之间的关系,因违约方在缔约时可能处于明显弱势地位或过于轻率作出决定导致不自由,故而在约定的违约金高于造成的损失时,人民法院可以根据当事人的请求对违约金予以适当减少,即司法酌减规则。所谓造成的损失,既包括受到的现实性损害,也包括合同履行后可以获得的利益,且损害的数额应当受到可预见性规则的限制。

本案由法院主持结算,仔细审查了合同关于违约金的约定以及合同履行实际情况,结合游戏主播行业的特性进行考虑,正确判定履行利益的受损情况。其中,对未有明确证据证明的"物质支持"损失不予认同,亦符合目前审判实践的统一认识。

涉案合同约定的违约金数额巨大,一、二审法院综合考量了多方面因素判决向下调整违约金,具体包括缔约地位强弱、合同履行情况及履行利益受损情况等,在维护合同自由的同时兼顾了利益平衡,正确理解适用了法律及相关司法解释,判决合法合理。

本案涉及的网络直播行业是互联网背景下的新兴行业,一、二审法院判决有助于维护该行业的健康发展与良好秩序,并提示各方主体在合同签订与履行过程中秉持理性、审慎的态度,条分缕析,对于审理类似案件具有良好的指导示范作用。

案例提供单位:上海市闵行区人民法院
编写人:尹学新　庄玲玲
点评人:李　峰　刘克钰

20. 邵某桂诉上海和芝宾馆有限公司生命权、身体权、健康权纠纷案

——证明妨碍主观要件的司法认定

案 情

原告(上诉人)邵某桂

被告(被上诉人)上海和芝宾馆有限公司

2017 年 9 月 9 日晚 10 时许,原告邵某桂陪同其哥邵某民、嫂子潘某某入住被告上海和芝宾馆有限公司(以下简称和芝公司)宾馆。被告和芝公司安排邵某民、潘某某入住三楼客房后,原告邵某桂在三楼下二楼的楼梯上摔倒。潘某某报警后,公安局 110 接警登记表显示"报警人称同乡邵某桂从三楼楼梯上摔倒,摔到二楼大堂致脚断了,送至长海医院"。2020 年 4 月 22 日,经司法鉴定科学研究院鉴定,邵某桂构成十级残疾。邵某桂和和芝公司均未能提供事发时的监控视频和报案笔录,出警的派出所亦无当时的报案笔录及监控留存。和芝公司经营的宾馆楼梯台阶坡度正常,有灯,张贴有警示标识。

原告邵某桂诉称,因被告和芝公司未开楼梯灯且楼梯石材表面十分打滑导致其从三楼摔至二楼。事发后,邵某桂的律师曾至现场勘查,和芝公司曾出示事发时的监控视频,该视频显示楼道光线昏暗。根据邵某桂长期治疗以及鉴定结果,请求判令和芝公司赔偿邵某桂医疗费 133 149.63 元、住院伙食补贴 440 元、营养费 14 400 元、护理费 36 000 元、残疾赔偿金 138 884 元、精神损害抚慰金 5 000 元、误工费 110 400 元、鉴定费 2 620 元、残疾辅助器具费 3 000 元、律师费 5 000 元、交通费 1 285 元。

被告和芝公司辩称,宾馆经营多年,符合公安和消防的检查标准,楼梯处安装了灯具并且贴有"小心台阶"的警示标语,事发时楼梯的灯是开着的,光线正常。邵某桂的摔伤系因事发时与他人聊天所致。事发时监控视频保存在和芝宾馆法定代表人吴某某的手机上,后吴某某过世,手机丢失,故无法提供当时的监控视频。和芝公司已经尽到了安全保障义务,故不同意邵某桂的全部诉讼请求。

审 判

一审法院经审理后认为,宾馆等公共场所的管理人负有安全保障义务,但有其合理限度。原告邵某桂作为完全民事行为能力人,对自身的安全及周边的环境负有谨慎注意的义务。邵某桂在夜晚 10 时许从宾馆楼梯下楼,更应当小心谨慎。邵某桂指认和芝宾馆经营场地灯光暗,这只是邵某桂的主观认知。和芝宾馆作为正常经营的宾馆,其设施会受到相关部门的监督检查。且邵某桂并没有向一审法院提供警方在出警时对本起事故和芝宾馆有相关或者主要责任的书面记录,亦无其他证据证明和芝宾馆违反了安全保障义务。故邵某桂所述和芝宾馆没有尽到安全保障义务、要求和芝宾馆承担全部赔偿义务,证据不足,理由不充分。和芝宾馆在发生摔倒事件后,未妥善保管事发时的监控视频,存在管理上的瑕疵,虽然该瑕疵与邵某桂的受伤结果不存在因果关系,但一定程度上导致了事发经过不易查明。一审法院出于对经营者改进后续工作的一种鞭策考虑,结合邵某桂的各项损失,综合本案实际情况酌情要求和芝宾馆对邵某桂进行适当的人道主义赔偿。

综上,一审法院依照《最高人民法院关于适用〈中华人民共和国民法典〉时间效力的若干规定》第一条第二款,2009 年《中华人民共和国侵权责任法》第六条第一款、第三十七条第一款,《中华人民共和国民事诉讼法》第六十四条第一款以及《最高人民法院关于适用〈中华人民共和国民事诉讼法〉的解释》第九十条之规定,判决和芝公司赔偿邵某桂 30 000 元,对邵某桂其余诉讼请求不予支持。

一审判决后,原告邵某桂不服,提起上诉。

上诉人邵某桂上诉称,被上诉人和芝公司作为直接反映事发时情形的监控录像的唯一持有者,应当承担举证证明责任。因其无法提供监控录像故应当承担举证不能的不利后果,即应认定和芝公司未尽安全保障义务至邵某桂摔伤。故请求二审法院改判支持邵某桂的全部诉讼请求。

二审法院经审理后认为,本案的争议焦点在于被上诉人和芝公司是否尽到了其作为经营场所经营者之安全保障义务,继而是否应对邵某桂主张的损失进行赔偿。根据相关法律规定,违反安全保障义务导致他人损害的,适用过错责任原则。故邵某桂应对和芝公司未尽安全保障义务承担举证责任。首先,邵某桂主张事发时楼梯照明不良以及大理石打滑导致其从三楼摔到二楼受伤,但邵某桂仅提供了事发后到现场拍摄的照片,从现场来看,楼梯间有灯,从照片中无法看出事发时楼梯间存在未开灯或照明不足的情况。此外,楼梯虽系大理石铺就,但从照片中也无法看出楼梯湿滑,故仅凭邵某桂提供的照片,无法证明事发时楼梯间照明不足或楼梯打滑。其次,邵某桂主张和芝公司无法提供监控录像而应由和芝公司承担举证不能的不利后果,但认定和芝公司是否应对无法提供监控录像承担不利后果,应具体考察和芝公司是否存在无正当理由拒不提交监控录像的情形。案发后和芝公司的法定代表人吴某某并未故意删除或隐藏监控录像，而是将监控录像保存在其手机上，据邵某桂的代理人称其也从吴某某的手机上看过该录像。后因吴某某过世，和芝公司称该手机灭失。考虑到和芝公司的经营规模以及民间的某些丧葬习俗，吴某某过世后手机丢失具有很大的可能性。故无法认定和芝公司对不能提供监控录像存在主观故意。并且邵某桂在警方在场的情况下未要求警方对监控录像进行保存或自行对监控录像进行保存，自身也存在一定的过错。故和芝公司不存在无正当理由拒不提供监控录像的情形，继而无法因和芝公司不提供监控录像而推定邵某桂主张的事实成立。最后，从一审查明的事实来看，事发楼梯台阶坡度正常，有灯，张贴有警示标识，并且邵某桂未举证证明和芝公司存在违反安全保障义务的情形，故邵某桂以和芝公司未尽安全保障义务为由要求其赔偿全部损失，依据不足，二审法院不予支持。但考虑到和芝公司在法定代表人去世后未能继续保存监控录像，在管理上存在一定的瑕疵，一审基于人道主义赔偿的角度酌定和芝公司赔偿邵某桂 30 000 元，和芝公司对此并未提起上诉，在二审中也未提出异议，故二审法院对此予以维持。

综上，二审法院判决驳回上诉，维持原判。

点 评

本案一审法官认为，原告主张被告和芝宾馆没有尽到安全保障义务。根据相关法律规定，违反安全保障义务导致他人损害的，适用过错责任原则，故原告应对和芝宾馆未尽安全保障义务承担举证责任。审理过程中邵某桂举证不能，应当承担举证不能的不利后果，因此一审判决驳回原告的部分诉讼请求。

二审中，法官认为本案争议焦点在于和芝宾馆是否尽到了安全保障义务，继而是否应对邵某桂主张的损失进行赔偿。邵某桂主张和芝宾馆无法提供监控录像而应承担妨害证明的法律责任，但认定和芝宾馆是否妨害举证，即应具体考察和芝宾馆是否存在无正当理由拒不提交监控录像的情形。法官虽认为和芝宾馆具有证据协力义务，仅论证了和芝宾馆未履行其证据协力义务的主观要件。未考虑和芝宾馆是否有证据协力义务的两个逻辑前提：(1)和芝宾馆是否有每天 24 小时监控楼梯的义务；(2)和芝宾馆是否有将监控视频保留三年的义务。没有这两个逻辑前提，和芝宾馆就没有证据协力义务。

《上海市质量技术监督局关于发布上海市地方标准〈重点单位重要部位安全技术防范系统要求：第 8 部分：旅馆、商务办公楼〉的通知》（下称《通知》）中规定，除与底层楼梯出入口和与外界相通的楼梯出入口是强制安装彩色摄像机之外的其他楼梯出入口是"推荐"安装,并不强制。《通知》4.2.1.17 条规定,系统应采用硬盘录像机进行 24 小时实时或移动侦测视频图像记录。图像记录帧速应不少于 24 fram/s,旅馆图像记录保存时间应不少于 30 天。本案原告从三楼摔至二楼,二楼处按照上述通知应强制安装摄像头,并且和芝宾馆的图像记录保存不少于 30 天。因此和芝宾馆没有将视频保留三年的法定义务。

一审法院出于对经营者改进后续工作的一种鞭策考虑,结合邵某桂的各项损失,综合本案实际情况酌情要求和芝宾馆对邵某桂进行适当的人道主义赔偿 3 万元,这一判决值得商榷。但是和芝宾馆并未提起上诉,系对自己权利的处分,二审法官据此维持原判,体现追求程序正义与实体正义相统一的司法智慧。

案例提供单位:上海市杨浦区人民法院

编写人:唐墨华　刘子娴

点评人:李　峰　曹芳婷

21. 盛某某等诉华侨城(上海)置地有限公司等房屋买卖合同纠纷案

——穿透精装修房屋买卖双合同模式的路径及实践

案 情

原告(被上诉人)盛某某

原告(被上诉人)毛某某

被告(上诉人)华侨城(上海)置地有限公司

被告上海建筑装饰工程集团有限公司

2016 年 9 月 12 日,两原告与被告华侨城(上海)置地有限公司(以下简称华侨城公司)就上海市静安区山西北路 108 弄某房屋签订房款(不含全装修价格)暂定为 11 931 047 元的《上海市商品房预售合同》。同日,两原告经被告华侨城公司指示,与被告上海建筑装饰工程集团有限公司(以下简称建筑装饰公司)就该房屋室内精装修签订《室内装修协议》(被告华侨城公司为丙方),约定装修款 1 479 324 元。涉案《上海市商品房预售合同》载明于 2018 年 3 月 31 日前交房。涉案《室内装修协议》载明工期 547 天,至 2018 年 3 月 31 日结束。嗣后,两原告按约定将上述房款、装修款均付给被告华侨城公司。2018 年 3 月 21 日,两被告曾共同向原告发送通知,请原告于同月 28 日至 31 日办理装修验收手续。2018 年 6 月,被告华侨城公司向原告发函表示对装修验收延迟非常遗憾,其已初步拟定补偿方案,请原告于同年 7 月 8 日至 15 日办理移交手续。原告前往收房时,被告华侨城公司员工予以接待并表示公共区域未装修好,不能交付钥匙。后原告多次催促,但被告华侨城公司员工直至 10 月 31 日才表示可以交房。同年 11 月 9 日,原告取得钥匙并接收房屋。2019 年 3 月,两原告曾以《室内装修协议》为合同依据,起诉要求两被告赔偿系争房屋逾期交房损失(以下简称 12617 号案件),后申请撤诉获准。该案中,原告坚持对系争房屋 2018 年 4 月至 11 月租金进行评估,为此支付评估费 31 028 元。

两原告诉称,其购买的是精装修房屋,应由被告华侨城公司履行交付义务,合同约定 2018 年 3 月 31 日前交房,但其直至同年 11 月 9 日才取得房屋,故诉请要求被告华侨城公司赔偿逾期交房损失 413 760 元,被告建筑装饰公司因自愿加入债务承担连带责任。后原告变更诉请为要求被告华侨城公司支付逾期交房违约金（以已付房款 13 410 371 元为本金，按万分之一每日的标准自 2018 年 4 月 1 日计算至 2018 年 11 月 9 日）并赔偿评估费 31 028 元，被告建筑装饰公司承担连带责任。

被告华侨城公司辩称，《上海市商品房预售合同》标的为毛坯房，装修验收迟延与其无关；其已按期将房屋交给装饰装修公司进行装修，不存在逾期。综上，不应承担违约责任。

被告装饰装修公司辩称，其装修工期未超过合同约定，不存在逾期；交房义务应由华侨城公司承担；其配合交房的行为不构成债的加入。

审　判

一审法院经审理后认为，虽然原告分别与被告华侨城公司签订了买卖合同、与被告装饰装修公司签订了装修协议，但合同从约定到实际履行均存在诸多不合理之处。首先，各方当事人明知可能 2018 年 3 月 31 日才能交付毛坯房并开始装修，却仍约定同日装修工程竣工；毛坯房尚未竣工就约定装修开始。其次，华侨城公司从未按照买卖合同约定通知原告进行毛坯房验收，原告对钥匙移交的过程亦不知情；两被告首次邀请原告验收的就是已装修完毕的房屋，此时原告已不可能进行毛坯房验收，买卖合同的履行欠缺了重要步骤。再次，装修前，原告对装修方案无任何自主权利，装修方案由华侨城公司确定；装修中，原告不知晓装饰装修公司何时进场施工，亦无法进入系争房屋对装修情况进行监督和了解；装修结束后，原告在与华侨城公司办理相关手续后才能从物业公司处取得房屋钥匙，并非与装饰装修公司办理交接手续；原告自始未与装饰装修公司接触，均与一般装修合同明显不同。从次，如果华侨城公司仅承担毛坯房交房义务，则理应由装饰装修公司组织和参与装修验收，并承担所谓逾期责任。相反，2018 年 6 月华侨城公司单方发函，自认延期验收的事实并作出补偿的意思表示。最后，系争房屋装修工程既已完成，装饰装修公司理应有权依照装修协议要求华侨城公司支付全部装修款项，或要求原告指示付款。但装饰装修公司依照与华侨城公司签订的施工合同进行结算，且尚未收到全部工程款。上述不合理之处可以相互印证各方当事人均认为验收和交付的对象是精装修房屋，且应由华侨城公司履行交付义务。

结合在案证据，原告在 2018 年 3 月实际无法取得房屋，华侨城公司工作人员直至 2018 年 10 月 31 日才表示可以交房，故交房逾期期间应自 2018 年 4 月 1 日计至 10 月 31 日。因交付标的物系包含装修价值在内的精装修房屋，故违约金计算基数应为包括装修款在内的总价款 13 410 371 元；买卖合同约定日万分之一的违约金标准尚属合理。原告在 12617 号案件中支付的评估费并非必然产生的费用，应由其自行承担。现有证据不能证明装饰装修公司承诺就逾期交房一事对原告进行赔偿，故不能认定构成债的加入。

据此，一审法院依照《中华人民共和国合同法》第一百零七条、第一百一十四条第一款规定，判决：一、被告华侨城公司支付两原告逾期交房违约金 286 981.94 元；二、驳回两原告的其余诉讼请求。

一审判决后，被告华侨城公司不服，提起上诉。

二审法院经审理后判决，驳回上诉，维持原判。

点 评

本案尝试运用穿透式审判思维，在考虑到个案特殊性的同时，突破合同相对性，将毛坯房买卖合同和装修合同一并进行审查判断，还原当事人真实的意思表示。本案中商品房预售合同文本几乎全部由开发商事先拟定，合同中关于交房期限、违约责任、免责条款等已相当有利于开发商，买受人协商条款的空间极小。本案装修合同甚至连装修内容、违约金条款都未约定。如果把买卖合同与装修合同完全割裂开来，只能使买受人更难维护自身权益。

一审二审法官从事实出发，认定买受人与开发商之间构成精装修房屋买卖关系，精装修房屋买卖中装修交付的义务主体仍是开发商，故对于延迟交房的违约责任亦应由开发商承担是合理合法的。现实中开发商为了规避风险和利益驱动，专门设计了本案中转嫁风险的特殊合同订立方式。即经开发商指示，买受人与装修企业另行签订装修合同，开发商作为该合同的第三方。形式上多出一份合同，使买受人在诉讼过程中存在"两难"。本案的裁判结果对处理类案具有一定的示范和借鉴作用，打击开发商利用自己的优势地位制定"双合同"让买受人利益受损且难以得到救济的行为。

案例提供单位：上海市静安区人民法院

编写人：陈　钰　张　蕾

点评人：李　峰　曹芳婷

22. 孙某某诉上海泽稷教育培训有限公司劳动合同纠纷案

——企业管理权与员工个人权利冲突处理规则

案 情

原告孙某某

被告上海泽稷教育培训有限公司

原告孙某某于 2018 年 5 月 7 日入职被告上海泽稷教育培训有限公司(以下简称泽稷公司),从事市场策划专员工作,劳动合同期限至 2021 年 5 月 6 日。

2020 年 3 月 20 日早上,原告孙某某携行李箱上班,部门总监吴某某通过微信询问是否外出,在得知孙某某打算去三亚时称"三亚也是国际机场,这是有风险的事情",孙某某回复"那我改行程……不飞国际……就想换个地方呆两天",吴某某告知"……特殊时期……尽可能减少……风险",孙某某回复"好的,会改成周边自驾,我避免不去这种地方,因为是要负刑事责任的,而且公司也会受很大影响"。

2020 年 3 月 20 日下午,被告泽稷公司在工作微信群内告知全体员工:"在全国疫情风险完全解除前,出省需向公司总经办报备,并向部门总监报备;原则上禁止出境,特殊情况出境需经公司总经办报备批准;违反以上规定,一经发现坚决予以开除。"原告孙某某在微信群中回复"收到"。

2020 年 3 月 20 日晚,被告泽稷公司人事全某某与原告孙某某有微信往来。全某某询问:"你这周末会外出吗?听说你本打算去海南散心,然后退票了,退票信息能发我一下吗、疫情还没有结束,这件事情很严重,不是闹着玩的哦。"次日,孙某某回复称已取消出行,并发送飞猪 App 中 2020 年 3 月 20 日至 22 日上海往返三亚的机票订单退改信息截图。

事实上,原告孙某某于 2020 年 3 月 20 日 21:20 搭乘飞机至三亚,于 22 日回沪。2020 年 3 月 23 日,原告孙某某上班,未向被告泽稷公司报告离沪情况。当日,泽稷公司人事采用短信核验方式确定其离沪至三亚的出行事实并立即要求其离开办公场所。同日,泽稷公司经工会同意后决定解除劳动合同,出具《关于对疫情防控期间违反公司规定人员处理情况的通报》具明,"孙某某在公司不断强化和发布防疫有关规定及公司管理人员反复劝阻情况下,本周末仍未经批准出发前往海口旅游,对于该事件,公司决定予以立即开除处理"。泽稷公司并向孙某某发送微信言明,"因你违反公司疫情防控规定,公司决定立即开除"。泽稷公司又在全体员工微信群中通报上述处理情况,要求员工坚决落实疫情防控任务,杜绝相关情况再次发生。

2020 年 4 月 24 日,原告孙某某向上海市杨浦区劳动人事争议仲裁委员会申请仲裁,要求被告泽稷公司支付违法解除劳动合同赔偿金、未休婚假补偿金。2020 年 4 月 15 日,上海市杨浦区劳动人事争议联合调解中心组织双方调解,因故未成。2020 年 6 月 12 日,上述仲裁委出具裁决书,未支持孙某某请求。孙某某遂起诉至法院,作违法解除劳动合同赔偿金请求,审理中多次组织双方调解,但因故未成。

原告诉称,原告于 2020 年 3 月 20 日至 22 日利用双休日至三亚旅游,2020 年 3 月 23 日被告却以未经批准前往为由解除原告的劳动合同,此系违法解除。被告以微信通知方式限制员工出行,该决定未经法定程序,亦系阻碍合法出行,故无效力。即便有效,通知也只言及出省报备,并未规定审批程序,而原告已将外出一事告知市场总监,故未违反通知要求。此外,被告未向原告出示解除决定经工会同意的材料,直至仲裁庭审时才出示,故其解除程序亦存瑕疵。要求法院判令被告泽稷公司支付违法解除劳动合同赔偿金 24 371.36 元

被告辩称,被告泽稷公司从事教育经营业务。2020 年 3 月之时上海市尚处疫情期间,出行、出入境等均受管控,按教育局要求,被告泽稷公司须及时报备离沪情况且须执行居家隔离 14 天,故于 2020 年 3 月 20 日在微信群中告知员工,在全国疫情风险完全解除前,离沪需向总经办及部门总监报备,违反的开除。原告孙某某却在明知上述规定且部门总监再三劝说不要离沪时,仍旧欺骗被告,未报备即离沪,返沪上班后继续隐瞒事实,泽稷公司故经工会同意解除其劳动合同,系合法解除。

审 判

一审法院审理后认为,用人单位作出解除劳动合同决定的,应负举证之责。被告以违反公司疫情防控规定为由解除原告的劳动合同,则应就上述解除理由的成立举证证明。本案中,被告以微信方式通知,疫情防控期间离沪须报备、禁止出境、特殊原因出境须批准,系以公示方式告知全体员工疫情防控期间特殊的规定,形式简便快捷,符合形势需要,内容亦与疫情防控关于自行隔离、自我保护、掌握流动信息等原则相符,当系有效,通知还一并言明违反规定的后果,原告收悉故理应遵守。然原告隐瞒离沪出行的打算、欺骗称机票已退、回沪后未隔离即上班、不告知出行情况,系明知而故犯。原告在疫情防控期间的如上行为不仅罔顾诚信,且无疑增加

公共卫生安全隐患,被告以严重违反规章制度论,尚不为过,以此为由解除劳动合同,应系合法。被告已提供解除当日通知工会的相应证据,故解除程序不存瑕疵。原告称已向市场总监报备,然告知市场总监本不符通知规定的报备要求,且言称的是不出行、改为周边自驾,故原告并未报备。

综上所述,一审法院依据《中华人民共和国民法总则》第七条、《中华人民共和国劳动合同法》第三十九条第一款第二项、《最高人民法院关于审理劳动争议案件适用法律若干问题的解释(四)》第十二条之规定,判决驳回原告孙某某的诉讼请求。

一审判决后,原、被告均未提起上诉,一审判决现已生效。

点 评

本案裁判中,法官对个人信息利益和企业管理权之间的冲突处理规则说理充分,认为企业享有用工管理权,而知情权亦系管理权的组成内容;员工个人信息利益应受保护,但这种保护亦受限于合理使用与法定免责事由。

用人单位以严重违反用人单位规章制度为由解除与劳动者的劳动合同是否合法,不仅依据规章制度对该行为是否达到严重程度的认定,还应综合考虑用人单位解除与劳动者劳动合同所依据的规章制度制定程序、规定内容是否违反现行法律法规、政策、司法解释和双方签订的劳动合同约定。本案法官聚焦"用人单位发的微信群通知是否可以视为企业规章制度"这一问题,对微信群通知的程序合法性和内容是否合法合理进行论证,认定本案中的微信群通知符合规章制定程序要件、内容合理且不违反法律规定,可以视为生效企业规章制度。

如劳动关系双方对违反规章制度的行为是否达到严重程度产生分歧,还可在个案中综合考虑下列因素:(1)劳动者实施违反规章制度的行为的主观过错程度;(2)劳动者实施违反规章制度的行为的重复频率;(3)劳动者违反规章制度的行为给用人单位造成损失的大小。具体到本案,原告向用人单位隐瞒出行情况。在疫情防控期间,原告的行为罔顾诚信,且增加公共卫生安全隐患,足以认定为严重违反规章制度。

本案判决对疫情防控中公民个人权利与公共利益的平衡具有重要示范意义。在两者存在冲突的情况下,应防止过度偏向一方利益,坚持法治原则,准确、妥当地解释相关法律规定,保证纠纷解决的公平正义。

案例提供单位:上海市杨浦区人民法院
编写人:李丝丹　王苓菲
点评人:李　峰　曹芳婷

23. 王某诉傅某性骚扰损害责任纠纷案

——性骚扰行为发生于民法典施行前、损害后果持续 至民法典施行后的人格权纠纷裁判规则

案 情

原告(被上诉人)王某

被告(上诉人)傅某

原、被告自 2016 年 3、4 月起同在上海外高桥造船有限公司临港厂区的管理室工作。2019 年 8 月,原告王某将被告傅某的手机号码拉黑,自此至 2020 年 3 月期间,被告傅某不断拨打原告王某电话,并几乎每天向王某发送骚扰短信,语言淫秽、低俗,并频繁提及欲"强奸"王某、为了得到王某甘愿"自杀"等内容。

2020 年 3 月,原告王某将此事告知单位,在单位要求下,被告傅某于 3 月 5 日写下保证书,写明:"我保证以后再也不以任何方式和王某联系(包括微信等),决不影响她家庭、生活。我深刻认识到我做错了,真诚地请求她的原谅。我保证以后再也不骚扰她了。如果后续再发生后果自负。"

2020 年 5 月 15 日晚上,被告傅某又拨打原告王某电话三次。王某看到骚扰拦截信息后立即向单位汇报,在单位要求下,2020 年 5 月 20 日傅某再次写下保证书,写明:"我从 2019 年 8 月份开始,在王某第一时间拒绝我的时候,并明知她把我的所有信息(微信、电话等)拉黑后,仍继续反复骚扰……我十分后悔给她带来的伤害……以后再也不会有和她任何方式的接触,我恳请她原谅我。如果再发生有任何方式的联系,我主动辞职,接受公司任何处理并负上相应的法律责任……"自此至今傅某再未电话、短信联系王某。

2020 年 5 月 22 日,原告王某就诊,病史记载:患者于半年前出现情绪低落,总感到不开心,无缘无故哭泣,感到委屈,说单位有人骚扰她。精神检查描述:……猜疑较重,存在明显的被害妄想、被跟踪感,自述"我总感到有人看我的眼神不对,有人要害我,我到单位有个人总骚扰我,他派人总跟踪我",一直哭泣,不停地说"医生救救我,我很痛苦"。医院诊断为:抑郁发作,伴精神病性症状。医嘱服用相关药物并加强监护,开具病假单。截至 2021 年 2 月 22 日最近一次就诊,王某累计就诊 15 次,持续病假休息,共支出医疗费 7 149.84 元。其间,2020 年 10 月,原、被告曾协

商解决涉案纠纷,但未达成一致。2020 年 10 月 19 日,王某的病历即记载:近来因处理骚扰的事又出现紧张,发抖、情绪失控,夜眠差。

2020 年 5 月 26 日,原告王某以被告傅某骚扰、恐吓为由报警,2020 年 6 月 8 日,上海市公安局浦东分局确认傅某于 2019 年 7 月至 2020 年 5 月 15 日期间,多次以发送骚扰短信拨打骚扰电话方式,干扰他人正常生活的违法行为,决定给予傅某行政拘留七日并处罚款 200 元。

原告王某 2020 年 5 月 22 日之前十二个月税后平均收入(含工资及各项奖金)为 7 664.76 元,2020 年 5 月 22 日起至 2021 年 2 月 26 日平均每月税后收入(含工资及各项奖金)为 3 484.34 元。为本次诉讼,王某聘请律师,提供诉讼法律服务委托协议及律师费增值税发票,显示支付律师费 45 000 元。

原告王某诉称,傅某的骚扰行为对王某造成了极大的精神压力,导致王某焦虑抑郁,长期就医并请病假,要求法院判令:(1)傅某赔偿王某医疗费 30 000 元(含后续治疗费)、误工费 105 000 元、护理费 48 000 元、交通费 3 000 元、律师费 45 000 元、精神损害赔偿金 50 000 元;(2)傅某向王某书面赔礼道歉。

被告傅某辩称,认可王某所述的事情经过,但傅某除向王某发送性骚扰短信、拨打骚扰电话外,并无其他行为。同意赔偿法律规定的项目,金额以实际支出为准。2020 年 5 月 15 日,傅某在清理手机通话记录时不小心拨打了王某电话,并非故意骚扰。傅某认识到之前行为是错误的,在受到行政处罚后已停止了短信或电话骚扰,也知道王某生病了,内心感到很愧疚、后悔,同意以书面形式向原告王某赔礼道歉。

后一审庭审中,傅某又表示,不同意赔偿王某的各项损失,因为傅某发送的骚扰短信中,仅部分内容涉及性骚扰,更不存在偷窥、尾随王某的行为,王某抑郁症的成因有多种,并非因傅某发送骚扰短信造成。对于各项费用,医疗费确认为 7 149.84 元,误工期认可暂计至 2021 年 3 月 22 日,护理费同意按护理行业平均收入水平计算,期限由法院认定,交通费无票据不认可,律师费偏高,精神损害抚慰金不认可。

审 判

一审法院经审理后认为,违背他人意愿,以言语、文字、图像、肢体行为等方式对他人实施性骚扰的,受害人有权依法请求行为人承担民事责任。结合在案证据,足以认定被告傅某实施了性骚扰。虽上述行为发生在民法典施行以前,但为弘扬社会主义核心价值观,保障妇女合法权益,原告王某依据民法典禁止性骚扰的规定,要求被告傅某承担民事责任的请求应予支持。

首先,依据《最高人民法院关于适用〈中华人民共和国民法典〉时间效力的若干规定》，被告傅某应当对其发生在民法典施行前、损害后果持续至民法典施行后的性骚扰行为承担民事责任。2005 年 8 月 28 日修正的《中华人民共和国妇女权益保障法》第四十条规定："禁止对妇女实施性骚扰。"自此，任何人负有不得以身体、语言、动作、文字或者图像等方式，违背妇女意愿对女性实施以性为取向、有辱其尊严的性暗示、性挑逗以及性暴力等行为的义务；任何人应当预见到其违反上述义务所产生的法律责任。本案适用民法典规定，要求被告傅某承担其行为时法律、司法解释没有规定的侵害他人人格权的民事责任，并未明显减损其合法权益、增加其法定义务，也未背离其合理预期，彰显了"国家尊重和保障人权"的精神，顺应了人民群众对人格尊严、人格权保护的现实需求。

其次，被告傅某的相关行为与原告王某的就诊行为存在因果关系。从时间看，被告傅某书写第二份保证书后原告王某随即就诊，病史记载及精神描述均显示，导致其焦虑抑郁的事件为"单位有人骚扰"。2020 年 10 月，双方开始协商赔偿事宜，原告王某病历即显示"因处理骚扰的事"导致病情反复。被告傅某的伤害行为与原告王某的就诊行为存在对应关系。从空间看，原、被告处于同一工作场所，被告傅某长期、不间断向原告王某发送黄色、暴力，甚至威胁性的骚扰短信，足以导致原告王某出现巨大心理压力，引发抑郁、焦虑情绪。从被告傅某自身认识看，其所写第二份保证书中，也承认发送骚扰信息给原告王某造成了伤害，其对原告王某相关病症的发生、发展难辞其咎，其有关原告王某患病并非源于其骚扰短信的抗辩缺乏依据。

最后，被告傅某在赔礼道歉的同时应当承担损害赔偿责任。人格权受到侵害的，受害人有权依照民法典和其他法律的规定请求行为人承担民事责任。自 2020 年 5 月 20 日后，被告傅某再未实施骚扰行为，故原告王某要求被告傅某对此前侵害人格权的行为赔礼道歉，符合法律规定。同时，被告傅某的过错行为既侵害了原告王某的人格权又造成了其损害，故应当承担侵权责任。责任包括医疗费、护理费、误工费等财产损失赔偿及精神损害赔偿。它们包括：一是 7 149.84 元医疗费；二是 41 804.20 元误工费，其范围为原告王某自 2020 年 5 月 22 日起至 2021 年 3 月 22 日间因病假造成的收入损失，计算方式为原告王某 2020 年 5 月 22 日之前十二个月税后平均收入（含工资及各项奖金）7 664.76 元与 2020 年 5 月 22 日起至 2021 年 2 月 26 日平均每月税后收入（含工资及各项奖金）3 484.34 元的差额乘以十个月；三是 7 000 元护理费，即原告王某家属在家陪伴监护的误工损失，因原告王某并无提供家属误工证明，法院参考上海市护理行业平均工资标准酌情计算二个月；四是 3 000 元交通费，根据原告王某就诊次数及路途远近予以酌定；五是 10 000 元律师费，考虑到本案同时适用侵权损害赔偿责任，故按照上海市现行律师收费标准以及本案标的酌情认定；六是 30 000 元精神损害抚慰，被告傅某的涉案行为让原告王某承受了巨大的心理压力和精神折磨，破坏了其安宁生活，法院结合被告傅某侵权手段、经过及所致后果,酌情确定精神损害赔偿金额。

综上,一审法院依照《中华人民共和国民法典》第九百九十五条、第一千零一十条第一款、第一千一百六十五条第一款、第一千一百七十九条、第一千一百八十三条第一款、《最高人民法院关于适用〈中华人民共和国民法典〉时间效力的若干规定》第三条规定,判决:被告傅某向原告王某书面赔礼道歉(致歉内容需经本院审核);被告傅某赔偿原告王某医疗费 7 149.84 元、误工费 41 804.20 元、护理费 7 000 元、交通费 3 000 元、律师费 10 000 元、精神损害抚慰金 30 000 元。

一审判决后,原告傅某不服,提出上诉。

二审法院经审理后判决,驳回上诉,维持原判。

点 评

本案主要讨论了性骚扰行为发生于民法典施行前、损害后果持续至民法典施行后的侵害人格权纠纷法律适用问题。裁判认定损害后果持续至民法典施行后的人格权纠纷应根据空白溯及原则适用民法典。法官认为因性骚扰引起的民事纠纷源于人格权请求权,人格权请求权的行使不以实际损害的发生为前提,当事人以人格权遭受侵害寻求救济时,不论其同时行使人格权请求权和侵权损害赔偿请求权,还是单独侵权损害赔偿请求权,其权利基础在于人格权请求权,都需要按人格权的裁判规则判断当事人的人格权是否遭受侵害并在此基础上就其侵权损害赔偿请求权是否成立作出判断,不宜因为权利人同时或单独行使侵权损害赔偿请求权而认为纠纷的性质转化为侵害民事权益产生的纠纷。

本案还对适用《最高人民法院关于适用〈中华人民共和国民法典〉时间效力的若干规定》第三条,突破"法不溯及既往"原则,形成"法溯及既往"的例外情形进行了总结:(1)应当有利于弘扬社会主义核心价值观;(2)原有的法秩序对违法行为作出了与民法典一致的评价;(3)原有法秩序为追究民事主体的民事责任奠定了基础。

值得提倡的是,本案法官并非仅仅限于事实查明和法律适用,而是依托情、理、法,条分缕析,深入说理。其中关于"追究性骚扰者民事责任应当重点厘清三个关系"这一部分逻辑清晰,因果关系明确,精神损害赔偿标准合理。法官的说理言语得当,义理深刻,是具有典型的社会主义核心价值观裁判文书实例,应大力推广,同时不断研究其中的规律与经验,提升法官的说理水准。

案例提供单位:上海市杨浦区人民法院

编写人:郑马威

点评人:李 峰 曹芳婷

24. 翁某萍诉赵某雄等赠与合同纠纷案

——"网络打赏"相关问题及与夫妻财产共有制之间的冲突解决

案 情

原告翁某萍

被告赵某雄

被告邱某瑛

被告北京微播视界科技有限公司

原告翁某萍与被告赵某雄系夫妻关系。被告北京微播视界科技有限公司(以下简称微播公司)系"火山小视频"网络直播平台的运营商。2017 年 10 月 11 日,被告邱某瑛在"火山小视频"平台签署《主播签约协议》,成为平台主播,从事网络直播活动。

2017 年 12 月至 2018 年 10 月 27 日,被告赵某雄陆续在"火山小视频"平台注册 4 个账号,并向账号内充值以购买虚拟钻石,将所获得的虚拟钻石用于兑换虚拟礼物,在包括被告邱某瑛在内的主播直播间内进行打赏、参与"火山小视频"平台的抽奖活动等。同时,赵某雄将其中一个账号注册成为平台主播。2018 年 10 月 6 日,原告翁某萍名下的手机号码被用于注册"火山小视频"平台账号。以上 5 个账号充值总金额人民币 778 779 元(以下币种均为人民币),单笔充值的金额自 1 元至 2 万元不等。

根据"火山小视频"平台规则,当单笔充值金额达到或超过一定金额时,平台会赠送一定数量的虚拟钻石,同时,平台不定期举办抽奖活动,用户可使用一定数量的钻石参与抽奖以获得虚拟礼物。平台注册用户根据其消费的钻石数量,获得不同的等级,不同等级的用户拥有不同的特权,如展示荣誉勋章、开启豪华入场、开启彩色弹幕等。而主播获得打赏后,将被统计入礼物贡献榜,主播根据所获得的虚拟礼物从平台获得报酬。

被告赵某雄与邱某瑛曾在微信中互加为好友,但双方不存在线下见面或其他经济往来。

原告翁某萍诉称,被告赵某雄擅自将家庭财产通过在网络平台充值、打赏的形式赠与被告邱某瑛,严重侵害了共有人的财产权益,同时,被告赵某雄对邱某瑛的赠与是建立在网络婚外情的基础之上,有悖公序良俗,故赠与行为无效,要求被告邱某瑛、微播公司返还原告 778 779 元。

被告赵某雄同意原告的全部诉请。

被告邱某瑛认为,邱某瑛在平台注册成为主播,提供线上表演服务,每月从平台获得报酬,合理合法,与赵某雄之间并不存在不正当男女关系。

被告微播公司认为,"火山小视频"平台经合法手续登记注册,赵某雄系完全民事行为能力人,其在平台观看主播表演,获得了精神愉悦,并自愿打赏,与微播公司之间形成网络服务合同关系,且合同已履行完毕,不同意原告的全部诉请。

审 判

一审法院经审理后认为,本案的主要争议焦点在于,第一,被告赵某雄在"火山小视频"平台充值获得虚拟钻石,以虚拟钻石兑换虚拟礼物并向被告邱某瑛的直播间内进行打赏的行为是何法律性质,三被告之间构成赠与合同关系还是网络服务合同关系;第二,被告赵某雄以夫妻共同财产进行充值、打赏,其行为是否无效;第三,本案是否存在其他导致合同无效的情形。

关于争议焦点一,一审法院认为,被告赵某雄在平台进行充值,向被告邱某瑛打赏,其行为的性质应通过整个交易过程、交易特点、各方的意思表示及权利义务等综合进行分析。

本案所涉合同涉及被告赵某雄、被告邱某瑛和被告微播公司。被告微播公司经营的"火山小视频"是一家互联网直播平台,基于互联网,以视频、音频、图文等形式向公众持续发布实时信息,依托网络直播资质、技术服务条件和后台管理人员搭建网络直播平台,系互联网直播服务的提供者。网络直播平台有别于公益网络平台,其成立的初衷不排除是为获取一定的商业利益。被告邱某瑛系在"火山小视频"平台注册的主播,根据与平台签署的《主播签约协议》,使用平台的技术条件和用户资源,通过在直播间内向公众进行表演获得人气,从粉丝(用户)处获得礼物打赏,并以此作为获取收益的结算依据,系互联网直播服务使用者之一,其效果意思是通过直播表演获取报酬。被告赵某雄在直播平台注册成为用户,在平台观看直播,亦系互联网直播服务使用者,其在平台进行充值,旨在获取虚拟钻石并以此在平台上自主选择兑换可享有的一系列服务,并根据自己的认可度和满意度使用虚拟钻石兑换虚拟礼物向主播进行打赏,从中获得某种精神满足,其效果意思是获得精神利益。这种交易模式与传统演艺模式有一定不同,但并无本质区别。在传统的演艺模式中,观众需通过购买门票等对价支付方式来获取表演服务,而网络直播行业的主要盈利模式则是通过用户打赏来获取服务报酬。用户对自己认可的表演自行判断打赏的金额,属于一种非强制性的对价支付模式,在表演、打赏结束后,视为对价已支付,合同即履行完毕。若以赠与合同关系来理解用户的打赏行为,不仅不符合各方当事人的真实意思表示,也不符合各方行为所体现的交易特点,不利于保护当事人之间的公平交易关系,亦不利于维护交易安全。因此,从各方的意思表示及交易特点来分析,赵某雄与微播公司之间形成的是网络服务合同关系,而邱某瑛作为主播所提供的表演,则系微播公司提供的服务之一。

从货币所有权的转移来看,在互联网空间下,主播和用户可进行互动,用户对自己满意的主播或在观看表演后,可进行"打赏",这种"打赏"并非用户以现金直接支付给主播,而是在平台充值兑换虚拟钻石,以虚拟钻石进行打赏。被告赵某雄在平台充值后,货币所有权即转移至微播公司,而其向被告邱某瑛打赏后,被告邱某瑛并未直接获取货币,需通过平台按照一定的规则进行结算后才能兑现收益,可见,被告赵某雄与被告邱某瑛之间并不存在直接的货币转移关系,这也不符合赠与合同中赠与标的物的交付特点。

从虚拟钻石的性质来分析,虚拟钻石系充值和打赏的连接点,根据"火山小视频"平台的《充值协议》,用户充值后获得的虚拟钻石可用于自由兑换虚拟礼物等平台上各项产品或服务,其使用范围限定在平台内,是平台在用户支付对价后给予用户的可享有服务的权利,而用户可自主决定使用虚拟钻石以接受平台提供的服务。用户使用虚拟钻石兑换成虚拟礼物,再将虚拟礼物在直播间内打赏主播,是一种虚拟空间中"使用道具"的行为,类似于网络游戏中打出的子弹、弹幕中弹出的烟花,不直接发生法律效力,故虚拟钻石在性质上类似于是平台向用户交付的一种虚拟债权凭证,而非赠与合同的标的物。

对于原告翁某萍所主张被告赵某雄与邱某瑛之间构成赠与合同这一点,法院认为,赠与合同是指赠与人把自己的财产无偿给予受赠人,受赠人同意接受的合同,系单务无偿合同。赠与合同中,受赠方无需支付对价,而本案所涉合同双方均支付了对价,一方付出的是金钱,另一方则通过主播提供表演等方式履行合同义务。虽然用户在选择不打赏的情况下仍可观看主播的表演,但并不能就此反推用户在打赏后未获取任何利益。主播的表演系网络直播平台为用户提供服务之一,相较于传统表演活动的延时互动而言,网络直播表演具有即时性和互动性。用户在使用虚拟钻石打赏后,不仅观看了表演,还可获得个性化的体验,包括要求主播根据自己的喜好进行表演、使用虚拟礼物时产生的特效体验、管理直播间的特权、提升账户等级并享受等级特权等,在虚拟环境中获得了满足感,得到了精神上的法律利益,同样不符合赠与合同单务、无偿的特点。

根据上述分析,从整个交易过程、交易特点、各方的意思表示及权利义务分析,被告赵某雄的充值、打赏行为系消费行为,并非赠与行为,其与被告微播公司之间构成的是互联网经济中产生的网络服务合同关系,而其向被告邱某瑛打赏的行为并不直接发生法律效力,双方不构成赠与合同关系。据此,一审法院将本案案由从赠与合同纠纷调整为网络服务合同纠纷。

关于争议焦点二,即被告赵某雄以夫妻共同财产进行充值打赏的行为是否无效。

根据审理中查明的事实,原告确认其对被告赵某雄长期观看网络直播的行为系知情的,但又主张其对赵某雄在涉案平台上的充值打赏行为不知情,而法院查明本案所涉 5 个注册账号之一系用原告的手机号码注册。根据平台规则,注册及每次登录账号前,平台均会以短信形式向用于注册的手机号码发送验证码,在输入正确的验证码后方可登录账号并进行充值打赏等一系列操作,故原告主张其对赵某雄的充值打赏行为一概不知情,缺乏事实依据,法院难以采纳。

根据《婚姻法》及相关司法解释的规定,夫妻对共同所有的财产,有平等的处理权。因日常生活需要而处理夫妻共同财产的,任何一方均有权决定。夫或妻非因日常生活需要对夫妻共同财产作重要处理决定,夫妻双方应当平等协商,取得一致意见。他人有理由相信其为夫妻双方共同意思表示的,另一方不得以不同意或不知道为由对抗善意第三人。首先,虽然原告提供了证据证明被告赵某雄在平台充值的资金确属两人夫妻共同财产,但根据上述分析,赵某雄与微播公司之间构成的系网络服务合同关系,其充值、打赏属于消费行为,每次充值均系一次独立的消费,不应累计后再行评价。与传统服务合同不同的是,网络服务合同的相对方分别通过互联网履行各自的义务,享受各自的权利。被告赵某雄在"火山小视频"平台充值的金额从 1 元至 2 万元不等,具有小额、高频的特点,并非一次性充值778 780 元。同时,本案所涉五个账号中仅有一个系用赵某雄的身份证号号码登记注册,在通常情形下,网络平台无法判断五个账号实属同一用户所有,故赵某雄的充值、打赏行为并不足以导致作为合同相对方的网络平台对其充值资金来源的合法性和正当性产生合理怀疑。其次,根据货币占有即所有的理论,被告赵某雄以其名下的资金进行充值,对网络平台而言,充值资金来源于赵某雄,属于赵某雄所有,而原告和赵某雄又未举证证明微播公司知道或应当知道赵某雄无权处分夫妻共同财产,故赵某雄的行为对合同相对方而言系有权处分行为。而在原告与赵某雄夫妻关系内部,若原告和赵某雄均确认赵某雄擅自处分了夫妻共同财产,侵犯了夫妻共同财产所有权,仅在夫妻内部产生侵权责任,对外并不能对抗善意第三人,不影响网络服务合同的效力。最后,随着大众生活水平的日益提高,日常生活所需的范围逐渐扩大,除了物质需求外,通过正当的娱乐活动追求精神愉悦亦属于日常生活、日常消费所需的一部分,故日常生活所需不应仅限于维持物质生活、抚养子女或支付医疗费用等情形。在合理限度内因精神文化需求而产生的支出并未超出家事代理权的范畴。夫妻财产权利和交易安全都是法律应当保护的,当两者发生冲突时,需要平衡好两者的关系。在有证据证明被告邱某瑛或微播公司明知赵某雄的行为系无权处分时,当然应当认定其行为无效,以保护原告作为配偶的财产权益,但在没有证据证明这一点时,法院需要根据事实保护交易安全,不应随意认定合同无效,否则互联网平台上的交易将无从发展。

综上,对于原告提出被告赵某雄的充值、打赏行为基于其擅自处分夫妻共同财产而无效的主张,一审法院不予采纳。

关于争议焦点三,即是否存在有悖公序良俗或其他导致合同无效的情形。

原告翁某萍的主张是被告赵某雄与被告邱某瑛之间存在有悖公序良俗的网上暧昧、网络婚外情关系,故被告赵某雄的充值打赏行为应属无效。原告翁某萍为证明其主张提供了被告邱某瑛的钻石贡献榜单以及邱某瑛与其他主播 PK 的视频,认为赵某雄通过不同的账号对邱某瑛进行打赏,且各账号打赏的钻石数分别居于邱某瑛钻石贡献榜单首位或前列,说明两人并非单纯的主播和观众的关系。法院认为,在网络直播平台上,各主播开设自己的直播间,且分别有自己的钻石贡献榜,以获得钻石数的多少来推定打赏者与主播之间是否存在不正当关系无事实与法律依据,也不符合人们通常的价值判断标准,故对原告该主张,法院不予采纳。原告翁某萍还提供了被告赵某雄与邱某瑛之间的微信聊天记录打印件,该聊天记录的内容系截取所得,并不完整,邱某瑛在聊天中称呼赵某雄为“叔叔”,并未有超出正当男女关系的暧昧言语;聊天内容中有邱某瑛做亲吻动作的动态图,邱某瑛则辩称该动态图系其制作后在粉丝群中向全体粉丝发送,而原告提供的微信聊天记录显示该动态图系赵某雄向邱某瑛发送,无法证明原告提出的邱某瑛单独向赵某雄发送暧昧头像的事实,故原告提供的上述证据均不足以证明其主张。此外,被告赵某雄与被告邱某瑛从未有线下见面,亦从未发生过线下的钱款转账或赠与礼物的行为,双方的线上互动,从现有证据反映,尚属主播与粉丝(用户)之间正常的互动,不存在违反公序良俗的情形,故对原告的相关主张,法院不予采纳。

被告赵某雄系完全民事行为能力人,其在“火山小视频”平台注册多个账号,多次进行充值,其本人亦开通了平台主播功能并接受他人打赏,通过充值以获取精神利益的意思表示真实且明确。同时,根据审理中查明的事实,被告微播公司经营的“火山小视频”平台经有关部门批准后设立,具有相关国家机构颁发的互联网信息服务许可证,其通过互联网开设直播间,由主播向观众提供表演以及接收用户充值、向主播进行打赏的行为均不违反法律禁止性规定或其他互联网信息服务规定。被告邱某瑛作为主播,在“火山小视频”平台提供表演服务,其表演的内容不存在违反法律强制性规定、网络直播平台规定或违反公序良俗的情形,作为表演者,通过表演活动获取报酬亦符合《著作权法》关于表演者权的规定。由此,涉案合同不存在合同无效的情形。

综上所述,涉案合同系网络服务合同,且已生效并实际履行,不存在合同无效的情形,据此,一审法院依照《中华人民共和国民法总则》第六条、第七条、第八条、第六条、第一百一十三条、第一百四十三条,《中华人民共和国合同法》第一百八十五条,《中华人民共和国婚姻法》第十七条第二款,《最高人民法院关于适用〈中华人民共和国婚姻法〉若干问题的解释(一)》第十七条之规定,判决驳回原告翁某萍的全部诉讼请求。

点 评

本案涉及"网络打赏"相关问题以及夫妻财产共有制之间的冲突解决。

本案将打赏行为认定为消费行为,而非赠与行为。本案中的网络平台属于互联网直播服务的提供者,主播和打赏者都是互联网直播服务的使用者,网络直播打赏的交易方式与传统演艺模式有一定不同,但本质并无区别,因此打赏者与网络平台之间构成网络服务合同关系,而非赠与合同关系。打赏者与主播之间也不构成赠与合同,赠与合同中,受赠方无需支付对价,本案所涉合同双方均支付了对价,一方付出的是金钱,另一方则通过主播提供表演等方式履行合同义务。本案将网络直播平台中的"虚拟钻石"视为平台向用户交付的一种虚拟债权凭证。

本案还涉及夫妻财产共有制,本案中被告赵某雄系完全民事行为能力人,原告翁某萍和被告赵某雄未举证证明微播公司知道或应当知道赵某雄无权处分夫妻共同财产,故赵某雄的行为对合同相对方而言系有权处分行为。即使原告翁某萍和被告赵某雄均确认赵某雄擅自处分了夫妻共同财产,侵犯了夫妻共同财产所有权,但仅在夫妻内部产生侵权责任,对外并不能对抗善意第三人,不影响网络服务合同的效力。本案法官准确认定案件事实,正确适用法律及相关的司法解释、司法经验,判决合法合理。

案例提供单位:上海市普陀区人民法院

编写人:邵莉星 罗珏卿

点评人:李 峰 曹芳婷

25. 上海毅铭建筑装饰工程有限公司诉南通金典装饰工程有限公司装饰装修合同纠纷案

——被挂靠单位不得以出借资质为由拒绝支付工程款

案 情

原告(上诉人)上海毅铭建筑装饰工程有限公司

被告(被上诉人)南通金典装饰工程有限公司

第三人宋某某

2016 年 4 月 28 日,被告南通金典装饰工程有限公司(以下简称金典公司)及南通金典装饰工程有限公司上海分公司(以下简称南通金典上海分公司)作为承包方,与作为发包方的上海紫恒投资发展有限公司(以下简称紫恒公司)签订《建筑装饰工程施工合同》。合同约定,由金典公司承接紫恒公司发包的位于上海市浦东新区沪南公路 9900 号 1♯楼的觅家精品酒店上海惠南禹洲商业广场店室内装饰工程,金典公司指派第三人宋某某为其驻工地代表,负责合同履行。

2016 年 7 月 18 日,金典公司向紫恒公司出具《法人授权委托书》,委托公司职工宋某某为公司合法代理人,委托期限从 2016 年 7 月 18 日至 2016 年 12 月 30 日。

2016 年 8 月 23 日,原告上海毅铭建筑装饰工程有限公司(以下简称毅铭公司)作为承包方(乙方)、被告金典公司作为发包方(甲方)签订《内部承包合同》,在合同的首页加盖上海新示禾建筑装饰工程有限公司(以下简称新示禾公司)的印章,合同甲方落款处加盖"南通金典装饰工程有限公司觅家酒店项目专用章",第三人宋某某在甲方委托代理人处签字,乙方落款处加盖毅铭公司的公章,吴某在乙方的委托代理人处签字。合同约定,甲方将案涉工程第十至十一层及大堂工程分包给乙方,工程价款暂定为 500 万元。乙方按照施工工程总造价的 12%向甲方缴纳管理费,根据甲方与建设单位签订合同的价款进行结算,管理费甲方可以从进度款账户中分批扣除。

2017 年 1 月 9 日、2017 年 8 月 25 日，紫恒公司作为甲方、金典公司作为乙方、南通金典上海分公司作为丙方，三方先后签订二份《补充协议》，对工程进度、工程造价、工程款支付条件等进行了约定。其间，2017 年 8 月 22 日，南通金典上海分公司向紫恒公司出具《委托书》，委托金典公司员工宋某某及班组人、张某某、吴某办理工程决算款营业收款事宜。

2019 年 12 月 4 日，被告金典公司作为总承包方、第三人宋某某作为项目负责人、吴某等作为施工班组代表人，三方签订《班组应付款协议》，其中第一条"班组分配明细"约定：吴某班组总工程决算款为 2 434 191.07 元，已付工程款为 1 374 943 元，应交管理费为 292 102.92 元，剩余应付工程款为 767 145.15 元。第二条"付款保证及承诺"约定：(1)金典公司根据总决算造价范围配合项目承包人宋某某做好后期应收应付款相关手续，如工程项目亏损，所欠材料及人工工资等，债务均由项目承包人宋某某负责承担。(2)金典公司根据总决算付款约定收到工程款后扣除公司应收管理费及税金后按项目负责人宋某某授权，按本协议分配内容进行付款，收款人应提交合同、发票，凭发票支付款项；多余款项凭发票直接支付给承包人宋某某个人。(3)对具体付款时间，由项目承包人宋某某及各班组与甲方协商，与金典公司无关。

毅铭公司曾向吴某出具《施工单位授权委托书》，内容为吴某系毅铭公司的员工，毅铭公司授权吴某作为毅铭公司的施工代理人，以毅铭公司的名义参加"觅家精品酒店上海惠南禹洲商业广场店室内装饰工程"，受托人签署的一切有关文件和处理与之有关的一切事务，毅铭公司均予以承认。

2019 年 7 月 24 日，宋某某向公安机关出具情况说明，认可挂靠金典公司签订施工协议以及私刻金典公司公章及项目专用章的事实，并称毅铭公司知晓私刻上述印章事实，后宋某某以新示禾公司的名义与毅铭公司重新签订了内部承包合同。

另，在(2020)沪 0115 民初 27069 号案件的审理过程中，宋某某曾于 2020 年 7 月 27 日在法院制作了谈话笔录，在该笔录中宋某某述称，案涉工程系其挂靠在金典公司名下，以金典公司的名义与紫恒公司签订合同，还约定向金典公司支付 4% 的管理费；与该案毅铭公司张某某的内部承包合同上所加盖的金典公司公章及项目专用章是宋某某私刻，当时张某某知晓是宋某某个人发包给他的，因金典公司不同意以他们的名义签订分包合同，故以宋某某实际控制的新示禾公司的名义与张某某重新签订了内部承包协议；并表示同意该案的工程欠款由宋某某承担。

原告毅铭公司诉称，案涉工程最终因小业主与紫恒公司之间的问题而终止，毅铭公司及案外人班组已完成的施工需要拆除。为保障各方利益，毅铭公司、金典公司及案外人班组进行了结算，扣除已付款及金典公司应收的管理费，毅铭公司剩余工程款为 767 145.15 元。毅铭公司为维护自身合法权益，故提起本案诉讼。请求判令金典公司向毅铭公司支付工程款人民币 767 145.15 元及利息;本案诉讼费、保全费及保全担保费由金典公司承担。

被告金典公司辩称,不同意毅铭公司的诉讼请求。第一,毅铭公司明知第三人私刻"南通金典装饰工程有限公司觅家酒店项目专用章"、金典公司公章与其签订《内部承包合同》,却将该合同作为主要依据起诉金典公司,虚构毅铭公司、金典公司之间的承包关系。第二,案涉工程是第三人与紫恒公司洽谈承接的,只是借用金典公司的资质与紫恒公司签订施工合同,第三人承接工程后又分包给毅铭公司等班组,且毅铭公司和第三人在合同履行中,早已和紫恒公司直接建立工程承包关系,毅铭公司、金典公司之间不存在转包或分包关系。第三,毅铭公司已书面确认由第三人承担支付工程款的义务,金典公司无义务向毅铭公司支付工程款,金典公司只是要在收到紫恒公司支付的工程款后按照第三人的授权支付给毅铭公司等人。

第三人宋某某未作陈述。

审 判

一审法院经审理后认为,即便签订系争《内部承包合同》时第三人宋某某曾向原告毅铭公司出示过《法人授权委托书》,但出示行为本身不能证明宋某某具有签订分包合同的代理权。《班组应付款协议》可以反映出各方已确认宋某某为实际项目承包人,在此基础上约定工程所负债务均由宋某某承担,被告金典公司只需配合第三人宋某某做好后期应收应付款手续。据此,一审法院作出判决:驳回毅铭公司的诉讼请求。

原告毅铭公司不服一审判决,提起上诉。

二审法院经审理后认为,本案的主要争议焦点在于:被上诉人金典公司应否承担向上诉人毅铭公司支付工程款的责任。对此:

首先,本案所涉整体工程的《建筑装饰工程施工合同》签订主体是紫恒公司和金典公司,金典公司出具授权委托书,确认宋某某系金典公司合法代理人,宋某某也是上述施工合同中金典公司指派的驻工地代表。虽然金典公司主张该工程系宋某某挂靠在其名下承接并施工,然挂靠关系是发生在其与宋某某之间的内部关系,对外并不具有约束力,金典公司作为合同主体对外仍应承担合同项下的权利义务。

其次,被上诉人金典公司承接工程后,与上诉人毅铭公司签订了《内部承包合同》,将其中的部分工程以内部承包的方式分包给毅铭公司施工,金典公司作为发包方理应根据该承包合同约定承担付款义务。金典公司主张该合同上金典公司印章系宋某某私刻,宋某某无权代表金典公司,然涉案工程系以金典公司名义承接的工程,宋某某持有金典公司出具的授权委托书,也是施工合同中载明的金典公司驻工地代表,负责合同履行,金典公司亦确认其与宋某某之间系挂靠关系,其从未参与工程的施工、管理,故宋某某具有相应的代理权,其对外以金典公司名义签订的内部承包合同对金典公司具有约束力,应由金典公司承担责任。

再次,被上诉人金典公司主张根据各方最终签署的《班组应付款协议》可以表明包括上诉人毅铭公司在内的各班组已经确认由宋某某个人承担付款责任,然从该协议内容来看,第一条是对各班组应得工程款金额进行确认,第二条涉及具体付款事宜,其中约定项目如亏损由宋某某负责、金典公司收到甲方工程款后根据宋某某指令支付给各施工班组,法院认为,项目发生亏损情况下如何承担责任系金典公司与宋某某之间的关系,与各施工班组无关,关于金典公司如何付款仅是双方对具体付款流程作出的约定,上述内容并不能体现各施工班组明确表示放弃向总包方金典公司主张工程款的权利,故金典公司该上诉主张法院不予采信。

综上,被上诉人金典公司作为涉案工程总包单位,将部分工程分包给上诉人毅铭公司,现工程已经完工并交付使用,双方也在付款协议中对毅铭公司施工之工程价款进行了确认,金典公司理应向毅铭公司支付相应工程款。据此,二审法院依照《中华人民共和国民事诉讼法》第一百七十条第一款第二项之规定,判决南通金典装饰工程有限公司支付上海毅铭建筑装饰工程有限公司工程款 767 145.15 元。

点 评

在建设工程施工领域,经常出现无资质的企业或个人挂靠有资质的建筑企业承揽、分包工程。在本案中,二审法院明确了被挂靠单位不得以未实际施工为由拒绝承担付款义务。

首先,二审法院结合相关法律规定,明确了被挂靠单位的责任主体地位。我国《建筑法》第十二条、第二十六条规定,建筑施工企业应当取得相应资质,禁止超越资质等级施工或者用其他建筑施工企业的名义承揽工程。《最高人民法院关于审理建设工程施工合同纠纷案件适用法律问题的解释(一)》第一条规定,不具备施工资质的个人或者单位承包或者发包工程的合同依法应认定无效。《民法典》第七百九十三条亦予以明确,建设工程施工合同无效,实际施工人主张工程款的,在验收合格的情况下可以依据双方的合同约定折价补偿实际施工人。因此本案中仍存在工程款的支付义务,一审二审法院均对该项事实作出认定。二审法院归纳本案的争议焦点为被挂靠单位是否应当承担付款义务。本案被挂靠单位与挂靠人之间虽存在明确的挂靠关系,但挂靠关系是发生在两者之间的内部关系,对外并不具有约束力,被挂靠单位作为涉案合同的主体应当承担合同项下的权利义务。同时挂靠方与被挂靠单位之间关于项目亏损如何承担责任的约定亦属于两方内部的关系，对外并无约束力，不能依此免除被挂靠单位的责任，因此被挂靠单位应当履行相应的付款义务。二审法院对于涉案合同关系及责任主体的分析逻辑清晰，符合法律规定。

其次，二审法院着重强调了建设工程施工领域资质管理的重要性，被挂靠单位作为专业的施工单位，明知挂靠人为无施工资质的个人，仍允许挂靠人以其名义承接、分包工程，并收取相应的管理费，那么被挂靠单位就应当知晓并承担其作为合同主体应对外承担的法律责任和相应风险。二审法院此判决从法理的层面阐述了挂靠行为的不正当性，为维护建筑工程领域的资质管理制度树立了鲜明的旗帜，有利于规范市场行为，遵循收益与风险相对应的市场原则。

案例提供单位：上海市第一中级人民法院

编写人：叶　兰　鲁彦岐

点评人：李　峰　高润星

26. 张某某诉韦某某生命权、健康权、身体权纠纷案

——民法典新确立的自甘风险规则中"但书"的司法适用

案 情

原告(被上诉人)张某某

被告(上诉人)韦某某

2019 年 10 月 11 日中午,上海外国语大学在校学生张某某和韦某某参加学校组织的篮球比赛,分属两队。事发时,张某某为进攻方,韦某某为防守方。张某某起跳上篮时,韦某某亦起跳防守,双方在空中发生碰撞,张某某倒地受伤,韦某某被判犯规。在场学校老师立即拨打 120 急救电话将张某某送往医院救治,张某某经诊断为左肩外伤。后张某某诉至法院,请求判令韦某某赔偿医疗费、营养费等共计 6 万余元。一审中,法院委托鉴定机构对张某某的伤势进行鉴定,鉴定结论为张某某因意外摔伤致左肱骨大结节骨折,左肩关节脱位,肩关节盂唇损伤;现遗留左肩关节肿胀,压痛,活动轻度受限,未达伤残等级。

2019 年 12 月 5 日,上海外国语大学体育教学部出具一份《情况说明》,载明事发当时的现场致伤、裁判判罚韦某某技术犯规及张某某相关诊治情况。2020 年 10 月 20 日,该教学部又出具一份《情况说明》,载明:"在上一份《情况说明》中,因对当时情况了解有误,将当值裁判的吹罚写成技术犯规。经过和当值裁判语音通话确认还有对现场视频的确认,当值裁判吹罚结果为违体犯规(全称为违反体育运动精神的犯规),罚则为两罚一掷。"

原告张某某诉称,2019 年 10 月 11 日,原、被告参加上海外国语大学组织的篮球比赛,在第三节比赛的一次进攻上篮时,被告违规抬腿用膝盖撞击原告,导致原告身体失去平衡,左肩着地摔伤。因协商不成,故诉至法院,请求判令被告赔偿原告医疗费 41 195.85 元、营养费 2 400 元、护理费 5 100 元、住院伙食补助费 510 元、交通费 5 000 元、住宿费 2 084 元、残疾辅助器具费 2 090 元、用餐费 216 元、鉴定费 1 950 元、律师费 5 000 元,共计 65 545.85 元。

被告韦某某辩称,不同意原告的诉讼请求。篮球是对抗强烈的体育活动,任何

人参加活动都应当意识到相应的危险,一旦参加也就意味着自愿承担相应的后果。本案中被告不存在故意伤害原告的动机、事实和行为,也不存在重大过失,是一种正当的防守行为。完全有可能是因为原告快速急攻上篮时,速度过快,体重较重,身体过高才导致摔跤。本案中上海外国语大学作为比赛组织者组织不力,没有尽到安全保障义务,亦应承担相应的责任。

审 判

一审法院经审理后认为,行为人因过错侵害他人民事权益,应当承担侵权责任。原告张某某系在进攻过程中因韦某某防守致双方发生碰撞而受伤。据现有证据显示,被告韦某某的防守行为属犯规行为,应当承担侵权责任。然篮球运动系高对抗性、高风险的体育竞技运动,运动过程中参与者之间发生碰撞是不可避免的运动风险,当事人自愿参加对抗较为激烈的体育运动应当视为其自甘风险。张某某作为完全民事行为能力人,其明知篮球运动可能存在受伤风险,仍参加运动,应当对风险本身可能带来的伤害结果承担一定责任。据此,一审法院确定被告韦某某对原告张某某的损伤承担 50% 的赔偿责任,判决韦某某赔偿张某某相关费用共计3 万余元。

被告韦某某不服,提起上诉,请求依法撤销一审判决,改判驳回张某某的一审全部诉讼请求。

二审法院经审理后认为,被上诉人张某某于 2019 年 10 月 11 日受伤,一审法院于 2020 年 9 月 1 日立案,并于同年 11 月 30 日作出判决,故根据《最高人民法院关于适用〈中华人民共和国民法典〉时间效力的若干规定》第十六条,本案应当适用《中华人民共和国民法典》第一千一百七十六条第一款规定。该条第一款规定:"自愿参加具有一定风险的文体活动,因其他参加者的行为受到损害的,受害人不得请求其他参加者承担侵权责任;但是,其他参加者对损害的发生有故意或者重大过失的除外。"上述规定首次在我国确立了自甘风险规则。该规则是指受害人自愿承担可能性的损害而将自己置于危险环境或者场合,造成损害的行为人不承担责任。我国法律明文规定自甘风险规则的目的主要有两个方面:一是免除危险文体活动中参加者的一般过失的侵权责任,保障相关文体活动本身所需要的充分的活动自由;二是促进相关文体活动的正常发展,避免过错侵权责任制度对其产生不当抑制。自甘风险规则的基本立足点是允许并鼓励参加者在激烈的对抗性文体活动中自由发挥,尽情施展,只要他们不存在故意或者重大过失,即使导致其他参加者损害,也不必承担侵权责任,从而免除参加者的后顾之忧。自由和安全是侵权法的两项基本价值,侵权法的任务就是协调行为自由与权益保护两者之间的关系。自甘风险规则通过在一定程度上牺牲受害人填补损害,来换取文体活动参加者更大的行为自由。《中华人民共和国民法典》第一千一百七十六条第一款规定的自甘风险规则的构成要件包括以下四个方面:一是受害人自愿参加具有一定风险的文体活动;二是受害人遭受损害;三是其他参加者的行为与受害人所遭受的损害之间存在因果关系;四是其他参加者对受害人所遭受损害的发生在主观上没有故意或者重大过失。因此,法院围绕上述四个构成要件对本案进行分析。

第一,被上诉人张某某系自愿参加具有相当风险的篮球比赛。篮球运动属于集体球类竞技运动项目,其最显著特点是具有高度对抗性,即倡导最大限度地贴身拼体能、拼体格、拼顶抢、拼挤靠、拼抢篮板球。这是篮球运动的基本规律之一。正因如此,参加具有高度对抗性的篮球比赛,客观上存在一定的发生人身损害的风险。这种潜在的风险不是法律法规所禁止的,也不是公序良俗所反对的,且此种风险是难以避免的。本案中,张某某作为具有完全行为能力的大学生,系自愿参加学校组织的"一嗨杯"篮球比赛。这就表明张某某明确地知道篮球比赛具有一定的风险,且作出自愿承担篮球比赛中风险实现化所带来的损害的真实意思表示,即张某某自愿将自己置于可能的危险状况之下。

第二,被上诉人张某某在涉案篮球比赛中遭受人身损害。张某某自愿参加篮球比赛所遭受的风险已经现实化,而不是潜在的。张某某在参加涉案篮球比赛时摔倒受伤,经医疗机构诊断为左肱骨大结节骨折、左肩关节脱位、肩关节盂唇损伤。为治疗伤处,张某某支出医疗费等费用。对此,双方当事人均无异议。

第三,上诉人韦某某的防守行为与张某某所遭受的人身损害之间存在因果关系。张某某之所以摔倒受伤,系因韦某某于防守时身体与张某某在空中发生碰撞所致。

第四,上诉人韦某某的防守行为虽然构成违体犯规,但其在主观上仅有一般过失而无故意或者重大过失。(1)韦某某的防守行为构成违体犯规。从现有证据来看,当值主裁吹罚韦某某犯规时的罚则是两罚一掷。这显然与技术犯规的罚则不同,而与违体犯规的罚则相同。因此,韦某某的行为并不构成技术犯规。上海外国语大学在出具的第二份《情况说明》中将韦某某的犯规种类由技术犯规改正为违体犯规,是有依据的。(2)韦某某在主观上仅有一般过失。在参赛者因其他参赛者的行为受到损害的情况下,该其他参赛者的行为构成违体犯规,并不必然说明该其他参赛者在主观上存在故意或者重大过失,需要具体情况具体分析,而不能简单地将体育竞技运动中参赛者犯规时的主观心理状态与一般侵权行为构成要件中作为主观要件的故意或者重大过失画等号。从本案具体情况来看,韦某某在主观上仅有一般过失而无故意或者重大过失。对于作为业余参赛者的韦某某的犯规行为不能过于苛责。随着篮球运动的增智、健身、教育、文化等功能越来越得到认同,校园篮球运动成为活跃校园文化生活、增强学生体质、陶冶学生情操、增强学生荣誉意识的特殊教育形式。目前,篮球运动已成为校园内广受学生们欢迎的体育运动之一。而且,校园篮球是群众性篮球运动的重要组成部分,是提升全民体质的重要途径。在此背景下,为进一步普及学校篮球运动的开展,应当给校园篮球运动的开展创造相对宽松的侵权责任认定的司法环境。

综上所述,尽管被上诉人张某某在涉案篮球比赛中因上诉人韦某某的防守行为而摔倒受伤,韦某某的防守行为构成违体犯规,但结合在案证据,并综合考量韦某某的具体行为、涉案篮球比赛的种类特性、举办规格及开展目的等因素,韦某某在主观上仅有一般过失而无故意或者重大过失。因此,尽管张某某因韦某某的行为受伤,但韦某某不应当承担侵权责任。据此,二审法院依照《最高人民法院关于适用〈中华人民共和国民法典〉时间效力的若干规定》第十六条、第二十八条,《中华人民共和国民法典》第一千一百七十六条第一款,《中华人民共和国民事诉讼法》第一百七十条第一款第二项、第一百七十五条,《最高人民法院关于适用〈中华人民共和国民事诉讼法〉的解释》第九十条、第三百四十二条,《最高人民法院关于民事诉讼证据的若干规定》第三条、第五条第一款、第六十八条第三款,二审法院判决撤销一审判决,改判驳回张某某的一审全部诉讼请求。

点 评

本案为涉及体育比赛的生命权、健康权、身体权纠纷,适用《民法典》中首次规定的自甘风险规则。《民法典》第一千一百七十六条规定:"自愿参加具有一定风险的文体活动,因其他参加者的行为受到损害的,受害人不得请求其他参加者承担侵权责任;但是,其他参加者对损害的发生有故意或者重大过失的除外。"二审法院对该条款中"但书"的司法适用提供了明确的标准,受害人因参赛者的一般过失遭受损伤时,不得请求该参赛者赔偿损失。

在体育比赛中,对于参赛者是否存在故意或重大过失,应当结合体育比赛的性质、体育比赛的组织方式以及参赛者的具体行为等因素综合分析。首先,以本案中的篮球比赛为例,同场竞技之间的攻防具有较高的对抗强度,存在参赛者相互发生碰撞的固有风险,受害人应当对参赛者的行为负有必要的容忍义务。其次,体育比赛的组织方式不同,对于参赛者在比赛中注意义务的要求也不尽相同,专业型的体育比赛对参赛者具有更高的要求,而对于类似涉案篮球比赛的业余型体育比赛,不能苛求参赛者对比赛规则的理解。再次,对参赛者的具体行为应结合体育比赛的特性及行为传统进行分析,本案中参赛者的行为虽被判定犯规,但确系比赛中进行防守的合理动作,并非针对受害者人身的故意伤害行为。二审法院基于以上因素结合本案的各项证据认定参赛者的违体犯规仅存在一般过失,受害人无权要求其承担损害赔偿责任。

另外,从立法的目的来看,《民法典》对于自甘风险规则的制定是为了保障民事主体的行为自由,鼓励人们积极参与体育竞技活动。此判决对涉案体育比赛的规则进行了详细考证,并结合法律规定对参赛者是否应当承担侵权责任进行分析,依据明确,逻辑清晰,既满足体育竞技的专业性,也符合法律适用的严密性,为校园体育活动的开展提供较为宽松的司法环境,有利于全民运动的推广,提高学生参与文体活动的积极性。

案例提供单位:上海市第一中级人民法院

编写人:韩朝炜

点评人:李　峰　高润星

27. 邹某文等诉上海市闵行区源成春苑小区业主委员会业主撤销权纠纷案

——业主自治权的合法边界在业主撤销权案件中的运用

案 情

原告邹某文

原告胡某华

原告邹某欣

被告上海市闵行区源成春苑小区业主委员会

原告邹某文、胡某华、邹某欣系上海市闵行区沁春路 168 弄(以下简称源成春苑小区)业主。

2020 年 8 月 4 日,被告上海市闵行区源成春苑小区业主委员会(以下简称源成春苑业委会)在小区公告栏张贴《小区建筑垃圾池改造及河边人行步道太阳能灯安装实施方案的公示》,内载:"实施项目名称:小区建筑垃圾池改造。预算资金:18 600 元。其他情况说明:1.建筑垃圾池拟两个地址备选。选址一:22 号西侧原建筑垃圾堆放点位;选址二:小区 65 号西侧大杨树下面。长 6 米×宽 4.5 米×高 2.2 米;钢筋混凝土浇制……3.根据业主大会议事规则第十条规定,已送达的表决票,业主在规定时间内不反馈意见或者不提出同意、反对、弃权意见的,视为反馈有效票中多数业主的意见。"

2020 年 8 月 12 日,被告源成春苑业委会张贴《关于召开源成春苑小区业主大会的公告》,内载:"上海市闵行区源成春苑小区业主委员会于 2020 年 8 月 4 日到 8 月 11 日就小区建筑垃圾池改造和河边人行步道太阳能灯安装项目进行了公示,听取意见完善后,现提交业主大会讨论。一、业主大会以书面征询业主意见的方式召开。二、表决票的送达:8 月 12 日至 8 月 18 日业委会组织人员当面领取或送达,并由业主签收;8 月 19 日投放业主信箱并在小区公告非当面送达情况。三、表决形式:专人送达、回收意见,业委会组织人员逐户派发、回收;设投票箱,业主自行将表决票投入(投票箱设置在业委会办公室、小区两个门卫室共三处)。已送达的表决票,业主在规定时间内不反馈意见或者不提出同意、反对、弃权意见的,视为反馈有效票中多数业主的意见。四、表决投票截止时间:2020 年 8 月 28 日上午 9:00。2020 年 8 月 28 日上午 9:30 在小区 3 号楼二楼会议室公开计票、现场公布统计结果,并择日公告表决情况,欢迎广大业主前往。"该公告还附:工作人员名单公告、表决票样张、小区建筑垃圾池改造和河边人行步道太阳能灯安装报价单。

其中,上海市闵行区源成春苑小区业主大会小区建筑垃圾池改造及河边人行步道太阳能灯安装表决票中的表格部分,与上述公示内容一致。表决票内就表决选项则载明:"请业主在相应栏目内用'√'表示意见,涂改、多选或不签名的视作无效票。一、小区建筑垃圾池改造的两个地址备选,二选一:小区 22 号西侧原建筑垃圾堆放点(无改造费用),同意( ),不同意( ),弃权( );小区 65 号西侧大杨树下面(改造费暂定 18 600 元),同意( ),不同意( ),弃权( )……"

2020 年 8 月 28 日,被告源成春苑业委会发布《关于召开源成春苑小区业主大会的补充公告》,内载:"上海市闵行区源成春苑小区业主委员会就小区建筑垃圾池改造和河边人行步道太阳能灯安装项目提交业主大会以书面征询业主意见的方式进行讨论,于 2020 年 8 月 28 日上午 9:30 在小区 3 号楼二楼会议室进行了公开计票后发现统计情况有偏差,拟于 2020 年 9 月 1 日下午 13:30 在小区 3 号楼二楼会议室对统计情况进行公开复核,并择日公告表决情况。"

2020 年 9 月 2 日,被告源成春苑业委会公示《上海市闵行区源成春苑小区业主大会关于小区建筑垃圾池改造及河边人行步道太阳能灯安装会议决定的公告》,公告载明小区全体业主所持投票权数共 703 票,建筑总面积 74 167 平方米,总计发放 703 张表决票。2020 年 8 月 28 日上午 9:30、9 月 1 日下午 13:30 先后在小区 3 号楼二楼会议室公开计票和复核,并将业主大会讨论表决情况予以公告。其中关于小区建筑垃圾池改造(二选一)的表决情况为:

小区 22 号西侧原建筑垃圾堆放点位(无改造费用):已表决的同意票数(人数 361、专有部分建筑物面积 38 660);已表决的不同意票数(人数 5、专有部分建筑物面积 509);已表决的弃权票数(人数 10、专有部分建筑物面积 987);已表决的废票数(人数 76、专有部分建筑物面积 8 018);未参与表决视作(人数 203、专有部分建筑物面积 21 417);同意总数(人数 564、专有部分建筑物面积 60 077);同意百分比(人数 80.2、专有部分建筑物面积 81.0)。

小区 65 号西侧大杨树下面(改造费暂定 18 600 元):已表决的同意票数(人数 26、专有部分建筑物面积 2 743);已表决的不同意票数(人数 14、专有部分建筑物面积 1 458);已表决的弃权票数(人数 14、专有部分建筑物面积 1 396);已表决的废票数(人数 76、专有部分建筑物面积 8 018);未参与表决视作 0;同意总数(人数 26、专有部分建筑物面积 2 743);同意百分比(人数 3.7、专有部分建筑物面积 3.7)。

关于河边人行步道太阳能灯安装的表决情况为:已表决的同意票数(人数389、专有部分建筑物面积 41 039);已表决的不同意票数(人数 44、专有部分建筑物面积 4 642);已表决的弃权票数(人数 21、专有部分建筑物面积 2 217);已表决的废票数(人数 40、专有部分建筑物面积 4 221);未参与表决视作(人数 203、专有部分建筑物面积 21 417);同意总数(人数 592、专有部分建筑物面积 62 456);同意百分比(人数 84.2、专有部分建筑物面积 84.2)。

通过以上表决,源成春苑小区业主大会依据《上海市住宅物业管理规定》第十八条作出决定:(1)确定小区 22 号西侧为建筑垃圾堆放点位。(2)同意河边人行步道太阳能灯安装。

原告方在系争表决事项的表决过程中,未作选择,选票保留于己处,未予投票。原告在一审庭审中称,因认为《议事规则》违反民主程序,根据《议事规则》得出的选票结果是不利于原告,表决事项明显不公平,故原告未参与投票。

2019 年 7 月,原告通过信访渠道向政府部门反映系争建筑垃圾堆放点事宜。上海市闵行区莘庄镇人民政府(以下简称莘庄政府)于 2020 年 3 月 16 日向闵行区绿化和市容管理局出具《执法协助通知书》,要求协助调查系争建筑垃圾堆放点是否为规划绿地。闵行区绿化和市容管理局复函称:"沁春路 168 弄 21 号西侧现状绿地由属地化管理,未纳入区公园绿地养护设施量。"

2020 年 5 月 18 日,三原告向上海市闵行区莘庄镇城市管理行政执法中队邮寄《破坏绿化违法搭建构筑物行为报告》,反映源成春苑小区在设立建筑垃圾临时堆放点的过程中有下列行为:"在原有绿化景观带上,硬化绿化土地破坏绿化植被,影响植物生长的行为,该垃圾堆放点靠近 22 号居民住宅楼,位置违法。"

2020 年 5 月 25 日,莘庄政府至系争建筑垃圾堆放点处进行现场检查并作《检查笔录》。莘庄政府还对源成春苑小区物业经理陆某某、业委会主任马某某作《询问笔录》,两人均表示系争建筑垃圾堆放点在 2005 年就已存在。陆某某表示由于设立较早,没有相关材料,后续会将建议建筑堆放点提交业主大会讨论。马某某则希望有关部门对此处堆放点予以保留,该建筑垃圾堆放点在第一届业委会时有讨论,且经业主表决,但时间太久没有保留相关材料。

同日,莘庄政府就系争建筑垃圾堆放点涉嫌损坏绿化一案予以立案。

2020 年 6 月 23 日,莘庄政府向闵行区规划和自然资源管理局出具《执法协助通知书》,要求对系争建筑垃圾堆放点是否为规划绿地提供协助。同月 24 日,闵行区规划和自然资源管理局复函并提供一份建设工程规划许可证及小区规划总平面图。

2020 年 7 月 7 日,莘庄政府向上海轩宇物业管理有限公司出具《责令改正通知书》,内载:"经查,你(单位)沁春路 168 弄 22 号西南侧占用绿化搭建建筑物、构筑物的行为,违反了《上海市绿化条例》第三十七条第一款第四项的规定,依据《上海市绿化条例》第四十五条第一款第一项的规定,本机关现责令你(单位):限期改正:在 2020 年 7 月 18 日 9 时 00 分前,作如下整改:恢复原样。"

2020 年 8 月 20 日,上述涉嫌损坏绿化案件报案件延期审批并经审批通过,该报请审批内载:"第一届物业在 2005 年便将垃圾堆放点设置于此,由于时间长远,现任物业为第四任物业,没有相关材料。8 月 12 日源成春苑业主委员会发布了《关于召开源成春苑小区业主大会的公告》,提出将对小区建筑垃圾堆放点改造等事项提交业主大会讨论,业主大会以书面征询业主意见的方式召开。目前为止,书面征询结果尚未统计完成,由于案情较为复杂,故申请延期。"

源成春苑小区于 2017 年 11 月 30 日经业主大会会议讨论通过的《业主大会议事规则》第十条(业主大会表决形式)载明:"已送达的表决票,业主在规定的时间内不反馈意见或者不提出同意、反对、弃权意见的,视为反馈有效票中多数业主的意见。视为同意或者反对的,不适用于差额选举业主委员会或差额选聘物业服务企业等情形。"

原告诉称,2007 年 4 月原告到小区看房购房时,22 号西侧只有绿化、道路,且靠近大富浜,环境优美。2016 年 6 月,被告擅自违法在原告房屋西侧五六米处,毁绿、硬化地面搭建构筑物,建造了一个占地约二十平方米的建筑垃圾堆放点。被告的此行为没有征询过原告,也没有召开过业主大会讨论和表决,更没有环评且经费来源不明,没有任何合法手续。原告曾向城管、镇政府、区政府多次反映问题。莘庄政府在多次调查后已作出《责令改正通知书》,然在此之后,小区又通过业主表决的方式将已经违法的事项予以通过。现原告认为:(1)该建筑垃圾堆放点离原告房屋仅几米远,造成原告房屋的使用价值和经济价值大幅下降,侵害了原告的合法权益。(2)系争决定的表决程序明显违法,表决过程中票箱没有专人管理,投票、开票、计票程序不符合法律规定。根据《议事规则》规定的计票方式进行计票,将不反馈和不提意见的选票视为反馈有效票中多数业主的意见,该规则违法。综合前述两点,原告认为系争决定既侵害了原告的合法权益,又存在程序违法。现请求法院判令撤销确定小区 22 号西侧为建筑垃圾堆放点位的决定。

被告辩称,不同意原告的诉讼请求。其主要辩称意见为:(1)系争建筑垃圾堆放点的表决事项系按照合法程序先由业委会进行讨论,后经同意召开业主大会进行表决,相关表决事项均予以了公示。就选票的送达、开票、计票均完全合法,最终同意票及专有部分建筑物面积均已超过三分之二,符合法律规定的改建、重建建筑物及附属设施所要求的比例,故系争决定不存在应当撤销的情形。(2)小区的《议事规则》《管理规约》均由房管部门指导制作,且经业主大会表决通过,文件均合法有效,且进行了备案。(3)此次业主大会决议事项属于事后追认。系争建筑垃圾堆放点是 2005 年小区第一个物业公司就已经建造的,该垃圾堆放点一直用到 2013 年,后因镇里检查严格,故被告在 2013 年将该建筑垃圾堆放点围了一圈 80 公分高的围墙,防止垃圾外溢。2019 年污水改造时,又顺便将围墙再加高。两次改造均未产生费用。(4)系争建筑垃圾堆放点确实有少数业主会投放生活垃圾,但是垃圾分类之后就没有这种情况了。

审 判

一审法院经审理后认为,本案的争议焦点为:系争业主大会决定是否符合法律规定的程序以及是否侵害三原告的业主合法权益。

业主大会作出的涉及小区业主公共利益的决定应当限于法律、法规规定的范围并遵守法律、法规规定的程序。业主大会或者业主委员会作出的决定侵害业主合法权益或者违反法律规定的程序的,受侵害的业主可以请求人民法院予以撤销。业主行使撤销权应当在知道或应当知道业主大会或业主委员会作出决定之日起一年内行使。具体到本案而言:

首先,关于原告的主体地位。根据诚实信用原则及禁止反言原则,在表决时投票赞成或未明确表示异议的业主不享有业主撤销权。本案原告虽未参与投票,但从原告 2019 年至今的投诉及诉讼情况来看,其对 22 号西侧作为建筑垃圾堆放点存在明显的异议,故其具备本案原告的诉讼主体地位。

其次,关于系争决定是否符合法律规定的程序。本案经过业委会事先讨论、表决事项事先公示、公告召开业主大会各事项、公示业主大会工作人员名单、通过当面送达和非当面送达方式发放选票、规定时间内收集选票、公开唱票计票并复核选票等程序。从现有证据来看,被告在作出案涉表决过程中,通过发放表决票书面征求业主意见,且送达、回收表决票等程序并不存在违反法律规定的情形。但就计票情况来看,源成春苑小区总计发放选票 703 票,根据选票统计表计算,"小区建筑垃圾池改造(二选一)"的统计选票总数却为 709 票(22 号西侧原建筑垃圾堆放点:同意 361,不同意 5,弃权 10,废票 76,未参与视为同意多数意见 203;65 号西侧大杨树下面:同意 26,不同意 14,弃权 14,废票及未参与表决视作同意多数意见不再重复计算);而"河边人行步道太阳能灯安装"的统计选票总数则为 697 票(同意 389,不同意 44,弃权 21,废票 40,未参与表决视作同意多数意见 203)。故,案涉两项决定事项存在 6 票的计票误差,源成春苑小区在实际计票过程中已存在统计偏差后再行复核计票的情况,然其最终计票结果仍存在错误,可见其计票程序存在明显问题,从而难以保证其计票结果的真实性。据此一审法院认定系争业主大会的决定尚不符合法律规定的程序。

最后,关于系争决定是否侵害三原告的合法权益。本案在行政机关已认定系争建筑垃圾堆放点已违反地方性法规《上海市绿化条例》第三十七条,并责令限期改正恢复原样的情况下,源成春苑小区欲通过业主自治权将其合法化,违背公序良俗,亦与普通人最朴素的正义观相悖,业主自治权应有其合法的边界。系争决定通过多数人的"同意"来剥夺系争建筑垃圾堆放点附近的包括原告在内的少数业主,就影响其居住环境的周边绿化被合法保护的权益。虽然从全体业主的共同利益出发,在可能影响部分业主利益时,部分业主应在合理范围内加以容忍,但前述全体业主的共同利益应当以符合法律、法规的范围为限。故一审法院认定系争业主大会的决定已侵害原告的合法权益。

综上,系争业主大会的决定既不符合法律、法规规定的程序,亦已侵害原告的业主合法权益,故原告要求撤销该决定的请求,于法有据,一审法院予以支持。

据此,一审法院依照《最高人民法院关于适用〈中华人民共和国民法典〉时间效力的若干规定》第一条第二款、2007 年《中华人民共和国物权法》第七十六条、第七十八条的规定,一审法院判决:撤销上海市闵行区源成春苑小区业主大会于 2020 年 9 月 2 日作出的确定小区 22 号西侧为建筑垃圾堆放点位的决定。

宣判后,双方均未上诉,一审判决已生效。

点　评

本案为业主撤销权纠纷,有两个关键问题值得关注:一是业主自治权行使边界。小区业主有权通过业主大会或业主委员会对涉及本小区公共利益的事项作出集体决议,然业主集体决议的作出必须符合法律、法规的规定并遵循法律、法规规定的程序。本案系争垃圾投放站已被相关行政主管部门认定违法,小区欲通过业主大会决议方式将其合法化的行为明显超过了业主自治权的边界,且经法院审查,该决议的作出在程序上存在明显问题,不符合法律规定的程序。二是业主大会决议与少部分业主利益的冲突。业主大会决议的作出通常代表了大部分业主的公共利益,但同时也可能影响到少部分业主的合法权益,在符合法律、法规规定的前提下,为更好维护业主整体的公共利益,少部分业主应在合理范围内予以容忍,然当少部分业主认为业主大会决议侵犯自己合法权益时,有权请求人民法院予以撤销。本案中垃圾投放点的设置明显侵犯了原告当事人的合法权益,且原告多次以投诉的方式表示了异议,具备本案的诉讼主体地位。

在法律适用方面,本案法律事实系《民法典》颁布前发生,法院仍适用《物权法》的相关规定作出裁判,《民法典》第二百八十条延续了原《物权法》对业主撤销权的保护,结合我国垃圾分类政策推进过程中因改造或新设垃圾投放站导致矛盾频发的现状以及新时期增强人民群众安全感、获得感、幸福感的社会治理目标,法院此判决明确了业主自治权应在符合法律法规的范围内行使,避免了多数业主的决议侵害少数业主合法利益情况的发生,保障了居民对于美好生活的期待,同时也为与本案类似的业主撤销权案件提供了清晰的审理思路。

案例提供单位:上海市闵行区人民法院

编写人:庄玲玲

点评人:李　峰　高润星

商　事

28. BY.O 诉豫商集团有限公司服务合同纠纷案

——涉外"先裁后审"协议效力的司法认定

案 情

原告(上诉人)BY.O

被告(被上诉人)豫商集团有限公司

2015 年 5 月,原告 BY.O(乙方)与被告豫商集团有限公司(以下简称豫商公司)(甲方)签订《并购财务顾问服务协议》(以下简称《服务协议》),约定甲方及其关联方聘请乙方提供并购财务顾问服务等内容。该《服务协议》第 6 条法律适用与管辖约定:6.1 本协议根据中国法律订立、执行和解释;本协议争议的解决适用中国法律。6.2 因本协议所引起的或与本协议有关的任何纠纷或争议(包括关于本协议约定条款之存在、效力或终止,或无效之后果等争议),首先通过新加坡国际仲裁中心进行仲裁解决。若双方对新加坡国际仲裁中心的仲裁结果无法达成一致,任何一方均有权将争议提交于甲方住所所在地有管辖权的商业法庭以诉讼方式解决。

原告 BY.O 诉称,原告已按约提供服务,被告未支付第四阶段服务费,合同中仲裁条款无效,故起诉要求被告支付服务费 860 270 欧元及利息损失。

被告豫商公司对管辖权提出异议,认为合同中仲裁条款有效,本案应通过新加坡国际仲裁中心仲裁解决,要求法院裁定驳回原告起诉。

审 判

一审法院经审查后认为,本案中原告为外国法人,原、被告又签订《并购财务顾问服务协议》,可以认定双方成立涉外民事关系,本案为涉外民事案件。根据《服务协议》第 6.1 条约定,本协议争议的解决适用中国法律,双方亦认可仲裁协议适用中华人民共和国法律,故协议中的涉外仲裁条款效力认定应适用中华人民共和国法律。

关于本案是否应提交新加坡国际仲裁中心仲裁解决,首先,根据《服务协议》第 6.2 条约定,因本协议所引起的或与本协议有关的任何纠纷或争议,首先通过新加坡国际仲裁中心进行仲裁解决。该约定就争议解决选定了明确、唯一的仲裁机构，双方作为商事主体理应知晓选择仲裁机构解决争议的法律后果，故上述涉外仲裁条款约定符合法律规定，合法有效，本案应通过新加坡国际仲裁中心进行仲裁解决。

其次，《中华人民共和国仲裁法》第九条规定："仲裁实行一裁终局的制度。裁决作出后，当事人就同一纠纷再申请仲裁或者向人民法院起诉的，仲裁委员会或者人民法院不予受理。"上述法律自施行之日起对本案当事人就具有法律效力，因此，尽管双方在《服务协议》第 6.2 条中另约定，若双方对新加坡国际仲裁中心的仲裁结果无法达成一致，任何一方均有权将争议提交于甲方（即被告豫商公司）住所所在地有管辖权的商业法庭以诉讼方式解决。由于上述约定违反法律规定，虽然被告住所所在地属于一审法院辖区，在新加坡国际仲裁中心针对本案民事纠纷作出裁决后，当事人就同一纠纷再向人民法院起诉的，无论当事人对仲裁实行一裁终局法律制度是否存在认识错误，人民法院依照上述法律规定应裁定不予受理，故该部分约定不具有法律效力。

再次，仲裁方式解决约定和诉讼方式解决约定效力应相互独立，一部分约定无效，不影响另一部分效力，故虽然诉讼方式解决约定部分无效，仲裁方式解决约定部分仍然有效。

最后，《服务协议》第 6.2 条约定合同争议首先通过仲裁解决，若双方对仲裁结果无法达成一致以诉讼方式解决。但两者之间并非并列关系，其强调的是首先通过仲裁解决，并非"或裁或审"协议，不属于当事人约定争议可以向仲裁机构申请仲裁也可以向人民法院起诉的情形，故其中的涉外仲裁条款合法有效，不应认定为无效。

综上，被告豫商公司对管辖权提出的异议成立。据此，依照《中华人民共和国涉外民事关系法律适用法》第十八条、《中华人民共和国民事诉讼法》第一百二十四条第二项、第一百二十七条第一款、《中华人民共和国仲裁法》第九条第一款、第十六条、《最高人民法院关于适用〈中华人民共和国民事诉讼法〉的解释》第二百零八条第三款之规定，裁定：被告豫商公司对本案管辖权提出的异议成立，驳回原告 BY.O 的起诉。

一审裁定作出后，原告 BY.O 不服，提起上诉。

二审法院经审查后认为，本案所涉《服务协议》第 6.2 条约定"首先通过新加坡国际仲裁中心进行仲裁解决"，该约定在仲裁和诉讼之间明确了仲裁优先，对仲裁机构的选择具体、明确、唯一，并不具有"或裁或审"的选择特点，故前述《服务协议》第 6.2 条关于仲裁方式解决的约定合法有效。对于双方当事人在该条中进一步约定"若双方对新加坡国际仲裁中心的仲裁结果无法达成一致，任何一方均有权将争议提交于甲方住所所在地有管辖权的商业法庭以诉讼方式解决",不符合《中华人民共和国仲裁法》第九条第一款关于"仲裁实行一裁终局"的规定,违反仲裁排除法院管辖的基本原则,应认定为无效。本案应提交新加坡国际仲裁中心进行仲裁解决。据此,依照《中华人民共和国民事诉讼法》第一百七十条第一款第一项、第一百七十一条之规定,裁定:驳回上诉,维持原裁定。

点 评

本案涉及"先裁后审"协议。在此类协议中,当事人同时约定了仲裁和诉讼两种解决争议的方式,且明确发生纠纷时首先适用仲裁方式,如果仲裁不成、不服仲裁裁决或者就仲裁结果无法达成一致等原因,可以再向法院起诉。

仲裁和诉讼是定分止争的纠纷解决方式,也是当事人运用法律武器维护自己权益的最后一道防线。两者具有诸多相似之处。其一,处理争议的主体都是依法设立的专门机构,即人民法院或仲裁机构。其二,都必须遵循一定的程序进行。其三,某些规则和制度是相同的,例如保全措施、调解、回避和时效等。其四,仲裁裁决与诉讼判决具有相同的法律效力,当事人必须全面履行。

仲裁和诉讼也具有诸多的不同之处。其一,管辖依据不同。诉讼实行地域管辖和级别管辖,而仲裁实行协议管辖,由双方当事人自愿约定,具有自主性,且这种自主性有排斥法院管辖的效力。其二,受理范围不同。仲裁仅涉及平等主体之间发生的合同纠纷和其他财产权益纠纷。婚姻、收养、监护、扶养、继承和行政纠纷案件不能仲裁。其三,审理适用的程序不同。仲裁适用仲裁机构的仲裁规则,而诉讼依照民事诉讼法的规定进行。其四,开庭审理的原则不同。仲裁实行不公开原则,私密性较强,而诉讼则实行公开原则。其五,审级不同。诉讼实行二审终审制,而仲裁实行一裁终局制。

"先裁后审"协议,是当事人首选仲裁方式以及对仲裁结果无法达到预期的一种事先安排,其本质是通过协议方式排除仲裁裁决一裁终局的效力。本案的意义在于,并未全盘否定此类协议的效力,而是肯定了仲裁条款的效力。

此类协议的内容分为两部分,且有先后顺序,即仲裁条款在先,诉讼条款在后。仲裁条款反映了当事人选择仲裁方式解决纠纷的真实意图,只要该条款依法有效,就应当予以尊重,不能轻易否定其效力。诉讼条款则由于违反我国关于仲裁一裁终局的法律制度而应当归于无效。在后的诉讼条款的无效,不影响在先的仲裁条款的效力。

此外,根据我国《仲裁法》司法解释第七条,如果当事人同时约定可以申请仲裁或者向法院起诉的,该仲裁协议无效。该条款反映的是"或裁或审"协议,与本案

"先裁后审"协议的相似之处在于都约定了仲裁和诉讼两种方式,但是两者是根本不同的。前者无先后顺序,两者并列,当事人可以选择其一,具有不确定性;后者有先后顺序,两者递进,仲裁具有优先适用性。无论如何,仲裁和诉讼并不能同时适用,选择仲裁即排除了诉讼,如不选择仲裁则直接适用诉讼。本案的处理是一种创新,对于理解仲裁制度具有重要的意义。

案例提供单位:上海市浦东新区人民法院

编写人:包鸿举

点评人:葛伟军

29. 保乐力加(中国)贸易有限公司诉交通银行股份有限公司上海市分行独立保函纠纷案

——受益人依约单方修改附件内容不构成基础合同变更

案　情

原告(被上诉人)保乐力加(中国)贸易有限公司

被告(上诉人)交通银行股份有限公司上海市分行

2017 年 9 月 18 日,被告交通银行股份有限公司上海市分行(以下简称交通银行上海分行)为案外人上海浦星贸易有限公司(以下简称浦星公司),就原告保乐力加(中国)贸易有限公司(以下简称保乐力加公司)与浦星公司 2017 年 7 月 1 日签订的《分销协议》下供应产品的货款出具编号为 Z1709LC15640048 的《贸易项下的付款保函》(以下简称《付款保函》)。交通银行上海分行在《付款保函》中承诺,就上述《分销协议》下的货款,在收到保乐力加公司索赔文件后,在 6 000 万元范围内,无条件向保乐力加公司支付索赔金额。该《付款保函》第二段记载:"我行担保,在贵方按照合同约定发运货物后,申请人将按合同约定支付货款……最大担保金额不超过人民币陆千万元整。"《付款保函》第三段记载:"我行将在收到符合下列条件的文件之日起 7 个银行工作日内,向贵方支付索赔通知书记载的金额,但索赔通知书中单次索赔的金额或各次索赔的累计金额均不能超过本保函的最大担保金额,我行在本保函项下的责任以最大担保金额为限。"《付款保函》第九段记载:"本保函适用中国法律,保函项下的任何争议由我行所在地法院管辖。"2018 年 5 月 4 日,保乐力加公司根据《付款保函》约定,向交通银行提交保函索赔文件,包括《付款保函》原件、《浦星公司应付货款认可及货物签收合格声明书》原件、《索赔通知书》原件、《分销协议》复印件、交付货物的货运单据复印件,要求交通银行上海分行履行保函项下的担保义务,支付浦星公司应付欠付货款 6 000 万元。

《分销协议》1.2.3 条约定,上述定义中所定义的或提及的任何协议应包括不时生效的对该等协议的任何经协议各方同意的修改、变更、补充和弃权。2.2.2 条约定,保乐力加公司有权不时以书面通知的形式,从提供给该分销商的产品清单(附件一)中删除某些保乐力加公司不在中国销售的产品或已停止供应的产品,亦可向产品清单(附件一)中增加新的产品。根据上述约定,保乐力加公司有权修改《分销协议》项下的货物清单内容。另外,附件一:分销产品系列,附件二:分销产品的价格。附件一所列为货物品种,附件二所列为附件一所列的每种类货物下设各系列的具体品种、规格及价格,但所列并未穷尽所有细分系列品种。

《分销协议》项下的货物已实际履行,浦星公司出具了签收的货物验收合格声明书及应付货款认可、增值税发票。浦星公司确认《分销协议》项下未付货物款项为 62 870 487.14 元。

《分销协议》项下的货物《出仓单》有部分货物的数量、价格、规格与《分销协议》附件二内容不符。

根据(2018)沪 0101 民初 12452 号之一民事裁定书记载,交通银行上海分行与浦星公司、南汇食品(集团)有限公司金融借款合同纠纷一案,因相关事实涉嫌经济犯罪,移送上海市公安局经济犯罪侦查总队。该裁定书并未涉及本案系争交易。

原告保乐力加诉称,其按照《分销协议》约定供应了货物,并经浦星公司检验验收,但浦星公司却未能按时支付货款。截至起诉日 2018 年 8 月 8 日,浦星公司共拖欠货款 124 598 494.29 元。2018 年 5 月 4 日,原告根据《付款保函》约定向被告提交保函索赔文件,要求其支付货款 6 000 万元。但被告未履行《付款保函》项下的支付义务。故原告诉至法院,请求:被告向其支付 6 000 万元及自 2018 年 5 月 16 日起至判决实际履行之日止的利息。

被告交通银行上海分行辩称,(1)《付款保函》并非独立保函,且开立时间在《最高人民法院关于审理独立保函纠纷案件若干问题的规定》(以下简称《审理独立保函的规定》)发布前,不应适用该司法解释的规定;系争保函应是《分销协议》的从合同,更类似于担保法规定的保证责任。若浦星公司履行《分销协议》虚假、存在无效被撤销的情况,被告无付款责任。(2)原告提交的保函索赔文件不符合保函要求。(3)货物发票和浦星公司签署的《分销协议》所列条款和货物发售清单不符。(4)浦星公司涉及刑事案件被公安立案侦查,原告的《分销协议》是否真实、货物是否存在还不确定。综上,被告不同意原告的各项诉请,请求驳回原告起诉。

审 判

一审法院经审理后认为,本案争议焦点为:(1)本案系争保函是否构成独立保函;(2)保乐力加公司是否构成独立保函欺诈,受益人单方对附件修改是否构成对基础合同的修改,进而影响保函项下的付款义务。

首先,关于系争保函的性质。根据已查明的事实,《付款保函》约定,鉴于保乐力加公司与浦星公司于 2017 年 7 月 1 日签订的《分销协议》的约定,应申请人浦星公司的要求,交通银行上海分行开立以保乐力加公司为受益人的保函。《付款保函》约定,交通银行上海分行在保乐力加公司收到符合该保函约定的文件之后起 7 个工作日内,向保乐力加公司支付索赔通知书记载的金额。最大担保金额不超过六千万元。从上述约定看,《付款保函》符合《审理独立保函的规定》第三条的规定,本案系争的保函应为独立保函。

其次,关于保乐力加公司是否在系争《分销协议》交易关系中存在欺诈。《审理独立保函的规定》第十二条规定,具有下列情形之一的,人民法院应当认定构成独立保函欺诈:"(一)受益人与保函申请人或其他人串通,虚构基础交易的;(二)受益人提交的第三方单据系伪造或内容虚假的;(三)法院判决或仲裁裁决认定基础交易债务人没有付款或赔偿责任的;(四)受益人确认基础交易债务已得到完全履行或者确认独立保函载明的付款到期事件并未发生的;(五)受益人明知其没有付款请求权仍滥用该权利的其他情形。"依据现有证据,保乐力加公司实际向浦星公司履行了货物交付义务,虽具体履行的货物品种、数量、价格、规格等与《分销协议》附件二有差别,但上述不一致并不构成对该协议的变更,故不存在免除交通银行上海分行依据该《付款保函》项下的付款义务的情形。而交通银行上海分行亦无证据证明保乐力加公司存在保函欺诈行为。从保乐力加公司提供的证据看,包括《付款保函》《浦星公司应付货款认可及货物签收合格声明书》《索赔通知书》《分销协议》、保乐力加公司的出仓单、物流公司的出仓单、运输单据等,可以形成完整的证据链条,认定本案系争《分销协议》的真实性及实际履行的高度盖然性。

另外,关于保乐力加公司的索赔金额。依据《付款保函》的约定,保乐力加公司于 2018 年 5 月 4 日提起索赔 6 000 万元,交通银行上海分行应在 7 个银行工作日内,向保乐力加公司支付索赔通知书记载的金额,且其在该保函项下的担保责任不超过浦星公司未付货款的 100% 及其利息。根据《中华人民共和国合同法》第一百一十三条第一款的规定,当事人一方不履行合同义务或者履行合同义务不符合约定,给对方造成损失的,损失赔偿额应当相当于因违约所造成的损失,包括合同履行后可以获得的利益,但不得超过违反合同一方订立合同时预见到或者应当预见到的因违反合同可能造成的损失。因此,保乐力加公司诉请要求交通银行上海分行支付以索赔 6 000 万元为基数计算的自 2018 年 5 月 16 日起按中国人民银行同期人民币贷款利率计算至实际履行之日止的利息,亦在合理合法范围内。

综上,依照《中华人民共和国合同法》第一百一十三条第一款、最高人民法院《关于审理独立保函纠纷案件若干问题的规定》第三条、第十二条之规定,判决:被告交通银行股份有限公司上海市分行应于判决生效之日起十日内支付原告保乐力加(中国)贸易有限公司 6 000 万元及以 6 000 万元为基数,自 2018 年 5 月 16 日起按中国人民银行同期人民币贷款利率计算至实际清偿之日止的利息。

一审判决作出后,被告交通银行上海分行不服,提起上诉。

二审法院认定事实与一审一致。

二审法院经审理后认为,关于涉案保函性质的识别问题。涉案保函载明了据以付款的单据和最高金额,并系交通银行上海分行作为开立人采用书面形式向受益人保乐力加公司出具的,同意在保乐力加公司请求付款并提交符合保函要求的单据时,在保函最高金额内向保乐力加公司支付款项的承诺。且根据涉案保函内容,交通银行上海分行的付款义务、条件、金额、保函有效期限均独立于基础交易关系及保函申请法律关系,也与基础交易项下债务人的抗辩事由无关,其仅承担交单相符时的付款责任。据此,一审法院有关涉案保函性质为独立保函的认定,并无不当,予以认可。

关于保乐力加公司索赔时提供的货物清单与《分销协议》附件存在不符,是否构成对《分销协议》的修改或变更,是否因此免除交通银行上海分行在涉案保函项下付款责任的问题。保乐力加公司在实际履行《分销协议》时对附件一列明的产品进行删除或增加、对附件二列明的价格进行修订等,系保乐力加公司依照《分销协议》约定作出的履约行为,不构成对《分销协议》本身的修改或变更,故交通银行上海分行有关其在涉案保函项下的付款责任因此解除的主张不能成立。

关于保乐力加公司索赔时提交的文件是否符合涉案保函约定条件、交通银行上海分行是否应当承担涉案保函项下付款责任、涉案利息的起算点问题。按照货运行业通常的理解及出仓单的记载内容,其显然属于货运单据,况且保乐力加公司在诉讼中提交的证据显示其已经实际交货且不存在保函欺诈。保乐力加公司于2018 年 5 月 4 日向交通银行上海分行提出涉案保函项下的索赔时,已经提交了符合涉案保函要求的单据。故交通银行上海分行应当于 2018 年 5 月 16 日前向保乐力加公司支付涉案保函项下浦星公司欠付的货款 6 000 万元。交通银行上海分行因未完成上述支付义务而产生的利息责任,应当从 2018 年 5 月 16 日起算,一审法院的相关认定并无不当,予以认可。

关于一审法院有关利息认定是否正确的问题。涉案保函载明的担保范围包括申请人逾期支付货款时按中国人民银行公布的一年期流动资金贷款的年利率计算利息。结合前文有关交通银行上海分行的利息责任应从 2018 年 5 月 16 日起算的认定,一审法院判决交通银行上海分行承担中国人民银行同期人民币贷款利率之利息并无不当。

综上所述,二审法院依照《中华人民共和国民事诉讼法》第一百七十条第一款第一项规定,判决:驳回上诉,维持原判。

点 评

本案涉及独立保函。根据最高人民法院《审理独立保函的规定》第一条第一款所称的独立保函,是指银行或非银行金融机构作为开立人,以书面形式向受益人出具的,同意在受益人请求付款并提交符合保函要求的单据时,向其支付特定款项或在保函最高金额内付款的承诺。

独立保函是典型的商事担保。所谓商事担保,是指商人以营利为目的提供的或为商行为提供的担保,法律另有规定的除外。由此可见,商事担保是商人提供的担保,是具有商行为性质的担保。但是,商事担保主体存在一些除外行为,例如对下岗失业人员的担保、境内机构对外担保以及农村土地承包经营权和宅基地使用权抵押贷款业务。

与商事担保相对应的是民事担保。所谓民事担保,是指在借贷、买卖等民事活动中,债务人或者第三人以自己所有的财产保证在一定期限内履行债务的法律行为。商事担保和民事担保之间的区别,简言之,商事担保讲究效率,因此担保人尽可能希望担保物能够物尽其用,担保物的价值不要超过担保债权金额太多,且担保物最好能够流通。而民事担保并不十分关注担保物在多大程度上超过担保债权金额。故商事担保的范畴包括:以营利为目的的担保活动、担保商的行为以及非担保商的商人相关之间的担保。

实践中,关于独立保函欺诈的案例较多。具有代表性的案例包括:江苏太湖锅炉股份有限公司与卡拉卡托工程有限公司、中国银行股份有限公司无锡分行保函欺诈纠纷案(未按合同约定的形式和程序作出修改合同的会议纪要不产生变更合同的效力);中国水利水电第四工程局有限公司与中工国际工程股份有限公司、中国建设银行股份有限公司西宁铁路支行独立保函欺诈纠纷案(预付款保函下欺诈例外规则的适用);华西能源工业股份有限公司诉中国建设银行股份有限公司自贡分行、第三人中机新能源开发有限公司保函欺诈纠纷案(独立保函欺诈责任的审查认定);安徽省外经建设(集团)有限公司诉东方置业房地产有限公司保函欺诈纠纷案(独立担保索付欺诈的认定/第 109 号指导性案例)。

独立性是独立保函的根本特征。一旦生效之后,独立保函法律关系与基础交易法律关系相分离,彼此独立,即基础交易法律关系的效力不影响独立保函法律关系中开立人的付款义务。本案针对独立保函的性质认定、受益人依约单方修改附件内容不构成基础合同变更这两个争议焦点进行了细致的探讨,充实了独立保函纠纷案件的裁判规则。

案例提供单位:上海市第一中级人民法院

编写人:杨　晖

点评人:葛伟军

30. 陈某诉芦某某等股东损害公司债权人利益责任纠纷案

——股东认缴出资期限未届满时对劳动债权的特别保护

案 情

原告陈某

被告芦某某

被告张某

原告陈某原系雷武(上海)互联网技术有限公司(以下简称雷武公司)员工。2019 年 1 月 18 日,陈某因与雷武公司劳动报酬等争议向上海市闵行区劳动人事议仲裁委员会(以下简称闵行劳仲委)提出仲裁申请。经闵行劳仲委审查,陈某与雷武公司达成协议并由闵行劳仲委作出闵劳人仲(2019)办字第 578 号调解书,确认:一、雷武公司应于 2019 年 4 月 30 日前、2019 年 5 月 30 日前及 2019 年 6 月 30 日前各向陈某以银行转账形式支付 19 987.65 元,合计 59 962.95 元;二、陈某与雷武公司确认劳动关系于 2019 年 1 月 22 日终结。该调解书生效后,由于雷武公司未履行调解书确定的债务,陈某向法院申请强制执行。2019 年 12 月 19 日,本案一审法院作出(2019)沪 0114 执 5588 号执行裁定,认为经法院采取执行措施后未能查到雷武公司可供执行的财产或财产线索,故裁定终结该案执行程序。

雷武公司注册资本 100 万元,股东为被告芦某某、被告张某。芦某某认缴出资 90 万元,张某认缴出资 10 万元,芦某某、张某的认缴出资期限均为 2028 年 6 月 26 日,实缴出资未填。

截至 2021 年 5 月 13 日,中国裁判信息公开网显示雷武公司作为被执行人的未结执行案件达 27 起,未履行金额达 180 余万元。

原告陈某诉称,被告芦某某、张某未履行或者未全面履行出资义务为由,致其在闵劳人仲(2019)办字第 578 号调解书项下的债权未获清偿,故诉至法院,请求:芦某某、张某在认缴出资的范围内对雷武公司债务不能清偿部分承担补充赔偿责任。

被告芦某某、张某未作答辩亦未提交证据。

审　判

一审法院经审理后认为,本案争议焦点系芦某某、张某在出资期限尚未届至的情况下,是否应对雷武公司债务承担补充清偿责任。首先,根据公司法的相关规定,股东应当按期足额缴纳公司章程中规定的各自所认缴的出资额,未履行或者未全面履行出资义务的股东应在未出资本息范围内对公司债务不能清偿的部分承担补充赔偿责任。根据雷武公司企业内档显示,芦某某、张某应于 2028 年 6 月 26 日前缴足其认缴的出资额,现未届出资期限,尚不存在芦某某、张某未履行或未全面履行出资义务的情形。其次,在法院未受理公司破产申请及公司未解散情形下,如股东出资期限未届满,原则上股东无需向公司债权人承担未出资范围内的补充赔偿责任,除非公司作为被执行人的案件,人民法院穷尽执行措施无财产可供执行,已具备破产原因,但不申请破产。现陈某以雷武公司作为被执行人在执行过程中暂无可供执行财产而被执行终结并被纳入失信被执行人名单,以及已停止经营为由,主张雷武公司已具备破产原因。法院认为,结合雷武公司经营状态、涉雷武公司多起案件的执行情况,在案证据显示雷武公司存在"资不抵债"、明显缺乏清偿能力的情形,且雷武公司及其债权人现均未申请破产,故符合具备破产原因而不申请破产的情形。此外,陈某对雷武公司享有的债权属劳动债权,相对于公司的普通民事债权具有优先受偿性,在雷武公司无法清偿到期劳动债务时,不应苛求劳动者必须通过向法院申请公司破产以实现债权,芦某某、张某的出资义务应当加速到期,陈某可直接向出资期限尚未届满的股东芦某某、张某主张补充清偿责任。诉讼中,两被告经合法传唤而未到庭参加诉讼,系自愿放弃答辩、质证等诉讼权利,相应法律后果由其自行承担。据此,根据《中华人民共和国企业破产法》第二条第一款、《最高人民法院关于适用〈中华人民共和国公司法〉若干问题的规定(三)》第十三条第二款、《最高人民法院关于适用〈中华人民共和国企业破产法〉若干问题的规定(一)》第二条、第四条以及《中华人民共和国民事诉讼法》第一百四十四条之规定,判决:一、被告芦某某应在 90 万元范围对雷武(上海)互联网技术有限公司在闵劳人仲(2019)办字第 578 号调解书项下所负的债务[包括本金 59 962.95 元;按照每日万分之 1.75 计算至实际清偿之日止的迟延履行期间的债务利息(其中以 19 987.65 元为基数,自 2019 年 5 月 1 日起算;以 19 987.65 元为基数,自 2019 年 5 月 31 日起算;以 19 987.65 元为基数,自 2019 年 6 月 1 日起算)]不能清偿的部分向原告陈某承担补充赔偿责任,被告芦某某在其他案件中已实际履行应承担的补充赔偿责任的部分,不再承担;二、被告张某应在 10 万元范围内对雷武(上海)互联网技术有限公司在闵劳人仲(2019)办字第 578 号调解书项下所负的债务[包括本金 59 962.95 元;按照每日万分之 1.75 计算至实际清偿之日止的迟延履行期间的债务利息(其中以 19 987.65 元为基数,自 2019 年 5 月 1 日起算;以 19 987.65 元为基数,自 2019 年 5 月 31 日起算;以 19 987.65 元为基数,自 2019 年 6 月 1 日起算)]不能清偿的部分向原告陈某承担补充赔偿责任,被告张某在其他案件中已实际履行应承担的补充赔偿责任的部分,不再承担。

一审判决作出后,各方当事人均未提起上诉,一审判决已生效。

点 评

2013 年《公司法》修改,将实缴登记制改为认缴登记制,虽然为股东缴纳出资提供了较大的便利,但是在理论界和实务界均引发了较大的争议。股东缴纳出资分为两个阶段,一个是认缴,一个是实缴。这两个阶段并不相互矛盾或排斥,而是相互承接的前后关系。先有认缴,后才实缴,认缴是实缴的前提。

在实缴登记制下,股东一般被要求在 2 年或 5 年内实际缴清出资,而在认缴制下,这个缴纳期限可以由股东在章程中加以规定,每个公司的情况各不相同,期限有长有短。据此可见,认缴制下,公司凭借股东将来缴纳出资的承诺即可成立,股东依法享有期限利益。如果缴纳期限尚未到来、公司却无力偿债,那么对债权人能否要求未届出资期限的股东在未出资范围内对公司不能清偿的债务承担补偿赔偿责任这一问题的研究,就显得较为重要且迫切。此即为本案所涉及的股东出资义务加速到期问题。

2019 年《全国法院民商事审判工作会议纪要》(九民会议纪要)延续了 2015 年最高人民法院处理该类纠纷的态度,为了保护公司全体债权人的利益,适用破产的思路去解决,但是又在此基础上进行了细化。原则上,非破产、清算情形下不能适用股东出资义务加速到期,除非满足两类特殊情形,其中之一是当公司作为被执行人的案件,人民法院穷尽执行措施无财产可供执行,已具备破产原因,但不申请破产的除外。关键之处在于,如何认定公司是否"已具备破产原因但不申请破产"。本案中,结合公司经营状态、涉公司多起案件的执行情况,在案证据显示公司存在"资不抵债"、明显缺乏清偿能力的情形,且公司及其债权人现均未申请破产,故符合具备破产原因而不申请破产的情形。

本案还值得关注的是关于债权的性质。公司债权人既可以是民事关系中的债权人(合同之债/侵权之债/无因管理/不当得利之债),也可以是劳动关系中的债权人(劳动者)、行政关系中的债权人(国家税收债权)。本案中,债权人对公司享有的债权属劳动债权,相对于公司的普通民事债权具有优先受偿性。法院认为,在公司无法清偿到期劳动债务时,不应苛求劳动者必须通过向法院申请公司破产以实现债权,股东的出资义务应当加速到期,债权人可直接向出资期限尚未届满的股东主张补充清偿责任。

非破产、清算情形下不能适用股东出资义务加速到期的观点,受到了一些挑战。执行阶段的例外情形温和地平衡了各方面的利益,是当前处理该类纠纷比较适当的举措。尽管如此,2021 年《公司法》修订草案第四十八条似乎采取了不同的做法,强调的是非破产、清算情形下可以适用股东出资义务加速到期。根据该条,公司不能清偿到期债务,且明显缺乏清偿能力的,公司或者债权人有权要求已认缴出资但未届缴资期限的股东提前缴纳出资。这个做法的背后也有较强的理论支撑。

案例提供单位:上海市嘉定区人民法院

编写人:张亚雯

点评人:葛伟军

31. 陈某诉上海沐尘市场营销策划有限公司等其他合同纠纷案

——代币发行与以物易物合同的区分及认定标准

案 情

原告陈某

被告罗某某

被告上海沐尘市场营销策划有限公司

被告封某某

原告陈某经被告封某某介绍,认识了被告罗某某。罗某某系被告上海沐尘市场营销策划有限公司(以下简称沐尘公司)法定代表人。2018 年 6 月 21 日,被告封某某通过微信向原告陈某发送 PDF 版本的"电竞币—全球电子竞技产业区块链(白皮书)3.0"及"权益通证发行方案(MCT 电竞币)V3.0"。

白皮书第 5.3 条"沐尘面临的主要挑战"中载明:通过 ICO 进行的标记化是一种新兴的金融工具,它可能受到未来法规的影响。第 9 条"代币分配"载明:MCT 发行总量为 10 亿枚,以后永不增发,将通过以下方式和比例进行分配:初始团队(20%,2 亿枚),用于激励创始团队……通证发售(20%,2 亿枚),面向投资人发售,为项目的建设、推广、技术维护、运营等募集资金。详见表 1:

表 1

阶 段	种子轮	天使轮	基石投资	私募轮
发行总量	2 000 万	4 000 万	6 000 万	8 000 万
ETH:MCT	1:6 000	1:6 000	1:6 000	1:6 000
赠送比例	赠送 100%	赠送 60%	赠送 30%	赠送 10%

2018 年 7 月 13 日至 2018 年 8 月 28 日期间,原告先后分 9 笔向被告封某某个人银行账户转账支付人民币 1 225 000 元,由封某某兑换成以太币后转至罗某某以太币个人账户。

2018 年 10 月 14 日至 2019 年 1 月 19 日期间,原告通过转账及火币网直提方式向被告封某某以太币收款地址共计转账支付以太币 4 503.70 个,封某某收到上述以太币后再转交至罗某某以太币个人账户。罗某某收到上述以太币后,共计向陈某交付 MCT 电子游戏币 102 741 678 个。

沐尘公司确认涉案以太币已由罗某某从其个人账户取出用于项目投资。

原告陈某诉称,2018 年 6 月 30 日,为推广沐尘电竞区块链项目(以下简称 MCTP 项目)的落地,结合上海中庚漫游城项目建设,三被告通过各种渠道和方式向原告推荐购买该 MCTP 项目发行的电子游戏币,并要求陈某支付以太币 ETH 的方式来购买该电子游戏币。陈某自 2018 年 8 月 2 日开始,陆续购买该电子游戏币。但罗某某、沐尘公司向陈某承诺的中庚漫游城电竞场馆项目始终未能如期开业运营,致使陈某购买的电子游戏币完全无法使用,失去价值,陈某遂要求退还其投入的以太币 ETH。经催讨,双方多次协商,被告尚欠人民币 26 万元、以太币 ETH 4 504 个未予返还,遂涉诉,请求法院依法判令:(1)被告罗某某、沐尘公司共同返还原告陈某人民币 260 000 元;(2)被告罗某某、沐尘公司共同向原告陈某返还以太币 4 504 个;(3)被告罗某某、沐尘公司共同向原告陈某支付逾期还款利息(以人民币 260 000 元为基数,按同期全国银行间同业拆借中心公布的贷款市场报价利率(LPR)计付,自 2019 年 11 月 6 日起至实际清偿之日止);(4)被告罗某某、沐尘公司共同向原告陈某支付逾期还款利息(以火币网 2020 年 5 月 26 日记载的以太币市场价格 202 美元/个×4 504 个以太币作为计算基数,按同期全国银行间同业拆借中心公布的贷款市场报价利率(LPR)计付,自 2019 年 11 月 6 日起至实际清偿之日止);(5)被告封某某就被告罗某某及沐尘公司的上述赔付义务承担连带责任。

被告罗某某辩称,不同意原告陈某针对罗某某的全部诉讼请求。理由如下:(1)陈某与沐尘公司之间系以物易物合同关系,该合同依法成立并生效;(2)合同双方当事人就电子游戏币及虚拟币的交换均已履行完毕,本案不存在法定解除的条件和情形;(3)沐尘公司成立期间,罗某某一人持股的时间段为 2019 年 6 月 11 日至 2019 年 6 月 20 日,陈某主张罗某某与沐尘公司存在人格及财产混同缺乏依据。

被告沐尘公司辩称,同意被告罗某某的答辩意见。此外:(1)如涉案合同解除,双方当事人应互负返还义务。因以太币系不合法虚拟货币,如不能返还,则同意按照每个人民币 800 元价格予以折算;(2)被告封某某系绿野集团亚洲有限公司的员工,并非沐尘公司的员工;(3)涉案"声明书"系沐尘公司出具,承诺的范围仅限于人民币 90.4 万元。

被告封某某辩称,其系"绿野资本"的合伙人,并非沐尘公司的员工,与原告及被告罗某某之间系朋友关系,涉案 MCTP 项目确实由其向原告介绍。被告罗某某、沐尘公司与绿野资本签订有协议,约定共同推广涉案 MCTP 项目,请求法院驳回陈某针对其的全部诉请。

审 判

一审法院经审理后认为,合同的性质及效力系法院依职权审查的事项,而非仅根据各方当事人在诉讼中的主张及意思表示进行确认,不属于当事人诉讼处分权的范围。

首先,关于合同性质。互易合同并非法律规定的有名合同。根据《合同法》第一百七十五条规定:当事人约定易货交易,转移标的物的所有权的,参照买卖合同的有关规定。据此理解,互易合同是指当事人约定易货交易,转移标的物所有权的合同。其区别于买卖合同之处在于,双方均以获取物的所有权为目的,重在实现物的使用价值和交换价值,但均不作为一般等价物使用。根据在案证据,陈某本身并不持有以太币,而是根据沐尘公司白皮书招商指引,并按照白皮书第 9 条记载的"代币分配"比例,专门购买以太币以参与沐尘公司电竞项目的电子游戏币的发售活动。白皮书明确约定了 MCT 电子游戏币与以太币固定兑换比例,以太币在交易中具备了衡量及标记价值的功能,即作为一般等价物进行使用。此外,基于物权法定原则,无论是以太币还是 MCT 电子游戏币,目前法律均未明确其属于法律意义上的物,因此不具备作为互易交易标的物的基础。

反之,如认可双方主张的以物易物合同性质,将会事实上肯定甚至放纵以太币等虚拟财产作为一般等价物及交易支付手段广泛流通于社会日常经济生活,从而违反货币法定的基本原则,影响金融秩序稳定。基于此,对于双方关于以物易物合同性质的主张不予认定。

其次,关于合同效力。被告沐尘公司通过向社会广泛发售 MCT 电子游戏币以获取以太币的行为,属于中国人民银行等七部委于 2017 年 9 月 4 日联合发布的《关于防范代币发行融资风险的公告》(以下简称《公告》)中所规范的代币发行融资行为,本质上是一种未经批准非法公开融资的行为。根据《非法金融机构和非法金融业务活动取缔办法》第二条、第四条之规定,未经中国人民银行批准,擅自以任何名义向社会不特定对象进行非法集资的,必须依法予以取缔。基于货币的强制性及法偿性,以及作为一般等价物的特殊功能,允许普通民事主体从事代币发行活动,显然将损害金融基本秩序,进而构成对社会经济秩序及不特定人群利益之侵害。故陈某与沐尘公司之间的交易行为不应受法律保护,涉案合同效力依法应认定为无效。

再次,关于合同无效后果。根据法律规定,合同被认定为无效的,因该合同取得的财产,应当予以返还;不能返还或者没有必要返还的,应当折价补偿。本案所涉以太币作为一般财产的属性并未被法律所否定,故原告享有返还请求权。被告沐尘公司组织开展非法融资活动,是导致合同无效的主要责任方,原告参与非法融资活动,亦未尽到注意义务,双方就合同无效均存在过错。因此,根据查明的事实及双方当事人的主张,涉案合同解除后,沐尘公司应当返还陈某人民币 26 万元、以太币 4 504 个。至于原告陈某主张的逾期利息损失,因其自身存在过错,应当由其自行承担,依法不予支持。

最后,关于以太币折价问题。根据七部委上述《公告》规定,任何代币融资交易平台不得为代币或"虚拟货币"提供定价、信息中介等服务。故原、被告主张参照火币网的虚拟币交易价格进行折算,其后果是肯定了第三方对虚拟货币提供定价服务的合法性,依法不应予以支持。结合本案实际情况,基于当事人主张,结合陈某及沐尘公司的过错程度,酌情确定如沐尘公司不能返还以太币,则应按照 1 600 元/个标准向陈某折价补偿。

据此,依据《中华人民共和国合同法》第七条、第五十二条、第五十八条,《非法金融机构和非法金融业务活动取缔办法》第二条、第四条规定,判决:一、被告上海沐尘市场营销策划有限公司应于判决生效之日起十日内返还原告陈某人民币 260 000 元;二、被告上海沐尘市场营销策划有限公司应于判决生效之日起十日内返还原告陈某以太币 4 504 个,如被告上海沐尘市场营销策划有限公司不能返还上述以太币,则应按照人民币 1 600 元/个标准向原告陈某支付折价款;三、被告罗某某就被告上海沐尘市场营销策划有限公司的上述还款义务在人民币 904 000 元的范围内承担连带责任;四、驳回原告陈某的其余诉讼请求。

一审判决作出后,双方均未提起上诉,一审判决已生效。

点 评

本案涉及代币发行合同与以物易物合同的区分。以物易物或以物换物,顾名思义就是指用自己已有的物品或服务与别人交换,以换取别人的物品或服务,是一种现有贸易模式出现之前已有的交易方式。以物换物不同于买卖,并没有使用任何金钱作为交易的工具,所以以物易物不一定是一场等价交换。

代币发行又称代币发售、区块链众筹,是用区块链把使用权和虚拟货币合二为一,来开发、维护、交换相关产品或者服务的项目进行融资的方式。

本案的争议焦点在于涉案合同性质、效力及其法律后果。虽各方当事人均主张涉案合同为以物易物合同,但对合同属性的界定并非仅凭当事人在诉讼中的主张。从各方当事人签订合同的目的考察,实质上购买以太币参与项目的行为,各方并非追求以物易物的效果,而是将代币作为一种支付手段,即一般等价物,从而规避对集资行为的监管。

中国人民银行等五部委发布《关于防范比特币风险的通知(2013)》否定了比特币等虚拟货币的货币属性,将其界定为"虚拟商品"。中国人民银行等七部门发布《公告》,明确代币发行融资是指融资主体通过代币的违规发售、流通,向投资者筹集比特币、以太币等"虚拟货币",本质上是一种未经批准非法公开融资的行为。《关于进一步防范和处置虚拟货币交易炒作风险的通知(银发〔2021〕237 号)》再次强调虚拟货币不具有与法定货币等同的法律地位,不具有法偿性,不应且不能作为货币在市场上流通使用。

实践中,民事主体之间关于虚拟货币的交易通常涉及代币与法定货币的定价与换算交易,投资或购买代币的目的往往在于法定货币上的利益实现。以比特币等为代表的虚拟货币价格波动剧烈,其去中心化的发行机制、隐蔽性强等特性,导致难以受到正当的监管,易扰乱经济金融秩序,成为违法活动的工具。为保护投资者的合法权益、保障我国公民的交易安全,严格限制虚拟货币在市场上的流通具有必要性。除外,《公告》中也明确禁止任何融资交易平台的虚拟货币定价服务,最终由法院酌定不能原数返还以太币的折价标准更具有合理性。

本案的处理作为首个明确在相关交易中虚拟货币不能作为支付手段而仅是一般财产的判决,为此类代币发行的非法融资合同无效后的财产返还、虚拟货币折价的问题提供了良好的裁判思路。尤其在《民法典》第一百二十七条将网络虚拟财产作为一种无形财产,明确其在法律上一般财产的属性,而不具有法定货币一般等价物及法偿性功能后,本案对此种案件类型的处理更具有示范和指导意义。此外,司法裁判除了定分止争的作用外,还应当有一定的教育与宣传意义,引导公众树立正确的货币观念和投资理念。

案例提供单位:上海市长宁区人民法院
编写人:周泉泉
点评人:葛伟军

32. 戴某某诉中国人民财产保险股份有限公司上海市分公司财产保险合同纠纷案

——共享租车行为导致危险程度显著增加的判断标准

案 情

原告(上诉人)戴某某

被告(被上诉人)中国人民财产保险股份有限公司上海市分公司

2019 年 3 月,原告戴某某为其所有的一辆兰博基尼跑车向被告中国人民财产保险股份有限公司上海市分公司投保了机动车商业保险,包括机动车损失险、第三者责任险和不计免赔,保险期间自 2019 年 3 月 22 日起至 2020 年 3 月 21 日止。保险单中对于保险车辆使用性质标注为:家庭自用汽车。重要提示栏载明:被保险机动车因改装、加装、改变使用性质等导致危险程度显著增加以及转卖、转让、赠送他人的,应书面通知保险人并办理变更手续。2019 年 4 月,案外人王某通过凹凸租车平台租赁了涉案车辆,为期一天,租赁费用 3 180 元。租赁次日王某驾驶涉案车辆与路边绿化发生碰撞,交通管理部门认定其负事故全部责任。凹凸租车平台是一个互联网共享汽车租赁平台,私家车主通过共享闲置车辆获取额外收入,第三人通过平台有偿租借。原告戴某某及其子自 2015 年至 2019 年期间先后通过凹凸租车平台登记了包括涉案车辆在内的 20 余辆豪车对外出租。事故发生后,被告以涉案车辆从事租赁、改变使用性质,导致保险标的危险程度显著增加为由拒赔。

原告戴某某诉称,涉案车辆事故发生后,原告向被告报案理赔,被告向原告出具了《机动车保险车辆损失情况确认书》显示:定损金额为 802 524.85 元。因原告多次要求被告支付保险金未果,故诉至法院。请求判令:被告支付原告车辆维修费 1 239 000 元,施救费 9 200 元,鉴定费 22 500 元。

被告辩称,第一,原告投保时车辆的使用性质是非营运,而发生事故时该车正处于租赁状态,驾驶员王某系在凹凸租车平台租用涉案车辆,并支付相应租赁费用,车辆使用性质已发生改变。第二,涉案车辆在本次保险事故之前已经有 3 次报案,每次驾驶员均不同,原告在保险期间内改变了车辆使用性质,保险标的的危险程度显著增加,被保险人未履行相应的通知义务,保险人不承担保险金赔偿责任。第三,原告主张的维修费用系按照 4S 特约店的价格基准进行评估,而该车并未在 4S 特约店进行维修,亦未提供维修发票,不清楚车辆维修的真实性。第四,对于原告主张的施救费,因前述原因不予理赔。第五,鉴定费 22 500 元,因被告已支付相关费用,故不予认可。

审 判

一审法院经审理后认为,本案的争议焦点为:第一,原告通过共享平台出租车辆是否改变了保险标的用途;第二,如果原告改变了保险标的用途,是否会导致保险标的危险程度显著增加;第三,如果确认危险程度显著增加,保险人在订立保险合同时,是否能预见或者应当预见该增加的危险属于保险合同的承保范围。

关于争议焦点一,首先,原告投保时的车辆使用性质为家庭自用汽车,排除了对涉案车辆以营利为目的的商业性使用。原告所参照的《道路运输交通条例》仅针对道路交通运输,不含车辆租赁。对于非营运机动车的标准,应当以公安部发布的《中华人民共和国公共安全行业标准机动车类型术语和定义》为准,在该术语和定义中已经明确非营运机动车是指个人或者单位不以获取利润为目的而使用的机动车。其次,原告及其儿子连续多年将自有及他人车辆挂在凹凸租车平台对外出租,本案所涉车辆亦在其列。再次,凹凸租车本身就是一个租车共享平台,车主可以通过平台将闲置车辆租给他人使用。挂在该平台车辆的最终目的系出租,且有证据显示案外人王某曾支付过租金。综上,原告将涉案车辆通过凹凸租车平台出租给他人使用,获取利润,违反了保险合同约定的家庭自用汽车的使用性质,改变了保险标的用途,且未将上述情况及时通知保险人。

关于争议焦点二,保险合同约定的使用性质为家庭自用汽车,主要是用于家庭生活需要,所使用的范围、频率和环境与车辆租赁有很大的差别。原告将车辆登记在凹凸租车平台对外出租,对象为不特定大众,客观上提高了车辆的出行频率,扩大了出行的范围,增加了运行过程中的出险几率。庭审中,原告亦表示车辆交由儿子管理和使用,并不认识案外人王某,证明其对车辆实际使用人的专业能力及资质未进行审查,亦无证据证明其出租车辆有进行规范管理、控制的能力,作为车辆登记人,持完全放任的态度。因此,系争车辆用途改变足以导致危险几率的提高,符合危险程度显著增加的法律规定。

关于争议焦点三,原告以个人名义对自己所拥有的非营运车辆向保险人投保商业车险,投保时的使用性质为家庭自用汽车,保险人在订立保险合同时,无法预见该车辆将被用于租赁经营活动,故本案所涉车辆所增加的危险不属于保险人在订立合同时预见或者应当预见的承保范围。

据此,依照《中华人民共和国保险法》第五十二条,《最高人民法院关于适用〈中华人民共和国保险法〉若干问题的解释(四)》第四条第一款第一项、第五项之规定,判决:驳回原告戴某某的全部诉讼请求。

一审判决作出后,原告戴某某不服,提起上诉。

二审法院认定事实和一审一致。

二审法院经审理后认为,一审判决认定事实清楚,适用法律正确,应予维持。依据《中华人民共和国民事诉讼法》第一百七十条第一款第一项、第一百七十五条之规定,判决:驳回上诉、维持原判。

点 评

近年来,共享经济新模式层出不穷,从网约车、顺风车,到共享单车、合乘拼车、共享租车,新业态的涌现不断对传统保险业提出挑战。本案中,凹凸共享租车平台采用车主将自有车辆投放在平台用于闲置时间段的出租,他人通过平台有偿租借的业务模式,形成车主和他人分时共享车辆的业态。一旦出险,保险公司往往以违反《保险法》第五十二条为由拒赔。

根据《保险法》第五十二条,保险标的的危险程度显著增加的,被保险人应当按照合同约定及时通知保险人;被保险人未履行该通知义务的,因保险标的的危险程度显著增加而发生的保险事故,保险人不承担赔偿保险金的责任。通说认为"危险程度显著增加"的构成要件为重要性、持续性和不可预见性。共享租车行为改变了车辆用途和使用人,扩大了车辆使用范围,危险程度增加持续时间较长且超出保险人可预见范围,符合该等情形。

其一,危险程度增加需达到重要性标准。该要件要求必须达到需提高保费或解除合同的程度,才能认定为危险程度显著增加。本案从保险车辆的使用范围、使用人等角度,对重要性标准进行了详细论述。首先,从本案保险标的之用途、使用范围角度考察,虽然凹凸租车平台的服务目的是为车主将自有车辆在闲置时间租给他人以获取一定收益,并未专门用于出租,但出租行为显然并非出于日常出行所需,且在出租状态下,车辆的行驶路线、使用范围也偏离了被保险人家庭自用的范畴。因此,戴某某的出租行为不仅改变了缔约时双方所确认的车辆用途,还会导致使用范围、使用频率、使用时间的改变,使得车辆危险程度增加。其次,从本案保险标的之使用人、管理人角度考察,凹凸租车平台是一个开放性的租车平台,任意第三人均有可能租用车辆。在此情形下,车主将车辆在一定时间段的控制权和管理权交由租车平台,且该时间段随车主的用车需求呈现短期、不固定、不连贯的特征,由此可能导致用车人频繁变更。本案中,戴某某将车辆控制权交给王某等不特定第三人,其无从审查王某的驾驶能力、驾驶习惯、使用频率、使用范围等情况,对车辆可能产生的危险处于放任状态,故该种改变车辆使用人、管理人的行为亦增加了车辆的危险程度。

其二,危险增加状态需持续。持续性要求危险程度显著增加的状态持续一段时间,足以打破保险人在订立合同时对保险风险的评估。若危险程度显著增加存在时间短暂,随后即恢复原状,则并未违反对价平衡原则,且极短时间内发生保险事故,也不涉及通知义务,故判断危险程度显著增加以持续性作为要件之一。在认定持续时间长度方面,以危险增加与持续时间成正比为原则。共享租车行为使得危险程度增加持续时间,不同于一般家庭自用,短时间内多次出租,提高了车辆的出行频率,扩大了出行范围。

其三,危险增加非保险人可预见情形。危险评估是保险费率厘定的基础。保险合同签订以后,保险标的并不处于保险人的控制之下,若保险标的危险程度显著增加,则保险事故发生的概率及保险金覆盖必然将超过保险人订立合同时所能合理预计的概率。此时若继续依照之前的保险合同要求保险公司承担保险责任,则显失公平。戴某某是以家庭自用性质向保险公司投保,保险公司亦基于此予以承保,无从预见到戴某某将其置于共享平台用于出租。如前所述,涉案车辆用于共享出租增加了保险标的危险程度,若保险公司在缔约时即知晓、预见或应当预见该等增加的危险,极有可能变更承保险种或提高保险费率。

本案是一起对"保险标的危险程度显著增加"予以合理阐释的典型案例,对于此类案件的审理具有积极的指导意义。

案例提供单位:上海市黄浦区人民法院

编写人:罗 斌 李 轶 赵东妍

点评人:葛伟军

33. 丁某等 315 名投资者诉上海飞乐音响股份有限公司证券虚假陈述民事责任纠纷案

——证券纠纷普通代表人诉讼的探索与实践

案 情

原告(上诉人)刘某某

原告(被上诉人)丁某等 314 名投资者

被告(上诉人)上海飞乐音响股份有限公司

上海飞乐音响股份有限公司(以下简称飞乐音响公司)系上市公司,其公开发行的 A 股股票代码为 600651,股票简称为"飞乐音响"。2017 年 7 月 13 日,飞乐音响公司发布《2017 年半年度业绩预增公告》。该公告载明:经公司财务部门初步测算,预计 2017 年 1—6 月实现归属于上市公司股东的净利润与上年同期相比,将增加 400% 左右;本期业绩预告的财务数据未经注册会计师审计;本次业绩预告为初步测算,具体准确的财务数据以公司正式披露的 2017 年半年度报告为准,敬请广大投资者注意投资风险。该预增公告发布之日起飞乐音响公司股价连续三个交易日下跌。

2017 年 8 月 26 日,飞乐音响公司发布《2017 年半年度报告》。该公告发布后,飞乐音响公司股价连续三个交易日上涨。2018 年 4 月 13 日,飞乐音响公司发布《2017 年年度业绩预减及股票复牌的提示性公告》,载明:经公司自查,发现 2017 年半年报和三季报存在收入确认方面的会计差错,初步预计该等差错将导致 2017 年 1—9 月份营业收入减少 17.4 亿元,导致 2017 年 1—6 月份营业收入减少 7.5 亿元。该公告发布后,飞乐音响公司股价连续 3 个交易日跌停。

飞乐音响公司于 2019 年 11 月 2 日发布收到中国证监会上海监管局《行政处罚决定书》的公告。该《行政处罚决定书》[编号:沪(2019)11 号]认定,飞乐音响公司因"智慧沿河""智慧台江"项目确认收入不符合条件,导致 2017 年半年度报告合并财务报表虚增营业收入 18 018 万元、虚增利润总额 3 784 万元;导致 2017 年第三季度报告合并财务报表虚增营业收入 72 072 万元,虚增利润总额 15 135 万元;导致 2017 年半年度、第三季度业绩预增公告不准确。上述行为违反《中华人民共和国证券法》(2014 年修正,以下简称 2014 年《证券法》)第六十三条"发行人、上市公司依法披露的信息,必须真实、准确、完整,不得有虚假记载、误导性陈述或者重大遗漏"的规定,构成 2014 年《证券法》第一百九十三条第一款"发行人、上市公司或者其他信息披露义务人未按照规定披露信息,或者所披露的信息有虚假记载、误导性陈述或者重大遗漏"所述情形,因此,依据 2014 年《证券法》第一百九十三条第一款的规定,决定对飞乐音响公司责令改正,给予警告,并处以 60 万元罚款。

魏某等 34 名投资者向一审法院申请提起普通代表人诉讼。一审法院依据《最高人民法院关于证券纠纷代表人诉讼若干问题的规定》(以下简称《代表人诉讼若干规定》)第五条、第十二条的规定,组成合议庭适用普通代表人诉讼程序进行审理。经审查,一审法院于 2020 年 8 月 27 日作出(2020)沪 74 民初 2402 号民事裁定,确定本案具有相同种类诉讼请求的权利人范围。裁定书送达后,当事人均未在法定期限内申请复议。据此,一审法院发出权利登记公告,通知符合权利人范围的投资者申请登记,加入本案诉讼。截至登记期间届满,共计 365 名投资者参加权利登记。经审核,共有 340 名投资者符合权利人范围。其中,除拟任代表人外,尚有 17 名投资者自愿申请担任代表人。经组织代表人推选,5 名候选人得票数超过参与投票人数的 50%,成为本案代表人。代表人推选结果公告发布后,58 名投资者在法定期限内撤回权利登记。一审开庭前,另有 33 名投资者进行补充登记。最终,丁某等 315 名投资者成为本案一审原告。

一审审理中,当事人均申请一审法院委托专业机构对投资损失数额、证券虚假陈述以外的其他风险因素导致的损失扣除比例等进行核定,但对委托机构意见不一。根据《代表人诉讼若干规定》第二十四条的规定,一审法院组织当事人当庭随机抽取,最终确定中证法律服务中心为损失核定机构。2021 年 3 月 11 日,中证法律服务中心出具《证券投资者损失核定意见书》(以下简称《损失核定意见书》)。

原告诉称,各原告基于对被告的信任,在虚假陈述实施日后买入飞乐音响股票,后又由于其虚假陈述行为被揭露而遭受巨额损失,被告应承担相应赔偿责任。故请求判令飞乐音响公司赔偿其投资损失 1.2 亿余元及通知费、律师费等。

被告辩称,(1)投资者提起虚假陈述证券民事赔偿诉讼,应提交身份证明文件,否则原告起诉应被依法裁定驳回;(2)《行政处罚决定书》所认定的被告"信息披露违法行为"与原告交易损失之间没有因果关系;(3)即使存在因果关系,被告受到系统风险和 LED 照明行业系统风险因素的影响大幅下跌,由此导致的损失应予剔除,由于上市公司自身经营情况恶化等非系统风险因素导致的投资者损失,属于正常的投资风险,不应由被告承担赔偿责任;(4)本案实施日应为 2017 年 8 月 26 日被告发布 2017 年半年度报告之日,更正日应为 2018 年 4 月 13 日被告发布《2017 年年度业绩预减及股票复牌的提示性公告》之日,相应的基准日为 2018 年 7 月 30 日,基准价为 4.83 元。(5)利息损失应以投资差额损失为基数、按照银行同期活期存款利率、自原告买入日至卖出日或基准日为止分笔计算。关于佣金和印花税计算,原告损失计算不符合法律规定。(6)原告关于公告费、通知费和律师费的主张缺乏依据。

审 判

一审法院经审理后认为,本案的争议焦点为:第一,被告虚假陈述行为与原告买入被告股票是否存在交易上的因果关系;第二,被告虚假陈述行为与原告的损失是否存在因果关系,损失金额如何确定,其中包括原告的损失或部分损失是否由证券市场风险因素导致,如果存在证券市场风险因素的影响,应当如何确定其影响程度及相应的扣除比例;第三,原告主张的律师费、通知费是否合理。

关于争议焦点一,最高人民法院《关于审理证券市场虚假陈述侵权民事赔偿案件的若干规定》(以下简称《虚假陈述案件若干规定》)推定在虚假陈述对市场产生影响的时段内进行相关股票交易的投资者,是基于对虚假陈述的信赖而进行的交易。本案原告均于案涉虚假陈述实施日(含)至揭露日(不含)期间买入飞乐音响公司股票,并在揭露日(含)后因卖出或继续持有产生亏损,应当推定其买入行为与虚假陈述之间存在交易因果关系。飞乐音响公司提供的证据不足以推翻《虚假陈述案件若干规定》确立的推定因果关系。

关于争议焦点二,首先,对于损失因果关系的认定,《虚假陈述案件若干规定》亦采纳推定信赖的立场。同时,根据《虚假陈述案件若干规定》第十九条的规定,飞乐音响公司举证证明投资者的损失或部分损失是由证券市场系统风险等其他因素所导致的,则应认定虚假陈述与损害结果或部分损害结果之间不存在因果关系。飞乐音响公司提供了上证指数历史行情、同类企业历史行情等证据,能够初步证明本案实施日到基准日期间 A 股市场存在整体波动,飞乐音响股价受此影响同步下跌,投资者损失受到证券市场风险因素的影响。对于该等因素所造成的损失部分,应当认定与虚假陈述之间不存在因果关系,至于证券市场风险因素所造成的影响比例,应根据专业分析核定扣除。飞乐音响公司还主张,投资者的部分损失系因飞乐音响公司个股经营风险所致,属于《虚假陈述案件若干规定》第十九条所规定的"其他因素"。一审法院认为,对于《虚假陈述案件若干规定》第十九条规定的"其他因素"的适用,应严格把握。在判断是否存在个股经营风险因素造成投资者损失时,应当评判有关信息是否对市场产生或可能产生重要影响。飞乐音响公司提供的《2018 年年度报告》发布时间为 2019 年 4 月 20 日,并不在案涉虚假陈述所影响的时间区间内。飞乐音响公司提供的《2017 年度内部控制评价报告》发布时间为 2018 年 4 月 28 日,报告指出的重大缺陷与飞乐音响公司 2018 年 4 月 13 日发布的《2017 年年度业绩预减及股票复牌的提示性公告》所披露的虚假陈述内容基本一致。因此,该报告并未披露案涉虚假陈述以外的其他重大信息,其发布并不属于案涉虚假陈述以外的影响股价的"其他因素"。

其次,关于损失计算方法的认定,各方当事人对《损失核定意见书》的争议在于投资者存在多个证券账户时,应将交易记录合并计算还是分账户单独计算。一审法院认为,根据《虚假陈述案件若干规定》的规定,应以投资者为主体确定实际损失的计算方式。在同一投资者持有多个证券账户的情况下,其选择某一账户作出买入或卖出的交易决策均出于整体投资策略的考虑,若采用各个账户独立计算的方式,则割裂了投资者投资策略的整体性,未能反映其真实的投资意图。具体到每一名投资者,因其交易情况各不相同,难谓合并计算或是分账户单独计算对个体投资者更为有利。虽然中证法律服务中心亦有分账户独立计算的做法,但在当事人对此存有争议时,将多账户交易记录合并计算的方法更为合理。

再次,关于证券市场风险因素扣除比例的界定。《损失核定意见书》中选用的市场风险比例认定方法是以《虚假陈述案件若干规定》规定的损失计算公式为基础,结合每名投资者的具体持股期间,将个股跌幅与综合指数、行业指数的平均跌幅进行同步对比,用相对比例的方法确定市场风险因素对每名投资者的具体影响程度。关于行业指数的选取,中国证监会制定的《上市公司行业分类指引》规定,应以上市公司营业收入等财务数据为主要分类标准和依据,当某类业务的营业收入比重大于或等于 50%,则将其划入该业务相对应的行业。中证法律服务中心选取申万电子行业指数和申万 LED 行业指数作为考察市场风险的参考指标并无不妥。关于组合指数判定方法,鉴于证券市场的复杂性和不确定性,难以精准地计算和还原证券市场风险因素对股价影响的绝对值,在判断《损失核定意见书》所确立的组合参考指标体系是否合理时,应从其纳入考量因素的全面性、计算方法的合理性、逻辑体系的自洽性等方面综合考察,从而判定该算法对上市公司和投资者双方是否相对公平、合理。《损失核定意见书》采用综合指数、申万一级行业指数、申万三级行业指数作为证券市场风险因素的参考指标,从不同范围、不同维度上反映了市场整体与个股价格变化的相对关系,考量因素较为全面。而在计算平均跌幅时,由于不同指数之间互相影响,其对个股亦产生共同影响,因此,《损失核定意见书》对于选定的指数,无论是上涨还是下跌,均采用算术平均法计算平均跌幅,符合指数与指数、指数与个股之间相互影响的逻辑,对双方较为公平。关于同步指数对比法,该算法是将个股跌幅与同期指数平均跌幅作对比。在确定指数涨跌幅时,将投资者具体的买卖情况与同期指数变动做紧密贴合的比对,取个股第一笔有效买入日后的买入期间内、卖出期间内以及揭露日至基准日期间与各笔交易时点相对应的指数,并以不同交易时点的股票交易数量作为权重系数,以加权计算的方法计算均值,然后根据对应期间指数均值之间的差值,得出相关指数的平均跌幅程度。该指数平均跌幅的计算方法,与个股跌幅中买入均价、卖出均价及基准价的计算完全同步,充分考虑了投资者每笔交易的权重,且在计算投资差额损失与市场风险因素扣除比例时,均采用加权计算法测算股价变化及指数变化,计算方法上也具有逻辑上的统一性。故一审法院采信《损失核定意见书》所确定的证券市场风险因素扣除方法,并据此确定投资者所应获赔的投资差额损失。

关于争议焦点三,《代表人诉讼若干规定》第二十五条规定:"代表人请求败诉的被告赔偿合理的公告费、通知费、律师费等费用的,人民法院应当予以支持。"因此,本案投资者关于飞乐音响公司承担律师费、通知费的主张于法有据。

关于通知费的具体金额,虽然投资者通过推选的代表人参与诉讼,但其仍享有表决权、知情权、异议权、复议权、退出权和上诉权等诉讼权利,因此,在诉讼过程中,代表人对于变更或放弃诉讼请求、承认对方诉讼请求、决定撤诉、放弃或决定上诉等重要诉讼事项,均应及时通知投资者。代表人诉讼涉及人数众多且分布广泛,代表人进行通知必然耗费时间、精力,并发生一定的费用。该等费用属于代表人为维护投资者权利进行诉讼所发生的必要费用,应当由败诉方承担。据此,一审法院酌情认定,飞乐音响公司应当按照每名投资者 50 元(除代表人外)的标准支付代表人通知费。

关于律师费的具体金额,根据《代表人诉讼若干规定》第七条的规定,投资者参加登记视为对代表人进行特别授权,代表人有权代表本案全体投资者委托律师作为诉讼代理人。现代表人已聘请了律师参与本案诉讼,律师也实际为本案全体投资者提供了诉讼服务,故律师费是必然发生的费用,在认定败诉方所应承担律师费具体金额时,系根据个案案情酌情确定合理范围内的律师费用,飞乐音响公司应向代表人支付该律师费用。但代表人与诉讼代理人关于律师费的约定不能约束飞乐音响公司,败诉方所应承担的是合理律师费用。对于合理律师费用的确定,综合考虑本案作为代表人上诉的繁简、难易程度及律师工作量、本案上诉规模及标的额、涉及投资者人数等因素,一审法院酌定以人均 3 000 元的标准确定飞乐音响公司应负担的律师费。

此外,关于飞乐音响公司所提出的身份证明文件问题,为便利投资者加入诉讼,一审法院自主开发了代表人诉讼在线平台,适格投资者可通过该平台进行身份核验后,在线进行权利登记。本案全体投资者均通过该平台进行了身份核验,且能够与中国结算上海分公司调取的交易记录相印证,因此,各投资者适格投资者的身份可予认定。综上所述,飞乐音响公司在发布的财务报表中虚增营业收入、虚增利润总额的行为,构成证券虚假陈述侵权,应当承担民事赔偿责任。案涉虚假陈述的实施日为 2017 年 8 月 26 日,揭露日为 2018 年 4 月 13 日,基准日为 2018 年 7 月 30 日。以自揭露日起至飞乐音响股票累计成交量达到其可流通部分 100% 之日为基准日,即 2018 年 7 月 30 日;以揭露日起至基准日期间每个交易日收盘价的平均价格为基准价,经计算为 4.826 元/股。

据此,依照 2014 年《中华人民共和国证券法》第六十九条,2019 年《中华人民共和国证券法》第九十五条第一款、第二款,《最高人民法院关于审理证券市场因虚假陈述引发的民事赔偿案件的若干规定》第十八条、第十九条、第二十一条第一款、第三十条,《最高人民法院关于证券纠纷代表人诉讼若干问题的规定》第五条、第二十五条、第二十六条之规定,判决:一、飞乐音响公司应于判决生效之日起十日内向丁某等 315 名投资者支付投资差额损失、佣金损失、印花税损失和利息损失等赔偿款共计 123 547 952.4 元;所应获赔的损失金额计算方法为扣除证券市场风险因素后的投资差额损失与相应的佣金、印花税、利息损失之和,其中应赔投资差额损失 =(买入均价-卖出均价或基准价)×持股数量×(1-证券市场风险因素的影响比例),买入均价采用第一笔有效买入后的移动加权平均法计算,多个账户应合并计算,证券市场风险因素采用个股跌幅与同期组合指数平均跌幅进行同步对比的方法扣除,应赔佣金损失 = 应赔投资差额损失×0.03%,应赔印花税损失 = 应赔投资差额损失×0.1%,应赔利息损失 =(应赔投资差额损失+应赔佣金损失+应赔印花税损失)×0.35%×第一笔有效买入日至最后一笔卖出日或基准日的实际天数/365 天。二、飞乐音响公司应于判决生效之日起十日内向代表人朱某、肖某、陈某、廉某、魏某支付通知费 15 500 元。三、飞乐音响公司应于判决生效之日起十日内向代表人朱某、肖某、陈某、廉某、魏某支付以人均 3 000 元为标准、按本案 315 名投资者计算的律师费 945 000 元。

一审判决作出后,原告刘某某、被告飞乐音响公司不服,均提起上诉。

二审法院经审理后认为,本案二审争议焦点为:第一,一审法院对虚假陈述实施日的认定程序及认定结果是否正确;第二,案涉虚假陈述与投资者的投资行为之间是否存在因果关系;第三,本案损失核定机构的选定和损失核定具体方法是否合理;第四,一审法院酌定飞乐音响公司按每名投资者 3 000 元的标准赔偿律师费是否合理;第五,代表人委托的诉讼代理人是否未尽职责而影响了刘某某行使诉讼权利,涉及刘某某的通知费和律师费应否支付。

关于争议焦点一,首先,认定程序方面。一审法院在《代表人诉讼若干规定》施行后受理本案,并适用普通代表人诉讼程序进行审理,故关于一审法院的审理程序应根据《代表人诉讼若干规定》的相关规定予以评判。根据《代表人诉讼若干规定》

第六条规定的精神,第一,人民法院在发出权利登记公告前具有对权利范围的先行审查权,即可以通过阅卷、调查、询问和听证等方式对被诉证券侵权行为的基本事实进行审查以确定权利人范围;第二,人民法院应以裁定的方式确定具有相同诉讼请求的权利人范围;第三,当事人对人民法院经先行审查裁定确定的权利人范围享有复议权。本案中,一审法院在发出权利登记公告前,通过听证方式对案涉虚假陈述实施日和揭露日等侵权行为基本事实先行审查,于法有据;一审听证期间当事人对本案虚假陈述实施日和揭露日均一致确认,一审法院根据听证审查的结果以裁定方式确定权利人范围,亦符合上述司法解释的规定;各方当事人对一审裁定确定的权利人范围均未申请复议,一审法院依据生效裁定发出权利登记公告,并在公告中明确载明了权利人范围为"自 2017 年 8 月 26 日(含)至 2018 年 4 月 12 日(含)期间以公开竞价方式买入、并于 2018 年 4 月 12 日闭市后当日仍持有飞乐音响股票,且与本案具有相同种类诉讼请求的投资者",即一审法院已经以公告方式对裁定书确定的案涉虚假陈述实施日和揭露日进行了通知。刘某某系在一审法院发出权利登记公告后加入本案代表人诉讼,其主张并不知晓案涉虚假陈述实施日已确定,显与事实不符。其次,认定结果方面。关于虚假陈述实施日的确定,应根据案件具体情况,结合当事人的陈述、信息披露的性质和内容、披露信息对证券市场造成的影响等因素予以综合考量认定。从刘某某加入代表人诉讼的行为来看,应认定为其对一审法院确定的虚假陈述实施日予以认可。从飞乐音响公司 2017 年 7 月 13 日发布的《2017 年半年度业绩预增公告》内容来看,该公告披露的业绩预增系预测性信息,相较于客观事实陈述,对预测性信息能否构成虚假陈述,应作更加严格、审慎的认定。从案涉《2017 年半年度业绩预增公告》发布后的市场反应情况来看,该公告发布之日起飞乐音响公司股价出现了连续三个交易日的下跌,与诱多型虚假陈述导致股价虚增的通常市场反应完全相悖。综合上述分析,飞乐音响公司于 2017 年 7 月 13 日发布的《2017 年半年度业绩预增公告》难以构成虚假记载或误导性陈述等虚假陈述行为。

关于争议焦点二,《虚假陈述案件若干规定》第十八条规定了应当认定存在因果关系的三项条件,即投资人所投资的是与虚假陈述直接关联的证券;投资人在虚假陈述实施日及以后,至揭露日或者更正日之前买入该证券;投资人在虚假陈述揭露日或者更正日及以后,因卖出该证券发生亏损,或者因持续持有该证券而产生亏损。即《虚假陈述案件若干规定》系采用"推定信赖"的原则,确定投资者投资行为与虚假陈述之间的因果关系存在与否,只要《虚假陈述案件若干规定》设定的有关基础事实得到证明,就可以推定该因果关系存在。根据一审法院调取并经各方确认的证券交易记录,本案投资者的投资行为均符合上述三项条件,应推定投资行为与虚假陈述之间存在因果关系。

关于争议焦点三,一审期间,因各方当事人对委托机构不能达成一致,一审法院通过随机抽取的方式确定损失核定机构,符合《代表人诉讼若干规定》第二十四条的规定,程序并无不当。关于具体核定方法,目前不同损失核定机构采用的计算方法确实存在一定差异,但均有其各自的考量因素和内在逻辑体系。一审法院采纳中证法律服务中心的损失核定方法亦无不当。

关于争议焦点四,本案系适用普通代表人诉讼程序进行审理,对于律师费的赔偿金额应结合代表人诉讼程序的特点予以综合考量认定。代表人诉讼涉及的人数众多、地域分布广泛、标的额较大,诉讼程序相对新颖、复杂,诉讼结果将对后续案件产生重大影响,故代表人委托的律师在代理过程中需要投入更多的精力,付出更高的成本。因此,一审判决在重点考量投资者人数、标的金额、案件难易程度、律师工作量等因素的基础上,参考本案诉讼规模,酌定飞乐音响公司应负担的律师费,并无不妥。而且,就本案涉及 315 名投资者及 1.2 亿余元诉讼标的额的实际情况而言,一审判决酌定的律师费标准远低于普通个案诉讼通常收费标准。

关于争议焦点五,一审法院系判决飞乐音响公司向代表人支付通知费和律师费,刘某某并非上述费用的义务主体或权利主体,其对此判决事项并无诉的利益,缺乏提起上诉的权限,故就刘某某提出的该项上诉请求,无需进行审查。刘某某主张诉讼代理人未尽职责,影响其诉讼权利的行使,此系诉讼当事人与代理人之间关于委托代理合同的纠纷,不属于本案审理范围,在本案中不予处理。

综上,一审判决认定事实清楚,适用法律正确,应予维持。依据《中华人民共和国民事诉讼法》第一百七十条第一款第一项、第一百七十五条之规定,二审判决:驳回上诉、维持原判。

点 评

本案作为全国首例采用普通代表人诉讼程序审理的证券虚假陈述纠纷案件,在立案受理、权利人范围审查、权利登记、代表人推选和案件审理的全流程都进行了全面实践。

在证券代表人诉讼制度落地实施前,投资者往往单独且分散,不仅维权成本高,且由于审判经验的缺乏及法官思维的差异,亦会存在不同法院裁判结论不统一的情况。代表人诉讼制度确立后,投资者通过权利登记即可加入诉讼,极大地提升了诉讼效率,节省司法资源,更为投资者维权提供便利,在一定程度上确保了裁判结果的统一,同时提升了司法判决的震慑力,对减少资本市场违法违规现象起到了积极作用。本案就因果关系的认定、代表人诉讼律师费的调整等问题给出明确意见,值得后续借鉴。

就因果关系的认定,根据最高人民法院《虚假陈述案件若干规定》,认定存在因果关系应具备三项条件,即投资人所投资的是与虚假陈述直接关联的证券;投资人在虚假陈述实施日及以后,至揭露日或者更正日之前买入该证券;投资人在虚假陈述揭露日或者更正日及以后,因卖出该证券发生亏损,或者因持续持有该证券而产生亏损。本案中,投资者的投资行为符合上述三项条件,法院认定应推定存在因果关系。虽然飞乐音响公司提交了相关产业"十三五"发展规划、股权交割公告等证据,证明投资者是基于政策性和经营性利好消息而买入股票,但两证据发布时间与虚假陈述对市场产生影响的时段存在重合,不能仅以此否定虚假陈述影响,而且消息公布后,飞乐音响公司的股价等没有明显变化,说明两项所谓利好消息并未对投资者决策造成实质影响。

就原告律师费请求的调整,根据最高人民法院《代表人诉讼若干规定》,代表人请求败诉的被告赔偿合理的公告费、通知费、律师费等费用的,法院应当予以支持。本案中,一审法院判决飞乐音响公司承担律师费损失,该公司认为酌定每人 3 000 元的标准过高,应予调减。被上诉人则辩称,诉讼代理人实际代表 315 位投资者参加诉讼,在立案、听证、证据交换、庭前会议等各个环节做了大量工作,花费了大量时间、精力对本案相关法律问题进行研究、论证,承担了大量的解释工作,一审判决确定的律师费标准实际偏低。二审法院审理后认为,律师费的赔偿金额,应结合代表人诉讼程序的特点予以综合考量认定。本案中,考虑到代表人诉讼涉及的人数众多、地域分布广泛、标的额较大,诉讼程序相对新颖、复杂,诉讼结果将对后续案件产生重大影响,代表人委托的律师在代理过程中需要投入更多的精力,付出更高的成本。故一审判决在重点考察案件难易程度、律师工作量等因素的基础上,参考本案诉讼规模,酌定按人均 3 000 元的标准确定飞乐音响公司应负担的律师费,并无不妥。此外,刘某某并非承担律师费用的义务主体,缺乏提起上诉的权限。况且,即便认为刘某某对涉及自身的律师费等存在对应关系,由于参加登记即视为对代表人特别授权,代表人代表全体投资者共同委托了诉讼代理人,现刘某某要求在律师费等中剔除涉及自己的部分费用,于法无据。这一认定值得借鉴。

案例提供单位:上海市高级人民法院

编写人:张明良

点评人:葛伟军

34. 高某某诉刘某某民间借贷纠纷案

——名为借贷实为场外配资导致借款协议无效

案　情

原告(上诉人)高某某

被告(被上诉人)刘某某

2017 年 9 月 1 日和 9 月 25 日,原、被告双方签订借款期限均为一年,金额分别为 5 000 万元、1.1 亿元的两份《借款协议》,约定:被告向原告借取上述资金后在原告及案外人的证券账户内进行证券交易,协议履行终止后,原告除收取本金及利息(月利率约 1.1%)外,不再参与其他利润分配,超过部分全归被告所有,亏损则由被告全部承担;根据账户内资金状况被告按比例存入保证金,并设置了平仓线,在账户金额低于平仓线金额的情况下,被告应在下一交易日开盘前追加保证金,逾期未能补足的,双方均可进行减仓或平仓操作。协议签订后,原告及案外人依约将 1.6 亿资金分别转入原告及案外人的证券交易资金账户,被告亦将保证金 4 417 万元转入上述证券交易资金账户。履行过程中,被告按月支付部分利息 1 570.2 万元并追加部分保证金 1 300 万元,因原告及案外人证券交易账户内发生巨额亏损,被告未及时另行追加保证金,至 2019 年 1 月 29 日,原告及案外人强行平仓、更换密码并在全部抛售股票后将资金从证券交易资金账户转入原告及案外人银行账户。

原告高某某诉称,被告尚欠原告借款本金 35 972 974.16 元及相应利息,故原告诉至法院,请求:1.判令被告归还借款 35 972 974.16 元;2.判令被告支付借款期间利息 10 936 484.83 元(截止至 2019 年 1 月 31 日);3.判令被告支付借款期间利息及逾期利息(以 35 972 974.16 元为基数,自 2019 年 2 月 1 日起至实际清偿之日止,按年利率 13.44% 计算)。

被告刘某某辩称,涉案《借款协议》的内容符合场外配资合同的特征,原、被告及案外人作为自然人,无权从事融资配资行为,故涉案《借款协议》无效,原告诉请应予驳回。

审　判

一审法院经审理后认为,涉案《借款协议》存在配资方按杠杆比例,将自有资金出借给融资方用于买卖股票,并固定收取或按盈利比例收取利息,融资方将买入的股票及保证金让与给配资方作担保,设定平仓线,配资方有权在资产市值达到平仓线后强行卖出股票以偿还本息的内容,符合场外配资合同的特征,故涉案《借款协议》名为借贷,实为场外配资。鉴于融资融券作为证券市场的主要交易方式和证券经营机构的核心业务,依法属于国家特许的金融业务,未经依法核准,任何单位和个人不得非法经营配资业务。所以,涉案《借款协议》违反法律强制性规定,损害社会公共利益,应为无效合同。《合同法》规定:合同无效或被撤销后,即因该合同取得的财产,应当予以返还;有过错的一方应当赔偿对方因此所受到的损失,双方都有过错的,应当各自承担相应的责任。本案原、被告双方应对故意违反法律强制性规定所产生的后果,各自承担自己的损失。涉案《借款协议》中约定的利息部分应属无效,被告已经支付的部分保证金及利息,应认定为返还本金。

综上,依照《中华人民共和国合同法》第五十二条第三、四项、第五十六条、第五十八条,《中华人民共和国证券法》第一百二十二条、第一百四十二条、第一百六十六条第一款,《最高人民法院关于适用〈中华人民共和国合同法〉若干问题的解释(一)》第十条,《证券公司监督管理条例》第二十八条规定,判决:一、被告刘某某返还原告高某某 9 580 208.26 元;二、原告高某某其余诉讼请求不予支持。

一审判决作出后,原告不服,提出上诉。因未缴纳上诉费被二审法院裁定按撤回上诉处理。一审判决已经生效。

点 评

本案涉及三个方面的问题。首先,双方当事人之间合同的法律属性,属于民间借贷合同还是场外配资合同。其次,场外配资合同是否因违反法律"强制性规定"而无效。最后,合同无效后产生的损失分担机制问题。

民间借贷合同不同于场外配资合同。民间借贷合同,是指自然人、法人和非法人组织之间进行资金融通的行为。场外配资业务,是指为一些 P2P 公司或者私募类配资公司利用互联网信息技术,搭建起游离于监管体系之外的融资业务平台,将资金融出方、资金融入方即用资人和券商营业部三方连接起来,配资公司利用计算机软件系统的二级分仓功能将其自有资金或者以较低成本融入的资金出借给用资人,赚取利息收入的行为。

场外配资作为一种民事法律行为,因其特殊的结构与操作方式,有着担保与融资的双重功能。实践中为降低投资准入门槛,存在以借贷合同为名,实则行场外配资之实的行为,与一般借贷合同不同的是,场外配资合同往往会约定一笔保证金,借款资金存入配资方提供的股票账户而非用资方的个人账户中进行证券交易。此外,当事人会在合同中对于股票投资的警戒或平仓规则进行约定。本案双方当事人以借贷为名签订合同,但融资方以股票与保证金为配资方作担保、设定平仓线等约定均与借贷关系不符,其实质上是场外配资合同。

不受监管的场外配资,盲目扩张了资本市场信用交易的规模,不利于资本市场交易秩序的维护,损害公共利益。融资融券行为作为证券市场的主要信用交易方式与证券经营机构的核心业务之一,根据《证券法》第一百二十条的禁止性规定,此类行为属于国家特许经营的金融业务,未经依法批准,任何单位和个人不得非法从事配资业务。

《最高人民法院关于印发〈全国法院民商事审判工作会议纪要〉的通知》(法〔2019〕254 号)第三十条明确指出,违反特许经营规定的,如场外配资合同,应认定为违反"效力性强制性规定"。因此,根据《民法典》第一百五十三条第一款和第五百零八条,场外配资合同是无效合同。

认定场外配资合同无效的前提下,损失如何分担问题,存在三种司法判决进路。若依照《民法典》合同无效后恢复原状,则可能存在变相鼓励融资方进行场外配资的投机行为,融资方产生损失时便否认合同效力取回保证金,存在道德风险及公平正义问题。若采合同无效但在效果上受合同条款约束的做法,即股票投资的收益或亏损由用资人自行承担[(2020)浙 0108 民初 96 号、(2020)浙 06 民终 1388 号],尽管实现了当事人间的公平,但与合同无效的结果相背离,缺乏法理依据,且变相鼓励了配资行为。本判决则认为尽管合同无效应当进行财产返还,但所受损失依照用资人与配资方的过错归责,配资方无非法利益请求权,融资方亦无损失分担请求权,体现了不得因非法行为而获利的理念,同时打击了融资方的投机行为,符合我国金融监管部门抑制场外配资的价值取向。

案例提供单位:上海市静安区人民法院

编写人:董　杰

点评人:葛伟杰

35. 沪东中华造船(集团)有限公司诉宋某光等船舶碰撞损害责任纠纷案

—— 涉军舰碰撞的法律适用

案 情

原告沪东中华造船(集团)有限公司

被告宋某光

被告利辛县长盛航运有限公司

被告宋某亮

2019 年 2 月 15 日,"皖利辛货 0688"轮沿黄浦江进口航行至原告所在地江面时,与系泊在浦西侧原告码头的某舰艇发生碰撞,造成该舰受损。杨浦海事局经调查后认为,涉案事故的原因为"皖利辛货 0688"轮舵失控,且在舵失控后,该轮未保持正规瞭望,应急处置不当,应对事故承担全部责任,被撞舰不承担责任。

"皖利辛货 0688"轮的船籍港为安徽亳州,登记的船舶所有人为被告宋某光,登记的光船承租人和船舶经营人为利辛县长盛航运有限公司(以下简称长盛公司)。2018 年 8 月 28 日,被告宋某光与被告宋某亮签署船舶买卖合同,约定"皖利辛货 0688"轮定价为 136.8 万元,宋某亮已支付 116.8 万元,尚欠尾款 20 万元。宋某亮承诺接船后一个月内付清余款,付清后办理转让船舶所有权的登记手续。宋某光、宋某亮确认"皖利辛货 0688"轮的船舶所有人、实际经营人为宋某亮,买卖合同签订后宋某光已将船舶实际交付给宋某亮。

事故发生时,"皖利辛货 0688"轮在船船员仅 2 名,少于船舶最低安全配员证书要求配备 3 名船员。被撞舰系原告沪东中华造船(集团)有限公司建造的军舰,事发时处于系泊试验状态。

原告沪东中华造船(集团)有限公司诉称,被告宋某光是"皖利辛货 0688"轮的所有人,事发时虽已将船舶转让给被告宋某亮,但该船所有权仍属于宋某光;涉案事故发生系因舵机保养不善、配员不足导致,被告长盛公司是船舶经营人,对船舶运营负有管理责任;宋某亮作为船舶实际经营人,事发时驾驶船舶,对事故负直接责任。三被告对事故发生起到共同作用,应连带赔偿原告损失。故诉至法院,请求判令:三被告连带赔偿原告经济损失及利息(按照中国人民银行同期同类贷款利率,自 2019 年 3 月 20 日起计算至判决生效之日止),并承担本案案件受理费和保全申请费。

被告宋某亮辩称,"皖利辛货 0688"轮的船舶所有人为其本人,因尚欠宋某光部分船款,双方暂未办理船舶所有权变更登记。认可杨浦海事局认定的全部责任,但对原告主张的损失金额不予认可。

被告宋某光辩称,其与宋某亮签订船舶买卖合同后,已将船舶交付宋某亮,只因宋某亮欠尾款 20 万元未付,尚未登记。既然宋某亮认可事故的责任认定且愿意承担责任,应由宋某亮承担全部责任。

被告长盛公司未发表答辩意见。

审 判

一审法院经审理后认为,本案系"皖利辛货 0688"轮撞击系泊的军舰而引起的侵权责任纠纷。《中华人民共和国海商法》(以下简称《海商法》)第三条第一款及第八章船舶碰撞第一百六十五条规定,本案不适用该法及相关司法解释有关船舶碰撞的规定,而应适用民法有关侵权责任的一般规定,由侵权人向被侵权人承担侵权责任。涉案事故因"皖利辛货 0688"轮舵失控,在失控后瞭望与应急处置不当所致。事故发生后,海事行政部门认定"皖利辛货 0688"轮应承担事故的全部责任。"皖利辛货 0688"轮事发时由宋某亮占用、使用并驾驶,故宋某亮系本案侵权人,应向涉案军舰的所有人,即本案原告承担侵权责任。事故中因该轮关键设备失灵、配员不足,致事故发生,长盛公司作为"皖利辛货 0688"轮登记的船舶经营人和光船承租人,负有对该轮进行安全营运和管理的义务,对此次事故亦具有过错,是本案侵权人,应与宋某亮承担连带责任。

事发前,宋某光、宋某亮已订立船舶买卖合同,且在宋某亮支付了大部分船款后,宋某光已将该船舶交付宋某亮实际占有、使用。依据《中华人民共和国物权法》第二十三条的规定,"皖利辛货 0688"轮的所有人应认定为宋某亮。事发时,"皖利辛货 0688"轮由宋某亮实际驾驶,无在案证据表明宋某光亦参与了该轮的驾驶、经营、管理或使用。宋某光对本案事故发生无过错,亦未实施侵权行为,不是本案侵权人。

对于维修费,宋某亮虽抗辩该费用过高,但未提供证据证明,应采纳第三方公估公司认定的修理费用金额。原告另主张带缆桩损失,但未提供证据证明,不予支持。侵权行为的赔偿范围应以原告修理费用的市价为限,原告利息请求缺乏事实和法律依据,不予支持。

依照《中华人民共和国民法总则》第一百二十条,《中华人民共和国侵权责任法》第六条第一款、第八条、第十九条以及《中华人民共和国民事诉讼法》第六十四条第一款、第一百四十四条之规定,判决:一、被告宋某亮、被告利辛县长盛航运有限公司于判决生效之日起十日内连带赔偿原告沪东中华造船(集团)有限公司经济损失;二、对原告沪东中华造船(集团)有限公司的其他诉讼请求不予支持。

一审宣判后,原、被告均未上诉,一审判决已生效。

点 评

本案系"皖利辛货 0688"轮撞击系泊的军舰而引起的侵权责任纠纷。

首先,本案一方为军事舰艇,根据《海商法》第三条第一款及第八章船舶碰撞第一百六十五条规定,本案不适用该法及相关司法解释有关船舶碰撞的规定,而应适用民法有关侵权责任的一般规定,由侵权人向被侵权人承担侵权责任。其次,民用船舶与军用船舶碰撞的责任比例并不排除避碰规则等技术性规范的适用。本案中军事船舶碰撞民事纠纷在判定过错比例上与一般船舶碰撞并不应有所不同,仍应适用有关船舶避碰的技术性规范。再次,本案在审理过程中确定碰撞方的责任及责任的具体比例,参照运用了海商法及其相关司法解释。

本案审理涉军事船舶碰撞责任纠纷适用侵权责任法体现了灵活和公平的原则。不仅考虑了涉军事船舶碰撞的特殊性,又综合运用了普通船舶碰撞的裁判技术性规范,采取多样化的方式灵活平等保护涉军事船舶碰撞案件当事人的合法权益。本案对涉军事船舶的碰撞适用侵权责任法的裁判规则具有重要的指导意义,有助于该类纠纷的公平、妥善解决。

案例提供单位:上海海事法院

编写人:林 焱

点评人:王国华

36. 交银金融租赁有限责任公司诉中华联合财产保险股份有限公司内蒙古分公司财产保险合同纠纷案

——融资性信用保险合同纠纷之裁判路径

案 情

原告(被上诉人)交银金融租赁有限责任公司

被告(上诉人)中华联合财产保险股份有限公司内蒙古分公司

原告交银金融租赁有限责任公司(以下简称交银金租)(乙方)、被告中华联合财产保险股份有限公司内蒙古分公司(以下简称中华财险)(甲方)、案外人上海汇百资产管理有限公司(以下简称汇百公司)(丙方)先后签署《上牌车辆融资租赁信用保险合作协议》(以下简称《合作协议》)及三份《补充协议》,约定:(1)中华财险为承租人的租赁履约行为提供以交银金租为被保险人的租赁信用保险,汇百公司接受甲乙双方的委托就租赁业务提供真实性审核服务。(2)丙方向甲乙双方分别提供丙方确认的承租人具有真实性的书面文件;如保险赔付过程发现真实性问题的,甲方仍应完成赔付工作向乙方支付理赔款,理赔完成后有权向丙方追偿;丙方确认的文件、交易若出现真实性问题,甲方不得认定乙方存在重大过失。(3)承租人首付款:支付比例原则上不低于租赁物购买款的20%。(4)信用险合同中甲乙双方履行依据为租赁信用保险条款、保险单、投保单和本协议有关约定……保险条款、保险单、投保单和本协议约定有冲突的,以本协议为准。

协议附件《融资租赁信用险业务操作流程》约定:(1)经销商向原告推荐承租人,经销商将审核通过的承租人名单通知原告,原告在征信系统中完成征信审核,将结果反馈管理人。(2)管理人初审,管理人审核提供融资租赁合同资料,包括划扣授权协议书原件、租赁物交付验收单原件、首期款到账确认书原件(首期款收取方出具)、融资租赁合同原件、产品买卖合同原件、抵押合同(如有)原件、授权委托书原件(如有)、面签照片或面签视频(管理人出具)、第三方担保合同(如有)。(3)管理人初审结束后,将通过的承租人名单及相关资料交由被告再审,被告根据自身的内控要求进行独立审核后,将拟同意承保的承租人名单及资料交由原告复审,并向原告出具保险单。(4)原告获得保单信息后,根据内控要求进行审核,通过后对符合要求的承租人进行投放。……(7)自承租人逾期满 60 天,原告将《索赔申请书》等寄送至被告。

《补充协议》约定,乙方有义务在承租人逾期后第 10 个自然日要求担保经销商履行担保垫付义务,乙方该项义务的履行不影响保险理赔。

2017 年 4 月左右,交银金租(出租人)与案外人崔某某(承租人)签订《融资租赁合同》,出租人根据承租人对租赁物和出卖人的选定,向案外人银巢公司(经销商)购买车辆,再将车辆出租给承租人使用,承租人应向出租人支付首期款(首付租金、保证金);如承租人直接向经销商支付上述款项,该部分款项视为出租人向经销商支付货款的一部分,出租人有权向经销商支付扣除首期款后的剩余价款作为设备价款。后,银巢公司出具《经销商确认函》,确认全额收到承租人的首期款,并为承租人债务承担连带保证责任。交银金租遂向经销商卖方支付剩余价款。承租人在租赁要素表中签字确认收到租赁物,租赁物状况无异议。租赁物系牵引车、挂车,因运营需要,登记于案外人千秋公司(挂靠公司)名下,并办理抵押登记,抵押权人为交银金租。承租人支付第 1—3 租金,自 2017 年 8 月第 4 期租金期,由经销商代付 4—6 期租金及第 7 期部分租金。

2017 年 1 月 19 日,交银金租(投保人、被保险人)为上述融资租赁业务向中华财险投保租赁信用保险,投保单列明:承租人为崔某某,及融资租赁合同编号等。特别约定栏载明:"7.上牌的机动车车辆登记证上记载的所有权人为承租人,在承租人提供挂靠协议的情形下,车辆登记证上记载的所有权人为挂靠单位,此类记载不影响当事各方确认被保险人为实际的所有权人,且不会对保险人承担保险责任产生影响。"保险条款约定:"第四条第(五)款,被保险人及其代表的故意、纵容、授意或重大过失行为或被保险人雇员的故意行为造成的损失,保险人不负责赔偿。第十三条第(二)款,被保险人承诺始终以谨慎、负责的态度维护其与《租赁合同》相关的权益,采取所有合理努力维护和维持《租赁合同》的正常执行,不因本保险合同的存在而放弃应有的审慎或怠于行使权利。被保险人未遵守上述约定而导致保险事故的,保险人不承担赔偿责任;被保险人未遵守上述约定而导致损失扩大的,保险人对扩大部分的损失不承担赔偿责任。第十四条,在保险期间内,如被保险人发现保险标的的危险程度显著增加的情况或者发生足以影响保险人决定是否继续承保或是否增加保险费的保险合同重要事项变更,被保险人应在五个工作日内书面通知保险人,保险人有权要求增加保险费或者解除保险合同。被保险人未履行通知义务,因上述保险合同重要事项变更而导致保险事故发生的,保险人不承担赔偿责任。"

2018 年 3 月 29 日,因承租人崔某某欠付租金,原告交银金租向被告中华财险申请理赔 919 352.31 元。中华财险于次日出具《保险责任核定通知书》确认赔偿金额为 807 150.81 元,将于本通知书出具之日起 365 日内支付。

2018 年 4 月 4 日,原告交银金租向被告中华财险出具《债权转让通知书》,将涉案保单所对应的融资租赁合同项下债权转让给被告。被告向原告出具《诉讼委托书》,载明:鉴于承租人通过融资租赁方式租赁交银金租的车辆,现承租人违约,交银金租已向中华联合保险公司申请保险理赔,中华联合保险公司已确认理赔金额。因中华联合保险公司尚未向交银金租支付所有应付理赔款,为配合协助中华联合保险公司向违约承租人进行追偿,中华联合保险公司委托交银金租以自己的名义对承租人提起诉讼……中华联合保险公司承诺无论诉讼进展及结果如何,中华联合保险公司均应按照《保险责任核定通知书》的约定承担保险责任支付所有应付的理赔款项。

2018 年 11 月,原告交银金租针对涉案《融资租赁合同》提起诉讼。法院生效判决判令崔某某向交银金租支付全部未付租金 848 067.35 元、留购价款及逾期罚息、律师费损失;银巢公司、李某某、千秋公司、刘某海、刘某对崔某某还款义务承担连带保证责任,等。后原告申请强制执行,法院于 2020 年 5 月 14 日出具《执行裁定书》,以被执行人名下暂无财产可供执行,申请执行人也未能提供可供执行的财产线索为由,终结执行程序。

原告交银金租诉称,承租人拖欠租金,交银金租申请理赔,中华财险于 2018 年 3 月 30 日出具《保险责任核定通知书》,确认理赔款项为 807 150.81 元,应于 365 日内赔付。后中华财险委托交银金租向承租人等通过诉讼进行追偿,交银金租依约提起诉讼,法院出具相应民事判决书。因中华财险未予赔付,交银金租遂起诉,请求判令:被告向原告支付理赔款 807 150.81 元。

被告中华财险辩称,第一,其基于对交银金租的充分信赖,仅对索赔材料进行了书面审查,未对融资租赁业务进行调查,出具《保险责任核定通知书》,后续发现存在免赔事由,《保险责任核定通知书》与事实不符,不应赔付。第二,交银金租作为专业的金融公司和融资方,是控制融资租赁业务风险的责任主体,原告未履行审慎经营义务、保险合同义务,中华财险有权拒赔。(1)交银金租在承租人未足额支付首付款情形下即放款租车,未履行融资租赁审慎经营义务以及维护保险标的安全义务,造成承租人的还款能力不足,最终导致承租人不能按时足额还款的风险显著增大。(2)承租人逾期后,交银金租未及时通知保险人,未履行保险标的危险程度显著增加的通知义务,造成扩大损失。(3)交银金租将车辆登记在第三方挂靠公司名下,造成融资租赁丧失融物属性,导致融资租赁风险增加。第三,即使赔付,按照合同约定的保险责任范围,理赔金额应为 793 884.41 元,而非保险责任核定通知书载明的金额。

审　判

一审法院经审理后认为,本案争议焦点如下:

一、关于《保险责任核定通知书》的效力

被告中华财险称其未就融资租赁业务实际审核即出具核定通知,有违保险人之理性、审慎,其以此否定《保险责任核定通知书》,不予采信。然而,考虑保险之原理和属性,保险人之理赔并不仅仅关乎风险个体,还关乎危险共同体之利益,故法院仍予以审查,若经审查,《保险责任核定通知书》结论并不存在不属于保险责任等重大错误的,则中华财险自行出具的《保险责任核定通知书》理应对其具有拘束力,应照此履行赔付义务。

二、中华财险是否可依据保险条款第四条第(五)款、第十三条第(二)项拒赔

被告中华财险认为,原告交银金租违反审慎经营义务、维护保险标的安全义务,属于条款约定的"被保险人及其代表的故意、纵容或重大过失行为"和"放弃应有的审慎或怠于行使权利",具体表现在:(1)承租人未足额支付首付,原告将收取首付款这类对于控制融资租赁风险至关重要的权利和义务委托给经销商行使,也未对经销商的收取行为进行监督。(2)原告将车辆登记在挂靠公司名下,造成融资租赁丧失融物属性,导致融资租赁风险增加。

(一)关于首付款问题

第一,原、被告双方基于大批量租赁信用保险业务共同制定《合作协议》及业务流程,应当认为各方均持审慎态度。首付款的支付确为评估承租人履约能力的重要依据,但原告取得首期款到账确认书原件(本案中即《经销商确认函》)符合业务流程的约定,即使将原告未进一步核实首付款是否实际由承租人本人足额支付视为审查上的欠缺,原告同时要求经销商对承租人承担连带保证责任,为承租人履约提供一定的保障的情形下,也不足以认定原告存在重大过失,亦不构成被告减免责任的事由。第二,双方系共同委托管理人汇百公司对租赁业务的真实性予以审核;汇百公司初审时应当提供首期款到账确认书原件、融资租赁合同原件、产品买卖合同原件等材料;之后被告审,向原告出具保单;原告复审,再对承租人投放。被告在承保之前,即已获取经销商、承租人的联系方式、地址等,《经销商确认函》也明确系经销商代为收取首付款,被告应已知晓。若被告认为应当进一步审核首付款的实际支付情况以控制风险,则其也有条件、有能力向承租人、经销商核实。被告在订立合同时知道或者应当知道风险的,仍予以承保,后又以该风险拒赔,法院难以支持。第三,被告作为保险人,对保险标的即承租人履约风险负有独立的审查义务。业务流程系双方共同制定,被告对该流程中关于首付款的审核未曾提出异议或进一步审核的意见,现被告在弱化自身审查义务同时,以原告在首付款审核时存在过错为由,要求减免保险责任,法院不予采信。

（二）关于租赁车辆登记问题

第一,保单特别约定已明确,车辆登记在承租人或挂靠公司名下,不影响保险人承担保险责任。被告承保时已知晓此类业务登记模式,完全有条件、有能力也应当对其风险进行评估,如果认为有重大影响,可以向原告提出异议、增加保费甚至拒绝承保,现被告同意承保后又以此提出抗辩,法院实难采信。第二,融资租赁业务模式下,此类记载不影响当事人各方确认原告为实际的所有权人,并不影响融物属性。

三、被告可否以原告未履行保险标的危险程度显著增加的通知义务为由拒赔

被告认为,未足额收取首期款项及他人代付租金增加承租人不履约的风险。根据保险条款第十四条,原告未履行通知义务,因上述保险合同重要事项变更而导致保险事故发生的,保险人不承担赔偿责任。对此,第一,针对未足额收取首期款项。根据保险条款第十四条,危险程度显著增加应当指发生在保险期间的相关情形。如前所述,是否足额收取首期款项发生于被告承保之前,不属于该条款适用范围。第二,针对他人代付租金增加承租人不履约的风险。租赁信用险的保险标的本就是承租人的履约风险,承租人不按期支付租金的风险,不仅仅是订立保险合同时可预见的风险,其本身就是被告承保范围。根据《最高人民法院关于适用〈中华人民共和国保险法〉若干问题的解释(四)》第四条规定,增加的危险属于保险合同订立时保险人预见或者应当预见的保险合同承保范围的,不构成危险程度显著增加。再者,即使系他人代付,也并非导致承租人不履约的原因,反而是承租人不履约在前,他人代付在后,且他人代付对债权人而言是保障而非风险。故对被告的该项抗辩不予采信。

综上,根据《中华人民共和国保险法》第二条、第二十三条第一款、第五十二条,《最高人民法院关于适用〈中华人民共和国保险法〉若干问题的解释(四)》第四条第二款,《最高人民法院关于适用〈中华人民共和国民事诉讼法〉的解释》第九十条之规定,判决:中华财险赔偿交银金租保险理赔款 807 150.81 元。

一审判决作出后,被告中华财险不服,提起上诉。

二审法院查明事实与一审一致。

二审法院经审理后认为,一审判决认定事实清楚,适用法律正确,应予维持。依照《中华人民共和国民事诉讼法》第一百七十条第一款第一项之规定,判决:驳回上诉、维持原判。

点 评

本案系融资租赁信用保险纠纷,审判难点在于融资租赁信用保险合同的特点、如何判断融资租赁信用保险合同与合作协议的关系及保险公司的资信审查义务等。

首先,关于融资租赁信用保险合同的特点。鉴于出租人对租赁标的的所有权与对租赁标的占有状态长期分离的情况以及融资租赁法律结构的复杂性,融资租赁的风险具有广泛性和多样性的特点,首要风险即为承租人的信用风险,因此,出租人往往会选择投保融资租赁信用保险的方式将信用风险分散至保险公司,以提升出租人的风险保障能力。例如本案中,交银金租即为案涉融资租赁业务向中华财险投保了融资租赁信用保险。然而,信用保险在保障出租人按时收回租金的同时,存在保险公司不承担保险责任的风险,主要包括人为风险和自然风险。人为风险主要为非被保险人原因导致的行政行为或司法行为;自然风险主要为洪水、台风、地震、海啸及其他不可抗力的自然灾害等。

其次,关于融资租赁信用保险合同与合作协议的关系。本案中,原告交银金租与被告中华财险就能否依据《合作协议》认定双方保险相关的权利义务产生了争议。法院在分析融资租赁信用保险合同与合作协议的关系时应结合两种合同中约定的具体内容来判断,合作协议中与保险合同法律关系相关的约定,法院亦可以作为裁判依据。根据《保险法》第十三条第二款,保险单或者其他保险凭证应当载明当事人双方约定的合同内容,当事人也可以约定采用其他书面形式载明合同内容;《融资性信保业务保前管理操作指引》第二十七条,保险公司总公司要制定统一的合作协议要素模板,明确双方权利义务,确保分工清晰、责任明确,故保险公司应在合作协议中明确双方权利义务,法院亦可以依此裁判。

最后,关于保险公司的资信审查义务。本案中被告保险公司以原告投保人"违反审慎经营义务"属于免责事项为由抗辩其不应承担保险赔偿责任,但保险公司的资信审查义务不能简单通过意思自治原则等方式进行免除。根据《信用保险和保证保险业务监管办法》第十五条,保险公司应当对融资性信保业务履约义务人的资产真实性、交易真实性、偿债能力、信用记录等进行审慎调查和密切跟踪,防止虚假欺诈行为。保险公司不得将融资性信保业务风险审核和风险监控等核心业务环节外包给合作机构,不得因合作机构提供风险反制措施而放松风险管控,据此,保险公司在从事融资性信保业务时应当独立进行审慎调查,不能约定免除其审查义务。

本案的意义在于,在目前我国信用保险立法缺位且司法审判实践较少的情况下,本裁判为融资性信用保险合同纠纷的裁判提供了示范性思路。法院通过厘清信用保险交易结构中各项法律关系,合理认定"合作协议"与保险合同的关系,明确信用保险纠纷的审判依据,合理分配资方与保险人的资信审查义务,进而合理认定保险赔付责任。

案例提供单位:上海市浦东新区人民法院

编写人:徐秋子

点评人:葛伟军

37. 李某等诉中安科股份有限公司等证券虚假陈述民事责任纠纷案

——证券虚假陈述中证券服务机构的责任界定

案 情

原告(被上诉人)李某某

原告(被上诉人)周某某

被告中安科股份有限公司

被告中安消技术有限公司

被告(上诉人)招商证券股份有限公司

被告(上诉人)瑞华会计师事务所(特殊普通合伙)

被告广东华商律师事务所

被告中安科股份有限公司(以下简称中安科公司)系在上海证券交易所上市的公司。中安科公司原名上海飞乐股份有限公司,于 2015 年 3 月 24 日变更为中安消股份有限公司,2018 年 5 月 23 日变更名称为中安科股份有限公司。

2014 年,中安科公司实施重大资产重组,通过向深圳市中恒汇志投资有限公司(以下简称中恒汇志公司)非公开发行股份的方式购买中恒汇志公司持有的被告中安消技术有限公司(以下简称中安消技术公司)100% 股权。

2014 年 4 月 25 日,被告瑞华会计师事务所(特殊普通合伙)(以下简称瑞华事务所)出具瑞华专审字[2014]48340003 号审计报告,对中安消技术公司及其子公司的财务报表进行了审计。同日,瑞华事务所出具编号为瑞华核字[2014]48340008 号《中安消技术有限公司盈利预测审核报告》,对中安消技术公司作出的盈利预测进行了审核。

2014 年 6 月 10 日,被告招商证券股份有限公司(以下简称招商证券公司)出具《关于上海飞乐股份有限公司重大资产出售、发行股份购买资产并募集配套资金暨关联交易之独立财务顾问报告》。该报告中,招商证券公司承诺其已按照法律、行政法规和证监会的规定履行了尽职调查义务,有理由确信重组报告书符合法律、法规和证监会及上海证券交易所的相关规定,所披露的信息真实、准确、完整,不存在虚假记载、误导性陈述或者重大遗漏。

2014 年 6 月 10 日,被告广东华商律师事务所(以下简称华商律师事务所)出具《关于上海飞乐股份有限公司重大资产出售、发行股份购买资产并募集配套资金暨关联交易之法律意见书》。

2019 年 5 月 31 日,中安科公司发布关于收到证监会《行政处罚决定书》《市场禁入决定书》的公告。证监会在处罚决定书中认定:(1)2013 年 11 月,中安消技术公司与黔西南州政府签订《黔西南教育信息化工程项目建设战略合作框架协议》,项目总金额 4.5 亿元。据此,中安消技术公司出具了《关于"班班通"项目业绩预测情况说明》和《盈利预测报告》。2014 年 4 月至 12 月,黔西南州下辖 9 个县(市、区)中 5 个启动了"班班通"项目招标,中安消技术公司参与 2 个项目投标且均未中标。中安消技术公司在实际未中标任何县(市、区)工程(样板工程除外),知悉《框架协议》仅为合作框架协议、难以继续履行,原提供的《盈利预测报告》不真实、不准确的情况下,未及时重新编制并提供《盈利预测报告》,导致评估结论严重失实,置入资产评估值严重虚增。(2)2013 年年底,中安消技术公司与包头市石拐区政府签订了《包头市石拐区"智慧石拐"一期项目合同书》。2013 年 12 月底,"智慧石拐"项目尚未招标,相关合同总收入不能够可靠估计,中安消技术公司在不符合收入确认条件情况下按完工百分比法确认该项目收入,导致 2013 年度营业收入虚增 5 000 万元,2013 年度经审计的财务报告存在虚假记载。(3)中安消技术公司 2013 年对《曲阜市视频监控及数字化城管建设工程及采购合同书》等 4 个 BT 项目累计确认 7 155 万元营业收入,同时确认 7 155 万元长期应收款。经测算,2013 年应收对价的公允价值应当为扣除利息费用后的余额,其与合同金额百分比差的累积影响数为 515 万元,即 2013 年虚增营业收入 515 万元,2013 年度经审计的财务报告存在虚假记载。证监会认定上述行为构成证券虚假陈述,行政处罚对象包括中安科公司、中安消技术公司、中恒汇志公司及相关责任人员等。

本案审理过程中,根据中安科公司的申请,法院委托上海交通大学中国金融研究院对投资者因虚假陈述导致的投资差额损失进行核定。

原告李某某等诉称,原告在虚假陈述行为实施日至揭露日期间买入中安科股票,后由于被告中安科公司虚假陈述行为被揭露致股价大跌而产生巨额经济损失;被告中安消技术公司与被告中安科公司共同实施了虚假陈述行为,构成共同侵权;其他各方被告分别作为证券上市推荐人等证券服务机构,其行为也构成法律意义上的虚假陈述,应承担连带赔偿责任。故诉至法院,请求判令五被告连带赔偿各项经济损失(含投资差额损失、佣金损失、印花税损失、利息损失等)。庭审中,李某某等放弃有关佣金及利息损失的诉讼请求,并同时明确印花税损失按照投资差额损失的千分之一计算。

被告中安科公司辩称,本案必须以行政诉讼的审理结果为依据,本案应中止审理;本案的虚假陈述揭露日应为 2016 年 2 月 25 日;原告主张的投资损失和被告中安科公司虚假陈述之间不存在因果关系;关于佣金损失应按照实际的佣金比例来计算。

被告中安消技术公司辩称,同意中安科公司答辩意见。

被告瑞华事务所辩称,其没有受到证监会的行政处罚,原告对其起诉不符合根据《最高人民法院关于审理证券市场因虚假陈述引发的民事赔偿案件的若干规定》(以下简称《若干规定》)规定的前置程序,其不应承担连带赔偿责任。

被告招商证券公司辩称,同意被告瑞华事务所答辩意见,招商证券公司已尽到勤勉之责,请求驳回原告对被告招商证券公司的起诉。

被告华商律师事务所辩称,同意被告瑞华事务所答辩意见,证监会所认定的被告中安科公司的违法事项与其无关。原告主张的投资损失金额中应扣除证券市场系统风险因素和其自身决策导致的损失部分。原告关于投资损失计算方法有误,应采取移动加权平均法进行计算。请求驳回原告的诉讼请求。

审 判

一审法院经审理后认为,本案虚假陈述揭露日为 2016 年 12 月 24 日。被告中安科公司虚增置入资产评估值、虚增营业收入的行为自 2014 年持续至 2016 年,可以推定在此期间原告投资者基于对被告中安科公司发布的相关重大资产重组文件的信赖而买入中安科股票,原告在实施日至揭露日期间买入并一直持有中安科股票的投资行为与虚假陈述行为之间存在交易因果关系。《损失核定意见书》中对于其他因素的影响程度及相应扣除金额所采用的计算方式及核定方法较为科学合理,应予采纳。被告中安消技术公司提供的盈利预测和营业收入信息存在误导性陈述、虚假记载,故其作为信息披露义务人理应就其虚假陈述行为向原告投资者承担连带赔偿责任。被告招商证券公司、瑞华事务所作为证券专业中介服务机构未尽勤勉之责,为被告中安科公司虚假信息的公布提供方便之门,且该两方被告亦未能提供证据证明其不存在过错,应对被告中安科公司的赔偿责任承担连带责任。综上,依照《中华人民共和国证券法》第六十三条、第一百七十三条、第一百九十三条第一款,《最高人民法院关于审理证券市场因虚假陈述引发的民事赔偿案件的若干规定》第七条第七项、第十七条、第十八条、第十九条、第二十条、第二十七条、第三十条、第三十一条、第三十二条、第三十三条之规定,判决:一、被告中安科股份有限公司应于判决生效之日起十日内向原告周某某支付投资差额损失 155 538.88元,佣金和印花税损失 233.31 元;二、被告中安科股份有限公司应于判决生效之日起十日内向原告李某某支付投资差额损失 72 189 元,印花税损失 72.19 元;三、被告中安消技术有限公司、招商证券股份有限公司、瑞华会计师事务所(特殊普通合伙)对被告中安科股份有限公司上述第一、二项付款义务承担连带责任;四、驳回原告的其余诉讼请求。

一审判决作出后,被告招商证券公司和被告瑞华事务所不服,提起上诉。

二审法院经审理后认为,本案在二审阶段主要争议焦点是:(1)招商证券公司和瑞华事务所承担虚假陈述民事赔偿责任是否以受到行政处罚或刑事判决为前提;(2)招商证券公司和瑞华会计师事务所作为证券服务机构,在案涉重大资产重组中是否勤勉尽责;(3)如果其未勤勉尽责,应如何确定其应当承担的赔偿责任范围。

关于争议焦点一,行政处罚决定系法院受理案件的依据,而非确定诉讼被告的依据,故法律并不要求对责任主体均受到行政处罚后才能被列为被告。本案中,投资者已经提交中安科公司受到行政处罚的决定书,且其主张招商证券公司、瑞华事务所等承担连带赔偿责任,故招商证券公司、瑞华事务所以缺乏前置程序为由提出其不应承担责任的抗辩,依法不能成立。

关于争议焦点二,证券服务机构是否勤勉尽责,应视其是否按照相关法律、行政法规、部门规章和行业执业规范等,对所依据的文件资料内容进行核查和验证。

关于招商证券公司是否勤勉尽责,根据《上市公司重大资产重组管理办法》《上市公司并购重组财务顾问业务管理办法》等规定,独立财务顾问需对重组活动作审慎尽职调查,对上市公司申报文件的真实性、准确性、完整性进行充分核验。独立财务顾问出具的意见中采用其他证券服务机构或者人员的专业意见的,仍然应当予以审慎核查,并对利用其他证券服务机构或者人员的专业意见所形成的结论负责。就案涉"班班通"项目,招商证券公司如果采取一定的调查手段,例如函询、访谈、现场走访、查询公开招投标信息等方式,应可发现中安消技术公司在已经启动的项目中并未中标的事实。招商证券公司出具《独立财务顾问报告》时,除了获取中安消技术公司提供的框架协议和当地有关政策性文件之外,并无充分证据表明对该重点项目的实际进展情况予以审慎核查。此外,招商证券公司知悉"班班通"项目的真实情况后,应对之前的评估值以及交易定价的合理性和公允性提出质疑,但其在后续更新的财务顾问报告中,仍然认可了之前的收益、预测数据和评估值,未及时采取有效行为。因此,招商证券公司出具《独立财务顾问报告》过程中,未充分尽到勤勉尽责义务。

关于瑞华事务所是否勤勉尽责,案涉"智慧石拐"项目中,瑞华事务所向石拐区人民政府发送落款时间为 2014 年 1 月 24 日的《企业询证函》,但该函件未显示对方的任何回复或确认内容,但瑞华事务所制作的复核日期同样为 2014 年 1 月 24 日的《应收账款函证回函结果明细表》记载该项目已收回函证且确认销售金额 5 000 万元。就该审计工作底稿中如何列示"回函确认销售金额",瑞华事务所未给予合理解释。此外,瑞华事务所未提供证据证明其实施了必要审计程序,对"智慧石拐"项目的实际开工情况、施工进展、完工进度等缺乏应有的关注以及必要的数据复核。据此,瑞华事务所在出具案涉审计报告过程中,存在未勤勉尽责的情形。

关于争议焦点三,关于证券服务机构对投资者损失承担赔偿责任的形式,《证券法》第一百六十一条规定了专业机构和人员应就其负有责任的部分承担连带责任,《若干规定》第二十四条也据此对专业中介服务机构及其直接责任人虚假陈述承担相应部分赔偿责任予以进一步明确。尽管在 2005 年修改后的《证券法》中不再区分证券服务机构故意或过失等情况,但从上述法律规定来看,连带赔偿责任并非仅限于全额连带赔偿,部分连带赔偿责任仍是法律所认可的一种责任形式。此外,2007 年《最高人民法院关于审理涉及会计师事务所在审计业务活动民事侵权赔偿案件的若干规定》第五条、第六条对会计师事务所审计业务中故意和过失侵权造成利害关系人的赔偿责任作出了不同规定。因此,证券服务机构的注意义务和应负责任范围,应限于各自的工作范围和专业领域,其制作、出具的文件有虚假记载、误导性陈述或者重大遗漏,应当按照证券法及相关司法解释的规定,考量其过错程度、造成投资者损失的原因力等因素,分别确定其应当承担的法律责任。

关于招商证券公司的赔偿责任范围,从其虚假陈述的内容来看,主要涉及"班班通"项目,而"智慧石拐"项目和"BT"项目主要涉及收入确认等财务会计、审计问题,并非招商证券公司作为独立财务顾问的专业范围。从主观过错程度来看,中安科公司系案涉交易信息的直接披露者,中安消技术公司系案涉交易的信息提供者,与中安科公司和中安消技术公司相比,招商证券公司的过错程度相对较轻。从原因力的角度而言,案涉"班班通"项目构成相关评估和交易定价的重要基础,对中安科股票价格和投资者交易决策造成一定影响。综合考量以上因素,结合独立财务顾问在上市公司重大资产重组中的地位和作用,酌定招商证券公司在 25% 的范围内对中安科公司的证券虚假陈述民事责任承担连带赔偿责任。

关于瑞华事务所的赔偿责任范围,从其虚假陈述行为内容来看,主要涉及"智慧石拐"项目的收入确认问题。从其主观过错程度来看,本案中没有证据显示瑞华事务所与中安科公司、中安消技术公司存在虚假陈述的共同故意或明知相关材料虚假。从对投资者的决策影响看,"智慧石拐"项目收入确认对于盈利预测及评估和交易定价也产生一定影响,但其影响相较"班班通"项目为小。据此,酌定瑞华事务所在 15% 的范围内对中安科公司的证券虚假陈述民事责任承担连带赔偿责任。

综上,一审法院认定事实基本清楚,但对于两上诉人的责任认定有所不当,依法予以改判。依照《中华人民共和国证券法》第六十三条、第一百七十三条、第一百九十三条第一款,《最高人民法院关于审理证券市场因虚假陈述引发的民事赔偿案件的若干规定》第七条第七项、第十七条、第十八条、第十九条、第二十条、第二十七条、第三十条、第三十一条、第三十二条、第三十三条,《中华人民共和国民事诉讼法》第一百七十条第一款第二项规定,判决:一、维持一审判决第一项、第二项;二、撤销一审判决第三项、第四项;三、中安消技术有限公司对中安科股份有限公司在一审判决第一项、第二项中的付款义务承担连带责任;四、招商证券股份有限公司对中安科股份有限公司在一审判决第一项、第二项中的付款义务在 25% 的范围内承担连带责任;五、瑞华会计师事务所(特殊普通合伙)对中安科股份有限公司在一审判决第一项、第二项中的付款义务在 15% 的范围内承担连带责任;六、驳回周某某、李某某的其余诉讼请求。

点 评

本案作为我国证券虚假陈述责任纠纷领域的典型案例和标志性案例,一定程度上引领了司法实践的发展及法律规则的变革。本案涉及两个问题,即证券中介服务机构的比例连带责任形式和前置程序的放宽,且均有突破与创新,为理论界与实务界对此类案件的思考和判断提供了有益的借鉴。

其一,关于前置程序限制。根据 2003 年最高人民法院《关于审理证券市场因虚假陈述引发的民事赔偿案件的若干规定》(以下简称旧规)第六条,投资人对虚假陈述行为人提起的民事赔偿诉讼,需同时提交有关机关的行政处罚决定或者人民法院的刑事裁判文书,法院才予以受理。旧规颁布时,我国证券市场尚处于发展初期,为解决原告举证困难、司法审判经验不足等现实问题,同时防范滥诉,前置程序确有其存在的必要性。

随着我国资本市场的发展,虚假陈述诉讼案件数量在 2013 年后呈几何式增长趋势,人民法院对证券诉讼的审判经验日益丰富。前置程序限制了投资者的诉讼权利,不利于充分发挥证券诉讼对证券市场的净化功能,要求取消前置程序的呼声也愈发强烈。对此,2020 年 7 月 15 日,最高人民法院《全国法院审理债券纠纷案件座谈会纪要》作出回应,该纪要第九条规定,债券虚假陈述案件被告以没有行政处罚或者生效刑事裁判文书认定为由请求不予受理或者驳回起诉,法院不予支持。在准确把握前述变革趋势的基础上,本案对于前置程序与诉讼之间的关系作了更加开放的表述。本案一审判决认为,由于行政处罚系法院受理案件的依据,而非确定诉讼被告的依据,故法律并不要求对只有受到行政处罚的主体才能列为被告。二审判决对此观点予以认可。可见,本案判决的观点可以归纳为,多数人侵权模式下的股票虚假陈述责任纠纷中只要有一个被告受到行政处罚或刑事判决,那么相关案件就应认定为满足前置程序,法院不应驳回投资者对其他被告的起诉,而应对其他被告的责任构成及承担问题进行实体审理。

2022 年 1 月 21 日,最高人民法院发布《关于审理证券市场虚假陈述侵权民事赔偿案件的若干规定》(以下简称新规)。新规第二条第二款规定:"人民法院不得仅以虚假陈述未经监管部门行政处罚或者人民法院生效刑事判决的认定为由裁定不予受理。"至此,证券虚假陈述诉讼的前置程序已全面取消。前置程序取消后,法院一方面不能以不符合前置程序为由裁定驳回起诉,另一方面也不能以被诉虚假陈述行为未被行政处罚、不具有重大性为由,在实体上判决驳回诉讼请求,这也对法院独立地审查被诉虚假陈述行为是否具有重大性提出了新的要求和挑战。

其二,关于中介机构的比例责任。本案系我国证券虚假陈述责任纠纷领域第一起以"比例连带责任"确定中介机构赔偿责任的生效判决。在本案判决作出之前,中介机构虚假陈述案件中中介机构的责任形态呈现出全有全无的状态,即要么中介机构不承担任何责任,要么法院判令中介机构对投资人的全部损失与上市公司承担连带赔偿责任。本案中,法官回溯了 1998 年《证券法》的最初规定,并在分析 2005 年后《证券法》历次修改变化以及原《虚假陈述若干规定》和《审计侵权若干规定》中的相关表述的基础上,通过目的和体系解释创造性地得出了"连带赔偿责任并非仅限于全额连带赔偿,部分连带赔偿责任仍是法律所认可的一种责任形式"的结论,打破了此前证券虚假陈述纠纷案件中中介机构需全额承担"刚性连带责任"的刻板局面,体现了法院对法律原理、责任分配合理性等问题的审慎考量。此后,在"五洋债案""康美药业案"等新一批虚假陈述案件中,法院基本都循此采取"比例连带责任"的裁判思路,根据过错程度判决各中介机构在具体比例范围内承担连带赔偿责任。

案例提供单位:上海市高级人民法院

编写人:许晓骁

点评人:葛伟军

38. 南京诺利斯医药科技有限公司诉杨某某等公司减资纠纷案

——注册资本认缴制下公司瑕疵减资时的股东责任认定

案 情

原告(被上诉人)南京诺利斯医药科技有限公司

被告(上诉人)杨某某

被告林某某

被告黄某某

被告房某某

第三人上海奕亨进出口有限公司

上海奕亨进出口有限公司(以下简称奕亨公司)成立于 2011 年 4 月 1 日,原注册资本为 50 万元,工商登记的股东为被告林某某、杨某某、黄某某、房某某,每人认缴出资额均为 12.50 万元,首期出资 2.50 万元的出资时间均为 2011 年 3 月 24 日前,第二期出资 10 万元的出资时间均为 2013 年 3 月 23 日前。

2011 年 6 月 10 日,上述四名被告作出股东会决议,将奕亨公司的注册资本由 50 万元增至 100 万元,实收资本由 10 万元增至 100 万元,四股东每人均增加实收资本 22.50 万元。

2014 年 10 月 22 日,上述四名被告作出股东会决议,将奕亨公司的注册资本由 100 万元增至 1 000 万元,四股东每人均增资 225 万元,出资期限自营业执照签发三十年内。

2017 年 3 月 1 日,上述四名被告作出股东会决议,将奕亨公司的注册资本由 1 000 万元,减至 100 万元;公司减少注册资本后,四被告的出资额均变更至 25 万元,出资比例均为 25%。

2017 年 5 月 2 日,上述四名被告及奕亨公司共同出具《关于债务清偿及担保情况说明》,内容为:根据 2017 年 3 月 1 日奕亨公司关于减资的股东会决议,奕亨公司编制了资产负债表及财产清单,在该决议作出之日起的 10 日内通知了债权人,并于 2017 年 3 月 10 日在《青年报》报纸上刊登了减资公告。现就减资所涉及的债务清偿及担保问题作如下说明:根据奕亨公司编制的资产负债表及财产清单,公司对外债务为 0 万元。至 2017 年 5 月 2 日,奕亨公司已向要求清偿债务或提供担保的债权人清偿了全部债务或提供了相应的担保。未清偿的债务,由奕亨公司继续负责清偿,并由股东在法律规定的范围内提供相应的担保。2017 年 5 月 5 日,奕亨公司的工商登记注册资本由 1 000 万元变更至 100 万元。

上海海事法院曾于 2017 年 9 月 20 日作出(2017)沪 72 民初 1783 号民事判决,判决奕亨公司向南京诺利斯医药科技有限公司(以下简称诺利斯公司)赔偿货物损失 395 110.76 元、返还保证金 10 000 元及定金 10 000 元,并赔偿前述三笔款项的利息损失等。该民事判决已生效。后因未发现可供执行的财产及财产线索,2018 年 3 月 14 日上海海事法院作出(2017)沪 72 执 514 号之一执行裁定书,裁定终结相关民事判决的本次执行程序。之后,法院向诺利斯公司转账 38 935.19 元,并在附言中注明为"退代管款(2017)沪 72 执 514 号"。

原告诺利斯公司诉称,其系第三人奕亨公司的债权人,诺利斯公司曾向上海海事法院申请强制执行(2017)沪 72 民初 1783 号判决书,但奕亨公司至今仍未全面履行相关给付义务。而在债权债务存续期间,杨某某等被告作为奕亨公司股东,未经法定程序,非法减少公司注册资本(由 1 000 万元减至 100 万元),严重损害了诺利斯公司的合法权益。故诉至法院,请求判令杨某某等对于奕亨公司在各自减少的 225 万元注册资本范围内对诺利斯公司未获清偿的相关债权承担补充赔偿责任。

被告林某某、杨某某、黄某某、房某某未发表辩称意见。

审 判

一审法院经审理认为,奕亨公司的减资程序存在瑕疵。根据公司资本不变原则,公司的资本不得随意减少,减资须依严格的法定程序进行。首先,公司减资决议形成时与债权人的债权债务关系是否已经得到确认,并非其履行通知义务的前提。只要公司减资前其与债权人的债权债务关系基础已经存在,债权人的或然债权有转化为现实债权的可能性,公司减资就应当通知该债权人。其次,减资程序中的直接通知与报纸公告为减资的双重程序,缺一不可,即直接通知债权人与在报纸刊登公告需一并进行,而非选择适用。相对于直接通知而言,公告是一种补充的告知方式,只有在无法直接通知债权人的情况下,公司才可仅采用公告进行通知。在奕亨公司减资时,原告诺利斯公司与奕亨公司之间仍有业务往来,不存在奕亨公司无法通知到诺利斯公司的情况。因奕亨公司未通知诺利斯公司,奕亨公司的减资程序存在瑕疵。

本案参照适用股东抽逃出资。减资虽为公司行为，但当减资未依照法定程序进行时，公司的履约能力及偿付能力将会降低，债权人的合法权益将会受到损害，只有减资的股东是该行为的受益人。因此公司减资程序存在瑕疵对公司及债权人合法权益造成的影响，与股东抽逃出资的情形在实质上并无不同，应类推适用股东抽逃出资的相关规定。奕亨公司虽然减少的系认缴资本，而非实缴资本，但在奕亨公司未减资的情况下，诺利斯公司仍可以依法促成股东出资到期，故原告诺利斯公司要求被告杨某某等在减资本息范围内对公司债务不能清偿部分承担补充赔偿责任并无不当，应予以支持。

据此，一审法院依照《中华人民共和国公司法》第一百七十七条，《最高人民法院关于适用〈中华人民共和国公司法〉若干问题的规定（三）》第十四条第二款，《中华人民共和国民事诉讼法》第一百四十四条，《最高人民法院关于执行程序中计算迟延履行期间的债务利息适用法律若干问题的解释》第一条、第二条的规定，判决：被告林某某、杨某某、黄某某、房某某应于判决生效之日起十日内在各自减资的 225 万元范围内对上海海事法院（2017）沪 72 民初 1783 号民事判决书中未执行到位的债权（包括货损金额 395 110.76 元、保证金 1 万元、定金 1 万元、案件受理费 7 401.93 元、一般债务利息（以货损金额、保证金、定金总和为基数，按中国人民银行同期企业贷款基准利率，自 2017 年 3 月 29 日起计算至 2019 年 8 月 19 日止，按同期全国银行间同业拆借中心公布的贷款市场报价利率，自 2019 年 8 月 20 日起计算至实际履行之日止）、加倍迟延履行期间债务利息（以货损金额、保证金、定金总和为基数，自 2017 年 12 月 7 日起，按日利率万分之一点七五计算至实际履行之日止），上述款项中应扣除已经执行到的 38 935.19 元，此执行款项清偿顺序依次为迟延履行利息、一般债务利息、案件受理费、定金、保证金、货损金额，向原告南京诺利斯医药科技有限公司承担补充赔偿责任。

一审判决作出后，被告杨某某不服，提起上诉。

二审法院查明事实与一审一致。

二审法院经审理后认为，本案的争议焦点可进一步集中于三个问题。第一，奕亨公司瑕疵减资行为的法律效力如何认定。公司减资时未直接通知已知债权人的构成瑕疵减资。通常情况下，即便减资程序存在瑕疵，也不应轻易从整体上否定公司减资的效力，特别是对于已经完成工商变更登记的减资行为。但在注册资本认缴制下，为保障公司债权人的利益不因瑕疵减资受到不法侵害，可以在个案中否定公司减资的法律效力，以恢复公司减资前的偿债基础。故诺利斯公司对奕亨公司减资的异议具有对抗效力，诺利斯公司所信赖的奕亨公司的注册资本并非减资后的 100 万元，仍系减资前的 1 000 万元。第二，奕亨公司股东对于公司未能清偿的债务是否承担以及承担何种责任。鉴于奕亨公司减少的均是未到出资期限的认缴出资,并未实际转为公司资产,其减资行为虽存在瑕疵但未造成公司既有资产减少的后果,也不完全符合司法解释规定的抽逃出资三项判断标准,仅有程序违法,尚未达到实际出资和抽回行为损害公司利益的标准,故不应类推适用股东抽逃出资的法律规定。本案应类推适用股东出资加速到期的规定。奕亨公司不能清偿债权人到期债务且已具备破产原因但不申请破产,故股东出资应当加速到期,奕亨公司股东应在各自认缴的未出资范围(各225万元)内对奕亨公司不能清偿诺利斯公司的债务承担补充赔偿责任。第三,如需承担责任,则已执行到位款项的清偿顺序如何。依据相关执行司法解释的规定,被执行人的财产不足以清偿全部债务的,应当先清偿生效法律文书确定的金钱债务,再清偿加倍部分债务利息。故一审法院确认的清偿顺序有误,应予纠正。

据此,二审法院依照《中华人民共和国公司法》第一百七十七条,《最高人民法院关于适用〈中华人民共和国公司法〉若干问题的规定(三)》第十四条第二款,《中华人民共和国民事诉讼法》第一百四十四条,《最高人民法院关于执行程序中计算迟延履行期间的债务利息适用法律若干问题的解释》第一条、第二条的规定,判决:林某某、杨某某、黄某某、房某某在各自减资的225万元范围内对上海海事法院(2017)沪72民初1783号民事判决书中未执行到位的债权向诺利斯公司承担补充赔偿责任,相关款项应扣除已经执行到的38 935.19元,该执行款项清偿顺序依次为案件受理费、一般债务利息、定金、保证金、货损金额、迟延履行利息。

点 评

本案涉及认缴制下的公司减资。资本维持是公司资本制度的重要原则,是指在公司经营过程中,公司应当将资本维持在一定水平。该原则主要包含两个方面,一是资本真实,即股东应当真实地向公司实际缴纳其所认缴的出资;二是资本减少,即未经法定程序公司不得减少其资本。

公司减少资本的原因主要是以下两种:一是有时公司的资金超过了公司经营的需要,公司为了把精力集中到一些主要的业务上面,会出售多余的财产,出售所得的资金返还给股东,从而减少公司的资本;二是有时由于经营不善或遭受市场冲击,公司的账面已经不能真实地反映公司的资金情况,公司需要减少资本,压缩规模,从而弥补损失,能够继续向股东分红。

公司减资包括两大类情形。一类是未发行股本的减少(与授权资本制有关)。如果章程有授权,公司可以通过一个股东会决议取消发行未发行的股本。除非章程另有规定,否则一个股东会普通决议就可以了。这类资本减少,从严格意义上说,不是资本的减少,而是未发行的授权资本数额的减少,不影响公司的经营和债权人的利益。另一类是已发行股本的减少。这类情形比较复杂,包括已发行但未缴付股本的减少(与认缴制有关)、已发行且已损耗股本的减少以及已发行且未损耗股本的减少等。

从程序上看,公司减资涉及债权人保护问题。例如,按照英国2006年公司法之前的规定,减少资本必须经过法院的确认。但是英国2006年公司法对此进行了改革,法院确认并非在任何情况下都是必要的。公众公司的资本减少决议,必须经过法院确认。对于私人公司,由公司出具偿债能力声明即可。法院在审查关于资本减少的特殊决议的时候,最关心的问题是现行债权人的利益有没有得到保护,减少资本是否按照法定程序进行等。法院通常还会考虑到社会公众的利益,不仅包括可能被引诱购买公司股份的社会公众的利益,也包括公司将来债权人的利益。将来的投资者和债权人受到法定要求(披露资本减少)以及账目要求(账目必须表明公司状况的真实和公平的观点)的充分保护。我国《公司法》第一百七十七条也规定了公司减资中的债权人保护程序。

本案的意义在于,认缴制下的公司减资(减少的是未到出资期限的认缴出资),仅有程序违法,尚未达到实际出资和抽回行为损害公司利益的标准,不应类推适用股东抽逃出资的规定。公司减资即使存在未通知债权人等程序瑕疵,也不能轻易从整体上否定公司减资的效力。为保障公司债权人的利益,可以在个案中否定公司减资的法律效力,以恢复公司减资前的偿债基础。换言之,公司减资之前的债权人,其所信赖的公司出资资本应当是减资之前的金额,而不是瑕疵减资之后的金额。这种灵活处理的方式,符合商法追求效益的价值取向以及维护交易安全的基本原则。

案例提供单位:上海市第一中级人民法院

编写人:郑天衣

点评人:葛伟军

39. 上海乐雍创业投资中心诉上海中路 (集团)有限公司等股权转让纠纷案

——对赌协议案件的胜诉应以估值调整可履行为前提

案 情

原告上海乐雍创业投资中心(有限合伙)

被告上海中路(集团)有限公司

被告陈某

2018 年 3 月 26 日,原告上海乐雍创业投资中心(有限合伙)(以下简称乐雍投资)与杭州三智汇地投资管理合伙企业(有限合伙)(以下简称三智汇地)签订了《关于上海智臻智能网络科技股份有限公司之股份转让协议》(下称《股份转让协议》),约定由原告受让三智汇地持有的上海智臻智能网络科技股份有限公司(以下简称智臻智能公司)44 000 股股份,交易价格为 112.44 元/股,交易总额为 4 947 360 元。原告于协议签订之日起 10 个工作日内通过新三板的协议转让方式与三智汇地进行交易。同日,原告与被告上海中路(集团)有限公司(以下简称中路公司)签订《协议书》和《〈协议书〉之补充协议》,约定在智臻智能公司 2020 年 12 月 31 日前未能完成境内 IPO 或境内上市公司重组(即原告持有智臻智能公司股权被上市公司以发行股票收购或发行股票加现金的方式收购)的情况下,原告有权要求被告中路公司按照以下价格收购原告持有的智臻智能公司的股份:收购价款为 4 947 360 元+4 947 360 元×实际投资年限×15%(其中实际投资年限为自原告受让股权向三智汇地支付款项日始,至根据《协议书》和《〈协议书〉之补充协议》原告收到被告中路公司全部收购款之日止的连续期间的具体公历天数除以固定数额 365 所得出之累计年份数,不足一年的按实际天数计算相应的比例)。

2018 年 3 月 27 日,原告通过新三板交易系统以每股 112.44 元的价格受让了智臻智能公司 44 000 股股份,交易金额为 4 947 360 元。

2019 年 4 月 15 日,原告与案外人智臻人工智能公司、智臻智能公司签订《股份权益质押协议》,协议约定:(1)原告拥有智臻智能公司 0.199 0%的股份,股份数额为 44 000 股,智臻人工智能公司为质权人,智臻智能公司同意就股份权益质押提供必要协助;(2)智臻人工智能公司是一家在中国上海注册的外商独资企业,已与智臻智能公司于 2019 年 4 月 15 日签订了《独家业务合作协议》,据此智臻人工智能公司向智臻智能公司提供有关独家技术服务、技术咨询及其他服务;(3)三方于 2019 年 4 月 15 日签订了一份独家购买协议,在中国法律允许和符合相应条件的情况下,如果质权人智臻人工智能公司自主决定提出购买要求,原告作为出质人应根据其要求向智臻人工智能公司和/或其指定的任何其他实体或个人转让其在智臻智能公司中持有的全部或者部分股份;(4)三方于 2019 年 4 月 15 日签署了一份股东表决权委托协议,原告作为出质人已经不可撤销地全权委托质权人届时指定的人士代表出质人行使其持有智臻智能公司的全部股东委托、表决权利;(5)质押期限内,智臻人工智能公司作为质权人有权收取因股份而产生的任何红利、股息或其他可分配利益;(6)转让限制:在该协议有效期间,原告向质权人智臻人工智能公司承诺,除履行独家购买权协议外,未经质权人事先书面同意,不得进行或同意他人进行转让全部或任何部分的股份权益、设置或允许任何存在可能影响质权人在股份权益中的权利和利益的任何担保权益或其他产权负担。经质权人书面同意的股份权益转让,出质人应首先将转让股份权益所得价款用于提前向质权人清偿担保债务或向与质权人约定的第三人提存。

2019 年 4 月 30 日,原告与案外人智臻人工智能公司完成股权出质设立登记,质权登记标号为 0020190210,出质股权所在公司为智臻智能公司,出质股数为 4.4 万股,出质人为原告,质权人为智臻人工智能公司。

2020 年 12 月 31 日,原告向二被告送达《通知书》一份,要求被告中路公司按照双方约定对原告持有的标的股份进行回购。

三智汇地系有限合伙企业,被告中路公司系该企业合伙人,被告陈某系被告中路公司股东兼法定代表人。

标的公司智臻智能公司截至 2020 年 12 月 31 日,并未完成境内 IPO 或境内上市公司重组。

原告上海乐雍创业投资中心诉称,原告与二被告就《股权转让协议》签订了《协议书》和《〈协议书〉之补充协议》,约定在智臻智能公司 2020 年 12 月 31 日前未完成境内 IPO 或境内上市公司重组的情况下,原告有权要求被告中路公司收购原告持有智臻智能公司的股份。后因原告了解到智臻智能公司并未向中国证监会递交境内 IPO 或境内上市公司重组所需要的申请材料,其在协议约定的时间内根本无法完成境内 IPO 或境内上市公司重组,故原告于 2020 年 12 月 18 日发送《通知书》通知二被告,请求立即按照合同约定收购原告持有的智臻智能公司 44 000 股股份,然而截至起诉之日,二被告仍未向原告作出任何回复及支付股份收购款,故原告诉至法院,请求:(1)判令被告中路公司支付原告 44 000 股股份收购款 7 000 853.26

元(股份收购款为 4 947 360 元与以 4 947 360 元为基数,自 2018 年 3 月 27 日起按年利率 15%计算至实际清偿之日止所得金额之和,暂计至 2020 年 12 月 31 日的股权收购款为 7 000 853.26 元);(2)判令被告中路公司赔偿原告律师费损失 30 000 元;(3)判令被告陈某对被告中路公司前述第 1 项、第 2 项所负债务承担连带清偿责任。

二被告共同辩称,本案的请求权基础并非是单纯的金钱给付之诉,而是要求二被告履行转让及回购协议项下的回购义务。根据回购协议第三条,所谓的回购是一个双向的过程,包含被告中路公司支付回购款以及原告应当将标的股份转让给被告中路公司。首先,从法律层面来说,标的股权已经质押给案外人,也没有证据表明债权人同意转让,故被告中路公司在客观上无法回购;且原告已经将标的股份的独家购买权给予了案外人,因此原告要求被告中路公司回购股份的行为,实质上是违反了与第三人的约定,损害第三人利益。其次,从实质层面来看,原告擅自搭建 VIE 框架,实质上已经将标的股份转移到了海外公司,工商登记的标的股权已经名存实亡。回购标的已经不存在,被告中路公司也无从回购。此外,违约金和15%的年利率已经超过法定标准,要求调整,原告要求的律师费没有依据,不应支持。

审 判

一审法院经审理后认为,本案的争议焦点为:在原告与被告中路公司约定的回购启动条件满足的情况下,双方履行回购约定的条件是否满足。

本案中,原告与被告中路公司签订的《协议书》及其补充协议明确约定,在回购启动条件满足时,原告可以主张被告中路公司履行的是回购义务,即被告中路公司应当支付约定的回购款,原告应当向被告中路公司交付标的股份。双方签订的《协议书》及其补充协议约定的回购系双务行为,原告主张被告中路公司支付回购款的同时,亦应当做好交付标的股份的准备,现原告并未满足交付标的股份的准备,其要求被告中路公司支付回购款的诉请亦不能得到支持,理由是:第一,从原告的履行能力来看。原告与案外人智臻人工智能公司、标的公司智臻智能公司签订《股份权益质押协议》,将本案标的股份向质权人智臻人工智能公司出质,对标的股份的处分进行了全面限制。(1)转让限制:在该协议有效期间,原告向质权人智臻人工智能公司承诺,除履行独家购买权协议外,未经质权人事先书面同意,不得进行或同意他人进行转让全部或任何部分的股份权益、设置或允许任何存在可能影响质权人在股份权益中的权利和利益的任何担保权益或其他产权负担;(2)独家购买限制:如果质权人智臻人工智能公司自主决定提出购买要求,原告作为出质人应根据其要求向智臻人工智能公司和/或其指定的任何其他实体或个人转让其在智臻智能公司中持有的全部或者部分股份;(3)权利行使限制:原告作为出质人已经不可撤销地全权委托质权人届时指定的人士代表出质人行使其持有智臻智能公司的全部股东委托、表决权利;(4)收益限制:智臻人工智能公司作为质权人有权收取因股份而产生的任何红利、股息或其他可分配利益。原告将标的股份出质给案外人智臻人工智能公司后,既失去了对标的股份的占有,又根据约定不能擅自转让,不能行使股权代表的股东权利,不能收取标的股权产生的收益,实已完全失去了对标的股权的支配。原告在庭审中亦明确表示尚无法解除上述质押。故法院有理由相信原告缺乏向被告中路公司交付标的股份的能力,原告与被告中路公司约定的股权回购缺乏履行条件。原告基于其与案外人和标的公司签订的《股份权益质押协议》,无法在被告中路公司支付回购款的情况下向其交付标的股份,即便强行进行交付,亦将严重损害他方利益。因原告与被告中路公司约定回购行为无法实际履行,故法院对原告请求被告中路公司支付回购款的请求不予支持。从股权上的负担来看。原告与被告中路公司签订《协议书》及其补充协议时约定的回购应以协议签订时的状态为准,原告向被告中路公司交付的股权应当符合当时状态,不可增加其他负担。原告在与被告中路公司签订《协议书》及其补充协议后,在标的股权上附加了其他负担,致使标的股权难以交付,即便可以交付,标的股权上的负担至庭审当日亦未解除,若以此状态交付被告中路公司,既不符合双方约定,又有违诚实信用原则,法院基于上述亦不能支持原告要求被告支付回购款的诉请。综上,原告在履行交付标的股权方面,因其对外出质了标的股权,并根据质押条款对标的股权进行了诸多限制,造成难以交付标的物的局面,在标的股权的权利负担上亦与约定之意不符,尚未满足其与被告中路公司签订的协议约定的回购条件,故法院对原告诉请被告中路公司回购标的股权的诉请不予支持,若原告偿还质押对应的债务,解除质押关系,涤除了标的股权上的负担,可再行主张要求被告中路公司履行回购义务。

对原告请求判令被告陈某承担连带清偿责任的主张,因被告中路公司回购原告持有的标的公司股份的条件尚未满足,故法院对该诉请不予支持。

对原告请求判令被告中路公司赔偿律师费损失 30 000 元的主张,双方签订的《协议书》及其补充协议对被告中路公司是否需要承担律师费等费用并未明确,仅在《协议书》第四条被告陈某担保范围中约定被告陈某需要对律师费等承担担保责任。上述约定不够明确,且因本案回购条件并未满足,被告中路公司、陈某尚不需履行双方约定的回购义务,故对原告的该项诉请不予支持。

依照《中华人民共和国民事诉讼法》第六十四条、《最高人民法院关于适用〈中华人民共和国民事诉讼法〉的解释》第九十条的规定,判决:驳回原告上海乐雍创业投资中心(有限合伙)的诉讼请求。

　　一审判决作出后,当事人均未提出上诉,一审判决已发生法律效力。

点　评

　　本案涉及对赌协议。最早的 2012 年对赌协议纠纷第一案(海富案),区分了股东和股东之间的对赌以及股东和公司之间的对赌,前者有效而后者无效(区隔论)。后来经过瀚霖案、华工案,对赌协议效力规则发生改变,股东和公司之间的对赌也变得有效,但是要看法律上和事实上的履行可能。

　　2019 年九民会议纪要进一步区分了协议的效力和履行,简言之,股东和公司之间的对赌是有效的,但是法院要审查该对赌能否履行。第一,对于投资方请求目标公司回购股权的,法院应当依据《公司法》第三十五条关于"股东不得抽逃出资"或者第一百四十二条关于股份回购的强制性规定进行审查;经审查,目标公司未完成减资程序的,法院应当驳回其诉讼请求。第二,投资方请求目标公司承担金钱补偿义务的,法院应当依据《公司法》第三十五条关于"股东不得抽逃出资"和第一百六十六条关于利润分配的强制性规定进行审查;经审查,目标公司没有利润或者虽有利润但不足以补偿投资方的,法院应当驳回或者部分支持其诉讼请求,今后目标公司有利润时,投资方还可以依据该事实另行提起诉讼。

　　最高人民法院关于对赌协议的态度,体现了三方面的精神。第一,尊重私法自治。当事人之间的约定,只要不违反强制性法律规定,不违背公序良俗,即可产生法律效力,能够约束各方当事人。第二,从分配角度理解,资本维持原则之要求。该原则是指在公司经营过程中,应当将公司资本维持在一定水平,具体又包括资本真实、未经法定程序不得减少资本等内容。根据传统的分配规则,向股东的财产返还只能从可分配利润中提取。第三,从经济学意义上理解,对赌协议属于第三种类投资,该类投资的性质有别于股权投资和债权投资。

　　本案中,被告中路公司是三智汇地的合伙人,三智汇地和原告乐雍投资签订股权转让协议,三智汇地将其在智臻智能公司的股份转让给原告。同日,原告和被告签订协议书及补充协议,约定如果智臻智能公司 2020 年 12 月 31 日前未能完成境内 IPO 或境内上市公司重组,那么原告有权要求被告按照约定价格收购原告持有的智臻公司的股份。此后,原告、智臻公司以及案外人公司签订股份权益质押协议,原告将其在智臻智能公司的股份质押给案外人,并完成股权质押登记。法院认为,原告是否能够在被告支付相应回购款后,向其交付标的股权,系事实判断问题,并不涉及原告出质股权行为的法律评价问题。原告和被告签订的协议书及其补充协议约定的回购系双务行为,原告主张被告支付回购款的同时,亦应当做好交付标的股份的准备,但是出质行为客观上导致原告无法交付标的股份,故其要求被告支付回购款的诉请亦不能得到支持。由于双方未约定回购(付款与交付)的履行顺序,被告关于交付的抗辩可以对抗原告要求付款的主张。本案可以加深对对赌协议效力和履行之区分的理解。

案例提供单位:上海市奉贤区人民法院

编写人:黄训迪

点评人:葛伟军

40. 上海德盾实业有限公司诉邓某某等损害公司利益责任纠纷案

——公司高级管理人员利用职务便利转移公司特殊经营
资质经营同类业务造成公司利益持续受损的赔偿
责任裁判规则

案 情

原告(被上诉人)上海德盾实业有限公司

被告(上诉人)邓某某

被告(上诉人)王宗某

第三人上海申盾消防设备有限公司

第三人上海申盾消防设备有限公司宝鸡分公司

第三人上海德盾科技有限公司

原告上海德盾实业有限公司(以下简称德盾实业)系于 2012 年 3 月 8 日设立的有限责任公司,注册资本为 500 万元,股东为邓某某(认缴出资 150 万元)、王某(认缴出资 275 万元)、王宗某(认缴出资 75 万元)。经营范围为"消防气体安全设备的生产与销售,自动化设备、消防设备、汽摩配件、印刷设备、电子产品、机械设备、仪器仪表、电气设备及配件的销售,消防设施建设工程设计与施工、建筑装修装饰建设工程设计与施工(工程类项目凭许可资质经营),室内外装饰装潢,从事货物及技术的进出口业务,从事消防设备技术领域内的技术开发、技术咨询、技术服务、技术转让"。德盾实业章程约定,"第三十六条 董事、高级管理人员不得有下列行为:……(五)未经股东会同意,利用职务便利为自己或者他人谋取属于公司的商业机会,自营或者为他人经营与所任职公司同类的业务……第二十一条 公司的法定代表人由执行董事担任"。

2012 年 10 月 17 日,原告将法定代表人由王某变更为邓某某。

2012 年 11 月 21 日,原告申请《消防类产品质量认证》时,由王宗某作为原告的代表签字。

2013 年 1 月 30 日,原告取得二氧化碳感温自启动灭火装置(规格型号:WZ-Q/

T-TFDC6)的《消防产品认证证书》。

2013 年 5 月 20 日,原告接受公安部消防产品合格评定中心(以下简称消防产品评定中心)认证后监督管理时,由王宗某作为联系人和受检查方负责人签名。《检查报告》中记载:……6.其他需要说明的情况……企业现场无法提供消防产品认证证书的原件。告知企业将原件寄回公安部消防产品合格评定中心。证书暂停期间不能生产销售。

2013 年 8 月 19 日,王某向邓某某、王宗某发送电子邮件,表示:我的态度,分家就是分德盾。其他没得谈,也不想再谈……今天我分别致电给二位,我的提议是大家分开……未谈妥前,公平起见,公司账目非必要,我将采取封账。

2013 年 11 月 8 日,上海申盾消防设备有限公司(以下简称申盾公司)设立,注册资金为 600 万元,设立时的股东为邓某某、王宗某。申盾公司的经营范围为"自动化设备、汽车配件、印刷设备、电子产品、机械设备、仪器仪表、电气设备及配件的销售,消防器材的制造、加工、销售,消防设施建设工程设计与施工、建筑装修装饰建设工程设计与施工,从事货物及技术的进出口业务,从事消防设备技术领域的技术开发、技术咨询、技术服务、技术转让"。

2013 年 12 月 4 日,上海德盾科技有限公司(以下简称德盾科技)设立,注册资金 100 万元,设立时的股东为王宗某、邓某某。德盾科技的经营范围为"从事机电设备技术、电子技术、化工技术、消防设备技术领域内的技术开发、技术转让、技术咨询、技术服务,电子产品、通讯设备、建筑装潢材料、机电设备及配件、仪器仪表、消防设备的销售"。

2014 年 1 月,原告停止向在职人员缴纳社会保险金,并于 2014 年 3 月 11 日办理了转出手续。

2014 年 2 月 11 日,原告作出临时股东会决议,内容为:经股东表决同意,股东邓某某不再担任德盾实业的执行董事(法定代表人),由股东王某担任执行董事(法定代表人)。

2014 年 3 月 14 日,二氧化碳感温自启动灭火装置的《消防产品认证证书》转至申盾公司名下。

2014 年 4 月 1 日,被告王宗某代表申盾公司,就原告租赁的位于上海市嘉定区嘉朱公路某号的厂房,与案外人上海民立冲压件厂签订了新的租赁合同。

2014 年 5 月,德盾科技向案外人销售火探系统装置,并签订多份合同,其中包含申盾公司型号为 WZ-Q/T-TFDC6 的二氧化碳感温自启动灭火装置。

2015 年 1 月 30 日,申盾公司将股东由邓某某、王宗某变更为王宗某(出资 540 万元)、赵思某(出资 60 万元);法定代表人从邓某某变更为赵思某。

2015 年 2 月 10 日,德盾科技将股东由王宗某、邓某某变更为王宗某(出资 50

万元)、赵思某(出资 50 万元);法定代表人从邓某某变更为赵思某。

2018 年 6 月 7 日,王某就本案相同诉讼请求和事实理由对邓某某、王宗某提起诉讼,后法院以王某没有充分证据证实德盾实业目前已无途径以公司名义起诉,不应舍近求远绕过德盾实业而直接向法院提起股东代表诉讼,故裁定驳回原告的起诉。王某不服裁定提起上诉,被判驳回上诉,维持原裁定。

2019 年 6 月 25 日,德盾实业被吊销营业执照。

(2014)闵民二(商)初字第 461 号判决书确认,2014 年 2 月 11 日,德盾实业作出临时股东会决议,内容为:经股东表决同意,股东邓某某不再担任德盾实业执行董事(法定代表人),由股东王某担任德盾实业执行董事(法定代表人)。2014 年 4 月 8 日,邓某某以上述股东会召集程序违反公司法及公司章程为由,请求人民法院撤销上述临时股东会决议。法院经审理后作出(2014)闵民二(商)初字第 667 号民事判决,驳回邓某某的诉讼请求。邓某某不服,提起上诉,被判驳回上诉,维持原判。(2014)闵民二(商)初字第 461 号判决书判决德盾实业至上海市工商行政管理局闵行分局办理将公司法定代表人由邓某某变更为王某的登记手续。

2015 年 4 月 13 日,上海市公安局嘉定分局娄塘派出所对王某、王宗某进行询问,王某承认拿走王宗某 IBM 牌 T410 型黑色笔记本电脑一台。庭审中,王某出示该电脑,电脑内存储了王宗某的照片、《公司更名通知函》、德盾科技与案外人的多份销售合同等,其中《公司更名通知函》记载:尊敬的客户、供应商及相关单位:由于公司发展需要,自 2014 年 4 月 1 日起,本公司由"上海德盾实业有限公司"正式更名为"上海申盾消防设备有限公司"。在国家"公安部消防产品合格评定中心"的备案已于 2014 年 3 月 24 日,正式由德盾实业更名为申盾公司,相关正式认证证书也已更名发放。届时以德盾实业名称签署的协议或合同,权利义务均不受影响,联络人、服务电话及通信地址维持不变。

原告德盾实业诉称,2012 年 10 月,原告将法定代表人变更为邓某某,王宗某任总经理后,公司由邓某某、王宗某二人联手把持。原告当时最大的资产是《消防产品认证证书》,拥有该认证证书的企业可以使用相关标号,进而进行消防产品的生产销售和经营、收益。二被告转移了原德盾实业的消防产品资质,并设立了申盾公司和德盾科技,谋取属于公司的商业机会,经营与原告同类的业务,损害了原告的合法权益。故诉至法院,请求判令被告邓某某、王宗某向原告赔偿自第三人申盾公司、上海申盾消防设备有限公司宝鸡分公司(以下简称申盾宝鸡分公司)、德盾科技公司设立以来至 2020 年 2 月止在第三人申盾公司、申盾宝鸡分公司、德盾科技公司处取得的权益性收入。

被告邓某某、王宗某共同辩称,不同意原告的全部诉请。首先,二被告系在原告已实际不经营情况下才成立了新公司,不符合《公司法》第一百四十八条规定的情形。其次,二被告转移资质证书的行为虽有不当,但是未给原告造成损失。当时邓某某是法定代表人,故决定将认证资质进行了转移,王宗某并未参与这个决定,并未行使过经理、董事等高级管理人员职权,并不是归入权行使对象。最后,原告起诉被告转移证书已过诉讼时效。被告公司的生产经营利润是通过被告自身努力获得的,与资质证书并无关联关系。邓某某自 2012 年变更为原告的法定代表人,但是直至 2013 年 8 月,邓某某才拿到公司印章,公司账册一直由王某控制;嗣后,股东之间矛盾不断,王某未参与公司经营,由邓某某管理公司。

第三人申盾公司、申盾宝鸡分公司、德盾科技的答辩意见均同二被告。

审 判

一审法院经审理后认为,董事、高级管理人员未经股东会或者股东大会同意,利用职务便利为自己或者他人谋取属于公司的商业机会,自营或者为他人经营与所任职公司同类的业务,所得的收入应当归公司所有。本案有如下争议焦点:

一、二被告是否系原告的高级管理人员

原告的章程约定,法定代表人由执行董事担任,而邓某某自 2012 年 10 月 17 日担任原告的法定代表人。被告也确认邓某某决定了认证资质的转移,并且实际管理原告的经营。因此,邓某某为原告的高级管理人员。至于王宗某,根据归入权相关规定的本质来看,系为了防止管理人员利用其掌握的公司相关财产、信息和在公司的职权,谋取私利损害公司利益。我国公司法中虽规定高级管理人员指公司的经理、副经理、财务负责人,但考虑到公司实际经营过程中,存在根据公司不同经营内容和需要,对于高级管理人员的名称存在不同称谓,故对高级管理人员的身份认定应当采取实质性认定的态度。考虑到本案中,虽然原告不能提供确实证据证明王宗某担任原告高级管理人员的书面证据。但是,王宗某于 2012 年至 2013 年申请资质证书过程中,以及证后例行监督检查过程中,均作为负责人和代表签署了文件。并且,在王宗某的电脑中也储存了告原告客户、供应商的《公司更名通知函》。根据原告的经营范围来看,原告属于生产经营性企业,该类企业的生产技术属于重要的经营要素。被告认可,王宗某确实负责原告生产技术中的相关事项。与原告认为王宗某为原告的生产方面负责人的陈述也基本能够印证。因此,王宗某在原告处掌握生产经营方面的重要商业信息,故担任重要管理职责,原告主张王宗某为公司高级管理人员的身份,应予确认。

二、二被告是否实施了侵权行为

原告依据《公司法》第一百四十八条第五项行使归入权,根据法律规定,董事、高级管理人员应有忠实、勤勉义务,若在任职期内经营同类业务,即构成侵权,并推定公司存在损失,而无须公司对损害结果予以证明。本案中,虽然王某曾于 2013 年 8 月 19 日向邓某某、王宗某发送电子邮件,提出"分家"即解散原告。但王某也在电子邮件中表示"谈个分家的思路吧"。可见,原告股东也并未对解散公司达成一致。在(2014)闵民二(商)初字第 667 号案件中,邓某某却陈述,2013 年 12 月 23 日,王某向邓某某致函提议于 2014 年 1 月 10 日召开临时股东会,邓某某于 2014 年 1 月 7 日复函表示"因德盾实业正处于业务发展的关键时期,且时近跨年交接阶段,各方面的工作亟待处理和解决"。这与二被告在本案中的"2014 年 1 月后,原告已不再经营"的陈述自相矛盾。考虑到,由于邓某某于 2014 年 1 月期间负责原告的经营管理,即使原告 2014 年 1 月停止经营,也系邓某某作为当时原告的法定代表人的擅自决定,系邓某某实施侵权行为的方式,并非原告和全体股东的真实意思。结合邓某某、王宗某在 2013 年 11 月和 12 月分别设立申盾公司和德盾科技的行为,并且申盾公司、德盾科技的经营范围与原告基本一致,及随后二被告又将原告消防用品生产资质转移至申盾公司的行为。又结合,王宗某的电脑中储存的向原告原客户的《公司更名通知函》,以及德盾科技向案外人销售《消防产品认证证书》项下产品的合同。足以证明,二被告设立的申盾公司和德盾科技后经营了与原告同类业务,谋取原告的交易机会。而二被告设立公司时,也未告知原告,或经原告股东大会同意。虽然,邓某某自认转移资质系由其一人决定,但王宗某作为原告生产技术方面的负责人,之后又与邓某某共同经营申盾公司和德盾科技,对于资质转移完全不知情,与常理不符。因此,本案的侵权行为系二被告基于共同故意和共同行为所形成,二被告行为亦构成共同侵权。

三、原告提起本案诉讼是否已过诉讼时效

根据我国关于诉讼时效的相关规定,向人民法院请求保护民事权利的诉讼时效期间为三年。法律另有规定的,依照其规定。诉讼时效期间自权利人知道或者应当知道权利受到损害以及义务人之日起计算。法律另有规定的,依照其规定。原告向法院出示的王宗某电脑中记录了大量被告实施侵权行为的证据,原告于 2015 年 4 月 13 日前已取得该电脑,电脑中的文件形成时间也在 2014 年。因此,原告于 2015 年 4 月取得电脑后,对于二被告在外设立公司,并转移资质的相关行为应予以知晓,并应当知道权利受到侵害。

然而,关于侵权行为的诉讼时效,不仅应考虑权利人知道或应当知道权利受到损害的时间。根据侵权行为的性质,若为持续侵权行为,还应考虑侵权行为的结束时间。本案中,董事、高级管理人员损害公司设立同业竞争企业的侵权行为并非一次性行为,侵权行为应为持续性连续性行为。虽然 2014 年 2 月 11 日原告召开股东会决议后,已罢免了邓某某在原告处高级管理人员身份,之后原告也并未实际经营,并于 2019 年 4 月 23 日被吊销营业执照。但是,原告在 2014 年 2 月 11 日变更法定代表人前由邓某某、王宗某具体负责经营管理和生产,掌握了重要的公司经营所需的信息和资源。法定代表人变更后,二被告并未向公司办理移交手续及变更登记等,并共同将原告的资质转移至申盾公司。早在 2014 年 1 月,在邓某某控制之下的原告公司已对在职人员进行了清退;2014 年 4 月王宗某控制下的申盾公司就原告原经营的场地与出租人签订了新的租赁合同。可见,邓某某、王宗某离开原告前后,已将原告的各项重要资源、人员、场地等转移、清理,故原告无法在合理期限内恢复生产和经营,直至 2019 年原告被吊销营业执照,也系因二被告的侵权行为直接导致。由于申盾公司和德盾科技仍在持续经营,王宗某仍为第三人的大股东,因此侵权行为持续至今。王某曾于 2018 年 6 月 7 日以原告的股东名义提起派生诉讼,虽法院驳回王某起诉。但王某作为原告的法定代表人,可见原告也一直在主张权利。因此,二被告的侵权行为持续至今,原告提起本案诉讼,并未超过诉讼时效。

四、关于二被告向原告赔偿损失的范围和责任形式

根据法律规定,违反忠实勤勉义务的董事、高级管理人员,所得的收入应当归公司所有。根据归入权的相关规定,被告承担的责任范围应与其"利用职务便利为自己或者他人谋取属于公司的商业机会,自营或者为他人经营与所任职公司同类的业务"的侵权行为所对等。由于被告对原告实施侵权行为后,其获益转移至其在第三人处的收益中体现。因此,原告主张按照二被告在第三人处的经营性、权益性收入计算收益,并无不妥,应予确认。关于第三人的权益性、经营性收入的范围及二被告之间的责任形式需作如下说明:

(1)关于申盾公司、申盾公司宝鸡分公司、德盾科技是否存在收益。诉讼中,原告申请对三名第三人的收入进行审计,法院亦委托了审计机构。但三名第三人未能向本院提供财务账簿,仅向本院提供了申盾公司、德盾科技在税务机关报备的报表。原告对该报表不予认可。法院认为,原告主张对二被告在第三人处的收入行使归入权,应对二被告在第三人处有收益负有证明责任。原告对此申请审计,但二被告不能提供账簿,故审计无法进行。但是,从二被告提供的第三人的财务报表来看,德盾科技和申盾公司自设立以来均存在一定的权益性收入,故原告请求对二被告的收入行使归入权,具有相应的事实基础。根据法律规定,公司应当依照法律、行政法规和国务院财政部门的规定建立本公司的财务、会计制度。考虑到在税务机关报备的财务报表虽不能真实反映第三人的全部经营情况,但能真实反映第三人的营业收入情况。因此,二被告提供的第三人自设立以来的财务报表数据中的营业收入,应作为法院在确定二被告权益性收入时的重要参考依据。

(2)关于二被告在第三人处取得收入的计算期间。由于原告于 2015 年 4 月 13 日前已知道或应当知道权利受到侵害。原告于 2018 年 6 月 7 日提起诉讼时,三年前持续的侵权行为已超过诉讼时效,故在确定二被告权益性收入时应参照自 2015 年 6 月 7 日以后至 2020 年 2 月止的相应收入数据。

(3) 关于邓某某和王宗某之间的责任形式。本案的侵权行为系二被告基于共同故意和共同行为所形成,二被告行为亦构成共同侵权。因此,二被告对侵权负有连带责任。但考虑到邓某某于 2015 年年初将股权转让,故在计算收入时仅考虑王宗某名义持股比例部分的权益性收入。

综上,综合考虑二被告侵权行为的性质、侵权的持续时间、三名第三人的经营情况、行业平均利润率等,酌情确定二被告向原告偿付的收入金额为 185 万元。

据此,根据《中华人民共和国公司法》第一百四十八条第一款第五项、第二款的规定,判决:被告邓某某、王宗某于判决生效之日起十日内向原告上海德盾实业有限公司偿付 185 万元。

一审判决后,被告邓某某、王宗某不服判决,提起上诉。

二审法院查明事实与一审一致。

二审法院经审理后认为,一审判决认定事实清楚,适用法律正确,故判决驳回上诉,维持原判。

点 评

本案涉及公司商业机会原则的适用以及归入权的行使。

首先,关于公司商业机会原则。我国《公司法》第一百四十八条第一款第五项对此作出规定,即未经股东会或者股东大会同意,董事、高级管理人员不得利用职务便利为自己或者他人谋取属于公司的商业机会,自营或者为他人经营与所任职公司同类的业务。2021 年公司法修订草案在此原则性规定的基础上,进一步规定了三类除外情形:一是已经向董事会或者股东会报告,并经董事会或者股东会决议;二是已经向董事会或者股东会报告,但董事会或者股东会明确拒绝该商业机会;三是根据法律、行政法规或者公司章程的规定,公司不能利用该商业机会。

该原则的含义是,如果董事或高管为了自己的利益追求一个商业机会,而公司在该商业机会中又有特殊利益,那么可能会出现公司利益和董事或高管义务的冲突。董事或高管因此而获取的利润应当归于公司,因为他们被视为公司的拟制受托人而取得该利润。同样地,如果董事或高管安排了一个公司在其中有特殊利益的商业机会,而该商业机会又被转移到另一个合伙或公司,并且该董事或高管是该合伙的合伙人之一或该公司的股东之一的,那么该董事或高管负有责任,因为在此情形下就好像他们个人拿走了商业机会一样。

其次,关于归入权。根据我国《公司法》第一百四十八条第二款,董事、高级管理人员违反前款规定所得的收入应当归公司所有。本案对归入权的行使,主要体现为三个方面。第一,关于责任主体即归入权的义务主体范围的判断标准。法院采取形式判断与实质判断相结合的方法,侧重实质审查。本案中,对高管的判断,并非局限于书面任命,而是结合其掌握公司生产经营方面的重要商业信息以及担任重要管理职责等因素,确认其为公司高管的身份。第二,关于归入权诉讼时效的认定。依据归入权所指向的侵权行为,区分一次性侵权行为和持续性侵权行为,分别予以对待。第三,关于"收入"即归入权归入范围的界定。法院裁判时要结合时间、类型和责任等不同维度加以确定。例如,本案系持续性侵权行为,在时间维度上,要考虑诉讼时效起始时间以及侵权行为因果关系理论对高管的任职期间、被侵权公司的经营期间以及实际注销时间等因素;在类型维度上,侵权人的收入体现为其从第三人公司处获取的收益(包括其在第三人公司处取得的工资、分红等报酬以及作为股东享有但尚未取得的权益性收入);在责任维度上,不具备高管身份的侵权人应当与实施侵权行为的高管对其共同侵权行为承担连带责任。这些关于归入权行使的裁判观点,对于司法实务中解决同类纠纷具有很好的指导意义。

案例提供单位:上海市闵行区人民法院

编写人:张文星　朱　任

点评人:葛伟军

41. 南通例如物流有限公司诉上海泛亚航运有限公司海上货物运输合同纠纷案

——瞒报危险货物运输的违约金认定

案 情

原告(反诉被告、被上诉人)南通例如物流有限公司

被告(反诉原告、上诉人)上海泛亚航运有限公司

2019 年 11 月 19 日,南通例如物流有限公司(以下简称南通例如)通过网上订舱系统,向上海泛亚航运有限公司(以下简称上海泛亚)发送订舱确认书,该由上海泛亚制定的格式订舱确认书载明,收货地和装港为南通,卸港上海,最终卸港汕头,货物为 1 个 20 英尺集装箱的面粉,货类普通货。订舱确认书的权利与义务条款中约定:上海泛亚不接受任何具有爆炸、易燃、毒害、腐蚀、放射性等特性的危险品、特种箱、冷藏箱运输,托运人对于属性为化工品的货物必须提供详细品名及化学品安全技术说明书(MSDS)进行非危甄别。如发生托运人瞒报危险品情况的,上海泛亚有权要求托运人/收货人补齐运费差额,并且托运人还应向承运人支付违约金 100 000 元/TEU。当违约金不足以弥补泛亚因此产生的额外费用、损失和责任的,托运人还应就不足部分向上海泛亚承担赔偿责任。

货物出运后,因南通例如于 2019 年 11 月 28 日网上订舱,由南通运往广东东莞的装载有申报品名为橡胶,实际货物为氧化锌的集装箱被东莞海事局沙田海事处查处,出具行政处罚书认定南通例如存在托运的普通货物中夹带危险货物,或者将危险货物谎报或者匿报为普通货物托运(危险化学品以外的危险货物)的违法行为,处以 15 500 元的罚款处罚。之后,上海泛亚对南通例如托运的货物进行查验,发现涉案货物申报品名为面粉,实际为氧化锌。于是,上海泛亚将该票货物扣留,要求南通例如按照订舱确认书的约定向上海泛亚支付上述 2 票货物的违约金 200 000 元。

2020 年 1 月 20 日,南通例如向上海泛亚出具情况说明,称其操作人员误将货

物品名打成面粉,事后才知货物为橡胶原料。此柜被上海泛亚扣在汕头港。南通例如已经认识到因为自己大意、疏漏而引发此类事件的严重性,愿意就此两柜的货名误报接受上海泛亚的处罚,请求上海泛亚能参照海事局的做法,对南通例如予以宽容处理。

原告南通例如诉称,上海泛亚无权扣留涉案货物,故诉至法院,请求判令上海泛亚立即交付涉案货物并赔偿南通例如逾期交货违约金 13 687.50 元。

被告上海泛亚答辩并反诉称,南通例如存在瞒报危险品的行为,应按照运输协议的约定支付 100 000 元的违约金。在南通例如未支付该款项前,上海泛亚有权按照协议的约定暂缓交付货物。另因南通例如未支付违约金导致货物被留置在码头,发生集装箱超期使用费和堆存费,也应在提货之前付清。故请求判令南通例如支付瞒报危险品违约金 100 000 元及利息,并支付集装箱超期使用费 49 535 元及利息。

审 判

一审法院经审理认为,根据法律规定,南通例如对协议约定的违约金数额提出异议,认为违约金高于实际损失,上海泛亚应举证证明其由此遭受的损失。现上海泛亚并未对其损失的具体项目和金额提供证据,但南通例如瞒报危险品的行为,对运输安全造成危险的隐患程度较大,故可参照《船舶载运危险货物安全监督管理规定》第四十六条关于"违反本规定,在托运的普通货物中夹带危险货物,或者将危险货物谎报或者匿报为普通货物托运的,属于危险化学品以外的危险货物的处 1 000元以上 30 000 元以下的罚款"的规定,取其上限 30 000 元计算较为合理。据此,依照《中华人民共和国合同法》第六十条第一款、第一百零七条、第一百一十四条第一款、第二款,《最高人民法院关于适用〈中华人民共和国合同法〉若干问题的解释(二)》第二十九条第一款,《中华人民共和国民事诉讼法》第六十四条第一款、第一百四十条之规定,判决:一、南通例如应于判决生效之日起十日内向上海泛亚支付违约金 30 000 元及其利息(以 30 000 元为基数,自 2020 年 10 月 10 日起计算至实际支付之日止,按同期全国银行间同业拆借中心公布的贷款市场报价利率 LPR 计付);二、南通例如应于判决生效之日起十日内向上海泛亚支付集装箱超期使用费14 650 元及其利息(以 14 650 元为基数,自 2020 年 10 月 10 日起计算至实际支付之日止,按同期全国银行间同业拆借中心公布的贷款市场报价利率 LPR 计付);三、对南通例如的全部诉讼请求不予支持;四、对上海泛亚的其他诉讼请求不予支持。

一审判决后,上海泛亚不服,提起上诉。

二审法院查明事实与一审一致。

二审法院经审理认为,根据《最高人民法院关于适用〈中华人民共和国合同法〉若干问题的解释(二)》第二十九条,约定的违约金过分高于造成的损失的,当事人可以请求人民法院或者仲裁机构予以适当减少。人民法院应当以实际损失为基础,兼顾合同的履行情况、当事人的过错程度以及预期利益等综合因素,根据公平原则和诚实信用原则予以衡量,并作出裁决。判断涉案违约金是否过高可以从以下几个方面予以考量:

第一,瞒报危险货物运输对社会公共安全的危害性。本案所涉的瞒报危险货物运输的行为将会导致港口、船舶、船员、水生环境等处于共同危险的风险中。而一旦因为运输危险货物而发生着火、爆炸或环境污染等事故,往往会造成高额的财产损失、重大的人员伤亡以及不可逆转的水域污染。涉案运输虽未发生事故,但此类行为对社会公共安全的危害性巨大。

第二,瞒报危险货物运输的过错。本案所涉的如实填报运输货物品名是诚信商人应尽之义务。而瞒报危险货物的行为有违诚信原则,将危险货物误报为一般货物是当事人主观上不够重视所导致,也有悖于诚实守信的社会价值取向。涉案违约金的约定不以事故发生为前提,带有明显的惩罚性,约定高额违约金的目的就在于敦促申报方如实申报货物品名。

第三,瞒报危险货物导致的实际损失。鉴于瞒报危险货物运输的巨大危害性以及瞒报情况实践中存在难以被发现的情况,为了降低错误申报给海上货物运输所带来的安全隐患,世界主要班轮公司都在进一步提高对危险品货物申报的监管。涉案运输虽未发生事故,但在考量违约金数额时,不能仅以发生事故后产生的损失为标准,航运企业为应对错误申报问题投入的各类成本也应计算在内。实践中,由于航运企业投入的相应人力物力等成本不断提升,其对外公布的针对集装箱内危险品货物瞒报及误报情况收取相应违约金的标准也在不断提高。涉案 100 000 元每箱的违约金标准并未明显高于行业收费。

至于违约金过高的举证责任。债务人提出减少违约金申请的,应当就约定的违约金高于造成的损失予以举证。本案中,南通例如瞒报危险货物的运输虽未发生事故,但上海泛亚为调查瞒报行为实际已经安排公司员工进行开箱检查,其损失的存在是可以合理推断的。南通例如主张约定的违约金过高请求予以减少,其应当承担相应的举证责任。但南通例如并未提供证据证明其主张,应当承担举证不能的不利后果。综上,上海泛亚在本案中主张的违约金 100 000 元无需予以调整,南通例如应当按照合同约定向上海泛亚支付上述违约金。

依照《中华人民共和国合同法》第一百一十四条第一款、第二款,《最高人民法院关于适用〈中华人民共和国合同法〉若干问题的解释(二)》第二十九条,《最高人民法院关于适用〈中华人民共和国民法典〉时间效力的若干规定》第一条第二款,《中华人民共和国民事诉讼法》第一百七十条第一款第二项、第一百七十五条之规定,判决:一、维持一审判决第二项、第三项;二、撤销一审判决第一项、第四项;三、南通例如应于判决生效之日起十日内向上海泛亚支付违约金 100 000 元及其利息(以 100 000 元为基数,自 2020 年 10 月 10 日至实际支付之日,按同期全国银行间同业拆借中心公布的一年期贷款市场报价利率计付);四、对上海泛亚的其他诉讼请求不予支持。

点 评

本案系一起海上货物运输合同纠纷,主要涉及瞒报危险货物但未发生事故的情况下如何判断约定违约金的金额是否过高。

本案中主要的争议焦点在于上海泛亚向南通例如收取 10 万元的违约金是否具有合理性。经法院查明,南通例如系自行在网上选择向上海泛亚订舱,其在填写订舱确认书时,亦未对确认书的相关条款提出任何异议,应认定其知晓并愿意接受相关条款。而南通例如在委托运输时,其应知晓运输货物的品名和属性,无论是出于过失还是故意,其将危险品氧化锌误报为面粉,对上海泛亚来说已经构成瞒报,构成违约,理应承担由此造成的损失。本案中二审法院结合诚实守信的社会价值取向、违约金的威慑作用、应对错误申报问题投入的各类成本、航运市场相关违约金约定标准等因素认为,违约金无需酌减。

实践中一般以违约造成的损失金额为基数,若违约金数额超过造成损失的百分之三十的,则被认定为过分高于造成的损失。这种"一刀切"采用固定比例调整违约金金额的做法虽然让实践操作更为便利,但过于机械的做法有时会造成实质上的不公平。本案明确了在瞒报危险货物进行海上运输的情况下,虽未发生事故,但违约金金额无需按照实际损失进行调整,有利于遏制此类瞒报危险货物进行运输的行为。

案例提供单位:上海市高级人民法院

编写人:张　雯

点评人:王国华

42. 上海福路流体设备技术有限公司诉施某某损害公司利益责任纠纷案

——公司参与交易背景下高管谋取公司商业机会的司法认定

案 情

原告上海福路流体设备技术有限公司

被告施某某

第三人华油惠博普科技股份有限公司

原告上海福路流体设备技术有限公司(以下简称福路公司)系由上海仕明志投资有限公司与西班牙 ARFLU 公司合资的外商投资企业,系 ARFLU 公司在中国的唯一子公司及独家代理商。在涉案业务期间,被告施某某担任福路公司总经理、董事。

2017 年 9 月 6 日,华油惠博普科技股份有限公司(以下简称惠博普公司)向施某某在福路公司的工作邮箱发送询价邮件,邀请其对伊拉克格拉芙项目所涉的阀门报价。9 月 26 日,惠博普公司再次向施某某邀请报价。施某某安排福路公司销售部工作人员刘某某予以跟进。后续,刘某某就 ARFLU 阀门样本、资质文件以及价格等与惠博普公司进一步磋商。

2017 年 12 月,施某某安排刘某某以香港炜翔商贸有限公司(以下简称炜翔公司)的名义参与涉案项目的投标工作。2018 年 1 月 25 日、2 月 23 日,炜翔公司与惠博普公司签订两份合同,共采购 ARFLU 阀门 2 853 台,总价款 3 133 439 美元。惠博普公司曾就签约主体提出质疑,刘某某回复,为提高沟通效率,一般项目由福路公司签约,美金合同则由炜翔公司签约。

为履行该合同,2018 年 3 月,炜翔公司向 ARFLU 公司采购阀门 2 853 台,施某某通过福路公司董事长陆某某,促成 ARFLU 公司以 1 910 675 美元与炜翔公司签约。该价格确保 ARFLU 公司留有 16% 的利润,福路公司留有 8% 的利润。后续,ARFLU 公司通过福路公司进行阀门的生产、运输等。因交货延期、产品质量等问题,惠博普公司提出赔偿。截至一审法庭辩论结束,惠博普公司与炜翔公司、炜翔公司与 ARFLU 公司的合同尚未完全履行完毕。

原告福路公司诉称,被告施某某在福路公司担任总经理期间,利用第三人惠博普公司向福路公司邀请报价的机会,伪造 ARFLU 公司的授权书,安排其实际控制的炜翔公司与惠博普公司签约,又向 ARFLU 公司谎称炜翔公司是惠博普公司的代理商,欺骗 ARFLU 公司与炜翔公司签约。至此,施某某窃取了属于福路公司的商业机会,并从中获取了差额收入 122.276 4 万美元。故诉至法院,请求判令:被告施某某赔偿原告福路公司 122.276 4 万美元。

被告施某某辩称,不同意原告的诉讼请求。第一,案涉商业机会并非福路公司所有,理由是:案涉商业机会源于施某某个人与惠博普公司长期合作,应属施某某个人所有;施某某获得案涉商业机会后,与福路公司共享该商业机会,福路公司获取了生产、运输等环节的利润。第二,施某某将该商业机会告知福路公司,福路公司对此均知情并同意,具体表现为:福路公司员工与惠博普公司接洽相关事宜,并多次召开福路公司内部会议讨论涉案项目;施某某通过福路公司董事长陆某某促成炜翔公司与 ARFLU 公司签约。

第三人惠博普公司述称,其本意与 ARFLU 公司的中国代理商签约,以为炜翔公司是福路公司的关联公司。

审 判

一审法院经审理后认为,施某某利用其作为福路公司总经理的职务便利,私自将本应由福路公司与惠博普公司签约的商业机会安排给炜翔公司,损害了福路公司利益,构成侵权。理由如下:

首先,来自惠博普公司的业务机会属于福路公司的商业机会。对惠博普公司而言,其为邀请 ARFLU 公司中国代理商进行报价,向施某某的工作邮箱发出邮件,并与福路公司员工刘某某具体对接、磋商,及至诉讼中也明确表示其与施某某及刘某某所在的公司即福路公司进行合作,并以为炜翔公司是福路公司的关联公司,基于刘某某的安排而与炜翔公司签约。对施某某而言,其作为福路公司的总经理,接到惠博普公司的邀请报价函件后,安排销售部员工刘某某回复、出差拜访,系履行其总经理职责的具体体现,表明其认可该业务机会属于福路公司的商业机会。对福路公司而言,其作为 ARFLU 公司在华合资公司及代理商,实际进行了与惠博普公司之间的报价、磋商,具备与惠博普公司签约的资格,该业务机会属于福路公司的业务范围。因此,综合各方对案涉商业机会的目的、认知、履行,认定该业务机会属于福路公司的商业机会。施某某辩称涉案业务系惠博普公司给其个人的商业机会,与事实不符,不予采纳。施某某辩称案涉商业机会系原告、施某某及 ARFLU 公司、福路公司关联公司等共同获益的共同商业机会,对此,确实在后期生产、检验、运输等环节,相关公司均参与,但本案争议的是与惠博普公司签约的商业机会,并不涉及后端履行问题。

其次,施某某利用职务便利,未将交易机会向福路公司进行有效披露,私自将案涉商业机会安排给炜翔公司。按照正常交易流程,刘某某代表福路公司与惠博普公司报价、磋商取得进展后,应以福路公司的名义向惠博普公司投标、签约,这也符合施某某作为福路公司总经理的职责要求以及惠博普公司的商业目的。然,施某某安排刘某某以炜翔公司名义进行投标、签约。对此,第一,施某某未提供证据证明福路公司放弃该商业机会,也未提供证据证明福路公司同意由炜翔公司投标、签约。第二,炜翔公司系施某某实际控制的公司,并非 ARFLU 公司的中国代理商,本不具备与惠博普公司签约资格。施某某向惠博普公司提供的授权书并非真实,而是为该次交易而"安排"的。第三,施某某及刘某某向惠博普公司解释更换签约主体的理由是为了沟通和交货方便。因此,施某某利用职务便利,未经股东会同意,私自将签约主体更换为原本不具备签约资格的炜翔公司。

综上,施某某作为福路公司的总经理、董事,对福路公司负有忠实义务,不得谋取属于福路公司的商业机会是其履行该义务的具体体现。施某某明知涉案业务是属于福路公司的商业机会,未经股东会同意,私自将该商业机会安排给炜翔公司,造成福路公司利益损失,构成侵权,应当予以赔偿。依照《中华人民共和国公司法》第一百四十七条、第一百四十八条第一款第五项、第一百四十九条的规定,判决:一、被告施某某应于判决生效之日起十日内赔偿原告上海福路流体设备技术有限公司经济损失 122.276 4 万美元;二、驳回原告上海福路流体设备技术有限公司其余诉讼请求。

一审判决作出后,各方当事人均未提起上诉,一审判决已生效。

点 评

本案涉及公司商业机会原则。本案的审理难点在于,在公司参与交易的背景下,对系争商业机会的归属以及董事、高管是否合法利用该商业机会如何进行司法认定。

我国《公司法》第一百四十八条第一款第五项对公司商业机会原则进行了原则性规定,简言之,董事或高管不得将属于公司的商业机会攫为己有。本案的特殊性在于"公司参与",即高管向其所在的公司披露了部分交易的内容,从表象上看似乎很难认定高管利用职务便利谋取了属于公司的商业机会。本案中法院结合"公司参与"的特殊性,分两步明确了商业机会的归属以及"谋取"的认定因素:第一,在商业机会的归属认定上,坚持以公平为原则,着重从公司的经营活动范围、公司对商业机会的实质性努力等方面综合判断;第二,在高管的行为是否构成"谋取"上,应以善意为标准,重点审查披露的及时性、完整性、有效性。

董事或高管为了个人利益而谋取的机会,往往是其在执行职务过程中所发现或者找到的。法官通常会认为,董事在执行职务过程中所发现或者找到的任何机会,都应当视为公司的机会,董事只能为了公司的利益而利用这些机会;董事在执行职务过程所掌握的任何信息,也被视为公司业务的范畴,因此只能为了公司利益而使用。如果董事是正常地离开,例如退职,然后再谋取机会的,法院要根据每个案件的具体事实来判断是否违反公司机会原则。董事在位期间,公司会自然地向其提供一些关于公司业务的信息。这些信息将变成董事个人知识的一部分,董事离开公司以后,为个人利益谋取机会的,不能当然地被视为违反公司机会原则。

有些公司会在董事的服务合同中作出限制,限制董事从事与公司的业务构成竞争的交易。如果服务合同没有对董事作出类似的限制,那么董事从与公司构成竞争的交易中获取的利益,并不必然交还公司,因为与公司竞争不一定就违反董事的义务。但是,如果董事利用公司的财产或商业秘密,或者公司客户的信息,或者在公司经营中凭借其董事职位而获得的专业技能,为了个人的利益而从事与公司构成竞争的交易,那么该董事从该交易中获取的利益,必须交还公司。当董事退位以后,也就是不再以董事身份履行职务的时候,不得利用其从公司得到的信息、知识以及专业技能的义务才告终止。

在理解公司机会原则的时候,公司在该机会中是否享有某些特定权益有时候并不重要,最关键的问题是,董事作为受信人,在利用该机会时是否违反了不得冲突的义务,即不得将其自己置于个人利益与公司利益相冲突的境地。

案例提供单位:上海市青浦区人民法院

编写人:尹　强　吴小国

点评人:葛伟军

43. 上海江铜营销有限公司诉浙江鸿晟隆新材料科技有限公司等买卖合同纠纷案

—— 动态质押监管达到设立质权条件的司法认定

案 情

原告(上诉人)上海江铜营销有限公司

被告(被上诉人)浙江鸿晟隆新材料科技有限公司

被告(被上诉人)浙江泰晟新材料科技有限公司

被告浙江宏磊东南房地产开发有限公司

被告浙江宏磊控股集团有限公司

被告浙江省诸暨市宏磊建材厂

被告金某

第三人上港物流金属仓储(上海)有限公司

2016 年 4 月,原告上海江铜营销有限公司(以下简称江铜公司)与被告浙江鸿晟隆新材料科技有限公司(以下简称鸿晟隆公司)签订铜材产品销售合同,后江铜公司按照合同约定向鸿晟隆公司销售了电工圆铜线胚等。截至诉讼时,鸿晟隆公司尚欠江铜公司货款 3.6 亿余元。为担保上述合同债权,江铜公司分别与被告浙江宏磊东南房地产开发有限公司(以下简称宏磊东南公司)、浙江宏磊控股集团有限公司(以下简称宏磊集团公司)、浙江省诸暨市宏磊建材厂(以下简称宏磊建材厂)、金某签订最高额抵押协议,办理了不动产抵押登记。鸿晟隆公司、浙江泰晟新材料科技有限公司(以下简称泰晟公司)、江铜公司与上港物流金属仓储(上海)有限公司(以下简称上港公司)另签订一份《货物质押及监管协议》,约定鸿晟隆公司、泰晟公司同意将其享有所有权的货物质押给江铜公司,双方均同意将质押财产交由上港公司存储监管,上港公司同意按照江铜公司的指示监管质押财产,确保质押财产不低于 2 437.14 吨等。2016 年 6 月,泰晟公司与上港公司、江铜公司又签订《仓库租赁合同》一份,约定泰晟公司将浙江省诸暨市某处仓库及配套设施出租给上港公司使用;上港公司同意泰晟公司安排本合同项下的仓库和装卸、负责场地和仓库货物的日常保管、进出库;上港公司享有监管权,同时有权就《货物质押及监管协议》项下的一切义务转委托泰晟公司履行,由泰晟公司对相关当事人履行仓储义务、保管义务、监管义务等;任何仓储物之灭失、损坏,以及上港公司因履行《货物质押及监管协议》而产生的赔偿责任或损失的,均由泰晟公司全额赔偿等。2016 年 7 月至 2018 年 10 月期间,上港公司指派两名工作人员驻在案涉仓库(但没有掌握仓库钥匙),并每日向江铜公司出具《质押财产变动清单》,显示货物库存量均高于 2 437.14 吨。上港公司自认,货物进出库由泰晟公司自行负责,上港公司只是对出入库情况进行汇总统计,无法实现对货物进出库的控制。2018 年年底,泰晟公司将仓库内 2 000 余吨货物进行了出库。一审中,法院对仓库内剩余货物进行了财产保全(仅剩 200 余吨)。一审判决作出后,泰晟公司又将剩余的货物也全部予以了处分。

原告江铜公司诉称,其按约向鸿晟隆公司发货,但鸿晟隆公司未按约履行付款义务。2019 年 4 月 12 日,鸿晟隆公司向江铜公司出具函件,针对欠付的部分货款制定还款计划,并承诺于 2019 年 4 月 25 日前还清部分货款。但鸿晟隆公司之后仅还款 1 000 万元。江铜公司于 2019 年 4 月 25 日分别向各被告发送《催款函》。鸿晟隆公司于 2019 年 5 月 5 日向江铜公司发送《复函》,并希望双方在对账后三年内逐步向江铜公司付清欠款。江铜公司不予接受,故诉至法院,请求判令:(1)鸿晟隆公司向江铜公司支付货款 364 296 204.47 元;(2)鸿晟隆公司向江铜公司支付截至 2019 年 5 月 24 日的利息 100 172 906.35 元及以 364 296 204.47 元为基数、按年利率 10% 计算、自 2019 年 5 月 25 日起至实际清偿之日止的利息;(3)鸿晟隆公司支付江铜公司支出的律师费 36 万元和财产保全保险费 231 810.42 元;(4)如鸿晟隆公司未履行上述 1—3 项付款义务,江铜公司有权对各被告抵押、质押物折价或者拍卖、变卖的价款在最高抵押额范围内优先受偿等。

被告鸿晟隆公司、宏磊东南公司、宏磊控股集团、宏磊建材厂、泰晟公司、金某共同辩称,第一,对江铜公司主张的尚欠货款金额予以认可,对其主张的截至 2019 年 5 月 24 日的违约金数额及 2019 年 5 月 25 日之后的违约金计算方式均予以认可。但鸿晟隆公司经营困难,希望协商解决。第二,对为欠款提供抵押和质押的事实亦予以认可,所有抵押人和质押人同意配合江铜公司尽快实现抵押权和质押权以清偿债务。就质押担保而言,应当以质押物的现状为准,在现有质押物范围内承担相应的质押担保责任。

被告泰晟公司辩称,第一,江铜公司主张的货款系 2016 年度欠款,但泰晟公司签订的《货物质押及监管协议》针对的主债权确定期间是 2017 年,而 2017 年货款已付清,故主债权已消灭。第二,《货物质押及监管协议》项下的质押货物并未移交给监管方上港公司,故质权未设立,应驳回江铜公司主张质押权的诉请。第三,截至查封当时,出质的货物尚在仓库中的仅有 284 吨。无论江铜公司对质押物是否享有质权,江铜公司对已经不存在的质押物无权享有优先受偿权。

第三人上港公司述称,江铜公司、鸿晟隆公司、泰晟公司与上港公司并未实际履行 2017 年《货物质押及监管协议》,2017 年协议项下的质押物并未交付。各方曾于 2016 年签订《货物质押及监管协议》。上港公司所履行的仅是 2016 年协议,所监管的 2 437.14 吨货物也是 2016 年协议项下的质押物。且江铜公司已起诉上港公司,要求其根据 2017 年《货物质押及监管协议》承担相应责任。

审 判

一审法院经审理后认为,关于鸿晟隆公司的主债务,鸿晟隆公司对江铜公司主张的尚欠货款金额予以确认,故应当向江铜公司支付尚欠货款 364 296 204.47 元;江铜公司在本案中主张的违约金计算方式符合双方在销售合同及补充协议中的约定,且鸿晟隆公司在第一次庭审中已认可江铜公司在第 2 项诉请中主张的违约金金额,故予以支持;关于律师费,双方约定因买方违约导致的律师费由买方负担。现鸿晟隆公司未及时支付货款,江铜公司实际支出律师费 36 万元,应由鸿晟隆公司负担。至于财产保全保险费,因双方在销售合同中并未明确对该保险费加以约定,且该保险费亦非实现债权的必要费用,故对江铜公司该项诉请,不予支持。

关于各被告的最高额担保责任。宏磊东南公司、宏磊控股集团、宏磊建材厂、金某的最高额抵押合法有效,江铜公司根据协议约定要求实现抵押权,应予支持。因江铜公司未按照合同约定在主债务履行期届满之日起六个月内要求宏磊东南公司、宏磊控股集团承担保证责任,故宏磊东南公司、宏磊控股集团免除保证责任,故对江铜公司要求宏磊东南公司、宏磊控股集团对未获清偿的债权承担无条件连带清偿责任的诉请,不予支持;因宏磊东南公司并未在宏磊建材厂、金某与江铜公司的抵押协议上盖章。因此,江铜公司要求宏磊东南公司承担上述协议项下连带清偿责任的诉请,不予支持。

关于鸿晟隆公司、泰晟公司的质押担保责任。本案中债权人、出质人与监管人订立三方监管协议,约定上港公司受江铜公司的委托监管质押财产。但从质押财产监管方式来看,上港公司与泰晟公司签订《仓库租赁合同》,质押财产仍存放在泰晟公司仓库内,各方约定仍由泰晟公司负责场地和仓库货物的日常保管、进出库,而仓储物的灭失、损毁亦由泰晟公司自行承担责任。从实际监管情况来看,上港公司仅派两名人员在工作时间至仓库进行进出库点数,并未取得对仓库货物的有效管控,质押财产出库时也并未取得监管人同意,因此,上港公司并未实际履行监管职责。从各方在合同中的约定和实际进行的监管方式可见,本案中质押财产实际上仍然由出质人管领控制,质押财产并未实际交付,质权并未有效设立。据此,依照《中华人民共和国合同法》第六十条第一款、第一百零七条、第一百零九条、第一百一十四条第一款,《中华人民共和国物权法》第一百七十条、第一百七十九条、第一百九十五条、第一百九十八条、第二百零三条、第二百零七条,《中华人民共和国担保法》第二十六条之规定,判决:一、被告浙江鸿晟隆新材料科技有限公司于判决生效之日起十日内向原告上海江铜营销有限公司支付货款 364 296 204.47元;二、被告浙江鸿晟隆新材料科技有限公司于判决生效之日起十日内向原告上海江铜营销有限公司支付截至 2019 年 5 月 24 日的违约金 100 172 906.35 元,及以364 296 204.47 元为基数、按年利率 10% 计算、自 2019 年 5 月 25 日起至实际清偿之日止的违约金;三、被告浙江鸿晟隆新材料科技有限公司于判决生效之日起十日内向原告上海江铜营销有限公司支付律师费 36 万元;四、如被告浙江鸿晟隆新材料科技有限公司届期未履行上述第一项至第三项付款义务,原告上海江铜营销有限公司可以与被告浙江宏磊东南房地产开发有限公司、浙江宏磊控股集团有限公司、浙江省诸暨市宏磊建材厂、金某协议以其所有抵押物折价或者以拍卖、变卖该抵押财产所得的价款在最高抵押额范围内优先受偿;五、驳回原告上海江铜营销有限公司的其余诉讼请求。

一审判决作出后,原告江铜公司不服,提起上诉。

二审法院查明事实与一审一致。

二审法院经审理后认为,根据原《中华人民共和国物权法》有关规定,出质人向质权人移转对质押财产的占有,是质权成立的必备要件。本案中,从合同约定来看,相关合同不仅未明确约定排除出质人随意占有支配质押财产的具体内容,反而为出质人占有支配质押财产提供了充分的合同依据;从质押监管的实际履行情况看,监管人对案涉货物没有形成质权设立所需要达到的管领控制力;从质押监管的实际效果来看,上港公司和江铜公司未能有效阻止案涉货物出库,至诉讼中案涉仓库内的货物已完全灭失。综合考量以上事实,足以认定江铜公司及上港公司对案涉仓库内的货物未进行有效的管领控制,原审法院认定案涉质权未成立正确。依照原《中华人民共和国物权法》第二百零八条第一款、第二百一十二条,以及《中华人民共和国民事诉讼法》第一百七十条第一款第一项规定,判决:驳回上诉,维持原判。

点 评

本案涉及库存货物动态质押。这些交易的模式大体类似:公司与银行签订《动产质押合同》,约定为担保《综合授信合同》的履行,公司将其所有的存放于不同仓库或货场的动产(例如煤炭、钢材等大宗交易项下的货物)抵押或质押给银行;公司、银行以及物流公司同时签订《动产质押监管协议》,约定公司提供质押财产,银行对质押财产作间接占有,物流公司负责监管质押财产;在债权尚未完全清偿之前,公司增加、减少或置换质押财产的,需办理出货手续。法官在裁判时,对这些交易的性质作出不同的阐述,反映出对这一新型担保方式的困惑,概括起来包括浮动抵押说、滚动出质模式下的质押说、浮动质押说以及质押物的浮动监管说等。

多数学者认为,动态质押与浮动抵押在标的物的确定性、法律结构(担保人的控制力强弱)、业界态度(强化担保权人的实际占有)、登记差异、监管机制差异等方面存在根本不同,不能混为一谈。动态质押的标的物虽然具有流动性,但是不影响其与静态质押的同质性,因为物权客体的特定不要求客体必须固定不变,只要满足法律规定的公示要求,即便客体在权利实现前按照预定方案发生变化,也不会影响权利的实现。故动态质押属于动产质押。动态质押与浮动抵押属于不同的担保方式,分别适用不同的法律规则,两者可以共生。从中可见,对动态质押性质的讨论似乎展现了这样的一种矛盾和冲突,即一方面强调我国担保制度的改革要引入功能主义,另一方面又坚持形式主义担保观。

动态质押运行模式涉及三方,除了债务人和债权人之外,还有监管人。监管人对债务人处分担保物进行监督。监管人负有托管职责,应当按照三方协议的约定,履行职责。动态质押的设计,反映的是债务人对于担保财产进行使用或处分的需要,这可以看成是浮动抵押在更广泛的动产领域的延伸。动态质押的监管人,通常被视为质权人的代理人,由此监管人占有、管理质押物,被认为符合质押的特征。而浮动抵押是非转移占有型的担保,抵押物由抵押人占有,如果将监管人看成是债务人的代理人,那么担保物显然被视为仍处于债务人占有之下,动态质押即失去意义,该担保相当于浮动抵押。

本案的意义不在于探讨动态质押的性质,而在于探索库存货物动态质押监管的交易模式下如何判断监管人是否实际管领控制质押财产。动态质押监管中的"监管"应为实际监管,质权人或者监管人不仅应当实际占有质押财产,而且应当采取有效措施,使质权人或者监管人对质押财产具有足够的控制力;应当从合同约定、履行过程、监管结果等三个方面综合判断监管人是否实际监管质押财产;质押财产交付并不等同于实际监管;等等。这些观点对于理解"监管"具有较强的指导意义。

案例提供单位:上海市高级人民法院

编写人:彭　浩

点评人:葛伟军

44. 上海民恩投资管理有限公司诉第一养老护理服务(深圳)有限公司等股东出资纠纷案

——以经营权为标的出资合同构成合同僵局的司法认定

案 情

原告(反诉被告、被上诉人、再审申请人)上海民恩投资管理有限公司

被告(反诉原告、上诉人、被申请人)第一养老护理服务(深圳)有限公司

第三人向阳养老服务(广东)有限公司

2016 年至 2018 年,被告第一养老护理服务(深圳)有限公司(以下简称第一养老公司)中标广东省广宁县民政局的广宁县敬老服务中心、广东省乳源瑶族自治县民政局的乳源瑶族自治县乳城镇区域性敬老院、广东省云浮市郁南县、广东省肇庆市鼎湖区公办养老机构等公建民营养老服务项目。

2017 年 6 月 28 日,原告上海民恩投资管理有限公司(以下简称民恩公司)与第一养老公司签订一份《股东出资协议》,约定共同出资设立"向阳养老服务(广东)有限公司"(以下简称向阳公司),公司股东为 2 个法人机构,注册资本 2 000 万元。民恩公司以货币出资 2 000 万元,占新公司注册资本的 49%,其中 980 万元为民恩公司注册资本,1 020 万元为代第一养老公司完成股本金注册。第一养老公司以前期投入为出资依据,折合 1 020 万元,占新公司注册资本的 51%;出资时间:公司注册登记完成后 5 日内,第一养老公司应以股东协议的形式把广东现有的及未来的养老机构经营权排他性地全部委托给公司,民恩公司将 2 000 万元打入公司账号;公司登记:全体股东同意指定第一养老公司为代表或者共同委托的代理人,向公司登记机关申请公司名称预先核准登记和设立登记;违约责任:(1)有下列行为之一的,属违约:不按本协议约定出资;股东中途抽回出资;因股东过错造成本协议不能履行或不能完全履行的;任何股东有实质性内容未予披露或披露不实,或违反本协议规定的,均被视为违约。(2)守约方有权书面通知违约方限期予以修正或补救,同时有权要求违约方赔偿因其违约而造成守约方的一切经济损失。

2017 年 8 月 22 日,向阳公司成立,为有限责任公司,注册资本 2 000 万元,公司登记的股东为民恩公司(认缴出资额 980 万元,出资比例 49％,出资方式货币)、第一养老公司(认缴出资额 1 020 万元,出资比例 51％,出资方式货币)。之后,民恩公司未履行出资"将 2 000 万元打入公司账号"的义务,第一养老公司亦未履行"以股东协议的形式把广东的现有的及未来的养老机构经营权排他性地全部委托给公司"的义务。

向阳公司在成立后,登记设立云浮分公司、江门分公司,并与他人签订合同,投入资金进行运营。

2018 年 2 月 8 日,向阳公司在民恩公司会议室召开董事会,主要议题为公司养老项目经营权转移事宜、公司 2018 年度经营计划、公司 2018 年财务预算以及公司未来发展计划等其他事项。公司董事长唐某某及董事王某某、监事刘某某签到,其他三名第一养老公司方的董事均未签到。

一审庭审后,民恩公司向一审法院递交了中国建设银行股份有限公司上海康健支行开具的民恩公司银行账户存款余额 2 000 万元的资金存款证明。

原告民恩公司诉称,第一养老公司无正当理由,未按约履行其合同义务,应承担继续履行的合同责任。故诉至法院,请求判令第一养老公司立即将广东现有的及未来的养老机构经营权排他地委托给向阳公司。

被告第一养老公司答辩并提起反诉称,形式上来看,原告的诉讼请求描述的是现有的及未来的权利,未来的是不明确的,不符合《中华人民共和国民事诉讼法》的规定,程序上存在严重瑕疵。实体上看,原告的诉讼请求,从其合同依据、法律权利来源、合同实际履行来看,均缺乏依据,不应当得到支持。双方在 2018 年 1 月份已经达成一致,依法终止合同并清算第三人。原告未将其应出资的 2 000 万元"打入"第三人账户,构成根本违约。故提起反诉,请求:解除原、被告之间签订的《股东出资协议》。

第三人陈述,不同意反诉原告的诉讼请求。

审 判

一审法院经审理后认为,本案系股东出资纠纷,涉案的《股东出资协议》性质系公司发起人协议。虽然向阳公司章程约定注册资本 2 000 万元均为货币出资,但向阳公司设立前的《股东出资协议》明确约定,第一养老公司出资的 1 020 万元由民恩公司代第一养老公司完成股本金注册,而第一养老公司在公司注册完成后 5 日内,"以股东协议的形式把广东的现有的及未来的养老机构经营权排他性地全部委托给公司"。该项规定了第一养老公司对向阳公司的出资义务的具体内容。第一养老公司现没有履行该项内容,对民恩公司及向阳公司均构成违约;向阳公司召开养老项目经营权转移事宜的董事会,第一养老公司方三名董事拒绝参加,诚信不足。《股东出资协议》载明的"广东的现有的及未来的养老机构经营权排他性地全部委托给公司"是民恩公司、第一养老公司协商确定的第一养老公司义务。民恩公司所主张的,系第一养老公司按照公司发起人协议应该履行的义务。民恩公司尚未将 2 000 万元汇入向阳公司账户的违约行为,与本案是不同的法律关系,不构成第一养老公司可以不履行合同的理由。只有当迟延履行行为致使相对方合同目的不能实现时,才构成根本违约。况且,《股东出资协议》约定的各方出资时间是同时的,不分先后,第一养老公司在不履行自己的合同义务的情形下以民恩公司根本违约要求解除《股东出资协议》,没有事实和法律依据。另外,《股东出资协议》约定以股东协议的形式委托给向阳公司。一审庭审中,双方明确此形式是两名股东召开股东会。现两名股东各执己见,针对此议题的股东会即使召开也不能形成股东协议。因此,民恩公司现要求第一养老公司直接将其拥有的广东省范围内的现有的及未来的养老机构经营权排他性地全部委托给向阳公司,有事实依据。据此判决:一、第一养老公司将其拥有的广东省的现有的及未来的养老机构经营权排他性地全部委托给第三人向阳公司;二、驳回第一养老公司的反诉诉讼请求。

一审判决作出后,被告第一养老公司不服,提起上诉。

二审法院经审理后认为,虽然民恩公司确实未按照《股东出资协议》约定的时间履行对向阳公司的出资义务,但一审时民恩公司已经举证证明其具备相应履约能力,且在《股东出资协议》签订后向阳公司已经实际设立并已展开一定的经营活动,而第一养老公司就其上述关于涉案《股东出资协议》无法实际履行的主张并未提供切实、充分证据予以证明,故在此情况下第一养老公司坚持要求解除涉案《股东出资协议》,依据尚不充足。就第一养老公司关于与民恩公司于 2018 年 1 月已经达成解除协议相关合意的主张,因其并未就此提供切实证据证明,二审法院对此亦不予采信。民恩公司一审诉请实际系要求第一养老公司履行涉案《股东出资协议》中约定的相关义务,但根据协议约定,就将相关养老机构经营权排他性地全部委托给向阳公司应以股东协议即第一养老公司与民恩公司进行协议的方式进行,故在双方并未就上述事项达成任何协议的情况下,民恩公司以起诉方式要求第一养老公司履行上述义务,本身就与协议约定不符而缺乏相应依据。且经营管理养老机构本身就涉及诸多事宜而必须通过当事人协商予以确定,而非可通过判决强制履行方式予以实现,现本案当事人就此并未达成任何合意,一审法院判令第一养老公司将相关养老机构经营权排他性地全部委托给向阳公司,该条主文在事实上亦无法履行,故第一养老公司就该项判决所持异议成立,遂改判驳回民恩公司本诉诉请,驳回第一养老公司反诉诉请。

二审宣判后,民恩公司不服,申请再审。申诉审查法院认定二审法院驳回民恩公司继续履行协议的本诉请求,亦驳回第一养老公司解除合同的反诉请求,实际上使系争合同的权利义务关系处于停滞,当事人的违约责任未予认定,合同僵局及当事人争议未能最终解决,处理不当。遂裁定提审本案。

再审法院经审理后认为,本案争议焦点在于:第一,本案系争《股东出资协议》是否应予解除或予以终止。第二,本案双方当事人在履行系争《股东出资协议》过程中是否存在违约行为。第三,本案的法律适用问题。

对争议焦点一,本案系争《股东出资协议》不存在约定解除或因一方根本违约适用法定解除权的情形。首先,本案系争《股东出资协议》中对解除情形未作约定,故本案不涉及依据协议解除条款的审查认定,第一养老公司一审中主张双方曾于2018 年 1 月份就依法终止合同并清算向阳公司达成一致,因缺乏充分证据予以证明,故不予以采信;其次,第一养老公司反诉以民恩公司未履行"将 2 000 万元款项打入公司账号"义务构成根本违约为由,要求解除合同。经审查,案涉条款对养老机构经营权委托与 2 000 万元款项的支付义务并未作履行先后顺序的约定,民恩公司具有同时履行抗辩权,即在第一养老公司拒绝签订股东协议委托经营权的情况下,其有权拒绝先行履行该付款义务。且根据合同约定,民恩公司应投入的该2 000 万元款项系为发起设立向阳公司时双方共同缴纳出资款之用,而根据向阳公司章程规定:注册资本 2 000 万元,公司登记的股东为民恩公司(认缴出资额 980 万元,出资比例 49%,出资方式货币)、第一养老公司(认缴出资额 1 020 万元,出资比例 51%,出资方式货币),即该 2 000 万元款项为认缴资本,现向阳公司已于 2017年 8 月登记成立,该认缴出资款的义务即便未于公司登记后五日内履行,也不构成根本违约情形,且民恩公司于一审庭审后向一审法院递交了中国建设银行股份有限公司上海康健支行开具的银行账户存款余额 2 000 万元的资金存款证明,证明自己具有履约能力及履约诚意,故第一养老公司主张本案合同因民恩公司构成根本违约行为应予法定解除的主张依据不足。

本案协议约定的合同目的难以实现。系争《股东出资协议》属于复合型、利益同向型合同,既存在标的公司发起设立的相关内容,亦存在养老机构经营权委托方式的内容,但双方当事人基于合同产生的根本利益存在一致性,从而具有共同的合同目的。系争《股东出资协议》的目的是,一方持续获得广东现有及未来的养老机构经营权,委托给标的公司经营,最终双方共同获益。根据本案查明事实,本案合同目的的实现过程中客观存在的障碍有:一是本案中第一养老公司合同义务标的属于非金钱债务,且双方须另行通过股东协议的形式履行委托内容;二是一方不履行签署股东协议进行经营权的委托时,上述义务根据其性质无法强制履行。具体

而言:

首先,经营权系财产性权利,就是否可成为委托标的而言无强行性法律的禁止性规定,故涉案养老机构经营权可以成为委托标的,且具备履约的先决条件,但可以成为委托标的并不等同于可以直接履行,基于系争经营权的特殊性,需要对养老机构委托经营权的方式、条件、运行、责任等作出明确约定和细化,而经营权的委托势必涉及上述内容的细化,故协议中双方约定待向阳公司成立后,再行通过签订股东协议的方式细化委托方式等内容具有合理性,而非简单的措辞之需。向阳公司成立后,第一养老公司缺乏合作的主观意愿,双方丧失信任基础,故未能就股东协议的进一步签订达成一致,导致养老机构经营权的委托无法进行规则的细化、完善,使案涉协议的履行陷入僵局。

其次,本案系争经营权作为股东协议的标的不具有可强制履行性。由于养老机构经营权在具有财产属性的同时,也具有较强的人身属性,且本案经营权指向对象系针对广东省现有及未来可能中标的养老机构,从养老机构本身性质而言,亦具有社会福利属性,必须确保其稳定运行。投资方、管理层的变化必然导致机构接管过程中的矛盾冲突,有悖上述稳定原则,民恩公司主张采取法院强制执行的方法,民政管理部门予以配合等举措,客观上难以实现,无法取得预期效果。

再次,根据第一养老公司庭审中自述,其已在广东各地成立了分公司经营中标的养老机构,已较一审时多中标了广东省内惠州、德庆等不同行政区域的数家养老机构经营权,故可以预见,随着第一养老公司未来持续中标广东"公建民营"养老机构经营权项目,该系争《股东出资协议》能否继续履行会持续在双方之间产生争议。由于上述履行障碍,造成双方主体之间既无法实现原合同目的,且又无法寻求新的缔约机会的合同僵局状态,造成社会财富资源的浪费以及当事人之间经济利益的失衡,综上,该合同状态符合《民法典》第五百八十条第一款第二项的情形。

民恩公司主张第一养老公司并未对本案二审判决申请再审,而二审判决维持了一审判决中有关驳回第一养老公司请求解除合同反诉诉讼请求的处理,故第一养老公司未申请再审的行为表明其对二审处理结果并不持异议,应视为其未明确主张解除合同,故法院不应主动予以审查。对此,本案系按照审判监督程序提审的案件,并依法按照第二审程序进行审理,本案中第一养老公司一审中依据原《合同法》第九十四条请求法院支持其行使法定解除合同的权利,该法定解除合同的理由虽然不具有事实及法律依据,但第一养老公司要求终止系争合同权利义务的意思表示是明确的,符合《民法典》第五百八十条第二款的规定。综上所述,系争《股东出资协议》已陷入僵局,合同目的不能实现,根据《民法典》第五百八十条的相关规定,系争合同的权利义务关系自判决生效之日起予以终止。

对争议焦点二,当事人在履行系争《股东出资协议》过程中违约行为的认定。

根据系争协议约定,第一养老公司与民恩公司均负有在向阳公司成立后,进一步签订股东协议实现经营权委托的义务,但第一养老公司未能按约办理委托,在民恩公司多次催促后,拒绝签订股东协议。且经审理查明,在 2018 年 2 月 8 日,向阳公司在民恩公司会议室召开董事会,主要议题为公司养老项目经营权转移事宜、公司 2018 年度经营计划、公司 2018 年财务预算以及公司未来发展计划等其他事项。公司董事长唐某某及董事王某某、监事刘某某签到,其他三名第一养老公司方的董事均未签到。上述行为能够证明第一养老公司自设了经营权委托障碍,对导致合同目的不能实现应负主要责任。在合同僵局的情况下,第一养老公司作为违约方起诉要求解除合同,为减少财产浪费,有效利用资源,法院已认定系争合同权利义务予以终止,根据《民法典》第五百八十条规定"……有前款除外情形之一,致使不能实现合同目的的,人民法院或仲裁机构可以根据当事人的请求终止合同权利义务关系,但是不影响违约责任的承担"。本案第一养老公司要求解除合同主观上虽难以认定出于恶意,但其对系争协议的不能履行存在过错,且其亦未找到可替代的履行方式,能够保障民恩公司利益,已构成违约。民恩公司如认为存在损失,可另行依法主张,实现权利救济。

对争议焦点三,关于本案法律适用问题。本案系按照审判监督程序提审的案件,民恩公司主张本案不应适用《民法典》的相关规定处理,根据《最高人民法院关于适用〈中华人民共和国民法典〉时间效力的若干规定》(以下简称《民法典时间效力规定》)第五条的规定:民法典施行前已经终审的案件,当事人申请再审的,不适用民法典的规定。但由于本案系争《股东出资协议》成立于民法典实行之前,根据《民法典时间效力规定》第十一条:民法典施行前成立的合同,当事人一方不履行非金钱债务或者履行非金钱债务不符合约定,对方可以请求履行,但是有民法典第五百八十条第一款第一项、第二项、第三项除外情形之一,致使不能实现合同目的的,当事人请求终止合同权利义务关系的,适用民法典第五百八十条第二款的规定。现根据上述分析系争《股东出资协议》存在《民法典》第五百八十条相关规定的适用情形,故本案应适用民法典相关法律规定予以审查认定。

综上,原一、二审法院认定事实清楚,但适用法律不当,改判如下:一、撤销原一、二审判决;二、确认系争《股东出资协议》的权利、义务终止;三、驳回民恩公司请求第一养老公司立即将广东现有的及未来的养老机构经营权排他地委托给向阳养老服务(广东)有限公司的诉讼请求;四、驳回第一养老公司请求解除《股东出资协议》的反诉请求。

点 评

本案有两个问题值得关注。首先,关于股东的出资方式。在设立公司时,股东向公司缴纳出资,从而获取作为对价的股权或股份。履行出资义务是股东的主要义务。出资既可以是货币,也可以是非货币财产。除了公司法及市场主体登记管理办法对出资的具体方式作出限定以外,实践中法院也将一些特殊类型的财产排除在外,例如教育资源、商品经销权。此外,一些新类型的财产则可以作为出资,例如微信账号使用权。

作为出资方式的非货币财产,应当具有确定性、现存的价值性、评价的可能性、可独立转让性等特征。一般而言,无形财产、有形财产、对公司的债权、有价证券等,都可以作价出资。2021 年公司法修订草案第四十三条在原来规定的基础上,对出资方式增加了股权、债权两类特殊的非货币财产。

本案中,民恩公司与第一养老公司签订《股东出资协议》,约定共同出资设立向阳公司。公司注册资本 2 000 万元,民恩公司以货币出资 2 000 万元,占新公司注册资本的 49%,其中 980 万元为民恩公司注册资本,1 020 万元为代第一养老公司完成股本金注册。第一养老公司以前期投入为出资依据,折合 1 020 万元,占新公司注册资本的 51%。出资时间为公司注册登记完成后 5 日内,第一养老公司应将以股东协议的形式把广东的现有的及未来的养老机构经营权排他性地全部委托给公司,民恩公司将 2 000 万元打入公司账号。据此可见,"广东的现有的及未来的养老机构经营权"并非直接的出资方式;"排他性地全部委托给公司",是一种约定即将履行的合同义务。

其次,关于合同僵局状态下违约方解除权的行使。本案中,民恩公司未履行出资"将 2 000 万元打入公司账号"的义务,第一养老公司亦未履行"以股东协议的形式把广东的现有的及未来的养老机构经营权排他性地全部委托给公司"的义务。民恩公司向法院起诉,请求判令第一养老公司立即将广东现有的及未来的养老机构经营权排他地委托给向阳公司。第一养老公司提起反诉,认为民恩公司未将其应出资的 2 000 万元"打入"向阳公司账户,构成根本违约,请求解除民恩公司、第一养老公司之间签订的《股东出资协议》。

法院认为,《股东出资协议》的目的是,一方持续获得广东现有及未来的养老机构经营权,委托给标的公司经营,最终双方共同获益。结合本案事实,本案合同目的实现过程中客观存在的障碍有:一是本案中第一养老公司合同义务标的属于非金钱债务,且双方须另行通过股东协议的形式履行委托内容;二是一方不履行签署股东协议进行经营权的委托时,上述义务根据其性质无法强制履行。因此,该合同状态符合《民法典》第五百八十条第一款第二项的除外情形(债务的标的不适于强制履行或者履行费用过高）。根据第二款,有除外情形之一,致使不能实现合同目的的,可以根据当事人的请求终止合同权利义务关系。据此,法院最终确认《股东出资协议》终止。本案裁决对于理解合同僵局状态下违约方解除权的行使,具有积极的意义。

案例提供单位:上海市高级人民法院

编写人:夏　青

点评人:葛伟军

45. 上海心橙文化传播有限公司诉上海聚高信息技术有限公司网络服务合同纠纷案

——不正当干预搜索引擎检索结果的"负面内容压制"约定无效

案 情

原告上海心橙文化传播有限公司

被告上海聚高信息技术有限公司

原告上海心橙文化传播有限公司公司系"福瑞泰克"品牌互联网在线服务提供方,为案外人福瑞泰克智能系统有限公司提供搜索引擎优化及线上传播服务。

被告与原告系合作关系,双方于 2020 年 11 月签订《委托合同》,约定由原告委托被告就"福瑞泰克"品牌提供相关专业技术服务,服务费用为 67 300 元。该《委托合同》附件一具体列明了乙方应提供的各项服务内容,包括官网优化、软文优化、竞价管理。其中官网优化包括官网关键词优化和权重提升;软文优化包括"负面压制"和"知乎优化"。本案系争"负面压制"条款约定:"对指定关键词'福瑞泰克'搜索引擎优化,实现百度前 5 页无明显负面内容","负面压制期为 30 天"等。

2020 年 11 月 10 日,原告按照合同约定向被告支付第一笔服务费用 48 500 元。同年 12 月 17 日,原告以被告未按约完成负面压制服务为由通知被告于当日解除合同。

审理中,双方一致确认,本案合同项下实现"负面压制"的方法主要有三种:(1)组织发布有关"福瑞泰克"的正面信息,并通过增加点击量和阅读量方式,使正面信息被百度收录并在搜索结果中靠前展示,负面信息则相应后置;(2)向负面内容的发布平台进行投诉,要求平台断开链接或对负面内容进行降低权重处理;(3)如前述平台未按照投诉要求处理,通过技术操作,将负面信息与其他已被降权的内容链接进行关联,使两者产生捆绑,达到负面内容降权及后置的效果。

原告诉称,被告并未按照合同约定,对原告指定关键词"福瑞泰克"实现百度前 5 页无该品牌明显负面内容,构成违约,依法应承担相应的违约责任,故诉至法院,请求判令:被告应返还原告服务费 48 500 元,并支付违约金 14 550 元。如涉案合同或者相关条款被依法认定为无效,同意变更诉讼请求为,要求被告返还服务费 48 500 元。

被告辩称,双方就"负面压制"优化服务实现时间未作明确约定,且合同仅要求实现百度前 5 页无明显负面内容,并非无负面内容。截至原告起诉之日,被告已按约完成官网关键词优化及百度竞价账户开通服务,原告要求的 5 条负面内容仅剩 2 条尚未压制成功。被告就合同履行不存在违约行为,被告无需承担任何违约责任,故不同意原告的诉讼请求。

审 判

一审法院经审理后认为,合同的性质及效力系法院依职权审查的事项,而非仅根据各方当事人在诉讼中的主张及意思表示进行确认。提供网络"负面压制"服务之约定是否有效,应当结合合同目的、行为性质及方式、社会危害后果,依照法律规定的合同效力判断标准作出认定。

首先,"负面压制"的目的,违背诚实信用的基本法律原则。互联网作为一项新技术,具有自由、开放、共享的特点。互联网搜索引擎服务可以让社会公众更方便、更全面地了解到民事主体或者相关市场的真实情况,而"负面压制"条款的目的是在反其道而行之,它不是让真实情况更加准确地暴露在社会公众面前,而是为了私利通过有组织的人为干预,让特定的民事主体的负面信息在"涂脂抹粉""乔装打扮"后出现,使其不易察觉甚至难寻踪迹。这样的目的已经在破坏民事行为应该遵守的基本法则,也势必会损害整个社会所共同珍视的核心价值。

其次,"负面压制"条款违反《消费者权益保护法》和《反不正当竞争法》的基本原则。一方面,对消费者而言,知悉其购买、使用的商品或者接受的服务的真实情况是其基本权利。消费者知情权是否能够真正得到保障,互联网搜索引擎是否能够有效地为消费者提供信息查询服务,既取决于相关信息本身是否真实、准确,也与这些信息是否能够正常地为消费者所知道、获取密切相关。本案中当事人实现"负面压制"的三种方法中,除依法且客观地向平台投诉属正当手段外,其余两种手段或是在"好评前置",或是在"差评后置",显然是在人为干预搜索引擎的正常排名,会使消费者无法获得全面的产品及服务信息,甚至会误导消费者,从而影响消费者真实意志的形成,以及相应决策的作出。另一方面,正面信息和负面信息均是一个健康市场中不可或缺的重要内容,一个理性的市场主体会从正面评价中吸取经验,更好服务于消费者,也会从负面评价中吸取教训,修正错误。《反不正当竞争法》第二条亦规定"经营者在生产经营活动中,应当遵循自愿、平等、公平、诚信的原则,遵守法律和商业道德"。然而,"负面压制"是有意通过诚实经营以外的行为来压制本应为公众所知悉的负面信息,形成偏离客观事实的"商誉",不正当地获取竞争优势,对于其他竞争者及市场竞争秩序均有损害。

再次,"负面压制"行为将会损害搜索引擎服务提供者的权利。搜索引擎的公信力主要体现在全面、客观、中立、准确地向互联网用户展示市场信息和反映市场评价。维护搜索引擎的正常排名,不得通过法律允许以外的其他手段改变排名,这也是实现搜索引擎功能的基本价值所在。而"负面压制"却是通过好评前置、差评后置的不正当手段,改变甚至扭曲搜索引擎排名,误导搜索引擎的使用者,必然会损害搜索引擎服务提供者的公信力和商业美誉度。

综上,本案系争"负面压制"条款违反民事法律的基本原则及公序良俗,损害拟借此保护的社会公共利益,具有违法性,应认定为无效。"负面压制"条款无效,并不影响其他条款的效力,当事人应该按照合同履行。对于被告已经完成的优化工作,原告应当按照约定支付报酬。根据合同实际履行情况、合同解除原因、双方过错,对于被告已提供服务的费用以及未履行部分的预期可得利益,结合双方关于优化服务对应服务费用的主张,法院酌情确定原告应支付被告 18 000 元。在"负面压制"条款被认定无效之后,被告应按照合同法的规定返还已经取得的财产。因此,被告应返还原告的款项为 30 500 元。

依照 1999 年《中华人民共和国合同法》第六条、第五十二条、第五十六条、第五十八条,2017 年《中华人民共和国民法总则》第一百四十三条第三项,《最高人民法院关于适用〈中华人民共和国民法典〉时间效力的若干规定》第一条第二款规定,判决:一、被告上海聚高信息技术有限公司应于判决生效之日起十日内返还原告上海心橙文化传播有限公司服务费 30 500 元;二、驳回原告上海心橙文化传播有限公司的其余诉讼请求。

一审判决作出后,双方当事人均未提起上诉,一审判决已生效。

点 评

本案涉及负面内容压制行为与正常搜索引擎优化服务的区分。搜索引擎优化(SEO),是指一种通过分析搜索引擎的排名规律,了解各种搜索引擎怎样进行搜索、怎样抓取互联网页面、怎样确定特定关键词的搜索结果排名的技术。利用搜索引擎的规则提高网站在有关搜索引擎内的自然排名,其目的是让网站在行业内占据领先地位,获得品牌收益,很大程度上是网站经营者的一种商业行为。

负面信息压制,是指利用搜索引擎排名技术,将正面的文章优化上去,对负面信息进行排挤稀释,根据网民对搜索引擎的使用习惯,进行有效地处理,从而减少负面信息通过搜索引擎所带来的曝光率。即负面信息压制往往采用"好消息前置，坏消息后移"的方式进行，其阻碍了信息的正常流通，对市场竞争秩序造成不正当的干扰。网站经营者以《反不正当竞争法》第二条规定的"诚信经营"以外的方式压制本应为社会公众知悉的负面信息，侵害了《消费者权益保护法》第八条规定的"消费者知情权"。

《最高人民法院、最高人民检察院关于办理利用信息网络实施诽谤等刑事案件适用法律若干问题的解释》第七条规定，以营利为目的通过信息网络有偿提供删除信息服务，情节严重的以非法经营罪定罪处罚。随着"有偿删帖"入刑，通过"非删除"方式进行网络负面信息压制成为了相关行业替代的操作。

负面信息压制行为与"有偿删帖"行为存在区别，尽管两者都是以盈利为目的且服务于类似特定对象的行为，且客观上也确实阻碍了信息的正常流动，但负面压制不存在删除的举止，而是将负面消息延后而降低网页浏览者看到的概率。对于"负面压制"条款，法律未明文规定其属性及法律后果，本案争议焦点在于"负面压制"条款的效力及其法律后果的认定。

负面信息压制行为与通过完善、优化本网页内容，以让搜索引擎更好地接受该网页为目的的搜索引擎优化服务亦存在本质不同，尽管优化服务也以获得盈利为目的，但其主要手段或方式是提高网站的访问量，从而提高网站的宣传能力或销售能力，既没有侵害消费者的知情权，也没有扰乱市场竞争行为，反而为网页浏览者提供更好的体验与服务。

本案判决从双方当事人的合同缔约目的、权利义务履行方式以及信息压制行为的危害性分析，将"负面压制"认定为无效条款，认为这是一种有损消费者知情权及言论自由权、误导消费者、妨碍消费者的自由选择权及扭曲市场正常竞争秩序的新型网络不正当竞争行为。这对于提高搜索引擎平台的公信力，净化互联网的竞争环境，维护公序良俗原则，无疑将起到十分重要的作用。

案例提供单位：上海市长宁区人民法院

编写人：王　飞　周泉泉　洪巧缘

点评人：葛伟军

46. 上海南洋电机有限公司破产重整案

——识别重整价值挽救困境企业的具体实践

案 情

申请人上海瑞源印刷机械有限公司

被申请人上海南洋电机有限公司

上海南洋电机有限公司(以下简称南洋公司)成立于 2004 年 2 月 18 日,注册资金 1900 万美元,股东为上海电气(集团)总公司(以下简称上海电气公司)与瑞华有限公司,其中上海电气公司系国有企业,持股比例为 60%,瑞华有限公司系登记于瑞典的企业,持股比例为 40%。因南洋公司不能清偿到期债务且明显缺乏清偿能力,上海电气公司于 2019 年 8 月 14 日向法院申请对南洋公司进行破产清算。法院于 2019 年 10 月 10 日作出(2019)沪 7101 破 62 号民事裁定,裁定受理上海电气公司对南洋公司的破产清算申请,并于 2019 年 10 月 18 日指定上海融孚律师事务所担任南洋公司的管理人。管理人接受指定后,依法接管了南洋公司,对南洋公司的资产、债务进行清理。管理人调查发现,南洋公司名下有证土地使用权面积为 67 660 平方米,建筑面积为 39 042.29 平方米,沪牌机动车 30 辆,商标及专利 92 项,且尚有在册职工 74 名。在案件审理过程中,共有 165 户债权人向管理人申报了债权,经债权人会议核查确认的债权金额高达 3.4 亿余元。经管理人测算,在破产清算状态下,南洋公司的债权清偿率不超过 50%。

法院在综合考量南洋公司资产、负债情况、市场前景等基础上,决定由管理人发布公告对外招募意向投资人。2021 年 4 月 9 日,管理人在全国企业破产重整案件信息网、上海市破产管理人协会公众号等发布公告,公开招募意向投资人。瑞源公司等四家机构向管理人报名、缴纳保证金并提交投资方案。经过两轮竞标,最终选择方案最优的瑞源公司作为意向投资人,同时确定方案次之的机构作为备选意向投资人。

2021 年 8 月 5 日,债权人上海瑞源印刷机械有限公司(以下简称瑞源公司)以南洋公司具有重整价值、重整的清偿率高于清算的清偿率为由向法院申请重整。

审 判

2021 年 8 月 17 日,法院依法组织瑞源公司、上海电气公司、管理人等各方对瑞源公司所提重整申请进行听证,与会各方对重整申请均无异议。法院认为,南洋公司在电机制造领域具备一定技术优势,在行业内具有较高知名度,在新能源领域也积累了一定的资源,名下还有土地、厂房、生产设备等较为优质的资产。瑞源公司提供的重整预案显示,普通债权将在较短时间内获得全额清偿。南洋公司具备重整价值和拯救可能性,对南洋公司进行重整,有利于实现债务人资产价值最大化,有利于实现债权人利益最大化,据此,依照《中华人民共和国企业破产法》第二条、第七十条第二款、第七十一条规定,裁定:自 2021 年 8 月 25 日起对上海南洋电机有限公司进行重整。

进入重整程序后,管理人与相关各方充分沟通后,于 2021 年 9 月 8 日将重整计划草案提交债权人会议审议,获得出资人组、税收债权组及普通债权组全票通过。法院于 2021 年 9 月 18 日裁定批准重整计划。根据重整计划,南洋公司原股东将 100％的股权无偿让渡给瑞源公司,瑞源公司提供资金,用于支付破产费用、共益债务,清偿债务及补充南洋公司流动资金,除劣后债权外的所有债权将在两个月内获得 100％清偿,重整计划执行期为两个月。现重整计划已执行完毕。

点 评

本案系通过破产清算转重整,成功挽救困境企业的典型案例。

传统破产法理论中,破产清算制度占据绝对的主导地位,该制度的设立初衷主要是为了解决当债务人不能清偿到期债务并且资产不足以清偿全部债务或者明显缺乏清偿能力时,如何公平分配债务人有限资产的问题。但随着市场经济的不断发展和商事交易的不断进化,人们在实践中逐渐发现债务人通过清算方式破产,既损害债权人和债务人的利益,也不利于社会的整体利益。尤其是在地区经济中占有举足轻重地位的大型企业,上述企业创收高、员工多,一旦破产,非但众多债权人无法完全获得清偿,同时还会造成大量员工失业,轻则经济遭受重创,重则引起社会动荡。因此,我国破产法引入了破产重整制度,破产重整制度在一定程度上弥补了破产清算制度的诸多缺陷,更为债务人广泛青睐。

破产清算制度是通过宣告债务人破产后,由破产管理人对破产财产进行清算、评估、处理,并按照规定的程序和分配规则对破产财产进行分配,最终使债务人主体灭失的一类制度。通常情况下,破产清算制度适用于那些无法通过破产重整或和解而继续存续的公司。由于破产清算制度的目的在于通过法定的清算程序对债务人的全部财产进行清算,并将债务人的相关财产在债权人、员工等有关权利人之间合理分配,使各方权利人可以获得较为公平的清偿,因而实践中没有特殊的法定措施可以采用。

破产重整制度则着眼于盘活债务人的既有资产,通过使各方利害关系人积极参与重整程序,共同拯救危困企业,恢复债务人的经营能力,实现企业价值的复生。虽然破产重整制度亦具有债务清理的目的,但其更主要的目的在于帮助企业"重生"。破产重整涉及债权认定、债务增加、审计或资产评估规范、管理人规制、职工权益保护、企业信息披露等实体或程序的多项问题,在申请人、申请时间、重整的现实可能性和重整计划的制定与实施等方面均有较为严格的程序要求。同时,实施破产重整的措施较为多样,只要法律没有明确禁止的,原则上都可以实施,如可采取延期偿还或减免债务的方式,还可采取无偿转让股份,核减或增加公司注册资本,将债权转化为股份,向特定对象定向发行新股或公司债券,转让营业、资产等方法;此外还有重整方式的多样灵活性,如当各个表决组不能一致以法定多数通过重整计划时,那么管理人可根据企业具体情况,决定将重整计划提交法院强制批准。

破产重整制度与破产清算制度相比,具有多方面的优势:从债权人角度,可以避免因债务人清算造成债务清偿率过低的情况,其能够获得更多清偿;从债务人角度,可以获得重新经营的机会,同时能够维持职工的稳定性;从政府角度,债务人恢复生产经营可以保障税收和地方产业结构的稳定。

值得注意的是,本案通过利用互联网平台接受债权人申报、反馈债权审核结果、召开债权人会议的方式,提升众多债权人参与企业破产重整程序的参与度,亦值得在后续类似案件处理中学习和效仿。

案例提供单位:上海铁路运输法院
编写人:陈 静 周 易
点评人:葛伟军

47. 上海市人民检察院第三分院诉 蒋某成等生态环境保护 民事公益诉讼案

——生态环境保护民事公益诉讼案件 如何合理确定环境破坏损失

案 情

原告(公益诉讼起诉人)上海市人民检察院第三分院

被告蒋某成

被告周某华

被告夏某军

被告蒋某平

被告王某友

被告蒋某军

2020 年 5 月 4 日至 9 日,被告蒋某平、被告王某友、被告蒋某军驾驶船只至长江上海段崇明南门港外侧水域,通过设置数顶深水张网进行非法捕捞,起获渔获物十余次,共计 1 298.55 公斤,接驳后由被告蒋某成、被告周某华等人加价出售。同年 5 月 10 日,被告周某华、被告夏某军依事先约定在上海市崇明区城桥镇三沙洪水闸收购被告蒋某平、被告王某友、被告蒋某军当日在长江上海段崇明南门港外侧水域,通过设置深水张网非法捕捞的渔获物时,被接报赶来的公安机关抓获,公安机关当场查获长江刀鱼 10.05 公斤、凤尾鱼 162.30 公斤。六被告非法捕捞的上述 1 470.90 公斤水产品分别为,长江刀鱼(中刀)1.34 公斤、长江刀鱼(小刀)58.56 公斤、大凤尾鱼 54.15 公斤、中凤尾鱼 145.90 公斤、小凤尾鱼 1 210.95 公斤。

2020 年 5 月 26 日,中国水产科学研究院东海水产研究所接受长江航运公安局上海分局委托对被告蒋某平等人在本案中使用的渔具类型进行评估,认定本案被告使用的渔具为双桩张纲张网(俗名或地方名:深水张网、深立方)。该捕捞渔具属于 2017 年 1 月 18 日发布的《农业部关于长江干流禁止使用单船拖网等十四种渔具的通告(试行)》中自 2017 年 7 月 1 日起,青海省曲麻莱县以下至长江河口的长江干流江段全面禁止使用的渔具。

2020 年 5 月 29 日,崇明发改委出具崇发改价定〔2020〕字第 172 号《价格认定结论书》认定,上述 1 470.90 公斤水产品价值为人民币 101 673.70 元(以下币种均为人民币)。长江航运公安局上海分局对六被告的讯问笔录中均记载,六被告对渔获物价值认定无异议,不提出补充鉴定或重新鉴定。2020 年 12 月 10 日,上海铁路运输法院作出(2020)沪 7101 刑初 417 号刑事判决,根据崇明发改委出具的《价格认定结论书》认定了水产品价值,并判决六被告均构成非法捕捞水产品罪,该刑事判决业已生效。

上海铁路运输检察院委托司法鉴定科学研究院对被告蒋某平等人非法捕捞水产品致生态环境损害进行价值量化并提出恢复建议。2020 年 11 月 17 日,司法鉴定科学研究院出具《司法鉴定意见书》认为,该非法捕捞水产品致渔业资源直接损失额为 101 673.70 元,渔业资源恢复费用为 305 021.10 元,环境敏感区附加损失额为 406 694.80 元,共计 813 389.60 元。司法鉴定科学研究院本次鉴定费用为 4 000 元。

六被告从事非法捕捞的区域位于长江刀鲚水产种质资源保护区,属于上海市生态保护红线范围,为生态环境敏感脆弱区域。长江刀鲚水产种质资源保护区属于国家级水产种质资源保护区,旨在保护和合理利用具有重要经济价值、遗传育种价值或特殊生态保护和科研价值的水产种质资源及其生存环境。

原告上海市人民检察院第三分院(以下简称市检三分院)诉称,被告蒋某成等六被告明知长江保护区已实行常年禁捕,仍使用深水张网等禁用渔具对天然渔业资源进行生产性捕捞,其共同实施的行为破坏了国家渔业资源和水生生态系统,损害了社会公共利益,被告蒋某成等六被告应当承担赔礼道歉并连带承担赔偿损失的侵权民事责任。诉请法院判令被告蒋某成等六被告公开向社会赔礼道歉,判令连带赔偿生态环境损害费用 813 389.60 元及连带支付生态环境损失鉴定费用 4 000 元。

被告蒋某成等六被告辩称,对公益诉讼起诉人诉称的事实均予以认可,为自身错误行为真诚地向全社会道歉,但提出认定的捕捞渔获物价值过高,并请求法院考虑到其家庭经济困难的情况对其作宽大处理。

审 判

一审法院经审理后认为,该案系生态环境保护民事公益诉讼案件。

根据《中华人民共和国渔业法》第三十条及《农业部关于长江干流禁止使用单

船拖网等十四种渔具的通告(试行)《关于上海市实施长江重点水域禁捕的通告》，上海市辖区长江干流水域和上海市长江口中华鲟自然保护区、长江刀鲚水产种质资源保护区上海段自 2020 年 1 月 1 日 0 时起，全面禁止生产性捕捞；除上述以外的长江干流水域，自 2020 年 1 月 10 日起禁止天然渔业资源的生产性捕捞。本案中，六被告的行为违反了上述法律规定，且六被告的行为构成共同实施非法捕捞行为。

《中华人民共和国环境保护法》第六十四条规定，因污染环境和破坏生态造成损害的，应当依照《中华人民共和国侵权责任法》的有关规定承担侵权责任。根据《中华人民共和国侵权责任法》第八条规定，六被告从组织实施非法捕捞、实际从事非法捕捞直至出售非法捕捞所得渔获物等各环节形成完整的侵权链条，六被告对长江天然渔业资源和水生生态环境造成的损害，构成共同侵权，应依法承担连带侵权责任。

关于赔偿生态环境损失的诉讼请求。2015 年《最高人民法院关于审理环境民事公益诉讼案件适用法律若干问题的解释》第二十条规定，环境无法完全修复的，可以准许采用替代性修复方式，人民法院可以在判决被告修复生态环境的同时，确定被告不履行修复义务时应承担的生态环境修复费用，也可以直接判决被告承担生态环境修复费用，生态环境修复费用包括制定、实施修复方案的费用，修复期间的监测、监管费用，以及修复完成后的验收费用、修复效果后评估费用等。本案被告非法捕捞造成天然渔业资源直接损失为 101 673.70 元。司法鉴定科学研究院经鉴定认为应以渔业资源直接损失额的 3 倍计算渔业资源恢复费用(计 305 021.10 元)，并考虑六被告实施非法捕捞水产品的区域位于长江刀鲚水产种质资源保护区，属于上海市生态保护红线范围，为生态环境敏感脆弱区域，该区域渔业资源恢复难度大，且非法捕捞行为不仅会造成被捕捞鱼类种群衰退，而且会引发生物链结构的受损以及生态系统功能的退化，进而导致生态系统服务功能降低，打乱了生态平衡，建议增加环境敏感区附加损失额，为天然渔业资源直接损失额和恢复费用之和的 1 倍(计 406 694.80 元)。公益诉讼起诉人据此要求六被告连带赔偿生态环境损失 813 389.60 元，合法有据，应予支持。

关于公开赔礼道歉和生态环境损失鉴定费用的诉讼请求，于法有据，可予支持。六被告当庭履行了向社会公开赔礼道歉的责任。

综上，长江系中华民族的母亲河，加强长江流域生态环境保护和修复，促进资源合理高效利用，保障生态安全，系实现人与自然和谐共生、中华民族永续发展的必要举措和必由之路，必须以最严格司法守护长江流域生态环境。六被告共同实施的在禁渔区、禁渔期使用禁用渔具非法捕捞珍稀的长江刀鱼、凤尾鱼并予以运输、出售获利，对国家天然渔业资源和长江水生生态环境系统造成了破坏，应当承担相应的侵权责任。一审法院依照《中华人民共和国渔业法》第三十条,《中华人民共和国环境保护法》第六十四条,《最高人民法院关于适用〈中华人民共和国民法典〉时间效力的若干规定》第一条第二款,2009 年《中华人民共和国侵权责任法》第二条第一款、第四条第一款、第八条、第十五条,2015 年《最高人民法院关于审理环境民事公益诉讼案件适用法律若干问题的解释》第十八条、第二十条、第二十二条,《中华人民共和国民事诉讼法》第五十五条,《最高人民法院、最高人民检察院关于检察公益诉讼案件适用法律若干问题的解释》第十三条第二款、第十七条第二款,《最高人民法院关于民事诉讼证据的若干规定》第十条第一款第六项及第二款之规定,判决:一、六被告应公开向社会赔礼道歉;二、六被告应连带赔偿生态环境损害费用 813 389.60 元;三、六被告应连带赔偿生态环境损失鉴定费用 4 000 元。

一审宣判后,被告蒋某成等六被告未提起上诉。该案判决现已生效。

点 评

本案系一起生态环境保护民事公益诉讼案件。

本案中六被告从事非法捕捞的区域位于长江刀鲚水产种质资源保护区,属于上海市生态保护红线范围,为生态环境敏感脆弱区域。该区域渔业资源恢复难度大,且非法捕捞行为不仅会造成被捕捞鱼类种群衰退,而且会引发生物链结构的受损以及生态系统功能的退化,进而导致生态系统服务功能降低,打乱生态平衡。法院认为,公益诉讼起诉人据此要求六被告连带赔偿生态环境损失,合法有据,应予支持。

在生态环境保护民事公益诉讼案件中,公益诉讼起诉人就被告的侵权行为通常向其主张侵权行为造成的直接损失费用和环境资源的恢复费用,而本案中,公益诉讼起诉人还向被告主张环境敏感区附加损失。经鉴定评估,环境敏感区附加损失额为天然渔业资源直接损失费用和恢复费用之和的 1 倍,数额较大。法院根据侵权行为的违法性和严重性、侵权损害结果计算依据两个因素综合考量认定,要求侵权人承担环境敏感区附加损失也具有法律依据。

本案严厉惩治在保护区非法捕捞的侵权行为,有效区别于在非保护区非法捕捞的侵权行为,对于溯源保护长江流域生态环境,从源头上杜绝非法捕捞行为具有一定意义。

案例提供单位:上海海事法院
编写人:柯永宏 韩赟斐 朱张茜
点评人:王国华

48. 上海帅将国际贸易有限公司诉百威投资(中国)有限公司财产保全损害责任纠纷案

——诉中财产保全申请人过错赔偿责任认定

案 情

原告(被上诉人)上海帅将国际贸易有限公司

被告(上诉人)百威投资(中国)有限公司

2019 年 2 月 14 日,原告上海帅将国际贸易有限公司(以下简称帅将公司)与案外人签订《进口啤酒平行贸易代理协议书》,约定由原告代理进口 Coronita Extra 210 毫升瓶装啤酒。2019 年 2 月 14 日,西班牙 INVERSIONES TER-DRINKS,S.L 向原告发送订单确认函,载明进口原产国墨西哥的 12 600 箱 210 毫升唛头 Coronita Extra 啤酒,总价格 126 000 美元。2019 年 3 月 4 日,西班牙 INVERSIONES TER-DRINKS, S.L 向帅将公司出具商业发票,发票总价 126 000 美元。2019 年 4 月 10 日,帅将公司向中国梅山海关报关,报关单载明:境内收货人上海帅将国际贸易有限公司,境外发货人 TER-DRINKS, S.L.,贸易国西班牙,启运国墨西哥,商品名称凯罗拉啤酒 CORONITA BEER,数量 12 600 箱,总价 126 000 美元。

2019 年 4 月,被告百威投资(中国)有限公司(以下简称百威公司)向梅山海关申请扣留涉案进口商品。2019 年 5 月 6 日,梅山海关对涉案商品予以扣留。

2019 年 6 月 17 日,梅山海关向 Coronita Extra 生产商瑟维赛拉摩得公司出具进出境货物知识产权状况通知书,载明:我关已于 2019 年 5 月 6 日对上海帅将国际贸易有限公司于 2019 年 4 月 10 日进口的"Coronita Extra 及图形"标识的凯罗拉啤酒 12 600 箱 302 400 瓶予以扣留。经调查,我关不能认定上述货物是否侵犯你(单位)在海关总署备案的"Coronita Extra 及图形"商标(备案号:T2016-45600)。

2019 年 6 月 21 日,百威公司向一审法院提起(2019)沪 0110 民初 11828 号案件(以下简称 11828 号案件),主张帅将公司在涉案商品上使用"Coronita Extra"标识侵犯了百威公司的"Coronita Extra"商标使用权。2019 年 6 月 28 日,一审法院与百威公司谈话,告知百威公司财产保全风险及海关的仓储费用可能较高,百威公司称知晓保全风险并愿意承担仓储费。2019 年 7 月 3 日,一审法院询问百威公司"帅将公司的进货商是否就是你们商标的权利人"? 百威公司称庭后核实。2019 年 7 月 10 日,百威公司正式向法院提出保全申请,一审法院根据被告申请,于 2019 年 7 月 10 日作出保全民事裁定书,梅山海关于 2019 年 7 月 15 日协助查封扣押了涉案全部商品。2019 年 7 月 16 日,帅将公司就该案中向法院提出申请,表明涉案商品有保质期,不宜长期保存,且为季节性商品,请求根据相关法律规定,准许其自行处理涉案商品,所得价款汇入法院指定账户进行保存。2019 年 7 月 17 日,一审法院与百威公司谈话,法庭问"帅将公司提出愿意以现金 87 万作为反担保以解除该保全,你方意见",百威公司答"不同意",法庭问"由于啤酒有保质期,是否愿意处分啤酒,由法院保全价款",百威公司答"不同意",法庭告知"因被保全财产系有保质期的啤酒,且还有仓储费,若保全错误你方可能承担相应责任",百威公司答"知道,不同意解除保全,也不同意被告处分啤酒"。

2019 年 9 月 27 日,百威公司向一审法院出具"关于愿意承担财产保全风险的情况说明",载明:案件审理过程中,被告表示愿意提供全额保证金以置换被保全货物,原告不同意被告以现金置换被保全货物;贵院已向原告释明采取财产保全措施可能产生的风险,原告在此明确,已充分了解贵院释明的风险,如申请有错误的,愿意就被保全货物过期造成的损失承担赔偿责任。

2019 年 12 月 10 日,百威公司自认因证据不足向一审法院提出撤诉及解除保全申请,一审法院于 2019 年 12 月 10 日作出民事裁定书,裁定准许撤回起诉,并作出解除保全民事裁定书,裁定解除对涉案全部商品的查封扣押,梅山海关于 2019 年 12 月 27 日协助解除对涉案全部商品的查封扣押。2019 年 12 月 31 日,宁波海关出具涉案财物出库清单,载明提货有效期 2020 年 1 月 9 日,商品名称 Coronita Extra 及图形商标凯罗拉啤酒,数量 302 400 瓶,12 600 箱。

2020 年 1 月 1 日,原告帅将公司与案外人签订《购销合同》,以 100 000 元价格出售涉案 12 600 箱 Coronita extra 24×210 ml 临近保质期啤酒。

2020 年 1 月 4 日,宁波保税区金达仓储有限公司出具增值税专用发票一份,上海帅将国际贸易有限公司物流辅助服务、仓储服务费,金额 56 378.4 元。

原告帅将公司诉称,被告百威公司以侵犯商标权为由,通过海关扣押、起诉查封,待原告进口的啤酒保质期临界期满丧失销售价值时主动撤诉了结案件,这一做法是通过消耗司法资源来满足其独占市场、限制他人经营合法商品的目的,损害了原告的合法权益。被告百威公司在海关已作出不能认定侵权的调查结论的情况下,知道或者应当知道其主张"销毁货物"的诉请没有事实依据,诉请不合理,被告应该在申请财产保全对他人财产权利限制和损害之前核实产品真伪却未核实,或者被告已经知道货物系商标权利人生产却故意隐瞒。被告申请保全未尽到合理谨慎的注意义务,在法院释明后依然坚持采取保全措施,不同意原告提出的合理替代措施,具有追求扩大原告财产损失的故意和过错。客观上,被告保全申请也无生效判决支持,其申请保全行为存在过错。被告百威公司的保全行为阻碍了原告帅将公司对货物的正常销售,造成原告货物贬值损失、利息和仓储费损失,被告的保全行为与原告的损失有直接因果关系,应当根据相关法律规定赔偿原告因保全错误所遭受的损失。另外,被告百威公司在提起的商标侵权案件中,承诺愿意垫付保全期间的海关仓储费用,但一直未支付,致使原告提货时支出仓储费。原告为维护自身合法权益,诉请判令被告赔偿原告货物损失 1 140 600 元、仓储费损失 56 378.4 元和利息损失。

被告未答辩。

审 判

一审法院经审理后认为,申请有错误的,申请人应当赔偿被申请人因保全所遭受的损失。首先,百威公司知道或者应当知道涉案商品系帅将公司平行进口,具有合法正当来源。其次,梅山海关经调查告知百威公司不能认定涉案商品侵犯其"Coronita Extra 及图形"商标。再次,在 11828 号案件同期,百威公司在福建省厦门市中级人民法院的类似案件中对相同的商品仅申请了证据保全。福建省厦门市中级人民法院于 2019 年 8 月 16 日就类似案件作出判决,该院认为百威公司指控的进口啤酒不构成商标侵权,驳回百威公司的全部诉请。然后,在帅将公司提出提供全额现金担保或者保存处分价款的情况下,百威公司作为知名品牌公司且有专业律师,对知识产权相关制度应当熟悉了解,其可以通过证据保全的形式提存涉案部分商品,通过提供现金担保或者保存处分款保存的方式,使双方的权利均可得以保护,不必造成无谓的损失。但其仍执意查封全部商品,放任商品被长期查封而致严重损失。百威公司在主客观存有过错,申请保全存在错误,应当赔偿帅将公司因错误保全遭受的损失。

对于保全错误应予赔偿范围,一审法院认为,百威公司在申请财产保全之前,帅将公司即与案外人签订了合同,总价 1 222 200 元,因百威公司申请财产保全,致使帅将公司与案外人的合同无法履行。因涉案商品临近保质期且在销售淡季,帅将公司以 100 000 元价格处置涉案商品。故,帅将公司的可得利益损失应为原合同价款 1 222 200 元减去处置所得价款 100 000 元即 1 122 200 元。另,财产保全期间涉案商品产生仓储费 56 378.4 元,系保全错误所产生,且百威公司表示愿意支付,故该仓储费应由百威公司负担。对于帅将公司主张的资金利息损失,没有事实和法律依据,不予支持。

据此,一审法院依据《中华人民共和国侵权责任法》第六条第一款、《中华人民共和国民事诉讼法》第一百零五条之规定,判决如下:一、被告百威投资(中国)有限公司赔偿原告上海帅将国际贸易有限公司货物损失 1 122 200 元;二、被告百威投资(中国)有限公司赔偿原告上海帅将国际贸易有限公司仓储费损失 56 378.4 元;三、驳回原告上海帅将国际贸易有限公司其余诉讼请求。

一审判决后,被告百威公司不服,提起上诉。

二审法院经审理后,判决驳回上诉,维持原判。本案现已经生效。

点 评

本案是关于诉讼财产保全损害责任的纠纷,原告诉请被告赔偿因保全错误所致损害。

本案判决指出,《民事诉讼法》第一百零八条(原第一百零五条)非属完全法条,因保全错误主张损害赔偿,须合乎《民法典》侵权责任的一般规定。此判决意义有二:

其一,明确保全错误损害赔偿责任采过错归责,而非无过错归责原则。保全错误损害赔偿请求权是否以过错为要件,学说及立法例不一。无过错归责论者主张,纠纷未定时,申请人因保全他人财产提前受保护,依利益风险一致思想,自应承担保全错误所生风险;解释论上,即认为《民事诉讼法》第一百零八条属完全法条,且其所称"错误"仅要求客观上保全错误(申请依据与诉讼结果不一致),不以主观过错为必要。本案判决明确不采此说,主张适用一般侵权责任过错归责标准:纵有事实上保全错误,申请人若无主观过错,因不满足一般侵权责任要件,仍不负损害赔偿责任。判决观点应值赞同。采过错归责,可避免过分抑制行为自由,更利于保全制度的运行。

区别于无过错责任,过错侵权责任须进一步考虑行为违法性及过错问题。违法性的判定标准有结果不法、行为不法,此处应采结果不法,亦即申请保全使被申请人丧失对财产的支配,侵害权益,征引违法性。但申请保全系行为人行使诉讼法上权利,或可阻却违法,故申请行为若要有违法性,尚须申请保全超出权利界限。依《民事诉讼法》第十三条第一款,民事诉讼应遵循诚信原则,易言之,行为人行使诉讼法上权利应尽其必要注意,若未尽必要注意义务,即超出权利界限,诉讼行为不受保护,具有违法性。所谓必要注意,不采主观标准,而需客观化、类型化。若保全申请人未按同一职业领域一般成员通常合理标准,即违反注意义务,申请保全行为具有违法性。当然,过失同样是指未尽交易上必要的注意义务。故于此等情形,违法性与过错判断结果通常相同,申请行为具有违法性,同时意味着申请人也有过错。

其二,重申全部损害赔偿原则,也即,负损害赔偿责任者,原则上应使受害人恢复至如同致害事件未发生时的状态,赔偿范围不仅包括受害人现存利益之积极减少(所受损失),还包括本应取得而未取得之财产利益(所失利益)。本案损害包括两部分:啤酒因保全程序而过保质期,价值下降,系所受损害;受害人无法履行与案外人的合同,丧失可得利润,系所失利益;两者均应赔偿。按部分学理,损害赔偿以恢复原状为原则,金钱赔偿为例外。就受害人"所受损害"(即啤酒品质、价值下降),因啤酒为可替代物,可恢复原状,故行为人有义务依受害人选择给付同种类啤酒(亲自恢复原状)或支付所需必要费用(赔付恢复原状必要费用)。但受害人不得因赔偿而获利,故须扣减出卖现有低品质啤酒可得价款。而本案"所失利益"(因无法履行与他人合同而丧失可得利润),无法恢复原状,仅可以金钱赔偿。本案裁判结果与上述学理分析相同,值得赞同。

案例提供单位:上海市杨浦区人民法院

编写人:陈红华　金建锋

点评人:金可可　陈以珏

49. 上海印梦智能科技有限公司与广东维信思创网络科技有限公司其他合同纠纷案

——违反平台规则应依据当事人的约定解除网店租赁合同

案 情

原告(反诉被告、被上诉人)上海印梦智能科技有限公司

被告(反诉原告、上诉人)广东维信思创网络科技有限公司

2017 年 3 月 23 日,原、被告签订天猫店铺租赁合同,约定由原告承租被告所有的天猫店"美乐辰旗舰店",租金为每月 2 600 元,租赁期限 3 年,自 2017 年 4 月 10 日起至 2020 年 4 月 9 日止。根据该合同第四条规定,原告有权于每月 10 日对被告提出提现要求,若被告 3 个工作日内逾期未能提现,每天须赔偿乙方提现金额的千分之五的滞纳金。租金支付方式按每月支付一次,为保证双方的合法权益以及甲方旗舰店销售的结算工作,乙方缴纳租金以"押二付一"的形式处理,终止合作时,甲方店铺清算乙方交易状态、交易金额正常无误后将全额退还两个月的租金额。乙方不得利用上述从事非法经营及任何违法犯罪活动及破坏淘宝官方的交易规则的行为,如有违反此条例,一切法律责任要乙方自行承担。合同还约定,乙方有下列情形之一的,甲方有权解除合同:……(2)乙方在合同使用期间一定要注意淘宝网经营规则,否则所造成的一切损失由乙方负责。甲方有下列情形之一的,乙方有权解除合同:……(4)其他甲方主观因素擅自终止合同的,甲方赔偿乙方 100%上月营业额。

2017 年 3 月 28 日,原告向被告支付了押金。2018 年 9 月、10 月、12 月,2019 年 2 月、3 月、4 月、5 月被告向原告支付了相关结算款,但未支付 2018 年 4 月至 2019 年 4 月的相关结算款,对此原、被告财务人员通过 QQ 聊天方式进行多次沟通。

2019 年 4 月 24 日,被告工作人员通知若存在引导客户进行线下交易的行为,一经发现将罚款 2 000 元/笔,并保持终止继续合作的权利。2019 年 6 月 15 日,被告工作人员向原告法定代表人提出,原告存在 48 笔违规线下交易,须处以罚

款 96 000 元,并拒绝支付 5 月份的结算款。2019 年 6 月 17 日,被告方人员表示,如果原告同意重新签订合同,即不再进行罚款。

2019 年 6 月 24 日,被告向原告发出处罚通知函,确认截至 2019 年 6 月 15 日,原告未经被告同意擅自进行线下交易的可疑订单 48 笔(或以上),涉及金额 87 750 元(或以上),在未经被告方同意下擅自进行线下交易、大规模转移资金行为,系属"可能即将发生危及交易安全"的现象,对此,店铺将进行以下处罚及风控操作:(1)涉嫌转移交易订单 48 笔,每笔处罚 2 000 元,处罚合计 96 000 元;(2)涉嫌转移交易金额 87 750 元,店铺暂扣 300% 交易款项作为交易保证金,保证金合计 263 250 元,每提供一份合作完成凭证,释放对应订单金额的保证金;(3)暂停双方合作关系,直至店铺风险解除。

2019 年 6 月 25 日,原告向被告发出催款函,确认截至 2019 年 5 月 31 日,原告在被告店铺的销售额总计 514 067 元,扣除租金及其他相关费用,应于 2019 年 6 月 10 日支付 423 798.66 元,如继续拖延款项,原告保留追索滞纳金的权利,另根据合同第十条第二款,被告需赔偿原告 100% 以上月营业额。

2017 年 8 月 21 日生效的《淘宝平台服务协议》将淘宝平台规则定义为,包括在所有淘宝平台规则频道内已经发布及后续发布的全部规则、解读、公告等内容以及各平台在帮派、论坛、帮助中心内发布的各类规则、实施细则、产品流程说明、公告等。淘宝平台发布的《广告信息的认定和处罚实施细则》将广告信息定义为,指会员在商品类页面或店铺装修区等其他页面,发布以成交为目的的或易导致交易风险的外部网站的商品或信息,包括发布易导致交易风险的外部网站的商品或信息,如发布社交、导购、团购、促销、购物平台等外部网站的名称、LOGO、二维码、超链接、联系账号等信息。淘宝平台发布的《淘宝网市场管理与违规处理规范》对平台会员不正当牟利、滥发信息等多种行为规定了处理措施。

原告诉称:(1)要求被告支付 2019 年 5 月、6 月、7 月的结算款 744 342.62 元;(2)要求被告返还押金 5 200 元;(3)要求被告支付自 2019 年 6 月 14 日起至判决之日止,按每日千分之五计算的 2019 年 5 月的滞纳金,自 2019 年 7 月 16 日起至判决之日止,按每日千分之五计算的 2019 年 6 月的滞纳金,自 2019 年 8 月 15 日起至判决之日止,按每日千分之五的滞纳金,以及 2018 年 4 月至 2019 年 4 月期间的滞纳金 97 761 元;(4)要求被告支付因终止合同的赔偿款 514 067 元。

被告辩称,原告违规引导客户线下交易,已严重违反淘宝平台服务协议、《广告信息的认定和处罚实施细则》为由,提出反诉请求:(1)要求确认原、被告签订的租赁合同自 2019 年 6 月 24 日起解除;(2)要求原告支付违约金 200 000 元(暂计算至 2019 年 7 月 22 日,应计算至停止违约行为日止);(3)要求原告提供 100 笔线下交易完成的凭证;(4)要求原告支付律师费 41 000 元。

审 判

一审法院经审理后认为,原、被告签订的天猫店铺租赁合同系有效合同。双方应依约履行各自的义务。根据双方的争议焦点,法院分别评判如下:

第一,双方均确认系争合同于 2019 年 6 月 24 日解除,但原告认为解除理由是被告单方的违约解除。被告则认为,因原告的违约行为,被告有权行使合同约定的解除权,并提出了反诉请求。就此,法院认为,系争合同第十条第一款约定,原告有下列三种情况之一的,被告有权解除,其中的第二种情形是"乙方在合同使用期间一定要注意遵循淘宝网规则,否则造成的一切损失由乙方负责"。原告认为该约定属于解除条件约定不明的情形,不应作为合同的解除条款。但该条款放置于被告的解除权利一节,内容明确,清晰地赋予了被告在原告未按照淘宝网规则履行系争合同时的解除权。原告的抗辩理由不能成立。现有查明的事实反映,原告确有未按相关淘宝网规则发布信息等的违约行为。对此,原告认为其即便有违反淘宝网规则的行为,但主观上不具备故意,客观上违规程度较轻,远未达到合同目的无法实现的程度。原告所称的这些抗辩事实,并不能否定被告享有系争合同约定的解除权。无论这些抗辩事实是否成立,被告均有权行使该解除权。故系争合同因原告的违约行为而于 2019 年 6 月 24 日解除。

第二,2019 年 5 月、6 月、7 月三月的结算款。一审庭审中,双方确认 2019 年 5 月为 423 798.65 元,7 月为 81 491.71 元,6 月有差异,差异在于是否扣除原告应付的租金 2 600 元。对此原告认为,因合同于 2019 年 6 月 24 日解除,故应付租金为 2 080 元。被告则认为,应扣除 2019 年 6 月整月的租金。现原、被告均确认系争合同于 2019 年 6 月 24 日解除,当月剩余日期的租金原告无需支付,故可采原告的意见,确认 6 月应付结算款为 239 052.25 元。

第三,被告应当承担的因逾期支付结算款而产生的违约金。根据原告的诉讼请求,可以分成两个部分,一部分为 2018 年 4 月至 2019 年 4 月期间被告已付的结算款逾期违约金,另一部分为 2019 年 5 月、6 月和 7 月被告未付的结算款逾期违约金。根据系争合同约定,"在租赁期间,乙方有权在每月 10 日对甲方提出提现要求,若甲方 3 个工作日内逾期未能提现,每天须赔偿乙方提现金额千分之五的滞纳金",该约定有效。故原告可按该约定向被告主张违约金。被告应当支付的款项为每月交易发生的结算款,因此该条款中约定"提出的提现要求"应当理解为双方在有相对明确的结算结论后,原告所提的支付要求,而不能简单解释为合同期限内每月 10 日之后的 3 个工作日为被告支付结算款的最后履行期限。关于 2018 年 4 月至 2019 年 4 月的结算款,被告逾期的时间不长,逾期的金额不大,合同约定的计算方法得出的金额也过分高于损失,综合各因素,酌定为 2 000 元。关于 2019 年 5 月、

6月和7月结算款,系争合同的解除日期为2019年6月24日,合同解除后,被告应当在合理期限内对款项进行结算并支付给原告,现被告至今未支付,故将起算日期统一确定为2019年8月15日,计算标准调整为日万分之二。

第四,原告要求被告返还押金5 200元。被告提出该押金因原告的违约而无需退还,但系争合同并未将该款项约定为违约金,故被告拒绝返还该款项的理由,不能成立。系争合同解除后,原、被告应对该押金款项进行结算,因此,原告的这一请求,应予支持。

第五,原告要求被告支付因擅自终止合同的赔偿款514 067元。原告认为,根据系争合同第十条第二款第四项的约定,因被告主观因素擅自终止合同的,被告赔偿原告100%上月营业额。现系争合同的解除,并非被告的主观因素,而是原告未按淘宝网经营规则履行合同,故原告要求被告支付赔偿款514 067元,缺乏事实基础,法院不予支持。

第六,被告要求原告支付200 000元违约金。被告认为,原告共有100笔的线下交易行为,按每笔2 000元计算,应承担200 000元。就此,法院认为,系争合同未就线下交易违约行为的违约金作过约定,而在原、被告的电话、微信群等的沟通中,被告虽然多次要求原告按每笔线下交易行为承担2 000元的责任,但原告并未就此要求作出过明确同意的答复,这也就是说双方未对每笔线下交易原告需承担2 000元的违约金形成合意,被告以此为由,要求原告支付违约金,缺乏事实基础,法院难以支持。当然,因原告的这一违约行为可能会造成被告相应的损失,但本案中被告主张的是违约金请求,故法院不宜主动对被告的实际损失作出判断,并予以直接支持。被告确有违约损失的,可以另行主张。

第七,被告要求原告提供线下交易完成凭证及支付律师费请求。这两项请求既缺乏系争合同的约定,也缺乏法定的理由,法院均不予支持。

综上,一审法院依照《中华人民共和国合同法》第六十条、第九十三条第二款、第九十七条,《中华人民共和国民事诉讼法》第一百四十二条的规定,一审法院判决:一、本诉原告上海印梦智能科技有限公司与本诉被告广东维信思创网络科技有限公司于2017年3月23日签订的天猫店铺租赁合同自2019年6月24日起解除;二、本诉被告广东维信思创网络科技有限公司应于判决生效之日起十日内支付本诉原告上海印梦智能科技有限公司2019年5月结算款423 798.65元、2019年6月结算款239 052.25元、2019年7月结算款81 491.71元,合计744 342.61元;三、本诉被告广东维信思创网络科技有限公司应于判决生效之日起十日内返还本诉原告上海印梦智能科技有限公司押金5 200元;四、本诉被告广东维信思创网络科技有限公司应于判决生效之日起十日内支付本诉原告上海印梦智能科技有限公司因逾期支付2018年4月至2019年4月结算款的违约金2 000元;五、本诉被告广东维信思创网络科技有限公司应于判决生效之日起十日内支付本诉原告上海印梦智能科技有限公司自 2019 年 8 月 15 日起至 2020 年 8 月 10 日（判决之日）止，以 744 342.61 元为基数，按日万分之二计算的因逾期支付 2019 年 5 月至 2019 年 7 月结算款的违约金；六、驳回本诉原告上海印梦智能科技有限公司的其余本诉请求；七、驳回反诉原告广东维信思创网络科技有限公司的其余反诉请求。

一审宣判后，被告广东维信思创网络科技有限公司不服，提起上诉。

二审法院经审理后判决，驳回上诉，维持原判。

点 评

本案系网店租赁所生合同纠纷，当事人双方就合同解除、结算款及押金返还、违约金、损害赔偿等问题发生争议。

本判决有如下亮点：

其一，明确只要满足约定解除权发生要件，纵对方抗辩"违规程度较轻，远未达到合同目的无法实现的程度"成立，守约方仍可行使约定解除权。本案就约定解除权行使所采观点与《九民纪要》不同。《九民纪要》规定，"合同约定的解除条件成就时，守约方以此为由请求解除合同的，人民法院应当审查违约方的违约程度是否显著轻微，是否影响守约方合同目的实现，根据诚实信用原则，确定合同应否解除。违约方的违约程度显著轻微，不影响守约方合同目的实现，守约方请求解除合同的，人民法院不予支持；反之，则依法予以支持"。与之相较，本案观点更值赞同，对约定解除权，原则上只要满足约定的解除权发生要件，当事人即可行使解除权。我国法定解除权以合同目的不能实现为前提，因此，"违约程度显著轻微，不影响守约方合同目的的实现"，构成法定解除权的排除事由，但不足以限制约定解除权的行使。若要限制约定解除权的行使，必须符合"违约程度过于轻微"，从而行使约定解除权"过于严苛而悖于诚信"的要求。

其二，重申意思自治原则。在本案中具体有两点体现：首先，指出押金性质应解释双方当事人意思加以认定，不可径认为违约金（对方违约即不必返还）；其次，违约金请求权之发生，应基于双方合意，仅单方告知，另一方未表示同意，不成立违约金请求权。此外，本案法院也调整违约金数额，体现了诚实信用对意思自治的限制。

本判决对合同解除后结算款返还及迟延损害等问题的处理，有一定参考意义。依法院认定事实，此合同于 2019 年 6 月 24 日已终止，但所涉未返还款项包括 2019 年 5 月、6 月、7 月的结算款。涉案合同为继续性合同，解除（终止）仅向将来发生效力。因此，结算款返还应按合同终止时间分为两部分，就 2019 年 6 月 24 日前所发生的结算款,已发生合同上结算款支付债务,因此仍应按合同约定的日期支付,若迟延支付,则可按约定请求违约金;就 2019 年 6 月 24 日后发生的结算款,因合同已终了,仅发生法定返还债务,其届期时间并非合同约定日期,亦不应适用合同约定的违约金。

判决认定案件事实清晰,适用法律准确,对同类案件的裁判具有较好的示范意义。

案例提供单位:上海市金山区人民法院

编写人:沈弈婷　张　哲

点评人:金可可　陈以珏

50. 上海友民房地产开发有限公司诉宝山区杨行镇北宗村村民委员会借款合同纠纷案

——农村集体所有制企业征收补偿中村民委员会越权代表的认定与效力

案 情

原告(上诉人)上海友民房地产开发有限公司

被告(被上诉人)宝山区杨行镇北宗村村民委员会

1999 年 12 月,杨行农工商总公司(以下简称杨行农商公司)与上海宝山北宗实业公司(以下简称北宗实业公司)签订合同约定杨行农商公司将所属企业上海杨泰汽车特种型钢厂(以下简称杨泰厂)资产以 500 万元有偿转让给北宗实业公司。为支付转让款,2001 年 5 月,北宗实业公司向宝山区杨行镇钱湾村村民委员会(以下简称钱湾村村委会)借款 200 万元。

2010 年 4 月,原告上海友民房地产开发有限公司(以下简称友民公司)向上海市宝山区杨行镇钱湾村经济合作社(以下简称钱湾合作社)付款 200 万元。钱湾村村委会确认此款系友民公司代北宗实业公司向钱湾村村委会归还借款。

被告宝山区杨行镇北宗村村民委员会(以下简称北宗村村委会)自述北宗实业公司是其集体经济组织,属其与村支部委员会领导管理。经友民公司向北宗村村委会催讨上述 200 万元代付款项,北宗村村委会向友民公司出具《承诺书》,自认已由友民公司代北宗村村委会还款,并因无力偿还友民公司,而确认在杨泰厂全部资产中友民公司享有百分之四十的权益,及若杨泰厂遇土地征收,则所得补偿款的百分之四十由友民公司享有。《承诺书》落款时间为 2015 年,但未明确具体日期。北宗村村委会在一审审理中陈述,就出具该份《承诺书》,其在事前和事后都没有召开过村民代表会议或村民大会进行讨论。

2018 年 5 月,上海市宝山区杨行镇人民政府与宝山区杨行镇北宗村社区经济合作社签订《拆迁房屋补偿协议》,约定拆迁补偿款共计 17 854 787 元。北宗村村委会陈述,该协议所涉房屋即杨泰厂的资产,宝山区杨行镇北宗村社区经济合作社是北宗村村委会下属集体经济组织,北宗村村委会已收到杨行镇人民政府支付的全部拆迁补偿款共计 17 854 787 元。

原告友民公司诉请,判令北宗村村委会向友民公司支付上海杨泰汽车特种型钢厂土地征收地面资产补偿款的 40%,共计 5 374 314.80 元。

被告北宗村村委会辩称,对原告所述借款事实及曾向原告出具过《承诺书》予以认可,本案实际上是被告以资产抵偿所欠原告的债务。对于原告主张其应得拆迁补偿款的计算方式不予认可。根据《拆迁房屋补偿协议》,杨泰特种型钢厂的资产对应的拆迁补偿款包括建筑物价值 11 164 581 元、二次装潢价值 268 728 元、附属物及设备搬迁费 2 833 880 元、停工停业损失 3 587 598 元。原告应得的拆迁补偿款的计算基数,除了扣除支付给承租人的 4 419 000 元之外,二次装潢价值 268 728 元、停工停业损失 3 587 598 元均不属于杨泰特种型钢厂原有资产范围,也应予以扣除。

审 判

一审法院经审理后认为,原告友民公司与被告北宗村村委会均认可 2010 年 4 月友民公司向钱湾村经济合作社付款 200 万元系友民公司出借北宗村村委会,该款项用于归还北宗村村委会向钱湾村村委会的借款,且钱湾村村委会出具《情况说明》对此予以确认,故一审法院认定友民公司与北宗村村委会之间就案涉 200 万元成立借款合同关系。

对于北宗村村委会向友民公司出具《承诺书》的效力,一审法院认为,《村委会组织法》于 1998 年 11 月颁布施行,并于 2010 年 10 月和 2018 年 12 月经过两次修改,但两次修改后的第二十四条均规定,涉及村民利益的有关事项,包括征地补偿费的使用、分配方案,以借贷、租赁或其他方式处分村集体财产,需经村民会议讨论决定方可办理。该规定系对集体经济组织成员利益的保护。杨泰厂属于北宗村村委会的村集体企业,其相关资产属于北宗村村委会的村集体资产,本案所涉《承诺书》确认在杨泰厂全部资产中友民公司享有 40% 的权益,并承诺若日后该厂遇土地征收,所得补偿款的 40% 由友民公司享有,此类似于约定将村集体企业的 40% 产权份额转让给他人。根据《村委会组织法》的规定可知,该《承诺书》所约定的上述事项并非村委会负责人所能单独决定的事项,而应以村民会议的决定作为其授权的基础和来源。本案《承诺书》虽然加盖了北宗村村委会的印章,但该签章行为未经村民会议授权,构成越权代表,内容也有损北宗村的村民集体利益。综上,一审法院认定该《承诺书》中北宗村村委会所承诺的内容无效。

关于原告友民公司主张被告北宗村村委会支付 40％资产补偿款 5 374 314.80 元的诉讼请求，一审法院认为，如前所述，因案涉《承诺书》所承诺内容无效，故友民公司依据《承诺书》主张北宗村村委会支付资产补偿款，缺乏依据，一审法院不予支持。一审法院已就《承诺书》可能认定无效询问了双方当事人的意见，为了避免当事人讼累，一审法院对于北宗村村委会所欠友民公司借款在本案中一并予以处理。因双方未约定借款期限，故北宗村村委会经友民公司催讨后应及时归还欠款，未及时归还的，友民公司可主张北宗村村委会支付逾期利息。本案中，友民公司主张自 2012 年 1 月起向北宗村村委会催讨借款，北宗村村委会基本认可友民公司催讨情况，故一审法院认定北宗村村委会应归还友民公司借款本金 200 万元；并结合案件情况和法律规定酌情确定北宗村村委会应支付的逾期利息。

据此，一审法院依照《中华人民共和国民法总则》第一百五十五条、《中华人民共和国村民委员会组织法》(2010 年 10 月 28 日修订)第二十四条、《中华人民共和国合同法》第二百零六条、第二百零七条之规定，判决：一、上海友民房地产开发有限公司提供的宝山区杨行镇北宗村村民委员会向上海友民房地产开发有限公司出具的落款日期为 2015 年的《承诺书》中，宝山区杨行镇北宗村村民委员会所作的确认上海友民房地产开发有限公司在上海杨泰汽车特种型钢厂全部资产中享有 40％权益并可取得该厂被征收补偿款的 40％的承诺无效；二、宝山区杨行镇北宗村村民委员会归还上海友民房地产开发有限公司借款本金 200 万元；三、宝山区杨行镇北宗村村民委员会支付上海友民房地产开发有限公司以 200 万元为基数，自 2012 年 2 月 1 日起计付至判决生效之日止的逾期利息，2019 年 8 月 19 日之前按同期中国人民银行公布的贷款基准利率计付，2019 年 8 月 20 日之后按同期全国银行间同业拆借中心公布的贷款市场报价利率(LPR)计付；四、驳回上海友民房地产开发有限公司的其余诉讼请求。

一审判决后，原告友民公司不服，提起上诉。

二审法院经审理后认为，村民委员会可依法在一定权限内处理村集体事务，但根据《中华人民共和国村民委员会组织法》(以下简称《村委会组织法》)规定，涉及村民利益的征地补偿费的使用、分配方案，以及以借贷、租赁或者其他方式处分村集体财产，经村民会议讨论决定，或者由村民会议授权村民代表会议讨论决定，方可办理。杨泰厂资产在由北宗实业公司购买后，已成为北宗村集体资产。北宗村村委会在涉案《承诺书》中承诺友民公司在杨泰厂全部资产中享有 40％的权益，以及杨泰厂资产被征收所得补偿款的 40％由友民公司享有，不属于村委会或其负责人所能单独决定的事项。鉴于本案中无证据证明上述承诺经由村民会议或者村民代表会议讨论决定，故北宗村村委会及其负责人向友民公司所作承诺系越权代表。

根据《中华人民共和国合同法》规定，越权代表行为仅对不知道或者不应当知道超越权限的善意相对人有效。《村委会组织法》作为由全国人民代表大会常务委员会颁布施行的全国性法律,一经公布,即推定所有人都应知晓并遵守。友民公司与北宗村村委会进行交易活动,但并未提供证据证明其对于村民会议或者村民代表会议的决定提出审查要求或尽到了审查义务,故友民公司并非善意相对人,其合同权益不应得到支持。因此,一审法院认定北宗村村委会在《承诺书》中确认友民公司在杨泰厂全部资产中享有 40% 权益并可取得该厂被征收补偿款的 40% 的承诺无效,具有事实与法律依据,应予维持。据此,二审法院判决,驳回上诉,维持原判。

点 评

该案涉及农村集体经济组织及其财产的认定、村委会越权代表的问题。

首先,依原《中华人民共和国民法总则》和《中华人民共和国物权法》规定,农村基层自治组织与农村集体经济组织均依法取得法人资格,有民事权利能力和行为能力。若未设立集体经济组织,则村委会得代行集体经济组织职能。《中华人民共和国民法典》(以下简称《民法典》)延续上述规定。

杨泰厂被北宗实业公司收购后,其财产性质为何? 依北宗村村委会陈述,北宗实业公司是北宗村村委会的集体经济组织。农村集体经济组织与农民集体及农村基层自治组织有紧密联系,不能仅适用公司法人的相关规定。将农村集体经济组织全资收购的企业定性为"集体所有财产",使其得受法律对集体财产的特别保护,具有合理性。因此,法院认定其收购的杨泰厂属于"集体所有财产",对农村集体财产保护具有良好探索意义。

其次,村委会越权代表的法律适用。农村基层群众性自治组织法人具有一定的公法人属性,其行为需受《村委会组织法》规制,涉村民重要利益事项,需经村民会议讨论方可办理。问题在于,若村委会违反《村委会组织法》第二十四条规定,未经村民会议讨论,对外实施法律行为(如本案对外订立《承诺书》),应如何处理? 在本案之前,判决多主张法律行为系因违反法律强制性规定而无效。本案判决则主张适用《民法典》第五百零四条(原《中华人民共和国合同法》第五十条)越权代表之规定,且在认定交易第三人是否善意时,类推适用《全国法院民商事审判工作会议纪要》第十八条,认定相对人(友民公司)就村民会议有无相应决定,未尽审查义务,难谓善意,故《承诺书》无效。从本案看,这一判决结果是合理的,实事求是保护了村农民集体的利益。当然,在特定个案中,若村集体经济组织登记为公司法人,且相对人无从得知其系村集体经济组织,进而未对村民会议决定进行审查,也有构成善意相对人的可能性。

本案判决所提出的这一法律适用方案,揭示出类似案件的本质特征,有助于维护法律内在体系的一贯性,具有开创性的意义,最终也得到最高人民法院的认同,对将来类似案件的处理起到有益的示范作用。

案例提供单位:上海市第二中级人民法院

编写人:朱　川　孙　洁

点评人:金可可　华　扬

51. 张某某诉上海仲兴投资有限公司股东知情权纠纷案

——股东查阅会计凭证的可行性与边界分析

案 情

原告(被上诉人)张某某

被告(上诉人)上海仲兴投资有限公司

被告上海仲兴投资有限公司(以下简称仲兴公司)成立于 1998 年 7 月 22 日,设立时股东为上海迪安汽车销售有限公司、张某标,持股比例分别为 65%、35%。1999 年 11 月 30 日,经仲兴公司股东会决议,上海迪安汽车销售有限公司将其持有的仲兴公司全部股权转让给上海兴盛房地产开发有限公司;张某标将其持有的仲兴公司全部股权转让给张某某;仲兴公司注册资本增资至 20 000 000 元;增资后仲兴公司股东上海兴盛房地产开发有限公司和张某某的持股比例分别为 58.75%、41.25%。2011 年 6 月 14 日,仲兴公司章程载明:公司注册资本 100 000 000 元;股东为张某标和张某某,出资额分别为 60 000 000 元、40 000 000 元,出资比例分别为 60%、40%。仲兴公司登记状态为存续(在营、开业、在册),注册资本为 100 000 000 元,法定代表人为张某标,股东为张某某与张某标。

2020 年 5 月 17 日,原告张某某以被告仲兴公司、张某标为收件人、以上海市静安区天目中路某号楼为收件地址,通过 EMS 寄送《关于请求查阅公司资料的函》,载明:"仲兴公司暨张某标董事长:本人张某某,系公司股东,为更好地了解公司经营和管理状况、进一步参与和推进公司发展,现根据《中华人民共和国公司法》(以下简称《公司法》)第三十三条之规定,向公司提出如下查阅资料的请求:一、查阅、复制以下公司资料:1.公司历次股东会会议记录、董事会会议决议、监事议决议;2.公司自成立至今的历年财务会计报表。二、查阅以下公司资料:公司自成立至今的所有会计账簿、会计凭证(原始凭证和记账凭证)。以上请求,请公司在本函送达之日起十五日内予以配合办理,准备好相关文书资料及账册,并提供合适的场所,便于本人顺利行使股东权利。特此函告。"上述函件已于 2020 年 5 月 18 日被签收。

原告张某某诉请：一、仲兴公司向张某某提供 1998 年 7 月 22 日至 2020 年 6 月 8 日仲兴公司的股东会会议记录供张某某及其委托的专业人员查阅并复制；二、仲兴公司向张某某提供 1998 年 7 月 22 日至 2020 年 6 月 8 日仲兴公司的历年财务会计报告供张某某及其委托的专业人员查阅并复制；三、仲兴公司向张某某提供 1998 年 7 月 22 日至 2020 年 6 月 8 日仲兴公司的所有会计账簿（总账、明细账、日记账和其他辅助性账簿等）供张某某及其委托的专业人员查阅并复制；四、仲兴公司向张某某提供 1998 年 7 月 22 日至 2020 年 6 月 8 日仲兴公司的所有财务原始凭证、记账凭证供张某某及其委托的专业人员查阅并复制。

被告仲兴公司辩称，不同意原告的诉讼请求。（1）被告自成立至今一直保障原告的股东知情权，原告自认其经营管理被告至 2011 年、被告自 2018 年起拒绝其查询相关材料，因此原告诉请要求查阅相关资料的年限应该自 2018 年起，退一步讲也应该自 2012 年起，因为原告在 2011 年之前负责被告的经营管理，对这些都是知情的；（2）原告行使知情权具有不正当目的，因原告与被告法定代表人存在个人纠纷，才引发相关诉讼，对于具体的不正当目的被告不了解，被告只是通过其他案件大致了解到原告起诉可能影响被告的声誉，给原告查阅复制材料期间会影响被告的正常运营，被告有权拒绝其查询请求；（3）根据会计档案管理办法，相关会计账簿只保存 15 年，但原告诉请要求查阅的资料跨越 22 年之久；（4）原告要求提供的财务原始凭证、记账凭证等不在法定知情权查阅范围内；（5）被告未收到原告邮寄的相关查阅函件，因此原告诉请不符合法定程序。

审 判

一审法院经审理后认为，本案中，原告张某某系被告仲兴公司工商登记备案的股东，其享有相应的股东权利。关于张某某要求查阅、复制 1998 年 7 月 22 日至 2020 年 6 月 8 日仲兴公司的股东会会议记录、历年财务会计报告，于法不悖，一审法院予以支持。关于张某某要求查阅 1998 年 7 月 22 日至 2020 年 6 月 8 日仲兴公司的所有会计账簿，张某某已向仲兴公司发函提出查阅的请求，并表明查阅目的，该函已被签收，而仲兴公司并未给予书面答复，亦未提供相关材料供张某某查阅或复制，即张某某起诉要求查阅上述资料符合法定的前置程序，因此，张某某有权查阅上述材料。对于张某某要求复制上述资料的诉讼请求，因公司法未赋予股东复制会计账簿的权利，故一审法院不予支持。

关于原告张某某要求查阅 1998 年 7 月 22 日至 2020 年 6 月 8 日被告仲兴公司的所有会计凭证（含原始凭证、记账凭证），根据法律规定，股东可以要求查阅公司会计账簿，而会计账簿登记，必须以经过审核的会计凭证为依据，会计凭证包括原始凭证和记账凭证,因此,上述资料亦属于公司应当提供股东查阅的范畴。对于张某某要求复制上述资料的诉讼请求,如前所述,因公司法未赋予股东复制上述资料的权利,故一审法院不予支持。

此外,对于被告仲兴公司抗辩的原告张某某查阅、复制上述材料具有不正当目的的意见,仲兴公司的理由是张某某与仲兴公司法定代表人存在个人纠纷,对于张某某具体有何不正当目的,仲兴公司亦无法陈述。一审法院认为,仲兴公司提出的理由不构成法律规定的具有不正当目的的理由,且仲兴公司亦未举证证明张某某有损害公司利益的行为,故对于仲兴公司的抗辩意见一审法院不予采纳。根据法律规定,张某某查阅或复制上述文件材料的,可在张某某在场的情况下,由其委托的会计师、律师等依法或者依据执业行为规范负有保密义务的中介机构执业人员辅助进行;查阅或复制上述文件材料的地点,已经由双方确认,即上海市静安区天目中路某号楼;查阅、复制时间不得超过十五个工作日。

据此,一审法院根据《中华人民共和国公司法》第三十三条,《中华人民共和国会计法》第十四条第一款、第五款、第十五条第一款、第二十条,《最高人民法院关于适用〈中华人民共和国公司法〉若干问题的规定(四)》第七条第一款、第八条、第十条,以及《最高人民法院关于适用〈中华人民共和国民事诉讼法〉的解释》第九十条之规定,判决:一、仲兴公司提供自 1998 年 7 月 22 日至 2020 年 6 月 8 日的股东会会议记录供张某某及其委托的会计师、律师等依法或者依据执业行为规范负有保密义务的中介机构执业人员查阅并复制;二、仲兴公司提供自 1998 年 7 月 22 日至 2020 年 6 月 8 日的历年财务会计报告供张某某及其委托的会计师、律师等依法或者依据执业行为规范负有保密义务的中介机构执业人员查阅并复制;三、仲兴公司提供自 1998 年 7 月 22 日至 2020 年 6 月 8 日的会计账簿供张某某及其委托的会计师、律师等依法或者依据执业行为规范负有保密义务的中介机构执业人员查阅;四、仲兴公司提供自 1998 年 7 月 22 日至 2020 年 6 月 8 日的会计凭证(含原始凭证、记账凭证)供张某某及其委托的会计师、律师等依法或者依据执业行为规范负有保密义务的中介机构执业人员查阅。上述材料查阅或复制的地点为上海市静安区天目中路某号楼;查阅、复制时间不得超过十五个工作日。

一审判决后,被告仲兴公司不服,提起上诉称:(1)张某某提起股东知情权诉讼的主体不适格。张某某仅为仲兴公司名义股东,不具有本案起诉主体资格。(2)张某某行使股东知情权存在不正当目的。(3)一审认定的行权范围不当。一审判决仲兴公司向张某某提供包括原始凭证、记账凭证在内的全部会计凭证。根据公司法规定,即便有正当理由,股东也仅可要求查阅会计账簿。会计账簿和会计凭证系两个概念,会计账簿本身并不包括会计凭证。而且,一审判决仲兴公司提供跨度周期达 22 年(1998—2020 年)之久的会计档案,不符合其适用的相关财会管理规定。

如我国《会计档案管理办法》(财会字〔1998〕32 号文件)规定,相关会计账簿、会计凭证的保管期限最长是 15 年。因此,一审判决不具有合理性、合法性和可操作性,系适用法律不当。

二审审理中,二审法院询问被上诉人张某某要求查看仲兴公司会计凭证的原因,被上诉人张某某表示:之前是参与公司经营管理的,2012 年怀孕后,对公司经营以及财务、会计均不再参与管理。嗣后,张某某于 2018 年发现,2013 年张某标擅自将仲兴公司持有的上海鑫兆房产发展有限公司的 55% 股权低价转让给了实际由张某标一人控制的上海兴磊投资有限公司,并完成股权变更登记。该次交易未征求张某某意见,张某某对此持有异议,向张某标提出了查阅相关财务账簿的要求,但是张某标都予以拒绝,故而成讼。

二审法院认为,张某某目前仍系仲兴公司登记在册的股东,且没有其他证据或生效判决显示张某某所持有的股权实为他人所有,因此张某某具备行使股东知情权的主体资格。没有充分证据显示张某某要求查阅仲兴公司会计账簿、原始凭证、记账凭证等资料具有不正当目的,可能损害仲兴公司利益。因此,对于仲兴公司的关于张某某行权主体不适格和行权存在不当目的的上诉理由,二审法院均不予采信。

关于查阅范围,会计凭证虽未在《公司法》第三十三条所列举之行权范围之中,但《公司法》第三十三条第二款既然赋予股东查阅会计账簿的权利,在信息不对称的情况下,股东为了证明自身权益可能受损,则需要进一步查阅相关会计凭证。原始凭证是会计账簿得以成立的依据,也是会计账簿真实性得以验证的证据。综观我国现阶段公司治理现状,公司治理实践中有时会存在与诚信原则相悖的情况,如果一概不允许查阅原始凭证,则对股东知情权的保护力度将大为减弱。因此,在股东能够从公司运营现状、财务报表数据等角度提出合理怀疑,或有初步证据显示会计账簿不真实、不完整从而影响股东查阅目的的实现的情况下,股东查阅会计凭证具有合理性、必要性。但与此同时,会计凭证毕竟不是《公司法》第三十三条列举的当然可供查询的材料,而对于会计凭证的查询可能影响公司的经营和财务管理秩序。因此,能否查阅会计凭证以及查阅会计凭证的时间范围应当综合考虑股东查阅会计凭证的合理性、必要性、可操作性及查阅成本等因素,在平衡股东与公司利益的基础上予以认定。

就本案而言,张某某主张 2013 年张某标未经其同意,将仲兴公司持有的上海鑫兆房产发展有限公司的 55% 股权对外转让,并提供了初步证据证明其主张,且已经就该笔交易提起相关诉讼,因此张某某确有一定理由怀疑该时间段内的会计账簿可能存在不真实、不完整的情况,如不查阅会计凭证,可能会影响其查阅目的的实现。因此,一审法院将会计凭证纳入可供张某某查阅的范围之中,具备事实及法律依据。但对于可行使知情权的会计凭证的时间范围,应当综合考量案情予以合理界定,以确保股东知情权的行使对公司经营秩序产生的影响合乎适当比例。张某某要求查阅仲兴公司 1998 年 7 月成立至 2020 年 6 月 8 日的全部会计凭证,但张某某所提出合理怀疑的交易发生于 2013 年,且其自认在 2012 年以前实际参与仲兴公司的经营管理,其系在 2012 年怀孕后才退出公司的经营管理活动,故二审法院参照《公司法》第三十三条第二款的规定,酌定准许张某某查阅仲兴公司 2012 年 1 月 1 日至 2020 年 6 月 8 日间的会计凭证。至于 1998 年 7 月 22 日至 2011 年 12 月 31 日之前的会计凭证,与张某某的行权事由之间缺乏必要的关联性,超出其股东知情权的合理必要范围,二审法院对此不予支持。

综上,依照《中华人民共和国公司法》第三十三条、《中华人民共和国民事诉讼法》第一百七十条第一款第二项的规定,二审法院判决:一、维持一审判决第一、二、三项;二、撤销一审判决第四项;三、仲兴公司提供 2012 年 1 月 1 日至 2020 年 6 月 8 日的会计凭证(含原始凭证、记账凭证)供被上诉人张某某及其委托的会计师、律师等依法或者依据执业行为规范负有保密义务的中介机构执业人员查阅。上述材料查阅或复制的地点为上海市静安区天目中路某号楼;查阅、复制时间不得超过十五个工作日;四、驳回被上诉人张某某的其余诉讼请求。

点 评

本案系股东知情权纠纷,原告诉请查阅和复制公司会计凭证。

本案值得关注之处在于股东是否有权查阅会计账簿。原告主张,会计凭证在《公司法》第三十三条第二款“会计账簿”文义范围内,故其有权查阅公司会计凭证。被告则主张,依《中华人民共和国会计法》第十三条,会计账簿与会计凭证有别,而《公司法》第三十三条第二款未规定会计凭证,故股东无权查阅。法院认定,依文义,会计凭证不属于《公司法》第三十三条规定的股东可查阅事项。但法律之所以赋予股东知情权,是为消除股东与公司间信息不对称,故对前述条文应作目的性扩张,支持原告审阅会计凭证的主张。法院的见解值得赞同。《公司法》第三十三条第二款并非闭合性规定,故其文义虽不包含“会计凭证”,但在公司经营权和身份权分离的背景下,为便于股东了解公司经营状况,基于股东知情权的规范目的,应将相关材料均纳入股东查阅范围。当然股东查阅的前提是不会对公司产生不利影响。

本案另一值得关注之处在于如何确定股东查阅权的边界。法院认为股东查阅会计凭证应受到“目的”和“必要性”的双重限制。首先,股东需就审阅公司会计凭证说明理由,具备合理理由的,方可查阅公司会计凭证。其次,其查阅会计凭证的范围应受"必要性"限制。股东只能查阅必要范围内的会计凭证。具体到本案中，原告怀疑被告在 2011 年后进行幕后交易，为维护自身合法权益，请求查阅，法院支持其请求；但在查阅范围中，因 1998—2011 年的会计凭证与其查阅目的不存在必要性关联，故法院驳回了原告该部分请求。法院的做法值得赞同。股东的查阅权应以目的及必要性为限，以免有权利滥用之虞。

法院裁判在说理中，正确适用法学方法，基于股东知情权的规范目的，对文义作目的性扩张，同时明确股东知情权行使的边界，得出妥当结论，对类似案件处理具有较强的借鉴意义。

案例提供单位：上海市第二中级人民法院

编写人：朱　川　李非易

点评人：金可可　赵元焜

52. 施某某诉中国建设银行股份有限公司上海奉贤支行金融委托理财合同纠纷案

——预期收益型的基金简介不构成商业银行代销欺诈

案 情

原告(上诉人)施某某

被告(被上诉人)中国建设银行股份有限公司上海奉贤支行

2010 年 11 月 17 日,因原告施某某理财需要,被告中国建设银行股份有限公司上海奉贤支行(以下简称建行奉贤支行)对原告进行个人客户风险评估,评估显示,原告有投资经验,风险评估结果为进取型。该评估问卷在客户声明中载明:"本人保证以上所填全部信息为本人真实的意思表示,并接受贵行评估意见。"原告在客户签字处签名。同日,原、被告签订理财产品客户协议书,投资期限为 2010 年 2 月 11 日至 2015 年 2 月 10 日,产品名称为"乾元、盈系列"日日开放型资产组合理财产品,产品类型为非保本浮动高风险产品,认购金额为 1 705 000 元。

同年 11 月 30 日,原告经被告的推荐购买其代销的信托产品,即《建银财富——中国影视出版产业投资基金集合资金信托计划》(以下简称涉案信托计划),原告在涉案信托文件中的《认购风险声明书》的委托人处签字确认,该声明书载明,本信托计划不承诺保本和最低收益,具有一定的投资风险,适合风险识别、评估、承受能力较强的合格投资者;信托公司因违背信托计划文件、处理信托事务不当而造成信托财产损失的,由信托公司以固有财产赔偿;不足赔偿时,由投资者自担;委托人在认购风险声明书上签字,即表明已认真阅读并理解所有的信托计划文件,并愿意依法承担相应的信托投资风险。同日,被告与案外人江西国际信托股份有限公司(以下简称江西信托公司)签订涉案信托合同,编号为 2010 信托 186 第 01—641 号,认购金额为 300 万元。信托合同对相关名词进行了释义说明,明确了委托人和受益人,即投资者自签署认购风险申明书、交付认购资金,并于信托计划成立之日即成为本信托的委托人和受益人。另外,信托合同对信托计划的要素、信托单位的认购条件和方式、信托计划的推介与成立、风险揭示与风险承担、信息披露、地址变更的通知等作了明确约定。同时，被告出具《中国建设银行股份有限公司业务声明书》，声明主要内容：银行仅负责被告涉案信托计划与江西信托公司之间的资金划转工作；资金划款凭证工作不具备信托契约的性质和责任；对于因信托公司未在规定时间内将资金划入信托财产专户所导致的银行未按时划款行为，银行不承担任何责任；银行不为涉案信托计划垫付任何款项。原告在"我已阅知并认可以上声明"下面的委托人处签字。

自 2010 年 12 月 8 日，江西国际信托股份有限公司多次对依托计划发布信息披露公告。

自 2015 年 4 月起至 2017 年 12 月，原告共计收到涉案信托产品的收益 3 015 176.45 元。

2010 年 8 月 27 日，中国建设银行个人客户风险评估于 2010 年 8 月 14 日上线，启用《中国建设银行个人客户风险评估问卷》，风险评估结果有效期为 1 年，有效期内除客户主动要求重新评估外，在客户的金融资产发生较大变化等情况下应提醒客户重新进行风险评估。此外，2012 年 2 月、7 月、9 月，原告多次将其在银行账户的资金实施银行转证券操作，涉及金额计 575 000 元。

2017 年 12 月 25 日，江西平安会计师事务所有限责任公司对涉案信托计划作出专项审计报告及说明，载明：集合信托资金 117 610 万元，可分配信托财产 1 182 049 676.19 元，已全部划入信托计划受益人指定的账户。2018 年 6 月 8 日、7 月 26 日，上海银行业纠纷调解中心两次对原、被告关于原告收益进行调解，调解不成。2018 年 9 月 3 日，中国银行业监督管理委员会上海监管局就原告举报被告涉嫌违规销售理财产品作出上海银监局银行业举报事项受理通知书，并于同年 10 月 18 日作出沪银监访复（2018）1907 号举报事项答复书，答复中载明：《信托合同》《认购风险申明书》均说明该信托计划不承诺保本和最低收益，《中国建设银行股份有限公司业务声明书》也说明建行上海市分行仅负责客户与江西信托之间的资金划转工作，不对该信托计划的收益或本金负责。上述三份文件均有签字认可。因此，没有证据证明银行人员存在承诺收益的问题。

一审审理中，原告施某某称其文化水平为高中，被告对此予以确认。

原告施某某诉称，原告系被告个人客户，在该行办理过个人储蓄存款业务。2010 年 11 月，原告去被告处办理业务时，被告理财经理吴某主动向原告推销"建设银行理财产品"。吴某向原告介绍，建设银行新推出了一款理财产品，固定收益 8%，预期最低年化收益 20%；且如果该理财产品投资不顺利，一年内将按银行同期存款利率退还投资本金及利息。吴某向原告提供了三页的《中国影视出版产业投资基金简介》内部广告宣传册，载明"分配方式：基金投资项目退出后原则上不进行再投资,首先用于偿还基金投资人的本金和 8% 的优先回报,超过部分在基金投资人和基金管理人之间按照 80∶20 的比例进行分配;预期收益:不低于 20% 的年化收益率"。原告基于对吴某和建设银行的信任,在一份空白的《建银财富——集合资金信托计划》上签字。签字后,信托投资合同被吴某带去盖章。2010 年 11 月 30 日,原告向开户在建行的"江西国际信托股份有限公司"账户汇款 3 000 000 元。三个月后,吴某通知原告去网点领回信托合同。2017 年 11 月 30 日,历经七年,原告共计收到投资回款 3 015 172.80 元。原告认为,被告在向金融消费者销售高风险金融产品时,完全未尽到卖方机构应尽的适当性义务和告知说明义务,严重违反"卖者尽责"原则;不仅如此,从被告的销售过程来看,足以认定被告的销售行为存在欺诈。具体表现在:(1)被告没有对原告这一个人客户在购买案涉信托产品时进行风险等级评估,没有针对其销售的信托产品金虎 88 号作风险评估,因此就谈不上客户和产品的风险等级匹配。2010 年原告年龄 48 周岁,学历仅为高中,从事普通业务员的工作,月工资仅为 3 000 余元。而且,被告从未对信托产品金虎 88 号做过任何风险评估工作,没有告知原告施某某该产品的风险等级如何,被告的销售全程从未考虑客户和产品的风险等级是否适当的问题。(2)被告没有对金虎 88 号的投资风险和收益情况对施某某进行过任何的告知说明。根据《商业银行个人理财业务管理暂行办法》第四十条、九民会议纪要第七十六条等,告知说明义务有两层要求:一是,告知说明不仅要达到一般理性人能够理解的客观标准,还需要考虑个案中消费者能够理解的主观标准。二是,金融消费者简单的手写"明确知悉存在本金损失风险"不等于卖方机构履行了告知说明义务。对于原告这样一位金融消费者来说,她能够理解的标准一定是要更明白、更通俗、更直接的。而本案中,被告甚至没有做到让施某某抄写"明确知悉存在本金损失风险"这样最基本、最形式化的要求。(3)被告存在明显的虚假宣传行为,导致施某某作出不真实的意思表示,足以认定被告存在欺诈。被告的欺诈表现在四个方面。一是对产品的发行人做故意误导。宣称案涉产品是建行自己推出的理财产品,《信托文件》中,对包含"建设银行""建银"字眼的部分划线特别提示,完全达到了误导原告的目的。二是对产品收益进行虚假宣传。被告多次向原告表示,案涉产品不仅能保证最低 8% 的固定收益,还至少有 20% 的年化收益,最终收益甚至可能翻一番,被告向原告提供的广告宣传册对前述收益进行了加粗标注。三是对投资产品进行虚假宣传。被告客户经理在整个销售过程中根本没有提及过"信托"字眼,将信托投资的基金产品误导成原告直接投资的对象。四是吴某将信托文件中施某某的联系地址、电话、手机号填写成被告的经营地址、经营电话和吴某自己的手机号。信托投资是有合格投资者标准的。通常信托公司为了监管合规,都会对投资者是否符合合格投资者标准进行核实,而联系信息就是核实的渠道。被告不仅自身未对施某某进行合格投资者审查,还阻塞发行人进行审查的通道。被告这一行为无疑能证明其有虚假宣传的故意,且导致原告作出不真实的意思表示。综上所述,被告违反商业银行销售个人理财产品时应尽的适当性义务和投资说明义务,且构成欺诈。原告遂诉请法院,请求判令被告赔偿原告经济损失人民币 4 184 823.55 元。

被告辩称,不同意原告的诉讼请求,被告受信托公司委托代为推介涉案信托产品,向原告销售的产品符合原告风险偏好和风险承受能力。被告销售涉案产品前半个月即 2010 年 11 月 17 日,对原告进行了风险测评,结果显示原告属于有投资经验的"进取型"投资人,同日,原告购买了 1 705 000 元的产品品称为"乾元、盈系列"日日的非保本浮动理财产品。从原告签署的信托合同、认购风险申明书、中国建设银行股份有限公司业务声明书,均证明被告完成了风险告知义务。原告诉称的被告虚假信息宣传、未尽适当性义务及存在欺诈不符合客观事实。

审 判

一审法院经审理后认为,原告在被告处认购涉案信托产品,被告系代销代售涉案信托产品,双方之间形成信托代售的金融委托理财合同法律关系。本案最主要的争议焦点在于:(1)被告在代售涉案信托产品过程中,是否违反了适当性义务;(2)被告在上述过程中,是否存在欺诈的行为。

对于第一个争议焦点,原告认为,被告没有对原告在购买涉案信托产品时进行风险等级评估,也没有针对其销售的涉案信托产品做风险评估;被告没有对涉案信托产品的投资风险和收益情况对原告施某某进行过告知说明;被告违反《银行与信托公司业务合作指引》第九条的规定。被告认为,被告向原告销售的产品符合原告风险承受能力;被告销售涉案产品时,完成了合法的风险告知义务。法院认为,作为卖方机构的被告认为其已经尽到适当性义务,需举证证明其已经建立了金融产品或服务的风险评估及相应管理制度、对金融消费者的风险认识、风险偏好和风险承受能力进行了测试、向金融消费者告知产品或服务的收益和主要风险因素等事项。首先,根据被告提供的内部通知,其于 2010 年 8 月 14 日已经上线个人客户风险评估项目,并启用相应的个人客户风险评估问卷,应视为已经建立了金融产品或服务的风险评估及相应管理制度;其次,根据被告提供的原告签字确认的《中国建设银行个人客户风险评估问卷》显示,被告已经对原告的风险认识、风险偏好和风险承受能力进行了测试,原告的评估结果为有投资经验及进取型,与涉案信托产品的风险等级是相匹配的。关于信托计划委托人要求,相关办法明确需是合格投资者,而对合格投资者的定义,相关办法明确,是指符合下列条件,"能够识别、判断和承担信托计划相应风险的人:一、投资一个信托计划的最低金额不少于 100 万元的自然人、法人或者依法成立的其他组织……"本案原告已符合该条件。至于原告提出上述评估问卷是被告针对原告投资的另一个理财产品所作的主张,法院认为,上述评估问卷确实是被告针对原告投资的另一个理财产品所作的,但原告所做的该评估问卷时间为 2010 年 11 月 17 日,原告购买涉案信托产品(签约)的时间为 2010 年 11 月 30 日,相隔仅十几天,被告以此作为原告的风险评估测试结果,亦无不妥。再次,根据被告提供的涉案信托计划中的《认购风险声明书》显示涉案信托产品不承诺保本和最低收益,《中国建设银行股份有限公司业务声明书》显示被告仅负责原告与江西信托公司之间的资金划转工作,不对该信托计划的收益或本金负责。原告对上述告知风险的文件均签字予以确认,以原告高中文化水平以及多次进行基金、证券认购的经历,对上述文件中的风险告知事项应是明知及可以理解的,故法院对被告尽到告知风险的义务予以认定。最后,关于原告提出的被告违反《银行与信托公司业务合作指引》第九条规定的主张,法院认为,根据该指引第九条规定,该规定适用于银行开展银信理财合作,又根据该指引第六条规定,银信理财合作指银行将理财计划项下的资金交付信托,由信托公司担受托人并按照信托文件的约定进行管理、运用和处分的行为。而本案应属于该指引第十六条规定的,信托公司委托银行代为推介信托计划的情形,并不适用于第九条的规定,故对原告的上述主张不予采信。法院据此认为,本案中,被告已经尽到了作为卖方机构的适当性义务。

对于第二个争议焦点,原告认为,被告提供的宣传资料即中国影视出版业投资基金简介存在虚假宣传,导致原告作出不真实的意思表示,故属于欺诈行为;被告认为,上述宣传资料并非被告提供的,故不存在欺诈。法院认为,法律意义上的欺诈是指一方当事人故意告知对方虚假情况,或者故意隐瞒真实情况,诱使对方当事人作出错误意思表示的行为。本案中,原告认为被告有欺诈的行为,应提供相应的证据予以证明,但原告虽提供了中国影视出版业投资基金简介,但未提供证据证明该份简介系由被告交付给原告的,应承担举证不利的法律后果。相反中国银行业监督管理委员会上海监管局作出的答复亦佐证,没有证据证明银行工作人员存在承诺收益的问题。当然,信托合同上联系地址和电话非原告地址、电话,在此方面,被告工作人员有一定过失,但该过失不足以构成适当性义务的违反。即使有瑕疵,也不足以影响有一定投资经验、具有高中文化水平的原告作出自主判断,而且根据信托合同约定可以变更地址和联系方式。退一步而言,即便简介及预期收益是被告方或信托受托人发放,被告承担逾期收益率的责任前提是构成欺诈,但综合被告行为,其无欺诈的意思表示和欺诈的行为,反而多次提示风险,并由原告签名确认,原告作为理性的合格投资者应自负投资风险。鉴于原告提供的证据不足以证明其事实主张的,法院认定被告行为不构成欺诈。

综上所述,原告的诉讼请求没有相应的事实与法律依据,难以支持。一审法院判决驳回原告施某某的诉讼请求。

一审判决作出后,原告施某某不服,提起上诉。

二审法院确认了一审查明的事实。

二审法院另查明,2020 年 3 月 17 日一审法院证据交换过程中,施某某举证的第二份证据为《基金简介》,拟证明建行奉贤支行存在虚假宣传,使得施某某作出非真实意思表示。建行奉贤支行对该证据的质证意见为:"三性均认可,但证明目的不认可,简介第 2 页表格中第三点重点提示了产品风险"。2020 年 5 月 18 日一审法院庭审过程中,建行奉贤支行当庭表示"上次庭审后,经过核实,这份资料(指《基金简介》)确实是产品发行的资料,但建行奉贤支行并未主动向施某某提供过……不是建行奉贤支行推荐产品时给的,也不是建行奉贤支行制作和发放的。"

《基金简介》载明:基金名称"中国影视出版产业投资基金";基金发起人"由中国建设银行、国家广电总局和新闻出版总署共同倡导和支持,由建银国际、中国出版集团、中国电影集团联合国内大型企业共同发起设立";分配方式"基金投资项目退出后原则上不进行再投资,首先用于偿还基金投资人的本金和 8% 的优先回报,超过部分在基金投资人和基金管理人之间按照 80:20 的比例进行分配";预期收益"不低于 20% 的年化收益率"。第三部分"重要提示"中载明:"本基金主要面向了解私募股权投资的特点和运作模式、对长期股权投资有一定风险承受能力的高端客户,请投资者在投资前仔细阅读和理解本基金的募集说明书及相关协议书,认真考虑、谨慎决定。"第四部分"投资意向"中"您的姓名""您的联系电话""投资意向金额(万元)"三栏目后填空部分均为空白。该简介右上角注有建设银行商标标识及"中国影视出版产业投资基金"字样;简介上无任何公司或个人签章。

《信托计划文件》中的《说明书》封面"特别申明"栏,以及《信托合同》封面均有加黑加粗的部分字体,载明"信托公司因违背本信托合同、处理信托事务不当而造成信托财产损失的,由信托公司以固有财产赔偿;不足赔偿时,由投资者自担。"《信托合同》的第十一条"信托利益的分配"中的第三款以加黑加粗的字体载明"本信托具有一定的投资风险,受托人不承诺保本和最低预期收益率"。

二审法院经审理后认为,本案的争议焦点为:(1)建行奉贤支行在代销案涉信托产品过程中,是否尽到了适当性义务;(2)建行奉贤支行在上述过程中,是否存在欺诈行为。

第一,关于建行奉贤支行是否尽到适当性义务。本案所涉为建行奉贤支行于 2010 年代销的信托产品,代销模式下,金融产品发行人与销售机构建立委托法律关系,销售机构接受发行人委托完成金融消费者适当性管理、协助金融消费者完成产品认购。建行奉贤支行在代理销售时亦应尽到投资者适当性管理义务,在确定其适当性义务的内容时,应适用在当时有效的、规制银行代销信托产品的法律法规、规章或规范性文件。施某某主张本案应适用《商业银行个人理财业务管理暂行办法》以及《关于进一步规范商业银行个人理财业务有关问题的通知》,然所谓理财业务,系指商业银行接受投资者委托,按照与投资者事先约定的投资策略风险承担和收益分配方式,对受托的投资者财产进行投资和管理的金融服务。本案建行奉贤支行未接受施某某委托对其财产进行投资和管理,不属于为施某某开展理财业务,故施某某主张本案适用上述规定,与事实不符,不予采信。本案应适用《银行与信托公司业务合作指引》[银监发(2008)83 号]第十六条规定"信托公司委托银行代为推介信托计划的……银行应向合格投资者推介,推介内容不应超出信托文件的约定,不得夸大宣传,并充分揭示信托计划的风险,提示信托投资风险自担原则";以及《信托公司集合资金信托计划管理办法》[银监会令(2009)1 号]第十六条规定"信托公司委托商业银行办理信托计划收付业务时,应明确决定双方的权利义务关系,商业银行只承担代理资金收付责任,不承担信托计划的投资风险。信托公司可委托商业银行代为向合格投资者推介信托计划"。卖方机构的适当性义务主要是要求金融机构了解客户、了解产品并负担起合理推荐、适当销售的义务,结合上述规定,上海金融法院对本案建行奉贤支行适当性义务的履行分析如下:

首先,关于"了解客户"的要求,系指金融机构应对潜在的客户进行风险测评和分类。2010 年 11 月 17 日,建行奉贤支行在施某某购买"乾元、盈系列"产品时,对施某某进行了风险评估,确认施某某有投资经验,"寻求资金的较高收益和成长性,愿意为此承担有限本金损失",评估结果显示施某某属于"进取型"投资者,该评估问卷在客户声明中载明"本人保证以上所填全部信息为本人真实的意思表示,并接受贵行评估意见",施某某在客户签字处签名。同年 11 月 30 日,施某某经建行奉贤支行推荐购买了案涉信托产品。建行奉贤支行对施某某进行的风险评估虽非在推介本案信托产品时进行,但距 11 月 17 日所作的风险评估间隔仅十余日的时间,无证据显示施某某在此期间发生金融资产较大变化,或施某某主动要求重新评估;施某某主张因本案信托产品的风险高于其于 11 月 17 日购买的"乾元、盈系列"产品,故当时的评估结果不能适用于本案,但风险评估问卷系针对投资者而非针对产品进行的调查,产品不同不等于投资者风险承受能力也随之不同,故建行奉贤支行向施某某推介案涉信托产品,已符合"了解客户"的要求。

其次,关于"了解产品"的要求,系指金融机构应向客户告知说明金融产品具体情况。本案建行奉贤支行向施某某提供了《信托计划文件》,其中的《信托合同》《认购风险申明书》均明确案涉信托产品不承诺保本和最低收益,且对信托产品所投资产的性质、信托利益分配、风险承担等进行了充分揭示和告知,施某某并进行签字确认。此外,建行奉贤支行还向施某某提供了《中国建设银行股份有限公司业务声明书》,载明建行奉贤支行仅负责施某某与江西信托公司之间的资金划转工作,不对该信托计划的收益或本金负责;施某某亦在该声明书上进行签字确认。结合施某某的文化水平及投资经历,其对于上述文件中的告知事项应具有足够的理解能力,其作为完全民事行为能力人在文件上签字确认,应承担相应的法律后果。施某某主张建行奉贤支行未就风险告知提供录音录像,案涉信托产品未进行风险评级,但当时的法律法规、规章或规范性文件并无"双录"及对信托产品应进行风险等级评定的要求,故建行奉贤支行未进行"双录"、未对案涉信托产品进行风险等级评定,均不存在过错。建行奉贤支行作为案涉产品代销方,已向施某某充分告知信托产品具体情况,履行了风险告知义务。

再次,关于"合理推荐、适当销售"的要求,即卖方机构应将适当的产品销售给适当的客户。根据《信托公司集合资金信托计划管理办法》(银监会令〔2009〕1 号)第六条规定"前条所称合格投资者,是指符合下列条件之一,能够识别、判断和承担信托计划相应风险的人:(一)投资一个信托计划的最低金额不少于 100 万元人民币的自然人、法人或者依法成立的其他组织;(二)个人或家庭金融资产总计在其认购时超过 100 万元人民币,且能提供相关财产证明的自然人……"施某某购买案涉信托产品 300 万元,且在十余天前在建行奉贤支行购买了非保本浮动理财产品 1 705 000 元,故其在购买案涉信托产品时符合"合格投资者"的要求。此外,建行奉贤支行已通过风险评估问卷确认施某某属于"进取型"投资者,无证据证明施某某购买案涉信托产品超过其风险承受能力。施某某主张其未抄录《中国建设银行个人客户风险评估问卷》中"本人主动要求了解和购买该产品,清楚投资风险并自愿承担"部分内容。然该问卷明确提示"当客户选择高于其风险评估结果的产品时,才需要抄录",故施某某未抄录该内容不影响其评估结果。综上,根据现有证据,并无案涉信托产品与施某某不相匹配的情况,建行奉贤支行向施某某推介其代销的案涉信托产品,并无不妥。

因此,建行奉贤支行向施某某推荐案涉信托产品,未违反相关法律法规、部门规章或规范性文件的规定,施某某主张建行奉贤支行未尽适当性义务的主张,难以支持。

第二,关于建行奉贤支行是否存在欺诈行为。施某某主张《基金简介》中关于固定收益及预期收益的内容属于建行奉贤支行的欺诈行为,建行奉贤支行在一审证据交换期间即自认该证据系其提供。但根据一审庭审笔录记载,建行奉贤支行仅认可该证据的真实性、合法性及关联性,明确表示不认可该证据的证明目的;经核实,该简介并非系建行奉贤支行制作或提供给施某某。法院认为,建行奉贤支行一审期间并未明确认可该简介系其制作或提供,不构成"自认"。虽然该简介右上角有建设银行商标标识,但该简介上并无任何主体的签章,难以认定该简介由建行奉贤支行制作或提供给施某某。退一步讲,即使该简介确由建行奉贤支行提供,该简介"重要提示"部分明确提示该基金面向有一定风险承受能力的高端客户,提示投资者应在投资前仔细阅读相关协议书,谨慎决定。该简介还明确列出基金发起人、管理人,建设银行均不包含其中,故施某某所称该简介引导投资者误认购买的产品系建设银行自主发行,与事实不符。建行奉贤支行向施某某提供了《信托计划文件》《认购风险申明书》《中国建设银行股份有限公司业务声明书》等,施某某在文件中签字认可,结合上海银监局作出的"没有证据证明银行人员存在承诺收益的问题"之调查结论,均说明施某某对所要投资的金融产品并不保本保收益应有足够的认识,在此基础上作出的投资决定应系其自主的行为。施某某主张其系受《基金简介》误导、受建行奉贤支行欺诈而购买案涉信托产品,依据不足,不予支持。

综上所述,施某某的上诉请求难以成立,一审判决认定事实清楚,适用法律准确,应予维持。依照《中华人民共和国民事诉讼法》第一百七十条第一款第一项之规定,二审法院判决:驳回上诉,维持原判。

点 评

本案系金融委托理财合同纠纷。原告以被告欺诈为由请求撤销合同并赔偿损害。

本案值得关注之处在于如何确定适当性义务违反与损害赔偿之间的关系。原告认为,被告在向其销售金融产品过程中,未按照《信托公司集合资金信托计划管理办法》(银监会令〔2009〕1 号)第六条和《银行与信托公司业务合作指引》第九条规定对其进行风险评估,违反适当性义务。被告认为,其向原告销售的产品符合原告风险承受能力;被告销售涉案产品时,已尽到风险告知义务。法院认为,被告在履行适当性义务的过程中虽存在瑕疵(原告地址、联系方式填写有误),但其瑕疵轻微不影响原告利益,因此被告无需承担损害赔偿责任。法院的做法值得赞同。基于交易效率的考量,在前后交易间隔时间较短、投资人资力状况未发生显著变化时,销售方以此前的风险报告来判断投资人的类型,并无不妥;另外,适当性义务之规范目的在于防止投资人因欠缺知识而陷入巨大风险,而上述所谓义务违反与原告投资决策之间并无因果关系,故被告不必承担损害赔偿责任。

本案另一值得关注的点是被告是否有欺诈行为。原告认为,被告使用《基金销售简介》和承诺保底收益的销售方式构成欺诈。被告认为,销售人员在销售过程中未承诺保底收益,同时《基金简介》并非其所提供,因此银行不构成欺诈。法院认为,原告无法证明其所陈述的事实,因此应当承担举证不利的后果。法院的观点值得赞同。但交易实践中,银行为推销理财产品,确常使用类似《基金销售简介》的宣传资料,作虚假不实宣传,误导投资者,但最终签署的材料内容则与宣传资料不同。此类行为足以构成理财产品发行人的欺诈行为,即使虚假宣传资料是代销银行提供,则代销银行作为代理人,其欺诈行为应归责于理财产品发行人,认定为理财产品发行人的欺诈行为,而非第三人欺诈(在缔约过失上,除理财产品经营者外,代销银行亦应负缔约过失责任,两者为不真正连带)。当然,仅有欺诈行为,未必满足欺诈撤销权的构成要件,比如对于具有成熟投资经验和投资知识的投资者而言,此等欺诈行为未必导致其误认,即属其例。

　　法院裁判明确了商业银行代销模式中适当性义务的限度,并指出适当性义务违反与投资人决策之间若无因果关系,投资风险应由买受人自负。此系损害赔偿法原理的当然要求;在社会效果上,则有利于引导金融消费者树立良好的法律意识、风险意识以及责任自担意识。

案例提供单位:奉贤区人民法院
编写人:阮瑜斌　姚依哲　洪晓慧
点评人:金可可　赵元焜

53. 上海美询实业有限公司诉浙江淘宝网络有限公司等网络侵权责任纠纷案

——电子商务平台经营者因未实施"反通知"程序的责任认定

案 情

原告(上诉人)上海美询实业有限公司

被告(上诉人)浙江淘宝网络有限公司

被告(被上诉人)苏州美伊娜多化妆品有限公司

原告上海美询实业有限公司(以下简称美询公司)与被告苏州美伊娜多化妆品有限公司(以下简称美伊娜公司)签订专卖协议,由美伊娜多公司授权美询公司2014 年至 2018 年期间在合同约定的专卖店和被告浙江淘宝网络有限公司(以下简称淘宝公司)网店销售美伊娜多公司所提供的商品。合同到期后,双方业务关系继续存续。2019 年 4 月 30 日,美伊娜多公司向淘宝公司投诉,认为美询公司销售的洗颜霜是假货并提供检测报告(有瑕疵)。5 月 3 日,淘宝公司通知美询公司在收到投诉通知的三个工作日内提供凭证申诉。5 月 5 日,美询公司申诉并提供了网店购销合同书(不完整)、发货单、抬头系唐某某的发票,同时备注唐某某与被投诉店铺间的关系等材料。淘宝公司经审查后要求美询公司提供完整的开具给美询公司的购货发票。美询公司后续未再向淘宝公司提供任何材料或进行说明。5 月 6 日,淘宝公司最终认为美询公司申诉不成立,依据平台自治规则对美询公司店铺进行处罚。

淘宝公司未告知美伊娜多公司可以向有关主管部门投诉或者向人民法院起诉,美伊娜多公司未向有关主管部门投诉或者向人民法院起诉。

原告美询公司诉称,美询公司不存在售假行为,被告美伊娜多公司系恶意投诉。被告淘宝公司对美伊娜多公司的恶意投诉未尽任何证据审查,亦未对美询公司申诉材料进行审查的情况下,直接实施扣分和删除产品链接等处罚,严重损害美询公司的合法权益。故诉请:(1)判令美伊娜多公司消除影响,撤销美伊娜多公司的投诉;(2)判令淘宝公司撤销处罚,并恢复商品销售链接;(3)判令美伊娜多公司赔偿美询公司经济损失 120 万元;(4)判令淘宝公司对诉请三承担连带责任。诉讼过程中,美询公司将诉讼请求中的消除影响明确为:(1)要求美伊娜多公司在省级报刊以上登报撤销其于 2019 年 3 月 15 日、4 月 30 日在淘宝网对美询公司的投诉,并送达给淘宝公司;(2)要求淘宝公司在省级报刊以上登报撤销 2019 年 3 月 26 日和 5 月 9 日对美询公司的处罚,并恢复美询公司的商品销售链接;(3)要求淘宝公司撤销对美询公司扣除保证金 2 500 元的处罚。

被告美伊娜多公司辩称,原告美询公司的售假行为已经生产厂家检测报告证实,故不存在恶意投诉;处罚系电商平台依据自治规则判定,美伊娜多公司不是侵权行为实施人;美询公司所称的经济损失没有依据。

被告淘宝公司辩称,原告美询公司存在未及时申诉,两次投诉的申诉材料经审核不合理,故电商平台将相关商品进行删除等处罚措施是合理的;即便电商平台处罚错误,侵权结果也不应由平台承担。

审 判

一审法院经审理后认为,原告以两被告侵权为由,要求两被告承担相应的民事责任,则原告应就两被告实施了侵权行为、有损害事实的存在、两被告主观上有过错以及侵权行为与损害结果之间存在因果关系进行举证。

原告美询公司与被告美伊娜多公司在 2014 年 8 月 26 日至 2019 年 4 月 24 日期间存在长期的买卖合同关系,由被告美伊娜多公司授权原告经营美伊娜多旗下缔凡品牌、部分进口品牌化妆品,并在原告的专卖店和网店销售其提供的商品。故在针对原告出售的美伊娜多品牌产品的投诉中,相对于普通人而言,被告美伊娜多公司负有更高的审查注意义务。但从查明的事实来看,被告美伊娜多公司投诉的产品是委托第三方在原告网店购买,其未能提供第三方购买产品的凭证以及投诉产品来源于第三方购买的相关凭证。同时被告美伊娜多公司向被告淘宝公司投诉时的依据是所购产品的包装及部分标识不同于正品,但被告美伊娜多公司在本次诉讼中作为证据提交的产品实物的包装与标识却是其进行假货投诉时所提交的鉴定报告中显示的正品的包装与标识,且一审庭审中被告美伊娜多公司也承认因工作疏忽其向被告淘宝公司投诉时所提供的投诉资料与客观事实不符。故被告美伊娜多公司的投诉存在重大过失,其投诉行为与原告网店受处罚而遭受损失具有一定因果关系,依法应承担相应的侵权责任。

本案中,被告淘宝公司以原告申诉超时或者申诉内容不成立为由对原告进行处罚。针对申诉超时,虽然有证据显示被告淘宝公司告知过原告在收到投诉通知的三个工作日内提供凭证进行申诉,但被告淘宝公司未提交证据证明双方对申诉时间的约定,且现有证据也未显示被告淘宝公司将投诉通知给原告的具体时间,故一审法院无法判定原告的申诉是否超时,且即便原告第一次申诉超时,其后原告也重新进行了申诉。针对申诉内容,原告申诉时提交的购销合同、发货单、发票已能构成原告所售产品进货渠道来源于被告美伊娜多公司的初步证据。而被告淘宝公司在收到原告申诉材料后应及时转送被告美伊娜多公司并告知其可以向有关主管部门投诉或者向人民法院起诉。虽然被告淘宝公司称根据平台的投申诉流程,商家申诉的内容平台都会转送给投诉方,但其未提供证据证明其已将原告的申诉材料转送给被告美伊娜多公司,也未提供证据证明其已收到被告美伊娜多公司向相关主管部门投诉或起诉的通知。故被告淘宝公司应及时终止所采取的措施。本案中,被告淘宝公司未能及时终止所采取的处罚措施,对损失的扩大亦负有责任。

行为人因过错侵害他人民事权益,应当承担停止侵害、恢复原状、消除影响、赔偿损失等侵权责任。消除影响是指行为人因侵害公民或法人的人格权,应在影响所及的范围内消除不良后果。本案中,被告美伊娜多公司仅仅以投诉方式向淘宝表达其诉求,并未以公开的方式行使权利,造成的后果是淘宝网对原告网店的处罚,原告并没有证据证明淘宝网对其处罚进行了公示,也未有证据显示原告的社会评价因此而降低。故原告要求两被告消除影响的诉讼请求,缺乏事实依据,一审法院不予支持。原告要求被告美伊娜多公司撤销投诉,庭审中被告美伊娜多公司表示同意,一审法院予以准许。原告还要求被告淘宝公司撤销处罚,一审法院认为,部分处罚已经结束,故已无法撤销,但审理中被告淘宝公司表示可以恢复原告网店积分及保证金,一审法院予以准许。关于损失,对于原告诉请主张的经济损失,属于原告的举证范围,但其未能提供充分证据予以证明,一审法院认为,原告因两次投诉受到处罚,客观上确实给原告网店造成一定损失,故综合考量处罚措施种类及持续时间,一审法院对原告的损失酌定为 50 000 元。根据两被告的过错程度、侵权行为的方式及后果、原因力大小,一审法院酌定被告美伊娜多公司负 60%的责任,被告淘宝公司负 40%的责任。

综上,依照《中华人民共和国侵权责任法》第六条第一款、第十二条、第十五条,《中华人民共和国民事诉讼法》第一百四十二条规定,一审法院判决:一、被告苏州美伊娜多化妆品有限公司赔偿原告上海美询实业有限公司损失 30 000 元;二、被告浙江淘宝网络有限公司赔偿原告上海美询实业有限公司损失 20 000 元;三、被告苏州美伊娜多化妆品有限公司向被告浙江淘宝网络有限公司撤回 2019 年 3 月 15 日以及 4 月 30 日对原告上海美询实业有限公司的投诉;四、被告浙江淘宝网络有限公司恢复原告上海美询实业有限公司的网店积分及保证金;五、驳回原告上海美询实业有限公司的其余诉讼请求。

原告美询公司与被告淘宝公司不服一审判决,提起上诉。

二审法院经审理后认为,《民法典》《电子商务法》均未对"电子商务平台经营者未履行不侵权声明的转通知义务、继而未终止必要措施"行为的性质及相应的法律责任作出规定,故应按侵权构成的一般规定进行判断。首先,美询公司提供了有效的不侵权声明,但淘宝公司未告知权利人应向有关部门投诉或者向人民法院起诉,且未依法及时终止已采取的必要措施,其行为不符合法律的规定,存在违法性。其次,淘宝公司对美伊娜多公司与美询公司采用标准不一的证据证明标准层次,有违公平,实际对美询公司依法维护权利设置了不合理的条件,是为过错。最后,淘宝公司对美询公司采取的必要措施因淘宝公司未实施反通知程序导致未能及时终止,势必对美询公司造成一定的财产损失,损害后果及因果关系明确。据此,二审法院认定淘宝公司与美伊娜多公司均构成侵权,酌定损失 20 万元,并按照三方的过错程度改判美伊娜多公司、淘宝公司、美询公司分别承担 50%、30%、20%的责任比例。

二审法院依照《中华人民共和国民法典》第一千一百七十二条、第一千一百七十三条、第一千一百九十五条、第一千一百九十六条,《中华人民共和国电子商务法》第三十二条、第四十二条、第四十三条,《中华人民共和国民事诉讼法》第一百七十条第一款第二项之规定,判决:一、维持一审法院民事判决第三、五项;二、撤销一审法院民事判决第一、二、四项;三、被上诉人苏州美伊娜多化妆品有限公司赔偿上诉人上海美询实业有限公司损失人民币 100 000 元;四、上诉人浙江淘宝网络有限公司赔偿上诉人上海美询实业有限公司损失人民币 60 000 元;五、上诉人浙江淘宝网络有限公司恢复上诉人上海美询实业有限公司的网店积分 24 分和保证金人民币 2 500 元。

点 评

本案是电商平台违反通知程序规则时应如何担责的代表性判决,较好诠释了电商平台侵权责任规则的精神,实现权利人、电商平台、被投诉人三者间利益的平衡。

首先,淘宝公司与美伊娜多公司(权利人/投诉人)并无意思联络,不构成共同故意侵权,而系二人以上分别实施侵权行为造成同一损害,依《民法典》第一千一百七十二条,应根据在案证据确定各自的责任大小。

本案中,美伊娜多公司因工作疏忽发出错误通知,导致美询公司(被投诉人)因淘宝公司处罚而受财产损害,理应承担主要责任(《民法典》第一千一百九十五条第三款第一句)。

淘宝公司的责任则更为复杂。首先,淘宝公司收到美伊娜多公司投诉后,在美询公司(被投诉人)未及时申诉的情况下,依其自治规则对美询公司采取屏蔽等合理必要措施,本身并无不当。

但淘宝公司在接到被投诉人适格的"不侵权声明"(申诉)后,本应将其转发权利人,并在符合一定要件时及时终止相关措施(《民法典》第一千一百九十六条第二款)。法院认定,本案中美询公司第二次申诉符合法律要求,但淘宝公司仍以其不适格为由,不履行转送义务,更未及时终止相关措施,故其行为(不作为)具备违法性。

淘宝公司作为两者纠纷的"调处者",本应确保中立公正,但其在审核投诉人与申诉人提交的证据时,未采取统一标准,对美询公司的申诉("不侵权声明")提出过高证据要求,不当认定其第二次申诉不符合法律要求,以此为由不履行转送等义务,且未给予美询公司合理应对时间,实际上对美询公司依法维权设置了不合理的条件,故淘宝公司就其违法行为存在过错,应承担次要责任。

本案二审合议庭准确认定、分析案件事实,准确理解法律,依据立法本意正确适用法律,确立电商平台违反反通知程序规则时的责任认定标准,提出审查电商平台在投申诉过程中是否存在过错的考量因素。判决合法、合理、合情,既尊重电商平台在知识产权保护方面的自治,又强调电商平台应确保程序正义的"法律底线",对于引导电子商务的合法发展具有积极意义。

案例提供单位:上海市第一中级人民法院

编写人:汤黎明　吴慧琼　须海波

点评人:金可可

54. 中国船舶重工集团公司第七〇四研究所申请天海融合防务装备技术股份有限公司破产重整案

——民营上市公司市场化重整路径

案 情

申请人中国船舶重工集团公司第七〇四研究所

被申请人天海融合防务装备技术股份有限公司

中国船舶重工集团公司第七〇四研究所(以下简称七〇四研究所)与江苏大津绿色能源装备有限公司(以下简称大津公司)于 2016 年 11 月 25 日签订《多功能海上实施平台(船)电力推进包采购合同》(以下简称《采购合同》),货款总额为人民币(币种下同)968 万元。2017 年 6 月 15 日,天海融合防务装备技术股份有限公司(以下简称天海防务)、七〇四研究所、大津公司签订《合同主体变更三方协议》,约定由天海防务取代大津公司成为《采购合同》的买方。七〇四研究所于 2017 年 8 月 21 日完成交货义务。截至 2019 年 3 月 18 日,天海防务仅支付货款 508.8 万元,尚欠货款 387.2 万元。经七〇四研究所催讨,天海防务于 2019 年 3 月 19 日回函称"基于我司目前经营活动受诉讼、仲裁影响巨大,银行抽贷严重,资金非常困难,实无力按照贵所要求立即履行合同付款义务"。

天海防务于 2001 年 10 月 29 日在上海市市场监督管理局登记注册成立,注册资本为 960 016 185 元;住所地为上海市松江区莘砖公路 518 号 10 幢 8 层。天海防务股票(股票代码:300008,股票简称:天海防务)于 2009 年 10 月 30 日在深圳证券交易所创业板上市交易。

根据天海防务公开披露财务报告及其所提交的资料显示,截至 2019 年 9 月 30 日,天海防务合并报表资产总额为 2 182 397 147.03 元,负债总额为 1 503 270 757.90 元,所有者权益合计为 679 126 389.13 元,但主要资产为对子公司的应收账款和长期股权投资,难以回收和变现。天海防务 2020 年 1 月 23 日发布的《2019 年年度业绩预告》称,"2018 年度发生亏损 187 841 万元,预计 2019 年度仍将亏损 29 922 万元至 29 423 万元"。因无法清偿到期债务,天海防务已经涉及诉讼 8 件及仲裁 1 件 (涉案金额本金合计 77 575.2 万元),其中 4 件案件已进入执行程序(涉案金额本金 合计 43 100 万元),天海防务大部分经营性资产、银行账户及其子公司股权被查封 或冻结,严重缺乏清偿能力。天海防务银行账户和对外投资等资产陆续被司法查 封,面临被分割出售和资金链断裂的困境,并影响天海防务近千名员工的就业及证 券二级市场上 7 万多股民的利益。

申请人七〇四研究所以被申请人天海防务无法清偿到期债务,明显缺乏清偿 能力为由向法院申请对天海防务进行破产重整。法院接到申请后,依法通知天海 防务并组织了听证,天海防务对重整申请无异议。

审 判

破产法院经审理后认为,七〇四研究所提交的证据可证明其是天海防务的债 权人,有权依法对天海防务提出重整申请。天海防务对七〇四研究所申请其重整 无异议,其账面资产虽大于负债,但因资金严重不足及财产不能变现,无法清偿到 期债务且有明显丧失清偿能力的可能。据此,依照《中华人民共和国企业破产法》 第二条、第七条第二款、第七十条第一款、第七十一条,《最高人民法院关于适用〈中 华人民共和国企业破产法〉若干问题的规定(一)》第四条第一款第一项之规定,上 海市第三中级人民法院于 2020 年 2 月 14 日裁定:受理申请人中国船舶重工集团 公司第七〇四研究所对被申请人天海融合防务装备技术股份有限公司的重整 申请。

破产法院就该案后续还做了如下工作:

一、准许继续营业与自行管理

2020 年 2 月 18 日,天海防务向破产法院申请继续营业及自行管理财产和营业 事务。破产法院随即指导管理人就天海防务继续营业及是否符合自行管理的条件 进行核查。管理人进驻天海防务,在审阅公司相关材料、实地走访、访谈管理层的 基础上,于 2 月 27 日向破产法院出具《专项审查报告》,认为天海防务具备重整期 间自行管理财产和营业事务的条件,同意天海防务继续营业和自行管理。同时在 破产法院指导下,管理人制作了《监督办法》。天海防务专门成立由高管团队组成 的破产重整工作小组,确保监督措施快速落地、切实执行。

结合管理人提交的核查报告及《监督办法》,破产法院经审查认为,天海防务内 部治理结构完善且仍正常运转,具备自行管理财产和营业事务的能力;主营业务专 业性较强,自行管理有利于债务人继续经营;不存在隐匿、转移财产的行为及其他 严重损害债权人利益的行为;管理人制定了切实可行的监督办法,且与天海防务就重整期间工作进行了有机分工,故在管理人有效监督下,自行管理不会影响重整程序,也不会损害相关利益主体的利益。遂依据《企业破产法》第七十三条之规定,准许天海防务在管理人监督下自行管理财产和营业事务。

在管理人及自行管理监督机制有效运行下,天海防务经营管理团队全力维持主营业务有序平稳运行。重整期间,未发生违反《监督办法》或损害债权人利益的情况。同时,重整程序中,对债务人财产保全的解除、对债务人财产执行的中止等措施,也使得债务人整体经营环境明显改观,市场信誉和客户信任逐渐恢复。重整期间,除继续履行已有订单外,天海防务新承接船舶建造合同等近 50 项。据天海防务公开披露的 2020 年度半年报显示,天海防务 2020 年上半年实现净利润 4 000余万元,为上市公司重整成功打下扎实的基础,同时也增强了上市公司对战略投资者吸引力。

二、克服疫情高效完成债权审查与确认

2020 年 3 月 3 日,破产法院通过全国企业破产重整案件信息网发布公告,确定债权申报截止日期为 2020 年 4 月 17 日。管理人根据天海防务的债务清册及涉诉材料等信息,以及审计机构整理的财务账面信息,累计向 86 家已知债权人发送债权申报通知。考虑到债权人可能因受疫情影响无法在指定的申报场所提交书面申报债权材料,管理人在法院指导下开设电话、邮件、微信等线上债权申报渠道,并及时对线上申报的债权进行登记或指导债权人线上补充申报材料。

破产法院根据管理人的调查及债权人会议核查,共计裁定确认 204 位债权人的债权合计 101 527 万元,其中担保债权 34 190 万元。

三、低成本召开债权人会议

天海防务第一次债权人会议于 2020 年 4 月 29 日以网络会议方式召开,既落实了新冠疫情防控要求,同时也提高了债权人参与的便捷性并降低了参会成本,使有表决权的债权人出席率达到 91.43%。通过债权人在线阅看债会资料的方式节省了纸质会议材料约 400 份。第一次债权人会议核查了债权,并听取了管理人《执行职务的工作报告》及债务人《自行管理工作报告》,表决通过了《财产管理方案》等议案,并选举产生了债权人委员会成员。

四、督导管理人依法高效推进程序

为确保审理进程高效、有序推进,合议庭持续加强对管理人履职的监督指导。受理之初,合议庭随同指定管理人《决定书》,一并向管理人发送履职要求告知书,提出了七个方面 17 项具体明确的履职要求;审理之中,管理人按合议庭要求每周提交工作报告及专项报告共计 73 份;合议庭定期召开管理人工作例会,及时通过线上线下"面对面"交流,以及时了解重整工作进展、及时指导和协调下一步工作。从而确保重整计划在法定期间内完成了制作与表决通过。

五、依法保障债权人与中小股东合法权益

为发挥债权人会议和债委会的监督作用,依法保障债权人参与权、知情权与监督权,法院邀请债委会代表出席管理人工作例会,听取管理人及债务人的工作汇报、重整计划草案说明等,了解程序进展并依法提出质询。

法院明确信息披露责任主体,指定管理人后,由管理人履行信息披露义务;自行管理后,由天海防务在管理人监督下履行信息披露义务并要求增强信息披露准确性、针对性和及时性。管理人和天海防务在深圳证券交易所信息披露平台上,共发布各类公告 123 份,依法依规地履行信息披露义务,二级市场股价总体平稳。

六、高效完成重整计划

(一)市场化招募重整投资人

2020 年 4 月 9 日,天海防务及管理人在多个平台正式发布《意向投资者招募公告》,并与 5 家居间服务方签署《居间服务协议》,通过专业投资中介机构引入意向投资人。

管理人累计与 20 多家意向投资人、居间方进行实质性沟通并签署《保密协议》;与意向投资者进行 30 多场商业洽谈;通过多轮磋商及比较债权清偿率、投资者与天海防务主营业务的适配性、能否增强主营业务并提升盈利能力以及方案可行性等方面,最终选定重整投资人,并签署重整投资框架协议。

(二)高效完成重整计划草案的制作与表决

2020 年 8 月 14 日,天海防务在法定期间内向破产法院提交重整计划草案。根据该草案,天海防务现有核心资产和业务得以保留;有财产担保债权、职工职权、社保职权均全额以现金清偿;普通债权在人民币 5 000 万元及以下部分将全额以现金清偿,超过人民币 5 000 万元部分将按照 85% 的比例以现金清偿,普通债权清偿率得以显著提升。

2020 年 9 月 4 日,天海防务第二次债权人会议以网络会议形式召开,会上高票通过了重整计划草案。2020 年 9 月 9 日,破产法院依据《企业破产法》第八十六条第二款的规定,裁定批准重整计划并终止重整程序。

七、高效执行重整计划

根据重整计划,重整计划的执行期限为自法院裁定批准重整计划之日起四个月。2020 年 9 月 18 日,管理人与天海防务办理了相应的移交手续,对重整计划的执行开展监督工作。2020 年 11 月 17 日,重整投资金提前支付完毕。2020 年 12 月完成了天海防务股票资本公积转增股本及新增股本向重整投资人过户的手续。2020 年 12 月 31 日,破产法院裁定确认重整计划执行完毕。

点 评

本案系企业破产重整案,法院充分发挥破产重整制度功能,依法、高效挽救了困境企业。依现行《企业破产法》,破产制度具体包括清算、重整与和解三类程序,其中破产重整制度是盘活特殊资产、挽救困境企业、解决债务风险最为常用的市场化、法治化路径。

本案值得关注之处首先在于,法院积极贯彻企业重整程序中的债务人自行管理制度。依据《企业破产法》第七十三条第一款规定:"在重整期间,经债务人申请,人民法院批准,债务人可以在管理人的监督下自行管理财产和营业事务。"最高人民法院关于印发《全国法院民商事审判工作会议纪要》的通知第一百一十一条①进一步细化债务人自行管理的要件。可见,相关规定已明确债务人自行管理的要件或者标准,规范了法官的自由裁量权,法院仅需依预先设定的要件或者标准审查债务人自行管理的申请。具体到本案,天海防务虽陷债务危机,但其内部治理机制仍能够正常运转,主营业务仍具市场竞争力,也不存在其他损害债权人利益的行为,其自行管理利于继续经营,法院批准其在管理人监督下自行管理,值得赞同。

本案另一值得关注之处在于,法院运用"良好重整投资人"引入机制。现行《企业破产法》并未规定重整投资人的选任程序与选任标准。良好的重整投资人能有效提高债权人受偿的可能性,也可能真正使困境企业起死回生,发挥企业重整的价值。因而制定统一、公开的重整投资人选任程序与选任标准,消除不合理的引入障碍,是保障债务人重整成功并提升重整效率的关键因素。具体到本案,在法院指导下,管理人和天海防务利用市场化方式,在线上、线下公开选任重整投资人,公平、公正洽谈磋商,过程中注重运用信息化技术,程序公开透明,消除各主体参与重整程序的疑虑与障碍,调动各主体实现重整成功的积极性,最终在市场化比选下形成投资方案,最终重整方案高票通过。

本案中,法院积极贯彻企业破产重整程序中债务人自行管理制度,同时建立了

---

① 最高人民法院关于印发《全国法院民商事审判工作会议纪要》的通知(法〔2019〕254 号)第一百一十一条:重整期间,债务人同时符合下列条件的,经申请,人民法院可以批准债务人在管理人的监督下自行管理财产和营业事务:(1)债务人的内部治理机制仍正常运转;(2)债务人自行管理有利于债务人继续经营;(3)债务人不存在隐匿、转移财产的行为;(4)债务人不存在其他严重损害债权人利益的行为。债务人提出重整申请时可以一并提出自行管理的申请。经人民法院批准由债务人自行管理财产和营业事务的,企业破产法规定的管理人职权中有关财产管理和营业经营的职权应当由债务人行使。管理人应当对债务人的自行管理行为进行监督。管理人发现债务人存在严重损害债权人利益的行为或者有其他不适宜自行管理情形的,可以申请人民法院作出终止债务人自行管理的决定。人民法院决定终止的,应当通知管理人接管债务人财产和营业事务。债务人有上述行为而管理人未申请人民法院作出终止决定的,债权人等利害关系人可以向人民法院提出申请。

公开、公平、公正的重整投资人引入机制,有效提升企业破产重整效率,成功维持了困境企业的运营价值,为优化法治化营商环境树立了典型示范。

案例提供单位:上海市第三中级人民法院

编写人:姚 磊

点评人:金可可 房楚楚

55. 王某某等诉众安在线财产保险股份有限公司保险合同拒赔纠纷案

——保险公司欠缺正当性理由拒赔的司法实践

案 情

原告(被上诉人)王某某

原告(被上诉人)李某

被告(上诉人)众安在线财产保险股份有限公司

罗定市公安局附城派出所出具户籍证明及《人口信息查询资料》显示,王某翠,1999 年 9 月 2 日出生,于 2001 年 1 月 12 日入户,为原告王某某、李某的养女,婚姻状况为未婚。罗定市附城街星光村民委员会、罗定市附城街道办事处社会事务办公室出具证明陈述,原告王某某、李某于 1999 年 9 月收养一名生父母不明的女婴,未办理收养手续。该女婴于 2001 年 1 月 12 日在罗定市公安局附城派出所入户,户口簿显示姓名为王某翠,与户主王某某的关系为养女。王某翠由王某某、李某夫妇抚养至成年,于 2018 年 12 月 18 日因交通事故死亡。王某翠未婚,未生育子女。原告王某某、李某陈述王某翠刚出生被遗弃路边,被其抱养回家,查找过亲生父母但没有找到。后来去计生办说明情况、缴纳罚款后就办理了户口。因民政局需要出生证明才能办理收养手续,故给王某翠办了户口后就没有办理收养手续。王某翠知晓收养情况,但不清楚亲生父母是谁。

原告诉称,2018 年 9 月 9 日,王某翠在网上投保了被告众安在线财产保险股份有限公司(以下简称众安在线公司)的《个人综合意外保障》一份,被保险人为王某翠本人,人身意外伤害——身故、残疾的保险金额为 50 万元,身故受益人为法定受益人。2018 年 12 月 18 日,王某翠遇交通事故被撞身亡。罗定市公安局交警大队出具的《道路交通事故认定书》认定王某翠不承担事故责任。两原告作为王某翠的父母向被告众安在线公司报案,提出王某翠身故的索赔申请,被告出具了《拒赔通知书》。故两原告起诉至法院,请求判令被告支付 50 万元保险赔偿款。

被告众安在线公司辩称,两原告并未办理收养登记手续,并非被保险人法律意义上的养父母,不属于法定受益人,请求驳回起诉。

审 判

一审法院经审理后认为,首先,案涉保险为人身意外伤害—身故、残疾保险,系被保险人因意外事故而导致身故、残疾为给付保险金条件的人身保险,其目的多在于为家庭生活预留保障,由此被保险人死亡后,保险金可使遗属或者受益人减轻正常生活负担。案涉保险为王某翠本人以自己的生命为标的投保,被保险人王某翠享有当然的受益人指定权。结合王某翠出生即被抱养、1 岁多时户口就登记为两原告的养女、亲生父母无法查找的情况,其投保时所想保障的遗属或受益人是扶养其长大、与其共同生活的两原告更能符合一般社会价值,也更能符合王某翠投保时的真实意思表示,就王某翠本人来讲,其一般应认为两原告确系其继承人。其次,本案保险合同约定的身故受益人为法定受益人。根据保险法的相关司法解释,应以继承法规定的法定继承人为受益人。本案被保险人王某翠死亡时未婚,未生育子女,亲生父母不详,在出生不久即被原告夫妇抱养。虽未办理收养手续,与两原告之间未形成法律意义上的收养关系,但从所在基层组织、户籍登记机关均认可王某翠系养女的事实来看,王某翠属于《中华人民共和国继承法》第十四条中所列的"继承人以外的对被继承人扶养较多的人",在王某翠无其他继承人的情况下,两原告可以视同王某翠的继承人。故两原告具有本案诉讼主体资格。据此,依照《中华人民共和国保险法》第十条、《中华人民共和国继承法》第十四条、《最高人民法院关于适用〈中华人民共和国保险法〉若干问题的解释(三)》第九条第二款第一项之规定的规定,一审法院判决:被告众安在线财产保险股份有限公司应于判决生效之日起十日内支付原告王某某、李某保险金 500 000 元。

一审宣判后,被告众安在线公司不服,提出上诉。

二审法院经审理后认为,本案的争议焦点为被上诉人王某某和李某是否享有主张取得案涉保险合同保险金的权利。上诉人众安在线保险公司认为被上诉人王某某、李某与被保险人王某翠之间不构成合法有效的养父母子女关系,故其不属于法定受益人,无权主张取得案涉保险合同保险金,即使根据《中华人民共和国继承法》第十四条的规定王某某、李某享有分得遗产权,也应酌情分得部分而非全部保险金。对此,法院认为,首先,本案保险合同约定的身故受益人为法定受益人,而被保险人王某翠死亡时未婚、未生育子女、亲生父母无法查找,也未与王某某、李某形成法律意义上的收养关系,由此根据《中华人民共和国保险法》第四十二条之规定,案涉保险金因受益人指定不明无法确定从而成为被保险人王某翠的遗产,应由保险人依照《中华人民共和国继承法》的规定履行给付保险金的义务。而王某翠出生不久即被王某某、李某夫妇抱养并扶养至成年,虽未办理收养手续,未形成法律意义上的收养关系,但从所在基层组织和户籍登记机关均认可王某翠系养女的事实来看,王某某和李某属于《中华人民共和国继承法》第十四条规定的继承人以外的对被继承人王某翠扶养较多的人,可以分得适当的遗产,故依据《中华人民共和国继承法》和《中华人民共和国保险法》相关规定,王某某、李某享有向保险人众安在线保险公司请求履行给付保险金的权利。其次,关于酌情分得保险金份额的问题,法院认为,继承人以外的对被继承人扶养较多的人,分给他们遗产时应按具体情况,可多于或少于继承人。本案中,被保险人王某翠亲生父母不详且无法查找,其意外身亡导致血缘关系更无从考证,而王某某和李某在王某翠出生不久即抱养,扶养其长大并与其共同生活二十余年直至其意外身亡,本案根据实际扶养情况由王某某和李某取得全部保险金并无不妥。据此,二审法院判决驳回上诉,维持原判。

点 评

本案系保险合同纠纷,原告主张系保险合同约定的法定受益人,享有保险金给付请求权。

本案焦点在于,未办理收养手续的"养父母"是否属于本案保险合同所称法定受益人。一审法院认为,首先,将两原告解释为合同约定之"法定受益人",符合被保险人的真实意思表示及其订立保险合同之目的。其次,依据最高人民法院《关于适用〈中华人民共和国保险法〉若干问题的解释(三)》第九条第二款(以下简称《保险法司法解释三》)之规定,"当事人对保险合同约定的受益人存在争议,除投保人、被保险人在保险合同之外另有约定外,按以下情形分别处理:(一)受益人约定为'法定'或'法定继承人'的,以民法典规定的法定继承人为受益人"。结合被保险人所在基层组织和户籍登记机关均认可被保险人系两原告养女的事实,一审法院认为两原告属于《中华人民共和国民法典》(以下简称《民法典》)第一千一百三十一条规定的"继承人以外的对被继承人扶养较多的人",可视同被保险人的继承人,进而肯认两原告之保险金支付请求权。

二审法院虽肯认未办理收养手续的"养父母"可获得保险金,但思路却有所不同。其认为,保险金应依据《中华人民共和国保险法》(以下简称《保险法》)第四十二条之规定,作为被保险人遗产予以分配。两原告虽非法定继承人,但属于《民法典》第一千一百三十一条规定的"继承人以外的对被继承人扶养较多的人",得享有保险金给付请求权。考虑到两原告扶养被保险人长大并与其共同生活二十余年直至其意外身亡,最终判定二人对全部的保险金享有给付请求权。

一审法院与二审法院在裁判结果上合乎情理,有较好的社会效果。当然,在裁判说理上,也可尝试不同的思路。首先,被保险人在与保险人签订人身保险合同时,将"法定受益人"作为保险合同之受益人,依《保险法》第十八条第三款,①此系

---

① 《保险法》第十八条第三款规定:受益人是指人身保险合同中由被保险人或者投保人指定的享有保险金请求权的人。

被保险人行使指定权之行为。该指定权乃形成权,行使该指定权所作意思表示,为无相对人之意思表示。①被保险人行使指定权,仅关涉被保险人之利益,无论是受益人,抑或保险人,对此均无应予保护之正当信赖。只是,此意思表示的解释,应依据《民法典》第一百四十二条第二款之规定,结合行为的性质、目的以及诚信原则,确定行为人的真实意思(自然解释/真意解释)。据本案查明,被保险人并无法定继承人可作为"法定受益人",此时,借助合同目的解释方法,将两原告作为保险合同之受益人更符合被保险人的真实意思,实现其扶养、照顾和保障与其共同生活的两原告生计之目的。本案中,一审法院采取目的解释方法,值得肯定。但援引《保险法司法解释三》第九条第二款,并无必要,该款仅得适用于解释失败(无法通过解释确定受益人)之情形。

其次,在未指定受益人或受益人指定不明且无法经解释确定之情形,《保险法》第四十二条规定将身故保险金作为被保险人之遗产,欠缺正当性。②其一,从逻辑上看,身故保险金请求权以被保险人死亡为发生之要件,非属被保险人生前所有之财产,自不得作为被保险人之遗产加以继承。其二,以被保险人死亡为前提所生之保险金,旨在保障被保险人之亲属不因其死亡而遭受经济上的减损,达到扶养(或抚养)、照顾其生计的目的,若将之作为遗产予以分配,将受遗产债权人之追偿,不利于实现上述目的。其三,正是基于相同的理由,侵权法上,死亡赔偿金亦未作为遗产,身故保险金似应与死亡赔偿金作同一处理。鉴此,我国保险法上或当借鉴日本保险法上法定受益人制度,在身故保险未指定受益人或无法确定受益人时,由保险人向被保险人的法定继承人给付保险金。③

该判决的价值乃在尊重死者意愿的基础上,肯定了未办理收养手续但实际履行了抚养义务的养父母的保险金给付请求权,对类似案件的审判有较好的借鉴意义。

案例提供单位:上海市黄浦区人民法院

编写人:金 燕 郭 宏

点评人:金可可 樊竹沁 张 琪

---

① 此可由《保险法司法解释三》第十条第一款之规定推知。《保险法司法解释三》第十条规定:投保人或者被保险人变更受益人,当事人主张变更行为自变更意思表示发出时生效的,人民法院应予支持。变更受益人之形成行为,亦包含行使指定权之行为,二者在意思表示生效规则上,应作相同处理,自意思表示发出时生效。

② 学说上对《保险法》第四十二条之规定亦多有批评。参见樊启荣、赵昕昕:《论人寿保险死亡保险金"去遗产化"——兼评《保险法》第四十二条第一款》,载《保险研究》2017 年第 10 期;尹中安、赵心泽:《保险金遗产化或非遗产化之立法选择》,载《保险研究》2010 年第 8 期;陈信勇、谢汶婷:《论死亡保险金的非遗产化处理——基于对《保险法》第四十二条第一款的分析》,载《浙江工商大学学报》2013 年第 6 期。

③ 参见沙银华:《日本经典保险判例评析》,法律出版社 2002 年版,第 52、53 页。

56. 易生支付有限公司诉上海云资信息科技有限公司、康某服务合同纠纷案

——银行卡收单业务外包服务机构未尽审核义务时的违约责任认定

案 情

原告(被上诉人)易生支付有限公司

被告(上诉人)上海云资信息科技有限公司

被告(上诉人)康某

原告易生支付有限公司(以下简称易生支付公司)系一家持有中国人民银行颁发的支付业务许可证并从事银行卡收单业务的支付机构,被告上海云资信息科技有限公司(以下简称云资公司)系一人有限责任公司,康某为云资公司的股东。2016 年 11 月 1 日,易生支付公司(甲方)与云资公司(乙方)签订了《银联卡收单外包服务合作协议》,约定由云资公司为易生支付公司提供推荐特约商户等服务。该协议主要内容包括:(1)甲方委托乙方为甲方的银联卡收单外包业务提供专业化服务,服务内容包括"特约商户推荐",即乙方按照甲方的要求,向其推荐有意向受理银联卡业务的商户,提供商户信息并协助甲方完成商户调查,商户资料收集、整理与提交等工作,特约商户协议由甲方负责审批和签约;(2)乙方承诺在甲方授权地区向甲方提供银联卡收单外包专业化服务,保证推荐商户符合甲方特约商户入网标准;(3)对于乙方推荐的商户给甲方造成的风险和损失,乙方应与商户承担连带责任,除非乙方能证明该风险是由商户自身原因造成的,与乙方无关,且乙方已尽了审慎推荐、严格审查的义务。

2016 年 11 月,案外人张有兴在未获得授权的情况下,私自以"上海虹源建筑装潢发展有限公司(以下简称虹源装潢公司)"名义向云资公司申请案涉 POS 机并提交申请材料,其中"商户注册信息登记表"中"工商注册名称"栏填写"虹源装潢公司","实际经营名称"栏填写"满懿上海房地产咨询"。其后,云资公司向易生支付公司推荐了名称为"虹源装潢公司"的特约商户,并向原告转交了上述申请材料。易生支付公司根据云资公司转交的材料核发了案涉 POS 机。

2017 年 12 月 20 日,上海市黄浦区人民法院作出(2017)沪 0101 刑初 1036 号刑事判决,该判决书载明:张有兴利用担任满懿(上海)房地产咨询有限公司(以下简称满懿公司)中介业务员的职务便利,以代缴尾款税费的名义,使用其私自办理的案涉 POS 机,收取下家被害人钱款后占为己有并花用殆尽。被告人张有兴构成诈骗罪等罪名,被判处有期徒刑并处罚金。其后,满懿公司与易生支付公司就张有兴犯罪造成的客户损失承担发生争议,经法院调解并出具调解书,易生支付公司赔偿满懿公司 959 481.87 元。

原告易生支付公司诉称,被告云资公司未审查商户的资质,推荐的客户并不符合《银联卡收单外包服务合作协议》的要求,已构成违约,应赔偿易生支付公司的损失 959 481.87 元及相应的利息。被告康某作为云资公司的一人股东,应对承担连带责任。

被告云资公司、康某共同辩称,不同意原告的诉讼请求。理由在于:第一,原告与被告云资公司签订的《银联卡收单外包服务合作协议》第 1.1.1 条约定,特约商户的审批由原告负责,被告云资公司仅负协助义务;第 2.2 条、第 2.5 条、第 2.7 条约定,原告负有审慎审查的义务,被告云资公司仅负有辅佐义务;第二,被告云资公司推荐的特约商户虹源公司完全合法,虹源公司提供的营业执照、照片等审核材料都是真实有效的,满懿公司员工张有兴的个人行为是否涉及犯罪已经超出被告方力所能及的审查范围;原告若发现虹源公司不符合标准,完全可以拒绝其接入,但其已接入近两年时间,仍未发现问题,故原告应自行承担相应的法律责任;第三,满懿公司起诉原告,双方在法院调解结案,系原告自愿赔偿,其未尽到《银行卡收单业务管理办法》规定的法定审查义务,而选择向被告方追偿,是不合理的;第四,原告要求被告康某承担连带责任,实际上被告康某的个人银行账户与被告云资公司的账户系独立账户,故被告康某不应承担连带责任。

一审庭审中,易生支付公司和云资公司均确认,易生支付有限公司和云资公司在审核案涉 POS 机申请材料时,除与案外人张有兴联系外,均未通过其他方式核实材料真实性,也未与满懿公司联系核实商户的注册名称和实际经营名称。

审 判

一审法院经审理后认为,原告易生支付公司与被告云资公司签订的《外包协议》系当事人真实意思表示,内容不违反法律法规的效力性禁止性规定,协议合法有效,易生支付公司及云资公司均应按照约定履行合同。双方约定,云资公司承诺向易生支付公司提供银联卡收单外包专业化服务,保证推荐商户符合易生支付公司特约商户入网标准。对于云资公司推荐的商户给易生支付公司造成的风险和损失,云资公司应与商户承担连带责任,除非云资公司能证明该风险是由商户自身原因造成的,与云资公司无关,且云资公司已尽了审慎推荐、严格审查的义务。本案中,案外人张有兴在未获真实授权且提供虚假"实际经营名称"的情况下申请案涉POS 机,云资公司未采取其他合理措施审慎核实材料的真实性,即向易生支付公司推荐涉案商户并转交申请材料,致使张有兴获得案涉 POS 机、利用其实施犯罪,并最终导致易生支付公司向案外人赔付相应损失的结果。在案涉商户推荐过程中,云资公司显然已经违反了合同约定,易生支付公司有权要求云资公司承担违约责任。

关于被告云资公司应承担的损失赔偿比例,《中华人民共和国民法典》第五百九十二条第二款规定:当事人一方违约造成对方损失,对方对损失的发生有过错的,可以减少相应的损失赔偿额。本案中,易生支付公司是持有中国人民银行颁发的支付业务许可证并从事银行卡收单业务的支付机构,中国人民银行《银行卡收单业务管理办法》第三十五条规定,收单机构应当自主完成特约商户资质审核、受理协议签订、收单业务交易处理、资金结算、风险监测、受理终端主密钥生成和管理、差错和争议处理等业务活动。第三十六条规定,收单机构应当在收单业务外包前制定收单业务外包管理办法,明确外包的业务范围、外包服务机构的准入标准及管理要求、外包业务风险管理和应急预案等内容。收单机构作为收单业务主体的管理责任和风险承担责任不因外包关系而转移。本案中,易生支付公司与云资公司签订的《外包协议》也约定,特约商户协议由易生支付公司负责审批和签约。易生支付公司作为专业支付机构,相比于云资公司,对案涉 POS 机申请材料显然有更强的审核能力,也应承担最终的审核责任。然而,易生支付公司对案涉 POS 机申请材料并未进行必要的核实,仅凭云资公司转交的材料即完成审核签约,且未发现案涉"商户注册信息登记表"中"工商注册名称"为"上海虹源建筑装潢发展有限公司",但"实际经营名称"为"满懿上海房地产咨询"等明显不合理之处,致使案外人张有兴得以利用 POS 机以及刷卡时错误显示的商户名称实施犯罪,易生支付公司对自身损失发生存在明显过错。综合考虑易生支付公司和云资公司的专业程度、审核义务以及双方在本案中的过错情况,一审法院酌定云资公司应承担的损失赔偿金额为易生支付公司损失的 30%。

关于原告易生支付公司的具体损失数额,易生支付公司与案外人满懿公司在上海市黄浦区人民法院的主持下达成调解协议,并实际赔付满懿公司因案涉 POS 机造成的相关损失 959 481.87 元,对此易生支付公司主张是在调解过程中双方就责任分担达成一致,易生支付公司赔付金额是根据满懿公司诉请金额 1 540 045 元的约 60% 计算得出。由于该数额及相应解释尚属合理,且云资公司未举证证明该数额与事实不符,故易生支付公司以此计算其因云资公司违约造成损失数额的意见,一审法院予以认可。关于易生支付公司主张的资金占用利息损失,鉴于其对相关损失发生亦存在过错,对此一审法院不予支持。综合上述云资公司应承担的赔偿比例 30%,其应赔付易生支付公司损失的数额为 287 844.56 元。

关于被告康某应否承担连带责任,根据法律规定,一人有限责任公司应当在每一会计年度终了时编制财务会计报告,并经会计师事务所审计;一人有限责任公司的股东不能证明公司财产独立于股东自己的财产的,应当对公司债务承担连带责任。现康某为一人有限责任公司云资公司的股东,康某、云资公司提供的公司账户明细尚不足以证明公司财产独立于股东自己的财产,故应由康某承担不利的法律后果,康某应对云资公司的上述赔偿义务承担连带责任。

据此,一审法院依照《最高人民法院关于适用〈中华人民共和国民法典〉时间效力的若干规定》第一条第二款、第三条,1999 年《中华人民共和国合同法》第六十条第一款、第一百零七条、第一百一十二条,《中华人民共和国民法典》第五百九十二条第二款,《中华人民共和国公司法》第六十二条、第六十三条,《最高人民法院关于适用〈中华人民共和国民事诉讼法〉的解释》第九十条之规定,判决:一、被告上海云资信息科技有限公司应于判决生效之日起十日内赔偿原告易生支付有限公司损失287 844.56 元;二、被告康某对被告上海云资信息科技有限公司上述第一项付款义务承担连带清偿责任;三、驳回原告易生支付有限公司的其余诉讼请求。

一审判决后,被告云资公司和康某不服,提起上诉。

二审法院经审理后认为,一审判决认定事实清楚、适用法律正确,故判决驳回上诉,维持原判。

点 评

本案系服务合同纠纷,涉及银行卡收单业务外包服务机构未尽审核义务时的违约责任认定问题。

过失相抵规则在违约损害赔偿的范围上如何适用,是本案的核心问题。根据双方订立的《外包协议》,被告负有审查商户资质的义务,同时,原告也应负责审批特约商户协议。本案中,原被告双方均未合理审查商户资质,原告因此遭受巨大损失,对此,被告应承担相应的违约损害赔偿责任。但根据《银行卡收单业务管理办法》第三十五条规定,收单机构应当自主完成特约商户资质审核、受理协议签订、收单业务交易处理等业务活动。原告作为收单机构,更应承担审核特约商户资质的法定义务,不能通过合同约定将自身法定义务完全外包给第三方,况且《外包协议》也约定了原告有义务审批特约商户协议。因此原告自身也有一定过失,且其过失助成了损失的发生,根据《民法典》第五百九十二条的规定,应适用过失相抵规则。

在责任比例的判断上,法院综合考虑业务外包的合法性、责任主体的替代性、损害发生的可控性和责任减轻的优先性,最终酌定被告承担的损失赔偿金额为原告所受损失的 30%。

本案彰显了合同严守原则,敦促合同双方承担约定义务,也为过失相抵规则在合同责任领域的具体适用提供了参考思路。银行业收单机构不能借助合同豁免自身商户资质审查等义务,这是本案所传达的理念,有助于规范银行业收单业务的外包服务市场秩序,防范金融市场风险。

案例提供单位:上海市浦东新区人民法院

编写人:余 韬 卞贵龙

点评人:金可可 樊竹沁 张 琪

57. 刘某某诉上海仲托网络科技有限公司其他合同纠纷案

——网络互助的法律性质及其条款变更的司法审查标准

案 情

原告刘某某

被告上海仲托网络科技有限公司

原告刘某某于 2017 年 4 月 11 日加入众托帮的互助计划,当时所加入互助计划的核心条款是渡过观察期的会员如果被确诊为恶性肿瘤将一次性得到 30 万元互助金。2017 年 12 月 21 日,被告上海仲托网络科技有限公司(以下简称仲托公司)擅自修改了互助计划的互助金给付规则,规定从 2018 年 1 月 1 日起,互助金由一次性给付变更为按需给付。对于这项涉及 900 多万会员切身利益的重大事项,被告仲托公司仅在 2017 年 12 月 21 日众托帮微信公众号上发布一篇"众托帮产品优化升级公示",没有通过任何短信和电话方式通知原告。2020 年 1 月 20 日经浦东公证处公证时,该篇公告仅被阅读 1.8 万次,占全体会员的千分之二,原告即属于众多未看公告的会员之一。2018 年 7 月中旬,原告身体不适,原告之子仔细查看众托帮的细则,才得知约定的 30 万元互助金变更为按需报销医疗费。后因原告被确诊为乳腺癌,原告手术后仅在众托帮上申请到 10 896.79 元互助金。2020 年 1 月,被告推出"全家宝"互助计划,也是一次性给付互助金最高 30 万元。

一、众托帮加入流程与互助性质

被告于 2016 年 3 月 14 日成立,其发起和组织的众托帮平台是会员自筹资金、自我管理、自我服务的群众性互助平台,其系"众托帮 ZHONGTOPIA"微信公众号(以下简称微信公众号)的账号主体。

原、被告均认可加入流程如下:用户关注微信公众号或打开 App,通过用户手机号进行注册,完善主卡人信息,选择产品,可查看产品详情,阅读并确认符合健康承诺的可以选择参与人或添加家人,用户阅读并勾选同意健康承诺、会员公约、计划章程后进入订单确认页,完成支付后即成功加入该计划。如发生互助事件,需提交互助申请,经平台事件审核并公示,完成互助划款。

微信公众号的"互助首页"显示:重要声明:众托帮互助计划不是保险,会员预缴的互助金不是保险费;上海仲托网络科技有限公司和众托帮平台也不是商业保险公司;加入互助计划是单向的捐赠或捐助行为,不能预期获得确定的风险保障。上海仲托网络科技公司和众托帮平台不对互助申请人获得的互助金金额作出保证和承诺,互助申请人最终获得的互助金金额以会员实际捐赠金额为准。

原告之子路某某通过关注微信公众号进行个人注册,原告系由路某某通过个人账号加入计划,用户编号与路某某保持一致,均为885977,加入互助计划时间均为2017年4月11日。路某某于2016年8月12日关注微信公众号,至庭审时未有取消关注的行为。原告加入时的《众托帮平台会员公约》(以下简称《会员公约》)载明:"一、说明:1.⋯⋯平台上的所有互助计划⋯⋯均不以盈利为目的。本公约是众托帮平台和会员共同遵守的约定。您加入众托帮平台前请务必认真阅读本公约的全部内容。本公约一经您确认并同意接受,即视为您已完全同意并接受本公约约束,承诺遵守本公约约定,届时您不应以未阅读本公约的内容主张本公约无效⋯⋯3.众托帮平台只在有会员符合互助条件时,代会员从个人账户中扣除相应金额,用于互助事宜。加入互助计划的本质,是向互助计划中随机发生的符合互助条件的会员单向的捐赠或捐助行为,不能预期获得确定的风险保障⋯⋯三、本公约的构成及效力:1.众托帮平台有权根据实际情况适时修订本公约及各互助计划规则,一经修订,将会用修订后的条款版本完全替代修订前的条款版本,并通过原有方式向所有会员公布。变更后的条款一经在众托帮平台上公示,即产生法律效力,条款修正后的互助事件及相关一切服务都将按照新条款执行⋯⋯3.⋯⋯您不应以未阅读或不接受本公约的内容为由,主张本公约无效或要求撤销本公约。4.⋯⋯如您不能接受本公约的约定,包括但不限于不能接受修订后的公约,则您应立即停止使用众托帮平台针对会员提供的服务。如您继续使用众托帮平台针对会员提供的服务,则表示您同意并接受本公约的约束。四、会员须知:1.众托帮互助计划不是保险,会员预缴的互助金不是保险费,仲托公司和众托帮平台也不是商业保险公司。2.加入互助计划是单向的捐赠或捐助行为,不能预期获得确定的风险保障。3.仲托公司和众托帮平台不对互助申请人获得的互助金金额作出保证和承诺,互助申请人最终获得的互助金金额以会员实际捐赠金额为准⋯⋯六、资金管理:1.受会员委托,众托帮平台对会员预缴的互助金进行管理。充值资金全部交由第三方机构托管或用于银行专用账户管理,所产生的利息归全体会员所有,众托帮平台对充值资金及其利息不具有所有权⋯⋯"至原告申请互助时,《众托帮平台会员公约》虽有部分内容进行变更,但上述条款均无变化。

《中国保监会关于开展以网络互助计划形式非法从事保险业务专项整治工作的通知》(保监发改〔2016〕241号)要求不得以任何形式承诺风险保障责任或诱导

消费者产生保障赔付预期,需明确平台性质,与保险产品划清界限。

二、会员代表团成员招募及会员代表权利

2017 年 1 月 5 日,微信公众号刊载一则"众托帮平台第一届会员代表团成员招募"的信息,载明"所有众托帮平台有效计划会员,均可申请成为众托帮会员代表团成员……会员代表在了解广大会员需求的基础上,代表会员行使知情权、监督权、表决权、审议权、建议权",后附报名通道。

2017 年 2 月 23 日,微信公众号刊载一则"众托帮第一届会员代表团成员公布"的信息,载明"自 2017 年 1 月 5 日平台面向全体互助会员招募众托帮第一届会员代表团成员,众托帮平台共收到超过 1 000 名会员的报名申请。平台从所有报名参加的候选人中初选了 30 名,并于 1 月 26 日面向所有会员公开投票。截至 2 月 14 日 24 时,众托帮第一届会员代表团招募投票结束,以票数高低依次产生了 15 名正式代表成员和 6 名候补代表成员。"该信息还公布了代表成员的姓名、性别、年龄、所在地、得票数等。

2017 年 3 月 24 日,微信公众号发布《众托帮会员代表团章程》(以下简称《会员代表团章程》),载明:"二、会员代表团的构成:2.1 会员代表团由 15 名正式成员、6 名候补成员构成,正式成员无法参加会议时由候补成员依次替补;2.2 每届会员代表团的成员任期为一年(每年 3 月至次年 2 月)……四、会员代表的权利:会员代表在了解广大会员需求的基础上,代表会员行使知情权、监督权、表决权、审议权、建议权……4.3 表决权:会员代表在大会期间,对列入大会审议的各项提案包括重大规则的修改、事件裁决等内容具有表决权;4.4 审议权:会员代表有权在大会期间,对列入会议议程的各项提案进行讨论,并发表意见,表明态度,提出建议。会员代表行使审议权,一般采取出席会员代表大会全体会议、参加小组会议等方式……八、会员代表讨论:8.1 对于一般性争议意见,达成一致的条件是 9 人(含)以上赞同或反对;对重大事项的争议意见,达成一致的条件是 12 人(含)以上赞同或反对。九、会员代表团章程的生效:9.1 本章程自平台公示之日起正式生效。"

三、案涉互助计划变更与原告接受互助及捐助情况

原告于 2017 年 4 月 11 日加入时选择《抗癌互助医疗(爸妈版)计划章程》,该计划章程载明:"3.1 加入条件(3)本计划接受的加入时年龄范围为 51 周岁—65 周岁(含)……4.2 互助范围和标准:……互助会员初次发生并被医院的专科医生确诊为本章程所列重大疾病(77 种)的一种或多种,本计划项下的其他互助会员为其发起互助。重大疾病互助金只给付一次,以该年龄段最高互助金额为限。各年龄段最高互助金额中,出生满 28 天至 60 周岁,77 种重大疾病的最高互助金金额为 30 万元。仲托公司和众托帮平台不对互助申请人获得的互助金金额作出保证和承诺,互助申请人最终获得的互助金金额以会员实际捐赠金额为准。"

该计划章程至今共有 4 次变更,其中与本案相关的系 2017 年 12 月 21 日公示、2018 年 1 月 1 日实施的变更内容。当时的会员代表团成员投票显示,案涉变更的"众托帮互助计划优化升级"共八项投票内容,其中包括"将大病医疗互助的互助年龄扩大至终身""取消禽流感住院医疗的互助权益""将大病医疗互助计划和百万抗癌(含器官移植)终身计划进行合并""互助金由一次定额给付调整为多次按需给付""多次按需给付规则""百万大病医疗互助计划互助额度调整""百万大病互助计划、出行意外互助计划收取服务费——181 天起 0.01 元/人/天""互助金申请时间要求",截至 2017 年 12 月 21 日 10 点,"互助金由一次定额给付调整为多次按需给付""多次按需给付规则"两项投票内容均有 18 票赞同。

2017 年 12 月 21 日,微信公众号发布"【会员必看】众托帮产品优化升级公示"的信息,对八项产品优化升级方案内容进行公示,其中"四、互助金由一次定额给付调整为多次按需给付"中明确写明:由于疾病种类、疾病的严重程度、患者本身健康状况、治疗方式等的不同,患者进行疾病治疗时,实际发生的医疗费用会有很大的差别。如果不论会员实际使用了多少医疗费,都进行相同额度的互助金给付,可能会存在道德风险。因此我们计划采用多次按需给付的方式,旨在将互助金用于实处,真正用于会员的疾病治疗。"五、多次按需给付规则"中明确写明:互助会员初次发生并被二级以上公立医院的专科医生确诊罹患本计划约定范围内的疾病,因确诊和治疗本次疾病所发生的医疗费用,平台对其个人支付的部分进行一次或多次互助……计划生效时间为 2018 年 1 月 1 日 0 时开始执行,2018 年 1 月 1 日 0 时前平台收到的互助事件申请按原有规则执行,之后收到的互助事件申请按新规则执行。"六、百万大病医疗互助计划互助额度调整"写明:本次调整计划将百万大病医疗互助计划基础版(51—60 周岁)的互助金额调整至最高 40 万元。

此后,原告在微信公众号个人中心的计划章程已更名为《百万大病医疗互助计划章程》,其中,第 1 节计划宗旨"公约及本章程一经您确认并同意接受,即视为您已完全同意并接收平台公约及本章程的约束,承诺遵守公约及本章程约定,届时您不应以未阅读平台公约及本章程的内容主张平台公约及本章程无效"。第 5 节计划内容"会员资格存续期间,互助会员初次发生并被二级以上公立医院的专科医生确诊罹患本计划约定范围内的重大疾病(111 种),因确诊和治疗该疾病实际发生的、合理且必要的医疗费用,平台对其个人支付的部分进行一次或多次互助。"

2018 年 8 月 22 术后,原告首次确诊为恶性肿瘤,后原告向被告提交互助申请。2018 年 10 月 12 日,原告签署《众托帮互助会员承诺书》,承诺已了解包括"观察期""百万大病医疗互助计划互助权益""多次按需给付互助标准""互助比例、互助服务费、互助年限""下列情形不予互助""互助金申请时间要求"等内容。该承诺书第七条内容加粗显示为"以上是对大病医疗互助计划章程中的重点提示,详细内容请查看众托帮微信公众号百万大病医疗互助计划入门版/标准版计划《计划章程》《会员公约》(详见'众托帮'平台个人中心:我的互助—电子凭证—查看此凭证详情—会员公约及健康章程)"等内容。其中,第二条"百万大病医疗互助计划互助权益"中有关百万大病医疗互助计划入门版计划互助范围载明,互助会员初次发生并被二级以上公立医院的专科医生确诊罹患本计划约定范围内的重大疾病(111种),因确诊和治疗该疾病实际发生的、合理且必要的医疗费用,平台对其个人支付的部分进行一次或多次互助。第三条"多次按需给付互助标准"中,列明了费用范围为住院医疗费用和门诊医疗费用。原告抄写"本人承诺阅读并已知晓本承诺书及《计划章程》《会员公约》,对本承诺书《计划章程》《会员公约》的效力均予认可,承诺符合前述内容并予以严格遵守,否则本人自愿放弃自助会员受助资格并由本人承担一切责任"。在互助会员签字(加按手印)处,由原告签名并捺印。同年 10 月 15 日,原告作为申请人、本案原告的委托诉讼代理人路绪海作为填表人填写《众托帮互助申请书》,其中互助会员为原告,会员编号为 885977,互助事件对应产品为"百万大病医疗互助计划入门版",但未见具体申请互助的金额。此后,原告又陆续填写《众托帮互助会员健康状况确认书》《个人调查授权委托书》,均未见具体申请互助的金额。

案外人深圳市优智聚信息咨询有限公司于 2019 年 1 月 15 日出具《关于刘艳琴恶性肿瘤互助申请调查报告》,报告的调查结论为建议给予互助金,其中"5.6 互助金理算"显示:本次互助金额 = 发票总金额 − 社保/新农合支付 − 扣除费用,其中发票总金额(含住院及门诊)为 20 985.48 元,社保/新农合支付 10 088.69 元,故本次互助金额为 10 896.79 元。

2019 年 2 月第一期公示信息显示,原告的互助金额为 10 896.79 元。自 2017 年 4 月 11 日至 2019 年 2 月 26 日,原告共帮助 1 050 人,总扣款 102.61 元。

原告诉称,原告认为被告随意修改计划核心条款且不通知会员的行为严重不当,故诉至法院,请求判令:(1)确认被告在 2017 年 12 月 21 日推出的"众托帮产品优化升级公示"中第四条即互助金由一次定额给付调整为多次按需给付的规定无效;(2)判令被告支付原告应得互助金 289 103 元;(3)判令被告赔偿原告公证费损失 2 023 元。

被告辩称:(1)本案系争产品是网络互助产品,并非保险产品。根据平台的会员公约以及计划章程,加入互助计划是单向的捐赠与捐助行为,不能预期获得确定的风险保障,被告和众托帮平台不对互助申请人获得的互助金金额作出保证和承诺,原告作为会员之一应受互助平台的规则约束;(2)众托帮平台有权通过会员代表大会表决程序修改计划章程,2017 年 12 月 21 日推出的"众托帮产品优化升级公示"中第四条即互助金由一次定额给付调整为多次按需给付的规定是经过合法程序并获得投票通过,且也已通知原告,故上述条款不存在任何无效事由;(3)原告已通过会员互助获得 10 896.79 元互助金,原告在后续治疗过程中发生其他治疗费用的,仍有权提出互助金申请,经审核通过后仍将获得互助金,故互助金给付方式的调整未影响原告实际权益的继续行使;(4)被告作为众托帮平台的管理者,应当保障互助平台会员的整体利益,如果不以实际治疗费用多少为区分而一次性定额给付,则会产生道德风险,也会导致互助金的滥用最终致使平台难以为继,令全体会员的权益减损。综上,请求驳回原告的诉讼请求。

审 判

一审法院经审理后认为,本案的争议焦点如下:第一,原告与被告之间系何种法律关系,被告是否系互助金支付的义务主体;第二,案涉互助计划的变更是否符合合同约定或法律规定。

第一,关于原、被告之间的法律关系,法院认为,网络互助是在吸纳民间互助共济行为、原始保险形态、网络服务技术等诸多理念和运行模式后产生的新类型互助性经济组织。网络互助与商业保险存在明显不同。首先,网络互助中存在多个主体。从形式上看,会员在加入时对互助平台的要约作出承诺,即签署相关的会员公约。同时,会员在加入时也会向全体会员作出承诺,从而在会员与互助平台之间、会员与会员之间形成多边法律关系。其中,平台承担诸多职责并享有收取管理费的权利,会员则享有提出互助申请、参与互助组织管理、获取相关资料和信息的权利,同时也负有如实提供会员资料和信息、按时支付互助金和管理费的义务。其次,网络互助兑付具有较大的不确定性。正如被告在案涉计划章程、会员公约、宣传页面等文件中反复提示的,网络互助不对互助申请人获得的互助金金额作出保证和承诺,监管机构也要求网络互助不得以任何形式承诺风险保障责任或诱导消费者产生保障赔付预期,故平台不得对互助金额承诺进行刚性兑付。再次,网络互助中,会员和平台之间没有发生风险的转移。在会员发生特定风险申请平台互助时,互助金的来源系全体会员共同分摊,支付互助金的责任主体为会员,平台承担审核互助申请、划拨资金的责任,但并不是支付互助金的义务主体。鉴于网络互助如上特点,本案中,原告与被告系会员与互助平台之间的关系,被告本身并无支付互助金的直接义务,故原告要求被告向其支付互助金的依据不足。

第二,案涉互助计划的变更是否符合合同约定或法律规定。首先,互助计划变更的程序与效力有书面约定。《会员公约》明确约定,平台有权根据实际情况适时修订本公约及各互助计划规则,一经修订,将用修订后的条款版本完全替代修订前的条款版本,并通过原有方式向所有会员公布。变更后的条款一经在众托帮平台上公示,即产生法律效力,条款修正后的互助事件及相关一切服务都将按照新条款执行。故而在原告成为平台会员伊始,即认可了上述变更规则。该会员公约同时约定,如不能接受本公约的约定,包括但不限于不能接受修订后的公约,应立即停止使用平台针对会员提供的服务。如继续使用平台针对会员提供的服务,则表示同意并接受公约的约束。原告至今未停止使用平台服务,故应认定原告同意并接受公约的约束。其次,案涉互助计划的变更符合约定的要求,原告在互助事件发生前已知晓上述变更。本案中,被告提供了平台从代表团成员招募、表决、公示的全过程,未见案涉互助计划的变更有违反法律或约定的情形。平台亦多次向用户推送与互助金"多次按需给付"相关的消息与互助事件,对互助金给付方式的调整进行反复提醒,原告在确诊前已知晓上述变更,在其签署的《众托帮互助会员承诺书》中也再次确认知晓多次按需给付这一内容。再次,变更后的互助计划内容符合互助会员的整体利益。网络互助基于"我为人人,人人为我"的理念,其最终目的在于保障最大多数人的权益。作为一种新型的社群合作保障机制,应允许平台基于互助会员的整体利益对互助计划进行调整。本案中,关于互助金由一次定额给付调整为多次按需给付系为规避会员道德风险,旨在将互助金真正用于会员的疾病治疗。对于原告而言,因案涉互助计划的其他优化内容,其互助金额从原先的 30 万元调整至 40 万元,即扣除此前会员捐助的 10 896.79 元,后续仍可就互助事件的实际治疗花费申请 389 103.21 元的互助金,故 2017 年 12 月 21 日公布的八项产品优化升级方案以互助会员的整体利益为考量,未见有明显不利的做法。反观之,若保持一次性定额给付,不仅与监管要求背道而驰,也易导致平台难以为继,难以实现互助共济的初衷。鉴于上述三点,法院认为,案涉互助计划的变更未违反合同约定或法律规定,原告以未将上述变更通知到个人、阅读量少为由要求确认被告在2017 年 12 月 21 日推出的"众托帮产品优化升级公示"中第四条(互助金由一次定额给付调整为多次按需给付)无效无事实和法律依据,法院不予认可。原告从2017 年 4 月 11 日到 2019 年 2 月 26 日,共帮助 1 050 人,资助款 102.61 元,原告获得的 10 896.79 元互助金远高于其付出,且仍享有后续权利,现原告要求补足289 103 元的互助金,在无法律或合同依据的前提下,实则亦违背了权利义务对等的原则,原告的公证费损失也不应由被告承担。

综上,一审法院认为,网络互助计划作为人人可负担的、广覆盖的互助保障,有其推广的意义和价值。会员在享有该产品带来的互助与便捷的同时,应对平台作出符合监管要求以及会员整体利益的变更给予更多的理解,从而促进该行业的良性、可持续发展。据此,依照《中华人民共和国合同法》第八条、《最高人民法院关于适用〈中华人民共和国民事诉讼法〉的解释》第九十条之规定,一审法院判决驳回原告刘某某的全部诉讼请求。

一审宣判后,原、被告均未提出上诉,一审判决已生效。

点 评

本案系网络互助计划中合同变更的效力认定纠纷,会员诉请确认互助平台对互助计划条款所作变更无效,并主张平台依原有规则向其支付互助金。

本案的争议焦点之一在于案涉网络互助计划法律关系的性质及各方权利义务的认定。就其法律关系的性质而言,该计划旨在通过互助金分摊的方式在会员间分散风险,此亦为其会员加入计划之主要目的,各会员均以此为共同事业目的。《民法典》第九百六十七条规定:"合伙合同是两个以上合伙人为了共同的事业目的,订立的共享利益、共担风险的协议。"可知,各会员间之关系,合乎民事合伙之特征,可认定其相互之间系合伙关系,唯相较于普通民事合伙而言,其具有几点特殊之处:(1)缔约方式上,系以平台为媒介。会员通过平台加入该计划,其向平台发出加入平台之意思表示,此时平台为其他会员之消极代理人,该意思表示到达平台即生效力(当然,此系仅就合伙合同的缔结而言;就平台与各合伙人之间委托/信托合同的缔结,平台为各会员意思表示之相对人)。以此,相互之间即受计划共同事业目的之拘束,发生合伙人之间的权利义务关系。(2)平台系各会员加入时预定之合伙事务管理人(委托合同)及合伙资金管理人(信托关系)。(3)合伙人之权利受有限制。比如各会员仅能通过会员代表间接行使合伙人的权利;合伙的基本框架由平台事先拟定,管理人在加入时即已确定,两者均构成整个计划之基础,合伙人不能予以变更、更换。(4)具有一定程度的组织化特征。比如设置会员代表团,该代表团从会员中选出并代理会员行使知情权、表决权、审议权等权利。(5)在各会员的合伙关系基础上,嫁接了合伙与平台之间的财产信托关系。全体合伙人将互助金"委托"给众托帮平台管理,众托帮平台将该财产交由第三方机构托管,令上述财产具有独立性,与私募基金情形类似,可认定其系信托关系。正因如此,根据《众托帮平台会员公约》,众托帮平台非属支付互助金义务主体,其职责仅在于对会员预缴资金进行管理、审核互助申请并对符合条件之申请代为划拨资金等。综上,该互助计划似可界定为特殊的民事合伙合同,全体合伙人委托互助平台作为受托人设立以"会员互助事业"为目的之信托。

争议焦点之二在于合同变更行为之效力。首先,《众托帮平台公约》中载明"众托帮平台有权根据实际情况适时修订本条约及各互助计划规则",此系格式条款,应先审查其订入及效力。该平台公约于开篇提及"务必认真阅读本公约的全部内容",且上述变更权条款位于会员公约第三部分中的第1条,似可认为已尽合理提请注意义务,该条款成为合伙合同之内容。同时,在该互助关系中,就公约条款的变更,各会员可通过会员代表团行使审议权,所谓平台有权根据实际情况修订规则,应理解为须经会员代表团审议通过,故平台实质上仅有提议权。由此可知,该约定难谓"排除或不合理地限制对方主要权利"(《民法典》第四百九十七条),不存在无效事由。其次,案涉变更行为,事先经会员代表团审议通过,系依约定为之;其调整内容系将互助金"由一次定额给付调整为多次按需给付",符合会员整体利益、利于其互助事业目的实现;所采公示通知的方式为网络互助行业之惯常做法,足以保障原告的知情可能性;法院据此肯认合同变更之效力,应值得赞同。

互联网互助计划系一种新现象,厘清其法律性质及各方主体之法律地位,具有重要意义,且对日后类似纠纷的审理具有参考作用。本案中,法院肯定互助平台经会员代表团审议、基于会员整体利益对互助计划进行调整之权利,并为此确立了司法审查标准,有助于规范引导网络互助行业良性发展。

案例提供单位:上海市虹口区人民法院

编写人:朱春叶

点评人:金可可 钱 笑 何权润

58. 张文某诉朱惠某股东损害公司债权人利益责任纠纷案

——从侵权责任构成要件角度分析公司人格否认制度

案 情

原告张文某

被告朱惠某

2016 年 11 月,上海市浦东新区人民法院审理张文某诉上海运宝物流有限公司(以下简称运宝公司)、第三人纽海信息技术(上海)有限公司挂靠经营合同纠纷案,作出(2016)沪 0115 民初 161 ** 号民事判决书,判决运宝公司支付张文某运费 3 630 275.18 元,该案确认双方结算方式为运宝公司向案外人邓某支付运费后,由邓某代其将运费转交原告张文某。因运宝公司名下无财产可供执行,2017 年上海市浦东新区人民法院作出(2017)沪 0115 执 11 ** 号裁定书终结此次执行程序。

2017 年 10 月 10 日,原告张文某提出执行异议,要求追加运宝公司股东康某、徐某、本案被告朱惠某为被执行人,被裁定驳回后,原告张文某提起执行异议之诉,上海市浦东新区人民法院作出(2019)沪 0115 民初 73 ** 号民事判决书,判决追加康某、徐某、被告朱惠某为(2017)沪 0115 执 11 ** 号执行案件的被执行人,康某、徐某各自在抽逃出资的范围内对运宝公司债务不能清偿的部分承担补充赔偿责任,被告朱惠某对康某、徐某上述债务分别承担连带清偿责任。该案中查明:运宝公司系由被告朱惠某丈夫借用康某的身份证设立,被告朱惠某安排借用投资公司的资金用于公司注册资本验资,并管理公司具体事务、保管公章。被告朱惠某为运宝公司的实际控制人。判决书中亦载明:2016 年 4 月 26 日,康某、徐某将各自所持运宝公司 50% 股权转让给案外人代某,2017 年 6 月 27 日,原股东康某、徐某以相同比例各自受让代某运宝公司全部股权,经查代某系智力一级残疾人。该案二审维持原判。

2020 年 5 月 21 日、2020 年 6 月 4 日,原告张文某就(2016)沪 0115 民初 161 ** 号、(2019)沪 0115 民初 73 ** 号案件分别申请执行,运宝公司被执行 2 万元、被告朱惠某向原告张文某支付 20 万元后上述案件均终结此次执行程序。

2019 年 11 月 18 日,上海市浦东新区人民法院受理运宝公司起诉邓某不当得利纠纷一案,后运宝公司申请撤诉。

2020 年 8 月 17 日,运宝公司向上海市浦东新区人民法院提起委托合同纠纷诉讼,案号为(2020)沪 0115 民初 609** 号,运宝公司主张邓某返还运费 3 630 275.18 元及资金占用利息,并保全邓某名下两套房产及银行存款。该案中,运宝公司提交邓某的确认书一份,邓某确认:原告张文某、运宝公司的结算模式为运宝公司向其支付运费后,由其代运宝公司将运费转交原告张文某;其收到运宝公司运费 5 714 802.04 元,并对上述运费的支付方式进行说明。该案判决邓某返还运宝公司 3 402 407.04 元。邓某不服提起上诉,二审维持原判。

本案审理中,原、被告均确认被告系运宝公司实际控制人,运宝公司曾将款项支付被告并由被告向邓某支付运费。

原告张文某诉称,原告诉运宝公司挂靠经营合同纠纷一案,案号(2016)沪 0115 民初 161** 号,判决运宝公司支付张文某运费 3 630 275.18 元及相应利息。在执行过程中,因运宝公司名下无可供执行的财产,法院裁定终结执行程序。2017 年 10 月 10 日,原告提起执行异议之诉,经上海市第一中级人民法院(2020)沪 01 民终 25** 号民事判决书确认,朱惠某作为运宝公司的实际控制人应当对股东抽逃出资的部分承担连带清偿责任。2020 年 9 月 14 日,经法院强制执行,被告向原告支付 20 万元款项后执行终结。在(2016)沪 0115 民初 161** 号案件中,朱惠某将运费支付给案外人邓某,但是邓某未向原告支付。2019 年 10 月,朱惠某以运宝公司的名义对案外人邓某提起了不当得利返还之诉,向邓某主张部分运费,张文某作为第三人参与诉讼。在该案中,朱惠某提交了情况说明及银行流水显示:朱惠某使用个人账户支付给邓某的款项,其作为运宝公司支付给邓某的运费来主张。在其提供的运宝公司账户银行流水显示,运宝公司与朱惠某也有多笔钱款的转账,而朱惠某本身又是公司的实际控制人。无法区别个人财产与运宝公司的财产。该案最终裁定撤诉。2020 年 8 月 17 日,运宝公司以委托合同纠纷再次向邓某提起了诉讼,案号(2020)沪 0115 民初 609** 号,在该案中,朱惠某除提交了与前案相同的证据材料外,又增加了邓某本人的确认书,对所有款项进行了确认,此外邓某也承认其借用运宝公司的营业执照、公章等委托律师参与了 2016 年案件的诉讼。原告认为,《公司法》第二十条第三款虽未明确可以追究实际控制人的连带责任,但是亦未否认。被告将第三人股东变更为缺乏偿付能力的无民事行为能力人,系逃避债务行为;被告作为第三人的实际控制人,控制第三人的公章及账户;被告与第三人有多笔钱款往来,并从运宝公司处支取款项并向邓某支付运费,可认定被告与第三人的财产无法区分;经执行,第三人目前无财产可供执行,其资金可能在被告处。被告系第三人实际控制人,恶意逃避债务,其人格与第三人混同。根据举轻以明重的原则,实际控制人应对公司债务承担连带责任。第三人由被告一人控制,故第三人可以解释为一人有限责任公司,根据《公司法》第六十三条,应对运宝公司的债务承担连带清偿责任。原告张文某诉请,判令被告朱惠某对(2016)沪 0115 民初 161＊＊号判决书中确定的运宝公司应负债务[运费人民币 3 630 275.18 元及迟延履行期间的债务利息(以 3 630 275.18 元为基数,自 2017 年 10 月 22 日起计算至实际清偿之日止,按日万分之 1.75 计算)]承担连带清偿责任。

被告朱惠某辩称,原告主张被告与第三人人格混同、第三人为一人有限公司均不成立。《公司法》第二十条第三款适用前提为股东为逃避债务通过转移公司财产使公司财产不足以清偿债务,被告并非第三人股东,且未逃避债务。(2016)沪 0115 民初 161＊＊号判决确认运宝公司已经将应支付原告的款项交给案外人邓某,系邓某的原因未将款项交给原告,被告主观上没有逃避债务的故意。《九民会议纪要》第十条规定人格混同的 6 个因素,被告、第三人不符合其中任何一种情况,被告与第三人不存在人格混同。从工商登记看,第三人并非一人有限责任公司。此外,原告与第三人无直接合同关系,第三人没有直接支付款项的义务,(2016)沪 0115 民初 161＊＊号案件第三人没有上诉以维护自身权益,但是通过(2020)沪 0115 民初 609＊＊号案件损失已经得到补偿。原告债权未清偿系因案外人邓某未将运费转交原告,原告可以起诉邓某以实现债权,原告利益受损与被告没有因果关系。请求驳回原告的诉讼请求。

第三人上海运宝物流有限公司述称,同意被告的答辩意见。第三人由两个自然人股东组成,不适用《公司法》第六十三条的规定。股东有限责任是公司法的基础,人格否认不可滥用。原告可以通过其他途径维护自身权益。(2020)沪 0115 民初 609＊＊号案件生效后,通过资产拍卖,第三人具备向原告履行债务的能力,不需要否定第三人人格。第三人在财务上不规范不能证明人格混同。

审 判

一审法院经审理后认为,原告依据《公司法》第二十条第三款规定提起诉讼。股东损害公司债权人利益责任案件属于侵权纠纷,应当按照侵权责任的构成要件审查认定。本案需要审查:(1)主体要件方面,公司人格否认的主体能否扩大适用于实际控制人?(2)主观过错方面,被告是否具有逃避债务的主观过错?(3)侵权行为方面,被告作为实际控制人是否存在滥用公司法人独立地位逃避公司债务的侵权行为?(4)损害结果方面,是否存在原告债权严重受损的结果?

第一,关于主体要件。根据《公司法》第二十条第三款的规定,公司人格否认案件承担责任的主体为实施了滥用法人独立地位和股东有限责任行为的股东。根据生效判决查明的事实,被告虽然并非运宝公司的股东,但为运宝公司的实际控制人。根据《公司法》第二百一十六条第三款的规定,实际控制人,是指虽不是公司的股东,但通过投资关系、协议或者其他安排,能够实际支配公司行为的人。结合生效判决查明的事实,被告曾自认为运宝公司实际管理人,运宝公司借用投资公司的资金用于注册资本的验资等均由被告安排,运宝公司股东康某所述其系被告丈夫张文某借用身份证设立公司。根据上述一系列行为可见,被告作为运宝公司的实际控制人,虽不是公司注册登记的股东,但其通过上述途径隐蔽其实际控制人的身份,进而达到控制运宝公司的目的。被告作为公司控制权行使主体,在公司治理中居于核心地位,法律虽未明确规定,但其事实上相当于股东的地位,从加强公司治理、保护公司债权人合法利益的角度看,实际控制人可适用于该条款。

第二,关于主观过错。在公司人格否认案件中,侵权主体的侵权行为需以逃避债务为目的,侵权主体具有明显的主观过错。从生效判决确认的事实看,原告、运宝公司和邓某早在运输合同履行时就形成了运宝公司通过邓某向原告支付运费的交易习惯。本案中原、被告均确认,被告从运宝公司取得款项的目的,系支付给运宝公司的代理人邓某,由邓某向运宝公司的债权人即原告支付运费。该支付方式完全符合各方当事人的约定,并非运宝公司为逃避债务而为之。根据邓某出具的《确认书》,被告、运宝公司向邓某支付的运费已超过原告向运宝公司主张的运费。原告债权未实现的根本原因,系邓某作为运宝公司的代理人,未履行代理义务,未将运宝公司向其支付的运费交付原告,故被告不具有逃避债务的主观过错。至于原告认为被告可能从运宝公司支取款项并挪作他用,缺乏相关证据佐证,法院难以采信。

第三,关于侵权行为。滥用法人独立地位的侵权行为主要表现为公司与股东财产混同且无法区分、过度支配和控制、资本显著不足等情形。首先,根据邓某出具的《确认书》,被告从运宝公司取得款项用以支付运宝公司的债务,不构成二者财产混同。其次,2016 年 4 月 26 日,运宝公司的股东由康某、徐某变更为案外人代某。2016 年 11 月 22 日,法院就张文某诉运宝公司等挂靠经营合同纠纷作出一审判决。2017 年 6 月 27 日,运宝公司的股东又由代某变更为康某、徐某。结合康某在(2017)沪 0115 执 11** 号执行案件中的陈述,法院查明代某的智力状况的事实,以及被告系运宝公司实际控制人的身份,足以相信上述股权转让系被告的意思表示。但(2016)沪 0115 民初 161** 号民事判决书生效后,运宝公司的股东又回转为原股东(即股东从智力一级残疾的代某变更为具有完全民事行为能力的股东康某、徐某),不能认定被告具有逃避债务损害原告债权的主观故意,故上述股权变更行为不等同于逃避债务的侵权行为。再次,被告作为运宝公司的实际控制人,掌握运宝公司的公章及账户系公司内部的管理行为,运宝公司在(2019)沪 0115 民初 931

** 号案件中提供的运宝公司、朱惠某向邓某付款的相关证据,与邓某出具的《确认书》确认的收到运宝公司运费金额基本吻合,运宝公司向朱惠某支付的款项远低于朱惠某代运宝公司向邓某支付的运费,被告经营中的不规范行为不能认定为滥用法人独立地位的侵权行为。

第四,关于损害结果。公司法人人格否认需以滥用行为导致债权人受到严重损害为要件。经(2016)沪 0115 民初 161 ** 号民事判决书确认,原告对运宝公司享有债权,虽然原告申请强制执行后未完全实现债权,但原告债权暂未实现的根本原因在于邓某未将运宝公司向其支付的运费交付原告,且被告已积极行使诉权,运宝公司与邓某委托合同纠纷一案已经一审判决,法院已保全邓某的房产、银行账户。待该案件生效、履行后,运宝公司可具备清偿债务的能力,故严重损害债权的结果目前尚未确定。综上,被告虽为运宝公司的实际控制人,但原告主张其存在侵权行为证据不足,原告在本案中主张的损害结果尚未确定,故原告要求被告依照《公司法》第二十条第三款承担责任的主张,缺乏事实依据。

此外,原告主张因被告系运宝公司实际控制人,故运宝公司实际为一人有限责任公司,依据《公司法》第六十三条,朱惠某应对运宝公司的债务承担连带清偿责任。法院认为,在公司治理中,所有权与经营权相分离普遍存在。根据运宝公司的工商档案材料,运宝公司系由两名股东投资设立的有限责任公司,运宝公司存在实际控制人并不能当然否认运宝公司经工商登记的公司形式,原告的上述主张缺乏法律依据。

综上,原告提供的证据,不足以证明侵权法律关系的全部要件事实,对于原告依据公司人格否认主张被告对运宝公司的债务承担连带责任,法院不予支持。对原告依据一人有限责任公司的相关规定主张被告对运宝公司的债务承担连带责任,法院亦不予支持。一审法院依据《中华人民共和国民事诉讼法》第六十四条第一款,《最高人民法院关于适用中华人民共和国民事诉讼法的解释》第九十条之规定,判决驳回原告张文某的诉讼请求。

一审判决后,原张文某、被告朱惠某均未上诉,本案判决已生效。

点 评

本案系公司实际控制人损害公司债权人利益纠纷,一方要求公司实际控制人对公司债务承担连带清偿责任。

本案主要争议在于法人人格否认之诉的被告能否从股东扩展至公司实际控制人。根据《公司法》第二十条第三款,公司人格否认案件之责任主体为滥用法人独立地位和股东有限责任的股东。至于能否扩大至实际控制人及关联公司等其他主体,则未作规定。针对实际控制人滥用目标公司控制权以逃避债务、严重损害债权人权益的现象,有学者提出"双重刺破"之理论,亦即,由于现行《公司法》对实际控制人滥用目标公司控制权损害债权人权益缺乏规制,为填补漏洞,采用扩大解释、类推解释或目的论扩张等路径,将实际控制人纳入法人人格否认制度的主体范围,直接追索实际控制人的责任。①"双重刺破"之理论逻辑在于,法人人格否认制度在于否认公司的独立责任,责令滥用公司人格之主体对公司债务承担连带清偿责任,而非局限于否定股东的有限责任。若公司意志及财产为他人所左右而丧失独立性,由左右其意志及财产之主体共同承担责任,并无不可。本案中,被告作为公司控制权行使主体,在公司治理中居于核心地位,法律虽未明文规定,但其事实上相当于股东,甚至具有优于一般股东的地位,故从加强公司治理、保护公司债权人合法利益的角度看,该条款亦可适用于实际控制人。

实践中,公司经营权与所有权分离现象较为普遍,与公司实际控制人相关之纠纷层出不穷。本案判决将公司实际控制人纳入法人人格否认制度之责任主体,具有良好的指导意义和社会效果。

案例提供单位:上海市浦东新区人民法院

编写人:王 未 鲍丹露

点评人:金可可 赵冠旭 王逸菲

---

① 王艳丽、张枫波:《法人人格否认制度对公司实际控制人的适用与反思》,载《经济问题》2022 年第 6 期。

59. 招商银行股份有限公司诉光大资本投资有限公司其他合同纠纷案

——资管业务差额补足协议的法律性质及效力认定

案 情

原告(被上诉人)招商银行股份有限公司

被告(上诉人)光大资本有限公司

光大浸辉投资管理(上海)有限公司(以下简称光大浸辉公司)、暴风(天津)投资管理有限公司(以下简称暴风集团公司)等共同发起设立上海浸鑫基金,光大浸辉公司为执行事务合伙人。招财 5 号资管计划委托人为原告招商银行股份有限公司(以下简称招商银行),管理人为招商财富公司,资管计划于 2019 年 5 月 5 日到期。招商财富公司代表招财 5 号资管计划认购上海浸鑫基金优先级有限合伙份额 28 亿元,被告光大资本有限公司(以下简称光大资本)认购劣后级有限合伙份额 6 000 万元。上海浸鑫基金于 2016 年 2 月 25 日成立。被告向原告出具《差额补足函》,同意在上海浸鑫基金成立届满 36 个月之内,由暴风集团公司或被告指定的其他第三方以不少于人民币 28 亿元×(1+8.2%×资管计划存续天数/365)的目标价格受让上海浸鑫基金持有的香港浸鑫公司 100%股权,如果最终该等股权转让价格少于目标价格时,被告同意对目标价格与股权实际转让价格之间的差额无条件承担全额补足义务。届时,资管计划终止日,如果 MPS 股权没有完全处置,被告承担全额差额补足义务。光大证券公司另向原告出具《暴风光大跨境并购基金安慰函》《关于光大跨境并购基金的回复》。招商财富公司与光大浸辉公司签订《合伙份额转让合同》,约定在转让事件发生时招商财富公司将基金份额转让给光大浸辉公司,冯某、上海浸鑫基金为此与招商财富公司签订相关股权质押合同。2019 年 3 月,光大浸辉公司、上海浸鑫基金向北京市高级人民法院提起诉讼,诉请暴风集团公司、冯某支付因不履行回购义务而导致的损失。上海浸鑫基金于 2019 年 2 月 24 日进入清算,此前向招商财富公司分配收益 373 650 410.96 元。

原告招商银行诉称,原告通过招商财富公司设立的招财 5 号资管计划出资认购上海浸鑫基金优先级有限合伙份额 28 亿元。上海浸鑫基金设立系用于收购标的公司 MP&Silva Holding S.A.(以下简称 MPS 公司)65%股权,并约定通过暴风集团公司收购标的公司股权实现投资退出。被告向原告出具《差额补足函》,被告全资母公司光大证券股份有限公司(以下简称光大证券公司)出具了《关于光大跨境并购基金的回复》及《暴风光大跨境并购基金安慰函》,明确已知悉上述补足安排。因被告未按约履行差额补足义务,原告提起诉讼,向法院诉请:(1)被告光大资本有限公司向原告招商银行股份有限公司履行差额补足义务,金额为人民币3 489 429 041 元;(2)被告以欠付金额 3 489 429 041 元为基数向原告赔偿自 2019年 5 月 6 日起至实际清偿之日的资金占用损失。

被告光大资本辩称:(1)《差额补足函》违反不得"刚性兑付"的监管规定,应认定无效;(2)《差额补足函》的法律性质应为保证,与《合伙协议》、MPS 公司股权回购协议之间构成主从法律关系,在主合同债权债务确定之前,原告不能依据从合同单独诉讼;(3)即使《差额补足函》有效,因基金尚未清算,支付条件并未成就;(4)若被告需承担差额补足义务,也应扣除基金已预分配的收益款以及 MPS 公司项目资产清算变现后的剩余资产等,否则构成双重获利。

审 判

一审法院经审理后认为,关于《差额补足函》的效力,被告光大资本并非所涉投资资金的管理人或者销售机构,此差额补足不属于《私募股权投资基金监督管理暂行办法》所规制的刚性兑付行为。上海浸鑫基金系被告与暴风集团公司共同发起设立的产业并购基金,原、被告分别认购上海浸鑫基金的优先级、劣后级合伙份额,被告系基于自身利益需求,自愿利用上述结构化安排以及《差额补足函》的形式,与原告就双方的投资风险及投资收益进行分配,不构成无效情形。

关于《差额补足函》的法律性质,被告出具《差额补足函》的目的确系为原告投资资金的退出提供增信服务,但是否构成保证仍需根据保证法律关系的构成要件进行具体判断。本案中,原告不是《合伙协议》及 MPS 公司股权回购协议中的直接债权人,被告履行差额补足义务也不以《合伙协议》中上海浸鑫基金的债务履行为前提。被告在《差额补足函》中承诺的是就香港浸鑫公司股权转让目标价格与实际转让价格之间的差额承担补足义务或在 MPS 公司股权没有完全处置时承担全额差额补足义务,与 MPS 公司股权回购协议的相关债务不具有同一性。因此,差额补足义务具有独立性。

关于差额补足的支付条件是否成就,被告直接向原告承诺差额补足义务是为确保原告的理财资金能够在资管计划管理期限届满时及时退出。在未能按期完成股权转让交易的情况下,被告需无条件独立承担支付义务,与基金项目是否清算无关,故履行条件已成就。但原告与招商财富公司对于系争债权的最终利益归属具有一致性,且被告义务的范围包括系争 28 亿元投资本金及收益,因此,招商财富公司已经取得的投资收益应予以扣除。招商财富公司出具《承诺书》,承诺如原告在本案中实现其全部权益后,将不再另行主张光大浸辉公司履行基金份额收购义务,也不再通过基金获取基金分配收益,故不存在双重获利。

综上所述,原告招商银行的诉请具有相应事实及法律依据。原告要求被告自 2019 年 5 月 6 日参照中国人民银行逾期罚息利率标准计算逾期付款损失,合理有据,应予以支持。一审法院依据《中华人民共和国合同法》第八条、第六十条、第一百零七条、第一百一十三条之规定,判决被告光大资本向原告招商银行支付 3 115 778 630.04 元及相应利息损失。

一审宣判后,被告光大资本不服,提起上诉。

二审法院经审理后判决,驳回上诉,维持原判。

点 评

本案值得关注的是资管业务差额补足协议的法律性质及其效力的认定。

本案争议焦点首先在于原被告签订的《差额补足函》,是否属于《私募股权投资基金监督管理暂行办法》所规制的刚性兑付行为而无效。法院结合《九民会议纪要》第九十二条规定,从禁止刚性兑付的目的出发,提出富有借鉴意义的标准:禁止刚性兑付,旨在防止损害正常的金融秩序及金融市场的稳定,故在判定是否构成刚性兑付时,应以风险的最终承担者为判定标准,亦即,只要最终保底收益的风险非由发行人或管理人承担,便不构成刚性兑付。该标准的提出,一方面解决了司法实践中判定是否构成"刚性兑付"的难题;另一方面,在不违反法律规定情况下充分尊重当事人的意思自治,有利于交易和金融市场的良性发展。

此外,本案裁判亮点在于准确区分了保证、债务加入和独立合同关系。首先,根据《中华人民共和国民法典》第六百八十二条第一句:"保证合同是主债权债务合同的从合同。"保证以从属性为特征,若无特别规定,在成立、效力、消灭、处分上均从属于主债权。本案中,若约定仅在《合伙协议》、MPS 公司股权回购协议项下义务无法实现时,被告才承担与约定义务相应的责任,即属于保证。但由双方约定可知,被告在《差额补足函》中的义务为在香港浸鑫公司股权转让目标价格与实际转让价格之间的有不足或在 MPS 公司股权未能完全处置时,承担全额差额补足义务。此种差额补足义务,与《合伙协议》、MPS 公司股权回购协议项下义务存在主体、内容上的不同,而且不以《合伙协议》、MPS 公司股权回购协议项下义务未履行为前提,故不具有从属性。其次,债务加入虽然同样不具有从属性,但其特征在于加入方的债务范围与既存债务完全相同,而如上所述,约定的差额补足义务与既存债务不同。综上,法院判定此种增信措施为独立的合同关系,值得赞同。

本案判决说理清晰、透彻,显示主审法官具有深厚的法学功底,对于今后类似案件的处理具有很好的借鉴意义。

案例提供单位:上海金融法院

编写人:单素华　黄佩蕾

点评人:金可可　郭艳玲

60. 中国平安人寿保险股份有限公司诉高某保险代理合同纠纷案

——保险代理人误导销售应向保险公司承担相应损失

案 情

原告(上诉人)中国平安人寿保险股份有限公司

被告(被上诉人)高某

2017 年 7 月 13 日,原告中国平安人寿保险股份有限公司(以下简称中国平安)与被告高某签订《保险代理合同》,规定保险代理行为的禁止事项包括误导客户、强制或引诱客户投保、唆使客户退保、私下转让保单等;因违反相关规定,造成公司或客户损失的,除按相关规定追究责任外,还应赔偿客户或公司损失,如因保单引起,应扣回该保单所取得的相应佣金利益;具体损失追偿金额应从对应保单佣金中扣除。2017 年 10 月至 12 月期间,被告代理或挂单在其他保险代理人名下的 44 份保单遭投保人投诉,投诉原因均为误导销售,即被告夸大宣传保单具有贷款功能,导致投保人基于错误认识投保。涉诉涉及的 44 份保单共计缴纳保险费为 514 902 元,现金价值共计 30 228.12 元,两者差额 484 673.88 元。原告针对该 44 份保单而发放佣金共计 242 245.69 元(该佣金分别由被告和挂名的名义保险代理人实际收取),其中平安人寿保险公司已收取的退还佣金 197 295.49 元,剩余未退还佣金 44 950.20 元(其中被告代理销售的保单项下尚未退还的佣金为 11 062.19 元)。

原告中国平安诉称,被告高某存在违规展业、损害公司及客户利益的情形,大量客户因在投保后未能成功办理贷款,遂向原告投诉要求退保。现原告为维护自身合法权益,诉至法院,请求判令被告赔偿因其向案外人(共 44 人)退保产生的经济损失 484 673.88 元及退还佣金 11 062.19 元。

被告高某辩称,涉案 44 份保单的保费均由原告收取,被告仅代为销售;被告是在公司培训时被口头告知涉案保单具有贷款功能,故不应承担赔偿责任。

审 判

一审法院经审理后认为,本案争议焦点之一,被告是否违反保险代理合同约定销售保单。根据保险代理合同约定,被告应明确无误地知晓原告各项管理规定,且应全面、忠实地向客户解释、说明保险产品的内容。此外,寿险保险产品作为金融属性产品具有一定的专业性,被告作为保险代理人从事寿险保险代理活动应具备保险专业知识、秉持职业操守,使投保人正确理解所购买的保险产品本质和保障范围,避免影响客户选择。本案中,被告在向涉案 44 份投诉保单的投保人销售保险产品时存在销售误导行为,违反了保险代理合同约定,没有客观公正地向客户介绍适合于客户投保的保险产品,尽到保险代理人的基本职责,确保客户得到匹配的风险保障方案。故,法院确认被告在从事保险代理销售行为过程中存在过错,根据合同约定已构成违约,由此给原告造成的损失,被告应当承担赔偿责任。

本案争议焦点之二,被告应承担的违约责任如何认定。首先,关于原告诉请退还的佣金,原告有权根据约定扣回被告因保单所取得的相应佣金利益,故原告诉请被告退还已领取的佣金 11 062.19 元,法院予以支持。其次,关于原告诉请主张的损失,本案原告实际向投保人退还的保费超过现金价值部分的金额即 484 673.88 元可认定为原告实际产生的损失。根据合同约定,原告的损失应从保单佣金部分优先予以抵扣,现涉案 44 份保单所产生的佣金共计 242 245.69 元,尽管其中有部分佣金并非支付给被告本人,但原告可向实际收取佣金的代理人另行追索,故上述损失金额 484 673.88 元应扣除所对应的 44 份保单所有佣金共计 242 245.69 元,即 242 428.19 元为原告本案可主张的实际损失。被告在向涉案 44 份投诉保单的投保人销售保险产品时存在销售误导行为,由此给保险公司造成的损失应承担赔偿责任。尽管被告作为保险代理人在保单销售过程中未尽到基本职业操守、违反合同约定误导销售导致原告产生大量退保损失,但被告从事保险代理业务短短几个月,销售的问题保单比例如此之高,原告亦存在核保不严、监管不力的过失,也应承担相应责任。故,法院酌情认定被告应向原告赔偿损失金额为 121 214 元。

综上,一审法院依据《最高人民法院关于适用〈中华人民共和国民法典〉时间效力的若干规定》第一条第二款以及 1999 年《中华人民共和国合同法》第六十条第一款、第一百零七条、第一百十四条第一款之规定,判决被告高某退还原告中国平安佣金 11 062.19 元,赔偿原告中国平安损失 121 214 元。

一审宣判后,原告中国平安不服,提起上诉。

二审法院经审理后,判决驳回上诉、维持原判。

点 评

本案系保险人与保险代理人间的保险代理合同纠纷,保险人要求保险代理人承担其因违约所造成的经济损失以及退还佣金。

本案的核心争议在于:被告违反保险代理合同约定销售保单,是否应赔偿原告所受损失。原被告双方签订的《保险代理合同书》,系有偿委托合同。《民法典》第九百二十九条第一款第一句规定"有偿的委托合同,因受托人的过错造成委托人损失的,委托人可以请求赔偿损失",系请求权基础。《保险代理合同书》约定:保险代理人从事代理行为,应全面、忠实地向客户解释、说明甲方保险产品的内容和保险条款。若存在误导客户,向客户提供虚假资料或误导性的宣传说明的行为,则视为违反本合同义务。本案中,保险代理人没有客观公正地向客户介绍适合于客户投保的保险产品,夸大宣传保单具有贷款功能,导致投保人基于错误认识投保,违反《保险代理合同书》中约定,且显然具有过错。投保人以误导销售行为为由,解除保险合同并要求退还保费,委托方因此遭受损失。被告保险代理人的违约行为与委托方所受损失之间,具有事实上、法律上因果关系,据此不赘。综上,被告应就原告损失负赔偿责任。

此外,本案裁判同时认定委托方保险人核保不严、监督不力,就损害之发生具有过失,故应依《中华人民共和国民法典》第五百九十二条第二款,减少相应的损失赔偿额。因此,判决被告保险代理人在其过错程度内向委托方保险公司承担相应损失赔偿责任,判决理由充分、结果合理。

纵观本案,判决明确了保险代理人因过错导致保险公司对外赔偿时,应就保险公司所受损失承担违约责任,保险公司若监管不力,亦应适用于有过失、自受不利。判决亦具有良好的社会效果,有利于规范保险代理人执业行为以及保险公司业务管理流程,对类似案件具有较好的借鉴意义。

案例提供单位:上海市静安区人民法院

编写人:刘　婷

点评人:金可可　郭艳玲

61. 周某某诉钜洲资产管理(上海) 有限公司等私募基金纠纷案

——实控人参与推销、管理私募基金 造成投资者损失的责任承担

案 情

原告(被上诉人)周某某

被告(上诉人)钜洲资产管理(上海)有限公司

被告(上诉人)上海钜派投资集团有限公司

第三人招商证券股份有限公司

2016 年 5 月,北京国投明安资本管理有限公司(以下简称国投明安)、广州汇垠澳丰股权投资基金管理有限公司(以下简称汇垠澳丰)与钜洲资产管理(上海)有限公司(以下简称钜洲资管)共同签署《合伙协议》,成立广州天河明安万斛投资合伙企业(以下简称明安万斛),约定:国投明安、汇垠澳丰为普通合伙人,钜洲资管为有限合伙人,由国投明安任执行事务合伙人并委派周某为代表,执行合伙事务。

2016 年 6 月,钜洲资管成立"钜洲智能制造 2018 私募股权投资基金"并任基金管理人,基金由招商证券股份有限公司(以下简称招商证券)任托管人。《钜洲智能制造 2018 私募股权投资基金基金合同》(以下简称《私募基金合同》)载明,该基金由钜洲资管"直销","具有高收益、高风险的风险收益特征",并约定,基金募集资金主要投资于由国投明安(执行事务合伙人)、汇垠澳丰作为普通合伙人发起设立的明安万斛,该合伙企业成立目的主要对卓郎智能机械有限公司(上市公司)(以下简称卓郎智能)进行股权投资。

2016 年 6 月至 7 月期间,招商证券根据钜洲资管的指令,从涉案私募基金托管专户向钜派集团的全资子公司上海钜派钰茂基金销售有限公司划付了销售服务费,向明安万斛划付 230 006 400 元资金。

2019 年 10 月 28 日,钜洲资管发布《临时信息披露公告》称:明安万斛基金管理人国投明安及其实际控制人、法定代表人周某,通过伪造交易法律文件、投资款划款银行流水、投后管理报告、部分资金已到账的银行网页及视频,恶意挪用基金资

产,并已于 2019 年 10 月 20 日失联,钜洲资管已向公安机关报案,北京市公安局朝阳分局经侦支队以涉嫌合同诈骗于 2019 年 10 月 25 日出具了《受案回执》。

2019 年 10 月 29 日,案涉私募基金召开投资人电话会议,钜派集团经理在会议中介绍"钜派的投后人员和产品经理去北京现场查阅了这份盖章版的代持协议","使得钜派相信项目在正常存续","钜派不断的找周某要求尽早还款""在钜派层面,9 月 25 日发布了退出进展","2019 年 9 月 28 日,钜派召集了全体投资人的电话会议","钜派目前正在全力推动刑事侦查程序"等相关情况。

2016 年 6 月,原告周某某与钜洲资管、招商证券签订《私募基金合同》,并支付基金认购款 3 000 000 元,认购费 30 000 元。钜洲资管的实控人上海钜派投资集团有限公司(以下简称钜派集团)向周某某出具《资金到账确认函》,载明"周某某于 2016 年 6 月 20 日,通过钜派投资推介,自愿认购了【钜洲智能制造 2018 私募股权投资基金】","钜派投资会配合相关单位认真积极地为您做好该产品后续服务工作"等内容。

原告周某某诉称,在长达三年多时间里,基金投资款从未进行股权投资,被告钜洲资管未按诚实信用、勤勉尽责的原则管理和运用基金资产,玩忽职守。被告钜派集团实际操纵与控制被告钜洲资管,将被告钜洲资管沦为被告钜派集团的工具与躯壳,被告钜派集团应就被告钜洲资管的债务向原告承担连带责任。原告周某某因追索投资无果,向一审法院诉请:(1)解除周某某与钜洲资管、招商证券签订的《私募基金合同》;(2)钜洲资管返还周某某基金投资款 3 000 000 元、认购费 30 000 元;(3)钜洲资管赔偿周某某自 2016 年 6 月 21 日起至判决生效之日止的资金占用损失;(4)钜派集团就钜洲资管的上述义务承担连带赔偿责任;(5)案件受理费、保全费由钜洲资管、钜派集团承担。

被告钜洲资管、钜派集团辩称,被告钜洲资管按照《私募基金合同》的约定对募集资金进行投资和管理,不存在过错。原告主张的部分事实与实际情况不符。被告钜派集团与被告钜洲资管不构成人格混同,不应承担连带责任。目前涉案私募基金尚未完成清算,原告是否存在损失以及损失范围无法确定。

第三人招商证券在述称中介绍了有关原告周某某关于涉案私募基金的认、申购情况,和涉案私募基金产品的运营情况。

审 判

一审法院经审理后认为,被告钜洲资管在基金募集、投资、管理阶段,均存在严重违反监管规定及管理人职责的行为。对于原告周某某依据《中华人民共和国合同法》第九十四条第四项关于"当事人一方迟延履行债务或者有其他违约行为致使不能实现合同目的的,当事人可以解除合同"的规定要求解除涉案《私募基金合同》的主张,一审法院认为,合同目的是当事人通过订立和履行合同想要达到的目标和结果,合同目的不完全等同于投资目的,原告与被告钜洲资管、第三人签订《私募基金合同》的合同目的是通过投资基金份额成为基金份额持有人后以期获得约定的投资收益。本案中,涉案私募基金已经备案成立,原告成为涉案基金的基金份额持有人,合同目的已经实现,原告未实现投资收益不能认定为合同目的不能实现。原告依据《中华人民共和国合同法》第九十四条第四项之规定要求解除涉案基金合同缺乏事实和法律依据,法院不予支持。但原告因被告钜洲资管在涉案私募基金受托管理过程中未尽法定及约定义务而造成原告损失应承担相应法律责任的诉讼请求,法院予以支持,本案中,被告钜洲资管作为管理人,在基金募集、投资、管理阶段均存在严重过错,故被告资管公司应赔偿原告基金投资损失。被告钜派集团作为集团公司,实质上构成被告钜洲资管销售、投资、管理涉案私募基金的代理人。根据《中华人民共和国民法总则》第一百六十七条:"代理人知道或者应当知道代理事项违法仍然实施代理行为,或者被代理人知道或者应当知道代理人的代理行为违法未作反对表示的,被代理人和代理人应当承担连带责任。"被告钜洲资管在基金募集、投资、管理阶段均存在严重违反法定和约定义务的行为,被告钜派集团并未对此应当知道,共同违反了前述法定和约定义务,应当承担连带赔偿责任。

综上,一审法院依照《中华人民共和国民法总则》第一百六十七条,《中华人民共和国合同法》第六十条、第一百零七条、第一百一十三条第一款,《中华人民共和国证券投资基金法》第九条第一款、第二款、第八十七条、第一百四十五条第二款,《最高人民法院关于适用〈中华人民共和国民事诉讼法〉的解释》第九十条之规定,判决:被告钜洲资产管理(上海)有限公司赔偿原告周某某基金投资款损失 3 000 000 元、认购费损失 30 000 元;赔偿原告周某某的资金占用损失;被告上海钜派投资集团有限公司对被告钜洲资产管理(上海)有限公司赔偿义务承担连带责任;驳回原告周某某其余诉讼请求。

一审宣判后,被告钜洲资管、被告钜派集团不服,提起上诉。

上诉人钜洲资管、上诉人钜派集团上诉称,一审判决超出了周某某解除合同、返还财产的诉讼请求范围;涉案基金清算未完成,周某某的损失无法确定;本案基金属于直销,被告钜派集团不应承担连带责任。请求撤销一审判决,驳回被上诉人周某某全部诉请。

二审法院经审理后认为,首先,解除合同与投资款、认购费的反向给付可以作为两项独立的诉之声明,并附之以相应的法律事实。人民法院根据当事人诉辩和举证,在查明案件事实的基础上,结合当事人诉之声明与所查明的案件事实,选择适当的判决基础,并不违背诉讼处分原则,亦避免重复诉讼,有利于减轻各方当事人讼累。一审判决基于各方当事人参与私募基金募集、投资、管理等事实,判决两上诉人承担相应的赔偿责任,并未超出当事人诉之声明范围。

其次,基金的清算结果是认定投资损失的重要依据而非唯一依据,有其他证据足以证明投资损失情况的,人民法院可以依法认定损失。根据《私募基金合同》,案涉基金的权益基础为明安万斛对卓郎智能的股权收益,现基金资产已被案外人恶意挪用,明安万斛未取得卓郎智能股权,犯罪嫌疑人亦未到案,合同约定的基金权益无实现可能。因基金资产已经脱离管理人控制,清算小组无法接管基金财产,基金清算处于停滞,也无证据表明存在可资清算的基金财产。如果坚持等待清算完成再行确认当事人损失,不利于投资者权益保护。一审法院根据投资款、认购费、资金占用利息确定损失,并明确若周某某在后续清算过程中获得清偿,应予抵扣,符合损失填平原则,二审法院予以认可。

最后,虽然《私募基金合同》仅由钜洲资管与周某某签署,但结合钜派集团出具的《资金到账确认函》、案涉私募基金销售服务费的支付情况、钜派集团对钜洲资管的实控关系等相关事实,钜派集团与钜洲资管构成实质意义上的代销关系。在系争基金的销售过程中,钜派集团、钜洲资管未根据《私募投资基金监督管理暂行办法》第十六条、第十七条充分评估投资者适当性。一审法院根据《中华人民共和国民法总则》第一百六十七条判决钜派集团、钜洲资管承担连带责任,适用法律并无不当。在系争基金的运作、管理过程中,钜派集团、钜洲资管亦未切实履行管理人义务,在上市公司公示股东名单中并不包括明安万斛时,未向上市公司进行核实,也未查阅股份代持协议;对资金转账凭证截屏存在瑕疵的情况下,也未对转账真实性进行查证,由此导致基金财产被案外人侵占转移,也应当承担相应责任。

综上,二审法院认为,上诉人钜洲资管、上诉人钜派集团的上诉请求不能成立,应予驳回;一审判决并无不当,应予维持。二审法院依照《中华人民共和国民事诉讼法》第一百七十条第一款第一项、第一百七十五条之规定,判决驳回上诉请求,维持原判。

点 评

本案系私募基金纠纷。投资者(原告)要求管理人(被告一)赔偿损失,并要求管理人的实控人(被告二)承担连带赔偿责任。

本案值得关注之处有三:

第一,私募基金管理人的实控人参与推销、管理基金造成投资者损失的责任问题。《私募基金合同》虽在管理人和投资人间签订,但足以证明实控人推销、参与管理基金,其推销行为系代理行为(代销),管理人亦肯认其代理行为,故属有权代理。

鉴于案涉金融交易的高度风险和专业性,推销代理人在缔约前,有义务告知投资者其身份情况,提示相关风险,并根据《私募投资基金监督管理暂行办法》第十六条、第十七条评估投资者之适当性。在投资者对推销代理人具有特别信赖情形,上述义务可具有独立法定债务的强度,有别于管理人对投资者所负的相应先契约义务(就管理人之先契约义务,推销代理人乃履行辅助人)。因此,参与推销的实控人在缔约过程中违反上述义务的行为,或可认定为先契约阶段的债务不履行,而不仅是侵权。至于实控人实际参与基金管理,虽可认为系受管理人委托,但在合同法上,其未尽忠实勤勉义务的行为只能归责于管理人的债务不履行,投资者只能追究管理人的违约责任;投资者若要追究实控人的责任,只能诉诸侵权。此外,就实控人和管理人间的责任分配而言,管理人未独立履行基金投资管理的合同义务,亦违反忠实勤勉义务,故就投资者的损失,管理人与实控人应承担连带赔偿责任,若仅为法律适用便捷,法律依据得为《民法典》第一百六十七条。

第二,私募基金未清算时投资损失的确定。原则上,基于资管行业的信托属性,资管类产品项下受托财产具有独立性,未清算时不能认定损失已确定,也不宜推定全损。但本案中,案涉基金未投向约定标的,合同约定的投资收益确定无法实现,投资者的损害已实际发生,只是无法精确计算其损失数额。此外,案涉基金资产已脱离管理人控制,清算小组也未接管任何可资清算的基金财产,清算停滞,且无法预见继续清算的期限,若待清算结束再确定损失,不利于投资者利益的保护,故可例外在基金未清算时确定投资者损失。

第三,当事人所称请求权基础与法院认定法律关系不一致时的裁判规则。诉讼标的之确定,存在多种学说。长期以来,我国民事诉讼法以旧实体法说为准,2001 年《民事诉讼证据规定》第三十五条规定,若当事人请求基础与法院的认定不一致的,法院应告知当事人可以变更诉讼请求;若当事人不变更诉讼请求,则需承担败诉的风险。而新《民事诉讼证据规定》第五十三条修订为"人民法院应当将法律关系性质或者民事行为效力作为焦点问题进行审理。但法律关系性质对裁判理由及结果没有影响,或者有关问题已经当事人充分辩论的除外"。可见司法实践有逐步向程序法说过渡的倾向。所谓程序法说,认为诉讼标的就是原告提出的诉之声明(诉讼请求),①比如在给付之诉中,原告仅关心是否能够向被告要求给付,至于请求权基础是所有权返还请求权抑或合同终结后的返还请求权,并不重要。

本案中,一审法院已向当事人进行释明,当事人坚持原诉请,于此情形,对相关争议继续进行审理。无论是解除合同后的返还抑或侵权赔偿,本案相关事实和证据并不发生本质变化,且原告主张返还认购款、认购费及相应赔偿,只是关心其财

---

① 参见[日]新堂幸司:《新民事诉讼法》,林剑锋译,法律出版社 2008 年版,第 219—223 页。

产减损能否得到经济上的弥补,至于实现此种弥补的请求权基础为何,实非其所问。故根据《民事诉讼证据规定》第五十三条,法院之认定与原告诉请解除合同并返还的请求基础虽不一致,仍可径行判决赔偿。

该判决注重证据,紧扣纠纷本质,正确认定参与基金推销、管理的实控人对投资者损失承担连带赔偿责任,并打破原有僵化的损失确定模式,此外,从原告的实质需求出发,正确厘清当事人请求基础与法院认定的法律关系不一致时的裁判规则,切实保护当事人合法权益,对类似案件的处理有较好的借鉴意义。

案例提供单位:上海金融法院

编写人:葛　翔　阮申正

点评人:金可可　莫旺珊

知识产权

62.贝比赞公司诉河北绿源童车有限公司侵害发明专利权纠纷案

——权利人可以依法选择有利于权利保护的损害赔偿计算方法

案 情

原告（被上诉人）贝比赞公司

被告（上诉人）河北绿源童车有限公司

原告贝比赞公司（BABYZEN）是法国童车生产商,旗下"ZEN""YOYO"及"YOGA"等均为知名童车品牌,在业内享有较高的知名度和美誉度。原告经受让取得涉案第 ZL200980125622.4 号"可折叠的婴儿车"发明专利（以下简称涉案专利)的专利权,并运用于童车生产。

原告诉称,原告发现被告河北绿源童车有限公司（以下简称绿源公司)未经许可,生产、销售、许诺销售的产品侵害了原告享有的涉案专利权,并在原告多次书面及口头警告、交涉后,依然大量生产、销售侵权产品,给原告造成了巨大的经济损失,故原告向上海知识产权法院起诉请求判令:被告停止侵权并赔偿原告经济损失及合理费用共计 300 万元。

被告绿源公司辩称,被控侵权产品使用的技术方案是对现有技术的使用和改良,并未侵犯原告享有的涉案专利权。原告主张的损失赔偿数额过高,计算损失所依据的专利产品利润率过高、涉案专利对专利产品的利润贡献率较低且原告主张的被告销售侵权产品的数量也缺乏依据且并不合理。

审 判

一审法院经审理后认为,经比对,被控侵权产品的相应技术特征落入原告主张的涉案专利权利要求 2-4、7、9-10、13-16 的保护范围,且被告主张的现有技术抗辩不能成立。被告未经许可,制造、销售、许诺销售落入涉案专利权保护范围的产品,侵害了原告享有的涉案专利权,应当承担停止侵权、赔偿损失的民事责任,停止侵权应当包括销毁库存的侵权产品。

本案中,原告主张以侵权产品在市场上销售的总数乘以每件专利产品的合理利润所得之积作为确定其因被告侵权行为所受到的实际损失的计算方法,符合《专利法》第六十五条、《最高人民法院关于审理专利纠纷案件适用法律问题的若干规定》第二十条第一款的规定,合法有据。同时,因专利产品的利润来源并非仅限于原告主张的涉案专利技术方案,故就原告实际损失的确定还应当考虑原告主张的涉案专利技术方案对专利产品利润的贡献度。综合在案证据,按照侵权产品销售总数乘以每件专利产品的合理利润再乘以原告主张的涉案专利技术方案对专利产品贡献度的计算方法,可以推算出原告因被告侵权行为所受的损失已超出其主张的 300 万元。同时,原告提交的证据表明在原告据以统计销售数量的五家网店之外,被告生产的侵权产品还有其他销售渠道,且原告还为制止侵权行为支出了公证费、律师费等费用,故原告主张的赔偿数额依据充分,应当予以支持。

综上,一审法院依据《中华人民共和国侵权责任法》第十五条第一款第一项、第六项、第二款,《中华人民共和国专利法》第十一条第一款、第五十九条第一款、第六十五条,《最高人民法院关于审理侵犯专利权纠纷案件应用法律若干问题的解释》第一条、第七条,《最高人民法院关于审理专利纠纷案件适用法律问题的若干规定》第二十条第一款之规定,判决:被告河北绿源童车有限公司停止侵权;赔偿原告经济损失及合理费用共计 300 万元。

一审判决后,被告不服,提起上诉,后撤回上诉,二审法院裁定,允许撤回上诉。现一审判决已生效。

点 评

本案有三个争议焦点:被控侵权产品是否落入涉案专利权的保护范围,被告主张的现有技术抗辩能否成立,以及被告应承担何种民事责任。针对前两个争议焦点,经比对,法院认定被控侵权产品的相应技术特征分别落入原告主张的涉案权利要求 2-4、7、9-10、13-16 的保护范围,同时认定被控侵权产品所使用的技术方案与被告所主张的现有技术"折叠椅"相比,至少存在三点区别,被告主张的现有技术抗辩不成立。因此,本案的核心问题在于被告应承担何种民事责任。

法院在确定被告应承担停止侵权、赔偿损失的民事责任的基础上,从损害赔偿的计算方法、销售数量的计算、涉案专利产品的利润率、涉案专利的贡献度等方面展开讨论,最终认定原告的实际损失已远超所主张的 300 万元赔偿数额,因此对原告主张的全部数额予以支持。

针对专利权侵权行为的隐蔽性特点,《专利法》及相关司法解释明确规定了赔偿数额的计算方式及法定赔偿规则,但由于侵权获利等相关证据均由被告掌握,个案中的赔偿数额计算问题一直以来都是困扰司法实践的一大难题。本案判决首先明确,根据《专利法》六十五条(当时)的规定,专利侵权损害赔偿数额的确定方法依次为权利人的实际损失、侵权人的侵权获利、专利许可使用费的合理倍数、一万元以上一百万元以下的法定赔偿,原告有权选择其中任一种计算方法,法院不应依职权自行确定计算赔偿额的方式。实际上,本案中原告选择上述四种计算方法中第一顺位的计算方法,但实践中也有权利人选择顺位在后的损失赔偿计算方法,此种情形下应当推定其对顺位在前的计算方法无法举证。

此外,法院对销售数量的认定也反映出本案的借鉴价值:首先,法院调查令可在一定程度上解决原告客观上难以获取相关证据的问题。其次,可结合证明标准与举证责任转移的民事诉讼规则,降低原告的证明难度。最后,扣除原告所主张的销售数量当中明显缺乏依据的部分,以保证损失计算的准确性,兼顾被告合法权益的保护。

案例提供单位:上海知识产权法院

编写人:凌　崧　叶明鑫

点评人:袁秀挺

63. 上海尔广餐饮管理有限公司诉上海再高餐饮管理有限公司等不正当竞争案

——公司与其法定代表人共同侵权责任的认定

案 情

原告(被上诉人)上海尔广餐饮管理有限公司

被告(上诉人)王某一

被告(上诉人)上海再高餐饮管理有限公司

被告(上诉人)美亚投资控股有限公司

案外人潘某仙于 1997 年起承租上海市黄浦区肇周路 209 号的房屋,潘某仙、潘某云姐弟在该处经营小吃店,使用"耳光馄饨"的店招。自 2011 年起,有网络用户、媒体对"耳光馄饨"进行报道,称"打耳光都不放过"的荠菜鲜肉馄饨是肇周路上网红小吃。2016 年 3 月,因肇周路房屋拆迁,"耳光馄饨"小吃店搬到附件的黄家阙路 109 号继续经营。原告上海尔广餐饮管理有限公司(以下简称尔广公司)成立于 2016 年 11 月 30 日,法定代表人为潘某云。2018 年 8 月 13 日,潘某仙与其弟潘某云于共同签署的《"耳光馄饨"正本清源之声明》中载明:尔广公司自成立之日起即为唯一享有"耳光馄饨"有关的无形资产及其衍生权利的主体。2018 年 8 月,尔广公司的"耳光馄饨—辣肉冷馄饨"被上海市餐饮烹饪行业协会授予"2018 年冷面、冷馄饨金牌奖"。

被告美亚投资控股有限公司(以下简称美亚公司)是一家在香港特别行政区注册的公司,于 2008 年 4 月 15 日成立,原唯一投资人为被告王某一。2015 年 7 月 27 日,王某一将所持有的全部公司股权出让给王某。美亚公司于 2012 年 10 月 29 日在第 43 类服务商申请注册第 11665486 号"耳光"文字商标,此后又在第 30 类、第 43 类的商品或服务上申请注册多个含"耳光"字样的商标。美亚公司将其申请注册的"耳光"等商标许可给被告上海再高餐饮管理有限公司(以下简称再高公司)使用。

2018 年 8 月 15 日,进入被告再高公司网站,网页载有"好吃到打耳光都不放手—耳光馄饨是上海本地知名小吃品牌"等宣传内容。网站《郑重审明》(原文如此)载明:耳光馄饨品牌是由商标持有方授权我司独家使用,并独家运营该品牌在全国的连锁体系。目前市场上出现了假冒的耳光馄饨店以及不法分子擅用我司名义,在互联网发布诈骗信息或擅自发布虚假加盟资讯,意图骗取个人信息和金钱……另有山寨品牌鱼目混珠,仿冒我司,意图骗取加盟金……网站"品牌简介"中载明:耳光馄饨是源自民国时期上海本地的小吃,后经美亚公司重新收购与包装后打造的一个馄饨连锁餐厅品牌。网站"品牌故事"刊载了所谓杜月笙与"耳光馄饨"的轶事。网站"新闻资讯"栏于 2018 年 8 月 6 日发布的《耳光馄饨老板朱某某专访》一文中,朱某某称:现在外面仿冒的人也很多,肇州(周)路我也是最近听说的,还特地去肇州(周)路找过,没找到。不过在黄埔(浦)区找到一个自称是耳光创始人的无锡人,但是据了解也跟民国期间的耳光馄饨没什么关系,是一个民工夫妻自己开的排挡店……

被告再高公司的门店或其授权的加盟店使用"耳光""耳光馄饨"等商标。再高公司陈述,其授权开设的"耳光馄饨"店铺共计 70 余家。

被告再高公司于 2016 年 8 月 2 日成立。再高公司原股东为高某某、玖客公司,法定代表人为高某某;2018 年 1 月 16 日,再高公司股东变更为高某某、王某,法定代表人变更为王某;2020 年 9 月 9 日,再高公司股东变更为李某、上海歌娜餐饮管理有限公司,法定代表人变更为李某。2020 年 9 月 1 日,上海市第三中级人民法院于作出(2020)沪 03 破 257 号民事裁定,受理案外人对再高公司的破产清算申请。

上海市第二中级人民法院曾审结张某与王某、美亚公司(时任投资人为王某)与案外人王某二、上海面道餐饮管理有限公司(以下简称面道公司)、上海记盛餐饮管理有限公司(以下简称记盛公司,王某时任该公司法定代表人)不正当竞争纠纷案中,案号为(2009)沪二中民五(知)初字第 146 号(以下简称"盛记一品"案)。上海市第二中级人民法院经审理认定,该案原告张某在先使用的"盛记一品"商品名称构成知名商品的特有名称,而被告王某二、面道公司将在后申请注册的"盛记及盛记一品"商标转让给被告美亚公司,美亚公司又将该商标授权记盛公司在经营活动中实际使用,该系列行为给张某及其关联企业的经营造成损害。面道公司、美亚公司、记盛公司共同策划、分工实施了上述行为,且已造成误认、混淆,构成仿冒。记盛公司、美亚公司对"盛记一品"名称或品牌并不享有任何合法民事权益的情况,但两者各自或联合发出的律师函、《声明函》中却声称系为"盛记一品"的合法权利拥有者,指责"张某"发布虚假信息、仿冒等,记盛公司构成商业诋毁。王某系记盛公司的法定代表人,其相应民事责任依法应由记盛公司承担。一审判决:面道公司、记盛公司、美亚公司停止擅自使用知名商品特有名称不正当竞争行为；记盛公司停止商业诋毁不正当竞争行为；面道公司、记盛公司、美亚公司刊登声明、消除影响；面道公司、记盛公司、美亚公司连带赔偿张某经济损失 10 万元。嗣后，面道公司、记盛公司不服，向上海市高级人民法院提出上诉，上海市高级人民法院于 2011 年 6 月 21 日作出(2011)沪高民三(知)终字第 13 号终审判决：驳回上诉，维持原判。

原告尔广公司诉称：被告的不正当竞争行为已严重损害了尔广公司包括商誉在内的竞争权益，故向法院提起诉讼，请求判令：(1)王某、再高公司、美亚公司立即停止仿冒行为，即于所提供的馄饨商品及相关餐饮服务中停止使用含有"耳光"或"耳光馄饨"字样的标识；(2)王某、再高公司、美亚公司就共同实施的仿冒行为赔偿尔广公司经济损失及为制止侵权支出的合理费用共计 1 500 000 元(包含合理费用 88 500 元，其中律师费 60 000 元、公证费 28 500 元)；(3)再高公司立即停止虚假宣传和商业诋毁的不正当竞争行为，并赔偿尔广公司由此产生的经济损失 500 000 元，王某就该项经济损失承担连带赔偿责任；(4)王某、再高公司、美亚公司就前述实施的不正当竞争行为于再高公司运营网址为 www.erguanghd.com 的网站(以下至主文前称为再高网站)首页显著位置连续 30 日刊载声明、消除影响，并于《新民晚报》非中缝位置刊载声明、消除影响。

被告辩称：(1)尔广公司不能举证其所谓"耳光馄饨"已具有一定影响。尔广公司提交的证据仅能够证明潘某仙在系列抗辩商标申请注册前，曾于黄浦区肇周路上开过一家叫做"耳光馄饨"的小吃店，因该店面室内面积仅 13 平方米，实际经营基本全赖露天占道，颇受天气影响，其年销售额可想而知。考虑到 2012 年前互联网外卖平台尚未兴起的实际，该店经营仅能以堂吃为主，结合馄饨这一食品自身的属性，完全无法覆盖方圆 2 公里范围以外区域，故知悉者极为有限，这也正是该时段内上海本地餐饮市场未见其品牌信息的原因。至于尔广公司举证的部分零星、散见于网络的相关报道，均带有主观倾向且无法全面反映真实事实，更难言所谓影响力；(2)即便法院错误认定一定影响构成，尔广公司亦不享有耳光馄饨的经营者权益。有一定影响的商品及服务名称属于反不正当竞争法所规定的权益，其与专属权利差异之一就前者是基于实际使用而产生，即便案外人潘某仙等存在使用"耳光馄饨"标识的行为，尔广公司也没有举证其与潘某仙之间存在明确的承继关联，而潘某云与潘某仙的亲属关系亦不可作为认定尔广公司可以承继耳光馄饨的客观依据。退一步说，即便在拥有书面授权的情况下，鉴于尔广公司成立于 2016 年 11 月，故其无权就潘某仙 2016 年之前产生的经营者权益损失主张追索；(3)潘氏姐弟对耳光馄饨不享有合法权益。经查，所谓潘氏姐弟开设于黄浦区肇周路的门面，从未依法取得过工商营业执照和食品经营许可，属于典型的非法经营，该行为严重违反《中华人民共和国食品安全法》等法律、法规的强制性规定，不可能获得所谓的竞争权益和商誉,不应获得反不正当竞争法保护;(4)美亚公司不存在不正当竞争。作为一家注册在香港特别行政区的企业,在申请注册系列抗辩商标之前,美亚公司没有实际使用或授权他人使用系列抗辩商标,与潘某仙也没有任何接触往来,亦不知晓其是否实际使用耳光馄饨作为商业标识。至于系列抗辩商标中最早一枚提出注册申请的第 11665486 号商标缘何以"耳光"为内容,因 2012 年 10 月提出申请时王某尚未接手美亚公司,故对此并不知情。同时,鉴于 2012 年初始提出系列抗辩商标注册申请的时点,耳光馄饨并无影响力亦不知名,故美亚公司没有应当知悉并予以避让的法律义务,所谓恶意注册根本无从谈起。而反观美亚公司于该时点前后申请的大部分商标,在获得核准后均进行了实际使用,不存在"恶意囤积商标"的行为,尤其在 2015 年王某受让全部股权接手美亚公司后,对公司发展战略规划进行了明确调整,即暂停了新商标的注册申请。至于近两年提出对部分含有"耳光""肇周路"字样标识的注册申请完全是用于防御目的,绝非恶意抢注;(5)本案系不正当竞争民事纠纷,不应涉及是否构成"商标抢注"等行政授确权事项的评判,若尔广公司主张美亚公司名下的系列抗辩商标属于对有一定影响的商品及服务名称的"恶意抢注",理应按照《中华人民共和国商标法》(以下简称《商标法》)的规定,依照商标行政授确权程序寻求救济,法院无权依照反不正当竞争法对此作出评判;(6)再高公司不存在不正当竞争。首先,再高公司作为系列抗辩商标的被许可人经合法授权使用商标的行为不应被认定为构成仿冒。其次,再高公司将本身不具显著性的"上海网红麻酱馄饨"用语表述与其自身建立对应关联,系正当的商业宣传,不会构成误导公众的虚假宣传。反观尔广公司在宣传自身的内容中从未出现过"上海网红麻酱馄饨"或与之类似的表述,故相关公众亦不至产生误解。至于"打耳光也不放手"系民间俚语,并非尔广公司或潘氏姐弟的发明独占,再高公司将其作为宣传用语亦不构成虚假宣传。最后,再高网站上所发布的《郑重审明》,系再高公司对恶意侵权人实施侵权行为的权利警告,本身属于遏制违法行为的自力救济范畴,不构成商业诋毁。而考量尔广公司曾自诩"从不对外进行招商加盟",现却将明显与自身经营状况不符的警告内容"自动对号入座",属于典型的认知错误,再高公司不应当为此承担任何责任;(7)诉请停止使用"耳光"或"耳光馄饨"不具备相应的请求权基础。尔广公司主张的耳光馄饨即便可以构成有一定影响的商品及服务名称,其性质上属于一种竞争权益,而非是具有专有、排他属性的权利,该种竞争权益仅可作为对抗在后注册商标专用权追索的抗辩基础,对应的法律后果是该商品及服务名称得以在原有范围内继续使用,绝不可作为否定已核准注册商标专用权的依据,一旦判定错误将从根本上动摇现有商标注册制度;(8)尔广公司主张的巨额经济损失缺乏事实依据,首先尔广公司自述至今从未对外招商加盟收取许可费用,因此其主张的所谓商誉受损无从谈起。其次就获利而言,再高公司运营的耳光馄饨商业项目目前还处于初创孵化期,虽然已经成功推进了少部分招商加盟,但就整个项目的巨额广告及资源投入而言,根本未达到获利的程度。最后,即便适用法定赔偿,尔广公司的权益基础仅应为现存的黄家阙路店,若考察该店的正常营业流水计算,尔广公司主张的赔偿金额仍然畸高,不应获得支持;(9)王某并非本案适格被告。王某作为美亚公司和再高公司的法定代表人及股东,所实施的全部涉案行为均系作为企业法定代表人的履职行为,与私人事务无涉,鉴于尔广公司并无证据证明王某与美亚公司或再高公司存在人格混同情形,因此无论指控是否成立,王某本人均无需承担任何法律责任。综上,尔广公司的全部不正当竞争指控缺乏事实和法律依据,请求依法驳回尔广公司针对王某、再高公司、美亚公司的全部诉讼请求。

审 判

一审法院经审理后认为,潘某仙、潘某云最早在上海市黄浦区肇周路 209 号店面内标注"耳光馄饨"从事经营活动。经过长期使用,"耳光馄饨"已构成有一定影响的商品和服务名称。根据潘某仙、潘某云共同签署的《耳光馄饨正本清源之声明》,尔广公司有权提起本案诉讼。美亚公司、再高公司使用"耳光馄饨",导致相关公众的混淆、误认,构成仿冒。再高网站发布"耳光馄饨"源出于民国杜月笙轶事的文章,文章撰者不详,其内容没有事实根据。文章内容足以误导相关公众,对象直指尔广公司,再高公司的行为已构成虚假宣传。再高网站中发布的《郑重审明》中,除自诩为"耳光馄饨"品牌独家使用者外,还使用了"假冒的耳光馄饨店""意图骗取个人信息和金钱""未经授权的山寨和仿冒门店"等意有所指的表述,损害了尔广公司的商业信誉,构成商业诋毁。同理,《耳光馄饨老板朱某某专访》,亦属于商业诋毁。

关于民事法律责任。美亚公司应与再高公司共同构成仿冒,应承担停止仿冒行为、消除影响、赔偿损失的法律责任。美亚公司单一的股权结构,决定了其所作出的任何决策,均系源于王某个人意志。王某在主导全部仿冒实施过程中发挥着协调美亚公司与再高公司的核心作用,应与再高公司、美亚公司一并承担仿冒法律责任。再高公司作为虚假宣传和商业诋毁行为的实施者,应承担停止不正当竞争行为、消除影响、赔偿损失的法律责任。一审法院综合全案证据情况,综合考虑侵权人主观恶意程度、不正当竞争行为影响范围、再高公司加盟店数量、涉及多种不正当竞争行为、经营规模等因素,对尔广公司赔偿损失及合理费用的诉讼请求全额予以支持。

综上,一审法院依照《中华人民共和国侵权责任法》第二条、第十五条第一款第一项、第六项、第八项、第二款,《中华人民共和国商标法》第七条,《中华人民共和国反不正当竞争法》第六条第一项、第八条第一款、第十一条、第十七条,《最高人民法院关于审理不正当竞争民事案件应用法律若干问题的解释》第十七条第一款规定,判决:王某、再高公司、美亚公司停止涉案仿冒行为;再高公司停止涉案虚假宣传和商业诋毁行为;王某、再高公司、美亚公司共同赔偿尔广公司因涉案仿冒行为造成的经济损失 1 411 500 元;再高公司赔偿尔广公司因涉案虚假宣传和商业诋毁行为造成的经济损失 500 000 元;王某、再高公司、美亚公司就涉案仿冒行为共同于《新民晚报》上刊载声明、消除影响;再高公司就涉案虚假宣传和商业诋毁行为于网址为 www.erguanghd.com 的网站首页连续 72 小时刊载声明、消除影响;王某、再高公司、美亚公司共同赔偿尔广公司为制止侵权支出的合理费用 88 500 元;驳回尔广公司的其余诉讼请求。案件保全申请费 3 020 元,由王某、再高公司、美亚公司共同负担。一审案件受理费 22 800 元,由尔广公司负担 800 元,王某、再高公司、美亚公司共同负担 22 000 元。

一审判决作出后,被告王某、再高公司、美亚公司不服,提起上诉。

二审法院经审理后认为,潘某仙、潘某云在先使用的"耳光馄饨"标识属于有一定影响的商品及餐饮服务标识,经潘某仙与潘某云授权,尔广公司享有"耳光馄饨"标识的相关权益,有权提起本案诉讼。美亚公司以不正当手段抢先注册他人已经使用并有一定影响的"耳光"等商标,又将商标许可给再高公司使用,美亚公司和再高公司分工合作实施仿冒行为,构成共同侵权。王某作为再高公司、美亚公司的控股股东、主要负责人,其主观上有实施仿冒行为的故意,客观上通过其控制的美亚公司、再高公司实施了仿冒行为,其与美亚公司、再高公司构成共同侵权。

根据现有证据可以认定,尔广公司使用的"耳光馄饨"源自俗语"打耳光都不肯放手"。再高公司网站发布的所谓杜月笙与耳光馄饨的故事系杜撰的故事,再高公司对"耳光馄饨"含义及起源等进行虚假的商业宣传,欺骗、误导消费者,构成虚假宣传。

再高公司在其网站发布的《郑重审明》虽未明确指明尔广公司,但由于尔广公司和再高公司均使用"尔广馄饨"等标识,阅读了《郑重审明》的相关公众自然会将该声明与尔广公司联系起来,进而对尔广公司使用"耳光"等标识的正当性、其提供的商品和服务的质量等产生怀疑。《耳光馄饨老板朱某某专访》一文亦是如此。再高公司上述行为,损害了尔广公司的商业信誉、商品声誉,构成商业诋毁。

综上,二审法院依照《中华人民共和国民事诉讼法》第一百七十条第一款第一项规定,判决:驳回上诉,维持原判。二审案件受理费 22 000 元,由上诉人再高公司、美亚公司、王某共同负担。

点 评

本案系沪上知名小吃"耳光馄饨"引发的权利冲突案件,通过否定恶意抢注行为,而对在先权益受侵害者提供了司法救济。此外,本案在共同侵权的认定中适用法人人格否认制度直接追究控股股东的个人侵权责任,对知识产权侵权案件的裁判具有指导意义。

自 1997 年起,潘某仙、潘某云姐弟将"耳光馄饨"标识用于小吃店店招,并通过数年经营在上海地区获得较高知名度与良好声誉。2018 年,原告尔广公司经潘氏姐弟授权,得以独家使用"耳光馄饨"相关无形资产及衍生权利。尔广公司虽然未曾申请注册"耳光馄饨"商标,但其合法的在先使用行为已将该标识与自己所提供的服务建立稳定的指向联系,因此法院认可尔广公司对该标识享有在先竞争权益。被告美亚公司名为"耳光馄饨"的注册商标专用权人,但其商标申请行为实为披着合法外衣的恶意抢注。在原告的竞争权益与被告的注册商标专用权产生冲突的情况下,法院依据被告在后的不当抢注行为,认定其有意造成公众误认混淆,主观上存在攀附商誉之嫌,违反反不正当竞争法中的仿冒条款,同时涉及虚假宣传与商业诋毁等多项不正当竞争行为。

在侵权责任的分配上,除商标权人美亚公司与使用人再高公司需承担共同侵权责任外,法院还刺破了美亚公司的面纱,判令股东王某承担仿冒行为的连带侵权责任。商标侵权与不正当竞争案件中常常涉及多个被告,在这些被告之间形成连带责任关系实属常态,而本案将目光落至这些公司背后的操控者,审查实际控制人或控股股东在侵权中发挥的作用。早在 2011 年,王某已于另案中利用美亚公司实施过类似侵权行为,并被判处相应的法律责任,足以证明其对该行为的违法性具有主观上的明知。然而,其仍主动采用相同手段引发闹剧重演,主观恶意明显。美亚公司在香港地区主要经营活动仅包括"耳光馄饨"的招商加盟,体现出王某在背后积极操控了美亚公司的客观侵权行为。作为美亚公司的唯一控股股东,王某对于公司意志与行为具有决定性的作用,在构成人格混同的情况下,被诉侵权行为背后所反映的正是王某的个人意志,美亚公司俨然已沦为王某的侵权工具。至此,可以认定王某主观上具有实施仿冒行为的故意,客观上通过其控制的美亚公司、再高公司实施了仿冒行为,与上述两家公司构成共同侵权,应承担连带侵权责任。

商标权与竞争权益的保护均须以相应权利人遵循诚实信用原则为前提。对于恶意攀附商誉的"搭便车"情形,本案在否定恶意抢注行为的基础上,通过直接追责背后控制人的方式为类似侵权行为敲响了警钟,彰显司法对于恶意竞争严格追责的鲜明态度。

案例提供单位:上海知识产权法院

编写人:邵 勋

点评人:袁秀挺

64. 碧然德有限公司(BRITA GMBH) 等诉上海康点实业有限公司侵害 商标权及不正当竞争纠纷案

——适用《反不正当竞争法》第二条对滥用程序权利的行为 进行评价和裁判,为商标权人及市场竞争秩序提供 最佳救济方案

案 情

原告（被上诉人）碧然德有限公司(BRITA GMBH)

原告（被上诉人）碧然德净水系统(上海)有限公司

被告（上诉人）上海康点实业有限公司

原告碧然德有限公司(BRITA GMBH)（以下简称碧然德公司)于 1966 年在德国注册成立,自 1993 年起在中国陆续注册登记了"BRITA""碧然德"等多个商标,并通过代理商、成立全资子公司进行品牌销售与经营。2010 年,被告上海康点实业有限公司(以下简称康点实业)注册成立,在多个网络平台上宣传和销售其"碧然德"滤水壶、滤芯等产品,在淘宝网页使用"德国碧然德滤水壶原装正品批发招商"等文字介绍,在微信平台以"碧然德"的微信名称开设网店经营销售。该公众号经原告投诉被注销,但之后被告又更换名称重新注册进行销售。与此同时,被告在多个商品及服务类别上申请注册"碧然德""德碧然德""BRITA"等商标多达 21 项,还以其正在申请注册的"德碧然德"商标作为引证商标,请求宣告原告"碧然德"注册商标无效,并对原告正在申请注册的其他 6 项"碧然德"商标提出异议,经审查均未获支持。后原告对被告"德碧然德"申请宣告无效,历经行政、司法程序最终获得支持。

两原告诉称,请求法院确认被告实施侵犯原告注册商标专用权、虚假宣传以及其他不正当竞争的行为,判令被告消除影响并赔偿经济损失 300 万元。

被告辩称,其未实施被诉侵权行为,故请求驳回两原告的全部诉讼请求。被诉侵权微信公众号并非被告所有并运营,被告在经营中亦从未与原告有过合作。

审　判

一审法院经审理认为,被告相关行为构成商标侵权及虚假宣传不正当竞争,其恶意抢注商标、滥用商标异议程序行为构成《反不正当竞争法》(1993)第二条规定的不正当竞争。

一、被诉侵权行为的实施者

我国《民事诉讼法》第六十四条规定,当事人对自己提出的主张,有责任提供证据。本案中,两原告依据被诉侵权行为公证书、被告的销售发票、产品检测报告以及使用"德碧然德"商标的宣传照片,主张被告实施了被诉侵权商品的生产和销售行为。对此,被告否认涉案微信公众号系其所有并运营,抗辩称未实施被诉侵权行为,其所售卖商品源自国外代购。

法院认为,其一,微信平台显示了与开设主体对应的"工商执照注册号/统一社会信用代码 31012000803543",被告对此辩称与其公司代码不一致。根据国家企业信息系统公示信息查明,2013 年至 2016 年期间被告使用的企业注册号确与上述微信平台以及被告 1688 网店的工商注册号 31012000803543 完全一致,至于被告辩称的公司代码则系在 2017 年后发生变更。因此,涉案被诉微信公众号及 1688 网店的所有人及运营主体均共同指向被告。被告关于其非相关平台主体的抗辩理由不能成立,不予采信。其二,被告未能提供证据证明被诉侵权商品系其所主张的自国外代购取得,相反在相关的商标异议程序中,被告提交了被诉侵权产品检测报告、产品包装、宣传册以及载有网店销售情况的《商标异议申请书》等证据,上述证据均显示被告自行生产了德碧然德滤水壶及滤芯产品,故在无相反证据的情况下,法院综合上述证据,认定被诉微信公众号系被告所有并运营,被告生产了被诉侵权产品并通过微信公众号和网络平台进行销售。原告的相关诉讼主张,应予支持。

二、相关被诉侵权行为是否构成商标侵权

注册商标专用权受法律保护。根据我国《商标法》(2013 年 8 月 30 日修正)的相关规定,注册商标的专有权,以核准注册的商标和核定使用的商品为限。未经商标注册人的许可,在类似商品上使用与其注册商标相同或者近似的商标,容易导致混淆的,以及销售侵犯注册商标专用权的商品的,均属于侵犯注册商标专用权的行为。

本案中,原告系依法获准在第 11 类商品类别上注册的第 631696 号"BRITA"、第 G1071048 号"BRITA"、第 6306399 号"碧然德"、第 G1164988 号"碧然德"、第 G840889 号"Maxtra"、第 G867764 号"Marella"、第 G853896 号"Elemaris"、第 G979006 号"BRITA＋点阵图＋扇形图"、第 G875954 号点阵图形以及在第 35 类

服务类别上注册的第 G1164988 号"碧然德"商标的专用权人。早在被告公司设立之前,在第 11 类商品上,原告于 1993 年获准注册"BRITA"商标,又于 2010 年注册与该"BRITA"商标对应的中文商标"碧然德"以及上述一系列子品牌商标,经过在产品上的长期使用与宣传,上述商标已具有一定知名度。2014 年 8 月,被告对原告第 G1164988 号"碧然德"商标请求宣告无效时所提交证据材料,包括销售发票、委托检测的产品报告、产品包装及使用说明等,使用了"德碧然德""DEBRITA""碧然德""MAXTRA""Marella""Elemaris"等商标标识。被告自 2015 年起在其微信公众号"britachina""EuBrita"中使用"碧然德""德碧然德""BRITA+点阵图+扇形图""BRITA+碧然德+点阵图"等商标标识。

关于使用被诉侵权商标的商品与原告注册商标核定使用的商品是否构成类似。根据法律规定,类似商品是指在功能、用途、生产部门、销售渠道、消费对象等方面相同,或者相关公众一般认为其存在特定联系、容易造成混淆的商品。根据本案查明的事实,被告通过广告推销被诉侵权商品,被诉侵权商品主要为滤水壶及滤芯,经与原告注册商标核定使用商品及核定服务项目相比较,在上述方面均为相同或类似,因此其两者构成类似商品及服务。

关于被诉侵权商标与原告注册商标是否构成相同或近似。根据法律规定,商标相同是指被控侵权的商标与原告的注册商标相比较,两者在视觉上基本无差别;商标近似是指被控侵权的商标与原告的注册商标相比较,其文字的字形、读音、含义或者图形的构图及颜色,或者其各要素组合后的整体结构相似,或者其立体形状、颜色组合近似,易使相关公众对商品的来源产生误认或者认为其来源与原告注册商标的商品有特定的联系。现以相关公众的一般注意力为标准,经对商标的整体及主要部分的比对,其一,被诉侵权标识"碧然德""Marella""Elemaris""BRITA+点阵图+扇形图"与原告注册商标"碧然德""Marella""Elemaris""BRITA+点阵图+扇形图"分别一一对应,在视觉上基本无差别,系属在类似商品上使用与其注册商标相同商标的情形;其二,被诉侵权标识"MAXTRA"与原告注册商标"Maxtra"对应比较,两者仅存在英文字母大小写的差异,构成近似商标;其三,被诉侵权标识"德碧然德""DEBRITA""britachina""EuBrita""BRITA+碧然德+点阵图"与原告注册商标"碧然德""BRITA"以及点阵图形分别一一对应,除存在前述英文字母大小写的差异外,还分别完整地包含了原告的"碧然德""BRITA"商标标识。由于"碧然德""BRITA"二词本身系臆造词,非普遍使用的规范词组,经长期使用及宣传,具有较强的显著性,两原告提供的使用证据足以证实,原告"BRITA""碧然德"商标经过在滤水壶等商品上长期使用已具有一定的知名度,中、英文商标因此形成一定的对应关系,被告的使用方式并未形成新的含义,且其亦未能就其文字取意作出合理解释。因此,被诉侵权标识与原告注册商标构成近似商标。

综上,被告明知原告享有"BRITA""碧然德"等注册商标的专用权,未经原告权利人许可,在产品检测报告、产品包装盒及宣传册等所关联的商品上使用与原告注册商标相同或近似的商标标识,并通过微信公众号及网络平台销售,其行为构成对原告上述注册商标专用权的侵犯。原告相关诉讼主张,予以支持。

三、相关被诉侵权行为是否构成不正当竞争

本案中,虽然被告经核准的经营范围不包括滤水壶等净水产品的制造和销售,但经营中开展了相关业务,与两原告经营范围实际上存在交集,故与两原告构成同业竞争关系。

(一) 被告在网络、微信平台上的虚假宣传行为

我国《反不正当竞争法》第九条规定,经营者不得利用广告或者其他方法,对商品的质量、制作成分、性能、用途、生产者、有效期限、产地等作引人误解的虚假宣传。虚假宣传是指经营者在商业活动中利用广告或其他方法对商品或服务作出与实际内容不相符的虚假信息,导致客户或消费者误解的行为。据此,对引人误解的虚假宣传行为进行认定,应当根据日常生活经验、相关公众一般注意力、发生误解的事实和被宣传对象的实际情况等因素进行判断。

本案中,被告通过微信公众号自称"碧然德官方旗舰店微官网""BRITA 碧然德官方微平台",还大量宣传原告的品牌故事及广告资料,并通过网络平台宣称被告公司长期合作品牌包括"碧然德",但被告在答辩中明确表示从未与原告合作经营,亦未提供其进行上述宣传行为的其他正当理由。因此,法院认为,被告的宣传行为意图在于向公众传递其本身即为原告或者与原告及其产品存在特定联系等虚假信息。根据日常生活经验,并结合相关公众一般注意力,被告的上述宣传行为足以导致或加深混淆误认的发生。原告关于被告的虚假宣传行为构成不正当竞争的诉讼主张,具有事实及法律依据,予以支持。

(二) 被告恶意抢注商标及滥用商标异议程序的行为

本案中,根据查明的事实,原告碧然德公司发明了世界上首个家用滤水壶,并在多个国家持续生产和销售。在我国,原告先于 1993 年获准注册"BRITA"商标,又于 2010 年获准注册与"BRITA"商标对应的"碧然德"中文商标,此外还注册了一系列子品牌商标。上述商标在经营过程中通过两原告的持续使用和宣传,已具有一定的市场知名度,其碧然德产品亦在中国饮用水优化产品市场占据一定的市场份额。被告作为经营同类产品的企业,成立于 2010 年,开展经营活动时间较晚。但被告从 2012 年起,持续在相关类别商品上申请注册与原告前述权利商标相同或近似的商标,总数多达 21 枚,这些商标经商标行政管理部门审查,均不予核准注册或被宣告无效。需要指出的是,其中,对于被告所申请注册的"德碧然德"商标,原告提出无效宣告请求并历经行政处理程序及一、二审诉讼程序,最终该枚商标被判

定无效,时间跨度长达八年之久。其间,被告还以该"德碧然德"商标作为引证商标针对同类别的原告第 G1164988 号"碧然德"注册商标请求宣告无效,以及对原告申请注册中的"碧然德"等 6 枚商标提出异议,最终经国家商标行政管理机构审查,对原告的上述商标均准予注册或维持准予注册决定。

经过数量繁多、耗时长久的行政处理程序及相关诉讼程序,虽然原告相关商标权利均得以维护,但其正常经营活动因此受到严重干扰和不利影响。必须明确,无论是自行申请商标注册,还是对他人申请注册的商标提出异议、请求宣告无效或是对他人已注册商标请求宣告无效,都是商标法律制度赋予商业主体取得和维护其商标权益的程序安排,但商业主体必须依法正当行使其相关权利,不得借助表面合法的形式以达成其实质违法的目的。综合观察本案纠纷整个过程,原告在先注册商标并通过持续使用获得一定知名度,依法享有在先权利,被告作为在后成立的滤水壶等产品的生产及销售企业,明知两原告的商标及品牌所具有的知名度和重大商业价值,理应对其在先权利及市场劳动成果予以尊重,在遵守法律和商业道德的前提下展开市场竞争。但事实上,被告不仅实施了前述商标侵权和虚假宣传不正当竞争行为,还通过恶意抢注、滥用异议处理程序等行为损害原告在先权利,在相关类别上恶意抢注与原告注册商标相同、近似的商标,并以此为基础利用商标异议、无效宣告等程序,干扰、阻碍原告正常行使商标权利,其恶意抢注、滥用异议程序等行为是被告大规模、综合性侵权行为的一部分,服务于侵权的总体目的,其实质在于攀附竞争对手原告及其品牌的商誉、设置障碍配合其他侵权行为干扰原告正常经营活动,意在破坏原告的竞争优势,建立自己的竞争优势,具有明显的主观恶意。被告上述一系列行为扰乱了市场竞争秩序,两原告的合法权益也因此遭受损害,其行为具有不正当性。

我国《反不正当竞争法》第二条规定,"经营者在市场交易中,应当遵循自愿、平等、公平、诚实信用的原则,遵守公认的商业道德。本法所称的不正当竞争,是指经营者违反本法规定,损害其他经营者的合法权益,扰乱社会经济秩序的行为"。据此,法院认为,就上述被告行为类型而言,《反不正当竞争法》虽然没有对该类行为作出特别规定,但对于不正当竞争行为的一般构成要件,该法第二条作出了上述明确具体的规定,其他行为反不正当竞争法虽无特别规定,但符合第二条规定要件的,依法应认定构成不正当竞争。本案中,如前所述,被告行为违反诚实信用原则和公认的商业道德,扰乱市场竞争秩序,两原告合法权益确因该竞争行为受到实际损害,故被告行为完全符合《反不正当竞争法》第二条所规定的不正当竞争行为的构成要件,有必要认定其违法性质并判令被告承担相应民事责任。

(三)被告在微信平台上擅自使用原告企业名称的行为

审理中原告明确,被告所主张的被告在微信公众号中擅自使用原告企业名称的行为同时构成擅自使用原告注册商标的行为,鉴于法院之前已认定该行为构成商标侵权,足以对原告权利遭受的侵害提供充分保护,对于原告关于被告的行为构成擅自使用企业名称的诉讼主张,法院不再处理。

综上,被告实施了虚假宣传不正当竞争行为和违反《反不正当竞争法》第二条规定的其他不正当竞争行为。

四、民事责任的承担

我国《侵权责任法》第十五条之规定,承担民事责任的方式包括赔偿损失和消除影响等。本案中,被告侵害两原告商标权并构成不正当竞争,依法应承担相应的民事责任。

关于赔偿损失。我国《商标法》第六十三条规定,侵犯商标专用权的赔偿数额,按照权利人因被侵权所受到的实际损失确定;实际损失难以确定的,可以按照侵权人因侵权所获得的利益确定;权利人的损失或者侵权人获得的利益难以确定的,参照该商标许可使用费的倍数合理确定。对恶意侵犯商标专用权,情节严重的,可以在按照上述方法确定数额的一倍以上三倍以下确定赔偿数额。赔偿数额应当包括权利人为制止侵权行为所支付的合理开支。权利人因被侵权所受到的实际损失、侵权人因侵权所获得的利益、注册商标许可使用费难以确定的,由人民法院根据侵权行为的情节判决给予三百万元以下的赔偿。我国《反不正当竞争法》第二十条规定,经营者违反本法规定,给被侵害的经营者造成损害的,应当承担损害赔偿责任,被侵害的经营者的损失难以计算的,赔偿额为侵权人在侵权期间因侵权所获得的利润;并应当承担被侵害的经营者因调查该经营者侵害其合法权益的不正当竞争行为所支付的合理费用。

本案中,原告主张,因被告商标侵权、不正当竞争行为造成的实际损失以及被告因上述侵权行为所获的利润均难以计算,要求按照法定赔偿标准判定。法院认为,被告在企业成立后即通过微信、网络平台在全国范围销售其滤水壶及滤芯产品。关于销售数量,根据被告于 2015 年 6 月向国家商标局提交的《商标异议申请书》中的记载,其在阿里巴巴网店自 2011 年 6 月 1 日起的不到十三个月的销售时段内,经公证的网店滤水壶销售量为 20 万个左右,对此被告虽辩称系其自夸性表述,扣除刷单量后的实际销量仅是公证书所记载的三分之一,但被告未就其该节抗辩意见提供证据加以证实。法院还注意到,在微信公众平台注销被诉侵权公众号后,被告再度开启,主观恶意明显,系重复侵权。综上,根据查明的事实,综合考量涉案商标的知名度、被告的生产及销售规模、重复侵权情节、主观恶意程度、侵权期间、侵权范围等因素酌情判定赔偿金额。至于被告恶意抢注商标等不正当竞争行为导致原告因此所发生的直接经济损失,亦酌情予以支持。

关于合理费用。原告所主张的公证费、翻译费及图书检索费,系为本案诉讼实际发生,原告亦提供了相关证据,应予确认;至于律师费的赔偿数额,应赔数额当由法院根据当事人的诉讼请求、案件具体情况、律师工作量并结合相关律师费收费标准予以酌定;财产保全担保保险费,系因被告恶意侵权引起,原告为此支出费用应属必要,予以支持。

关于原告要求被告登报消除影响的诉讼请求。被告的涉案侵权行为误导了相关公众,损害了原告的商誉,扰乱了正常的市场竞争秩序,依法应当消除相应影响。原告要求刊载声明消除影响的方式当属合理,予以支持。

据此,一审法院判决:一、被告上海康点实业有限公司实施了侵害原告碧然德有限公司(BRITA GMBH)享有的第 631696 号"BRITA"、第 G1071048 号"BRITA"、第 6306399 号"碧然德"、第 G1164988 号"碧然德"(第 11 类)、第 G840889 号"Maxtra"、第 G867764 号"Marella"、第 G853896 号"Elemaris"、第 G979006 号"BRITA+点阵图+扇形图"、第 G875954 号点阵图形以及原告碧然德有限公司(BRITA GMBH)享有的第 G1164988 号"碧然德"(第 35 类)注册商标专用权行为;二、被告上海康点实业有限公司实施了虚假宣传及其他违反《中华人民共和国反不正当竞争法》第二条规定的不正当竞争行为;三、被告上海康点实业有限公司赔偿原告碧然德有限公司(BRITA GMBH)、碧然德净水系统(上海)有限公司经济损失人民币 230 万元、合理费用人民币 50 万元;四、被告上海康点实业有限公司在《中国知识产权报》非中缝版面连续 3 日刊登声明,消除影响(声明内容须经法院审核,如不履行,法院将在相关媒体上公布本判决的主要内容,费用由被告负担);五、原告碧然德有限公司(BRITA GMBH)、碧然德净水系统(上海)有限公司的其余诉讼请求不予支持。

一审判决后,被告不服,提起上诉。

二审法院于 2021 年 2 月作出(2021)沪 73 民终 204 号终审裁定,因上诉人在法院指定的期限内未预交上诉费,该案按上诉人自动撤回上诉处理。一审判决现已生效。

点 评

本案涉及德国知名滤水系统品牌碧然德的商标权益保护问题,具有较大的社会影响力。在反不正当竞争法对相关侵权行为缺乏规定的情况下,法院采用原则性条款填补空缺,有效规制了滥用行政程序权利的违法行为,为此类案件的审理提供了示范引领。

被告康点实业在经营中使用与原告碧然德相同或近似商标,易造成公众混淆,无疑构成商标侵权,此时本案重点落入了关于不正当竞争行为的判定。我国《反不正当竞争法》明文列举了七类不正当竞争行为。本案原告所主张的侵权行为中,除虚假宣传外,如恶意抢注商标、滥用异议处理程序等并未被纳入法定的不正当竞争行为类型。

然而,《反不正当竞争法》对不正当竞争行为的罗列并非穷尽,在满足第二条构成要件的情况下,相关行为仍应受到反法的规制。《反不正当竞争法》第二条规定:"经营者在生产经营活动中,应当遵循自愿、平等、公平、诚信的原则,遵守法律和商业道德。本法所称的不正当竞争,是指经营者违反本法规定,损害其他经营者的合法权益,扰乱社会经济秩序的行为。"本案被告实施了一系列行为滥用商标法所赋予的行政权利,严重违反诚实信用原则与商业道德,扰乱原告的正常经营秩序,应当为反不正当竞争法所禁止。

对于被告的恶意抢注行为,《商标法》第三十三条与第四十四条赋予相对人提出异议与请求宣告无效的行政救济途径,原告也的确采用上述条款寻求救济。然而,即便原告最终通过无效宣告得以保全自己的商标权益,长达八年的行政与司法程序对原告造成的严重利益损害以及经营秩序的破坏不言而喻。此外,被告对原告在多个类别上正在申请的"碧然德"商标提出异议,阻挠商标注册的正常程序,致使原告在此过程中耗费大量时间成本和金钱成本,构成实质损害。尽管在这些行为的影响下,原告的商标权并未受到终局的侵害,但将数个行为综合来看,被告的目的均在于引发公众混淆、攀附原告长久以来累积的商誉,从而为自己的经营谋取不当便利。在行政救济难以达到预期效果的情况下,法院根据《反不正当竞争法》第二条认定被告的系列行为符合不正当竞争行为的构成要件,并判令其承担相应的民事责任,为原告开辟了行政与民事司法的双重救济途径。

商标异议、无效程序的设立旨在保护商标在先注册人或其他在先权利人的合法利益,其不应成为抢注者恶意干预他人正常经营的捷径。本案法官对《反不正当竞争法》第二条的灵活运用有效地规制了滥用行政程序的行为,为市场良性竞争氛围的构建提供了坚实的司法保障。

案例提供单位:上海市闵行区人民法院

编写人:李国泉　李　岚

点评人:袁秀挺

65. 央视国际网络有限公司诉上海聚力传媒技术有限公司著作权侵权及不正当竞争纠纷案

——足球赛事直播节目作为类电影作品（视听作品）保护的司法判定

案 情

原告（被上诉人）央视国际网络有限公司

被告（上诉人）上海聚力传媒技术有限公司

2016 年 10 月 7 日，欧足联在瑞士尼翁出具授权书，授予中央电视台（以下简称 CCTV）在中华人民共和国境内对 2016 年欧足联欧洲足球锦标赛的所有足球赛事进行实时播出、延迟播出和制作集锦（音频和视听）的媒体权利，授权期限为 MRA 期限，即 2014 年 8 月 5 日至 2016 年 12 月 31 日。CCTV 可在中华人民共和国境内分许可前述媒体权利。2009 年 4 月 20 日，CCTV 向央视国际网络有限公司（以下简称央视国际公司）出具授权书，将涉案足球赛事直播节目通过信息网络向公众传播、广播（包括但不限于实时转播或延时转播）之权利授权原告在全世界范围内独占行使。原告作为上述权利的独占被授权许可人，可以以自己的名义对外主张、行使上述权利。

2016 年 6 月 11 日，进入 PPTV 聚力（www.pptv.com）首页，首页上部为 2016 法国欧洲杯专题页面，页面左上角有 2016 年法国欧洲杯 logo，中间为 2016 法国欧洲杯 A 组小组赛第 1 轮 6 月 11 日 2:45 法国 VS 罗马尼亚图文字样，下部有"［正在直播］欧洲杯揭幕战法国 vs 罗马尼亚 东道主欲取开门红"字样。点击"2016 法国欧洲杯"字样，进入缓冲页面，缓冲结束后为 45 秒广告，广告结束后进入直播页面，直播页面的页面标签显示为"欧洲杯直播 1-高清在线观看"，页面内容为被告直播节目页面。被告直播节目页面显示为四位嘉宾坐在演播室中央针对赛事节目进行解说，嘉宾前的桌子上摆放着球员玩偶和欧洲杯奖杯。嘉宾后正中为一个播放涉案足球赛事节目的大屏幕，嘉宾座椅分列大屏幕前方左右两侧，除中间两位嘉宾外,大屏幕前方基本无遮挡。大屏幕实时直播涉案足球赛事节目,左上角为 CCTV5 体育频道台标,右上角为"2016 法国欧洲杯小组赛 A 组 法国 0∶0 罗马尼亚 30∶12 直播 高清"的字样。

录像视频显示,上半场比赛结束后,大屏幕即断开 CCTV5 体育频道画面,开始显示被告制作的上半场技术统计信息,以及"智取法兰西"字样和埃菲尔铁塔的图文背景画面。下半场开始前显示有 40 秒广告,节目进行过程中画面左下角弹出金贡泉天然矿泉水的广告,底部出现"只有创冰 DATA 知道你有多爱足球"的广告。下半场比赛结束后,大屏幕即断开 CCTV5 体育频道画面,开始显示被告制作的下半场技术统计信息,以及"智取法兰西"字样和埃菲尔铁塔的图文背景画面。被告在庭审中确认,该大屏幕上播放的涉案赛事节目系来自 CCTV 体育频道的节目信号。其在"智取法兰西"节目的录制过程中通过背景大屏幕的方式展示了涉案法国和罗马尼亚比赛的上下半场比赛画面。涉案阿尔巴尼亚和瑞士比赛的上下半场比赛的展示方式与上述法国和罗马尼亚比赛基本一致。

刊载于央视网的《霸屏模式! 央视全媒体玩转欧洲杯》报道显示,涉案阿尔巴尼亚 VS 瑞士比赛在 35 城市的收视率为 1.66%,市场份额为 5.27%。刊载于人民网体育频道的《中国球迷欧洲杯观赛收视观察:时差根本不是事儿》报道显示,2016 年欧洲杯在中国共吸引了 4.24 亿的电视观众。双方另在庭审中确认,原告曾将其享有权利的"2014 巴西世界杯"足球比赛节目以普通许可方式许可被告通过网络在其网站上播放,许可期限为 2 个月,许可费用为 4 000 万元,折合每场比赛的授权价格在 65 万左右。

原告央视国际公司诉称,其经欧洲足球协会联盟(欧足联)的授权,在中国境内独占性享有通过信息网络在线播放由 CCTV 制作、播出的"2016 欧洲足球锦标赛"赛事电视节目的权利。原告发现,被告上海聚力传媒技术有限公司(以下简称聚力公司)未经许可,在其经营的网站"PPTV 聚力"(www.pptv.com)中,通过信息网络,向公众提供原告享有权利的 2016 年欧洲足球锦标赛"法国 VS 罗马尼亚""瑞士 VS 阿尔巴尼亚"两场足球赛事节目的网络实时转播服务。被告还在"PPTV 聚力"网站首页设立"2016 年法国欧洲杯"专题页面,向公众推荐涉案足球赛事直播节目。原告认为被告的行为已严重侵害了原告对涉案足球赛事节目的广播权或其他权利。同时,被告的行为亦分流了本属于原告网站的用户流量,构成对原告的不正当竞争。故请求法院判令被告赔偿原告经济损失及为维权支出的合理开支 300 万元。

被告聚力公司辩称,首先,其通过网络实时直播的方式播放涉案足球赛事直播节目的行为并未侵害涉案足球赛事直播节目广播权,该行为涉及的权利应属于《著作权法》第十条第一款第十七项规定的"应当由著作权人享有的其他权利"。其次,在被告制作的"智取法兰西"节目中,涉案足球赛事直播节目以背景屏幕的方式予以呈现,是为了配合节目的录制而对涉案足球赛事节目的适当引用,属于合理使用。再次,被告录制的"智取法兰西"节目以竞猜、答题为主,与原告节目的受众、传播渠道均不同,两者不存在竞争关系,也不会给原告带来损失,不构成对原告的不正当竞争。最后,原告未能提供有效证据证明其获得涉案足球赛事节目所支出的成本,其主张的赔偿金额缺乏相应的证据证明。故请求法院驳回原告全部诉请。

审 判

一审法院经审理后认为,足球赛事直播节目作为连续画面的一种是否构成著作权法意义上的作品,其判断标准系独创性的有无而非独创性的高低。

首先,我国《著作权法实施条例》第二条仅将独创性的有无作为判断是否构成《著作权法》意义上的作品的条件,并未对独创性高低提出要求。诚然,根据作品的类型、表达形式、创作手段的不同,判断某种类型作品是否具有独创性的元素、角度、方式、侧重点可能有所不同,如文字作品着重于考量人物、情节与故事背景,美术作品更多关注线条、色彩、形状,而音乐作品则更侧重旋律、和声、节奏等。但是否构成作品的法定标准应当只有一个,那就是独创性的有无。

其次,将独创性的高低作为判断标准将给权利的保护带来较大不确定性。由于每位法官的年龄、受教育程度、美学修养、生活阅历等不同,其对作品创作高度和艺术价值的理解可能不同。如果作品独创性的高低最终需要法官来裁判,很有可能会出现一位法官认定某作品独创性高而另一位法官认定该作品独创性低甚至缺乏独创性的现象。因此,要妥善适用著作权法有关著作权的概括性规定,及时保护创作者的新权益。在处理独创性有无与独创性高低的关系上应坚持以下两项规则:一是给予作品著作权保护的基本标准原则上是统一的,只要体现作者的个性就满足独创性的最低要求;二是作品独创性的高度关系作品的保护强度,而非给予作品著作权保护的条件。

再次,涉案足球赛事直播节目通过多机位的设置、镜头的切换、慢动作的回放、精彩镜头的捕捉、故事的塑造,并加以导播创造性的劳动,充分体现了创作者在其意志支配下的对连续画面的选择、编辑、处理,故根据上述层进式判断方法,可以将其认定为著作权法意义上的类电影作品(视听作品)。

一审法院还认为,被告以背景大屏幕的方式实时播出了涉案两场足球比赛节目的全部内容,该背景大屏幕位居被告播出节目画面的中央且面积超过整体画面的三分之一,该种使用方式不仅超出适当引用中"合理适度"的要求,也实质性替代了原告向相关公众提供涉案足球赛事节目。被告的该种使用方式与原告对涉案足球赛事节目的正常使用相冲突,同时亦会不合理地损害原告的正当利益,故被告的该种使用方式不符合《著作权法》第二十二条规定的"为介绍、评论某一作品或者说明某一问题,在作品中适当引用他人已经发表的作品"的规定,不构成合理使用,应当承担相应的著作权侵权责任。

综上,一审法院依照《中华人民共和国侵权责任法》第十五条第一款第六项,《中华人民共和国著作权法》第三条第一款第六项、第十条第一款第十七项、第四十七条第十一项、第四十九条,《中华人民共和国著作权法实施条例》第二条、第三条第一款、第四条第十一项、《最高人民法院关于审理著作权民事纠纷案件适用法律若干问题的解释》第二十五条第一款、第二款、第二十六条之规定,判决:一、被告聚力公司赔偿原告央视国际公司经济损失 200 万元;二、被告聚力公司赔偿原告央视国际公司为制止侵权行为而支付的合理开支 15 万元;三、驳回原告央视国际公司的其他诉讼请求。

一审宣判后,聚力公司不服,提起上诉。

二审法院经审理后判决,驳回上诉,维持原判。

点 评

本案的核心争议焦点在于 CCTV 所播出的"2016 欧洲足球锦标赛"电视节目是否属于著作权法意义上的作品,而判断涉案足球赛事节目是否构成作品的前提则在于其是否具有独创性。因此,对案涉赛事节目是否属于作品的认定应分两步进行,一是对独创性的认定应采用何种标准;二是案涉赛事节目是否符合该种标准的要求。

首先,应当辨明采用何种标准认定作品是否具有独创性。"高低"或是"有无"的独创性标准之争在学界和实务界仍在探讨之中。有观点认为采用"独创性高低"这一标准更佳,原因有二:一是与我国采用著作权和邻接权二分体制相适应;二是从比较法角度来看,独创性问题也是程度问题,是以"高低"来界定的。因此,对于构成作品所需要的独创性在许多情况下并不是有和无,而是程度高与低的问题。[①]对此,本案判决作出了不同回应,采用了"独创性有无"的标准。理由在于:第一,采用"独创性有无"标准符合对法条的文义解释。根据我国《著作权法》第三条规定,作品是指文学、艺术和科学领域内具有独创性并能以一定形式表现的智力成果。该规定只要求作品"具有独创性",并未对"独创性高低"提出要求。第二,采用"独创性有无"标准更契合《著作权法》的立法宗旨。《著作权法》的立法目的在于激励创作,鼓励作品传播。如采用"独创性高低"标准无疑会将许多理应构成作品排斥

---

① 王迁:《论体育赛事现场直播画面的著作权保护——兼评"凤凰网赛事转播案"》,载《法律科学(西北政法大学学报)》2016 年第 1 期。

在作品范围之外而只能由邻接权保护。第三,采用"独创性有无"标准是客观现实的需要。法官受到个人文化知识、生活阅历和价值观念的影响,对作品独创性高度的认定很大程度上并非统一,如果采用独创性高低标准,其结果必然因人而异,易造成判决结果的不确定性。因此著作权法对于作品独创性的要求应该是最低限度的,而非一个抽象的、无法捉摸的"较高独创性标准"。

其次,对于体育赛事节目是否能达到《著作权法》所要求作品具有的独创性,也尚未有定论。由于案件事实不同,体育赛事节目的类型和内容也千差万别,判断体育赛事节目是否具有独创性还需要结合个案具体分析。在以往案件中,法官和学者偏重体育赛事节目是对客观赛事的记录,其机位如何选择以及镜头如何衔接是在符合观众对比赛预期前提下进行的。换言之,观众想看到什么内容,导播和摄影便会切换与之对应的镜头,即使不同的团队也会选择相同的拍摄方式,所呈现的连续画面也会是相似的,整套节目的编排并没有太多独创性可言。不同于以往的是,随着如 AR 等技术因素越来越多地在体育赛事节目中应用,体育赛事节目并非仅仅是一种高度纪实的连续画面,因而法院依据节目具体形式和内容判决认定案涉"2016 欧洲足球锦标赛"体育赛事节目具有独创性。

体育赛事直播画面是否构成作品在实践中曾引发较大争议,本案法官对此问题作出了可贵的探索,总体上符合著作权法修改后作品认定"放宽"的趋势。

案例提供单位:上海市浦东新区人民法院
编写人:姜广瑞
点评人:袁秀挺

66. 广州德立游艇码头工程有限公司 诉园林管理处等侵害外观 设计专利权纠纷案

——专利默示许可的成立条件

案 情

原告(上诉人)广州德立游艇码头工程有限公司

被告(被上诉人)南充市园林管理处

被告(被上诉人)中建三局集团有限公司

被告(被上诉人)中建投资基金管理(北京)有限公司

被告(被上诉人)上海旗华水上工程建设股份有限公司

原告广州德立游艇码头工程有限公司(以下简称德立公司)系名称为"浮桥护栏"、专利号为 ZL201830519108.0 的外观设计专利权的专利权人。该专利的申请日为 2018 年 9 月 14 日,授权公告日为 2019 年 1 月 29 日,设计人为德立公司法定代表人刘某某。被告南充市园林管理处(以下简称南充园林处)系获得授权的南充市"印象嘉陵江"项目的政府采购人。2018 年,南充市园林处为推进"印象嘉陵江"浮桥项目,到全国各地考察。广东清远德普浮桥公司(以下简称清远德普公司)总经理刘某某与其进行了接洽,并于同年 6 月至 8 月,多次代表该公司参加浮桥项目的设计讨论会。9 月起,刘某某以广州中土文旅规划设计有限公司(以下简称中土文旅公司)总经理名义,向浮桥项目提供初步设计图、施工图和设备清单等资料,并与项目承包方,在微信上沟通设计进度、合同签署及招投标等事宜。11 月,在收到园林管理处支付的 36 万元设计费后,中土文旅公司向其交付了全套设计和施工文件。德立公司为中土文旅公司的法人股东,其与中土文旅公司办公场所紧挨一起。两者的办公场所内有一标注"广州德立集团"的铭牌,在"广州德立集团"下方另标注有原告企业名称、"广州中土文旅规划设计有限公司"及"清远德普浮桥有限公司广州办事处"字样。2018 年 10 月,"印象嘉陵江"浮桥工程施工项目发布招标公告,德立公司参与了投标,但并未中选。

原告德立公司诉称,被告南充园林处、被告浮桥项目社会投资人中建三局集团有限公司(以下简称中建三局公司,该公司同时为总承包方)、被告中建投资基金管理(北京)有限公司(以下简称中建投资公司)及被告上海旗华水上工程建设股份有限公司(实际施工方,以下简称旗华公司),四被告未经许可,擅自在涉案浮桥项目的浮桥板上实施了原告的外观设计专利,侵害了其专利权,请求法院判令四被告立即停止侵权行为,拆除浮桥、消除影响、登报道歉,并连带赔偿其经济损失、合理维权费用共计 300 万元。

被告南充园林处辩称:(1)其并非涉案浮桥的制造者,不是本案适格被告;(2)其在桥梁建设中使用的设计,由原告法定代表人刘某某于涉案专利申请日前提供,且已支付合理对价 36 万元;(3)被诉侵权设计属于现有设计,参建单位按照该设计方案实施的行为不构成侵权;(4)被诉侵权设计符合《专利法》规定的先用权情形,不构成侵权。

被告中建三局公司辩称:(1)其不具备侵权的主体资格,涉案浮桥项目的实施方是案外人,其只是涉案项目实施方股东之一;(2)原告主张四被告的行为构成侵权的证据不足;(3)被诉侵权设计属于现有设计,后续参建单位按照该设计方案实施的行为不构成侵权;(4)被诉侵权设计符合《专利法》规定的先用权情形,不构成侵权;(5)被诉侵权设计已获得专利权人的授权,不构成侵权;(6)原告主张被告方承担消除影响、赔礼道歉的民事责任没有法律依据;(7)原告主张的赔偿数额没有法律依据,且数额明显过高。

被告中建投资公司辩称,全部答辩意见同被告中建三局公司。

被告旗华公司辩称:(1)同意被告南充园林处、中建三局公司和中建投资公司的答辩意见;(2)其作为施工分包方,完全是根据建设工程分包合同的约定,按照承包人和业主提供的图纸进行的施工,并不知道涉案项目存在侵权纠纷。

审 判

一审法院经审理后认为,南充"印象嘉陵江"浮桥工程中的浮桥板上使用的浮桥护栏板设计来源于德立公司及其关联公司,支付了合理的对价,南充印象嘉陵江浮桥工程中采用上述设计得到了德立公司及其关联公司的许可,遂判决驳回德立公司的诉请。

一审判决作出后,德立公司不服,提起上诉。

二审法院经审理后认为,在主观状态方面,刘某某及其所代表的德立公司亦知晓中土文旅公司已依据口头协议向南充园林处提交了涉案浮桥设计,刘某某及其所代表的德立公司对德立公司作为申请人、刘某某作为设计人申请的涉案外观设计与中土文旅公司提交给南充园林处的涉案浮桥设计实质系同一设计是明知的；在客观行为方面,德立公司已通过相关先前行为默示许可南充园林处在南充"印象嘉陵江"浮桥项目上使用涉案外观设计,南充园林处已经基于刘某某及其所代表的德立公司的相关行为获得了涉案外观设计的相关授权；在合理对价方面,南充园林处与刘某某所代表的公司对涉案浮桥设计在南充"印象嘉陵江"浮桥项目上的使用费用已达成一致并履行完毕,南充园林处通过德立公司的关联公司中土文旅公司为涉案外观设计使用行为支付了合理对价。故二审法院判决驳回上诉,维持原判。

点 评

本案涉及专利默示许可制度,在我国《专利法》没有明确规定的前提下,法院对专利默示许可的适用进行了积极探索。

本案中二审法院认为,根据民法中的意思表示理论,民事法律行为可以默示方式作出。同样,我国《专利法》没有规定专利许可行为必须以明示方式作出,其作为民事法律行为存在默示情形,即行为人虽没有以语言或文字等明示方式作出专利许可的意思表示,但通过其行为可以推定出其作出了专利许可的意思表示。法院进一步指出,成立专利默示许可需满足三个条件:一是主观要件,要求权利人明知其存在专利许可的行为;二是客观要件,要求权利人的先前行为可推断出其作出了专利许可的意思表示;三是要求被许可人支付了合理对价,但如果通过专利权人的相关行为足以认定其默示许可被许可人使用专利,那么合理对价就并非是专利默示许可成立的必然要件,但其仍然是判断专利默示许可成立的重要考量因素。

本案中,在主观状态方面,刘某某及其所代表的德立公司知晓广州中土文旅规划设计有限公司已依据口头协议向南充市园林管理处提交了涉案浮桥设计并接受设计费,可认定双方已达成该口头协议且履行完毕,该份口头协议的目的为在南充"印象嘉陵江"浮桥项目上使用该设计。另外,刘某某及其所代表的德立公司对德立公司作为申请人、刘某某作为设计人申请的涉案外观设计与中土文旅公司提交给南充市园林管理处的涉案浮桥设计实质系同一设计是明知的。在客观行为方面,德立公司已通过相关先前行为默示许可南充市园林管理处在南充"印象嘉陵江"浮桥项目上使用涉案外观设计,园林管理处由此获得应受保护的合理信赖利益。在合理对价方面,南充市园林管理处与刘某某所代表的公司对涉案浮桥设计在南充"印象嘉陵江"浮桥项目上的使用费用已达成一致并履行完毕。

本案系上海法院首例判决构成专利默示许可的案件。专利默示许可作为实现专利法上利益平衡的一种制度构建,现行《专利法》并没有予以规定,司法实践中也缺少审判经验。本案判决在遵循诚实信用和信赖保护原则以及平衡当事人利益的考量下,对专利默示许可的要件及成立作出了探索,所体现的裁判理念和裁判思路值得推广借鉴。

案例提供单位:上海市高级人民法院

编写人:张　莹

点评人:袁秀挺

67. 雅歌布赫伊有限责任公司诉上海雅各布贸易有限公司商标权权属纠纷案

——诚实信用原则在商标权属认定及转让后果处理中的应用

案 情

原告(被上诉人)雅歌布赫伊有限责任公司

被告(上诉人)上海雅各布贸易有限公司

原告雅歌布赫伊有限责任公司(Jacob Hooy & Co. B. V.,以下简称雅歌布赫伊公司)于 1968 年 3 月 28 日在荷兰成立,Henricus Marcus Oldenboom 为该公司首席运营官。被告上海雅各布贸易有限公司(以下简称雅各布公司)成立于 2008 年 4 月 3 日,朱某为持股 51% 的股东,自公司成立至 2016 年 9 月 20 日,朱某均为法定代表人。雅各布公司自 2008 年起在中国代理销售雅歌布赫伊公司产品,并系该公司多款化妆品的在华责任申报单位。

2009 年 1 月 5 日,雅各布公司向商标局申请注册第 7148432 号“ ”、第 7148433 号“**雅歌布**”商标,两商标于 2010 年 7 月 14 日核准注册,案件审理时在注册有效期内。本案立案后,雅各布公司又陆续申请注册第 35747434 号“**雅歌布**”、第 35739240 号“ ”等多个商标,其中第 35747434 号商标于 2019 年 12 月 7 日核准注册,第 35739240 号商标的状态为驳回复审中。以上四商标核定使用商品均包括第 3 类“化妆品”等。

2009 年至 2018 年,朱某与 Henricus Marcus Oldenboom(以下简称 Rik)通过电子邮件进行了多次沟通,关于涉案商标的邮件内容如下:

2009 年 1 月 7 日,朱某向 Rik 发送主题为“商标及进口事宜”的邮件,告知其在中国注册商标的费用及商标注册流程,并表示了解 Jacob Hooy 的绿色商标图片需要注册,询问公司名称 Jacob Hooy 是否需要注册。邮件中提及:“如果我们在 2009 年进行商标注册,那么自 2011 年起,直到 2021 年,公司将为商标的法定所有权人。由于时间非常紧急,所以我已申请注册 Jacob Hooy 的绿色商标,以确保其安全。我愿与您签署任何文件,以此证明我仅是代理商(原文'only agent',第一次译为'唯一代理商',后翻译公司更正),而 jacobhooy holland 是商标法定所有权人,没有您的允许,我无权使用该商标。并且自其获得政府部门的确认之日起三个月内,我将正式将其转让至 jacobhooy company。所有的费用都有正式发票,我会寄往荷兰供您记账。"双方当事人一致确认邮件中提及的绿色商标即第 7148432 号商标,商标的申请注册费用由雅各布公司支付,支付后未将发票寄给雅歌布赫伊公司。

2015 年 10 月 27 日,Rik 向朱某发送邮件,询问:"我们很久以前就谈到了在中国注册我们的名称,你在忙于这个事情,但是我们不知道我们的名字是否已经注册了? 我们的理解是即便没有这项注册也禁止复制我们的名字。因为我们现在要在中国做更多的生意,所以最好要知道。"当天,朱某邮件回复:"是的,记得我们以前讨论过此事,并且我已经做了。我们的名称是正式注册的并受到保护。你在中国发展业务时无需顾虑。"

2016 年 6 月 9 日,Rik 向朱某发送邮件讨论中国市场的业务发展,邮件最后提及"重要事项:你在中国注册了我们的商标名称,现在谁拥有该商标名称? 此商标名称应该是我公司所有,而你只是使用我们名义注册。这是一件重要的事情,因为我们想成为自己品牌和名字的所有者。请告诉我你对此有何看法……"2016 年 6 月 13 日,朱某回复:"……关于我们的商标,我们以我们公司的名义正式注册,所以它是安全的,受到中国法律保护。"当天,Rik 回复"……我知道你在中国注册了我们的商标,并且我们的商标是受保护的。唯一的问题是,这是我们的名字,实际上你现在能够以我们的名义生产任何东西。你能给我们出具相关书面文件以证明我们实际是品牌和商标的所有者,你仅仅是为我们注册的吗?"当天,朱某邮件回复:"关于商标,是的,我将会写一封正式的电子邮件给你。实际上我之前已经写过一封邮件,但是不用担心,我将会尽快完成。我之所以这样是因为 SFDA(翻译件译为'国家食品药品监督管理局')要求,商标注册、文件提交、付款和代理授权必须是同一个公司,否则你必须多次来中国处理所有文件。"

2016 年 10 月 27 日,Rik 的邮件内容为"2009 年 1 月 7 日,我们约定了你注册我方的名称和商标标志,这些属于我方,并且你还写道,你应该将发票寄给我方。我方从未收到这张发票!!! 请把这张发票寄给我们,并按照约定确认商标是属于我方的"。朱某于当日邮件回复:"关于商标,必须和律师谈谈,看看有什么解决办法,因为我不能违反中国公司法,我不能冒这个险。"

2017 年 5 月 24 日,Rik 再次发送邮件,提及"我们希望了解雅各布公司或您本人为 Jacob Hooy 安排的 FDA 产品注册、许可和商标注册的概况。这些注册时由雅各布公司以自己名义为 Jacob Hooy 办理的,但原本的意图一直把这些注册放在我们自己的公司。随着我们越来越多地参与中国业务,我们现在想把这些注册商标转移给 Jacob Hooy,因为这是 Jacob Hooy 现在希望关注的事情。在这方面,我希望了解正在进行的注册程序,并且我希望贵方不要开始新的注册程序"。朱某于当日回复邮件称"关于商标问题,我的股东还没有同意任何一个解决方案……仍需要找一个让所有人都满意的解决方案"。

2018 年 3 月 30 日,Rik 与朱某通过邮件沟通商标转让合同事宜,朱某要求雅歌布赫伊公司支付 80 万欧元购买商标,雅歌布赫伊公司并未同意,认为实际价格应该少得多。朱某表示其与股东的一致意见是雅歌布赫伊公司买下商标,中、英文商标共计 60 万欧元。

原告雅歌布赫伊公司诉称,雅各布公司的行为有违诚实信用原则,请求判决:(1)确认第 7148432 号、第 7148433 号商标专用权归其所有;(2)如有与上述商标需要一并移转的商标或商标申请则一并归雅歌布赫伊公司所有。

被告雅各布公司辩称,不同意雅歌布赫伊公司的诉讼请求。双方不存在代理关系,没有就商标申请等事宜签订委托代理协议,涉案商标是雅各布公司依法申请注册并所有。雅歌布赫伊公司要求一并移转的五个商标不构成应一并转让的商标,且其中第 35739240 号、第 35755486 号商标尚处于"驳回复审中",并非注册商标。

审 判

一审法院经审理后认为,朱某自 2008 年 4 月雅各布公司成立起至 2016 年 9 月担任公司法定代表人,且至今仍为该公司持股比例 51% 的大股东,其在担任雅各布公司法定代表人期间与 Rik 的邮件往来,应视为雅各布公司的意思表示。朱某在最初提出商标申请的两天后,即通过电子邮件向雅歌布赫伊公司的联系人告知第 7148432 号商标的申请情况并询问是否需要为雅歌布赫伊公司的名称注册商标(即第 7148433 号商标),邮件中明确表达了其注册商标的意图、商标所有权的归属及商标转让的时间,上述意思表示真实,内容清晰明确。结合后续往来邮件的内容,双方已就 2009 年 1 月 7 日的邮件内容达成了一致,雅歌布赫伊公司未提出反对意见。理由如下:2015 年 10 月 27 日的邮件中,Rik 主动询问很久之前谈到在中国注册其公司名称的进展情况,获知公司名称已正式注册后,Rik 在 2016 年 6 月 9 日、6 月 13 日的邮件中向朱某反复强调了在中国注册的商标名称应归雅歌布赫伊公司所有、朱某是为雅歌布赫伊公司注册并要求朱某出具书面文件的意思表示。而朱某在收到上述邮件后,明确承诺会写一封正式的电子邮件且尽快完成,并提及实际上之前已经写过一封。朱某所提及的"之前已经写过一封"应指涉及商标权属约定的 2009 年 1 月 7 日的邮件,即通过 2016 年 6 月 13 日的邮件,双方当事人再次确认了 2009 年 1 月 7 日邮件的内容。虽然双方上述邮件与 2009 年邮件相隔数年,但是,首先,2009 年邮件中朱某告知雅歌布赫伊公司联系人商标注册流程需要数年时间;其次,朱某表示会将商标费用的正式发票寄往荷兰,然其始终未邮寄,故雅歌布赫伊公司无从了解商标办理的具体日期;再次,在上述商标被核准至 2015 年长达五年多的时间里,朱某从未主动告知雅歌布赫伊公司商标情况,直至 2015 年雅歌布赫伊公司联系人主动询问。在 2016 年 6 月 13 日的邮件中,朱某又为自己的行为寻找了中国食药监局要求商标注册、文件提交、代理授权等必须是同一个公司,否则 Rik 必须多次来中国处理所有文件的理由。朱某的上述表述可以进一步印证双方此前已就商标转让时间等达成一致,否则朱某并无必要为其迟迟不转让商标寻找借口、进行解释。

原、被告已就第 7148432 号、第 7148433 号商标权属达成一致,雅歌布赫伊公司因此未对上述商标先以雅各布公司名义申请注册提出异议,在知晓商标获核准后亦及时要求朱某出具相应证明文件并转让商标,上述商标迟迟未转让的原因在于雅各布公司的一再推诿,后续双方未就涉案商标达成新的合意。第 7148432 号、第 7148433 号商标的专用权应当归雅歌布赫伊公司所有。根据《商标法》第四十二条规定,转让注册商标的,商标注册人对其在同一种商品上注册的近似的商标,或者在类似商品上注册的相同或近似的商标,应当一并转让。《中华人民共和国商标法实施细则》第十七条规定,申请人转让其商标注册申请的,应当向商标局办理转让手续。第 35739240 号、第 35747434 号商标样式分别与第 7148432 号、第 7148433 号商标构成相同,且均核定使用在第 3 类商品上,其中第 35747434 号商标已核准注册,第 35739240 号商标目前仍在审查过程中。根据法律规定,商标注册申请亦可办理转让手续,同时,第 35739240 号商标的申请时间为 2019 年 1 月,雅各布公司申请前已收到本案雅歌布赫伊公司要求其转让涉案商标的诉状,其对相应法律后果应为明知,故上述两商标应于第 7148432 号、第 7148433 号商标转让时一并转让。

据此,一审法院依照《中华人民共和国商标法》第七条第一款、第十五条、第四十二条第二款,《中华人民共和国商标法实施细则》第十七条第二款,判决:一、注册号为第 7148432 号、第 7148433 号的商标专用权归雅歌布赫伊公司所有;二、在第 7148432 号、第 7148433 号商标转让时,第 35747434 号、第 35739240 号商标应一并转让给雅歌布赫伊公司;三、驳回雅歌布赫伊公司的其余诉讼请求。

一审判决后,雅各布公司不服,提起上诉。

二审法院经审理后判决:驳回上诉,维持原判。

点 评

本案是一起商标权权属纠纷案，原被告对涉案商标的申请和归属并未签订书面合同，但法院在认真查明事实的基础上认可了商标申请的代理关系，并根据商标法的诚实信用原则条款，对商标权的归属作出了正确处理。

要说明的是，本案并非申请宣告注册商标无效的商标确权纠纷。《商标法》第十五条规定，未经授权，代理人或者代表人以自己的名义将被代理人或者被代表人的商标进行注册，被代理人或者被代表人提出异议的，不予注册并禁止使用。第四十五条第一款规定，已经注册的商标，违反第十五条等规定的，自商标注册之日起五年内，在先权利人或者利害关系人可以请求商标评审委员会宣告该注册商标无效。一般情况下，如果代理人未经授权即以自己名义注册被代理人商标，那么被代理人应当在法定期限内提出异议，或者自商标注册之日起五年内提出无效宣告申请，由商标行政机关裁决。

但就本案而言，首先，原告与被告就涉案商标相关事宜反复致信沟通长达近十年之久，已超过了五年的无效宣告申请期限，故本案原告无法再依据《商标法》的规定对涉案商标的效力提出质疑。其次，更为重要的是，本案并不涉及要否定涉案商标效力的情形，原被告均认可涉案商标合法有效，只是对于权利归属于谁有争议。所以，本案的本质是代理人将商标注册在自身名下，而被代理人欲通过民事诉讼赢回商标权。

显然，法院在确定商标权的实际归属时，需根据双方的基础法律关系来进行判断。本案中，原被告并未签订书面合同。法院从双方近十年来往返的数十封电子邮件着手，充分考察了双方的真实意思表示，考虑到被告作为原告代理商销售其商品的背景，最终认定涉案第 7148432 号、第 7148433 号商标系由被告为原告注册并代持，双方已就商标权属及转让达成合意，两商标迟迟未能转让的真正原因在于被告的一再推诿，被告行为有违诚实信用原则，故该两商标应当归属原告所有。除最先注册的两商标外，本案被告另行在类似商品上陆续申请注册了多个近似商标，且未向原告披露。法院认定被告的相关行为也违反了诚实信用原则，并根据商标法关于商标转让的特殊规定，判定被告将有关近似商标一并转让给原告。

本案是商标法上诚实信用原则得以良好运用的一个实例，具备很强的导向意义，同时也为代理人抢注商标且注册超过五年争议期的纠纷提供了解决思路。

案例提供单位：上海市徐汇区人民法院

编写人：王　贞　陈婷婷

点评人：袁秀挺

68. 上海璐瑶教育科技工作室诉重庆 西得文化传播有限公司、费某某 等侵害作品信息网络传播权 及不正当竞争纠纷案

——微信语音的著作权认定与规则型文字表达的可版权性审查

案 情

原告上海璐瑶教育科技工作室

被告重庆西得文化传播有限公司

被告费某某

被告康某某

原告上海璐瑶教育科技工作室(以下简称璐瑶工作室)建立"1♯玩中高效学""3♯玩中高效学""5♯璐瑶妈妈育儿私房群"等多个微信聊天群。其中,"3♯玩中高效学"微信群内,原告负责人马某某于 5 月 13 日至 5 月 14 日以文字信息"大家好,我是璐瑶妈妈,我将为大家分享:两招让孩子英语乐不停,两年让孩子读原著"为题,发送一系列语音,转化为文字内容包括"亲爱的所有的伙伴们,大家好,我是璐瑶妈妈,今天非常开心,为大家分享两招让孩子英语乐不停,两年让孩子读原著","那么群里面众多孩子,三个月成为身边的英语牛娃……听接下来分享的方法,今天呢,分享英语在我这里重要的两个系统的方法,一个叫情景法,一个叫作汉堡法,就是这两招让孩子英语乐不停","……号召一定要通过玩的形式,让孩子学习英语……怎么将玩和学结合到一起来,这就是情景法起到的作用……","亲爱的所有的伙伴们,大家好,我是璐瑶妈妈,非常高兴呢,今天晚上继续为大家分享提高高级逻辑思维能力……","……我讲的历史呢,可以提高孩子的三大逻辑思维能力,第一个就是辩证性思维能力,第二个是逆向思维能力,第三个是发散性思维能力……","比如说辩证性思维能力,我们就拿大家非常熟悉的宋太祖赵匡胤……",等等。原告主张上述语音属于其口述作品,并提交原告敲章、马某某签名的声明:"本人是马某某,在教育行业具有多年授课经验,学员亲切地称呼我为璐瑶妈

妈……本人在'3♯玩中高效学'群中所传授的教学方法,没有底稿,而是经过巧妙构思后的现场口述……上述口述作品的全部著作权独家专有授予上海璐瑶教育科技工作室。"

此外,前述"3♯玩中高效学"微信群内 2019 年 3 月 18 日、3 月 19 日期间原告亦发布微信语音,除多出多条语音外,其余语音与 2019 年 5 月 13 日、14 日的前述语音在内容、语调、文字发音、咬字等方面均一致。原告解释其主张为口述作品的语音,马某某最初是在 2018 年 5 月以正常聊天发送语音的方式在微信聊天群即兴当场口述与涉案主张为口述作品一致的语音内容,但因所涉语音信息量大,每次人工效率不高,故原告对首次口述语音内容保存后,在随后各个微信聊天群中通过软件当场非口述演播相关语音。

原告微信公众号"大咖知识学堂"内有"璐瑶妈妈"的微信店铺,购买店内课程时显示有《课程服务协议》,内容包括"第 1 条 相关定义 1.1 用户:指通过购买本平台课程成为本平台用户(简称用户开通),以享有璐瑶妈妈提供用户相应的课程服务……1.2 用户服务(以下简称本服务)指用户可以享有的璐瑶妈妈所提供的相应课程服务,包括但不限于图文、音频和视频内容……第 2 条 服务条款的确认和接纳 2.1 用户点击同意本协议的,即视为用户确认自己同意接受本平台相反的服务条款……"等。该微信公众号另于 2019 年 3 月发布"3 岁以下宝贝专属奖学金介绍""好消息! 2019 年 30 万元奖学金等你拿! ——育儿群英语竞赛奖"等信息,描述奖学金活动名称、获奖要求等内容。

原告另主张其微信公证号所售课程中"第一课:神农炎帝""第 17 课:如何激发好奇心和求知欲"两个音频文件对应的文字内容系其《〈史记〉第 1 课 神农炎帝》《智慧人生第 17 课 如何激发好奇心和求知欲》为文字作品。

被告费某某、康某某系被告重庆西得文化传播有限公司(以下简称西得公司)的股东。西得公司建立的"3♯快乐高效学 习得学堂"微信聊天群于 2019 年 5 月 18 日至 19 日,以文字信息"各位家长,大家好,现在我来为大家分享英语的高效学习方法。如何做到用两招让零基础的孩子快乐高效的学习英语,两年达到读英文原著的水平!"为题,发布系列有关英语学习、逻辑思维能力培训方面的微信语音,并与原告主张保护的"3♯玩中高效学"微信聊天群内的语音信息构成实质性相似。被告费某某、康某某均确认曾加入原告"3♯玩中高效学"微信聊天群。

被告运营的微信公众号"爱上习得学堂"内"习得学堂"微信店铺在销售课程时,购买者需阅读《课程服务协议》,显示的内容与原告主张保护的《课程服务协议》基本一致。该微信公众号于 2019 年 5 月 9 日亦发布多篇有关奖学金的信息,与原告主张保护的有关奖学金的信息整体内容相似。原告另主张该微信公众号所售课程中的"03 尝遍百草的神农炎帝""26 到底该如何回答孩子的十万个为什么?"两个音频文件系对其《〈史记〉第 1 课 神农炎帝》《智慧人生第 17 课 如何激发好奇心和求知欲》文字作品的侵权,但经比对,音频的播放内容与上述两文的内容并不相同,亦不相似。

被告微信公众号在 2019 年 9 月发布否认侵害原告著作权利的律师函,认为双方的课件、群服务资料不同,没有可比性,原告没有值得保护的作品及作品权利等内容。

原告诉称,其对涉案微信语音的口述作品、微信公众号中的课程服务协议以及关于奖学金的文章享有著作权,费某某和康某某购买原告的课程,并加入原告微信群窃取群内的语音授课,后在西得公司的微信群中发布与原告口述作品相似的微信语音,在微信公众号中发布与原告文字作品近似的奖学金文章及课程服务协议,构成著作权侵权。此外,被告还模仿原告的课程名称、推荐内容、打包模式等内容,将原告的推广宣传语、话术、授课内容作为被告的推广词语,吸引潜在用户,降低原告的交易机会,恶意抢占市场,构成不正当竞争,被告所发布的律师函的内容,构成对其商业诋毁。故请求法院判决三被告停止侵犯著作权及不正当竞争行为;三被告发布消除影响的声明;被告西得公司赔偿原告经济损失及合理支出 2 000 000元,被告费某某、康某某对其中的 1 000 000 元承担连带责任。

被告西得公司、费某某、康某某辩称:(1)课程服务协议及奖学金制度均是关于当事人权利与义务的规则,表达方式有限,不属于著作权法保护的作品。(2)智力活动的规则和方法不受知识产权法保护,微信语音的教学方法与讲解话术均不属于著作权保护的作品,聊天记录的语音不能作为作品的载体。(3)不认可原告对其主张的作品享有权利,被告的课件录像制品与原告的课程内容不同。(4)被告费某某、康某某并非适格被告,未实施侵权行为。(5)被告未实施不正当竞争行为,对于原告主张的商业诋毁行为,系对原告发布文章的回应。(6)被告未侵权,无需消除影响,原告主张赔偿的金额过高。

审 判

上海市杨浦区人民法院经审理后认为,原告主张保护的语音,其内容包括"璐瑶妈妈"讲述其教育子女学习的经历、教授父母在教育子女英语学习、大语文、历史、思维方式训练等方面的方式、方法等,讲述者在词语选用、语言组织、逻辑结构、内容编排等方面对上述内容作出口语化的表达,并以口述方式通过微信语音将上述内容的表达予以展现,整体而言,具有一定的独创性。关于原告对其主张保护的作品是否享有著作权,原告涉案语音在播放起始中有"我是璐瑶妈妈"的语音声明,与署名具有同一效果,而该微信群的运营方即为原告,结合原告提交的其负责人出具的声明和个人说明,以及原告在该微信群多次发布与涉案作品内容基本一致的语音信息等事实,在被告未提交相反证据的情况下,可以认定该作品的作者为原告投资人,原告经该投资人授权,取得对该作品包括信息网络传播权在内的相关著作权权利。

被告西得公司运营的微信群内所发布的语音信息与原告作品构成实质性相似,且该公司股东费某某、股东康某某曾在原告微信群内,可以接触原告主张保护的作品,故被告西得公司侵害原告对该作品的信息网络传播权。考虑到侵权行为所涉微信群由被告西得公司运营,相关侵权行为的直接利益归属于被告西得公司等因素,确定相关侵权责任由被告西得公司承担。

关于文字作品,本案原告主张保护的《课程服务协议》及有关奖学金的四文,属于确定原告与其客户之间相关权利义务的规则性文字表述,无论是权利义务的约定还是与所作承诺有关的条件设定,与现有的公共领域内的规则性表达相比,均无独特性因素;且该类规则性文字表述属于有限表达的领域,清晰而简洁对相关规则的表达,不可避免接近表达针对的思想,若对这类表达加以保护,不可避免会导致变成对相关思想的保护,而思想并非著作权保护的对象。据此,法院不予认定构成著作权上的作品。

对于原告主张被告侵害其《〈史记〉第 1 课 神农炎帝》《智慧人生第 17 课 如何激发好奇心和求知欲》文字作品著作权的行为,因被诉音频课程的内容与原告主张保护的作品并不相同,亦不相似,不构成侵权。

原告主张被告系统性抄袭其经营模式的行为,即便对原告造成经营上的不利,尚未到需要《反不正当竞争法》加以规制的程度;对原告所主张被告实施商业诋毁的行为,该行为属于被告西得公司就原告所控诉其存在侵权行为而作出的辩解,非主动编造、传播虚假或误导性信息,不足以对原告的信誉或声誉造成不利影响,故亦不予支持。

据此,依照《中华人民共和国著作权法》第十条第一款第十二项、第十一条第一款、第二款、第四十八条第一项、第四十九条,《中华人民共和国民事诉讼法》第六十四条第一款,《最高人民法院关于审理著作权民事纠纷案件适用法律若干问题的解释》第七条、第二十五条第一款、第二款、第二十六条规定,一审法院判决被告西得公司停止侵权,发布澄清声明、消除影响,赔偿原告经济损失以及为合理开支 25 000 元,驳回其余诉讼请求。

一审判决后,原、被告均未上诉。一审判决现已生效。

点 评

　　本案的核心问题也是比较特别之处在于涉案微信语音是否构成著作权上的作品。只有明确原告主张保护的内容是否构成著作权上的作品，才能进一步就原告是否享有著作权、被告是否实施著作权侵权行为以及应否承担责任等展开讨论。对此，法院从《著作权法》规定的作品定义出发进行了分析。

　　首先，以微信语音这一口述方式展现的对思想的表达，只要具有独创性，就可以作为口述作品而得到保护。其次，就涉案微信语音而言，原告主张保护的微信语音以"璐瑶妈妈"教育子女的经历、教授其他父母在教育子女英语、语文、历史学习以及思维方式训练等方面的方式方法等为内容，在语词选用、语言组织、逻辑结构以及内容编排等方面对上述内容进行组织编排，呈现口语化表达的效果，最终以微信语音这一口述方式展现对上述内容的表达，整体而言应认为具有独创性。与此同时，根据"混同原则"，若表达的对象仅能以有限的文字等加以表达，则有限表达的成果不受著作权法保护。就涉案《课程服务协议》及四篇有关奖学金的文章而言，与公有领域的规则性表达相比无独特性因素，且属于有限表达，故不构成著作权上的作品。此外，法院还认为，口述作品在第一次口述后，将口述的内容进行留存后，在微信群内发送，不会影响口述作品的认定。因为无论是何种载体形式，其承载的依然是口述作品本身，并不会因为载体的不同而使作品的性质及类型发生变化。

　　随着信息技术的发展，作品载体呈现出多样性的特点，对著作权侵权纠纷中作品的认定造成了一定的影响。本案判决的一大亮点在于回应了微信语音能否构成著作权法意义上的作品的问题，分别从案涉微信语音的内容、内容编排以及表达效果三方面出发，认定案涉微信语音整体而言具有独创性。由此，微信语音若满足即兴创作的条件，具备一定的长度和复杂度，语音表达的编排及内容足以展示作者独特的思想感情与个性因素，符合著作权法关于作品的独创性要求，就可以认定为口述作品并予以保护。除此之外，判决中对规则性文字的作品认定分别从公有领域比对与"混同原则"两方面入手，综合判断其是否构成作品，反映出一种全面思维和平衡考量。

案例提供单位：上海市杨浦区人民法院
案例撰写人：张　呈　金珅亦
点评人：袁秀挺

行　政

69. 房某诉上海市公安局边防和港航公安分局海事行政处罚案

——指导性案例的司法实践参照

案 情

原告房某

被告上海市公安局边防和港航公安分局

"兴泰油 002"轮系原告房某和案外人戴某共同所有并合伙经营的船舶。2019 年 3 月 17 日,该轮在上海浦东机场码头外围海域运输油料时,因无法提供该批油料的合法手续被被告上海市公安局边防和港航公安分局(原上海市公安边防总队边防支队,以下简称边港公安分局)扣留。船舶装载油料共计 232.974 吨。4 月 2 日,被告向原告进行行政处罚前告知并制作笔录,以运输无合法手续成品油为由,拟没收该批油料。在案证据显示,原告明确表示放弃陈述和申辩的权利,但在听证权利告知的笔录页无原告签字。原告表示其未被告知听证权利。被告表示笔录系遗漏签字,原告对处罚没有异议。

原告房某诉称,被告边港公安分局处罚决定认定事实错误,证据不足,被告边港公安分局对上海市浦东机场外侧水域不享有管辖权。《关于严格查禁非法运输、储存、买卖成品油的通知》创设"没收非法货物"的行政处罚没有依据,超出了《行政处罚法》的授权,被告不能据此作为执法依据。被告在作出行政处罚决定时,没有告知原告有权要求举行听证,违反法定程序。因此,请求判决撤销被告作出行政处罚决定书。

被告边港公安分局辩称,原告房某作为船主无法提供该轮所运输成品油的合法手续,被告作出行政处罚的事实充分,被告对涉案行政处罚具有管辖权。《关于严格查禁非法运输、储存、买卖成品油的通知》经国务院批准下发,可以作为没收处罚的依据。本案不属于法律、法规明确规定应当告知听证权利的情形,但办案民警也已明确告知当事人的听证权利,并制作了行政处罚告知笔录,只是原告在笔录听证告知页遗漏签字,不存在剥夺原告依法享有的权利。因此,被告请求驳回原告诉讼请求。

审 判

一审法院经审理后认为,原告房某运输 232.974 吨无合法手续成品油的事实成立,根据《上海市沿海边防治安管理办法》相关规定,被诉行政处罚行为属于原上海市公安边防总队边防支队的职权范围。《关于严格查禁非法运输、储存、买卖成品油的通知》系海关总署等六部委根据国务院 2003 年第 15 次常务会议精神,并经国务院批准下发,被告以此作为执法依据,并无不当。

关于被告边港公安分局是否违反听证告知程序。首先,被告边港公安分局负有向行政相对人告知听证程序的义务。虽然《行政处罚法》第四十二条未列明"没收财产"应当进行告知听证的行政处罚类型,但根据最高人民法院指导案例 6 号的阐释,与该条列明类似的其他对行政相对人权益产生较大影响的行政处罚属于听证告知范围。被没收的涉案成品油达 232.974 吨,具有较大财产价值,被告在作出罚没决定前,应当履行告知听证程序的义务。其次,原告放弃陈述和申辩权利不能推定其放弃听证权利。陈述和申辩属于基本权利范畴,而听证是特定行政处罚决定的行政相对人享有的重要程序权利。当事人陈述和申辩权利的行使与要求举行听证并行不悖。只要具体行政处罚行为依法属于听证范畴,行政机关应当主动明确予以告知。原告虽明确表示放弃陈述和申辩权利,但不等于放弃听证权利,更不意味着可以免除被告的法定告知义务。最后,被告未能证实其已实际履行听证告知义务。陈述和申辩权利与听证权利应当分别进行告知,行政机关告知义务的履行也应当分别予以证明。制作行政处罚告知笔录是一种规范的行政处罚告知形式,但只有经行政相对人签字、盖章或捺印确认,才具有证明力。根据现有证据,尚不足以证明被告边港公安分局依法已向原告房某告知了申请听证的权利。被告边港公安分局在作出被诉行政行为时未履行听证告知义务,属程序违法。

综上,原告房某无合法手续运输成品油的事实清楚,根据《上海市沿海边防治安管理办法》第二条和第三条规定属被告职权范围,被告根据《关于严格查禁非法运输、储存、买卖成品油的通知》第三条没收涉案成品油并无不当,但被告边港公安分局在作出行政处罚决定前未履行听证告知义务,违反法定程序,依法应当予以撤销,需重新作出处理。

一审法院依照《中华人民共和国行政处罚法》第四十二条第一款、《中华人民共和国行政诉讼法》第七十条和《最高人民法院关于适用〈中华人民共和国行政诉讼法〉的解释》第九十条第二款之规定,判决撤销被告边港公安分局行政处罚决定,并责令重新作出处理。

一审宣判后,原、被告均未提出上诉,一审判决已发生法律效力。

点 评

本案系一起关于行政机关作出行政处罚是否违反听证告知程序的典型案件。

正当程序原则要求在公民权利义务将因为决定受到影响时,在决定之前必须给予他知情和申辩的机会和权利,对决定者而言,就是履行告知和听证的义务。听证告知义务是正当程序原则在行政处罚过程中的具体体现,它所保护的是行政相对人的行政知情权,即知晓具有提出申请听证程序的权利。行政知情权是现代法治国家赋予公民的基本权利,亦是行政公开的应有之义。对行政知情权的确认与保护往往是通过行政处分中的告知或听证程序的规定来加以体现。行政告知(向行政相对人告知申请听证权利)既是保障行政相对人权利的需要,是社会权利平衡国家权力的前提,亦是效率价值目标的体现。在涉及对行政相对人权利处分时,为了给予当事人陈述事实的机会,行政机关应当告知与行政处分有关的内容及其应享有的权利,以实现正当程序之目的。而该种"机会"是由时间、地点等要素构成的一个对话空间,需要满足法定程式要求。

具体到本案而言,首先,被告负有向行政相对人告知听证程序的义务。虽然案发时适用的《行政处罚法》(2017 修正)第四十二条未列明"没收财产"应当进行告知听证的行政处罚类型,但根据最高人民法院指导案例 6 号的阐释,与该条列明类似的其他对行政相对人权益产生较大影响的行政处罚属于听证告知范围。被没收的涉案成品油达 232.974 吨,具有较大财产价值,被告在作出罚没决定前,应当履行告知听证程序的义务。其次,原告放弃陈述和申辩权利不能推定其放弃听证权利。陈述和申辩属于基本权利范畴,而听证是特定行政处罚决定的行政相对人享有的重要程序权利。当事人陈述和申辩权利的行使与要求举行听证并行不悖。只要具体行政处罚行为依法属于听证范畴,行政机关应当主动明确予以告知。原告虽明确表示放弃陈述和申辩权利,但不等于放弃听证权利,更不意味着可以免除被告的法定告知义务。最后,被告未能证实其已实际履行听证告知义务。陈述和申辩权利与听证权利应当分别进行告知,行政机关告知义务的履行也应当分别予以证明。制作行政处罚告知笔录是一种规范的行政处罚告知形式,但只有经行政相对人签字、盖章或捺印确认,才具有证明力。根据现有证据,尚不足以证明被告依法已向原告告知了申请听证的权利。被告在作出被诉行政行为时未履行听证告知义务,属程序违法。

近年来国内成品油走私活动猖獗,扰乱市场秩序、危害公共安全,包括本案被告在内的海事行政机关肩负着打击走私的重要使命。但申请听证是法律赋予行政相对人的重要权利,行政机关是否切实履行告知义务会对行政相对人听证权利行使产生实质性影响。在当前行政程序信息化的大背景下,行政机关应当增强依法行政的程序意识,要求执法人员严格遵循制度规定和系统流程,规范执行、完备手续,以更加有效地打击海上走私活动。法院应当根据具体案情分析把握,要从最有利于维护原告实体合法权益、最有利于促进行政机关依法行政的角度,充分考虑当前的司法环境和判决的社会效果,作出正确恰当的选择。

案例提供单位:上海海事法院

编写人:李海跃　鲍海跃

点评人:张淑芳

70. 上海金山吕巷粮油管理所有限公司 不服上海市金山区市场监督管理局 工商行政处罚决定案

——委托计量检定结论的合法性审查

案 情

原告(上诉人)上海金山吕巷粮油管理所有限公司

被告(被上诉人)上海市金山区市场监督管理局

2018 年 12 月 27 日,被告上海市金山区市场监督管理局(以下简称金山区市监局)接到举报,原告上海金山吕巷粮油管理有限公司(以下简称吕巷粮油公司)涉嫌使用不合格水分测定仪。次日,金山区市监局执法人员至吕巷粮油公司经营场所进行现场检查,发现吕巷粮油公司在向农户收购粮食过程中使用未经强制检定的上海青浦绿洲检测仪器有限公司生产的编号为"H06470"的 LDS-1H 电脑水分测定仪(以下简称涉案水分仪)测定稻谷水分含量,遂制作现场笔录,拍摄现场照片,同时登记保存了涉案水分仪。2018 年 12 月 29 日,金山区市监局将案件线索登记并立案,调查过程中,询问了吕巷粮油公司法定代表人和工作人员,调取了相关证据。2019 年 1 月 16 日,金山区市监局委托位于成都的中国测试技术研究院(以下简称中测院)对涉案水分仪进行检定,中测院于同年 1 月 29 日作出《检定结果通知书》,检定结论为不合格(不合格项目:大米示值误差−3.0%,稻谷示值误差 5.4%)。同年 2 月 27 日,金山区市监局向吕巷粮油公司送达《检定结果通知书》和《检定结果告知书》。案件调查过程中,金山区市监局分别于 2019 年 3 月 22 日、6 月 11 日先后两次以案情较复杂为由延长调查期限。2019 年 9 月 23 日,金山区市监局向吕巷粮油公司送达《行政处罚听证告知书》,告知对吕巷粮油公司拟作出行政处罚的事实、理由、依据、处罚的意见及吕巷粮油公司享有的陈述、申辩权利。吕巷粮油公司随即提出申辩,金山区市监局经复核于 2019 年 11 月 9 日作出沪市监金处字〔2019〕第 282019014176 号行政处罚决定书,查明:2018 年 10 月 25 日,吕巷粮油公司对涉案水分仪进行了校准并投入使用至案发,上述水分仪经中测院检定,检定结论为"不合格",稻谷品种的示值误差为"5.4％",重复性为"0.8％"。吕巷粮油公司使用不合格的计量器具,致使农户稻谷水分出现偏差,由于计算结算净重时,高于入库标准的水分会按照一定比例在稻谷净重中扣除,最终导致农户损失部分粮食款,故多扣除部分的稻谷的价格为本案违法所得。经统计,自 2018 年 10 月 25 日起,吕巷粮油公司共为 263 户农户测定共计 14 200 416 公斤稻谷,违法所得共计人民币 1 578 543.33 元。综上,金山区市监局认定:吕巷粮油公司在向农户收购粮食过程中使用不合格的谷物水分测定仪,构成《中华人民共和国计量法》(以下简称《计量法》)第二十六条所指的使用不合格的计量器具的行为。依据《中华人民共和国计量法实施细则》第四十六条之规定,责令吕巷粮油公司赔偿损失,并决定处罚:(1)没收违法所得合计 1 578 543.33 元;(2)没收设备编号为"H06470"的"绿洲 LDS-1H 电脑水分测定仪";(3)处罚款 2 000 元整。该决定书一并告知吕巷粮油公司,不服该决定,可以在收到决定书之日六十日内依法向上海市金山区人民政府或者上海市市场监督管理局申请行政复议;也可以在六个月内直接向上海市闵行区人民法院提起诉讼。2019 年 11 月 11 日,金山区市监局向吕巷粮油公司送达了上述处罚决定书。同年 11 月 29 日,金山区市监局作出沪市监金处字〔2019〕第 282019014176-1 号《行政处罚决定书》(以下简称被诉处罚决定),认定:吕巷粮油公司在向农户收购粮食过程中使用不合格的谷物水分测定仪,构成《计量法》第二十六条"使用不合格的计量器具或者破坏计量器具准确度,给国家和消费者造成损失的,责令赔偿损失,没收计量器具和违法所得,可以并处罚款"所指的使用不合格的计量器具的行为。根据《计量法实施细则》第四十六条的规定,责令吕巷粮油公司赔偿损失,并决定处罚:(1)没收违法所得合计 1 578 543.33 元;(2)没收设备编号为"H06470"的"绿洲 LDS-1H 电脑水分测定仪";(3)处罚款 2 000 元(贰仟元)整。被诉处罚决定,认定事实、处罚依据,处罚内容同前述沪市监金处字〔2019〕第 282019014176 号行政处罚决定书,仅就告知当事人诉权的内容变更为"也可以在十五日内直接向上海市闵行区人民法院提起诉讼"。当日,金山区市监局向吕巷粮油公司当场送达了被诉处罚决定,并告知吕巷粮油公司法定代表人,以该份处罚决定为准。

原告吕巷粮油公司不服,以检测单位中测院的检定程序违法,作出的检定结论不科学、不准确,金山区市监局作出的被诉处罚决定认定事实不清、程序违法等为由,诉至法院。

原告吕巷粮油公司诉称,第一,被告金山区市监局所作被诉行政处罚决定与事实严重不符。涉案的上海青浦绿洲检测仪器有限公司(以下简称绿洲公司)生产的编号为"H06470"的 LDS-1H 电脑水分测定仪(以下简称涉案水分仪)已通过国家粮食局全国测评 ISO9001:2000 质量管理体系认证。原告在每次收购前,都由上级主管单位所属的校化验室根据金山当地不同粮食的品种、水分(含高、中、低)情况校正测定标准。涉案水分仪的《使用说明》告知,"由于地域和品种差异,仪器出厂时预先定标的参数有一定的局限性,测量当地品种时可能出现误差"。在上海,上海科茂粮油食品检测有限公司是对粮食水分、理化标准进行检测的权威机构,但被告却将涉案水分仪送往成都的中测院进行检定。中测院出具的《检定结果通知书》未对检定的具体过程作任何记录和表述,且采集当地的大米和稻谷为检验样品,检定结论必然错误。第二,《检定结果通知书》无效,不能作为行政处罚的依据。因其检定程序违法,检定结果不具有法律效力。第三,原告作为国有企业,担负着国家在上海市金山区吕巷镇收购国家储备粮食的重任,维护金山区域粮食收购市场的稳定和安全,以切实保护种粮农户的经济利益和种粮积极性。但在上海当地对水分测定仪办理年度检定极为不方便,无法对水分测定仪作出经常性检定,这种情况并非原告一家。原告每次在使用涉案水分仪前,都采用烘干法来校正以确保检测水分正确度,不存在扣、卡农户粮食的情况。被告金山区市监局作出的被诉行政处罚决定没有充分事实和证据佐证,取证程序违法,侵害了原告的合法权益。故原告起诉至法院,请求判决撤销被告作出的被诉行政处罚决定。

被告金山区市监局辩称,被告具有处理原告吕巷粮油公司案涉违法行为的法定职权,被诉行政处罚决定程序合法。

审 判

一审法院经审理后认为,原告吕巷粮油公司与被告金山区市监局的主要争议焦点为涉案水分仪的检定结论是否具有合法性。中测院是国家质量监督检验检疫总局授权的法定计量检定机构,具有进行计量检定、校准和检测的资质,金山区市监局委托该院对涉案水分仪进行检定,符合法律法规。中测院接受委托后,检定人员依据国家计量检定规程——《电容法和电阻法谷物水分测定仪检定规程》(以下简称《检定规程》)对涉案水分仪的示值误差及重复性进行检定,经过取样净化、制备样品、测定标准含水量等步骤,检定水分测定仪的示值误差,检定程序符合法定规程,检定人员具有相应资质,检定结论具有合法性,金山区市监局以该检定结果作为认定吕巷粮油公司使用不合格谷物水分仪的依据,并无不当。金山区市监局接举报后,针对吕巷粮油公司涉嫌使用不合格水分测定仪的行为立案调查,通过现场检查、调取证据、询问当事人并委托检定机构对涉案水分仪进行检定,认定吕巷粮油公司存在使用不合格计量器具并给国家和消费者造成损失的行为,证据确凿,认定事实清楚。案件调查过程中,依法延长审理期限,听取吕巷粮油公司的陈述申辩意见,依据《计量法实施细则》第四十六条之规定,对吕巷粮油公司作出被诉行政处罚决定,适用法律正确,裁量适当,程序合法。

一审法院依照《中华人民共和国行政诉讼法》第六十九条之规定,判决驳回吕巷粮油公司的诉讼请求。

一审宣判后,原告吕巷粮油公司不服判决,提起上诉。

上诉人吕巷粮油公司上诉称:第一,被上诉人金山区市监局行政执法程序错误。被上诉人选择成都的中测院进行检定,未就地就近进行计量检定,违反了《计量法》规定;上诉人未提出检定委托,未办理任何委托检定的手续,被上诉人出具的《检定通知书》称涉案水分仪的检定委托系上诉人所提出的说法错误;被上诉人委托检验项目不明、未说明检定单位和对应谷物种类;被上诉人就同一行为实施了两次处罚,违反一事不再罚的原则。第二,涉案水分仪是精密仪器,必须轻拿轻放、防震,使用和保管时必须水平放置;被上诉人将涉案水分仪邮寄给中测院检定,无法排除对检定结论的影响。第三,检定机构的检定错误。检定机构在委托检定项目不明的情况下,盲目检定,且检定谷物样品选定错误;检定机构未遵守《检定规程》就一个谷物品种做 3 个或 5 个水分值的样本进行检测,未按照《检定规程》使用蒸馏水制备样品。第四,检定结论违背客观事实。故请求二审法院撤销原判,依法改判支持上诉人原审诉讼请求。

被上诉人金山区市监局辩称:第一,本案发生时,上海市计量测试研究院不具有电容法与电阻法检测谷物水分的资质,故其选定有资质且最权威的中测院进行检定,并无不当。第二,被上诉人委托项目明确,要求检定机构出具检定数据,且检定机构对《检定规程》规定的三个检定项目进行了检定,因涉案水分仪使用干电池作为电源,故中测院未对涉案水分仪的安全性能进行检定。第三,中测院具有相应资质,且检定人员张某亦具有相关检定资质,检定人员严格按照《检定规程》的规定进行检定,检定结论正确。故请求二审法院驳回上诉,维持原判。

二审法院经审理后认为,本案的争议焦点为以下两个方面:一是被上诉人金山区市监局的委托检定及送检程序是否合法;二是检定机构中测院的检定程序是否合法,是否符合相应的操作规程。

关于被上诉人金山区市监局的委托检定及送检程序是否合法的问题。二审法院经审理认为,行政机关行使行政职权,作出行政行为或委托鉴定、检定应当严格遵守法定的程序,否则应当确认为违法或予以撤销。被上诉人金山区市监局的委托检定及送检程序存在以下问题:一是违反《计量法》就地就近选择检定机构的原则;二是送检方式不当,可能影响检定结果;三是委托事项不明。金山区市监局的委托检定行为是其作出被诉处罚决定的一个重要程序和关键程序,委托检定程序违法,就是被诉处罚决定严重违反法定程序,应当被法院予以撤销。

关于检定机构中测院的检定程序是否合法,检定结论是否正确的问题。二审法院经审理认为,中测院的检定程序存在以下问题:一是违反《检定规程》第14.2.2制作样品应当使用蒸馏水的规定;二是违反《检定规程》第 14 条、第 17 条、第 18 条采用电容法和电阻法检定水分仪的示值误差,必须就一个谷物品种做 3 个或 5 个水分值的样本进行检测,对每一被测样品连续测定三次的规定。故中测院的此次检定违反了《检定规程》规定的检定程序,其检定意见不应被采信。被上诉人金山区市监局依据中测院的检定意见作出被诉处罚决定,证据不足,应当予以撤销。

综上,被上诉人金山区市监局作出的被诉行政处罚决定认定事实不清,程序违法,应当予以撤销。一审法院判决驳回上诉人的诉讼请求错误,二审法院应予纠正。据此,二审法院依照《中华人民共和国行政诉讼法》第八十九条第一款第二项之规定,判决:撤销一审判决;撤销上海市金山区市场监督管理局作出的被诉处罚决定。

点 评

该案系粮食收购企业不服市监局工商行政处罚案。

在对计量行政部门采纳委托检定结论而作出的处罚决定进行合法性审查时,应当注意以下两方面的内容:一是行政行为是否违反法定程序。行政程序是行政机关作出行政行为的步骤、顺序、形式、方法、时限等各种要素的总称,行政程序贯穿行政活动的全过程。行政程序按程序是否是法律规定的,可以分为法定程序和任意程序。行政行为违反法定程序的,一般情况下,该行为应当予以撤销。二是行政机关是否应对检定机构作出的检定结论进行审查。执法实践中,由于没有相关技术、专业人员和设备,行政机关对行政执法中的有关专业性的问题往往委托给有关有资质的机构或部门进行检定。之后行政机关根据检定机构作出的检定结论,作出相关行政行为,如行政处罚决定、行政强制措施等。行政机关对检定机构、检定过程是否合法,检定结论是否正确进行审慎审查义务,对于明显违反检定程序或者不具有检定主体资质的检定结论不能作为定案证据,避免以检代审。

本案的审理确立了两方面的意义:一方面,计量行政部门在对相关单位使用计量器具及计量检定等相关计量活动进行监督检查过程中,其委托检定的行为应当遵守法定程序,未遵守法定程序的属严重违反法定程序的行政行为,应当被判决撤销。另一方面,检定单位未按照检定规程规定的程序进行检定而得出的检定结论应当无效,计量行政部门依据上述检定结论作出的处罚决定属违法行政行为,亦应当被判决撤销。该案审判要旨对此类案件的审理具有很好的借鉴意义。

案例提供单位:上海市第一中级人民法院

编写人:陈根强

点评人:张淑芳

71. 上海天林房地产开发发展有限公司诉上海市嘉定区人民政府等不履行行政补偿法定职责案

——要求履行会议纪要所确定补偿职责的司法审查

案 情

原告上海天林房地产开发发展有限公司

被告上海市嘉定区人民政府

被告上海市嘉定区建设和管理委员会

被告上海市嘉定区马陆镇人民政府

被告上海市嘉定区土地储备中心

2006 年 4 月 12 日,上海市嘉定区人民政府(以下简称嘉定区政府)批复同意上海市嘉定区规划管理局(以下简称嘉定规划局)关于天林商业广场修建性详细规划及建筑方案设计的请示,其中记载:沪宜公路保留向西改道的可能性,将调整为城市道路(即城中南路),目前由于沪宜公路调整要求不确定,仍然按照现有沪宜公路红线(35 米)绿线(10 米)控制。2006 年 7 月 21 日,嘉定规划局向上海天林房地产开发发展有限公司(以下简称天林公司)作出《关于核发建造商业配套用房(天林商业广场)建设用地规划许可证的通知》,确定该建设工程用地总面积为 43 915 平方米,其中建设用地面积 20 782 平方米,市政道路用地约 2 971 平方米,绿化用地约 20 162 平方米。项目建设完成后,天林商业广场开始营业,天林公司对商铺进行了出售和出租。

2014 年 7 月 29 日,上海市规划和自然资源局(以下简称市规划局)作出沪规土资许方〔2014〕112 号《关于审定沪宜公路(S6 公路~叶城路)改建工程〈建设工程设计方案〉的决定》,确定"沪宜公路(S6~宝安公路)段规划红线标准宽度为 45 m,沪宜公路(宝安公路~叶城路)段规划红线标准宽度为 40 m"。

因沪宜公路改建工程涉及天林广场原先使用的部分市政及绿化用地,嘉定区政府于 2016 年 6 月 13 日组织相关部门召开专题会议,并形成 2016-32 号《沪宜公路改建涉及天林广场项目相关事宜处置专题会议纪要》(以下简称 32 号会议纪要),主要内容为:沪宜公路改建按照规划红线实施,没有涉及天林广场项目出让土地及房屋建筑。但项目经营方天林公司认为沪宜公路改建工程影响项目经营等事宜,提出需要协调给予补偿。鉴于天林公司在改建过程中能够给予配合,在纠纷事宜处理推进中社会不稳定因素可控,同时 32 号会议纪要原定的沪宜公路改线成为城市支路不能实现,而且沪宜公路改建工程确实对天林广场项目经营带来了一些影响,因此会议原则同意对天林公司有关诉求给予一定补偿。对天林公司的补偿范围为:一是沪宜公路改建工程直接涉及天林广场项目设置的地坪、绿化等附属设施补偿;二是因为沪宜公路改建工程路面标高抬升引起的天林广场项目出入口通道、排水系统调整改造补偿;三是沪宜公路改建工程涉及天林广场路段的施工期间,给予天林公司一定的租金补贴。补偿工作实施方式为:一是由上海市嘉定区土地储备中心(以下简称嘉定土储中心)负责落实专业第三方公司对补偿范围内容进行资金评估。二是由上海市嘉定区马陆镇人民政府(以下简称马陆镇政府)牵头,会同上海市嘉定区建设和管理委员会(以下简称嘉定建管委)、嘉定土储中心依据第三方公司评估结果,与天林公司进行协商确定补偿金额,同时天林公司作出相关书面承诺。三是补偿金额由嘉定土储中心支付并列入沪宜公路改建工程前期费用,区财政局、区审计局做好业务指导,具体由嘉定土储中心会同马陆镇政府联合专报嘉定区政府审定。

2016 年 11 月 1 日,嘉定区政府认为由于天林广场经营方提出不切实际的要求,尚未能就具体补偿达成一致,沪宜公路改建工程天林广场段施工进度已经严重滞后,决定对该路段采取保护性施工措施。2016 年 12 月 26 日,嘉定区政府信访办就天林商业广场损失补偿问题组织天林公司、天林商业广场业主代表及相关部门召开专题会议,会上口头向天林公司宣读了 32 号会议纪要的内容。嗣后,嘉定区政府、嘉定建管委、马陆镇政府及嘉定土储中心未就 32 号会议纪要确定的补偿范围内的事项进行评估,亦未对天林公司作出任何补偿。

2018 年 4 月 3 日,天林公司提起行政诉讼,要求判令市规划局补偿其因沪宜公路改建造成的广场场地、绿化、地下管线等设施设备损失、租金损失、广场部分沿街物业价值贬损共计 24 953.325 6 万元,上海市浦东新区人民法院裁定驳回天林公司的起诉。天林公司不服,提起上诉。上海市第三中级人民法院作出(2019)沪 03行终 447 号行政裁定,认为市规划局同意核发沪宜公路改建工程建设项目选址意见书的决定对天林公司的权利义务不产生实质影响,鉴于嘉定区政府以 32 号会议纪要形式明确了具体负责协商补偿的主体为马陆镇政府、嘉定建管委及嘉定土储中心的事实,天林公司以市规划局为被告提出行政补偿申请于法无据,遂裁定驳回上诉,维持原裁定。该案诉讼中,天林公司取得书面形式的 32 号会议纪要。

2019 年 12 月 4 日,天林公司委托律师向嘉定区政府发出《律师函》,要求嘉定区政府及时责成有关工作部门执行 32 号会议纪要确定的行政职责,落实会议纪要内容,确保天林公司得到公平合理的补偿。嘉定区政府收到《律师函》后未作回复,天林公司遂向法院提起诉讼。

原告天林公司诉称,嘉定区政府以 32 号会议纪要的形式,承诺对原告因沪宜公路改建过程中的损失予以补偿,且明确了补偿范围、确定了相关职能部门,有明确具体的履职内容;该会议纪要内容经政府工作人员向原告口头传达,已经外部化,是可诉的行政行为,故四被告应当依据 32 号会议纪要确定的内容履行法定职责。原告请求确认四被告未履行 32 号会议纪要确定职责的行为违法;责令四被告在一定期限内履行 32 号会议纪要确定的职责。

被告嘉定区政府辩称,32 号会议纪要系内部文件,不对外产生法律效力,不具有可诉性;原告未向嘉定区政府提出过要求履行法定职责的申请;沪宜公路改建未涉及原告土地使用权,嘉定区政府对原告没有法定补偿义务;根据 32 号会议纪要,在原告配合施工、双方协商一致的情况下可对其进行补偿,但原告两个条件均未满足,嘉定区政府依据该会议纪要亦无补偿义务。嘉定区政府请求驳回原告的起诉。

被告嘉定建管委、马陆镇政府、嘉定土储中心辩称,同意嘉定区政府的意见,请求驳回原告的起诉。

审 判

一审法院经审理后认为,本案争议焦点为:第一,原告要求四被告履行 32 号会议纪要确定的职责是否符合行政诉讼起诉条件;第二,32 号会议纪要议定的事项是否构成四被告的履责依据;第三,四被告应当如何履行 32 号会议纪要确定的职责。

关于争议焦点一,原告委托律师向嘉定区政府寄送《律师函》,要求嘉定区政府责成有关部门执行 32 号会议纪要确定的行政职责,嘉定区政府未作任何答复,原告提起本案诉讼,符合《中华人民共和国行政诉讼法》第四十七条第一款规定的起诉条件。

关于原告要求被告履行 32 号会议纪要确定职责的诉请是否属于行政诉讼的受案范围,法院认为,32 号会议纪要议定的事项是否对原告的权利义务产生实际影响、是否可诉,应根据其是否外部化、是否引起行政法律关系的变动,以及相关行政机关是否可直接实施进行认定。32 号会议纪要作出之后,嘉定区政府信访办在组织原告召开的专题会上已将会议纪要所确定的事项口头告知原告,该行为不再是行政机关内部正在讨论、尚不具备确定性的过程性行为或内部行政行为,已经转化为外部行政行为。在原告诉市规划局的行政诉讼中,二审法院也正是基于嘉定区政府以会议纪要形式明确了具体负责协商补偿主体的事实,裁定驳回原告的起诉。32 号会议纪要明确同意对原告给予一定补偿,并确定了补偿范围、计算补偿数额的方法、具体实施补偿工作的主体与步骤以及补偿金额的列支方式,虽因未对补偿范围内容进行资金评估而无具体补偿金额,但并不意味着被告同意对原告进行补偿的意思表示处于不确定状态,该会议纪要直接设定了原告取得行政补偿的权利,足以引起原告与四被告之间行政法律关系的变动。相关工作部门按 32 号会议纪要确定的工作程序即可直接实施对原告的补偿工作,无需另行作出行政法律行为。故 32 号会议纪要的内容具有既定力,且对原告这一特定对象的权利义务产生实际影响,属于行政诉讼的受案范围。

关于争议焦点二,32 号会议纪要议定的事项是否构成四被告的履责依据。行政机关应履行的法定职责,既包括法律、法规及规章所规定的职责,也包括行政机关在法定权限范围内基于行政允诺、行政协议等行为,为本机关及下属部门自行设定的职责。会议纪要作为行政机关行政管理过程中的一种法定公文样式,其内容具有法定效力,如该会议纪要确定的事项符合行政允诺的特征,则能够成为行政机关履行法定职责的依据。

首先,沪宜公路改建工程对原告就天林商业广场项目所享有的信赖利益产生一定影响。原告基于对嘉定区政府批准同意的天林商业广场修建性详细规划的信赖,对天林商业广场进行施工建设,并已建成投入经营,原告因此而享有值得保护的信赖利益。此后因沪宜公路改建拓宽,导致天林商业广场的出入口通道、排水系统以及地坪、绿化等附属设施均受到一定影响,32 号会议纪要对沪宜公路改建造成的原告损失范围亦予以确认,故原告就其信赖利益的损失享有获得补偿的权利。

其次,32 号会议纪要确定的事项未超越嘉定区政府的权限范围。根据《中华人民共和国地方各级人民代表大会和地方各级人民政府组织法》第五十九条之规定,嘉定区政府作为县级地方人民政府,具有领导所属各工作部门和下级人民政府工作,管理其行政区域内经济、城乡建设、财政等行政工作的法定职权。天林广场段的沪宜公路改建工程位于嘉定区政府管辖区域,嘉定区政府针对该工程涉及原告的损失问题,组织有关工作部门及下级政府召开专题会议,对原告的补偿范围和补偿工作作出决议,安排部署其下属工作部门具体实施补偿工作,所形成的会议纪要未超越嘉定区政府的职权范围。

最后,根据 32 号会议纪要内容,嘉定区政府决定给予原告一定补偿系基于原告在沪宜公路改建过程中能够给予配合,且原定沪宜公路改线成为城市支路不能实现,该工程确对天林广场项目经营带来一定影响,并未以原告履行一定义务作为补偿的前提条件,嘉定区政府对原告实施补偿具有单方性特征,构成行政允诺,应当作为四被告履行法定职责的依据。

关于争议焦点三,四被告应当如何履行 32 号会议纪要确定的职责。诚实守信乃行政机关依法行政、树立法治政府的应有之意,行政机关不论以何种形式作出的行政允诺,均应依诚实信用原则遵照执行。32 号会议纪要确定的事项,首先需要嘉定区政府组织相关部门推动实施,但嘉定区政府自 2016 年 12 月直至本案诉讼期间,未积极主动与原告进行实质性的协商,并否认会议纪要确定的补偿职责,拒绝对原告实施补偿,诉讼中又将未履行补偿职责的原因归于原告,实属怠于履行32 号会议纪要确定的职责,导致原告应得的补偿权益一直未能实现,造成了原告实际损失,对此应当承担相应责任。

因嘉定区政府系 32 号会议纪要的制作主体,且作为地方人民政府具有协调和组织所属相关职能部门实施行政补偿工作、决定财政列支补偿款项的职能,故对原告的补偿工作应由嘉定区政府组织实施。马陆镇政府、嘉定建管委及嘉定土储中心均系嘉定区政府下属职能部门或地方人民政府,应在各自行政职责范围内,根据嘉定区政府对原告实施补偿工作的统一安排和部署,完成对补偿范围内容的资金评估工作,依据评估结果与原告进行协商、确定补偿金额,对原告予以补偿。如评估后经协商仍无法与原告就补偿金额达成一致意见,嘉定区政府则应在合理期限内及时就原告的补偿事宜作出行政处理决定,避免因被告的拖延、怠于履行法定职责导致原告的经济损失进一步扩大,切实保障原告的合法权益。

综上,一审法院依照《中华人民共和国行政诉讼法》第七十二条之规定,判决:责令被告上海市嘉定区人民政府依法履行 32 号会议纪要所确定的对原告实施补偿的职责。

一审判决后,原、被告均未提起上诉,一审判决已生效。

点 评

本案值得关注的是行政机关作出的会议纪要是否可诉以及会议纪要能否成为要求行政机关履行补偿职责的依据。

本案根据行政诉讼法学理论明确了可诉的会议纪要应当符合如下条件:一是会议纪要通过一定方式外化。行政机关要将会议纪要作为行政决定送达或告知当事人,或行政机关将会议纪要直接予以执行,否则会议纪要不发生外化效果。会议纪要外化的途径应当限于正当途径,如果通过私人告知等非正常途径知晓会议纪要内容的,不属于通过一定方式外化。二是会议纪要的内容直接涉及行政相对人具体权利义务。即会议纪要对实体问题作出具体处理,设定行政相对人权利义务,对其权益产生实际影响。三是不存在后续的法律行为。如果会议纪要直接为相对人设定了权利义务并对其产生直接实际影响,不需要后续行政行为完成的,这样的会议纪要具有可诉性。如果存在后续的法律行为,则后续的法律行为才是真正产生法律效果的行政行为。

关于会议纪要能否作为要求行政机关履行补偿职责的依据,需要判断会议纪要是否构成行政允诺,以及该行政允诺是否合法。由于当前行政允诺没有特定的法律法规或者事实证据要求,也没有严格的程序可予遵循,行政允诺的违法主要存在于超越职权和滥用职权两方面。实践中,主要包括无权行政允诺以及违反法律的强制性规定两方面。无效的行政允诺,无法产生信赖保护利益,不能作为要求行政机关履行职责的依据。

就本案而言,嘉定区政府作出的 32 号会议纪要已经外化,会议纪要中明确同意对天林公司进行补偿,并确定了补偿范围、计算补偿数额的方法、具体实施补偿工作的主体与步骤以及补偿金额的列支方式,直接涉及天林公司的补偿权利,对天林公司产生了实际影响。同时,该会议纪要内容明确具体,无需再另行作出其他行政行为即可付诸实施。因此,32 号会议纪要具有可诉性,属于行政诉讼的受案范围。该会议纪要系嘉定区政府针对天林公司的补偿问题作出的单方面承诺,构成行政允诺,并且在嘉定区政府的职权范围内。沪宜公路改建工程确实对天林公司的信赖利益产生影响,造成天林公司的经济损失,天林公司享有获得补偿的权利。故 32 号会议纪要确定的补偿事宜具有事实根据和法律依据,未违反法律的强制性规定,能够作为要求被告履行补偿职责的依据。

本案提出了审查会议纪要可诉性时应考虑的因素和判断标准,针对被告是否应当履行会议纪要确定的补偿职责展开论证,分析问题条理清晰、释法说理深入全面,对之后类似行政行为的审查具有一定借鉴意义。判决后双方均未上诉,该判决促使会议纪要确定的事项得到实际履行,切实保障了民营企业的合法权益,充分彰显了司法公正。

案例提供单位:上海市第二中级人民法院

编写人:张　璇　王立帆

点评人:张淑芳

72. 张某诉海军军医大学撤销博士学位决定案

——撤销博士学位情形及程序正当原则的司法审查运用

案 情

原告(上诉人)张某

被告(被上诉人)中国人民解放军海军军医大学

原告张某于 2012 年 9 月入学中国人民解放军第二军医大学(后更名为中国人民解放军海军军医大学,以下简称海军军医大学)研究生院,攻读同等学力申请博士学位。2018 年 6 月 29 日,张某通过博士学位的课程考试和论文答辩,成绩合格,海军军医大学学位评定委员会授予其临床医学博士专业学位。张某的博士学位论文《和肽素对糖耐量减低的绝经后女性冠状动脉粥样硬化病变和血糖的影响》在中央军委训练管理部 2019 年全军博士硕士学位论文抽查中,因在选题上缺乏创新性,临床价值一般,研究创新性不足,未达到博士论文标准和应有的水平等原因,被评为"不合格"。海军军医大学的学位评定委员会于 2020 年 3 月 12 日作出海医教〔2020〕76 号《关于撤销张某博士学位的决定》(以下简称被诉撤销学位决定):根据《学位条例》《军队博士硕士学位论文评优抽查工作实施办法》(以下简称《军队论文抽查实施办法》)和学校授予学位的有关规定,经校学位评定委员会审议,决定撤销张某博士学位,追缴学位证书。

原告张某诉称,根据《学位条例》第十七条规定,学位授予单位对于已经授予的学位,如发现有舞弊作伪等严重违反本条例规定的情况,经学位评定委员会复议,可以撤销。原告的论文没有舞弊作伪,也无其他严重违反条例的情形。被告适用的《军队论文抽查实施办法》和学校授予学位的有关规定,不属于法律法规范畴,不能作为撤销原告学位的依据,故被告决定撤销原告学位无法律依据。原告在收到被告教学秘书要求其寄回学位证书的微信和决定扫描件之前,对学校抽查论文和决定撤销学位的事情一无所知,整个过程剥夺了原告知情权、陈述权、要求听证权、申辩权等一系列权利。被告所作决定书未告知原告享有申请复议或诉讼的权利,决定书上没有被告的印章,只能理解为未经被告授权或者批准,而根据《学位条例》

第八条规定,授予和撤销学位权利在学校而非学位评定委员会。另该决定书向被告内部基础医学院、研究生院等部门发文,系一个内部发文,未将原告列为送达对象。有关部门认定论文为"不合格"的流程缺乏正当性,被告的教学秘书只要求原告交回博士学位证书,告知三名专家简单的复审意见,至于论文抽查依据、抽查程序、复审标准、复审程序等原告一概不详,原告无法进行阐明、答辩或者采取其他救济措施。原告向法院起诉,要求被告海军军医大学撤销对原告张某所作的撤销博士学位决定。

被告海军军医大学辩称,被告作为原告学位授予主体,其学位评定委员会有作出撤销违反规定而授予学位决定的职责。根据《博士硕士学位论文抽检办法》(以下简称《学位论文抽检办法》)与《军队论文抽查实施办法》的有关规定,博士硕士论文抽查采取"双盲"评阅方式进行,被告不能参与论文评优和抽查。原告的博士论文被三位评审专家中的两位以缺乏创新性为由评为"不合格",原告按照规定已不能提出申诉申请。被告将原告博士论文抽查为"不合格"的结果通知原告后,提请学校学位评定委员会审议决定,并将撤销原告博士学位的决定告知原告,被告不存在违反程序的情况。被告请求法院判决驳回原告的诉讼请求。

审 判

一审法院经审理后认为,根据《学位条例》第十七条规定,学位授予单位对于已经授予的学位,如发现有舞弊作伪等严重违反本条例规定的情况,经学位评定委员会复议,可以撤销。该条例第六条规定,高等学校和科学研究机构的研究生,或具有研究生毕业同等学力的人员,通过博士学位的课程考试和论文答辩,成绩合格,学术水平达到在本门学科上掌握坚实宽广的基础理论和系统深入的专业知识,具有独立从事科学研究工作的能力,在科学或专门技术上做出创造性的成果,可授予博士学位。根据《中华人民共和国学位条例暂行实施办法》(以下简称《学位条例暂行办法》)第十八条规定,学位授予单位的学位评定委员会有作出撤销违反规定而授予学位决定的职责。根据《军队论文抽查实施办法》第十八条第四项规定,对于通信评议中有两名以上(含)专家认定"不合格"的论文,抽查结果直接确定为"不合格"。第十九条第一项规定,对抽查结果为"不合格"的学位论文,相关学位授予单位撤销该学位论文作者的学位、追缴学位证书。本案中,海军军医大学作为张某学位授予单位,其学位评定委员会有作出撤销违反规定而授予学位决定的职责。张某的博士学位论文在博士硕士学位论文抽查中被评为"不合格",未达到博士论文标准和应有的水平,海军军医大学的学位评定委员会决定撤销张某博士学位决定符合上述规定,程序并无不当。张某关于撤销被诉撤销博士学位决定的诉讼请求,缺乏事实根据和法律依据,不予支持。

据此,一审法院依照《中华人民共和国行政诉讼法》第六十九条之规定,判决驳回张某的诉讼请求。

原告张某不服,提起上诉。

二审法院经审理后认为,根据《学位条例》第十七条、《学位条例暂行办法》第十八条第八项规定,海军军医大学作为学位授予单位,其学位评定委员会依法具有作出被诉撤销学位决定的职权。上诉人张某与被上诉人海军军医大学对此均无异议,法院亦予以确认。

本案争议焦点在于:第一,被上诉人作出被诉撤销学位决定认定事实是否清楚、法律依据是否充分;第二,被上诉人作出被诉撤销学位决定程序是否合法,应否遵循正当程序原则。

关于争议焦点,二审法院认为:

一、被上诉人作出被诉撤销学位决定认定事实是否清楚、法律依据是否充分

《学位条例》第六条规定,高等学校和科学研究机构的研究生,或具有研究生毕业同等学力的人员,通过博士学位的课程考试和论文答辩,成绩合格,达到下述学术水平者,授予博士学位:"(一)在本门学科上掌握坚实宽广的基础理论和系统深入的专门知识;(二)具有独立从事科学研究工作的能力;(三)在科学或专门技术上做出创造性的成果。"《学位条例暂行办法》第十三条规定,博士学位论文应当表明作者具有独立从事科学研究工作的能力,并在科学或专门技术上做出创造性的成果。《学位论文抽检办法》第二条规定,博士学位论文抽检由国务院学位委员会办公室组织实施,硕士学位论文抽检由各省级学位委员会组织实施;其中,军队系统学位论文抽检由中国人民解放军学位委员会组织实施。《军队论文抽查实施办法》第十八条第四项规定,对于通信评议中有两名以上(含)专家认定"不合格"的论文,抽查结果直接确定为"不合格"。第十九条第一项规定,对抽查结果为"不合格"的学位论文,相关学位授予单位撤销该学位论文作者的学位、追缴学位证书。本案中,上诉人张某的博士论文在 2019 年全军博士硕士学位论文抽查中被直接确定为"不合格",被上诉人海军军医大学作为军队院校依据《学位条例》及中央军委训练管理部制定的《军队论文抽查实施办法》的相关规定,作出被诉撤销学位决定并无不当。上诉人张某提出的关于三位专家评审意见标准不一、论文被确定为"不合格"定性错误的上诉主张,实际是对 2019 年全军博士硕士学位论文抽查工作中认定标准和抽查结果的异议,涉及高等学校对其学生论文是否达到学术水平标准的判断,属于教育及学术自治范畴,不属于司法审查范围。法院对被上诉人海军军医大学在其自治范围内作出的认定予以尊重。上诉人张某的该项上诉主张,法院难以支持。

二、被上诉人作出被诉撤销学位决定程序是否合法，应否遵循正当程序原则

博士学位是国家培养高级专门人才、授予高等教育学位的最高级别，无论授予还是撤销，高等学校都应当依法依规审慎处理。虽然《学位条例》《学位条例暂行办法》《军队论文抽查实施办法》等相关法律、规定对于作出撤销博士学位决定未作明确具体的程序性规定，但撤销已授予的博士学位关乎行政相对人重大切身利益。因此，为了充分保障相对人的合法权益，在法律缺乏明确的程序规定情况下，撤销博士学位应当遵循正当程序原则。即作出任何使他人遭受不利影响的行政决定前，应当向当事人告知相关事实、理由，充分听取当事人的陈述和申辩，告知相关救济途径等，保障相对人的程序参与权。本案中，被上诉人海军军医大学收到中央军委训练管理部关于上诉人博士学位论文抽查结果不合格的通报后，积极向相关部门了解情况、获取专家评审意见，因受疫情影响组织校学位评定委员会进行通信审议后，作出被诉撤销学位决定。但在案证据及庭审陈述表明，被上诉人作出被诉撤销学位决定过程中，未通过任何书面或口头方式直接、明确告知上诉人相关事实、理由、可能面临的不利后果及救济途径，也未听取上诉人张某的陈述和申辩，有违正当程序原则。长海医院工作人员与上诉人之间的微信记录，不足以认定被上诉人海军军医大学在作出被诉撤销学位决定过程中履行了必要的、合理的步骤，无法体现被上诉人对上诉人的合法权益予以充分的程序保障。而且，被上诉人未依法向上诉人送达被诉撤销学位决定，仅通过长海医院工作人员的微信向上诉人转发电子扫描件，文书送达程序明显存在不当。故被上诉人认为其程序合法的主张，法院不予支持。

二审法院还认为，被上诉人海军军医大学作为法律、法规授权组织作出对外发生法律效力的行政行为，其依据的法律规定必须是明确的、准确的。但被诉撤销学位决定书中仅载明相关法律规定的名称、未明确具体适用的法律条款。法院认为，考虑到被上诉人在一审及法院审理中对其作出被诉撤销学位决定适用的具体法律规定条款予以明确，上诉人亦已获知，不宜仅以此为由认定被上诉人作出被诉撤销学位适用法律错误，但希望被上诉人能够重视和规范，在今后的工作中予以避免。

综上，被诉撤销学位决定认定事实清楚、适用法律并无不当，被上诉人海军军医大学所作被诉撤销学位决定依法不具有可撤销性。上诉人要求撤销被诉撤销学位决定的诉讼请求，法院难以支持。但被上诉人作出被诉撤销学位决定不符合正当程序原则要求，构成程序违法。一审判决对被诉行政行为程序合法性的审查不严，法院予以纠正。依据《中华人民共和国行政诉讼法》第七十四条第二款第一项和第八十九条第一款第二项、第三款之规定，判决：一、撤销一审法院行政判决；二、确认中国人民解放军海军军医大学于 2020 年 3 月 12 日作出的海医教〔2020〕76 号《关于撤销张某博士学位的决定》违法。

点 评

本案系关于高校作出撤销学位决定应否遵循正当程序原则的典型案例。

本案主要争议焦点在于被上诉人作出被诉撤销学位决定程序是否合法,应否遵循正当程序原则。正当程序原则的要义在于,作出任何使他人遭受不利影响的行使权力的决定前,应当向当事人说明相关事实、依据、理由并听取当事人的意见,告知当事人相关救济途径等。首先,根据在案证据,在中央军委训练管理部通报上诉人张某博士论文抽检不合格后,被上诉人海军军医大学术评定委员会经审议作出被诉撤销学位决定,但在撤销被诉撤销学位决定过程中,并未听取上诉人张某的陈述和申辩。被上诉人海军军医大不能证明其已经履行正当程序。其次,被诉撤销学位决定作出后,被上诉人海军军医大仅由长海医院工作人员通过微信方式转送给上诉人电子扫描件,并未将书面决定书即时、直接送达上诉人,有违正当原则。参照《民事诉讼法》第八十五条第一款规定,被诉撤销学位决定应当直接送交相对人。第八十七条规定,适用电子送达应当具备受送达人同意、确认受送达人收悉,本案当中决定书不符合电子送达条件,送达程序确存违法。综上,考虑到本案实体处理的合法性,被上诉人海军军医大学所作被诉撤销学位决定依法不具有可撤销性,故予以确认违法判决。

同时,法院在判决书指出被上诉人作出撤销学位决定书不规范,希望被上诉人能够重视和规范。

综上,博士学位关乎行政相对人重大切身利益,大学作为学位授予机构,应当依法审慎行使撤销权。除《学位条例》第十七条规定的可撤销学位情形外,博士学位论文抽检不合法,亦可能导致已授予的博士学位被撤销。本案例在尊重高校学术自治的前提下从司法审查的角度拓展了"可撤销学位情形"事实认定的外延。此外,《学位条例》及相关法律法规虽然未对撤销博士学位的程序作出明确规定,但应当遵循正当程序原则,听取当事人的陈述和申辩、依法送达相关决定书,保障学生享有相应的权利。对于没有遵守程序而作出的撤销学位决定,可结合案件实际情况,选择确认违法的判决方式。本案的裁判,为此类案件的处理提供了实操性的司法实践样本。

案例提供单位:上海市第三中级人民法院

编写人:徐　静　张淼堂

点评人:张淑芳

刑　事

73. 卫巍等人诈骗、骗取贷款、掩饰、隐瞒犯罪所得、犯罪所得收益案

——刑事涉案财产处置程序适用中的注意事项

案　情

公诉机关上海市宝山区人民检察院

被告人卫巍(上诉人)

被告人熊辉(上诉人)

被告人沈琪(上诉人)

被告人蔡澄

被告人白宇

被告人毛敏燕

被告人全金莲

2015 年 12 月至 2016 年 3 月,被害人沈某经被告人卫巍、熊辉介绍,向蔡丹华(已判决)借款。蔡丹华结伙杨雷、汪志清(均已判决)、被告人卫巍、熊辉等人,通过虚假走账刻意垒高债务的方式,在被害人沈某实际得款 119 万余元的情况下,形成 290 万元的虚高债务,并办理了被害人沈某名下位于上海市杨浦区军工路某号 1707—1708 室房产(价值 382.02 万元)的房屋全委公证。后被告人沈琪在被告人白宇的介绍下,明知蔡丹华系非法处置沈某房产,仍以 360 万元的价格向蔡丹华买受沈某名下上述房产,并明知被告人蔡澄的收入无法申请到足额银行贷款,仍开具虚假的收入证明骗取银行贷款 220 万元。

被告人毛敏燕(系蔡丹华前妻)、全金莲(系蔡丹华之母)明知蔡丹华从事犯罪行为,仍通过提供银行卡接收、转移蔡丹华诈骗被害人沈某一节中的部分赃款;被告人毛敏燕通过假离婚的方式将蔡丹华骗取被害人金某某水丰路某室的房产(价值 399.39 万元)转为己有,将收取的蔡丹华诈骗所得 650 余万元用于购买虹口区广纪路某号 801—807 号房产;被告人全金莲将收取的蔡丹华所给的 265 万余元,以亲属名义购买南通市万达华府某幢 3002、3003、3004 号房产,并将蔡丹华犯罪所得的名下保时捷车辆售予他人。

一审法院公开审理,对扣押在案的房产甄别:被告人毛敏燕名下的上海市虹口区广纪路某号801—807号房产,系被告人毛敏燕、蔡丹华共同出资购得,其中蔡丹华出资651万元;被告人毛敏燕名下的上海市杨浦区翔殷路某室房产,系被告人毛敏燕、蔡丹华共同出资购得,其中毛敏燕支付15万元,另办理了50万元的公积金抵押贷款;被告人全金莲名下的江苏省南通市万达华府某幢3003号房产及登记在全成名下的上址3004号房产均系蔡丹华出资购得。

公诉机关认为,被告人卫巍、熊辉、沈琪犯诈骗罪,且数额特别巨大,被告人白宇、蔡澄犯骗取贷款罪,被告人毛敏燕、全金莲犯掩饰隐瞒犯罪所得、犯罪所得收益罪,且情节严重,请求追究各被告人的刑事责任,并对涉案财产予以甄别处置,包括上述房产、车辆及被告人毛敏燕上海市杨浦区翔殷路某室房产。

审 判

一审法院经审理后认为,被告人卫巍、熊辉明知蔡丹华实施"套路贷"诈骗犯罪,仍作为贷款中介、出借人等参与诈骗被害人沈某;被告人沈琪明知涉案房产出售非系被害人沈某真实意愿、涉案房价款亦非由被害人沈某收取,仍为谋取个人私利,配合蔡丹华等人出售房产套现,造成被害人沈某巨额经济损失,卫巍、熊辉、沈琪的行为均已构成诈骗罪,且数额特别巨大。被告人蔡澄、白宇明知涉案房产系被告人沈琪实际购买所有并承担贷款偿付责任,仍出具虚假收入证明,以被告人蔡澄的名义申请办理房屋抵押贷款220万元,其行为均已构成骗取贷款罪。被告人全金莲、毛敏燕根据蔡丹华的指示,将其个人银行卡交由蔡丹华控制并用于"套路贷"过程中的虚假走账或收取转移资金,二人作为蔡丹华的近亲属,明知蔡丹华系从事犯罪活动仍提供资金账户供蔡丹华使用,协助进行资金转移等,其行为已构成掩饰、隐瞒犯罪所得罪,且情节严重。被告人卫巍、熊辉、沈琪在共同犯罪中起次要、辅助作用,系从犯,依法可予减轻处罚。被告人蔡澄、白宇到案后如实供述了其等所犯骗取贷款罪行,系坦白,依法均可从轻处罚。被告人全金莲、毛敏燕为近亲属蔡丹华掩饰、隐瞒犯罪所得,且系初犯,可以酌情从轻处罚。被告人全金莲、毛敏燕愿意配合司法机关处置涉案财产,可以酌情从轻处罚。

综上,一审法院依照《中华人民共和国刑法》第二百六十六条、第一百七十五条之一第一款、第三百一十二条第一款、第二十五条第一款、第二十七条、第六十七条第三款、第五十二条、第五十三条第一款、第六十四条之规定,判决:被告人卫巍犯诈骗罪,判处有期徒刑六年,并处罚金人民币三十万元;被告人沈琪犯诈骗罪,判处有期徒刑六年,并处罚金人民币三十万元;被告人熊辉犯诈骗罪,判处有期徒刑五年,并处罚金人民币二十万元;被告人毛敏燕犯掩饰、隐瞒犯罪所得罪,判处有期徒刑四年,并处罚金人民币三万元;被告人全金莲犯掩饰、隐瞒犯罪所得罪,判处有期徒刑三年,并处罚金人民币二万元;被告人蔡澄犯骗取贷款罪,判处有期徒刑一年,并处罚金人民币一万元;被告人白宇犯骗取贷款罪,判处有期徒刑一年,并处罚金人民币一万元;扣押在案的财产依法发还、退赔相关被害人;不足部分责令各被告人予以退赔。

一审宣判后,公诉机关未提出抗诉,被告人卫巍、熊辉、沈琪提出上诉。

二审法院经审理,裁定驳回上诉,维持原判。

点 评

在刑事诉讼中,如何公正、准确、规范地认定和处置涉案财物是当前司法实践中一个显著问题,这不仅有利于及时查证犯罪、惩治犯罪,同时也有助于保护当事人、利害关系人的合法权益。本案涉及有关犯罪中的涉案财物问题,关键在于准确认定涉案财物的范围、性质、价值,以及合法进行涉案财物的处置程序。

首先,是对涉案财物范围的认定。本案属于典型的"套路贷"案件,行为人通过资金往来虚构债权债务关系,并以此为依据索债,实现非法占有的目的。"套路贷"案件的涉案财物种类有时比较单一,多以货币形式出现,因此,"套路贷"案件的涉案财物一般包含通过诈骗所得的违法财物,以及利用借款本金进行犯罪的犯罪工具。但由于资金往来一般是通过货币交付或银行转账的形式实现,导致司法机关在确定该类案件的涉案资金权属和性质时,受限于其较强流动性的特点,往往存在不少障碍。一方面,行为人在犯罪过程中会出现不断的资金往来,资金占有的不断转移导致权利人难以确定。另一方面,行为人通常将个人账户与其实施"套路贷"专用账户混用,导致公安司法人员在区分其个人合法财物和涉案非法财物上遇到阻碍。例如,在本案中,通过在案证据仅能够佐证"水丰路房产及诈骗被害人的一节转账"事实,但难以对于其余房产、车辆的权利属性进行确认,只能遵循有利于被告人原则,不将其余房产、车辆认定为犯罪所得及其收益。对于此类案件,必要时可以借助司法审计进行厘清。

在"套路贷"案件中应更加注重涉案财物处置措施的保全功能。对于权属无争议的涉案财物,应当明确财物所有权并听取各方利害关系人意见后,作出实体性处置措施。对于权属存有争议的涉案财物,可以先行保全,避免出现错误先行处置或返还的情况。尤其是涉及多名被害人的"套路贷"案件,在无法确定被害人各自损失的前提下,可以先行冻结该笔涉案资金,不可作出实体性处置,待查明权属后再行处理。

其次,对于涉案财物的处置。针对"套路贷"案件涉案财物的处置应当坚持必要性原则,既要确保查明案件事实"打财断血",也要避免对公民财产权的不当处置。一方面,针对涉案财物的程序性处置措施,例如查封、扣押、冻结等措施,应遵循必要性原则。采取保全性处置措施不仅可以起到保持证据价值的作用,又能够防止涉案当事人将资金转移,即便在"套路贷"案件资金往来关系复杂、涉案资金权属不明的情况下,也不会影响侦查和后续处置工作。但在权属明确的情况下,是否必须对涉案财物予以保全,则需要审慎考量。另一方面,针对涉案财物的实体性处置措施,例如审前返还、责令退赔和没收等。实体性的处置措施决定需要在权属明确、不影响诉讼顺利进行的情况下作出,同时还应当完善当事各方的救济渠道,保障涉案财物处置的正当性。在实体方面,还应对违法所得没收对象进行准确区分,明确涉案财物性质究竟属于本金、违法所得还是被害人合法财物。

本案对涉案财物认定和处置问题进行了一定阐述,贯彻了"定罪量刑与财物处置并重"价值理念,对今后该类案件的处理具有借鉴意义。

案例提供单位:上海市宝山区人民法院

编写人:张国滨　范楠楠

点评人:张　栋

74. 袁成、陈城危险作业案

——关于危险作业罪的客观行为、危险状态的判定

案 情

公诉机关上海市嘉定区人民检察院

被告人袁成

被告人陈城

2020 年 7 月 29 日，被告人袁成、陈城经共同商议租下位于上海市嘉定区娄陆公路 590 号东南侧 L 形仓库，后二人在未取得危险化学品存储资质的情况下，招揽上海沃化化工有限公司、上海冠澜化工有限公司、上海明都化工有限公司等存放乙酸乙酯、碳酸二甲酯、甲醇、二甲基甲酰胺等危险化学品，以收取仓储费的方式牟利，直至 2021 年 4 月 9 日被公安机关查获。经上海化工院检测有限公司评估，上述仓库存储乙酸乙酯、甲醇等 13 种共计 200 余吨危险化学品，存在发生火灾、爆炸重大伤亡事故及造成环境污染的严重后果的现实危险。公安机关经侦查于 2021 年 4 月 9 日抓获陈城，袁成于当日向公安机关投案。到案后，陈城如实供述了主要犯罪事实；袁成在侦查阶段未能如实供述主要犯罪事实，至审查起诉阶段如实供述了主要犯罪事实。

公诉机关认为，被告人袁成、陈城未经依法许可，擅自从事危险物质储存的高度危险的生产作业活动，其行为均已构成危险作业罪。两名被告人能如实供述自己的罪行，可以从轻处罚；自愿认罪认罚，可以从宽处理。据此，公诉机关提请法院依法审判。

被告人袁成、陈城对公诉机关指控的犯罪事实、证据、罪名均没有异议，并自愿认罪认罚签字具结。

被告人袁成、陈城的辩护人认为，两名被告人能如实供述犯罪事实，可以从轻处罚；自愿认罪认罚，可以从宽处理。

审 判

一审法院经审理后认为，公诉机关指控被告人袁成、陈城未经依法批准或许可，擅自从事危险物品储存的高度危险的生产作业活动，存在发生火灾、爆炸重大

伤亡事故及造成环境污染的严重后果的现实危险,其行为均已构成危险作业罪的犯罪事实清楚,证据确实、充分,指控罪名成立。本案系共同犯罪。控辩双方关于袁成、陈城能如实供述自己的罪行,可以从轻处罚;自愿认罪认罚,可以从宽处理的意见,均合法有据,本院予以支持。结合本案的犯罪事实、危害后果、两名被告人在共同犯罪中的作用及到案后的认罪态度等情节,法院在量刑时一并予以体现,并采纳控辩双方对陈城适用缓刑的意见。据此,依照《中华人民共和国刑法》第一百三十四条之一第三项、第二十五条第一款、第六十七条第三款、第七十二条第一款、第七十三条第二款、第三款、第六十四条及《中华人民共和国刑事诉讼法》第十五条之规定,一审法院判决:一、被告人袁成犯危险作业罪,判处有期徒刑六个月;二、被告人陈城犯危险作业罪,判处有期徒刑六个月,缓刑一年;三、在案犯罪工具,予以没收。

一审判决后,两名被告人均未提出上诉,公诉机关未提出抗诉,一审判决现已生效。

点 评

在预防性刑法理念的指引下,《刑法修正案(十一)》在安全责任事故犯罪之外,前置增设了危险作业罪。本案是上海首例"危险作业罪"案件,该罪名的认定关键在于如何理解危险行为和现实危险。

一方面,该罪必须是实施法律明确规定的危险作业行为。根据《刑法》第一百三十四条之一的规定,只有属于故意掩盖事故隐患、拒不消除事故隐患、无证违规生产经营等行为,才能构成危险作业罪。本案中,两名被告人在未取得危险化学品存储资质的情况下,招揽多家化工公司存放一系列危险化学品,并以收取仓储费的方式牟利。这属于无证违规生产经营类的危险作业行为,即涉及安全生产的事项未经依法批准或者许可,擅自从事危险物品生产、经营、储存等高度危险的生产作业活动的行为,因而符合危险作业罪所规定的行为要件。

另一方面,该罪要求具有发生重大事故的现实危险。本罪的犯罪构成要件要求具有危险犯形态,而且是具体危险犯。危险犯通常分为具体危险犯和抽象危险犯,具体危险犯是指存在实害结果发生的危险,一般应当就行为时情况据以判断,抽象危险犯是指只要行为人实施了某行为,立法就推定为具有高度危险性,就构成抽象危险。而危险作业罪所规定的危险为现实危险,属于具体危险,而对于现实危险的判定,也就成为该罪认定的关键要素。

《刑法修正案(十一)》生效后,司法实践中判决了多起危险作业罪案件,正如同本案案件情况,一般多为行为人未经许可实施了非法存储危险品的行为。但对于该罪现实危险的判断通常仅考虑是否危及公共安全、是否具有导致严重后果的可能性,实际上还应考虑危险是否具有紧迫性。即便是可能造成严重后果可能性的现实危险,仍然存在危险程度上的区分,主要是一般危险和紧迫危险。一般危险距离实害结果相对较远,通常要借助于外部因素才能转化为紧迫危险;紧迫危险则更为接近实害结果,已经处于向实害结果的转化过程中,因为出现了外部障碍而最终未能转化为实害结果。而危险作业罪中的现实危险应当具有现实紧迫性。

因此,还应对现实危险紧迫性进行判断。第一,危险状态是否已充分向重大安全生产事故转化?即行为人的违法作业已经具备导致严重后果的可能性,若没有外界因素介入,就会顺其自然地产生严重后果。第二,是否已经出现重大现实危险的初步迹象?即行为人已将非法存储的危险品置于易燃易爆的环境下,此时已经具备紧迫危险的特征。若危险品非法存储的环境并不具有易燃易爆的条件,则不能因为非法存储对象的危险品属性就推定存在现实紧迫危险。第三,是否出现外部介入因素,切断了危险状态向实害结果的转化?危险作业虽然没有发生严重后果,但其原因是来自外部因素的干预,如及时切断危险源、进行有效救援或其他偶然原因而没有发生。外部介入因素不包括行为人自身因素。

由此可知,本案中两名被告人作为危险化学品从业人员在建筑面积四千余平方米的存储仓库,存有 13 种共计 200 余吨危险化学品,办公楼、宿舍贴邻,周边居住人数超过 30 人;缺乏防火、防爆、防静电、防泄漏等安全措施;邻近农田、河流等,属于将非法存储的危险品置于易燃易爆的环境下,因而确存在发生火灾、爆炸等重大伤亡事故及造成环境污染的严重后果的现实危险,这种现实危险能充分向重大安全生产事故转化,因被及时发现,尚未产生实害结果。因而具有紧迫的现实危险性,认定为危险作业罪合乎法理。

这种以积极预防刑法立法观为导向而创设的危险作业罪,反映了当代中国社会治理与安全生产风险预防的客观需要。本案对于新罪名的规范适用及犯罪行为的有效惩处将起到积极的示范作用。

案例提供单位:上海市嘉定区人民法院
编写人:初德元
点评人:张　栋

75. 李海鹏等侵犯著作权案

——拼装积木玩具类著作权犯罪司法实践

案　情

公诉机关上海市人民检察院第三分院

被告人(上诉人)李海鹏

被告人(上诉人)闫龙军

被告人(上诉人)张涛

被告人(上诉人)王沛圳

被告人(上诉人)杜志豪

被告人(上诉人)吕沛丰

被告人王瑞河

被告人余克彬

被告人李恒

"Great Wall of China"拼装玩具等 47 个系列 663 款产品系乐高公司(LEGO A/S)创作的美术作品,乐高公司根据该作品制作、生产了系列拼装玩具并在市场上销售。

2015 年至 2019 年 4 月间,在未经乐高公司许可的情况下,被告人李海鹏指使被告人杜志豪、闫龙军、余克彬、王瑞河、张涛、王沛圳、吕沛丰、李恒等人,购买新款乐高系列玩具,通过拆解研究、电脑建模、复制图纸、委托他人开制模具,设立玩具生产厂,专门复制乐高公司创作的"Great Wall of China"等 47 个系列 663 款拼装积木玩具产品,并冠以"乐拼"品牌通过线上、线下等方式销售。

2019 年 4 月 23 日,上海市公安局在被告人李海鹏租赁的厂房内查获注塑模具 88 件、零配件 68 件、包装盒 289 411 个、说明书 175 141 件、销售出货单 5 万余张、复制乐高系列的"乐拼"玩具产品 603 875 件。

经中国版权保护中心版权鉴定委员会鉴定,"乐拼"品牌玩具、图册与乐高公司的玩具、图册均基本相同,构成复制关系。经司法会计鉴定,2017 年 9 月 11 日至 2019 年 4 月 23 日,李海鹏等人生产销售侵权产品数量 4 249 255 盒,涉及 634 种型号,合计 300 924 050.9 元。扣押储存在仓库的待销售侵权产品数量 603 875 盒,涉及 344 种型号,合计金额 30 508 780.7 元。

2017 年被告人杜志豪离开利豪厂后,开始从事乐拼玩具的经销,其从利豪玩具厂购进货源,在淘宝网店销售复制乐高的乐拼玩具盈利,经鉴定销售金额为 6 215 989.43 元。被告人余克彬、王沛圳在美致公司工作期间,分别在其经营的淘宝网店销售复制乐高的乐拼玩具盈利,经鉴定销售金额分别为 3 560.28 元和 11 747 427.79 元。

2019 年 4 月 22 日、4 月 23 日、5 月 12 日,被告人李海鹏、杜志豪、王瑞河分别被抓获。同年 4 月 23 日,被告人余克彬、闫龙军主动投案,同年 6 月 14 日、7 月 15 日、7 月 31 日,被告人王沛圳、吕沛丰、张涛分别投案。同年 7 月,被告人李海鹏规劝被告人李恒到公安机关接受调查,同年 8 月 5 日被告人李恒主动投案,各被告人到案后均如实供述犯罪事实。

公诉机关认为,被告人李海鹏伙同杜志豪、闫龙军、余克彬、王瑞河、张涛、王沛圳、吕沛丰、李恒等人以营利为目的,未经著作权人许可,复制发行乐高公司享有著作权的美术作品,情节特别严重,其行为均已构成侵犯著作权罪。被告人李海鹏系主犯,按照其参与、组织、指挥的全部犯罪处罚,被告人杜志豪、闫龙军、余克彬、王瑞河、张涛、王沛圳、吕沛丰、李恒系从犯,应当从轻或者减轻处罚。被告人闫龙军、余克彬、张涛、王沛圳、吕沛丰、李恒系自首,可以从轻或者减轻处罚;被告人李海鹏、杜志豪、王瑞河系坦白,可以从轻处罚。被告人李海鹏具有立功表现,可以从轻处罚。据此,公诉机关提请法院依法审判。

被告人李海鹏、闫龙军、余克彬、王瑞河、张涛、王沛圳、吕沛丰、李恒均对起诉指控的基本犯罪事实、证据及罪名无异议。被告人杜志豪辩解,其于 2016 年底离开利豪玩具厂,2017 年之后未参与利豪玩具厂的生产经营,故会计鉴定报告中三亿余元的非法经营数额与其无关。

被告人的辩护人均提出相应的辩护意见。

审 判

一审法院经审理后认为,被告人李海鹏伙同闫龙军、张涛、王沛圳、吕沛丰、王瑞河、余克彬、李恒等人以营利为目的,未经著作权人许可,复制发行乐高公司享有著作权的美术作品,非法经营数额达 3 亿 3 千万余元,被告人杜志豪作为经销商之一,未经著作权人许可,发行乐高公司享有著作权的美术作品,非法经营数额达 621 万余元,情节均属特别严重,各被告人的行为均已构成侵犯著作权罪,依法应予惩处。被告人闫龙军曾因寻衅滋事罪被判处有期徒刑七个月,缓刑一年,在缓刑考验期内又犯新罪,应当撤销缓刑,数罪并罚。在共同犯罪中,被告人李海鹏起主要作用,系主犯,按照其参与、组织、指挥的全部犯罪处罚;被告人张涛、闫龙军、王沛圳、杜志豪、王瑞河、吕沛丰、余克彬、李恒起次要作用,系从犯,应当从轻或者减轻处罚。被告人闫龙军、余克彬、张涛、王沛圳、吕沛丰、李恒系自首,可以从轻或者减轻处罚。被告人李海鹏、杜志豪、王瑞河系坦白,可以从轻处罚。被告人李海鹏有立功表现,可以从轻处罚。各被告人当庭自愿认罪,被告人李海鹏、王沛圳、王瑞河、余克彬、李恒于庭前缴纳了部分罚金,酌情从轻处罚。

据此,一审法院依据《中华人民共和国刑法》第二百一十七条第一项、第七十七条第一款、第六十九条第一款、第三款、第二十五条第一款、第二十六条第一款、第四款、第二十七条、第六十七条第一款、第三款、第六十八条、第七十二条第一款、第三款、第七十三条第二款、第三款、第五十二条、第五十三条第一款、第六十四条,《最高人民法院、最高人民检察院关于办理侵犯知识产权刑事案件具体应用法律若干问题的解释》第五条第二款第一项,《最高人民法院、最高人民检察院关于办理侵犯知识产权刑事案件具体应用法律若干问题的解释(二)》第四条之规定,判决:一、被告人李海鹏犯侵犯著作权罪,判处有期徒刑六年,并处罚金人民币九千万元;二、被告人闫龙军犯侵犯著作权罪,判处有期徒刑四年六个月,并处罚金人民币八十万元,撤销广东省汕头市龙湖区人民法院(2017)粤 0507 刑初 303 号刑事判决书中被告人闫龙军犯寻衅滋事罪,判处有期徒刑七个月,缓刑一年的缓刑部分,决定执行有期徒刑四年十个月,并处罚金人民币八十万元;三、被告人张涛犯侵犯著作权罪,判处有期徒刑四年六个月,并处罚金人民币一百二十万元;四、被告人王沛圳犯侵犯著作权罪,判处有期徒刑三年九个月,并处罚金人民币四百五十万元;五、被告人杜志豪犯侵犯著作权罪,判处有期徒刑三年六个月,并处罚金人民币二百五十万元;六、被告人吕沛丰犯侵犯著作权罪,判处有期徒刑三年,并处罚金人民币三十万元;七、被告人王瑞河犯侵犯著作权罪,判处有期徒刑三年,并处罚金人民币三十万元;八、被告人余克彬犯侵犯著作权罪,判处有期徒刑三年,缓刑三年,并处罚金人民币二十万元;九、被告人李恒犯侵犯著作权罪,判处有期徒刑三年,缓刑三年,并处罚金人民币二十万元;十、违法所得予以追缴,扣押在案的侵权商品及供犯罪所用的本人财物等予以没收。

一审判决后,被告人李海鹏、闫龙军、张涛、王沛圳、杜志豪、吕沛丰不服,以乐高拼装玩具不属于美术作品、量刑过重等理由提出上诉。

二审法院经审理后认为,原判认定李海鹏等九人犯侵犯著作权罪的事实清楚,证据确实充分,适用法律正确,量刑适当,审判程序合法。依照《中华人民共和国刑事诉讼法》第二百三十六条第一项的规定,判决:驳回上诉,维持原判。

点 评

本案是关于拼装积木玩具类的著作权犯罪案件,对于侵犯著作权罪名的认定,关键在于对伪造的拼装积木玩具的性质认定、侵犯著作权罪的犯罪构成以及个人犯罪与单位犯罪的准确区分。

首先,关于乐高玩具的性质认定。我国《著作权法》所认定的作品核心在于独创性的享有上。因而乐高这类创意积木玩具,能否构成著作权法上的作品,应当把握其独创性的存在与否。创意积木玩具是由各部件组合而成,各组件单元可以创意拼接和完美契合,最终形成具有一定观赏价值的完整、独特形态的立体作品。通常乐高玩具的使用者要按照使用说明书,进行一步步的拼接、组装,最终达到预期的立体卡通动漫形象,这种立体卡通动漫形象是一种独立的艺术造型,因此在创意积木玩具最终表现形态上,能体现作品的独创性,同时其形式上也满足可复制性的要求,因而对于此类创意积木玩具的最终完成形态可以构成著作权法上的作品。但对于组成最终形态的各个组合单元,能否构成著作权法上的作品,可能存在不同认识。就创意积木玩具的组合单元而言,其形状简单、特点不鲜明,不能体现独创性。因而不能等同于美术作品中所强调的独特性、创造性、艺术性。因此,作为日常生活中常见形状的单个积木,可能无法达到著作权法对独创性的基本要求。

其次,关于侵犯著作权罪的犯罪构成。根据《刑法》第二百一十七条的规定,未经许可复制或发行他人享有著作权的作品的行为构成侵犯著作权罪;第二百一十八条规定,行为人以营利为目的销售侵权产品的行为,构成销售侵权复制品罪。

对于侵犯著作权罪与销售侵权复制品罪的区分,应就行为人的整体行为进行综合评价。销售侵权复制品罪仅具有单一的销售行为类型,行为人并未参与复制侵权作品,或与复制人共同犯罪。而当行为人不仅实行了单一的销售侵权复制品的行为,而且对他人侵犯著作权行为具有明显的帮助时,此时行为人与复制发行者具有紧密联系,构成共同犯罪,宜认定为侵犯著作权罪。本案中,被告人杜志豪不仅对外销售侵权复制品,还购买正版乐高玩具供李海鹏等人仿制侵权产品,帮助租赁厂房供侵权产品包装、仓储,曾在李海鹏单位工作等,应当认为其销售侵权产品的行为是其侵犯著作权犯罪的后续环节,以侵犯著作权罪一罪定罪处罚。

最后,关于个人犯罪与单位犯罪的认定。单位犯罪的认定需要满足三个条件,即以单位名义、体现单位意志(亦有观点认为系为单位利益)以及犯罪违法所得主要归属于单位。行为以单位的名义实施是认定单位犯罪的重要因素之一,但是并非所有以单位名义实施的犯罪都是单位犯罪。盗用单位名义实施犯罪,违法所得由实施犯罪的个人私分的,依照刑法有关自然人犯罪的规定定罪处罚。单位决策机构产生单位意志,指挥单位行为的实施,任何单位成员在单位业务活动中依据决策机构的决定实施的行为,应视为单位行为。同时按照决策机构的决定实施的行为必须为了单位的利益。单位犯罪中,犯罪后的违法所得通常归单位所有,即因犯罪行为所产生的非法收益,受益对象是本单位或者本单位的多数员工;而自然人犯罪中,犯罪后的违法所得多半为自然人个人所有。如果不是为了单位利益,而是为了谋取个人利益,那么这种情况不应按照单位犯罪处理。

本案中被告人李海鹏担任涉案公司的主要负责人,复刻乐高积木由其决定,一定程度上体现了单位意志,但从生产销售环节来看,涉案公司拥有自主积木品牌,不生产销售涉案积木玩具,涉案品牌的积木玩具主要由利豪玩具厂生产,以龙军玩具厂的名义对外销售,并非以涉案公司名义生产经营。其次从银行账户明细来看,涉案公司有独立的公司账户,而涉案玩具的收支均通过个人账户进出,账户款项用于支付给个人以及以现金方式支取,没有与涉案公司的资金往来,因此经营涉案积木玩具的违法所得并不归涉案公司所有,涉案公司不是本案的犯罪主体。此外,根据《关于审理单位犯罪案件具体应用法律有关问题的解释》第二条的规定,个人为进行违法犯罪活动而设立公司、企业、事业单位实施犯罪的,或者设立后以实施犯罪为主要活动的,不以单位犯罪论处。本案利豪玩具厂和龙军玩具厂设立后,主要生产销售涉案玩具,并且两玩具厂均不具有单位主体资格,不能作为本案的单位犯罪主体。故本案不成立单位犯罪,于法有据。

本案是最高人民检察院发布的 2020 年度检察机关保护知识产权典型案例,对于侵犯著作权罪名的规范适用及犯罪行为的有效惩处将起到积极的示范作用。

案例提供单位:上海市第三中级人民法院

编写人:高卫萍

点评人:张　栋

76. 李开祥侵犯公民个人信息案

——窃取人脸信息等个人信息的司法认定

案 情

公诉机关(附带民事公益诉讼起诉人)上海市奉贤区人民检察院

被告人(附带民事公益诉讼被告)李开祥

2020 年 6 月至 9 月间,被告人李开祥制作一款具有非法窃取安装者相册照片的手机"黑客软件",发布于"茶马古道"暗网论坛售卖,并伪装成"颜值检测"软件发布于"芥子论坛"提供免费下载,窃取安装者相册照片共计 1 751 张,其中部分照片含有人脸信息、自然人姓名、身份证号码、联系方式、家庭住址等 100 余条公民个人信息。

2020 年 9 月,被告人李开祥在暗网论坛购买"××库资料"并转存于网盘。2021 年 2 月,被告人明知"××库资料"含有户籍信息、QQ 账号注册信息、京东账号注册信息、车主信息、借贷信息,仍将网盘链接分享至 QQ 群,提供给群成员免费下载。经鉴定,"××库资料"包含公民个人信息 1.5 亿余条,经去除无效数据并进行合并去重后共计 8 100 万余条。

公诉机关指控,被告人李开祥违反国家有关规定,利用侵入计算机信息系统程序窃取、非法获取并向他人提供公民个人信息,情节特别严重,其行为已触犯《中华人民共和国刑法》第二百五十三条之一第一、三款之规定,构成侵犯公民个人信息罪,应予刑事处罚。被告人到案后能如实供述所犯罪行,根据《中华人民共和国刑法》第六十七条第三款,可以从轻处罚。被告人认罪认罚,根据《中华人民共和国刑事诉讼法》第十五条之规定,可以从宽处罚。建议对被告人李开祥判处有期徒刑三年,宣告缓刑,并处罚金人民币一万元。附带民事公益诉讼起诉人认为附带民事公益诉讼被告李开祥的行为已经侵害不特定公民的隐私权,损害社会公共利益,请求法院判令:(1)李开祥在国家级新闻媒体上对其侵犯个人信息的行为公开赔礼道歉。(2)李开祥永久删除"颜值检测"软件及相关代码,并删除腾讯云网盘上存储的涉案照片。(3)李开祥删除存储在"MEGA"网盘上相关公民个人信息,并注销侵权所用 QQ 号码:1209916110。

被告人李开祥对起诉指控的基本犯罪事实及定性无异议,且自愿认罪认罚。

对附带民事公益诉讼起诉人的诉讼请求、事实和理由均不持异议。

被告人李开祥的辩护人辩称,被告人李开祥系初犯,到案后如实供述所犯罪行,且自愿认罪认罚等辩护意见,建议法庭对被告人李开祥从轻处罚,请求法庭对其适用缓刑。辩护人另辩称:(1)未对涉案 8 100 万余条数据信息的真实性核实确认。(2)被告人到案后除了如实供述自己利用黑客软件窃取照片的事实,还主动交代了公安机关尚未掌握在暗网非法购买公民个人信息并分享 QQ 群的事实,对于该节事实应当认定自首。

审 判

一审法院经审理后认为,被告人李开祥违反国家有关规定,非法获取并向他人提供公民个人信息,情节特别严重,其行为已构成侵犯公民个人信息罪。公诉机关指控的犯罪事实清楚、证据确实充分、指控的罪名成立,对被告人李开祥依法应予处罚。被告人李开祥到案后如实供述自己的罪行,依法可以从轻处罚。被告人李开祥自愿认罪认罚,依法可以从宽处理。关于涉案 8 100 余万条公民个人信息的真实性,已经过鉴定机构去重、筛查处理,将重复、无效的数据予以删除、公安机关已通过抽样验证方法,对部分个人信息予以核实,确定其真实性且亦无证据证实涉案信息不真实的情况下,应当将上述 8 100 万余条计为犯罪数量,法院对辩护人的辩护意见不予采纳。关于辩护人认为被告人有自首情节的辩护意见,经查被告人系到案后如实供述公安机关已经掌握的犯罪事实,不符合自首的认定要件。故对于辩护人上述辩护意见亦不予采纳。

附带民事公益诉讼被告李开祥非法获取并向他人提供公民个人信息的侵权行为,侵害了众多公民个人信息安全,损害社会公共利益,应当承担相应的民事责任。附带民事公益诉讼起诉人的诉讼请求符合相关法律规定,一审法院依法予以支持。

综上,为严肃国法,保护公民个人信息安全和合法权益,保护社会公共利益,一审法院依照《中华人民共和国刑法》第二百五十三条之一第一、三款,第六十七条第三款,第七十二条第一、三款,第七十三条第二、三款,第五十二条,第五十三条,第六十四条,《中华人民共和国民法典》第一百一十条、第一百七十九条、第一百八十七条、第一千零三十四条,《中华人民共和国刑事诉讼法》第十五条,《中华人民共和国民事诉讼法》第五十五条第二款及《最高人民法院、最高人民检察院关于检察公益诉讼案件适用法律若干问题的解释》第十三条、第二十条之规定,判决:被告人李开祥犯侵犯公民个人信息罪,判处有期徒刑三年,宣告缓刑三年,并处罚金人民币一万元;判决附带民事公益诉讼被告李开祥在国家级新闻媒体上对其侵犯公民个人信息的行为公开赔礼道歉,删除"颜值检测"软件及相关代码,并删除腾讯云网盘上存储的涉案照片,删除存储在"MEGA"网盘上相关公民个人信息,并注销侵权所用 QQ 号码。

一审判决后,被告人李开祥没有上诉,公诉机关没有抗诉,一审判决已生效。

点 评

在数字经济化时代,个人信息越来越具有财产属性,个人信息在传播、使用过程会产生可观的财产收益,尤其是一些经过分析和加工的信息可以直接作为可交换商品,给权利人带来经济利益。同时,也引发犯罪分子对个人信息的不正当侵害和使用,产生较大的风险和安全危机。在此背景下,个人信息保护的机制构建显得尤为重要。本案是一起侵犯公民个人信息的刑事附带民事公益诉讼。在对侵犯公民个人信息罪的罪名认定以及检察机关提起刑事附带民事公益诉讼方面起到了示范作用。

首先,对于侵犯公民个人信息罪的罪名认定。我国相关规定明确指出,个人生物识别信息包括个人基因、指纹、声纹、掌纹、耳廓、虹膜、面部特征等。根据最高人民法院《关于审理使用人脸识别技术处理个人信息相关民事案件适用法律若干问题的规定》,人脸信息属于《民法典》规定的"生物识别信息"。因而,可以将人脸信息解释为个人生物识别信息,是个人信息的重要组成部分。实际上,人脸上承载了特定人的身份信息,在日常生活中,人脸是能够被最直观识别和确认某个人身份的信息。一旦人脸信息被泄露或者滥用,将给个人安全及人格尊严带来极大隐患。另外,《个人信息保护法》第四条规定,个人信息是以电子或者其他方式记录的与已识别或者可识别的自然人有关的各种信息,不包括匿名化处理后的信息。个人信息的处理包括个人信息的收集、存储、使用、加工、传输、提供、公开、删除等。因此,在采集人脸信息数据时,应当受到相应个人信息保护规范的规制。

其次,对于刑事附带民事公益诉讼的提起。根据《个人信息保护法》第七十条的规定,个人信息处理者违反本法规定处理个人信息,侵害众多个人的权益的,人民检察院、法律规定的消费者组织和由国家网信部门确定的组织可以依法向人民法院提起诉讼。

这意味着,对于在个人信息大规模受侵害的案件中,可能受害人无法自行提起诉讼,但由于造成的社会侵害影响严重,受害者人数众多,因此公诉机关和其他相关组织可以利用自身优势,整合受害人的诉求和受害情况,向法院提起公益诉讼。这有效解决个人起诉成本高、收集证据难度大、难以达到立案标准等问题。本案中,检察机关提起的公益诉讼是对个人信息保护的重要补强,借此可对侵犯公民个人信息刑事附带民事公益诉讼的司法实践有所裨益。但公益诉讼制度作为一项新制度,在法条约束、具体法条适用、检察机关在公益诉讼中的地位、调查取证保障等方面仍存在一些模糊空间。为此应当不断健全公益诉讼制度,积极稳妥进行探索,从而发挥该制度在司法实践的有效作用。

最后,关于本案侵犯公民个人信息数量的认定方式,《人民检察院办理网络犯罪案件规定》第二十二条也明确规定,"对于数量众多的同类证据材料,在证明是否具有同样的性质、特征或者功能时,因客观条件限制不能全部验证的,可以进行抽样验证"。因此无需针对 8 100 余万条信息逐一核对。

本案作为一起侵犯公民个人信息刑事附带民事公益诉讼案件,有助于司法机关开展公民个人信息领域公益诉讼工作,有效遏制不法行为,筑牢公民个人信息保护的"公益屏障"。

案例提供单位:上海市奉贤区人民法院

编写人:管玉洁 李秀溢

点评人:张 栋

77. 李文官等诈骗、敲诈勒索、寻衅滋事、强迫交易、非法拘禁、非法处置查封的财产、非法侵入住宅案

——恶势力集团犯罪刑事司法认定

案　情

公诉机关上海市金山区人民检察院

被告人(上诉人)李文官、毛思雨、王宪全、陈卫光、徐敬辰、陈旭辉、陆春妹、庞光明、李佳、朱博、黄怀珠、魏东安、梁亚、吴永杰、陆建军、卢斌、陈天星、谢显放、黄旋旋、万勃、丁维林

公诉机关指控,2012 年以来,被告人李文官等 21 人经常纠集在一起,逐渐形成以李文官为首要分子,以毛思雨、王宪全、陈卫光、徐敬辰、陈旭辉、陆春妹、庞光明、李佳、朱博、黄怀珠为重要成员,以魏东安、梁亚、吴永杰、陆建军、卢斌、陈天星为组织成员的恶势力犯罪集团,在上海市金山区、松江区、浦东新区等地多次实施诈骗、敲诈勒索、寻衅滋事、非法拘禁、强迫交易、非法处置查封的财产等违法犯罪活动,为非作恶,欺压百姓,扰乱经济、社会生活秩序,造成恶劣的社会影响。其间,被告人谢显放、黄旋旋、万勃、丁维林受该恶势力犯罪集团雇佣、利用,参与少量恶势力犯罪活动。

公诉机关指控查明被告人李文官等 21 人具体犯罪事实如下:

一、诈骗

(1) 2013 年 5 月 10 日,被害人丁某某经他人介绍向被告人李文官借款人民币 8 万元(以下币种同)。李文官以被告人黄怀珠的名义与丁某某签署借条,借条约定还款期限至 2013 年 7 月 10 日,双方口头约定月息约 8%,砍去"头息",丁某某实际到手约 6.7 万元。后因丁某某无力偿还本金,2014 年 1 月 15 日,李文官介绍被告人陈旭辉借款 10 万元给被害人潘某某(丁某某妻子)用于偿还前述欠款,潘某某向陈旭辉出具 10 万元的借条并由丁某某作担保,被告人毛思雨当日通过陈旭辉账

户向潘某某账户转账 10 万元,随即潘某某按照李文官指示将该 10 万元分两笔转账至李文官指定的账户完成资金回流。后李文官又以丁某某第一笔借款尚有利息未结清为由,要求潘某某出具向黄怀珠借款 3.2 万元的借条,潘某某被迫出具借条,且未能从李文官处取回 8 万元的借条。后丁某某多次向黄怀珠账户内转账共计 1.8 万元用于支付利息。其间,李文官纠集毛思雨等人多次至丁某某家、公司,采用言语威胁、拍桌恐吓等手段索债,后黄怀珠、陈旭辉在李文官指使下,分别凭借三张借条及由被告人陈卫光准备的诉讼材料向法院提起诉讼,诉请丁某某、潘某某归还欠款,其中黄怀珠的 8 万元借款纠纷诉讼因原告不到庭而裁定撤诉,另两起诉讼均判决原告胜诉。

(2) 2014 年至 2019 年 6 月,被告人李文官等人以支持被害人殷某某企业规划、快速放款为诱饵吸引殷某某向其借款,并诱骗被害人谢某某为殷某某的债务提供担保。后李文官通过制造虚假给付事实、肆意认定违约、以他人名义借款或安排殷某某、谢某某向关联人员不断借款的方式,以贷还贷不断垒高债务,在殷某某、谢某某未偿还"债务"的情况下,李文官等人以暴力、"软暴力"、虚假诉讼叠加的方式向殷某某、谢某某索取"债务",共计骗取钱款约 300 余万元、上海檀骁木业有限公司 15%的股权(转让价 200 万元)、各类家具 16 套(价值待鉴定)。

其间,被告人李文官、陈旭辉、王宪全、毛思雨、李佳、庞光明、黄怀珠、卢斌等人多次至被害人殷某某经营的上海檀骁木业有限公司,以堵门、砸东西、锁通道、拉电闸、赶工人、长时间据守等方式索债;被告人陈卫光、陆春妹多次至被害人谢某某经营的上海卫都酒店以堵门、锁通道等方式索债,且陈卫光以抵债为由,从谢某某处强行搬走小叶紫檀家具一套;被告人陈卫光、陈旭辉、陆春妹、徐敬辰、陆建军、王宪全、毛思雨、李佳、庞光明、黄怀珠为李文官提供资金或银行卡帮助,其中陈卫光、陈旭辉、陆春妹、陆建军、王宪全协助李文官以虚假事实提起诉讼;卢斌受李文官指使,在未支付任何对价的情况下,签订股权转让协议,强行占有上海檀骁木业有限公司 15%的股权(转让价 200 万元)。

(3) 2016 年 6 月 20 日,被告人徐敬辰出借 3 万元给被害人戈某某。后被告人徐敬辰、丁维林上门要债,要求戈某某将钱还给丁维林。同年 9 月、10 月,戈某某先后两次将 1 万元欠款及利息、2 万元欠款及利息还给丁维林。还款时,丁维林因继续索要高额利息未果,未将上述 3 万元借条归还戈某某,仅出具了一张 2 万元的收条。2017 年 1 月 11 日,徐敬辰以被害人戈某某未还款为由,向法院提请诉讼,诉请戈某某归还借款 3 万元,因徐敬辰否认丁维林代收款的事实,致该案调解结案,戈某某再次支付徐敬辰 2.3 万元。

(4) 2016 年 2 月 5 日,被害人张某通过他人介绍向被告人梁亚借款 3 万元,双方约定借期半个月,日息 2%,砍去"头息",张某实际到手 2.1 万元。张某向梁亚支付部分利息后无法偿还本金,梁亚以延期还款担保为由,于 2016 年 2 月 25 日要求张某出具一张与上次借款同利息的 2 万元借条。至 2016 年 3 月底,张某又向梁亚多次支付利息,但梁亚以所欠利息已达 2 万元为由,要求张某出具一张 2 万元的借条。后张某无力偿还本息,梁亚带人至张某家中逼债,经张某母亲筹款后,向梁亚还款 3 万元。2016 年 6 月底,梁亚又以所欠利息已达 2.4 万元为由,要求张某出具一张 2.4 万元的借条。2017 年 7 月,张某被梁亚等人逼债,后被迫向小额贷款公司借款 10 万元后,向梁亚还款 2.4 万元,至此张某已向梁亚还款 7.3 万余元。后梁亚以张某尚未归还欠款 5 万元为由两次向法院提起诉讼,其间均变更诉请为 2 万元,后撤回起诉。

二、敲诈勒索

(1) 2011 年 11 月底,被告人李文官、毛思雨在金山区石化卡娃咖啡店内,以被害人杨某某拖欠借款时间较久为由(借款已全部还清),追加债务 5 000 元,以殴打相威胁,逼迫杨某某出具一张 1.7 万元的欠条。后李文官、毛思雨多次向杨某某索债,其间毛思雨还将杨某某的一辆马自达 3 轿车开走,以此要挟杨某某。2012 年 2 月 18 日,杨某某在金山区石化伊诺咖啡店内,支付李文官 1.7 万元,李文官仍拒不归还上述欠条。

(2) 2012 年 8、9 月,被告人李文官以被告人吴永杰及汪志刚(另案处理)、赵寒峰(另案处理)的名义向被害人朱某出借 150 万元,后以恶意要求提前还款、肆意认定违约等方式,将利息本金化,虚增债务 45 万元,并指使被告人毛思雨、朱博等人至朱某父母朱某某、吴某某家、朱某前妻濮某某娘家、单位,采取言语威胁、上门滋扰、泼洒污物、砸玻璃、跟踪贴靠等方式多次进行威胁、恐吓,迫使朱某的父亲朱某某以现金、转账、银行本票、汽车折抵等形式支付李文官 195.9 万元。吴永杰为李文官提供资金帮助,并于 2013 年 1 月 6 日,在朱某父子已归还 80 万元的情况下,协助李文官以虚假事实向法院提起诉讼。

被告人李文官等人在上述催讨欠款期间故意隐瞒了朱某同期曾向李文官借款 16 万元的情况,于 2014 年冬天,纠集被告人毛思雨、李佳、陈天星等将朱某带至金山卫镇临江北村朱某某、吴某某家中,以强行带走朱某、强行占有房子、长时间据守等方式相威胁,将利息本金化,逼迫朱某某、朱某将 16 万元的债务变成了一张 60 万元的欠条,虚增债务 36.32 万元,而后李文官指使李佳强行拿走朱某某位于金山区板桥西路某号商铺的房产证,并将该商铺转租给他人,获利 4.6 万余元。

(3) 2013 年 3—4 月,被害人张某某向被告人李文官三次借款共计 80 万元,约定日息 3‰,砍去"头息",张某某实际到手 77.6 万元。张某某在归还部分利息后,与李文官协商降息并还款 30 万元,但李文官拒绝降息。2013 年 5 月 3 日,李文官以利息未还为由要求张某某重新出具一张向李文官、黄怀珠借款 80 万元的借条。

后因张某某无力偿还本息,李文官连续介绍被告人王宪全、陈卫光、陈旭辉借款给张某某用于平息,不断垒高债务。

2013 年至 2017 年间,被告人李文官多次纠集陈旭辉、毛思雨、王宪全、陈卫光等人至张某某及其女儿家、公司,采用言语威胁、拍桌砸物恐吓等手段索债。张某某及家属被迫变卖车辆、信用卡套现用于偿还欠款,并用汇都酒家的用餐券及租金、满月礼金抵偿债务,在张某某还款达 90 余万元后,李文官、王宪全等人又强行开走张某某的牌号为"沪 A1W100"奥迪 A8 轿车(价值 60.69 万元),并从张某某处强行搬走红木家具一套。

(4) 2012 年间,被害人陈某某因赌博向被告人李文官借款 6 万元,后已全部偿还。2015 年年底开始,李文官将金山区石化城区根雕馆、金山卫镇八字村农家乐、金山嘴海鲜大卖场几处装修工程交给陈某某承建,均未足额支付装修款;后李文官又强行将位于上海市浦东新区的皇后酒吧装修工程交给陈某某承建。

2016 年 10 月 5 日,被害人陈某某被被告人李文官叫至李位于金山区沪杭公路某号李文官所有的会所办公室内,以前述欠款未在期限内还清,拖欠时间较长而衍生的债务需要偿还为由,威胁、恐吓陈某某出具 18 万元的欠条,李文官、王宪全、毛思雨、梁亚、徐敬辰又随即制造了虚假流水配合走账,同时,李文官等人向陈某某声明如按期完成工程,则上述欠款不用归还。陈某某迫于无奈继续承建该酒吧装修工程,待工程即将竣工时,李文官单方面取消合作,不但未支付工程款,还要求陈某某支付供应商的材料款,其间还以陈某某消极怠工为由对其实施殴打,后陈某某为逃避债务远逃至青海省。

(5) 2017 年 1 月,被害人陆某某经黄怀珠介绍以蔡定中的名义向陆某某购买了金山区西静路 1429 弄某号的房屋。2017 年 4 月,陆春妹转手将房屋卖给吴某某。后吴某某在装修该房屋时,被告人魏东安以房屋承租人的身份,出具与陆某某签订的租期 10 年、租金 10 万元(已付)的租赁合同,并以佛珠、手链遗失且找不到陆某某为由,要求吴某某支付 10 万元并赔偿 5 万元佛珠、手链损失费方能搬离。后吴某某、陆春妹在被告人庞光明、魏东安的胁迫下,由陆春妹支付魏东安 10 万元后,魏东安搬离该房屋。

(6) 2017 年 2 月,被害人许某某、张某某向被告人庞光明借款 25 万元,约定月息约 2 分,砍去"头息",许某某实际到手 22.5 万元。庞光明在要求许某某出具借条的同时,又以"公司放贷规矩"为由,诱骗许某某签订一份金山区金山卫镇八一村 9 组某号长达 20 年的租赁协议,并制造 20 万元的虚假流水。

2017 年 3 月,被告人庞光明提出租借八一村 9 组某号底楼一间房,并与张某某签订租赁协议。后庞光明在未支付租金的情况下,以破锁等方法占用了整栋房屋。其间,许某某陆续向庞光明还款约 7 万元。

2019 年 5 月,根据拆迁规定,许某某需腾出房屋上交钥匙,但被告人庞光明以长期租赁为由,要求许某某赔偿 100 万元才能搬离。后经派出所协商、朋友劝解,庞光明同意得到 30 万元后搬离,但之后又以种种借口拒绝履约。2019 年 6 月,在许某某催促庞光明搬离的过程中,魏东安突然出具一份其和庞光明签订的将该房屋以 8 万元价格转租 5 年的协议,并以生病为由,要求许某某赔偿 8 万元房租以及 3 万元医疗费才能搬离。

2019 年 6 月 23 日,被告人庞光明指使倪艺(另案处理)与许某某达成 36 万元赔偿协议,并在取得 10 万元后搬离。后庞光明、倪艺多次催款,许某某被迫于 2020 年 1 月至 3 月期间,将 6 万元通过银行、微信转账等方式还款至倪艺的账户。

(7) 2017 年 5 月 8 日,被害人王某用其牌号"沪 A3L588"力狮牌轿车(价值 6.47 万元)抵押向被告人李文官借款 3 万元,双方约定月息 10%,砍去"头息",王某实际到手 2.7 万元,同时按照李文官要求,签署车辆过户协议。后王某无力偿还本息,2017 年 11 月初,王某被带至金山区石化鼎鼎咖啡店包房内,被李文官等人以暴力相威胁,被迫出具了一张 1.5 万元的借条,限期三日内归还,并以车辆、手表作抵押。数天后,王某筹集 1 万元归还李文官,但李文官仍拒不归还车辆、手表。2017 年 11 月 15 日,王某再次还款 4 000 元。2017 年 11 月下旬,王某因公安机关通知其挪车方才找回车辆、手表。

2018 年 6 月 28 日,被告人李文官通过其私自安装在上述车辆上的 GPS 找到该车并自行开走,后以卖车为要挟,向王某索取钱款,在王某又还款 5 000 元后,仍索要本息 5 万元。因王某无力还款,致使其至今无法取回车辆。

三、寻衅滋事

(1) 2012 年 10 月,被告人李文官示意被告人陈旭辉抢占百联金山购物中心回收消费卡业务。同年 11 月 21 日 11 时,陈旭辉伙同刘欢(另行处理)等人与梁小松(已判刑)、徐海军(已判刑)等人在百联金山购物中心东方商厦 1 楼老庙黄金收银台处发生争吵并相互追打,造成百联金山购物中心秩序严重混乱。

(2) 2012 年 12 月,被告人李文官示意被告人陆春妹、卢斌(未满十八岁)抢占百联金山购物中心回收消费卡业务,多次采用殴打、威胁等手段驱逐从事该业务的周某某等人,同时威胁百联金山购物中心的员工配合其回收消费卡,严重影响百联金山购物中心的正常营业秩序。

(3) 2017 年初,被告人李文官为索债,强行从被害人高某某处拿走牌号为"沪 C744M3"的北京现代牌 BH6440LAZ 型小型普通客车钥匙及手表一块,并将车辆开走。后高某某筹集 8 万元归还李文官,但仍未取回车辆(经鉴定,价值 13.8 万元)和手表(价值无法鉴定)。直至 2019 年 7 月 19 日,因公安机关通知高某某将停放于金山区张桥村羊肉广场的车辆挪走才得以取回车辆。

（4）2014 年 9 月 19 日 9 时 40 分许,沈刚(另案处理)与被害人赵某某在金山区金山医院停车场因停车发生纠葛,进而互殴。赵某某离开后,沈刚蓄意报复赵某某,边驾车跟随赵某某边电话联系朱益峰(另案处理)要求帮忙。朱益峰即纠集被告人梁亚、邱振(另案处理)、汤棋(另案处理)等人分别开车前往。后沈刚跟随赵某某至金山区金卫小学校门口处,与先期抵达的朱益峰、邱振、汤棋将车围住,并将赵某某拉至车外进行殴打。梁亚赶到现场后,对赵某某拳打脚踢。经鉴定,赵某某右手第三根指骨骨折,全身多处软组织挫伤,构成轻微伤。

（5）2016 年 10 月 4 日,被害人张某二向被告人黄怀珠借款 15 万元,双方约定月息 15%,砍去"头息",实际到手 12.45 万元。此后,张某二多次向黄怀珠借款并约定高额利息,因张某二无法偿还欠款,被告人黄怀珠、庞光明多次至张某二位于金山区朱泾镇德普信教育补习班,采用言语威胁、恐吓、喷漆等方式逼迫张某二还款,最终导致补习班倒闭,严重影响他人正常的生活、工作秩序。

（6）2017 年 4 月,被害人张某三向被告人毛思雨借款 6 万元,双方约定日息 2%,砍去"头息",张某三实际到手 5.4 万元。同年 7 月 7 日,毛思雨向法院提起诉讼,要求张某三归还本金及利息 6.6 万元,同年 10 月 27 日,法院判决张某三归还毛思雨借款 3.41 万元及逾期利息。尔后,毛思雨伙同他人至金山区海滨新城 107 号某室,以威胁、恐吓的方式索取债务,严重影响他人正常的工作、生活秩序。

（7）2017 年 12 月、2018 年 5 月,被害人施某分别向李仃仃、被告毛思雨借款 10 万元、20 万元。2018 年 12 月 22 日至 2019 年 1 月 17 日间,毛思雨无视上述欠款已由法院受理或者判决,仍纠集刘威(另案处理)等人,先后十余次至金山区龙胜东路 550 弄某号施某父母家中,以威胁、恐吓、敲门滋扰的方式索取债务,严重影响他人的正常生活。

（8）2018 年,被告人李文官经营的皇后酒吧与上海新都汇商业投资有限公司(以下简称新都汇公司)因房屋租赁产生纠纷,由于皇后酒吧没有按约交付房屋,新都汇公司对皇后酒吧断电。李文官等人不满新都汇公司的断电处理,要求新都汇公司赔偿每日 8 万元的损失费以及装修费,双方未达成合意。李文官指使被告人魏东安、庞光明、朱博等人多次至新都汇公司进行滋扰,并在上海市浦东新区凌河路 803 号门口实施拉横幅、摆花圈、点香炉、擅自收取停车费等行为,影响周围商铺正常运营,严重扰乱其他企业、个人的工作、生活秩序,造成恶劣的社会影响。

另查明,被告人李文官、王宪全、黄怀珠、陆春妹、魏东安存在下列寻衅滋事行为:

（1）2009 年,被害人谢某与上海铁路闵行运贸综合服务部、上海闵铁货运服务有限公司签订租赁协议,承租了位于金山区沪杭公路 8568 号的空置房屋,谢某转租给他人开设了欣天地歌舞厅,后几经转手由曹春友经营,期限至 2015 年 10 月。

2016 年 3 月,在谢某和铁路部门协商续租时,被告人李文官未经允许前往该舞厅装修,被害人屠某某(谢某妻子)闻讯赶到舞厅,在用手机拍照时,遭被告人李文官、陆春妹等人殴打,造成多处受伤(已作治安调解)。后谢某和铁路部门、李文官多次协商承租或结价另租,但因李文官要价太高而作罢。后李文官多次指使他人至谢某、屠某某开设在该舞厅旁边的佳欢旅馆滋事,致使该旅馆无法正常营业,其中2016 年 7 月 11 日,被告人魏东安、王宪全等人经李文官指使至该旅馆以言语威胁、毁损财物等手段滋事,谢某、屠某某被迫退出对舞厅的续租。

(2) 2010 年到 2013 年期间,被告人李文官为索取非法债务,将多辆车子停放在被害人沈某某经营的 JJKTV 门口,严重影响 JJKTV 正常的经营活动。

(3) 2016 年 3 月至 2017 年 2 月,被告人黄怀珠向被害人郭某某出借高利贷,后郭某某因涉嫌犯罪入监,黄怀珠通过短信以威胁、恐吓的方式向被害人泽某某(郭某某妻子)索取债务。

四、强迫交易

2011 年起,被害人宋某某向被告人李文官先后多次借款,后无力偿还本金和高额利息。2014 年 3、4 月间,被告人李文官、王宪全、毛思雨、李佳等人胁迫宋某某将位于金山区金山卫镇八字村一组和张堰镇桑园村 11 组的多处苗圃作价 50 万元强行抵给李文官。

五、非法拘禁

2017 年 1 月 4 日 14 时许,被告人陆春妹受被告人李文官指使,纠集被告人王宪全、朱博、黄旋旋、万勃等人驾车赶赴江苏省宿迁市沭阳县汤涧镇工业园 3 号厂区,以索债为由将被害人郑某某带走,后辗转带至上海市浦东新区金桥镇凌河路皇后酒吧、凌河路驿尚居商务宾馆非法拘禁至 1 月 5 日下午。2017 年 1 月 5 日 20 时许至次日 11 时许,郑某某又被陆春妹等人非法拘禁在上海市浦东新区祝桥镇浦红西路 103 号上海市旺圣木业有限公司(以下简称旺圣公司)办公室内,其间,陆春妹等人以言语威胁、殴打等方式索要债务。

六、非法处置查封的财产

2017 年 1 月 5 日,被告人李文官为向被害人郑某某索要债务,纠集被告人谢显放等人至上海市浦东新区祝桥镇浦红西路 103 号旺圣公司厂房,无视上海市浦东新区人民法院查封的封条,利用铲车、卡车将被法院查封的黑酸枝木材从厂房内强行拉走。木材所有人夏某某闻讯赶到现场,立即上前阻止,被告人李文官、陆春妹、王宪全、朱博、万勃、黄旋旋等人与夏某某发生争执,后夏某某报警,并向处警的民警出示了法院的相关判决材料,民警现场调解后,李文官等人仍当场拉走黑酸枝木材 9 件(包)(价值人民币 34 万余元),后经警方出面索回,仍有 2 件(包)下落不明。

七、非法侵入住宅事实

2018 年 11 月 13 日 14 时许,被告人毛思雨、李仃仃(已判刑)为向钟某讨要欠款,未经住户同意,擅自进入金山区山阳镇红旗东路 129 弄 151 支弄某号查看,并与被害人程某某(钟某妻子)发生激烈争吵,并对其言语威胁。被害人程某某要求二人离开,但毛思雨、李仃仃强行滞留。经程某某报警,民警到场处理并将二人强制带所审查。

审 判

一审法院经审理后认为,2012 年以来,被告人李文官、毛思雨、王宪全、陈卫光、徐敬辰、陈旭辉、陆春妹、庞光明、李佳、朱博、黄怀珠、魏东安、梁亚、吴永杰、陆建军、卢斌、陈天星等人经常纠集在一起,在上海市金山区、松江区、浦东新区等地多次实施诈骗、敲诈勒索、寻衅滋事、非法拘禁、强迫交易、非法处置查封的财产等违法犯罪活动,为非作恶,欺压百姓,扰乱经济、社会生活秩序,造成恶劣的社会影响,属于恶势力犯罪集团。其中李文官系该恶势力犯罪集团的首要分子。

被告人李文官、毛思雨、王宪全、陈卫光、徐敬辰、陈旭辉、陆春妹、庞光明、李佳、黄怀珠、陆建军、卢斌、梁亚、丁维林以非法占有为目的,共同或单独骗取他人财物,其中李文官、毛思雨、王宪全、陈卫光、徐敬辰、陈旭辉、陆春妹、庞光明、李佳、黄怀珠、陆建军、卢斌犯罪数额特别巨大,梁亚犯罪数额巨大,丁维林犯罪数额较大,其行为均已构成诈骗罪。李文官、毛思雨、王宪全、陈卫光、徐敬辰、陈旭辉、庞光明、李佳、朱博、魏东安、梁亚、吴永杰、陈天星以非法占有为目的对他人进行威胁、恐吓,迫使他人交付财物,其中李文官、毛思雨、王宪全、陈卫光、陈旭辉、朱博、吴永杰犯罪数额特别巨大,徐敬辰、庞光明、魏东安、梁亚、李佳、陈天星犯罪数额巨大,其行为均已构成敲诈勒索罪。李文官、毛思雨、陈旭辉、陆春妹、庞光明、朱博、黄怀珠、魏东安、梁亚、卢斌共同或者单独随意殴打、恐吓他人,情节恶劣,强拿硬要他人财物,情节严重,其中李文官纠集他人多次实施寻衅滋事行为,严重破坏社会秩序,其行为均已构成寻衅滋事罪。李文官、毛思雨、王宪全、李佳以威胁手段,强迫他人转让资产,情节严重,其行为均已构成强迫交易罪。李文官、王宪全、陆春妹、朱博、黄旋旋、万勃非法拘禁他人,且具有殴打情节,其行为均已构成非法拘禁罪,并从重处罚。李文官、王宪全、陆春妹、朱博、谢显放、黄旋旋、万勃转移已被司法机关查封的财产,情节严重,其行为均已构成非法处置查封的财产罪。毛思雨伙同他人非法侵入他人住宅,其行为已构成非法侵入住宅罪。李文官、毛思雨、王宪全、陈卫光、徐敬辰、陈旭辉、陆春妹、庞光明、李佳、朱博、黄怀珠、魏东安、梁亚、卢斌、黄旋旋、万勃一人犯数罪,均应当实行数罪并罚。

被告人李文官等人在共同犯罪中形成了较为固定的犯罪组织,是犯罪集团;李文官在犯罪集团中起组织、策划、指挥作用,是犯罪集团的首要分子和主犯,应当按照集团所犯的全部罪行处罚。李文官、陈卫光在各自参与的诈骗犯罪中系主犯;毛思雨、王宪全、徐敬辰、陈旭辉、陆春妹、庞光明、李佳、黄怀珠、陆建军、卢斌在各自参与的诈骗犯罪中起次要作用,系从犯,均应当从轻或减轻处罚。李文官、王宪全、毛思雨、朱博在各自参与的敲诈勒索犯罪中系主犯;陈卫光、徐敬辰、陈旭辉、李佳、梁亚、吴永杰、陈天星在各自参与的敲诈勒索犯罪中起次要作用,系从犯,均应当从轻或减轻处罚。李文官、王宪全、陆春妹在各自参与的非法拘禁犯罪中系主犯;朱博、黄旋旋、万勃在各自参与的非法拘禁犯罪中起次要作用,系从犯,均应当从轻或减轻处罚。李文官、陆春妹在各自参与的非法处置查封的财产犯罪中系主犯;王宪全、朱博、谢显放、万勃、黄旋旋在各自参与的非法处置查封的财产犯罪中起次要作用,系从犯,均应当从轻或减轻处罚。

被告人李文官、陈卫光、陈天星、丁维林曾因犯罪被判处有期徒刑,在刑罚执行完毕后或假释期满后五年内再犯应当判处有期徒刑以上刑罚之罪,系累犯,应当从重处罚。被告人徐敬辰、梁亚在敲诈勒索犯罪中已着手实施了犯罪,因意志以外的原因未能得逞,系犯罪未遂,可以比照既遂犯从轻或减轻处罚。被告人陆春妹揭发他人犯罪行为,经查证属实,应当认定有立功表现,可以从轻或减轻处罚。被告人卢斌在实施寻衅滋事犯罪时已满十六周岁未满十八周岁,应当从轻或减轻处罚。被告人黄旋旋、万勃、卢斌、梁亚、陈旭辉犯罪后能自动投案,黄旋旋、万勃如实供述自己的罪行,卢斌、梁亚如实供述自己寻衅滋事的罪行,陈旭辉如实供述自己诈骗、敲诈勒索的罪行,系自首,均可以从轻或减轻处罚。被告人吴永杰、陆建军、谢显放、丁维林如实供述自己的罪行,陈旭辉如实供述自己寻衅滋事的罪行,卢斌如实供述自己诈骗的罪行,毛思雨如实供述自己非法侵入住宅的罪行,陆春妹如实供述自己诈骗、寻衅滋事、非法拘禁的罪行,均可以从轻处罚。黄怀珠、陈卫光对自己的全部罪行、陆春妹对非法处置查封的财产的罪行、王宪全对非法拘禁的罪行、毛思雨对寻衅滋事的罪行、朱博对非法拘禁、非法处置查封的财产的罪行当庭自愿认罪,均可酌情从轻处罚。鉴于谢显放、黄旋旋、万勃非恶势力犯罪集团成员,涉案情节较轻,有较好的认罪悔罪态度,且自愿认罪认罚,根据依法严惩与宽严相济并重的原则,决定对其三人适用缓刑。

综上,一审法院依据《中华人民共和国刑法》第二百六十六条、第二百七十四条、第二百九十三条、第二百二十六条、第二百三十八条、第三百一十四条、第二百四十五条、第六十九条、第九十七条、第二十五条第一款、第二十三条、第二十六条、第二十七条、第六十五条、第十七条第一款、第三款、第六十八条、第六十七条第一款、第三款、第七十二条第一款、第七十三条、第六十四条之规定,分别判决被告人李文官等 21 人犯诈骗罪、敲诈勒索罪、寻衅滋事罪、非法拘禁罪、强迫交易罪、非法处置查封的财产罪、非法侵入住宅等罪,分别判处执行有期徒刑二十一年不等,处罚金人民币一百零三万元不等。

一审宣判后,检察机关未抗诉,部分被告人不服判决,提出上诉。二审经审理后,驳回上诉,维持原判。

点 评

恶势力犯罪作为侵害社会秩序、影响广大群众生活的犯罪活动,是当前我国扫黑除恶斗争中的重点打击对象。司法机关在对恶势力犯罪的认定和处理中,应当坚持"打准打实"标准,既对恶势力犯罪的判定特征、定罪量刑等方面要有可遵循的明确导引,也要保障案件裁判结果的权威、实现"打财断血"的政治效果、社会效果、法律效果的统一。

首先,关于恶势力犯罪集团相关问题的认定。首先是恶势力的认定,为了预防和惩治有组织犯罪,加强和规范反有组织犯罪工作,维护国家安全、社会秩序、经济秩序,保护公民和组织的合法权益,《中华人民共和国反有组织犯罪法》(以下简称《反有组织犯罪法》)于 2022 年 5 月 1 日正式施行。《反有组织犯罪法》首先将"有组织犯罪"和"恶势力组织"的概念法律化,第一次在法律层面明确了"有组织犯罪"和"恶势力组织"的概念表述,使其实现了法定化,同时对《刑法》规定产生实质性影响,使得惩治黑恶势力犯罪的司法活动有了符合形式法治要求的基本保障,提升了惩治黑恶势力犯罪的法治化水准。此外,《反有组织犯罪法》第二条第二款通过法律的形式明确了有组织犯罪和恶势力组织的概念内涵,即恶势力组织是指"经常纠集在一起,以暴力、威胁或者其他手段,在一定区域或者行业领域内多次实施违法犯罪活动,为非作恶,欺压群众,扰乱社会秩序、经济秩序,造成较为恶劣的社会影响,但尚未形成黑社会性质组织的犯罪组织"。另外,还明晰了有组织犯罪的外延界限。将有组织犯罪具体界定为"是黑社会性质组织犯罪和黑社会组织犯罪"的"黑"犯罪,和"是恶势力组织犯罪"的"恶"犯罪,以及"组织罪"与"行为罪"。《反有组织犯罪法》对于有组织犯罪外延的界定,符合对有组织犯罪从低级向高级阶段渐进发展规律的科学认知,规制范围更加全面、合理,有利于我国对有组织犯罪的防治和惩处。

因此对于"恶势力"特征的把握,可以将"三特征说"作为司法实践中的判断标准。第一,组织特征是三人以上、经常纠集在一起且成员较为固定。第二,行为特征是包括,采取包括暴力、威胁、"软暴力"等多样性手段;行为具有一定的公开性;在两年之内多次实施且至少应当有一次犯罪活动,恶势力犯罪集团要有三次犯罪行为。第三,危害性特征表现为,扰乱社会秩序、社会影响恶劣,但尚未达到不可控制的程度。这一特征与黑社会性质组织的四个特征存在明显的差别。

其次,明确恶势力犯罪的构成要件。恶势力犯罪不是一个具体的罪名,在明晰恶势力犯罪的构成要件上,根据四要件犯罪构成理论,从以下四个方面对恶势力犯罪的构成要件进行探讨。第一,明确犯罪客体。从整体上来看,该类犯罪的犯罪客体是社会公共秩序,具体到每个罪名还要考虑直接客体。第二,明确犯罪客观方面。它主要包括以下三个要件:(1)行为人是在两年内以特定手段、在特定地域或行业,实施三次以上违法犯罪活动,其中至少包含一次犯罪,恶势力犯罪集团至少要有三次犯罪行为。在行为手段上既可以是暴力、威胁也可以是软暴力手段。(2)恶势力犯罪的危害结果一般仅指对社会秩序较低程度的干扰,尚未达到黑社会性质组织犯罪所造成的不可控程度。(3)对于行为对象的区分需要具体罪名具体分析。第三,注意犯罪主体的特殊性。恶势力犯罪的犯罪主体整体学历不高,多为无业人员,社会认同感较低,从预防犯罪的角度,需要对这类人员加以关注。第四,注意犯罪主观方面。恶势力犯罪大多是直接故意。追求经济利益是大多数恶势力犯罪的目标,也有一些恶势力组织追求哥们义气、纠纷泄愤等非纯粹经济利益。

再次,关于"软暴力"的认定。单独的软暴力手段虽然没有暴力手段作为基础,但恶势力作为一个犯罪组织,仅实施"软暴力"手段且足以对被害人产生心理强制,具有影响一定区域、一定行业内正常的生产、经营、生活秩序的严重后果,产生恶劣的社会影响。因此应加强对"软暴力"的明确认定,一是综合"软暴力"表现特征进行认定。结合犯罪目的和实施结果,要着重分析"软暴力"实施手段,明确"暴力"和"软暴力"界限,即物理和精神伤害。此外,不应强调对"软暴力"的暴力性手段影响力,因为根据受害人不同,其精神感受和心理强制承受力也不同,例如散播、发布污蔑信息,进行骚扰等。二是细化"软暴力"手段标准。《关于办理实施"软暴力"的刑事案件若干问题的意见》中只列举了实施手段,但是对次数、强度、影响范围等内容并未作出规定,这会造成受害人乱贴标签的行为,存在侵害犯罪嫌疑人权益的潜在风险,也不利于刑事司法配置优化。笔者建议应针对具体行为作出具体标准界定,例如断水断电、阻门施工行为,应明确切断水电供应、阻挠施工次数,致使经济利益损害金额等具体规定。

从次,关于检察机关作出不起诉决定后是否可再提起诉讼的问题。我国检察机关重新起诉具有理论基础,从宏观层面,长期以来我国刑事司法以有错必纠原则为指导思想,重新起诉是刑事司法实践对有错必纠原则的贯彻;微观层面,我国刑事理论和实践对不起诉决定、撤诉以及存疑无罪判决的效力定位为检察机关重新起诉提供了理论支持。根据相关规定,检察机关决定不起诉的,发现新的证据符合起诉条件可以提起公诉。故对决定不起诉的案件,在发现新的证据,符合起诉条件,可以提起公诉。

本案因不当地分案处理或者被告人未如实供述等原因而导致的未能从整体上审查判断各被告人多次实施违法犯罪活动的行为,而将部分犯罪事实脱离于恶势力犯罪集团犯罪的大背景下进行评判的,系对该恶势力犯罪集团相关犯罪事实予以追诉的基础上提出,应认定新起诉指控的犯罪事实未超过追诉时效。

最后,关于已解封但未进入执行阶段的财产被非法处置的行为认定。非法处置查封、扣押、冻结的财产罪的犯罪构成是:侵犯的直接客体为司法机关的正常诉讼秩序;在行为方式上包括隐藏、转移、变卖、故意损毁法定财产这四种行为方式;主体是一般主体;主观方面为直接故意。同时要达到情节严重,对司法机关正常的诉讼秩序造成阻碍的程度,才构成本罪。在对"情节严重"进行认定时,应加强对以下情形的审查:对非法处置财产的数额规定;对非法处置财产的行为次数规定;对非法处置行为对公私财产造成重大损失的具体数额标准;对非法处置行为存在恶劣手段时对手段恶劣的认定标准;对非法处置行为对诉讼秩序的影响程度的细化规定;对增加造成其他严重影响的规定。通过对本罪中的"情节严重"进行细化认定,不仅能够为法官在审理案件时提供明确的入罪标准,同时有利于减少和杜绝该罪名在入罪标准上不统一的问题。在本案的具体处理过程中,相关解封文书虽已作出,但未进入执行阶段,故在当日涉案的黑酸枝木材实质上仍是处于法院控制的状态,但是这样的实质控制状态和程序查封状态还是存在一定的区别。应当说,通过程序保障诉讼进行是保全措施设立的制度初衷。总体上讲,本案行为人擅自处置相关财产,并不妥当。

对恶势力组织进行精准界定,认清其雏形特征,这符合专项行动"打早打小"的方针要求,实践中应当认真把握相关认定规范标准,防止发生错误的判断。本案为今后此案案件的认定和处理提供有效指引。

案例提供单位:上海市金山区人民法院

编写人:徐　艳　马　静

点评人:张　栋

78. 罗业莤盗窃案

—— 虚拟货币作为侵财案件犯罪客体的理论依据及情节认定

案 情

公诉机关上海市静安区人民检察院

被告人(上诉人)罗业莤

2019 年 4 月 19 日至 26 日,被告人罗业莤利用计算机网络漏洞,非法获取他人的管理权限并侵入被害单位上海谱唯网络科技有限公司(以下简称谱唯公司)的服务器,分多次从该服务器中的数字货币钱包内窃取泰达币(USDT)1 890 792.538枚,共计价值 1 200 余万元。嗣后,被告人罗业莤将上述泰达币兑换成数字货币以太坊(ETH)及比特币(BTC),并将部分以太坊向他人出售,共计获利 91 万余元。

公诉机关指控,被告人罗业莤以非法占有为目的,窃取公私财物,情节特别严重,应当以盗窃罪依法追究被告人罗业莤的刑事责任。

被告人及辩护人认为,被告人的行为应当以非法侵入计算机信息系统罪或是非法获取计算机信息系统数据罪对其定罪量刑。

审 判

一审法院经审理后认为,被告人罗业莤的同一行为同时触犯非法获取计算机信息系统数据罪和盗窃罪,应当择一重罪处罚,比较两罪,盗窃罪的处刑较重,依法应当以盗窃罪予以惩处。

第一,被告人罗业莤通过获取他人对于服务器的管理权限,侵入计算机信息系统后。罗业莤未经服务器管理者同意获取管理权限并侵入服务器,以及获取虚拟货币的公钥及私钥并转移虚拟货币的占有,其行为已构成非法获取计算机信息系统数据罪。

第二,泰达币作为常见虚拟货币之一,具有财产的基本特性,即价值性、可控性与流通性。结合本案,被告人罗业莤获取泰达币后,迅速将泰达币通过交易平台兑换为比特币及以太坊。其中部分以太坊兑换为人民币;部分以太坊用于支付与他人签订的软件服务合同;部分比特币存储于其电子钱包内,由于罗业莤无法提供有效的私钥,至今无法提取。罗业莤的行为证明了虚拟货币的价值性、可控性与流通性。罗业荫犯罪行为的目的不限于为了获取虚拟货币所对应的公钥与私钥,这两者只是计算机系统随机生成的英文与数字的组合,其根本目的是通过公钥与私钥转移他人对虚拟货币的占有,并取得虚拟货币带来的财产性利益,故仅认定其非法获取计算机信息系统数据不足以评价其犯罪行为。虚拟货币虽然并无实体,但其具有与股份、股票、债券相同的财产属性,可以认定为刑法所保护的财物。故罗业荫将他人控制的虚拟货币非法占有的行为,亦构成盗窃罪。

第三,被告人罗业荫非法获取计算机信息系统数据,其违法所得超过 25 000元、造成经济损失超过 50 000 元,根据相关司法解释,应当认定为情节特别严重。被告人罗业荫盗窃泰达币 189 万余枚,由于现行法律及司法解释对于盗窃具有特别严重情节的规定并未包含本案所指控罗业荫的犯罪行为,故法院不予认定被告人罗业荫盗窃情节特别严重。考虑到罗业荫将泰达币兑换以太坊后,又将以太坊兑换人民币,实际获利约 90 万元,可以参考相关司法解释,根据销赃数额认定盗窃数额,应当认定盗窃数额特别巨大。比较两罪的量刑,盗窃罪的法定刑范围更重。

据此,一审法院依照《中华人民共和国刑法》第二百六十四条,第二百八十七条,第六十七条第三款和第六十四条之规定,判决被告人罗业荫犯盗窃罪,判处有期徒刑十二年,并处罚金人民币五十万元。

一审宣判后,被告人不服,提起上诉。后申请撤回上诉,二审法院裁定准许。一审判决已发生法律效力。

点 评

互联网的飞速发展极大便利了人们的生活,同时也对保护公民财产安全和确保社会秩序稳定提出了更高的要求。网络虚拟财产作为依托于互联网而存在的新型财产,在生活实践中得到了广泛的应用。但与此同时,犯罪行为也逐渐向网络空间蔓延,近年来,网络用户的虚拟财产遭到诈骗和盗窃的案件越来越多,如何保护网络虚拟财产更成为刑法理论和实务界讨论的重中之重。本案属于通过侵入计算机信息系统后窃取虚拟货币的犯罪,因而对于虚拟货币法律属性的认定、行为人窃取行为的性质认定等都至关重要地牵涉到罪名的确认。

第一,网络虚拟财产的性质。首先,网络虚拟财产的确是由一系列 0/1 字符组成的电子数据,其本质是信息。网络虚拟财产虽然无形,但能够通过存储于计算机中的 0/1 代码反映其存在,具有客观实在性的电子数据。并且它能够根据不同的指令和排列组合,展现出不同的动态结果,通过用户和管理员的操作,与现实的社会发生关系,故网络虚拟财产具备客观性。其次,比特币、以太坊、泰达币等代币可以被用户通过购买或交换等方式获取,具有一定的使用价值和交换价值。再次,比特币、以太坊、泰达币具有一定稀缺性。最后,用户的比特币、以太坊、泰达币等一般都存在于自己账号中,由用户自行设置的密码保障其存在并由此实现占有,也可以随意买卖、交换、赠送、删除它们,即可以单方面处分自己的网络虚拟财产而不需要其他任何人的配合,因此,网络虚拟财产也具备可控性。综上所述,网络虚拟财产具有客观性、价值性、稀缺性和可控性,符合财产属性的典型特征。但窃取行为是否构成侵犯财产罪,仍要从刑法的视角来判断网络虚拟财产是否属于刑法上的"财物",以及窃取行为是否符合侵财犯罪的构成要件。尤其是要注意《关于进一步防范和处置虚拟货币交易炒作风险的通知》中对于虚拟币"不具有与法定货币等同的法律地位""不具有法偿性,不应且不能作为货币在市场上流通使用"等定位。我国《刑法》第九十二条对公民的私有财产范围作出了规定,并且留下了"等其他财产"的规定,网络虚拟财产是随着网络社会的发展诞生的,笔者认为将一般网络虚拟财产解释为财物是刑法允许的扩大解释。因为一般网络虚拟财产也具备公私财物的基本特征,首先,用户可以向运营商或其他用户购买比特币、以太坊、泰达币,以及将它们转卖换取现实货币,这体现了它们和普通财物一样具有流转性。其次,用户也可以像管理普通银行账户一样,通过密码对账户内记载的比特币、以太坊、泰达币等进行管理。再次,无论是用户直接购买或是通过投入一定时间玩游戏、挖矿写代码等方式取得的虚拟财产,可以在某些交易市场兑换成现实货币,它已经和现实商品一样拥有了交换价值。所以综上所述,合法获取的网络虚拟财产可以被评价为刑法上的财物。

第二,对于非法获取网络虚拟财产的行为在刑法上如何认定。一方面,一般窃取行为满足盗窃罪的客观要件,即"秘密"和"拿走"要件。在针对传统财物的盗窃中,窃取行为要破坏他人的占有,进而建立新的占有。传统财产的占有是一种密切控制占有,而对网络虚拟财产虽然不能像现金一样放入口袋,但用户通过账号密码来实现对它的控制,不可否认用户仍然占有着虚拟财产。刑法不仅保护紧密占有,也保护观念占有,这反映了刑法所保护的利益是事物背后的社会关系,即对一种平和状态的维护。而一般窃取行为的具体表现为:采用秘密的方式,利用自己掌握的账号和密码或系统漏洞进入他人计算机系统账户,转移被害人账户内记载的虚拟财产,然后在交易市场或向个人兜售牟利。这样的行为模式完全符合盗窃罪"秘密窃取""破坏控制、建立占有"的客观要件。另一方面,一般窃取行为也符合盗窃罪的主观要件。盗窃罪的主观方面要求行为人意识到财物的存在和相应的价值,当然还要有对财物的据为己有的意识,即窃取行为人认识到该游戏装备、虚拟货币价值不菲,能够引起其犯意,才会实施窃取行为。而窃取之后,行为人一般会转售他人换取现实货币,也表明行为人有非法占有目的。

本案中,从一般网络虚拟财产的财物属性和行为的构成要件出发,窃取行为致使被害人财产损失,属于刑法规制的侵害个人财产法益的行为,与传统盗窃相比并无二致,故这类行为应当构成盗窃罪。但在处理上要注意的是,虚拟币的价格如何认定。虚拟币的涨跌情况和一般物品有较大差别,呈现不稳定状态,但是总体上每日的价格仍有一个相对固定的区间,类似于股票、期货等有价证券。如果据此认为虚拟币无法估价,从而适用本市盗窃司法解释以销赃价格认定盗窃数额,则是否存在降格认定是值得思考的。当然,从本案的具体情况来看,如果认为行为人盗窃了一千余万的财产,也可能导致罪刑不相适应。可以进一步考虑的是,是否以《关于进一步防范和处置虚拟货币交易炒作风险的通知》为依据,从虚拟币不具有货币的法律地位角度出发,论证虚拟币无法估价等值得讨论。

第三,对于利用技术手段与计算机类犯罪想象竞合时按盗窃罪处理。作为网络空间侵害财产犯罪的主要形式,窃取网络虚拟财产不仅侵害了公私财产的所有权,也扰乱了计算机信息系统的秩序。因此,该类行为的定性不能仅考虑单一法益,而要从多重法益角度对行为的性质予以综合评判,选择适当的罪名。现实中也不乏采用技术手段获取网络虚拟财产的案例,若此时仍然只认定行为人构成盗窃罪或者计算机类犯罪一罪在一定程度上是以偏概全,没有将行为侵害的法益进行完整评价。本案中,被告人罗某某获取泰达币后,迅速将泰达币通过交易平台兑换为比特币及以太坊。其中部分以太坊兑换为人民币;部分以太坊用于支付与他人签订的软件服务合同;部分比特币存储于其电子钱包内。这是对他人网络虚拟财产的侵犯,应当构成盗窃罪。此时由于行为人的手段行为有导致用户或运营商计算机信息系统瘫痪的可能性,网络信息系统安全这一社会秩序法益也遭受了侵害。所以在利用技术手段时,行为人不仅侵害了权利人的个人法益,也侵害了社会秩序法益,应当根据行为的具体情节定性为盗窃罪与计算机类犯罪的想象竞合犯,由于罗业药侵入计算机信息系统后,未经服务器管理者同意获取管理权限并侵入服务器,以及获取虚拟货币的公钥及私钥并转移虚拟货币的占有,其行为还应构成非法获取计算机信息系统数据罪。想象竞合是根据构成的多个罪名选择量刑最重的罪名作为最终定性,由于盗窃罪的法定量刑比计算机类犯罪重,所以仍按盗窃罪论处,如此定性不仅完整评价了行为侵害的法益,也能做到罪刑相适应。

上述案例只是司法实践的一个缩影,可见时至今日,关于此类案件的刑法定性仍然饱受争议,如何正确处理此类案件,认为应当对网络虚拟财产进行必要分类,从产生方式看财物属性,从行为模式看行为定性。在对司法实践进行案例透视以及对相关理论研究进行审慎的思考后,得出结论。本案的处理不仅能够准确反映网络虚拟财产的财物属性,也能准确评价窃取行为侵害的法益,量刑也能与罪责相适应,实现罚当其罪。为之后此类案件的研判提供指引。

案例提供单位:上海市静安区人民法院

编写人:顾正仰

点评人:张　栋

79. 马某、庄某抢劫犯罪不再追诉案

——被告人无逃避侦查或者审判行为的应受追诉期限限制

案 情

公诉机关上海市金山区人民检察院

被告人马某

被告人庄某

1992 年 11 月 4 日,被告人马某、庄某及同案犯张述君等六人为霸占市场生意,经事先预谋,携带匕首至被害人孟某的住处,采用持刀胁迫、殴打的方式逼迫孟某及其家人交出钱财,共劫得现金约 800 元,马某等人携款坐车离开现场。孟某报案后,马某等人乘坐的车辆被公安机关拦截,六人弃车四处逃窜,其中马某、庄某逃脱后返回户籍地;张述君被当场抓获,后供述了同案犯的姓名、年龄、家庭情况、住址等,公安机关据此对六人立案。1992 年 11 月 20 日,案发地公安机关向马某、庄某等五人户籍地发函协查,但因马某、庄某二人作案时均使用小名,故户籍地公安机关当时未获知二人真实姓名,于 1993 年 3 月 17 日回函称查无此人。1994 年,马某、庄某户籍地派出所找到该二人,询问了案件相关情况,并向二人各收取 8 000 元保证金,要求随叫随到,但未办理取保候审等手续。马某在户籍地生活了 27 年,庄某在户籍地生活了 15 年,后外出务工。

2019 年 11 月 25 日,因案外人举报,被告人马某、庄某被案发地公安机关抓获。2020 年 3 月,公诉机关对该案提起公诉。

审 判

一审法院经审理后认为,《刑法》第八十八条规定立案侦查或者受理案件后逃避侦查或者审判,不受追诉期限限制,其实践意义在于督促司法机关积极办案,避免长期将案件久拖不决。如果立案或者受理案件后,行为人没有逃避侦查或者审判,而有关机关因自身原因长期不开展侦查取证、起诉、审判工作,明显超过追诉期限的,则仍应依法受到追诉期限的限制。本案中,同案犯张述君案发当日被案发地公安机关抓获后交代了被告人马某、庄某的年龄、家庭情况、住址等信息,但侦查机关在 1993 年收到户籍地公安机关"查无此人"的回复后未再进一步开展调查取

证工作。后续 1994 年马某、庄某的户籍地派出所向二人了解了案件情况并收取了 8 000 元保证金,要求被告人随叫随到,但亦未与案发地公安机关进一步取得联系。案件直至 2019 年 11 月因案外人举报而再次启动追诉活动,明显超过追诉期限,其间被告人在户籍地正常居住、生活,无逃避侦查或者审判行为,故该案虽于 1992 年已立案侦查,但仍应受追诉期限限制,至案件重新启动追诉活动时,已超过 20 多年,应认定为已过追诉期限。

根据《中华人民共和国刑法》第十二条的规定,对被告人马某、庄某犯罪行为应适用 1979 年《中华人民共和国刑法》第一百五十条第一款的规定,其法定刑为三年以上十年以下有期徒刑;追诉期限为十五年。被告人马某、庄某实施上述抢劫行为后长期在户籍地生活,至 2019 年 11 月 25 日被抓获时,其犯罪已过追诉时效期限,并且不是必须追诉或者经特赦令免除刑罚的情景。据此,一审法院裁定终止对被告人马某、庄某案件的审理。

点 评

在刑事犯罪中,追诉时效常引发定罪量刑的争议性问题。一旦案发时的刑事实体或程序法律规范有所变化,因时效制度与新旧法律中对应的规范条文,就会造成具体案件规则适用的不同情况,同时司法实务与理论,对于规范结论的得出也往往存在分歧。本案涉及对案件是否已过追诉时效的认定,对此的实践问题厘清的意义自不待言。

首先,应当厘清追溯时效制度的本质。关于刑事追诉时效制度究竟是刑事实体还是刑事程序问题,一直存在较大争议。从刑事追诉的程序启动和超过时效期限的法律意义来看,刑事追诉时效与刑事程序法密切相关。这是因为,刑事追诉活动是刑事程序现实运行的开端,只有在追诉时效期限之内的刑事程序才能正常进行,而如果案件已经超过追诉时效期限,则意味着刑事追诉程序的终结,抑或刑事追责程序的停止启动。但刑事追诉时效与刑事实体法同样难以分割。原因在于,刑事追诉时效背后牵涉的是刑罚权的合法性问题,刑事案件发生之后只有拥有正当的刑罚追诉权,才能启动刑事诉讼程序,否则所谓的刑事程序运行根本就无从谈起。追诉时效具有不可忽视或者更为根本的刑罚实体属性,刑事追诉以国家刑罚权的配置与发动为内核,以督促国家积极行使追诉权为内在旨意。

其次,刑事追诉时效应以追诉权为实质根据进行把握。刑事追诉时效的核心在于督促刑事公权力及时有效地行使刑事追诉权。单纯依靠刑罚苛厉性的制裁已然并不符合刑罚理性时代所需。除了惩罚的严厉后果之外,刑罚的必要性与及时性是刑罚功能发挥的重要方式。而且,刑罚的必要性脱离不了及时性,因为必要性强调的是犯罪之后的刑罚不可避免性,而及时性影响刑事责任的惩罚与教育功能的有效发挥,如果现实的刑罚遥遥无期,那么刑事责任对被告人的惩罚与教育程度必将因此而严重受挫。因而,刑事追诉时效具有督促刑事公权力运行的内在意蕴,这也是超过特定期限之后不得追究他人刑事责任的根据所在。原因在于,在犯罪成立之后的时间跨越过长而无责任追究因素存在的情形下,公权力行使的必要性就逐渐趋弱乃至消失。

本案中,被告人马某某、庄某某在实施犯罪行为后返回户籍地正常生活,在户籍地公安机关找到二被告人询问案件情况时亦无积极、主动、明显的逃避行为,并按要求交纳保证金,但有关机关因自身原因长期不开展侦查取证、起诉、审判工作,因而两被告人可能不宜再受到刑事追诉,这是对追诉权的运行空间的合理限制,即超过较长期限未追诉且符合法定条件的,不能以追究刑事责任为名而在后期随意地再行介入。这也督促公安司法机关追诉活动的及时启动与运行,公安司法应在犯罪发生之后充分行使公权力并调动刑事资源,启动刑事追诉程序并对刑事案件进行侦查,使犯罪嫌疑人通过看得见的刑事诉讼过程来得到应得的惩罚,否则就会出现对已然实施犯罪的行为人将因时效制度而无法追究其刑事责任的情形。

本案结合追诉期限制度的立法本意与司法实践,裁定对相关被告人终止审理,对今后类似案件的审理具有一定的参考意义。

案例提供单位:上海市金山区人民法院

编写人:陈德锋　周丹辉

点评人:张　栋

80. 钱月明容留他人吸毒再审案

——再审改判后原判实行数罪并罚的漏罪判决纠错方式和新旧案刑罚并罚适用规则

案 情

公诉机关上海市杨浦区人民检察院

被告人钱月明

上海市杨浦区人民法院(以下简称杨浦法院)于 2012 年 5 月 16 日作出(2012)杨刑初字第 331 号刑事判决。判决查明,原审被告人钱月明在 2012 年 3 月 19 日至 20 日间,为招揽生意,在其经营的棋牌室先后容留八人吸食甲基苯丙胺。判决认定,原审被告人钱月明犯容留他人吸毒罪,公诉机关指控的罪名成立,依法应予惩处;被告人钱月明系累犯,依法应当从重处罚,其到案后能如实供述自己罪行并自愿认罪,依法可以从轻处罚。原审法院判处被告人钱月明有期徒刑一年八个月,并处罚金人民币 2 000 元。该判决已经发生法律效力。

2020 年 10 月 10 日,上海市人民检察院第二分院提出抗诉,认为(2012)杨刑初字第 331 号刑事判决遗漏原审被告人钱月明 1995 年犯贩卖毒品罪的前科,未认定钱月明系毒品再犯,属于适用法律错误致量刑不当,有依法纠正必要。2020 年 11 月 3 日,上海市第二中级人民法院作出再审决定书,指令杨浦法院再审。

再审法院再审查明的犯罪事实与原审判决认定的事实一致。

再审另查明,1995 年 2 月 20 日,杨浦法院作出(1995)杨刑初字第 79 号刑事判决,认定被告人钱月明犯贩卖毒品罪,判处有期徒刑一年六个月,并处罚金人民币五百元。原审判决(2012)杨刑初字第 331 号生效后,杨浦法院于 2012 年 10 月 15 日作出(2012)杨刑初字第 767 号刑事判决,认定被告人钱月明犯寻衅滋事罪,判处有期徒刑一年三个月,与前罪犯容留他人吸毒罪,判处有期徒刑一年八个月,罚金人民币 2 000 元合并,决定执行有期徒刑二年六个月,罚金人民币 2 000 元。刑期自 2012 年 3 月 20 日起至 2014 年 9 月 19 日止,除罚金外已执行完毕。2020 年 11 月 11 日,杨浦法院作出(2020)沪 0110 刑初 1254 号刑事判决,认定被告人钱月明犯开设赌场罪,判处有期徒刑十个月,罚金人民币一万元,刑期自 2020 年 7 月 22 日起至 2021 年 5 月 21 日止,被告人钱月明尚未缴纳罚金。

被告人钱月明对原审法院判决认定的犯罪事实、罪名以及再审中检察机关补充的前科情况均无异议。

被告人钱月明的辩护人对原审法院判决认定的犯罪事实、罪名以及再审中检察机关补充的前科情况均无异议。提出如下辩护意见:(1)原审被告人钱月明到案后,能如实供述自己罪行,历次供述均稳定一致,具有坦白情节,根据《刑法》第六十七条第三款,可以从轻处罚。(2)可能是受当时信息技术条件的限制,公安机关、检察机关未发现钱月明 1995 年因贩卖毒品罪被判处有期徒刑的前科情况,但无论是在原审审理,还是在再审庭审中,钱月明都是自愿认罪悔罪。希望考虑本案特殊性,本着宽严相济的原则,充分考虑原审被告人上述从轻处罚的量刑情节,对其依法从轻处罚。

审 判

再审法院经审理后认为,原审被告人钱月明容留多人吸食甲基苯丙胺,其行为已构成容留他人吸毒罪,依法应予惩处。原审定罪正确,再审予以确认。原审认定原审被告人钱月明构成累犯无误。原审被告人钱月明因贩卖毒品罪被判过刑,后又犯容留他人吸毒罪,系毒品犯罪再犯,原公诉机关及原审均未能查明其毒品犯罪前科情况,导致原审判决未能认定毒品犯罪再犯情节,适用法律错误。鉴于原审被告人钱月明构成毒品犯罪再犯,同时又构成累犯,依法应当从重处罚,原量刑不当,应予纠正,上海市人民检察院第二分院抗诉理由成立。原审被告人钱月明在原审中就 1995 年 2 月因犯贩卖毒品罪而被定罪量刑的事实未作供述,不能认定具有如实供述罪行的情节而予以从轻处罚,辩护人认为其具有坦白情节可以从轻处罚的意见,不予采纳。(2012)杨刑初字第 767 号刑事判决中,基于原审被告人钱月明犯容留他人吸毒罪的原判刑罚与犯寻衅滋事罪所判刑罚实行并罚的部分,应当予以撤销,并依据再审改判后的刑罚重新依法并罚。鉴于被告人钱月明 2020 年 11 月因犯开设赌场罪被判处有期徒刑十个月和罚金人民币一万元的刑罚尚未执行完毕,前述重新并罚后的刑罚,应与之再行合并,决定执行的刑罚。已经执行的刑期,应当折抵。为严肃国法,维护社会管理秩序,再审法院再审判决:一、维持(2012)杨刑初字第 331 号刑事判决第二项;二、撤销(2012)杨刑初字第 331 号刑事判决第一项;三、撤销(2012)杨刑初字第 767 号刑事判决第一项中的数罪并罚部分,即"与前罪犯容留他人吸毒罪,判处有期徒刑一年八个月,罚金人民币二千元合并,决定执行有期徒刑二年六个月,罚金人民币二千元";四、原审被告人钱月明犯容留他人吸毒罪,判处有期徒刑二年,罚金人民币四千元,与(2012)杨刑初字第 767 号刑事判决犯寻衅滋事罪所判处的有期徒刑一年三个月合并,决定执行有期徒刑二年九个月,罚金人民币四千元,与(2020)沪 0110 刑初 1254 号刑事判决犯开设赌场罪判处的有期徒刑十个月,罚金人民币一万元合并,决定执行有期徒刑三年六个月,罚金人民币一万四千元。

宣判后,被告人、检察机关均未提出上诉、抗诉,判决已发生法律效力。

点 评

数罪并罚作为一种量刑原则,其正当性依据主要体现为符合刑事政策、形式公平和实质正义。本案涉及再审改判后依原判实行数罪并罚的漏罪判决纠错和新旧案刑罚并罚适用规则等问题,其关键仍然在于对数罪并罚这一量刑规则的深刻理解。

首先,数罪并罚的"效率因素"。数罪并罚中的数罪,是犯罪行为人实施的数个罪行,虽然行为人在犯数个罪行时的主观恶性不一定相同,数个罪行在犯罪构成上相对独立,但因数个犯罪有前后的连续性等因素,可以对其所犯数罪进行合并处罚,综合评价其所犯的数罪及其宣告刑,最终多个刑事责任合为一个刑事处罚。但数罪并罚并非简单的罪刑累加,而是在考虑惩罚、教育效应和执行刑罚的可操作性后进行综合评判。从经济原则来看,数罪并罚制度原本应该是一种节省司法资源的方案,它使得诉讼成本降低,结案速度加快,单位时间内的诉讼效益增高,行为人所犯数罪若适用数罪并罚,数罪便处于同时进行裁判的状态,将数罪进行一并处理将简化司法程序,提高裁判和执行的效率,同时往往对行为人来说也有一定程度上的刑罚减免。但对原判决后发现行为人的余罪和新犯的罪不加区分地适用数罪并罚,不仅不能节约司法资源,反而会动摇之前的生效判决,影响法院判决的既判力。因此,进行数罪并罚时,既要考虑如何根据各个罪的轻重合并出一次性法律评价,又要考虑如何能够使决定执行的刑罚顺利地付诸执行,最终体现其刑事责任评价上的正义效果,实现其打击犯罪行为的实际效果。我国立法对数罪并罚作出了一定的限制性规定,反映了立法对诉讼成本和可行性的考量,对于极易增加诉讼成本和审判、执行难度的情况,没有必要纳入数罪并罚的范围之中。

本案中在对漏罪判决中数罪并罚部分采用"不启动再审程序,而是在前罪再审判决中一并撤销漏罪判决中所涉数罪并罚部分的内容"进行纠错,正是从兼顾公正与效率原则出发,可以让司法资源配置更加优化,让司法纠错更为高效。当然,需要注意的是,漏罪判决并非无误。前罪遗漏前科再犯等情节,可能会影响漏罪和后罪的量刑。如果该影响达到一定程度的,可能仍应以公正为先。

其次,数罪并罚的计算方式。针对刑法中未明确规定的非典型情形下数罪并罚的适用规则,应当综合考虑《刑法》第七十条和第七十一条的本质。"先减后并"

的刑期计算方式,最后实际执行的刑期,有可能超过刑法数罪并罚规定的法定最高刑期,因而处罚要重于"先并后减"的刑期计算方式。这两种计算方式体现了立法者对新罪、漏罪不同的惩戒态度。对于行为人又犯新罪的情况,行为人在经过一段时间的服刑改造后又犯新罪,说明行为人具有抗拒改造的主观思想,人身危险性较大,因此在处理时一般采取相对较重的"先减后并"的刑期计算方式,使最后实际执行的刑期有可能超过法定的数罪并罚最高刑期。采用"先减后并"的刑期计算方式,行为人在刑罚执行期间又犯新罪的时间,与实际执行的刑期的期限成反比例关系,也就是说,行为人犯新罪的时间距离前判案件执行完毕的时间越近,最后实际执行的刑期就越长。对于司法机关发现行为人的漏罪的情况,行为人虽然曾试图隐瞒其部分犯罪事实,但漏罪毕竟属于过去发生的"旧账",因此在处理时一般采取相对较轻的"先并后减"的刑期计算方式。

本案中鉴于再审判决中被告人容留他人吸毒罪与漏罪寻衅滋事罪的数罪并罚结果如何与正在执行的个罪即开设赌场罪的刑罚再次合并,缺乏具体的法律规定,应遵循刑法的谦抑性原则,从有利于被告人出发,采取先并后减的量刑规则。另外,在前次数罪并罚执行完毕后再犯开设赌场罪,由于再审导致犯罪行为先后顺序发生了改变,该开设赌场罪相对于前两罪也难以认为构成《刑法》第七十一条认定的新罪,因此也不宜扩大解释。

数罪量刑在司法实践中应用极多,其量刑结果与一罪量刑的结果相比若不能轻重有别,会让民众对司法公正产生怀疑,影响司法公信力。因此,对数罪量刑原则的立法设计应在公正性的基础上考虑实践中量刑操作的效率问题,并结合我国刑罚结构和刑罚执行现状确定量刑原则。本案为之后数罪并罚的理念和适用起到了良好的指引作用。

案例提供单位:上海市杨浦区人民法院

编写人:马霄燕

点评人:张　栋

81. 深圳市大展鸿途科技有限公司、 李虹梁等破坏计算机信息系统案

——非法增加计算机信息系统处理的 核心数据等行为的司法定性

案 情

公诉机关上海市闵行区人民检察院

被告单位(上诉人)深圳市大展鸿途科技有限公司

被告人李虹梁

被告人张敏

被告人(上诉人)胡雷

被告人何佳伟

被告人丁昌胜

被告人黄玉根

2016 年 10 月,被告深圳市前海鸿途科技有限公司在广东省深圳市成立,后更名为深圳市大展鸿途科技有限公司(以下简称大展鸿途公司)。该公司主要经营网络系统的技术开发与销售、计算机技术服务及技术咨询、计算机系统集成的调试及维护等业务。被告人李虹梁系该公司实际控制人,全面负责公司的经营活动。

2017 年年初,被告单位大展鸿途公司在手机安卓端、iOS 端分别推出名为"全能车""全能车 PRO"APP,因上述 APP 能解锁市面上"哈啰单车""摩拜出行""青桔单车"等多个品牌共享单车,吸引大量用户注册并交纳押金、支付使用费。被告人李虹梁系该公司实际控制人,起意创设并全面负责"全能车"项目;被告人张敏担任该公司研发部技术总监,负责"全能车"项目的技术研发与维护;被告人胡雷担任该公司研发部下属服务器后端组组长,主要负责对"全能车"项目后端服务器程序、数据库等进行研发和维护;被告人何佳伟根据被告人张敏、胡雷等的要求,采用反编译上述品牌共享单车 APP、抓包等方式,非法获取品牌共享单车 APP 与所属公司后台服务器之间传输的数据包要素、编写规则、接入端口等;服务器后端组成员

被告人丁昌胜、黄玉根主要负责开发和维护全能车"卡池",利用他人实名注册的手机号及打码平台的虚拟手机号,大量注册购买品牌共享单车年卡、月卡账号,并保存和维护全能车 APP 注册用户共享的品牌共享单车年卡、月卡账号。

"全能车"注册用户使用"全能车"APP 扫描品牌共享单车二维码后,"全能车"APP 将获取的品牌共享单车的二维码、用户地理位置等信息发送至"全能车"后台服务器。"全能车"后台服务器程序再将上述信息与"全能车"APP 后台服务器"卡池"中对应品牌共享单车账号信息相结合,利用非法破解获得的各品牌共享单车APP 与服务器之间传输的数据包要素、编写规则等,组装、打包与各品牌共享单车后台服务器相匹配的请求开锁数据,通过"全能车"后台服务器发送至相应品牌共享单车的服务器,欺骗"哈啰单车""摩拜出行""青桔单车"等共享单车运营公司的服务器接收、校验通过上述请求开锁数据并发送开锁指令,非法许可"全能车"APP用户使用被害单位车辆。截至案发,该公司发展全能车 APP 注册用户共计 476 万余人,收取会员费 9 320 万余元,完成订单总数约 3.48 亿条。

2019 年 8 月 27 日,被告人李虹梁、张敏、胡雷、何佳伟、丁昌胜、黄玉根被公安机关抓获归案。公安机关对该公司位于深圳市南山区西丽同沙路 168 号凯达尔集团中心大厦 A 座 19 楼的经营场所进行搜查,当场扣押作案用电脑、硬盘若干。被告人张敏、胡雷、何佳伟、丁昌胜、黄玉根到案后如实供述了上述主要犯罪事实。被告人李虹梁拒不供认上述事实。

公诉机关认为,被告单位大展鸿途公司违反国家规定,对计算机信息系统中处理、传输的数据进行修改,造成计算机信息系统无法正常运行,非法获利巨大,后果特别严重,应以破坏计算机信息系统罪追究其刑事责任,属单位犯罪;被告人李虹梁、张敏、胡雷、何佳伟、丁昌胜、黄玉根犯罪行为,应以破坏计算机信息系统罪追究其刑事责任。提请法院依法审判。

被告单位大展鸿途公司对起诉书指控的事实和罪名均无异议。

被告人李虹梁辩称,其虽是公司实际控制人,但仅负责投资,不知道是谁安排开发"全能车"项目。其不懂技术,也没有具体参与"全能车"项目。

被告人李虹梁的辩护人提出以下辩护意见:(1)破坏计算机信息系统罪的对象是被害单位的计算机系统,而本案鉴定意见的检材全部来自"全能车"的系统,没有证据证实相关品牌共享单车计算机系统的数据受到修改、破坏。本案的证据也不能证实"全能车"项目造成相关品牌共享单车计算机系统不能正常运行。被告人李虹梁的行为不构成破坏计算机信息系统罪,应构成《刑法》第二百八十五条规定的非法获取计算机信息系统数据、非法控制计算机信息系统罪。(2)违法所得应当扣除违法成本,被告单位大展鸿途公司为"全能车"项目投入了巨额成本,目前没有证据证实"全能车"项目有违法所得。鉴定意见中的 9 000 多万元不能作为认定犯罪的依据。(3)被告人李虹梁当庭承认自己是公司的实际控制人,愿意按照法庭查明的事实认罪认罚。

被告人张敏对起诉书指控的事实和罪名均无异议。

被告人张敏的辩护人提出以下辩护意见:(1)相关司法鉴定意见仅仅就被告人开发的程序进行了鉴定,不能作为第三方平台计算机信息系统受到破坏的证据,也没有证据证明第三方平台的客户不能正常访问或使用该平台的 APP。(2)"全能车"项目的作用是骗取平台发送错误指令,未对第三方平台的系统功能进行删除、修改、增加或者干扰,造成第三方平台系统不能正常运行。构成破坏计算机信息系统罪,既要对数据,也要对应用程序进行操作。"全能车"项目也并未同时对第三方平台的数据和应用程序进行删除、修改和增加。被告人张敏的行为不符合破坏计算机信息系统罪的构成要件。"全能车"项目抓取、破译第三方平台数据,从而利用第三方平台发出指令,该行为更符合非法获取计算机信息系统数据、非法控制计算机信息系统罪的构成要件。(3)鉴定意见的检材来源不明,且鉴定意见中金额是会员购买金额。违法所得是指获利金额,会员购买金额没有扣除相应犯罪成本,不能用来作为指控犯罪的金额。(4)被告人张敏系从犯且有较好的认罪态度,建议对其减轻处罚并适用缓刑。

被告人胡雷辩称,其只是负责服务器的一部分工作,没有参与上架 APP 和破解。品牌共享单车的计算机信息系统不具备用户识别功能,"全能车"服务器后端只是把客户端发过来的账号整合数据后发给品牌共享单车的服务器,没有对品牌共享单车的数据进行修改,没有造成品牌共享单车 APP 的功能无法运行。

被告人胡雷的辩护人提出以下辩护意见:(1)相关品牌共享单车的平台、APP 均未受到破坏,也不具备识别骑行用户不匹配的功能,"全能车"的作用是骗取平台发送错误指令。被告人的行为不宜认定为破坏计算机信息系统罪。(2)鉴定意见认定的是会员购买金额,不应作为认定犯罪的金额。(3)被告人胡雷有坦白情节,主观恶性不大,建议法庭对其减轻处罚。

被告人何佳伟对起诉书指控的事实和罪名均无异议。

被告人何佳伟的辩护人提出以下辩护意见:(1)被告人何佳伟在共同犯罪中起次要作用,系从犯。(2)被告人何佳伟在审查起诉阶段已经认罪认罚,可以从宽处理。其系初犯、偶犯,主观恶性小,再犯可能性小,建议对其适用缓刑。

被告人丁昌胜对起诉书指控的事实和罪名均无异议。

被告人丁昌胜的辩护人提出以下辩护意见:(1)被告人丁昌胜只负责卡池业务,在共同犯罪中起次要、辅助作用,系从犯。(2)被告人丁昌胜到案后如实供述,认罪态度好,建议法庭对其从轻、减轻处罚。

审 判

一审法院经审理后认为,关于事实、证据认定,定罪、量刑分别评判如下。

一、关于事实、证据认定的相关问题

针对辩护人提出上海弘连网络科技有限公司计算机司法鉴定所出具的弘连司鉴〔2019〕计鉴字第 1045 号《司法鉴定意见书》的检材来源不明的辩护意见,经查,根据公安机关出具的《情况说明》,侦查人员于 2019 年 8 月 27 日至深圳大展鸿途公司办公场所对本案多名被告人实施抓捕,被告人张敏当场交代了该公司"全能车"项目的信息系统架设在阿里云服务器上。公安机关在依法搜查获得上述服务器的原始权限账号后,委托上海弘连网络科技有限公司计算机司法鉴定所对"全能车"项目的信息系统进行远程勘验,在线提取"全能车"服务器数据并对相关事项进行鉴定。上述司法鉴定意见的检材来源明确且鉴定程序合法,在本案中具备证据能力。根据法律的规定,可以用于证明案件事实的材料都是证据。公诉机关提交的上海弘连网络科技有限公司计算机司法鉴定所弘连司鉴〔2019〕计鉴字第 839 号《司法鉴定意见书》委托方虽为本案被害单位之一的钧正公司,但该鉴定意见与公诉机关指控的事实具有相关性且鉴定程序合法,不影响其在本案中的证据能力。辩护人的上述辩护意见,法院不予采纳。

针对相关被告人及辩护人提出的本案鉴定意见的检材全部来自"全能车"的系统,不能证实相关品牌共享单车计算机系统的数据受到修改、破坏,功能被删除、修改、增加或者干扰,也不能证实"全能车"项目造成相关品牌共享单车计算机系统无法正常运行的辩解和辩护意见,法院认为,上述《司法鉴定意见书》、钧正公司出具的《全能车识别逻辑》、摩拜公司出具的《全能车分析》以及相关品牌共享单车公司员工的陈述、本案各被告人的供述以及多名证人的证言能够相互印证,足以证实"全能车"后台服务器将重组的与各品牌共享单车后台服务器相匹配的请求开锁数据发送至品牌共享单车的服务器,品牌共享单车的服务器接收后并校验通过,再发出开锁指令。上述行为虽未对相关品牌共享单车计算机信息系统的数据进行修改、破坏,也未对其功能进行删除、修改、增加或导致其无法正常运行,但对相关品牌共享单车计算机信息系统中存储、处理的数据进行了增加的操作,并且干扰了其正常运行。上述被告人的辩解及辩护人的辩护意见,法院不予采纳。

二、关于定罪、量刑的相关问题

针对辩护人提出相关鉴定意见中的会员购买金额没有扣除相应犯罪成本,不能用来作为指控犯罪金额的辩护意见,法院认为,根据我国《网络安全法》的规定,任何个人和组织不得从事非法侵入他人网络、干扰他人网络正常功能、窃取网络数据等危害网络安全的活动。本案中相关品牌共享单车企业的 APP 与服务器之间

传输的数据以及服务器中所存储、处理的数据均受法律保护。被告单位大展鸿途公司未经许可,利用技术手段突破共享单车企业计算机信息系统的安全保护措施,擅自增加相关品牌共享单车企业后台服务器中存储、处理的数据,严重危害网络信息安全,被法律绝对禁止。因此,被告单位大展鸿途公司运营的"全能车"项目所收取的费用应全部认定为违法所得。"全能车"项目所获会员费收入客观上反映出上述行为造成损害的规模和程度,而开发、运营"全能车"项目的费用属于违法犯罪成本,并不能减轻上述行为造成的危害后果,故不应从违法所得中扣除。辩护人的相关辩护意见,一审法院不予采纳。

针对相关辩护人提出被告单位及各名被告人的行为构成非法获取计算机信息系统数据、非法控制计算机信息系统罪,不构成破坏计算机信息系统罪的辩护意见,法院认为,计算机信息系统的"数据"或者"应用程序"被破坏,均会对计算机信息系统安全造成损害。从刑法条文文义及保护计算机信息系统功能和数据安全的角度而言,对《刑法》第二百八十六条第二款"对计算机信息系统中存储、处理或者传输的数据和应用程序进行删除、修改、增加的操作"的规定,应理解为"数据""应用程序"均可以单独成为犯罪对象,并不要求行为同时破坏数据和应用程序。被告单位大展鸿途公司的行为虽未造成品牌共享单车公司的服务器不能正常运行,但其破解相关共享单车企业后台服务器的安全保护机制,非法增加品牌共享单车企业服务器储存、处理的数据,违法所得达 9 320 万余元,符合《刑法》第二百八十六条第二款的规定,构成破坏计算机信息系统罪,且属后果特别严重。被告单位大展鸿途公司为向品牌共享单车公司的服务器发送开锁请求数据,通过网络抓包、反编译 APP 等技术手段,非法获取并解密相关品牌共享单车 APP 与其服务器之间的通信数据,还构成非法获取计算机信息系统数据罪。被告单位大展鸿途公司非法获取计算机信息系统数据行为与破坏计算机信息系统行为是手段与目的关系,可从一重罪处断,以破坏计算机信息系统罪定罪处罚。辩护人的相关辩护意见,一审法院不予采纳。

综上,一审法院认为,被告单位大展鸿途公司违反国家规定,对计算机信息系统中存储、处理的数据进行增加的操作,违法所得共计 9 320 万余元,后果特别严重,构成破坏计算机信息系统罪,且属单位犯罪。被告人李虹梁系被告单位直接负责的主管人员,被告人张敏、胡雷、何佳伟、丁昌胜、黄玉根系其他直接责任人员,其行为均已构成破坏计算机信息系统罪,且属共同犯罪。公诉机关指控的罪名成立。被告人李虹梁在共同犯罪中起主要作用,是主犯,应当按照其参与的全部犯罪处罚;被告人张敏、胡雷、何佳伟、丁昌胜、黄玉根在共同犯罪中起次要、辅助作用,系从犯,依法减轻处罚。被告人李虹梁在缓刑考验期内犯新罪,应当撤销缓刑,实行数罪并罚。被告人张敏、胡雷、何佳伟、丁昌胜、黄玉根到案后如实供述自己的罪行,系坦白,依法可以从轻处罚。被告人张敏、何佳伟、丁昌胜、黄玉根自愿认罪认罚,可以依法从宽处理。被告人李虹梁虽当庭表示愿意承担相应法律责任,但并未如实供述自己的罪行,不应适用认罪认罚从宽制度。辩护人建议对其从宽处理的相关辩护意见,法院不予采纳。综合考虑本案被告人何佳伟、丁昌胜、黄玉根的犯罪事实、性质、社会危害程度、悔罪表现等,可对其适用缓刑。辩护人与此相关的辩护意见,法院予以采纳。据此,法院依照《中华人民共和国刑法》第二百八十六条第二款、第四款、第三十条、第三十一条、第二十五条第一款、第二十六条第一款、第四款、第二十七条、第六十七条第三款、第七十二条第一款、第七十三条第二款、第三款、第七十七条第一款、第六十九条第一款、第五十二条、第五十三条、第三十七条之一第一款、第六十四条、《中华人民共和国刑事诉讼法》第十五条之规定,判决:一、被告单位深圳市大展鸿途科技有限公司犯破坏计算机信息系统罪,判处罚金人民币五百万元;二、被告人李虹梁犯破坏计算机信息系统罪,判处有期徒刑十年;撤销长沙铁路运输法院(2017)湘 8601 刑初 16 号刑事判决书判决主文第二项被告人李虹梁犯破坏计算机信息系统罪,判处有期徒刑一年,缓刑二年的缓刑部分;决定执行有期徒刑十年六个月;三、被告人张敏犯破坏计算机信息系统罪,判处有期徒刑四年;四、被告人胡雷犯破坏计算机信息系统罪,判处有期徒刑三年;五、被告人何佳伟犯破坏计算机信息系统罪,判处有期徒刑二年,缓刑三年;六、被告人丁昌胜犯破坏计算机信息系统罪,判处有期徒刑二年,缓刑三年;七、被告人黄玉根犯破坏计算机信息系统罪,判处有期徒刑二年,缓刑三年;八、禁止被告人李虹梁自刑罚执行完毕之日或者假释之日起五年内从事信息传输、软件和信息技术服务相关职业。

一审判决后,被告单位大展鸿途公司、被告人胡雷不服,提出上诉。

上诉人大展鸿途公司上诉称,其未对共享单车企业计算机信息系统的数据进行修改、破坏,也未对其功能进行删除、修改、增加导致其无法正常运行,其行为不构成破坏计算机信息系统罪,而应构成非法获取计算机信息系统数据、非法控制计算机信息系统罪。上诉人胡雷上诉称,其行为应构成非法获取计算机信息系统数据罪。

二审法院经审理后认为,一审判决认定事实清楚,证据确实、充分,定罪准确,量刑适当,审判程序合法,裁定驳回上诉,维持原判。

点 评

就网络犯罪立法的纵向沿革来看,非法侵入计算机信息系统罪与破坏计算机信息系统罪是最早被立法确立的网络犯罪罪名,但两者相较而言,后者是司法实践中针对危害计算机信息系统安全更为常见的罪名。为更好地发挥破坏计算机信息系统罪打击犯罪和保障自由的刑法功能,应注意对破坏计算机信息系统罪进行准确认识。

首先,破坏计算机信息系统罪的保护法益,应当是计算机信息系统的正常运行。这里保护法益的直接指涉对象是计算机信息系统本身,而不是计算机信息系统的数据处理结果。换言之,仅仅只是外在地、间接地影响了计算机信息系统的数据处理结果,而并未直接影响计算机信息系统本身,不宜认定构成本罪。另外,破坏计算机信息系统罪的保护法益并非计算机信息系统的不可侵犯性和形式完整性。一方面,由于我国《刑法》第二百八十五条第一款专门规定了非法侵入计算机信息系统罪,从体系解释的角度来看,破坏计算机信息系统罪所规制的显然并非仅仅非法侵入计算机信息系统的行为。另一方面,仅仅损害了计算机信息系统形式完整性的行为,也不能构成本罪。破坏计算机信息系统罪的构成要件行为采用了"删除""修改""增加"的表述,而未直接使用"破坏"的概念,字面上并没有特别强调行为的毁弃性特征,如果仅对其进行形式性解读,容易将本罪的保护法益理解为计算机信息系统的形式完整性。但这样一来,破坏计算机信息系统罪成了一种门槛极低的罪名,背离了立法设置初衷。因此,应对该罪保护法益加以限定和明确,否则将可能在司法实践中被不当拓展为一种妨害业务类的犯罪。

其次,对计算机信息系统正常运行的影响,必须达到一定的严重程度,但又并不必然要求造成根本性、不可逆的损害后果。一方面,通过删除、修改、增加、干扰的方式来影响计算机信息系统正常运行的行为非常宽泛,因此立法者为《刑法》第二百八十六条前三款行为都设置了违法性程度要件。这意味着,即使相关行为初步符合构成要件类型,但是如果法益侵害程度轻微也不构成本罪。但是另一方面,也不能极端化地认为,本罪行为对计算机信息系统或计算机信息系统中的数据和应用程序的破坏必须达到彻底损毁的程度。理论上有观点认为,"在破坏计算机信息系统数据和应用程序的行为方式中,产生严重后果主要是指使用户重要的计算机数据和资料遭到不可恢复的严重破坏"。但这一理解过于苛刻,即使数据和应用程序遭受的是可恢复的破坏,也仍然可能构成本罪。

本案中,被告单位突破共享单车企业计算机信息系统安全防护措施,向品牌共享单车的后台服务器发送与各品牌共享单车后台服务器相匹配的请求开锁数据,属于对计算机信息系统中存储、处理、传输的数据进行增加操作的行为。这种开锁请求数据属于共享单车后台服务器处理的核心、关键数据,被告单位的上述行为严重影响了共享单车企业计算机信息系统主要功能的正常运行,并且被告单位违法所得达到了"后果特别严重"程度,符合破坏计算机信息系统罪的犯罪要件。

伴随信息网络技术与日常生活的深度融合以及互联网灰黑产业的不断扩张，破坏计算机信息系统罪的司法适用率迅速攀升。在此情形下，对于破坏计算机信息系统罪应从保护法益的重新定位，对破坏计算机信息系统罪的法教义学内涵进行系统阐述。

案例提供单位：上海市闵行区人民法院

编写人：黄红红　卢　进

点评人：张　栋

82. 王强等盗窃、掩饰、隐瞒犯罪所得案

——非法占有委托方自行保管的代为加工的产品的行为定性

案 情

公诉机关上海市松江区人民检察院

被告人王强

被告人杨学兵

2020 年 5 月 12 日 21 时 45 分许,被告人王强返回其就职的位于本区九亭镇连富路某号 3 楼的上海亭弗电子科技有限公司(以下简称亭弗公司)取物品时,发现同样位于 3 楼的上海芝柯智能科技有限公司(以下简称芝柯公司)仓库门未上锁,趁无人之际,窃得存放于该处的 STM32F405RGT6 型芯片 9 包(每包含 960 枚芯片)、RDA5856L 型芯片 6 包(每包含 1 500 枚芯片)、HR8826 型芯片 1 包(含 2 500 枚芯片)。上述物品价值合计 308 585 元。

2020 年 5 月 13 日 0 时许,被告人王强经事前联系,在松江区九亭镇久富路某宾馆将上述物品销赃给被告人杨学兵,得款 108 800 元。

2020 年 5 月 15 日,被告人王强主动至公安机关投案,并如实供述自己的罪行。2020 年 5 月 20 日,被告人杨学兵被公安机关抓获到案,到案后如实供述自己罪行。被告人王强在家属的帮助下已退出违法所得 108 800 元。

公诉机关认为,被告人王强以非法占有为目的,秘密窃取公私财物,数额特别巨大,其行为已构成盗窃罪;被告人杨学兵明知是犯罪所得而予以收购,情节严重,其行为已构成掩饰、隐瞒犯罪所得罪;被告人王强具有自首情节,可依法减轻处罚;被告人杨学兵到案后能如实供述自己的罪行,可依法从轻处罚,要求本院根据《中华人民共和国刑法》第二百六十四条,第三百一十二条第一款,第六十七条第一款、第三款的规定,对被告人王强、杨学兵予以处罚。

被告人王强对公诉机关指控的事实无异议,但辩称,其是利用职务便利非法占有了正由其所在单位进行加工的涉案芯片,故其行为应构成职务侵占罪。

被告人王强的辩护人提出如下辩护意见:(1)王强在职权上有权利去芝柯公司的仓库拿取物品,事实上其也确实利用了职权去上述仓库拿取了涉案芯片,且涉案物品的所有人是亭弗公司,故王强的行为应构成职务侵占罪;(2)芝柯公司采购涉

案三种芯片的价格均明显高于市场价格,应按市场价格来确定上述芯片的价格;
(3)王强具有自首情节,且已退出涉案物品,并取得被害单位的谅解,故希望法院对
王强从轻处罚,并适用缓刑。

被告人杨学兵对公诉机关指控的事实及罪名均无异议,且当庭表示自愿认罪
认罚。

被告人杨学兵的辩护人对事实及罪名均无异议,并认为杨学兵认罪态度较好,
到案后如实供述了自己的罪行,积极退出涉案物品,但认为芝柯公司采购涉案三种
芯片的价格均明显高于市场价格,应按市场价格来确定上述芯片的价格,希望法院
对杨学兵从轻处罚,并适用缓刑。

审 判

一审法院经审理后认为,被告人王强以非法占有为目的,秘密窃取公私财物,
数额特别巨大,其行为已构成盗窃罪。被告人杨学兵明知是犯罪所得而予以收购,
情节严重,其行为已构成掩饰、隐瞒犯罪所得罪。

关于被告人王强及其辩护人提出王强的行为构成职务侵占罪而不构成盗窃罪
的辩解及辩护意见,经查,芝柯公司与亭弗公司的办公场所虽均位于松江区九亭镇
连富路 559 号 3 楼,但芝柯公司有自己独立的仓库,且有专门的仓库管理员,故芝
柯公司对其仓库内的物品享有管理、占有等权利,亭弗公司则并无上述权利。事实
上,不论是亭弗公司的老板陈某,还是被告人王强都表示如到芝柯公司仓库拿取芯
片,一定要事先跟芝柯公司的仓库管理员金某某联系。因此,被告人王强对在芝柯
公司仓库内的芯片没有管理支配的职权。此外,即便芝柯公司委托亭弗公司加工
涉案芯片,但芯片的所有权仍应归属于芝柯公司,且芝柯公司实际管理、占有涉案
芯片,故被告人王强在未与仓库管理员联系的情况下,从芝柯公司的仓库内拿走涉
案芯片,不属于利用其职务便利侵占本单位财物的情形。据此,公诉机关指控王强
的行为构成盗窃罪的意见,于法有据,法院予以采纳,对被告人王强的相关辩解,不
予采信,对辩护人的相关意见,亦不予采纳。

关于被告人王强的辩护人及被告人杨学兵的辩护人提出芝柯公司采购涉案三
种芯片的价格均明显高于市场价格,应按市场价格来确定上述芯片价格的辩护意
见,法院认为,被盗物品的价值在有有效价格证明的情况下,应当根据有效证明确
定。本案中涉案的三种芯片均是芝柯公司对外采购取得,涉案芯片均有相应单价
(涉案 STM32F405RGT6 型芯片单价为 29 元、RDA5856L 型芯片单价为 5.1 元、
HR8826 型芯片单价为 4.85 元),且该单价有购销合同、产品销售合同、上海增值税
专用发票、网上银行支付凭证、证人证言等证据予以佐证。上述证据来源合法、客

观真实,并能相互印证,估价部门也是基于芯片价格明确而不予估价,故公诉机关以此认定涉案芯片价值 308 585 元的意见,并无不当,法院予以采纳。虽然辩护人提供了相关芯片价格的证据,但该证据来源于网络,并不能作为认定涉案芯片价格的有效证明,故法院对辩护人的相关意见,不予采纳。

据此,一审法院认为,公诉机关的指控成立。被告人王强具有自首情节,依法可以减轻处罚。被告人杨学兵到案后如实供述自己的罪行,依法可以从轻处罚。被告人王强、杨学兵当庭自愿认罪,且被告人王强在家属的帮助下退缴违法所得 108 800 元,并已取得被害单位的谅解,均可酌情从轻处罚。被告人王强、杨学兵的行为不符合适用缓刑的条件,对其辩护人的相关意见,不予采纳。综合考量各被告人的犯罪事实、情节、主观恶性以及社会危害性等,一审法院依照《中华人民共和国刑法》第二百六十四条,第三百一十二条第一款,第六十七条第一款、第三款,第六十四条,第五十二条,第五十三条第一款的规定,判决被告人王强犯盗窃罪,判处有期徒刑六年三个月,并处罚金人民币七千元;判决被告人杨学兵犯掩饰、隐瞒犯罪所得罪,判处有期徒刑三年,并处罚金人民币五千元。

一审判决后,被告人王强、杨学兵没有上诉,公诉机关没有抗诉,一审判决已生效。

点 评

职务侵占罪与盗窃罪的界分或者关系问题,不仅是刑法理论界长期关注的议题,也是司法实践面临的难题,本案则涉及职务侵占罪与盗窃罪的界分问题。

首先,对于职务侵占罪中"职务"的认识。"职务"应当具有合规性。职务侵占罪中的职务合规性,是指单位工作人员在侵占财物时所利用的"职务",应当是根据单位管理规章、制度等赋予的"职务",此时行为人利用该"职务"占有单位财物,才符合该罪的客观构成要件。对于不是基于合规职务而实施的占有单位财物行为,当然不构成职务侵占罪。职务侵占罪中"职务"要件,应当与"劳务"予以区分。实践中,工作人员不具有对财物的管理、处分等职权,只是借助工作环境、工作流程等便利条件,助力完成非法占有单位财物行为的,只能认定为工作便利,不构成职务侵占罪。

其次,对于职务侵占罪中的"利用职务上的便利"的认识。"利用职务上的便利"是指行为人履职过程中违背单位赋予的职权与职责,利用该履职事项所形成的便利条件,而这种利用需具有侵犯职务行为廉洁的可能性。职务侵占罪的保护法益应当包括单位的财产权利与职务行为廉洁性,而后者是认定"利用职务的便利"的标准。所以,对"职务"的解释,应以是否能够侵犯职务行为廉洁性作为前提。如果没有这种侵犯的可能性,则该种事务或工作不能作为职务侵占罪的评价对象。基于侵犯职务行为廉洁性的可能性考量,"利用职务上的便利"即是指行为人在完成单位交代的任务过程中,违背单位赋予其的职权与职责,利用该履职事项所形成的便利条件。例如单位业务员因工作产生费用,按照公司规定可以凭发票报销,业务员利用该机会以假发票骗取报销款,侵犯了职务行为的廉洁性,应当成立职务侵占罪。如果行为人在完成单位交代的任务过程中虽然能够接触单位财产,但其履职过程却并不涉及该财物本身,即便其侵占了单位的财产,但由于其对职务行为的廉洁性并未造成侵害,因此不能构成职务侵占罪,而是应以其他财产罪予以规制。例如,单位清洁工在打扫财务室的过程中窃取单位现金,虽然打扫卫生的工作系由单位分配给清洁工,但清洁工无论如何也不具有与该现金相关的任何职权跟职责,此处清洁工的工作不属于本罪所称"职务"的范畴,尽管其行为侵犯了单位的财产权,但不成立职务侵占罪。另外,实践中同等情况下职务侵占罪的刑罚一般低于盗窃罪,这也是考虑到职务侵占罪的员工与单位有一定的工作关联而盗窃罪没有此关联,因此从行为的社会危害性角度评判,盗窃罪的社会危害性更高刑罚亦更高。

本案中,被告人王强是亭弗公司的工作人员,其职务是负责本公司的技术及日常生产工作,并不具有管理、控制和支配涉案芯片的职权。对于其偷拿芝柯公司芯片行为所利用的便利并不具有职务合规性。另外,王强作为亭弗公司生产技术人员,仅具有生产相关产品、负责相关技术的职责,不具有对芝柯公司的芯片予以管理、处分等职权。其只是借助了职工身份的便利,利用了履行劳务的便利条件而已,与"职务"行为之间并不存在对应关系,故不构成职务侵占罪。

相反,王强非法占有财物的行为具有秘密窃取性质。其在发现芝柯公司的仓库没有关后,走进去发现一箱电子芯片,在明知该种芯片每件价值 20 元人民币左右的情况下,将 16 包不同型号的芯片抱离公司,并低价贩卖。涉案芯片属于芝柯公司财物,芝柯公司与亭弗公司的办公场所均位于同一楼层,但芝柯公司有自己独立的仓库,且有专门的仓库管理员,故芝柯公司对其仓库内的物品享有管理、占有等权利,亭弗公司则并无上述权利。即便芝柯公司委托亭弗公司加工涉案芯片,但芯片的所有权仍应归属于芝柯公司,且芝柯公司实际管理、占有涉案芯片,故被告人王强私自从芝柯公司的仓库内拿走涉案芯片,属于盗窃行为,构成盗窃罪。

本案对盗窃罪和职务侵占罪的认定和区分进行了充分的阐述,对今后该类案件的处理具有借鉴意义。

案例提供单位:上海市松江区人民法院

编写人:胡晓晖　余　乐

点评人:张　栋

83. 徐云等逃避商检罪、非法经营案
——司法实践中刑事证据的认定与把握

案 情

公诉机关上海市浦东新区人民检察院

被告人(上诉人)徐云

被告人(上诉人)桑林华

被告人(上诉人)汪志国

被告人(上诉人)刘宏远

被告人(上诉人)郭伟鸿

2013 年 3 月,被告人桑林华、汪志国共同投资注册成立上海牧实公司,汪志国担任法定代表人,公司经营范围为销售饲料原料、饲料添加剂等。2014 年 5 月,经营范围增加货物及技术的进出口业务,同年 9 月,变更法定代表人为桑林华。2016 年 11 月,被告人徐云注册成立上海仁牛公司,担任法定代表人、执行董事兼总经理,公司经营范围为销售饲料原料、饲料添加剂、食用农产品(除生猪肉产品)等,从事货物及技术的进出口业务等。2010 年 6 月,厦门建发公司注册成立,行业门类为批发和零售业,经营范围包括谷物、豆及薯类等批发零售,贸易代理,各类商品进出口,国家限定经营或禁止进出口的商品除外。

2017 年 11 月初,被告人徐云、桑林华、汪志国、刘宏远、郭伟鸿及境外供应商美国普雷西迪奥在北京召开会议,经过共同商议,由厦门建发公司从美国进口杏仁果皮,作为饲料销售给上海仁牛公司、上海牧实公司,再分销给境内各大牧场,后签订《战略合作框架协议》《产品购销合同》等。刘宏远、郭伟鸿明知杏仁果皮未列入我国农业部公布的《饲料原料目录》,不能作为饲料进口,仍违反《进出口商品检验法》的规定,多次采用向海关等监管部门谎报商品用途为牛棚垫床的方法,将属于法定检验商品的植物性饲料(H.S.编码 1214900090)的进口商品谎报为非法定检验商品的其他植物产品(H.S.编码 1404909090),以此逃避商检并骗取海关通关文件。徐云、桑林华、汪志国在明知杏仁果皮未列入《饲料原料目录》、之前曾经尝试进口但未能成功,且美国杏仁果皮未完成饲料检疫准入程序、普雷西迪奥未在中国境内注册登记的情形下,明知厦门建发公司采用谎报用途的方法进口美国杏仁果

皮作为饲料销售,仍然从厦门建发公司购买杏仁果皮再销售至多家牧场用于奶牛喂食。其间,为应对海关对杏仁果皮实际用途、国内流向的监管与核查,刘宏远、郭伟鸿主动提供杏仁果皮用于牛棚垫床使用的多份情况说明,徐云、桑林华等人提供境内牧场名称及相关照片。经审计,厦门建发公司先后从美国进口 6 批杏仁果皮,共计 1 000 余吨,合计美元 194 498.16 元。

被告人徐云、桑林华、汪志国为销售美国杏仁果皮,委托相关单位进行过黄曲霉毒素等指标的检测,经商议安排人工对杏仁果皮进行简单分拣、包装,并指使他人印制有"1.本产品符合进口卫生标准,2.产品成分分析保证值,蛋白≥3%,粗纤维≤20%,黄曲霉毒素≤20 ppb,灰分小于 12,水分≤15%,含杂≤5%;3.原料组成,本品是杏仁制作过程中,物理压制过筛后的中果肉果皮晒干后产品等,本产品检验合格"等虚假内容的商品标签,贴附在杏仁果皮的包装袋上。案发后,公安机关查获各类型号的杏仁果皮商品标签 3 000 余份。经审计,上海仁牛公司、上海牧实公司从厦门建发公司指定仓库内提取 502.63 吨杏仁果皮作为奶牛饲料,分别销售给现代牧业(集团)有限公司(以下简称现代牧业公司)、徐州永浩公司、上海振华公司等单位,共计 487.493 吨,销售合计 100 余万元。案发后,公安机关依法查获杏仁果皮 500 余吨。

公诉机关指控,应当以逃避商检罪、销售伪劣产品罪追究被告人徐云、桑林华、汪志国的刑事责任,以逃避商检罪追究被告人刘宏远、郭伟鸿的刑事责任,刘宏远、郭伟鸿有自首情节,提请法院视情节判处。

被告人徐云辩称,不明知厦门建发公司故意逃避商检的行为,不明知进口杏仁果皮不符合卫生标准的情况,其行为不应认定逃避商检罪、销售伪劣产品罪。

被告人徐云的辩护人辩称,逃避商检罪应当认定厦门建发公司、上海仁牛公司系单位犯罪,徐云系从犯;上海英斯贝克商品检验公司(以下简称英斯贝克公司)及第三方实验室不具有对农产品的鉴定资质,出具的鉴定报告不能作为证据使用,不能认定销售伪劣产品罪。辩护人当庭提交行业协会说明、牧场出具的情况等。

被告人桑林华辩称,在海关检查之后刘宏远、郭伟鸿才告知其要配合应付检查,事先不明知厦门建发公司故意逃避商检的行为,没有销售伪劣商品的故意,其行为不构成逃避商检罪、销售伪劣产品罪。

被告人桑林华的辩护人辩称,逃避商检罪应当认定单位犯罪;北京会议时桑林华并不知道厦门建发公司以逃避商检的方式进口杏仁果皮,没有主观故意,不能认定逃避商检罪;厦门建发公司与上海仁牛公司不是代理进口关系,而是购销合同关系;对于杏仁果皮的质量,桑林华已经尽到注意义务,厦门建发公司委托过检测部门检测合格,销售伪劣产品属于情节轻微,建议免予处罚。

被告人汪志国辩称,没有参与逃避商检的进口采购,仅参与一部分杏仁果皮的销售,按照协议约定由厦门建发公司负责产品质量,上海仁牛公司不能控制产品品质,该产品使用没有产生很大危害性。

被告人汪志国的辩护人辩称,汪志国事前不知道厦门建发公司以牛棚垫床的名义进口杏仁果皮,没有参与进口报关行为,没有参与签订协议,不能认定逃避商检罪;英斯贝克公司及第三方上海实验室没有对农产品的鉴定资质,检验报告的参照标准有误,没有考虑允许误差值,选取的检测样品有误;杏仁果皮属于果渣,果渣被列入农业部公告 1773 号的饲料目录,可以作为饲料被使用;汪志国销售伪劣产品的主观恶性较小,系从犯,属于情节轻微,建议免予处罚。辩护人当庭提交法律意见书,同时通知专家证人华中农业大学生命科学技术学院副教授、农业农村部微生物产品质量监督检测中心(武汉)业务室主任李维琳当庭作证。

被告人刘宏远、郭伟鸿对起诉书指控的事实及罪名均没有意见。

被告人刘宏远的辩护人辩称,刘宏远系从犯,有自首情节,建议适用缓刑。

被告人郭伟鸿的辩护人辩称,北京会议时五名被告人均知晓以牛棚垫床名义进口杏仁果皮的情况;郭伟鸿系从犯,有自首情节,建议适用缓刑。

审 判

一审法院经审理后,确认查证的事实。

一审法院认为,根据最高人民法院、最高人民检察院《关于办理危害食品安全刑事案件适用法律若干问题的解释》第十一条第二款规定,违反国家规定,生产、销售国家禁止生产、销售、使用的农药、兽药、饲料、饲料添加剂,或者饲料原料、饲料添加剂原料,情节严重的,依照非法经营罪定罪处罚。被告人徐云、桑林华、汪志国向国内牧场销售国家禁止销售的进口杏仁果皮作为饲料使用的行为,符合上述法律规定,应当认定构成(单位)非法经营罪。被告人徐云、桑林华、汪志国作为单位直接负责的主管人员,违反进出口商品检验法的规定,逃避商品检验,将必须经商检机构检验的进口商品未报经检验而擅自销售、使用,属于情节严重,其行为均已构成(单位)逃避商检罪。徐云、桑林华、汪志国销售国家禁止销售、使用的饲料,扰乱市场秩序,情节严重,其行为均已构成(单位)非法经营罪。对上述三名被告人应当数罪并罚。被告人刘宏远、郭伟鸿违反进出口商品检验法的规定,逃避商品检验,将必须经商检机构检验的进口商品未报经检验,属于情节严重,其行为均构成逃避商检罪。五名被告人犯逃避商检罪系共同犯罪;刘宏远、郭伟鸿系自首,依法从轻处罚;五名被告人在家属帮助下预缴罚金款,均酌情从轻处罚。法院为维护进出口商品检验检疫制度,确保进出口商品的质量安全,维护正常的市场经济秩序,根据各名被告人犯罪的事实、性质、情节和对于社会的危害程度,依照《中华人民共和国刑法》第二百三十条、第二百二十五条、第二百三十一条、第二十五条第一款、第六十九条、第六十七条第一款、第五十二条、第五十三条、第六十四条之规定,判决:一、被告人徐云犯(单位)逃避商检罪,判处有期徒刑二年六个月,罚金人民币四万元;犯(单位)非法经营罪,判处有期徒刑二年,罚金人民币二万元,决定执行有期徒刑三年,罚金人民币六万元。二、被告人桑林华犯(单位)逃避商检罪,判处有期徒刑二年六个月,罚金人民币四万元;犯(单位)非法经营罪,判处有期徒刑二年,罚金人民币二万元,决定执行有期徒刑三年,罚金人民币六万元。三、被告人汪志国犯(单位)逃避商检罪,判处有期徒刑二年六个月,罚金人民币四万元;犯(单位)非法经营罪,判处有期徒刑二年,罚金人民币二万元,决定执行有期徒刑三年,罚金人民币六万元。四、被告人刘宏远犯逃避商检罪,判处有期徒刑二年四个月,罚金人民币四万元。五、被告人郭伟鸿犯逃避商检罪,判处有期徒刑二年四个月,罚金人民币四万元。六、违法所得应予追缴,已经查封扣押的物品均依法予以没收。

一审宣判后,五被告人不服,提出上诉。二审法院经审理后判决驳回上诉,维持原判。

点 评

随着我国改革开放的深入,进出口贸易额大幅增长,实践中越来越多地出现逃避法定检验的违法行为,有时会造成严重后果,具有较强的社会危害性,因而立法对严重的逃避商检行为借助刑罚手段予以规制。本案对逃避商检罪和销售伪劣产品罪的罪名认定主要涉及对主观证据和客观证据的审查认定上。在缺少口供的案件中,如何审查其他客观证据以及如何确定鉴定报告合法性的问题,在本案中至关重要。

首先,关于客观证据的认定。鉴定意见是刑事证据种类之一。鉴定前对鉴定机构和人员的审核、鉴定前、中、后对需要鉴定的检材的收集、保管,参与鉴定活动的各类人员可能受到其他信息的干扰影响鉴定的客观性等,都可能影响鉴定意见的准确性、合法性。本案中,涉及鉴定机构的鉴定资质审核不清问题,对鉴定机构和人员的审核是法院指定鉴定机构和收到鉴定意见书后首先采取的措施。为了防止法官出于认知偏差,而影响到对鉴定意见可靠性的认定,应当对鉴定机构的资质进行审核,规范鉴定机构和人员的管理。对鉴定机构和鉴定人员的资质进行审核,包括:查询该鉴定机构和鉴定人员是否具有从事鉴定事项的鉴定资质;收集相关证据、将证据送往鉴定机构鉴定前要审核鉴定机构和鉴定人员的资质。鉴定机构和鉴定人员的资质审核是整个鉴定意见从制作到生成部分中的非技术环节。侦查部门收集到相关证据后和送检之前,应当审核送检机构是否具有鉴定事项的鉴定资质,相关鉴定人员是否具有禁业期、是否具有鉴定事项的资质等。送检前审核鉴定机构和人员的资质,是为了防止整个鉴定过程被建立在错误的基础之上,这样不仅浪费鉴定人员的时间,也拖慢案件的办理进度,避免法官凭借不具有鉴定资质的机构或人员作出的不合法的鉴定意见给被告人定罪量刑。在本案中,鉴定机构鉴定资质的缺失无法证明杏仁果皮符合伪劣产品的认定标准,从而一定程度上影响了销售伪劣产品罪的罪名认定。当然,从更为符合行为性质和诉讼便利性的角度看,本案涉及的杏仁果皮是否系伪劣产品还需就质量进行进一步论证,但认定为非法经营罪依据最新出台的《关于办理危害食品安全刑事案件适用法律若干问题的解释》即可。

其次,关于主观证据的认定。本案中,被告人辩解不了解进口政策、不知道违规进口要求,没有逃避商检罪、销售伪劣产品的犯罪故意。对于这种"零口供"案件,要在证据基础上合理运用刑事推定。首先要明确"推定"的概念。推定,是指由法律规定或按照经验法则,从已知的前提事实推断未知的结果事实存在,并在一定情况下允许当事人举证推翻的一种证明法则。"零口供"案件证据上的有限性和稀缺性,进而导致证据链的薄弱性等特点,需要在证明方法上适时使用"推定"。其次,要合理、有效地使用案件中已有的证据材料,在明确这些证据确系真实、客观、合法的基础上,运用司法经验法则,对"零口供"犯罪嫌疑人的主观明知方面进行事实认定。最后,始终要明确刑事推定在认定犯罪事实上只能是一种辅助方法,必须限定在特定条件下使用,因为推定存在的基础是事实的高度盖然性,因而存在错误的可能性,所以推定的运用应当受到严格的限制。

逃避商检罪是适应我国进出口贸易快速增长的形势需要而设定的一种行政犯罪,本案为今后此类案件的研判提供指导思路。

案例提供单位:上海市浦东新区人民法院
编写人:刘娟娟
点评人:张 栋

84. 薛端霖非法捕捞水产品案

——刑事案件附带民事责任承担规则司法适用

案 情

公诉机关上海铁路运输检察院

被告人(附带民事公益诉讼被告)薛端霖

被告人暨附带民事公益诉讼被告薛端霖指使陈步友等捕鱼工人(另案处理)至禁渔区上海市崇明区北堡港至北四滧北侧(北堡港北沿)长江滩涂上,在禁渔期内采用徒手抓鱼的方式非法捕捞弹涂鱼(俗称"跳跳鱼")等水产品。公安局根据前期排摸线索至被告人薛端霖住处将其当场抓获,现场查获弹涂鱼等各类水产品及账本九册。涉案渔获物共计 38 289.6 公斤,上海某会计师事务所有限公司鉴定,上述捕捞的水产品中有弹涂鱼 37 791.25 公斤、青蟹 390.75 公斤,合计 38 182 公斤。根据上海市崇明区发展和改革委员会出具的价格认定结论书的意见,被告人暨附带民事公益诉讼被告薛端霖非法捕捞上述水产品,造成国家渔业资源直接经济损失共计人民币 3 097 542.5 元。经上海市崇明区农业农村委执法大队认定,捕鱼地点属于长江刀鲚国家级水产种质资源保护区长江河口保护区内。

公诉机关上海铁路运输检察院指控,被告人薛端霖非法捕捞水产品,其行为已触犯《中华人民共和国刑法》第三百四十条,应当以非法捕捞水产品罪追究其刑事责任。被告人薛端霖认罪认罚,根据《中华人民共和国刑事诉讼法》第十五条的规定,可以从宽处理。被告人薛端霖到案后能如实供述自己的罪行,根据《中华人民共和国刑法》第六十七条第三款的规定,可以从轻处罚。据此,提请法院依法审判。

被告人薛端霖对公诉机关的指控无异议,并自愿认罪认罚。

被告人薛端霖的辩护人对公诉机关指控的基本事实和定性均无异议,但认为薛端霖非法捕捞的水产品价值应当按照其实际销售价格进行认定。

公诉机关同时提起了附带民事公益诉讼。诉请,请求判令薛端霖赔偿因非法捕捞水产品造成的国家渔业资源直接经济损失人民币 3 097 542.5 元;请求判令薛端霖公开向社会公众赔礼道歉。

被告人薛端霖辩称,愿意对其非法捕捞水产品造成的国家渔业资源直接经济损失承担赔偿责任并向社会公众赔礼道歉,但是直接经济损失金额应当按照其销售金额取中间价进行计算,即按照弹涂鱼 49 元/公斤标准进行计算,共计 1 926 127.75 元。

审 判

一审法院经审理后认为,被告人薛端霖违反保护水产资源法规,在禁渔区、禁渔期内组织他人非法捕捞水产品,情节严重,其行为已构成非法捕捞水产品罪,依法应予惩处。鉴于被告人薛端霖系坦白,且自愿认罪认罚,法院依法予以从宽处理。被告人薛端霖非法捕捞并已出售牟利的水产品数量达 38 182 公斤,其行为不仅造成国家渔业资源损失,还破坏了生态环境,损害了社会公众利益,依法应当承担破坏生态环境的民事责任。因非法捕捞的渔获物的销赃数额难以查证,故上海市崇明区发展和改革委员会以 2020 年 4 月至同年 10 月期间的弹涂鱼市场零售价格 80 元/公斤作为单价计算涉案渔获物价值,符合法律规定,法院予以采信。辩护人暨委托诉讼代理人关于按照实际销售价格计算国家渔业资源直接经济损失的意见,法院不予采纳。附带民事公益诉讼起诉人要求附带民事公益诉讼被告薛端霖赔偿因非法捕捞水产品造成的国家渔业资源直接经济损失人民币 3 097 542.5 元并公开向社会公众赔礼道歉的诉讼请求,具有事实和法律依据,法院依法应予支持。

据此,一审法院依照《中华人民共和国刑法》第三百四十条、第六十七条第三款、第六十四条,《中华人民共和国渔业法》第三十条第一款,《中华人民共和国环境保护法》第六十四条,《最高人民法院关于适用〈中华人民共和国民法典〉时间效力的若干规定》第一条第二款,2009 年《中华人民共和国侵权责任法》第四条第一款、第十五条,2014 年《最高人民法院关于审理环境民事公益诉讼案件适用法律若干问题的解释》第十八条以及《中华人民共和国刑事诉讼法》第十五条之规定,判决:一、被告人薛端霖犯非法捕捞水产品罪,判处有期徒刑二年;二、扣押在案的账本九册,予以没收;三、附带民事公益诉讼被告薛端霖于本判决生效之日起十日内赔偿因非法捕捞水产品造成的国家渔业资源直接经济损失共计人民币三百零九万七千五百四十二元五角。

一审判决后,被告人薛端霖未上诉,抗诉机关未抗诉,一审判决已生效。

点 评

随着我国海洋的经济发展迅速,海上活动也日益频繁,海洋生态环境保护面临挑战。近年来海上非法捕捞水产品案件呈逐步上升的趋势,此类犯罪从犯罪主体、手段、刑罚多方面特征鲜明。同时本案还涉及检察机关提起的刑事附带民事公益诉讼,通过公益诉讼以增强和完善刑事案件中对生态环境和资源保护的民事责任承担。

首先,关于非法捕捞水产品的认定。一般来说,对于该罪的违法性认识上行为人往往辩称无犯罪故意,即在主观上对禁渔期、禁渔区或者禁用的工具、方法不明知等,可见违法性认识错误是常见的辩解理由。因此在非法捕捞水产品犯罪中对是否存在违法性认识错误的审查十分重要。在个案中,判断嫌疑人是否可以避免违法性认识错误,具体审查原则包括两个步骤:第一步,审查犯罪嫌疑人是否有客观存在机会去查明法律以避免错误,若综合个案的客观情况,认定犯罪嫌疑人完全没有机会去查明法律,可认定为其违法性认识错误无法避免,例如某地禁渔期或者禁渔区内容刚修改,出海渔民尚未有机会了解。若行为人客观存在机会去查明法律,则进行第二步审查,即审查犯罪嫌疑人有没有努力去查明法律。若嫌疑人并未努力查明,此时属于违法性错误可以避免。

一般来说,禁渔期、禁渔区或者禁用的工具、方法是任何正常智力的捕捞者普遍了解的常识,可以说在一般情况下,犯罪嫌疑人对相关规定的规定理应了解,除非发生特殊事由(如禁渔期、禁渔区刚刚修改,尚未宣传等),否则犯罪嫌疑人辩解其不知禁渔期,该种违法性认识错误的辩解难以成立。在《检察机关办理长江流域非法捕捞案件有关法律政策问题的解答》中,也明确规定了"原则上不要求行为人对有关禁渔区、禁渔期或者禁用的工具方法等有法律规范有明确的认知,只要认识到行为可能违法、禁止即可"。同时,在审查此类案件中,虽然行为人的辩解不影响犯罪的认定,但应重视其辩解背后的原因,进一步分析是否存在官方宣传不到位的情况或者不作为的可能,在此基础上探索类案的相关社会治理。

其次,关于检察机关公益诉讼的提起。当前环境资源的刑事附带民事公益诉讼设计,是在生态环境领域对恢复性司法理念的贯彻,主要是考虑到传统的惩治型刑事司法并不能很好地兼顾惩治犯罪与保护生态的双重目的。传统刑事司法的惩治理念主要针对被告人的人身和财产作出刑罚。因此,适用刑罚并不当然能够恢复被犯罪行为破坏的生态环境和自然资源。而恢复性司法理念是在依法裁判的基础上,更加契合推进保护、恢复生态环境和自然资源目的。因此,司法机关在办理非法捕捞水产品案件时,可以积极探索诉前督改模式,在办理刑事案件的同时,告知犯罪人自己的犯罪行为对生态环境所造成的损害,督促其在"认罪认罚"的同时主动"认赔",主动修复被破坏的生态环境。因此,对于犯罪主观恶性小、人身危险性小的轻微环境犯罪案件,当犯罪人认罪态度较好,愿意承担民事责任时,可以在诉前根据修复生态能力、赔偿意愿等情节达成修复协议,签署认罪认罚具结书,使得刑民责任同步履行。可以规定一定的履行期限,若被告人未在履行期限内履行义务,则对原量刑重新予以调整。

此外,还应加强刑事检察与公益诉讼监督的衔接。对于重大非法捕捞案件可以实现刑事检察与公益诉讼的同步进行,同时发挥相关综合业务部门在信息共享方面的协调作用。强化公益诉讼的诉前保障机制。海上非法捕捞水产品案件涉及众多专业问题,可建立环境资源案件的专家咨询库,刑事检察与公益诉讼进行资源共享,会同环保等多部门建立诉前磋商机制。创新海洋生态环境的修复标准,根据具体情节,提出赔偿修复费用或者劳役代偿、增值放流等诉求,以修复被损害的海洋生态环境作为量刑建议的重要参考依据。

对于环境犯罪的治理已经成为当今社会的一大难题。生态文明建设的实现离不开环境司法理论和制度的变革。刑事附带民事公益诉讼不是通过简单的赔偿或者惩罚来解决纠纷,而是利用其在司法效率、证据收集和案件发现源头等方面的独特优势,通过恢复性司法等责任承担方式,来进行生态环境的修复,以保障生态环境的可持续发展以及契合绿色司法的理念。该案在环境犯罪刑事附带民事公益诉讼的罪名认定和处理上,提供了有益参考。

案例提供单位:上海市崇明区人民法院

编写人:赵美臣

点评人:张　栋

85. 杨彪利用影响力受贿案

——利用影响力受贿行为的司法认定

案 情

公诉机关上海市奉贤区人民检察院

被告人(上诉人)杨彪

2012 年 7 月至 2015 年 10 月,被告人杨彪曾担任中国人民银行上海总部(以下简称央行上海总部)金融服务一部支付结算处处长和金融服务一部副主任等职务。在此期间,被告人杨彪利用负责审核第三方支付业务许可证、对第三方支付机构和各银行业支付机构监管以及本部门日常管理的职务便利,为他人提供帮助,谋取不正当利益,先后多次收受或索取他人贿赂款人民币 260 万余元,并从某开发商处享有购房优惠差价 270 万元。

央行上海总部金融服务一部支付结算处清算组织管理科科长施某扬为被告人杨彪原下属,负责对第三方支付公司进行分类评级初审,分类评级是央行上海总部反洗钱处、法律事务处、科技处、支付处四部门按照央行制定的标准对第三方支付公司进行的综合评价,分类评级等级低可能会吊销牌照或影响牌照的续展。2016 年 11 月,杨彪从央行上海总部离职后,通过电话沟通、联系宴请等方式,让施某扬在上海即富信息技术有限公司名下子公司上海点佰趣信息科技有限公司(以下简称点佰趣公司)分类评级中帮助提高分值,以顺利通过央行上海总部对第三方支付牌照续展的审核,后以借款为由向上海即富信息技术有限公司总经理黄某胜索取贿赂款 350 万元。

黄某胜作证,被告人杨彪从来没有说过归还借款的事情,黄某胜也认为杨彪在公司的分类评级和牌照续展中给予了帮助,后来公司牌照顺利通过了续展。此外,杨彪在支付系统人脉广泛,能够帮公司协调央行上海总部很多事情,也就不要这 350 万元借款了。2018 年 9 月 27 日,被告人杨彪第一次被央行纪检组找了之后,和黄某胜进行了串供掩饰。证人施某扬的证言证实,被告人杨彪曾是施某扬在央行上海总部金融服务一部支付处时的老领导,而后杨彪离职去了其他公司。施某扬所在的支付处清算组织监管科负责对第三方支付公司进行分类评级初审,点佰趣公司分数为 60 多分,属于偏低水平,分类评级分数低会影响到公司牌照续展。

杨彪曾陆续通过两次电话沟通和一次宴请,要求施某扬调高点佰趣公司的分类评级分数,最后施某扬按照评分标准,以实际分数 60 多分进行上报。

公诉机关指控,被告人杨彪利用担任央行上海总部金融服务一部支付结算处处长和金融服务一部副主任等职务便利,为他人提供帮助,谋取不正当利益,先后多次非法收受或索取他人贿赂款人民币 530 万余元(其中包括购房优惠差价 270 万元),数额特别巨大,构成受贿罪。被告人杨彪在离职后,利用原职权、地位形成的便利条件,通过其他国家工作人员的职务行为,为请托人谋取不正当利益,索取请托人 350 万元,数额特别巨大,构成利用影响力受贿罪。

被告人杨彪的辩护人辩称,被告人杨彪邀请施某扬赴宴没有利用原职权或地位形成的便利条件,未通过施某扬职务上的便利为黄某胜谋取不正当利益,且该350 万元的性质属借款而非索贿赂款,与杨彪的原职权或地位形成的便利条件无任何对价关系。因此,被告人杨彪并未利用原职权或地位形成的便利条件,通过其他国家工作人员职务上的便利为黄某胜谋取不正当利益,不构成利用影响力受贿罪。辩护人对被告人杨彪构成受贿罪不持异议,但起诉书指控的 270 万贿赂款实为正常的购房优惠差价,该节事实不构成受贿罪,相应数额应予扣除。

审 判

一审法院经审理后认为,被告人杨彪身为国家工作人员,利用职务上的便利,索取他人财物以及非法收受他人财物,为他人谋取不正当利益,收受贿赂共计 260 万余元,数额巨大,且部分属索贿,其行为已触犯刑律,构成受贿罪。被告人杨彪在离职后,利用原职权、地位形成的便利条件,通过其他国家工作人员职务上的行为,为请托人谋取不正当利益,索取请托人 350 万元,数额特别巨大,构成利用影响力受贿罪。公诉机关指控的罪名成立。被告人杨彪的行为已分别构成受贿罪、利用影响力受贿罪,依法应予二罪并罚。综合考虑被告人杨彪的犯罪事实、性质、情节、社会危害性、认罪悔罪态度、退赃等情况,一审法院依照《中华人民共和国刑法》第三百八十五条第一款、第三百八十六条、第三百八十三条、第三百八十八条之一、第六十九条、第六十七条第一款、第五十六条第一款、第五十五条第一款、第五十二条、第五十三条、第六十四条,《中华人民共和国监察法》第四十四条第三款,《最高人民法院、最高人民检察院关于办理贪污贿赂刑事案件适用法律若干问题的解释》第三条、第十三条第一款、第十五条、第十九条之规定,判决:被告人杨彪犯受贿罪,判处有期徒刑八年,剥夺政治权利二年,并处罚金人民币一百万元;犯利用影响力受贿罪,判处有期徒刑七年六个月,并处罚金人民币一百万元;决定执行有期徒刑十二年,剥夺政治权利二年,并处罚金人民币二百万元;退赃款人民币二百六十五万六千元予以没收;违法所得继续追缴。

一审判决后,被告人杨彪不服,提出上诉。

二审法院经审理后,裁定驳回上诉,维持原判。

点 评

《刑法修正案(七)》新增设立了利用影响力受贿罪后,扩大了受贿类犯罪主体范围,对实践中新涌现的腐败现象予以惩治,进一步严密了贿赂犯罪刑事法网。本案涉及对利用影响力受贿行为的司法认定,其关键在于对本罪的主体、客观方面、犯罪既未遂标准、与受贿罪共犯和斡旋受贿罪的区别认定。

一、关于利用影响力受贿罪的认定

《刑法》第三百八十八条之一将"为请托人谋取不正当利益"作为利用影响力受贿罪的构成要件。因而在司法实践过程中,判定利用影响力受贿罪罪与非罪的重点就是审查行为人是否谋取了不正当利益。2013 年最高人民法院、最高人民检察院(以下简称两高)发布《关于办理行贿刑事案件具体应用法律若干问题的解释》(以下简称《解释》)对"不正当利益"作出扩张解释。不正当利益包含以下三种情况:一是违反规定取得的利益,即实体违法的利益,包括违法、违规取得的利益,违反政策取得的利益。二是受贿人违反规定提供帮助或便利条件,获取的利益,即程序违法的利益。三是违背公平公正原则谋取的利益。既包括在商业活动中谋取竞争优势的,也包括在经济、组织人事活动中谋取竞争优势的,均属于不正当利益。在司法实践中,第一种情况的实体违法利益通常仅考察行为人谋取的利益是否违法、违规、违政、违章等。第二种、第三种不正当利益的认定,则一般应从所谋取的利益是否正当的、是否采用违规违法的方式谋取、是否损害其他竞争者的利益等方面来予以认定。

根据体系解释的方法,利用影响力受贿罪中的"为请托人谋取不正当利益"的要件属性,应参照受贿罪之中的"为他人谋取利益"的客观要件标准。在司法实务中,办案人员可根据请托人提出的请托事项进行判断。只要行为人依照请托人的请求,向国家工作人员施加影响力,要求其办理具有不正当性的请托事项,则可认为是谋利成立,构成利用影响力受贿罪。不管行为人是否认识到利益的不正当性,都不影响罪名认定,因为行为人对行为法律性质的认识错误不影响对法律性质的评价。只有将谋利要件作为客观要件,才能够解决主观要件审查不清时的弊端,从而充分保护国家工作人员职务行为的正当性不受侵害。

本案中,被告人杨某离职后,明知黄某胜有具体请托事项,借助原职权或者地位产生的影响和工作联系,通过电话沟通、联系宴请等方式要求原下属施某扬帮助调高请托人公司分类评级分数,使国家工作人员为请托人谋取不正当利益的,足以推定被告人杨某在客观上具备并利用了影响力。

二、既未遂标准

在受贿案件中,国家工作人员只要实施了承诺谋利、实施谋利和实现谋利的任何一个行为就符合受贿罪构成要件。因为一般受贿案件中的只涉及两方主体,即作为受贿方的行为人和作为行贿方的请托人。行为人作为国家工作人员,一旦其作出承诺,其实施的职务行为的廉洁性就受到了侵犯。而在利用影响力受贿罪中,由于行为涉及的主体有三方或者四方,且行为人不具有职权职责,在为请托人谋取利益时要通过国家工作人员,自身无法对职务行为作出承诺。因此,对于本罪的构成标准与受贿罪是否不同存在一定的争议。

但本案的具体情形相对清晰,杨彪承诺为黄某胜谋取不正当利益,且向原下属实施了谋取非法利益行为,并在事后索取请托人黄某胜 350 万元,构成"承诺、实施和实现"三个阶段,故构成利用影响力受贿罪既遂。

三、利用影响力受贿与受贿罪共犯的区分

相关司法解释等对受贿罪及其共同犯罪作出了详细的阐述与明确的规定。对于特定关系人以外的人与国家工作人共同参与的受贿,要认定构成共同受贿应审查双方是否通谋,以及双方是否共同占有财物。对于特定关系人与国家工作人员参与其中,并由特定关系人收受财物的,特定关系人到底是构成受贿罪共犯还是利用影响力受贿罪,则应重点审查特定关系人与国家工作人员之间是否存在共同犯罪的主观意愿,即是否通谋。如果没有通谋,国家工作人员不构成受贿罪,相应的特定关系人也不构成受贿罪的共犯罪。

2016 年两高发布的《关于办理贪污贿赂刑事案件适用法律若干问题的解释》第十六条第二款规定:"特定关系人索取、收受他人财物,国家工作人员知道后未退还或者上交的,应当认定国家工作人员具有受贿故意。"结合共同犯罪理论,对本条进行文义解释,在特定关系人参与受贿的案件中,认定国家工作人员与特定关系人存在共同受贿意图的情况有三种。第一种是,两人在受贿行为发生前就有通谋行为,即国家工作人员利用职务便利,为他人谋取利益,并授意特定关系人索贿、收受贿赂的;第二种是,特定关系人在索取、收受财物后,将收受财物行为和请托事项告知国家工作人员;第三种情况是国家工作人员在知道特定关系人索取、收受贿赂后,但未退还或上交的。第一种情况中特定关系人与国家工作人员在着手实施犯罪前就形成受贿故意,属于事前通谋型的受贿,特定关系人与国家工作人员系典型的受贿罪共犯。第二种情况中特定关系人收受了财物后,将收受财物的情况和请托事项告知国家工作人员时,此时国家工作人员职务行为尚未结束,请托人的请托事项尚未实现,国家工作人员基于共同占有财物或者帮助特定关系人占有财物的想法,利用职务便利为请托人谋取利益。此时国家工作人员与特定关系人之间形成意思交流,两者既有共同犯罪故意,又有共同犯罪的行为,属于事中通谋的受贿,构成受贿罪的共犯。如果特定关系人收受财物后,未将收受财物的情况和请托事项告知国家工作人员,只是利用其影响力干涉国家工作人员的职务行为为请托人谋取不正当利益,国家工作人员没有帮助特定关系人占有财物的意图,根据主客观一致原则,国家工作人员不构成受贿罪,特定关系人单独构成利用影响力受贿罪。对于第三种情况这种事后通谋的,应依据主客观一致性原则,应将国家工作人员是否对受贿一事知情以及其在知晓后的主观态度,视为是否构成了受贿罪的关键。

本案中,杨彪虽然向施某扬谋取不正当利益,但根据现有证据,难以证实施某扬对请托人黄某胜与杨彪之间具有请托谋利关系知情,即施某扬不知道杨彪曾以购房借款为由向黄某胜索贿 350 万元收受贿赂的情况,因此杨彪与施某扬之间没有共同受贿的故意,施某扬不构成受贿罪。相应地,杨彪也不构成受贿共犯罪,而是构成利用影响力受贿罪。

在实践中,受贿相关罪名仍存在概念认识不统一、条文释义不明确,规定抽象等问题。只有界定清楚概念,明晰既遂与未遂标准、区别罪与非罪、此罪与彼罪的界限,才是合理公正定罪量刑的保证与依据,发挥刑事立法对于打击贿赂犯罪中应有的作用。本案为类似案件的认定和处理起到了指导意义。

案例提供单位:上海市奉贤区人民法院

编写人:胡亚斌　李晓杰　殷　雄

点评人:张　栋

86. 姚某被控贩卖毒品宣告无罪案
——向吸毒人员出售麻醉药品的行为性质认定

案 情

公诉机关(抗诉机关)上海市虹口区人民检察院

被告人姚某

2018 年 10 月 9 日 19 时许,被告人姚某与吸毒人员谢某经事先微信联系,至本市浦东新区地铁 6 号线上南路站地下站台出口处,将 10 粒散装和 10 粒盒装奥施康定药丸以人民币 500 元的价格出售给谢某,后被公安人员当场查获。案发后,经称量,上述 20 粒奥施康定药丸净重 2.86 克。经上海市毒品检验中心检验,上述 20 粒奥施康定药丸中均检出羟考酮成分。

被告人姚某因涉嫌犯贩卖毒品罪于 2018 年 10 月 9 日被羁押,次日被刑事拘留,同年 11 月 2 日被逮捕,2019 年 1 月 8 日被取保候审。

上海市虹口区人民检察院以被告人姚某犯贩卖毒品罪,向一审法院提起公诉。

上海市虹口区人民检察院指控,被告人姚某经与吸毒人员谢某事先微信联系,至本市地铁出口处将奥施康定药丸以人民币 500 元的价格贩卖给谢某,被公安人员当场查获。经上海市毒品检验中心检验,奥施康定药丸中均检出羟考酮成分。

被告人姚某辩称,涉案药品是其父亲患胰腺癌病逝后遗留,其是应谢某的要求,出售给谢某家中癌症病人的,没有贩卖毒品的故意。被告人姚某的辩护人提出起诉书指控被告人姚某犯贩卖毒品罪的事实不清,应宣告被告人姚某无罪。

审 判

一审法院经审理后认为,被告人姚某将其父病逝后遗留的药物应谢某的要求出售、转让给谢某的患病家属,从而导致本案的发生。公诉机关指控被告人姚某犯贩卖毒品罪,经查,根据上海市公安局虹口分局调取的微信聊天记录等证实,证人谢某有家属患有胰腺癌,在 2018 年 9 月份与被告人姚某就止痛用药进行过多次沟通。从谢某 10 月 8 日、10 月 9 日两轮求购过程看,被告人姚某始终称"这只是止疼药",且谢某第一轮向被告人姚某求购奥施康定,后披露想用这个来代替一些违法的东西,因为喝美沙酮不是很方便时,被告人姚某即表示这东西不适合,从而拒绝了谢某。随即,谢某又进行第二轮求购,提出在家人生病的时候偷用了患病家人的奥施康定,向被告人姚某购买是为放回患病家人的药盒供病人使用,被告人姚某才最终同意。据此,现有证据不足以证明被告人姚某主观上具有贩卖毒品的故意,上海市虹口区人民检察院指控被告人姚某犯罪的证据不足,指控的犯罪不能成立。依照《中华人民共和国刑事诉讼法》第二百条第三项之规定,判决被告人姚某无罪。

一审判决后,公诉机关不服判决,提起抗诉。

二审法院经审理后认为,原判决宣告姚某无罪并无不当,且审判程序合法。对检察机关的抗诉意见、支持抗诉意见不予支持。据此,依照《中华人民共和国刑事诉讼法》第二百三十六条第一款第一项的规定,裁定驳回抗诉,维持原判。

点 评

近年来,国家规定管制的麻醉药品和精神类药品涉毒的犯罪呈增长趋势,麻醉药品和精神类药品兼具药品与毒品双重属性,因此极具迷惑性,容易让人对买卖、食用此类毒品抱有侥幸心理。本案涉及向他人出售麻醉药品的情况,对其主观目的的审查,是认定罪与非罪、此罪与彼罪的关键。

一方面,应当遵循实质审查规则。从实质审查的视角出发,行为人贩卖的物品和主观目的是审查重点。

第一,本案中,行为人出售了奥施康定药丸。根据相关规定,毒品除了鸦片、海洛因、甲基苯丙胺等严格意义上的毒品外,还包括国家规定管制的能够使人形成瘾癖的麻醉药品和精神药品。本案涉及的奥施康定即属于规定的麻醉药品。而由于麻醉药品、精神药品有双重属性,既可用于医疗、教学、科研等合法使用,也可作为毒品滥用。因此应从行为人买卖麻醉、精神药品是否有合法目的予以认定其贩卖行为。贩卖毒品罪要求行为人明知是毒品而进行非法销售,一般都具有营利目的或者扩散毒品的目的。本案中,根据微信聊天记录可知,被告人在购买人第一次求购奥施康定时,拒绝了购买人,原因是购买人表示"想用该药物代替一些违法的东西(指毒品)"。被告人在购买人第二次求购奥施康定后,最终同意售卖,原因是购买人表示"其在家人生病的时候偷用了患病家人的奥施康定,购买是为放回患病家人的药盒供家人使用"。因而根据具体情况,不宜认为行为人"明知是毒品而进行非法销售"的主观意图,也就不构成贩卖毒品罪。

第二,根据《刑法》第三百五十五条规定,依法从事生产、运输、管理、使用国家管制的麻醉药品、精神药品的人员,违反国家规定,向吸食、注射毒品的人提供国家规定管制的能够使人形成瘾癖的麻醉药品、精神药品的,构成非法提供麻醉药品、精神药品罪。而本案被告人不属于上述法条规定的主体人员要求,因此其相关行为不能认定为非法提供麻醉药品、精神药品罪。

第三,根据 2015 年最高人民法院《全国法院毒品犯罪审判工作座谈会纪要》明确规定:"行为人向走私、贩卖毒品的犯罪分子或者吸食、注射毒品的人员贩卖国家规定管制的能够使人形成瘾癖的麻醉药品或者精神药品的,以贩卖毒品罪定罪处罚。行为人出于医疗目的,违反有关药品管理的国家规定,非法贩卖上述麻醉药品或者精神药品,扰乱市场秩序,情节严重的,以非法经营罪定罪处罚。"本案被告人姚某,虽然出于医疗目的,违反有关药品管理的国家规定,向病患家属出售麻醉药品,但出售药品数量不大,非法经营的数额或违法所得的数额尚未达到《刑法》第二百二十五条规定的"情节严重",故对其行为也不能以非法经营罪等相关犯罪论处。

本案法官在审理中对于被告人毒品犯罪中"不明知、不故意"的主观认定,是在行为人拒不供认时,通过对间接证明相关规则的充分运用,来达到的排除合理怀疑的程度。另外,对推定规则的运用,也是克服诉讼中的证明困难从而实现一定政策目的的有效工具,应当肯定诉讼中推定的意义。

另一方面,要遵循罪刑相适应原则。此类案件在办理过程中,法官应当对涉案麻醉、精神药品含量、数量、毒品折算比例、交易价格、犯罪次数和行为人的主观恶性及人身危险性以及衍生犯罪等相关情况认真审查,从而确定行为人的罪责情况。

在毒品犯罪中,对于"明知推定"的规范性有其充分的现实需求基础,这也是如今推进禁毒工作的有力武器,但明知推定如同毒品形势一般复杂多变,需要在设定基础、立法范式、规范适用等层面进行精细化考量,同时要做到与时俱进。大数据技术的运用为行为惯常逻辑、生活行为法则提供了经验样本,未来推定的设置和适用也应当拥抱大数据技术,在毒品犯罪打击与人权保障之间寻求最大程度的平衡。本案对于类似案件的研判处理具有指引作用。

案例提供单位:上海市虹口区人民法院

编写人:施月玲　葛立刚

点评人:张　栋

87. 上海市浦东新区人民检察院诉沈晓航非法获取计算机信息系统数据抗诉案

——非法获取游戏币等虚拟物品的司法认定

案 情

公诉机关(抗诉机关)上海市浦东新区人民检察院

被告人沈晓航

被告人沈晓航,原系欢乐互娱(上海)科技股份有限公司(以下简称欢娱公司)运营主管,欢娱公司主营电子游戏开发、发行、运营。该公司与多家游戏平台合作运营其开发的电子游戏"街机三国"。游戏玩家可通过充值获取游戏元宝(玩家充值 1 元可获取 10 个游戏元宝,大额充值时会按比例返利),玩家可利用元宝提升游戏装备、游戏人物属性等。被告人沈晓航于 2018 年 7 月入职欢娱公司,并成为游戏运营主管,负责对玩家发放充值返利,公司分配给其的管理账号可直接修改玩家游戏账户数据来发放返利元宝。正常情况下,其在公司接受玩家充值后,需报请运营经理同意后,实际发放返利元宝。2019 年 1 月至 6 月,沈晓航为谋取非法利益,利用上述权限,未经授权为李某等 8 名玩家累计虚增元宝 1 800 万个,并私下从李某等人处收取 15 万元。后,欢娱公司发现李某等人游戏账户异常,经核查,上述异常账户获取的大量元宝并无对应充值记录,且均来自沈晓航违规发放,遂报案。

审 判

上海市浦东新区人民法院经审理后判决:沈晓航利用工作上的便利,以修改后台数据的方式越权为他人增添游戏币"元宝",是非法获取了计算机信息系统数据并加以利用的行为,构成非法获取计算机信息系统数据罪。遂以非法获取计算机信息系统数据罪对被告人沈晓航判处有期徒刑三年六个月,并处罚金三万元。

一审判决后,公诉机关提出抗诉,认为沈晓航属于"对计算机信息系统中存储、处理或者传输的数据和应用程序进行删除、修改、增加的操作",应以破坏计算机信息系统罪论处。上海市人民检察院第一分院出庭支持抗诉,但认为沈晓航利用运营策划的职务便利登录游戏玩家账户直接修改、增加账户内游戏"元宝"数量,并收取玩家费用,其行为构成职务侵占罪,原判定性错误,应予纠正。

二审法院经审理后认为,沈晓航系利用其在欢娱公司负责充值返利等职务上的便利,并违规向玩家账户添加游戏币"元宝",私自收取费用,其行为构成职务侵占罪。鉴于沈晓航系利用本人职权登录游戏后台系统,未对计算机系统实施侵入,也未采用其他技术手段拦截数据等,不构成非法获取计算机信息系统数据罪。沈晓航修改、增加数据的行为并未影响到数据的正常运行或实际效用,也不以破坏数据为目的,不构成破坏计算机信息系统罪。同时,鉴于游戏币等虚拟财产具有一次产出、无限销售的特点,运营商搭建完毕游戏系统,仅在系统内修改少量代码,就可以近乎无限地产出游戏币,故其定价与制造成本之间关系薄弱,不应以厂商定价认定犯罪数额。在涉案游戏币价值难以准确查明的情况下,为准确评价犯罪,应当考虑行为人侵吞游戏币的持续时间、次数、获利金额等,综合判定应当适用的刑罚。沈晓航在半年时间内违规为李某等人使用的多个游戏账户添加游戏币 200 余次,共计 1 800 余万个,非法获利 15 万余元,综合认定为职务侵占数额较大,依照从旧兼从轻原则,依法应处三年以下有期徒刑或者拘役,并处罚金。遂撤销原判,改判沈晓航犯职务侵占罪,判处有期徒刑三年,并处罚金人民币二万五千元。

点 评

随着网络技术的高速发展,出现越来越多依附于网络且具有经济价值的新兴事物,如网游装备、账号、游戏金币等,同时这也逐步成为犯罪分子的行为对象。因这种数据表现为一切存储于计算机信息系统中的内容,所以导致很多传统犯罪所侵犯的法益也以数据的形式存储于计算机信息系统之中。非法获取数据的行为会使数据丢失原来所具有的保密性,影响其可用性,也会造成计算机信息系统用户经济利益的损失,给个人、企业乃至社会带来危害,对其予以规制具有相当程度的必要性。本案涉及对非法获取游戏币等虚拟物品的司法认定,其关键在于对计算机信息系统犯罪与职务犯罪的区分认定上,因而应当明确计算机信息系统犯罪的保护法益及构成要件,具体在于对保护法益、行为对象、行为方式的分析。

一方面,关于"非法获取"行为的理解。"非法获取"是指在不符合法律规定的情况下,改变了原数据所有人所设定的"数据不被他人获悉"的状态,进而取得隐秘数据,这侵害了数据原先所具备的保密属性。如今,数据是一种无形的、有巨大价值的资产,对于公开发布、没有任何保密措施的数据,可以随意获取。但对于其他具有秘密属性的计算机信息系统所存储的数据未经允许获得,则属于"非法获取"

的行为,予以禁止。通常,犯罪分子对数据的"非法获取"会通过以下三种方式进行:第一种是侵入计算机后仅对计算机内存储的数据进行复制、打包等单纯的"获取"行为,并未实施其他行为;第二种是侵入计算机后通过控制计算机系统的手段"获取"数据的行为;第三种是侵入计算机后对数据进行"删除、修改、增加"的方式获取相应数据的行为。在破坏计算机信息系统罪中,针对数据进行"删除、修改、增加"的行为没有影响数据的可用性,没有影响数据相关系统的运行时,一般不构成此罪。

另一方面,关于"侵入"行为的理解。对于"侵入"的理解是,行为人未经授权或者超越授权,获得删除、增加、修改或者获取计算机信息系统存储、处理或者传输的数据的权限。具体是指:第一,外部人员在未取得计算机支配者授权许可的情况下进入计算机信息系统的行为;第二,即便行为人拥有进入计算机信息系统的权限,但是对计算机系统进行操作的行为超越了其被授权范围;第三,"侵入"亦包含超过进入计算机信息系统权限的时间限制,进入计算机信息系统的行为。因而,不能仅从进入的方式上认定是否构成"侵入",并非只有通过突破计算机的防火墙或者其他防御措施的方式,才构成"侵入",以合法方式进入计算机但符合上述条件的也可以成立"侵入"行为。在明确何为"侵入"计算机信息系统后,还需要看行为人是否实施了其他行为,进而判定是否构成犯罪。《刑法》第二百八十五条第一款规定了非法侵入计算机信息系统罪,只要行为人侵入法条规定的这几个特殊领域就可以以本罪来予以认定,该罪保护的法益是计算机信息系统本身的安全。

计算机技术的日益发展催生了保护计算机相关法益的刑法条文,对非法获取计算机信息系统数据罪的正确认定与计算机信息技术的发展相辅相成,应当准确界定和把握某些行为是否属于计算机信息系统犯罪以及何种计算机信息系统犯罪的标准。

案例提供单位:上海市第一中级人民法院

编写人:于书生　吴亚安

点评人:张　栋

88. 张云伟提供虚假证明文件案

——公证员提供虚假证明文件行为的罪刑边界

案 情

公诉机关上海市普陀区人民检察院

被告人(上诉人)张云伟

被告人张云伟于 2010 年 12 月 27 日被任命为东方公证处公证员。谈某、洪某、马某某(均已判刑)三人合伙从事抵押贷款业务,并于 2013 年初与张云伟熟识。2013 年 12 月 17 日,周某在谈某的陪同下至东方公证处签订了《借款合同》《抵押担保合同》及《委托书》,约定周某向谈某借款人民币 35 万元,以周某名下上海市闵行区青年路某房屋(以下简称青年路房屋)为抵押,抵押房产协议价值为 80 万元,并委托胡某某在借款到期后出售该房屋。双方就上述《借款合同》《抵押担保合同》办理了《具有强制执行效力的债权文书公证书》,就《委托书》办理了《公证书》。2014 年 3 月 18 日,周某因无力偿还上述借款,按谈某的要求向洪某借款 55 万元,并约定将周某名下的青年路房屋抵押给洪某作为担保,抵押房产协议价值为 95 万元,并委托马某某在借款到期后出售该房屋。双方于当日签订《借款合同》《抵押合同》《委托书》,并向公证处申请公证。在办理上述公证的过程中,张云伟未当场见证,未核实公证事项的合法性及当事人意思表示的真实性,指使公证员助理曹某某出具了《具有强制执行效力的债权文书公证书》和《公证书》,分别对上述《借款合同》《抵押合同》《委托书》进行公证并赋予强制执行效力。2015 年 1 月 9 日,马某某代周某将青年路房屋以 95 万元的价格出售给他人,并将上述房款 95 万元交给洪某。经价格认定,涉案青年路房屋价格 179.15 万元。2017 年 9 月 19 日,东方公证处撤销了上述《公证书》。嗣后,张云伟为掩盖上述事实,指使其助理曹某某篡改公证档案。

审 判

一审法院经审理后认为,根据相关规定,公证员可以成为提供虚假证明文件罪的犯罪主体。从公证的时间来看,《借款合同》《抵押合同》《委托书》于同日签订、于同日办理公证手续。马某某与周某互不相识,双方未曾就委托事宜进行过协商。

张云伟与谈某、洪某、马某某熟识,明知三人关系。作为一名具有专业资质和知识的公证员,张云伟应当明知马某某代表的是债权人一方的利益,洪某等人让周某签订委托书的目的是获得周某房屋的出售权,此举变相剥夺了抵押人在债务履行期届满时,根据当时市场交易价格,通过公平议价的方式确定抵押财产价值,并收回剩余价值的权利,违背了公平、等价有偿原则。从房屋的价格来看,2013 年 12 月 17 日,《抵押担保合同》对青年路房屋价值约定为 80 万元;2014 年 3 月 18 日,《抵押合同》对青年路房屋价值约定为 95 万元。上述约定明显随着借款金额的变化而变化,且明显低于合理的市场价格。据此,被告人张云伟主观上具有提供虚假证明文件的故意,客观上实施了在未亲自当场见证,未对公证事项的合法性及当事人意思表示的真实性进行全面审核的情况下出具公证书的行为,致使马某某代为出售抵押房屋时,未与周某商定房屋售价,以抵押合同中约定的价格即明显低于市场价的价格 95 万元出售给他人,最终也未将房款交给周某,造成周某损失,情节严重,被告人张云伟的行为已符合提供虚假证明文件罪的构成要件,即使该房屋在案发后被追回也不影响该罪名的成立。故一审法院判决:被告人张云伟犯提供虚假证明文件罪,判处有期徒刑三年八个月,并处罚金人民币十万元。

一审判决后,被告人张云伟提出上诉,认为其不构成提供虚假证明文件罪。其辩护人提出:(1)本案客观上不存在虚假的证明文件,"虚假"主要指公证书所证明的内容不真实,不应评价其合法性问题。涉案的《借款合同》《抵押合同》和委托书均是被害人周某亲自签署,故涉案公证书所证明的内容是真实的。(2)涉案房屋认定价格虚高,本案未达到追诉标准。(3)张云伟的行为与被害人的损失之间没有刑法上的因果关系。(4)涉案公证书以东方公证处名义出具,体现东方公证处的意志,本案应认定为单位犯罪。请求宣告上诉人张云伟无罪。

二审法院经审理后认为,张云伟的行为已构成提供虚假证明文件罪,且情节严重。主要理由是:(1)张云伟系东方公证处公证员,根据相关规定,公证机构属于承担法律服务等职责的中介组织,公证员在履行公证职责过程中其身份符合提供虚假证明文件罪的主体要件。(2)涉案公证书所证明的事项不具有真实性、合法性,依法本不应出具公证书,但上诉人张云伟在未全面审核公证事项的合法性及当事人意思表示真实性的情况下,出具了涉案公证书并载明上述公证事项真实、合法,可见其出具的公证书具有虚假性。(3)张云伟并未亲自到场见证当事人的签约过程,却在相关谈话笔录上签字,并在公证书中载明其已经告知了双方法律规定和法律后果;涉案公证书还违反了定式公证书的格式要求;张云伟事后又篡改了公证档案,这些公证过程中的异常情况,佐证了涉案公证书本身不具有真实性、合法性,系虚假公证书。(4)张云伟与谈某、洪某、马某某三人熟识,其明知三人之间的关系,亦应明知马某某作为全权委托代理人代表了洪某等债权方的利益,涉案公证事项难以体现借款人周某的真实意思表示,故张云伟在明知涉案公证事项不真实、不合法的情况下仍出具公证书,体现了其犯罪的主观故意。(5)本案价格认定程序合法有效,张云伟的行为属情节严重。(6)涉案公证文书具有强制执行效力,与被害人周某财产受损的结果具有刑法上的因果关系。(7)张云伟作为公证员,应当根据公证机构的指派,依法履行公证职责,并在公证书上署名。公证机构的相关业务管理制度、质量管理制度,以及对公证员执业行为的监督管理等,不能成为公证员对其犯罪行为的免责理由。在案证据不能证明东方公证处经过集体预谋、决策而出具虚假的公证书,不符合单位犯罪的构成要件。综上,裁定驳回上诉,维持原判。

点 评

随着市场经济的发展,中介组织提供的证明文件对社会交往产生了重要的影响,并直接关系到市场秩序。继 1997 年刑法将中介组织及人员提供虚假证明文件行为纳入刑法后,《刑法修正案(十一)》又进一步明确主体范围、兼具取财行为的处理等问题,对提供虚假证明文件罪进行了修正。本案涉及公证员能否构成提供虚假证明文件罪的认定问题。

首先,关于如何认定公证机构为中介组织。根据《刑法》第二百二十九条及第二百三十一条的规定,提供虚假证明文件罪的犯罪主体是承担特定职责的中介组织及其人员。本罪是纯正的身份犯,不能由不适格主体构成,因此"中介组织及其人员"的范围是界分罪与非罪的关键之一。1997 年刑法修订时,将其扩大为"中介组织及其人员"并又增加列举了"会计、法律服务"。《刑法修正案(十一)》再次增加列举了"保荐、安全评价、环境影响评价、环境监测"四类主体,且仍然保留了"等"作为身份的兜底情形。此处的"等"是指,等同于之前所列举主体的具有同类法益侵害性质的其他中介组织主体。因此,只要是侵害法益的、具有同质性的主体均可以纳入本罪的规制范围。

从体系解释的角度而言,本罪处于刑法分则第三章破坏社会主义市场经济秩序罪第九节中,第三章的法益是社会主义市场经济秩序,第九节扰乱市场秩序罪侵害的法益是公平、公正、平等、诚实信用的交易原则和市场自由竞争秩序。而虚假证明文件会导致证明文件的公信力下降,不仅影响市场诚实信用的交易原则,同时也影响了国家对中介服务市场的管理秩序,在此意义上,对本罪的理解,应当以证明文件的公信力这一法益为指导。因此"中介组织"的范围可以界定为:通过行政许可或核准的方式获取出具具有证明效力的证明文件资格的,且被要求在出具证明文件时保持中立地位的组织。另外,在市场经济活动中,对有关单位和人员是否属于刑法规定的"中介组织""中介组织人员",不仅是从有关单位的名称、所有制性质、主营业务等方面进行界定,还应根据其所从事的相关业务活动是否具有中介性质进行判断。本案中,公证机构承担了法律服务等中间认证职责,公证机关的证明文件在市场交易中发挥的公信力作用愈发重要,对其合法中立的证明文件的依赖度越来越高,符合承担法律服务的中介组织的业务活动,因此可以将公证处作为中介组织,那么公证员在履行公证职责过程中其身份符合提供虚假证明文件罪的主体要件。

在既往司法实践中,实务部门也偏向于对中介组织的理解作出较广泛的认定,将中介组织扩大到一些能出具国家示范工程项目验收合格文件的公司、出具检测机动车质量文件的机动车监测站公司、出具矿石详查报告的地质大队地质勘查院等。可见,司法实践的惩罚的犯罪主体并没有严格限于中介服务市场的中介组织。

其次,关于如何认定公证文书是否属于虚假证明文件。本罪在客观方面表现为提供虚假证明文件,情节严重的行为。虚假的证明文件是指证明文件的内容不符合事实或杜撰、编造、虚构了事实,抑或隐瞒了事实真相,其虚假形态既可以是全部内容虚假,也可以是部分主要内容虚假。另外,提供虚假证明文件的行为,要求达到情节严重的够罪标准,包括:多次提供虚假证明的;违法所得数额巨大的;造成国有资产严重流失的;给公司、公司股东、债权人及其利益人造成严重经济损失的;提供虚假证明给公司用于进行非法发行股票,低价折股、低价出售国有资产、虚假出资等违法犯罪活动的;造成恶劣影响的等等。

本案中,被害人周某基于"房产会流押的错误认识"将涉案房产抵押、委托给第三人,在对涉案房产出售委托公证时,被告人张云伟作为公证员,违反《公证法》《公证程序规则》规定的公正要求,没有亲自参与公证事项的受理、审查和出具的全过程,并且根据其综合认知水平,可以推定明知所公证的事项实际上是一种诈骗方法且"流押"合同违背了公平、等价有偿原则,仍然做出公证文书,该公证文书不具备实体和程序上的真实性、合法性,并导致被害人周某遭受严重损失,因此应认定为虚假公证文书。

该案在查明事实基础上,对本罪的构成要件进行了深入透彻的法理分析,论证严密、逻辑清晰,具有一定的示范性。

案例提供单位:上海市第二中级人民法院

编写人:李杰文 李 凤

点评人:张 栋

89. 赵秀涛等生产、销售伪劣产品案

案 情

公诉机关上海铁路运输检察院

被告人赵秀涛、赵琴、赵花英、赵龙、秦家爱、彭世中、贾自银

上诉人赵秀涛、赵花英、赵琴

2016 年 6 月，被告人赵秀涛收购敏哲公司，担任法定代表人并实际控制该公司，主要经营菜牛屠宰、加工和销售。被告人贾自银、彭世中等人受被告人赵秀涛雇佣，在敏哲公司从事菜牛的屠宰和加工工作。

2017 年 4 月起至案发，被告人赵秀涛为牟取非法利益，分别组织、指使被告人贾自银、彭世中在宰杀过程中，采取将被电击倒的菜牛开膛破肚，用水管插入菜牛心脏进行注水的方式，增加牛肉重量，再由被告人贾自银、彭世中与另案被告人王力、张建龙、冉小长等人分别对注水菜牛进行屠宰、加工。在此期间，被告人赵秀涛还雇佣被告人赵花英协助其对屠宰场日常经营和注水情况进行管理。之后被告人赵秀涛组织被告人赵琴、赵龙、秦家爱，将前述注水牛肉分销至上海市宝山区江杨北路农副产品批发市场、青浦区上海西郊国际农产品交易中心等多家农贸市场，销售价为每斤 28 至 29 元。敏哲公司在前述时间段内生产、销售注水牛肉共计 80 余万公斤，销售金额达 4 000 余万元，其中，被告人赵秀涛应对上述全部生产、销售金额负责，被告人赵花英参与生产、销售注水牛肉金额为 4 000 余万元，被告人赵琴参与生产、销售注水牛肉金额为 2 000 余万元，被告人赵龙参与生产、销售注水牛肉金额为 1 000 余万元，被告人秦家爱参与生产、销售注水牛肉金额为 1 000 余万元，被告人彭世中和贾自银参与生产、销售注水牛肉金额各为 2 000 余万元。

2018 年 7 月 1 日，公安机关经侦查抓获七名被告人，并查获部分注水牛肉。经检测，上述查获的牛肉中，有部分样本的水分含量不符合要求。经专家研讨论证，牛肉注水会导致牛肉内营养成分流失，影响肉品口感，降低使用性能，同时更易造成病原性微生物污染，给消费者的健康安全带来威胁。

一审庭审中，被告人赵龙、秦家爱、彭世中、贾自银均能如实供述主要犯罪事实，被告人赵秀涛、赵花英、赵琴未如实供述犯罪事实。

审 判

一审法院经审理后认为：被告人赵秀涛、赵琴、赵花英、赵龙、秦家爱、彭世中、贾自银共同生产、销售注水牛肉，其行为均构成生产、销售伪劣产品罪。公诉机关指控的事实和罪名成立，法院应当支持。在共同犯罪中，被告人赵秀涛系组织、指挥者，是主犯；被告人赵琴、赵花英、赵龙、秦家爱、彭世中、贾自银系受指使者，均起次要作用，是从犯，依法应当减轻处罚。被告人赵龙、秦家爱、彭世中和贾自银到案后能如实供述主要犯罪事实，依法均可以从轻处罚。据此，法院于 2020 年 12 月 17 日作出 (2019) 沪 7101 刑初 352 号刑事判决：一、被告人赵秀涛犯生产、销售伪劣产品罪，判处有期徒刑十五年，剥夺政治权利三年，并处没收财产人民币二千五百万元；二、被告人赵琴犯生产、销售伪劣产品罪，判处有期徒刑十二年，剥夺政治权利一年，并处罚金人民币一百五十万元；三、被告人赵花英犯生产、销售伪劣产品罪，判处有期徒刑十年，并处罚金人民币一百万元；四、被告人赵龙犯生产、销售伪劣产品罪，判处有期徒刑七年，并处罚金人民币五十万元；五、被告人秦家爱犯生产、销售伪劣产品罪，判处有期徒刑七年，并处罚金人民币五十万元；六、被告人彭世中犯生产、销售伪劣产品罪，判处有期徒刑四年，并处罚金人民币二十万元；七、被告人贾自银犯生产、销售伪劣产品罪，判处有期徒刑四年，并处罚金人民币二十万元；八、终身禁止被告人赵秀涛、赵琴、赵花英、赵龙、秦家爱从事食品生产经营管理工作，或者担任食品生产经营企业食品安全管理人员；九、禁止被告人彭世中、贾自银三年内从事食品生产经营管理工作，或者担任食品生产经营企业食品安全管理人员；十、违法所得予以追缴，查获的伪劣产品以及供犯罪所用的本人财物予以没收。

一审宣判后，被告人赵秀涛、赵花英、赵琴提出上诉。二审法院经审理后裁定驳回上诉，维持原判。

点 评

随着我国经济发展速度的提高，在日常交易中越来越多的出现破坏社会主义市场经济秩序犯罪的行为。虽然近年来我国食品安全法律法规建设成效显著，但还存在着违法成本低、维权成本高、法律震慑力不足等问题。与此同时，相关违法犯罪呈现出新特点、新趋势，给司法机关办案带来新的挑战。本案涉及生产、销售注水牛肉的影响食品安全行为，对于该类案件的认定处理，主要在于罪责的认定。

一、生产、销售伪劣产品罪的认定

本案中，行为人为了牟取非法利益，在生牛屠宰前给生牛注水的违法犯罪频发，导致大量注水牛肉流向百姓餐桌。实践中，多有不法分子在注水的同时为了增强注水效果还同时给生禽打药，常见多发的药物是肾上腺素和阿托品等，在生禽注药后往往检测不出药物残留,导致对此类违法犯罪行为因取证难、鉴定难、定性难,影响了惩治效果。对此,《关于办理危害食品安全刑事案件适用法律若干问题的解释》第十七条第二款区分屠宰相关环节打药注水的不同情况,作出明确规定。对于给生猪等畜禽注入禁用药物的,以生产、销售有毒、有害食品罪定罪处罚;对于注入肾上腺素和阿托品等非禁用药物的,足以造成严重食物中毒事故或者其他严重食源性疾病的,以生产、销售不符合安全标准的食品罪定罪处罚;虽不足以造成严重食物中毒事故或者其他严重食源性疾病,但销售金额在五万元以上的,以生产、销售伪劣产品罪定罪处罚。本案中,行为人向生牛注水,虽不足以造成严重食物中毒事故或者其他严重食源性疾病,但销售金额远超五万元,因此宜以生产、销售伪劣产品罪定罪处罚。

二、积极引导侦查取证,加强行刑衔接

当前食品安全违法犯罪特点是危害食品安全犯罪案件涉及罪名主要为生产、销售有毒、有害食品罪,生产、销售不符合安全标准的食品罪和走私国家禁止进出口的货物、物品罪。并且,该类犯罪的产业化、链条化趋势明显。犯罪分子常常采用企业化经营方式制售伪劣食品,其内部组织十分严密,专人负责生产、加工、运输、仓储、销售等各个环节,这种借助合法公司的外衣掩盖犯罪行为,有时难以侦破。另外,随着网络信息时代到来,此类犯罪也趋向于网络化受害辐射范围广、犯罪隐蔽性强,导致侦查取证难度升级。最后,食品安全犯罪的犯罪手段呈现多样化、新型化趋势。如在注水肉类案件中,犯罪手段从直接向生禽注水,发展为在屠宰前先向生禽注射肾上腺素等兽药后再注水,以增加注水量、减少死亡率。

对此,建议加强检察机关的提前介入工作,引导侦查取证,推动案件查办追根溯源、打掉犯罪团伙、摧毁产销链条。同时检察机关应在办案中注重做好行刑衔接工作,对于有争议的案件及时介入,与市、区农业行政主管机关、公安机关共同研判,就案件办理思路、取证方向提出要求,在办案中统一思想认识和证据标准。如在办理本案时,与农业主管部门、公安机关积极协作,对于上游生产批发、下游销售行为予以有力打击,捣毁制假售假源头,全力保障食品安全。而对于一些尚未达到追究刑事责任标准的案件,则通过检察建议等监督方式,落实行刑案件双移送的规定,确保全链条打击侵害食品安全的行为。

本案作为食品安全犯罪的典型案例,为今后此类案件的处理提供指引。

案例提供单位:上海铁路运输法院

编写人:王战资　李艳杰

点评人:张　栋

90. 朱永峰盗窃案

——利用机器漏洞非法获取游戏币行为的具体认定

案 情

公诉机关上海市徐汇区人民检察院

被告人朱永峰

2019 年 4 月 26 日起,被告人朱永峰发现《大航海世纪》游戏(又名《传说大陆》,系上海游码网络科技有限公司与其他公司联合运营)"开城奖励"模块缺乏重复请求判断机制的程序漏洞后,将可刷取上述游戏中金币的信息告知其他游戏玩家,随后部分游戏玩家与朱永峰取得联系,约定由朱永峰登录游戏玩家的游戏账号为上述玩家"代刷"游戏金币(通过充值或者完成游戏任务可获取金币,金币可用于购买游戏道具等),"代刷"完成后游戏玩家根据账号新增的金币数量向朱永峰支付费用。朱永峰先后登录多个游戏账号,使用抓包发包软件抓取游戏"开城奖励"任务完成的数据包后重复向游戏服务器发送上述数据包,通过上述方式,朱永峰为多名游戏玩家刷取游戏"开城奖励"任务金币。2019 年 4 月 26 日至 6 月 9 日,朱永峰出售上述非法获取的游戏金币,违法所得达 27 万余元。

2019 年 6 月 19 日,上海游码网络科技有限公司修复上述游戏漏洞。据公司统计,通过被告人朱永峰使用的手机登录的 90 个游戏账户涉嫌非正常手段获取游戏金币 594 775 800 个。

2020 年 1 月 2 日,被告人朱永峰在安徽省合肥市被民警抓获,朱永峰到案后供述上述犯罪事实,被抓获前已删除部分作案的网络记录。案发后,朱永峰家属代为向公司退赔 30 万元并取得谅解。

公诉机关认为,被告人朱永峰的行为触犯《中华人民共和国刑法》第二百八十五条第二款规定,应当以非法获取计算机信息系统数据罪追究其刑事责任。朱永峰系坦白,可以从轻处罚。建议判处有期徒刑三年并处罚金,可以适用缓刑的刑事处罚。

被告人朱永峰对公诉机关指控的犯罪事实及罪名无异议。辩护人认为,朱永峰系游戏爱好者,无意中发现游戏漏洞,编写脚本,未侵入、破坏计算机信息系统,本案不宜认定为财产犯罪。

审 判

一审法院经审理后认为,被告人朱永峰以非法占有他人财物为目的,违反国家规定,非法获取计算机信息系统中数据,利用游戏漏洞窃取游戏金币,向他人出售牟利,其行为已构成盗窃罪,应予处罚。公诉机关指控的犯罪事实成立。朱永峰非法获取计算机信息系统中数据的行为系手段行为,触犯非法获取计算机信息系统数据罪,而利用游戏漏洞窃得游戏金币并销赃的行为系目的(结果)行为,触犯盗窃罪,两者系牵连关系,根据刑法牵连犯择一重罪处罚的一般原理,应当以盗窃罪定罪处罚。公诉机关指控的罪名有误,应予纠正。鉴于现有证据无法证实被害单位实际损失,结合游戏金币获取规则、销售及使用情况,并考虑到被害单位收到退赔款后表示谅解等情,宜以朱永峰的销赃获利数额 27 万余元认定盗窃犯罪数额。朱永峰系初犯,到案后如实供述所犯罪行,当庭表示认罪认罚,退赔赃款并获得谅解,有认罪悔罪表现,依法可以从轻处罚。依照《中华人民共和国刑法》第二百六十四条、第六十七条第三款、第七十二条第一款、第三款、第七十三条第二款、第三款、第五十二条、第五十三条、第六十四条规定,一审法院判决:一、被告人朱永峰犯盗窃罪,判处有期徒刑三年,缓刑四年,并处罚金人民币三万元。二、被告人的违法所得应予退赔;犯罪工具予以没收。

一审判决后,被告人未上诉,公诉机关未抗诉,一审判决已发生法律效力。

点 评

随着网络技术的高速发展,出现了越来越多依附于网络且具有经济价值的新兴事物,如网游装备、账号等,同时这也逐步成为犯罪分子的行为对象。本案涉及利用机器漏洞非法获取游戏币的行为认定问题,这种非法获取网络虚拟财产的案件往往损害后果较大。因此,应当加强对此类案件的规制处理,本案关键在于区分盗窃罪和计算机信息系统罪的罪名认定。

首先,游戏币是否属于网络虚拟财产。本案中被告人朱某某通过抓包发包软件,不断从游戏《大航海世纪》的"开城奖励"任务中抓取数据包,通过重复向游戏服务器发送上述数据包,实现利用其他游戏玩家账户帮助他人非法获取游戏币的目的。朱某某不断获利的游戏币是可以用来购买游戏道具的,其本质是运营商在设计网络游戏程序中的一项数据。虽然游戏币呈现虚拟形态,但仍能够被操作和运用于现实生活,具有客观性、数据性。游戏币只能存在于网络游戏的虚拟世界中,对游戏币的管理、获取均需要遵循该网络游戏设定的服务协议,一般来说,游戏玩家获取游戏币可以通过直接充值购买游戏币,或者完成游戏任务收获奖励游戏币,抑或通过收集装备、卡牌等出售换取游戏币等形式。另外,游戏玩家在登录自己账户后,可以对游戏币进行各种符合服务协议的操作,而不管是运营商还是其他第三人都不能未经用户授权或超越授权操作游戏币,玩家们只能通过正当的网络游戏交易平台对游戏币进行交易。由此可见,游戏币的存在具有合法性、价值性、可支配性、排他性、现实性。因此,可以明确本案中被非法获取的游戏币属于网络虚拟财产。

其次,盗窃罪与诈骗罪的区分。本案属于机器介入型财产犯罪,"机器介入型财产犯罪"系指行为人基于非法目的利用计算机漏洞实施的侵财类案件。因此关于诈骗罪和盗窃罪的区分认定的核心在于"机器能否被骗",也就是说机器是否具有意识或认知能力。按照一般观点,诈骗罪属于交付型财产犯罪,不仅要求被骗者客观上具有处分行为,还要求主观上具有处分意识,即被骗者有意识地交付财产,是在认识到自己行为社会意义的基础上转移财物的占有。而盗窃罪是完全违背他人的意志取得财产。可见,机器是否具有意识、能否陷入认识错误并基于错误认识而处分财产,则成为"机器能否被骗"争议论辩之前置性问题。比较稳妥的处理方式,可以将人工智能作为辅助人类发展的"工具",以提高人工智能社会效益为目标,定位为法律的客体,排除其拥有独立于人之"意识",以减缓人工智能发展对现有社会体系的冲击,降低人类面临的生存风险,也就是要注意区分机器和机器人。在此基础上,机器不存在意识和认知能力,无法陷入"认识错误"而处分财物或财产性利益,因而不成立诈骗,而是盗窃罪。

最后,盗窃罪与计算机信息系统犯罪。非法获取游戏数据行为与利用机器漏洞非法获取游戏币牟利行为系手段与目的关系,应以盗窃罪定罪处刑。被告人朱某某通过使用抓包发包软件抓取游戏"开城奖励"任务完成的数据包的手段,实现利用游戏漏洞非法获取游戏金币并销赃的非法目的,两者具有高度牵连关系,前者为手段行为,后者为目的行为,分别构成非法获取计算机信息系统数据罪和盗窃罪,因此根据刑法牵连犯择一重罪处罚的一般原理,定为处罚较重的盗窃罪,于法有据。

在大数据时代下,对非法获取网络虚拟财产司法认定研究,不仅促进网络健康发展,还有利于建立和谐统一的法律体系,对维护人民群众的财产安全、推进国家法治建设均有重要意义。本案在非法获取网络虚拟财产案件的定罪量刑方面为今后此类判决提供了指引。

案例提供单位:上海市徐汇区人民法院

编写人:戚　俊　吴昉昱

点评人:张　栋

执 行

91. 郑某某申请执行郭某某等民间借贷纠纷案

——网络司法拍卖房产买受人"限购"构成"悔拍"的实践及规制

案 情

申请执行人郑某某

被执行人郭某某

被执行人贾某某

原告郑某某诉被告郭某某、贾某某民间借贷纠纷一案,上海市静安区人民法院(以下简称静安法院)经审理后于 2019 年 1 月 22 日作出(2018)沪 0106 民初 16285 号民事判决书,判决被告郭某某、贾某某应返还原告郑某某借款本金 600 万元及相应利息、律师费等,若被告未履行付款义务,原告可以与被告(抵押人)郭某某、贾某某协议,以上海市松江区北翠路 1000 弄某号 1701 室房屋折价或者以申请拍卖、变卖该抵押物,所得款项在超出顺位在先的抵押担保债权部分优先受偿等。

执 行

(2018)沪 0106 民初 16285 号案判决生效后,郑某某申请执行。静安法院责令被执行人郭某某、贾某某履行生效法律文书确定的义务,但被执行人仍未履行。据此法院于 2020 年 11 月 5 日裁定拍卖被执行人郭某某、贾某某名下上述房产以清偿债务。嗣后于 2021 年 5 月 17 日在淘宝网发布《拍卖公告》载明:拍卖成交确认后,因买受人在上海市无购房资格的,将依法承担悔拍等法律后果;房屋交易审核情况通知书(即购房资格证明材料)至迟应在支付全部价款后十日内向执行法院提交。

2021 年 7 月 8 日,竞买人许某某以 1 094 万余元的最高价竞得上述不动产,并于 2021 年 7 月 21 日支付全部价款。8 月 11 日,买受人许某某向法院提交延期出具房屋交易审核情况通知书的申请,考虑到买受人可能由于行政审批的原因不能及时提交购房资格证明材料,出于善意执行的理念,静安法院同意其延后至 8 月 21 日前提交,但直至 8 月 31 日,许某某才提交房屋交易审核情况通知书。对此,静安法院向房产交易中心调查,得知许某某在竞买房屋时,尚未取得购房资格,而是迟至 8 月 31 日才取得购房资格。据此,经合议庭评议,于 9 月 9 日作出(2020)沪 0106 执恢 1174 号执行裁定书,裁定许某某应当承担违约责任:拍卖标的将重新拍卖,且许某某不得参加竞买;许某某交纳的保证金不予退还;重新拍卖的价款低于原拍卖价款的,许某某应当补足差价。该执行裁定书已依法生效。

点 评

本案系上海法院首例网络司法拍卖房产买受人"限购"构成"悔拍"的执行案件。

"法拍房"执行"限购"是国家重大政策在人民法院司法领域内落地实施的实际体现。司法实务中,如何在法律法规及司法解释的既有框架内,通过执行裁量权对竞买人违反"限购"行为及其法律后果进行公平有效的司法规制是需要实践并值得探讨的课题。

2016 年的《最高人民法院关于人民法院网络司法拍卖若干问题的规定》(以下简称《网络拍卖规定》)未对"悔拍"的内在含义及构成情形予以明确,给法院认定买受人"悔拍"留有裁量空间,不应仅着眼于《拍卖变卖规定》中的买受人"未付款"行为,而应当结合拍卖期间的法律法规、国家政策、拍卖公告等具有规范、约束、指导效力的文件规定对买受人资格、行为上的欠缺、瑕疵及其否定性后果进行综合评价。本案中,从法律法规来看,《网络拍卖规定》第十五条已明确,法律、行政法规对买受人的资格或者条件有特殊规定的,竞买人应当具备规定的资格或者条件。从国家政策来看,"法拍房"执行"限购",是基于"房住不炒"的国家重大政策实施环境下司法服务大局的应有之义,在司法执行中不应有所弱化,否则就可能形成炒房"空子"或投机"门路",对区域房地产市场带来不良的价格导向,进而影响"限购"政策落地的实际效果。同时,《拍卖公告》亦明确载明:拍卖成交确认后,因买受人在上海市无购房资格的,将依法承担悔拍等法律后果;房屋交易审核情况通知书(即购房资格证明材料)至迟应在支付全部价款后十日内向执行法院提交。据此,买受人在拍卖成交后,应当履行两项主要义务,一是按时全额付款,二是按时提交材料证明其有购房资格,两者缺一不可,任何一项义务未能完全履行的,均构成"悔拍"的法律后果,因此应当裁定买受人承担"悔拍"的法律责任。

根据《网络拍卖规定》,买受人"悔拍"的,其法律责任非常严重。包括:交纳的保证金不予退还,依次用于支付拍卖产生的费用损失、弥补重新拍卖价款低于原拍卖价款的差价、冲抵本案被执行人的债务以及与拍卖财产相关的被执行人的债务。"悔拍"后重新拍卖的,原买受人不得参加竞买。对此,有观点认为,上述"悔拍"的法律责任应区分买受人是否"恶意悔拍"而选择性适用,如若采取"一刀切"的做法则无法对"恶意悔拍"的买受人起到明显的惩戒作用。也有观点认为,从《网络拍卖规定》的相关条款表述来看,不存在"恶意悔拍"的区分标准,因此只要构成"悔拍",买受人就应当承担"悔拍"的全部法律责任;如果人民法院认为竞买人存在其他"恶意"竞拍行为的,可以通过处置妨害执行行为的相关司法程序办理。本案中,静安法院倾向于上述第二种观点,即原则上应当裁定"悔拍"的买受人承担全部的违约责任,拍卖标的将重新拍卖,且买受人不得参加竞买;买受人交纳的保证金不予退还;重新拍卖的价款低于原拍卖价款的,买受人应当补足差价。作为例外,如果发生了较为罕见的不可归责于买受人的客观原因导致其非恶意失去购房资格的,则可以酌情考虑减轻其法律责任。申言之,严格执行买受人"限购"构成"悔拍"的法律责任,既可以切实维护网络司法拍卖秩序,避免投机者"有机可乘",也能公平、有效地保护其他竞买人的合法权益。

本案的司法实践既通过执行裁量权有效填补了《网络拍卖规定》中的规定空白之处,也为"房住不炒"的国家重大政策实施给予了积极的司法回应和有力的司法保障。

案例提供单位:上海市静安区人民法院

编写人:周广元　许佳雯

点评人:张淑芳

92. 海通证券股份有限公司申请执行邢某某公证债权文书案

——资管计划参与司法拍卖的路径探索

案 情

申请执行人海通证券股份有限公司

被执行人邢某某

申请执行人海通证券股份有限公司与被执行人邢某某公证债权文书一案,上海市东方公证处作出的(2019)沪东证经字第 11457 号具有强制执行效力的公证债权文书已经发生法律效力,因被执行人邢某某未按期履行义务,原告海通证券股份有限公司申请强制执行,上海金融法院于 2020 年 8 月 6 日依法立案执行,执行案号为(2020)沪 74 执 425 号。执行中,上海金融法院委托上海证券交易所通过大宗股票司法协助执行平台处置被执行人邢某某持有的新疆拉夏贝尔服饰股份有限公司的上市公司限售流通股 8 000 万股股票(证券简称:"＊ST 拉夏",证券代码:603157)依法进行处置。在处置过程中,意向竞买人上海海通证券资产管理有限公司向上海金融法院提出申请,其作为管理人拟代表"证券行业支持民企系列之海通证券资管 1 号 FOF 单一资产管理计划"(以下简称资管计划)参与本次竞买。

执 行

上海金融法院经审查后认为,虽然资管计划本身不能成为民事法律关系的适格主体,但是可以由管理人以管理人名义参与竞买,竞买成功后可将处置股票过户到资管计划专用证券账户中。出于对防止管理人滥用其管理地位,损害投资者利益的角度考虑,在拍卖的过程中应当严格审查管理人参与竞买的资金来源,管理人负有披露资金来源的义务,确保管理人竞买的资金来源于该资管计划。2021 年 3 月 5 日,上海金融法院委托上海证券交易所在大宗股票司法协助执行平台处置被执行人邢某某持有的"＊ST 拉夏"股票,经法院同意,意向竞买人海通证券资产管理有限公司在交纳保证金后参与了司法处置程序。后其他竞买人悔拍。2021 年 4 月 26 日,法院裁定被执行人邢某某持有的 8 000 万股"＊ST 拉夏"股票归买受人海通证券资产管理有限公司管理的证券行业支持民企系列之海通证券资管 1 号 FOF 单一资产管理计划所有,本案最终以抵偿债务的方式顺利结案。

点 评

本案涉及资管计划参与司法处置程序的主体资格与程序问题。

资产管理行业近年来发展迅速,资管计划已成为市场中最为活跃的主体之一。在当下的执行程序中,专业管理人管理的资管计划通过参加司法拍卖取得标的物的方式进行投资的意愿越发强烈,如果资管计划能够参与到拍卖程序中,能更大程度激发市场活力,提高处置成功率与溢价率,更好地实现当事人胜诉权益。本案的执行过程中,法院确定了资管计划参与司法拍卖的主体资格、资金来源审查、过户等相关问题的司法审查标准,为探索资管计划参与司法拍卖的规范化提供了经验。

由于资管计划既不具有独立的法人资格,亦不属于非法人组织,更不是自然人,依照《民法典》第二条等,其不具备完全民事行为能力,无法独立通过意思表示设立、变更、终止民事法律关系。因此,资管计划无法以其自身的名义独立参与竞买。从主体资格上,资管计划管理人系依法登记设立的法人,具有民事权利能力和相应的民事行为能力,除非存在明确的禁止性规定,管理人可以以自己的名义参与竞买活动。

执行程序中处置被执行人的财产是人民法院行使执行权的重要环节,管理人代表资管计划参与竞买具有特殊性,法院应当对竞买过程中可能涉及问题进行更为审慎的审查。与信托法律关系中的信托财产独立性原则相一致,资管新规确立了资管财产的独立性原则,即受托财产应当独立于管理人的固有财产,避免委托人的财产和管理人的固有财产相混同,避免管理的不同资管计划财产相混同。因此,在提交保证金和支付尾款环节,执行法院应当要求管理人提供资金证明,确保竞买资金确系来源于特定的资管计划。管理人代表资管计划竞买成功后,能否妥善进行证券过户是执行法院考量竞买申请时的重要因素。由于资管计划本身可以开立资管计划专用证券账户,而实际用于竞买的资金也来源于资管计划财产,为保证资管业务中避免受托财产混同,在竞买成功且买受人于规定时间内支付尾款之后,执行法院应当将竞买成交的股票过户至资管计划的专用证券账户中,而非管理人名下的其他证券账户。

在金融案件特别是质押式证券回购纠纷等案件的执行中,大量待处置财产为上市公司股票等有价证券,亟须厘清资管计划参与司法处置的主体与程序问题。本案的执行过程中,法院确定资管计划参与司法拍卖的,可以由其管理人以管理人自身名义代表资管计划参加拍卖,但如果拍卖成交则应将待处置财产过户到资管计划的专用账户中,同时明确了应在拍卖过程中对其资金来源进行审查,为进一步扩宽司法拍卖中的竞买人范围以及资管计划参与司法拍卖的程序规范化提供了有益探索。

案例提供单位:上海金融法院

编写人:刘 翔

点评人:张淑芳

93. 上海金午置业有限公司申请执行 上海艺丰实业发展有限公司等 金融借款合同纠纷案

案 情

案外人上海皆大实业有限公司

申请执行人上海金午置业有限公司

被执行人上海旺康实业发展有限公司

被执行人上海艺丰实业发展有限公司

被执行人孙某某

被执行人于某茵

被执行人于某秋

被执行人于某辉

被执行人上海中资融资担保有限公司

上海金午置业有限公司(以下简称金午公司)诉上海艺丰实业发展有限公司(以下简称艺丰公司)等金融借款合同纠纷一案,上海市黄浦区人民法院(以下简称黄浦法院)作出(2014)黄浦民五(商)初字第 1081 号生效判决。因被执行人未履行相关法律义务,申请执行人申请要求拍卖被执行人艺丰公司名下位于上海市友谊路 1574—1578 号 201 室～221 室、301 室～321 室、401 室房屋。2019 年 5 月 22 日,黄浦法院承办人至上述房屋张贴拍卖公告及拍卖裁定书,并至友谊路 1574—1578 号的二楼,即浙江泰隆银行宝山支行(以下简称泰隆银行),告知泰隆银行相关的权利及义务,同时向其出具暂停支付友谊路 1574—1578 号 206～217 室房屋(以下简称涉案房屋)的租赁费用的协助执行通知书(期间为 2019.7.23—2020.7.22)并送达泰隆银行。

另查,因被执行人艺丰公司在上海市奉贤区人民法院(以下简称奉贤法院)有未了民事债务,故奉贤法院于 2014 年 1 月 6 日出具(2013)奉执预字第 2703 号执行裁定书、协助执行通知书扣留提取被执行人艺丰公司在泰隆银行应收的 2014 年至 2022 年的租金,共计 830 万元(每年度支付下一年度的租金)。涉案房屋问题经高院执行局协调,租金仍由奉贤法院提取,黄浦法院对涉案房屋享有处置权,但应在处置时明确告知相关租金已由奉贤法院提取。黄浦法院收回向泰隆银行出具的停止支付租金的执行裁定书和协助执行通知书,泰隆银行于 2019 年 11 月、2020 年 7 月向奉贤法院支付两个年度的租金。

2020 年 4 月 15 日,涉案房屋由黄浦法院启动网络拍卖程序,拍卖公告中载明涉案房屋带租拍卖,但未披露相关租金已被奉贤法院冻结并提取。买受人上海皆大实业有限公司(以下简称皆大公司)于 2020 年 6 月 16 日竞买成功。黄浦法院于 2020 年 8 月 24 日裁定将房屋过户至皆大公司。2020 年 11 月 12 日,买受人完成过户登记手续,已取得新的产权证。黄浦法院于 2020 年 12 月 18 日向奉贤法院发函告知拍卖情况。

皆大公司向上海市高级人民法院执行局反映称,自 2020 年 7 月至 2021 年 6 月由承租人泰隆银行支付的租金应归其所有,但上述租金已被奉贤法院强制执行。

监督结果

经黄浦法院约谈买受人后,买受人对拍卖程序没有异议,但对租金归属有异议,黄浦法院向其释明相关救济程序,买受人表示理解与认可。

同时,奉贤法院不再向承租人扣留提取 2021 年 7 月起的租金,并向承租人送达解除扣留提取租金的执行裁定书和协助执行通知书。

点 评

本案的争议问题有三点:一是拍卖公告未披露涉案房屋租金冻扣的事项是否构成拍卖公告瑕疵;二是买受人能否依据对涉案房屋实体权利排除奉贤法院的强制执行;三是买受人的权利如何救济。上述问题在本案执行监督过程中得到了妥善解决,为今后此类案件的执行提供了较好的引导作用。

第一,关于本案是否构成拍卖公告瑕疵问题。执行法院应当对拍卖财产进行详细的调查,涉案房屋租金系法定孳息,其被冻结、提取的信息属于涉案房屋的重要信息,且执行法院对此信息已经掌握,属于已知权利负担,应当通过拍卖公告予以公示而未公示,故构成拍卖公告的瑕疵。

第二,关于买受人能否依据对涉案房屋实体权利排除法院强制执行租金的问题。债务人原则上以其全部财产为全部债务的履行提供一般担保,为全部债务的履行提供一般担保的财产就是所谓的"责任财产"。对于普通金钱债权的强制执行,在针对特定财产采取执行措施之前,执行法院需要先行判断该财产是否属于责任财产。本案拍卖系"带租拍卖",买受人需代替被执行人承继租赁合同中出租人的权利义务,根据合同的相对性,被执行人不再具有向承租人请求支付租金的权利,故 2021 年 7 月起租金不属于被执行人的责任财产。

第三,关于买受人权利如何救济的问题。买受人通过网络司法拍卖的方式获得拍品的所有权,其权利最容易因无相关救济而受到损害。本案买受人因拍卖公告的瑕疵导致其权益受损是一个不争的事实,买受人权利如何救济更是一个值得关注的问题,它不仅关系到网络司法拍卖可持续性发展,更关系到司法公信力的良性提升。目前司法拍卖的救济制度框架已建立。首先,根据《网拍规定》第三十一条第一项规定,由于拍卖财产的文字说明、瑕疵说明等严重失实,导致买受人产生重大误解,购买目的无法实现的,买受人可以撤销网络司法拍卖。其次,根据《网拍规定》第三十二条规定,网络司法拍卖被法院撤销后,利害关系人等认为人民法院拍卖行为违法致使其合法权益受损的,可以依法申请国家赔偿。最后,买受人可向房屋原权利人主张不当得利。

网络司法拍卖具有公开、高效、便捷的特点。司法实践中,由于对拍品现状和权利负担未能有效查明、对已知瑕疵未能充分披露是否构成拍卖公告的瑕疵的老问题亟待解决;买受人能否依据对拍品实体权益排除其他法院对拍品孳息的强制执行以及买受人如何救济的新问题亟待厘清。本案基于法律规定及相关司法解释,并结合实务操作,探索性地解决了上述问题。对今后类似案件起到了一定的指引作用。

案例提供单位:上海市高级人民法院
编写人:蒋　宏　徐毓杰
点评人:张淑芳

94. 恒大新能源汽车科技(广东)有限公司申请执行智车优行科技(上海)有限公司仲裁纠纷案

——交付特定物标准不明时的执行规则适用

案　情

申请执行人恒大新能源汽车科技(广东)有限公司

被执行人智车优行科技(上海)有限公司

智车优行科技(上海)有限公司(以下简称智车优行公司)与恒大新能源汽车科技(广东)有限公司(以下简称恒大公司)之间因技术许可合同纠纷,申请人智车优行公司于 2021 年 1 月 8 日向中国国际经济贸易仲裁委员会提交仲裁申请,中国国际经济贸易仲裁委员会于 2021 年 3 月 8 日作出的〔2021〕中国贸仲京裁字第 0258 号裁决书,裁定:一、被申请人(恒大公司)向申请人(智车优行公司)支付第 3 期许可费人民币 90 000 000 元。二、被申请人(恒大公司)向申请人(智车优行公司)支付第 3 期许可费对应的逾期付款违约金(按照每日人民币 20 000 元标准计算的自 2019 年 10 月 23 日起至实际支付之日止)。三、被申请人(恒大公司)向申请人(智车优行公司)补偿申请人为办理本案而支出的律师费、财产保全费、保全担保费合计人民币 455 440.50 元。四、申请人(智车优行公司)向被申请人(恒大公司)支付按照每日人民币 20 000 元标准计算的自 2020 年 4 月 28 日起至"整车控制器工具链""整车控制策略框架说明""加速踏板到请求扭矩的详细控制策略""滑行能量回收的控制策略""挡位选择与保护策略"五项文件和"TBD"(To Be Decided)数据交付完成之日止的违约金。

恒大公司于 2021 年 5 月 14 日向上海市第一中级人民法院申请执行,要求智车优行公司支付每日人民币 20 000 元标准计算的自 2020 年 4 月 28 日起至"整车控制器工具链""整车控制策略框架说明""加速踏板到请求扭矩的详细控制策略""滑行能量回收的控制策略""挡位选择与保护策略"五项文件和"TBD"数据交付完成之日止的违约金(暂计人民币 7 663 470 元)。上海市第一中级人民法院于同日立案执行,并向被执行人智车优行公司发出执行通知,要求立即履行上述付款义务,并支付执行费人民币 65 717.35 元。

法院在执行过程中查明,智车优行公司于 2021 年 3 月向恒大公司公证送达上述五项文件和"TBD"数据,恒大公司于同月 19 日收到,双方对交付义务是否已经完成分歧较大:对于五项文件,恒大公司主张交付内容不完整,缺少关键技术参数等,智车优行公司认为其已履行交付义务;对于"TBD"数据,恒大公司主张应交付序号 11—25 的数据,且不完整,智车优行公司认为其已经交付了补充证据第 1—2 页多处标注"TBD"的数据。法院于 2021 年 7 月 14 日致函中国国际经济贸易仲裁委员会,要求就上述五项文件的交付内容、标准和"TBD"数据涉及的具体文件名称、范围、内容等予以明确。中国国际经济贸易仲裁委员会于同月 30 日复函:该五项文件等属于功能性软件,交付是否合格,应依据合同"交付和验收"条款,如被许可方认为交付不合格应立即协商,协商不成,需要争议解决机制介入,通过双方陈述等来确定交付是否合格,仲裁庭在现在情况下无法给出交付细节标准。

另查明,中国国际经济贸易仲裁委员会〔2021〕中国贸仲京裁字第 0258 号裁决书主文第(一)、(二)、(三)项裁决:被申请人(恒大公司)向申请人(智车优行公司)支付第 3 期许可费人民币 90 000 000 元、逾期付款违约金(按照每日人民币 20 000 元标准计算的自 2019 年 10 月 23 日起至实际支付之日止)、律师费等 455 440.50 元。智车优行公司于 2021 年 4 月 8 日向广东省广州市中级人民法院申请执行,要求被执行人恒大公司支付上述费用共计人民币 105 290 180.20 元。广州中院于同日立案执行,案号为(2021)粤 01 执 2143 号。智车优行公司在申请执行恒大公司应向其支付逾期付款违约金中对其应支付恒大公司的违约金进行了扣减。

裁 判

法院认为,本案的执行依据是〔2021〕中国贸仲京裁字第 0258 号裁决书主文第四项裁决,智车优行公司应支付恒大公司违约金具体金额的判断标准是审查"整车控制器工具链"等五项文件和"TBD"数据是否交付完成。第一,上述五项文件是软件技术文件,双方对交付内容和标准无法明确,而"TBD"数据是(To Be Decided)"未定数据",双方对交付"TBD"的具体文件名称和"TBD"数据的内容无法达成一致意见,仲裁庭无法给出交付细节标准且对部分交付如何计算违约金等亦无法明确;第二,恒大公司在智车优行公司交付五项文件和"TBD"数据后不到六十日即申请执行,证明其对交付并不满意,无法依据合同"交付和验收"条款判断交付是否合格;第三,智车优行公司与恒大公司互负给付义务,智车优行公司在申请执行逾期付款违约金中对其应支付恒大公司的违约金进行了相应扣减,故恒大公司主张智车优行公司交付之前应支付的违约金可通过抵销予以实现。综上,智车优行公司应支付恒大公司的违约金因交付特定物标准不明确而无法计算出具体数额,且交付前的违约金因双方互负给付义务可通过他案抵销方式予以实现,依据《最高人民法院关于人民法院办理仲裁裁决执行案件若干问题的规定》第三条、第五条及《中华人民共和国民事诉讼法》第一百五十四条第一款第十一项之规定,法院裁定:驳回恒大新能源汽车科技(广东)有限公司的执行申请。

点 评

本案系恒大新能源汽车科技(广东)有限公司与智车优行科技(上海)有限公司之间的技术许可合同纠纷仲裁执行案件。

本案的争议焦点在于智车优行公司是否履行了仲裁裁决第四项确定的交付"整车控制器工具链""整车控制策略框架说明""加速踏板到请求扭矩的详细控制策略""滑行能量回收的控制策略""挡位选择与保护策略"五项文件和"TBD"数据的法律义务。

第一,本案合同交付标的物非实物,而是功能性软件和文件,经初步审查,在不能明确被执行人智车优行公司是否完成交付义务的情况下,执行法官主动向作出仲裁裁决的中国国际经济贸易仲裁委员会发函,要求明确五项文件的交付内容和标准、"TBD"数据涉及的具体文件名称、范围和内容。仲裁庭回函表示合同没有约定文件和数据的标准与范围,暂无法给出交付细节标准,无法对五项文件的交付内容和标准、"TBD"数据涉及的具体文件名称、范围和内容进行明确。第二,在仲裁庭无法对交付标准进行补充说明的情况下,需要回到合同条款来对是否完成交付义务进行判断。合同关于"交付与验收"条款约定许可方交付后,被许可方六十日内核实,如果交付有缺陷,双方应积极展开沟通,许可方可补充交付材料,补充交付之后如果被许可方在规定期限未书面通知核实结果,视为满意。现恒大公司在智车优行公司交付五项文件和"TBD"数据后不到六十日即申请执行,证明其对交付并不满意,无法依据合同"交付和验收"条款判断交付是否合格。第三,仲裁裁决确定双方互负给付义务,智车优行公司在申请执行逾期付款违约金中对其应支付恒大公司的违约金进行了相应扣减,故恒大公司主张智车优行公司交付之前应支付的违约金可通过抵销予以实现。因此,智车优行公司应支付恒大公司的违约金因交付特定物标准不明确而无法计算出具体数额,且交付前的违约金因双方互负给付义务可通过他案抵销方式予以实现,执行法官根据《最高人民法院关于人民法院办理仲裁裁决执行案件若干问题的规定》第三条之规定"仲裁裁决或者仲裁调解书执行内容具有下列情形之一导致无法执行的,人民法院可以裁定驳回执行申请;导致部分无法执行的,可以裁定驳回该部分的执行申请;导致部分无法执行且该部分与其他部分不可分的,可以裁定驳回执行申请……(三)交付的特定物不明确或者无法确定",作出驳回执行申请的裁定,于法有据。

综上所述,忠实遵守执行依据进行执行是执行的基本原则,针对仲裁裁决确定的交付特定物不明确的情况,执行过程中,执行法官通过致函作出仲裁裁决的仲裁庭明确特定物的交付标准和运用文义解释、系统解释对合同交付条款进行判断的方法仍无法明确交付是否完成的情况下,准确适用《最高人民法院关于人民法院办理仲裁裁决执行案件若干问题的规定》第三条之规定,认定交付的特定物不明确,属于无法执行的情形,裁定驳回执行申请,对同类型执行案件具有借鉴意义。

案例提供单位:上海市第一中级人民法院

编写人:张华松

点评人:张淑芳

95. 赵某规避执行、违反限制
消费令司法拘留案
——"黄牛入罪"切实从源头打击老赖违反限高令

案 情

拘留决定机关上海市宝山区人民法院

被拘留人赵某

2015 年 3 月 31 日邱某通过刷卡方式支付人民币 5 万元至上海天哪物流有限公司的公司账户,真好物流宝是上海天哪物流有限公司的产品,本案被拘留人赵某是该公司的法定代表人。2018 年 3 月 10 日,赵某出具借条一份,按照借条的意思,由赵某个人收回股权并定期向原告账户还款,借条出具后相关股权证、协议已撕毁,并于当天归还邱某本金 9 000 元,现尚余本金 41 000 元。赵某出具借条表示,由其个人收回股权并定期向邱某还款,邱某、赵某之间的借贷关系成立,邱某提供了借款,赵某理应及时归还,因赵某未归还上述款项,2019 年 8 月将赵某诉至上海市宝山区人民法院。

2019 年 10 月 30 日,上海市宝山区人民法院作出(2019)沪 0113 民初 16239 号民事判决,判决被告赵某归还原告邱某借款人民币 41 000 元。

执 行

该案判决生效后,由于赵某未能履行判决确定的付款义务,邱某于 2019 年 11 月向执行法院申请强制执行。在执行过程中,发现被执行人赵某名下暂无任何可供执行的财产信息,且拒不到庭提供财产报告令。执行法院在将被执行人赵某纳入全国失信被执行人名单并对其发出限制消费令后,在申请执行人的同意下,于 2020 年 3 月终结本次执行程序。

2021 年 1 月,上海市公安局宝山分局发现一家注册在上海市宝山区的公司工作人员频繁向全国各地的失信人员电话推销,声称能绕开法律限制帮助失信人员购买高铁票。因案件涉及执行案件,特别是公安局需要购票人提供相关犯罪证据以锁定犯罪嫌疑人,所以公安局及时联系了承办法官核实情况。经过主动与公安机关的沟通了解,执行法官在黄牛已购买车票的名单里,发现被执行人赵某也是该公司的"客户"之一。

执行法院根据与公安局建立的执行联动机制,会同区公安分局、法院刑庭多次召开执行联动会议,明确了对待此类案件决不能个案各办,要充分发挥公检法联动优势,充分考虑社会效果、法律效果的统一,从源头上切实治理违反限制消费令的违法行为。会议认真梳理了购票名单中的失信人情况、下一步需要补充的犯罪证据材料、并对这次黄牛专门成立公司向老赖兜售高铁票的定罪量刑进行了充分的研讨。

执行法院核实情况后迅速反应,多次传唤被执行人赵某到庭说明情况,并督促其履行,但赵某始终拒绝沟通,并拒不到庭。后通过与公安机关建立的协助查询查控机制,执行法院精确锁定被执行人赵某租住地址,遂于 2021 年 1 月 28 日上门强制传唤了被执行人赵某。赵某交代,在 2020 年年底,她经常接到所谓的"黄牛"的电话,表示可以通过"特殊渠道"帮助赵某订高铁票和飞机票。抱着侥幸和试试心理,赵某在加价 100 元后成功购置了高铁票。成功之后让赵某信心大增,随后多次购置上海往返徐州、诸暨等地。

2021 年 2 月 5 日,执行法院针对被执行人赵某上述规避执行、违反限制消费令的举措,对其宣读了司法拘留决定书,对其进行司法拘留并处以罚款。被执行人赵某当场表示悔过,主动履行判决确定的付款义务,并表示会积极配合司法机关,将不法"黄牛"绳之以法。

关于董某犯罪。

2020 年 11 月至 12 月,被告人董某在经营票务期间,为牟取非法利益,伙同位于上海市宝山区的飞飞票务公司经营人师某、孟某等人(均另案处理),为被法院采取限制消费措施的人员赵某等人多次购买 G 字头动车组列车座位及列车软卧舱位,并从中倒卖牟利。庭审中,被告人董某对指控的犯罪事实无异议,且认罪认罚。

一审法院审理后认为,被告人董某伙同他人倒卖车票,情节严重,其行为已构成倒卖车票罪,应依法惩处。公诉机关指控的犯罪事实清楚,证据确实充分,指控的罪名成立。结合董某自动投案且认罪认罚等量刑情节,依法判决被告人董某犯倒卖车票罪,判处拘役四个月,并处罚金人民币一万元。

一审判决后,被告人董某没有上诉,公诉机关没有抗诉,该案判决已生效。

点 评

本案件为全国第一起将向"老赖"出售高铁、飞机票的"黄牛"团伙入刑的案件。诚信是人民群众敢于创造、乐享收获的压舱石。诚信社会是构筑法治国家的基础,限制高消费令等信用联合惩戒机制更是实现国家诚信体系和法院执行能力现代化的重要组成部分。根据《最高人民法院关于限制被执行人高消费及有关消费的若干规定》,纳入失信被执行人名单的被执行人,需遵循一系列禁止高消费及非生活和工作必需的消费行为。当前"黄牛"堂而皇之地向"老赖"兜售高铁、飞机票,把破坏法院执行当做敛财之道,这无疑是对诚信体系与司法权威的严重挑战。一方面,这不利于解决执行难的司法现状,不利于构建规范的市场秩序和社会信用体系,另一方面,也从侧面反映出政府数据采集机制亟须完善,亟须加强通过法律和技术应用层面两者相结合解决社会治理难题的实践应用水平。

面对严峻形势,单纯在个案中对违反限制高消费令的被执行人采取罚款、拘留等强制措施只能是杯水车薪、治标不治本。要想标本兼治,必须调整思路,与有关部门一道形成诚信合力的闭环,补齐监管漏洞,持续加强执行联动机制建设。本案中,执行局根据与公安局建立执行联动机制,会同区公安分局、法院刑庭多次召开执行联动会议,明确对待此类案件决不能个案各办,要充分发挥公检法联动优势,对于故意规避法院执行的违法行为,追查到底决不放弃,坚决予以打击,构成犯罪的,严肃追究刑事责任,实现社会效果、法律效果的统一,从源头上切实治理违反限制消费令的违法行为。唯有如此,才能让公平正义更加可见可感,让诚信社会的成果惠及广大群众。此外,还可以通过建立失信被执行人身份证、护照等所有法定有效证件的关联捆绑制度,将失信被执行人名单信息嵌入本单位"互联网+监管"系统以及管理、审批工作系统中,实现对失信被执行人名单信息的自动比对、自动监督,自动采取拦截、惩戒措施,推动完善一处失信、处处受限的信用监督、警示和惩戒体系。

本案的执行积极配合了上海市高级人民法院开展的"织网行动——惩老赖打黄牛堵漏洞建机制"专项执行活动,起到了良好的执行效果。最高人民法院执行局、中央电视台对案件进行了广泛深入宣传,产生了良好的社会效果;案件的执行充分发挥公检法联动优势,充分考虑社会效果、法律效果的统一。该案作为全国第一起将向"老赖"出售高铁、飞机票的"黄牛"团伙入刑的案件,从源头上切实切断违反限制消费令的违法行为。

案例提供单位:上海市宝山区人民法院

编写人:曲劲松　张明旭

点评人:张淑芳

96. 云南能投新能源投资开发有限公司诉中航光合(上海)新能源有限公司等执行异议案

——如何合理界定案外人所持另案生效法律文书的性质

案 情

原告(被上诉人)云南能投新能源投资开发有限公司

被告(上诉人)中航光合(上海)新能源有限公司

第三人内蒙古山路能源集团有限责任公司

第三人上海山晟太阳能科技有限公司

第三人包头市山晟新能源有限责任公司

第三人倪某某

2014 年 1 月,原告云南能投新能源投资开发有限公司(以下简称云南能投)与第三人内蒙古山路能源集团有限责任公司(以下简称山路集团)签订股权转让协议并支付转让款,受让山路集团持有的石林云电投新能源开发有限公司(以下简称石新公司)24%股权(以下简称涉案股权),但当时未就股权进行过户登记。

2015 年 3 月 10 日,原告云南能投因与山路集团的股权转让纠纷向昆明中院提起诉讼,法院于 2015 年 6 月 23 日作出(2015)昆民五初字第 12 号判决:(1)云南能投与山路集团于 2014 年 1 月 9 日签订的《股权转让协议》合法有效;(2)山路集团持有的石新公司 24%股权归云南能投所有;(3)山路集团应在判决生效之日起十日内配合云南能投办理股权变更登记。该判决作出后,双方当事人均未上诉。

2015 年 10 月 15 日,被告中航光合(上海)新能源有限公司(以下简称中航光合)因与山路集团、上海山晟太阳能科技有限公司(以下简称上海山晟)、包头市山晟新能源有限责任公司(以下简称包头山晟)、倪某某民间借贷纠纷向上海市第一中级人民法院(以下简称一中院)提起诉讼,并申请诉讼保全,2015 年 10 月 26 日一中院冻结涉案争议股权。2016 年 4 月 7 日,一中院作出(2015)沪一中民四(商)初字第 73 号民事判决:上海山晟向中航光合偿付借款本金 1.4 亿元,以及相应的资金占用费、逾期还款违约金等；山路集团、倪某某对上海山晟的债务承担连带清偿责任等。上海市高级人民法院于 2016 年 11 月 28 日作出（2016）沪民终 248 号民事调解书：山路集团、上海山晟、包头山晟、倪某某连带清偿剩余借款本金 1.42 亿元及利息；未能按时足额履行还款的，中航光合有权按照 73 号民事判决申请强制执行等。

因被执行人未履行上述生效法律文书所确认的还款义务，被告中航光合向一中院申请强制执行。一中院于 2018 年 9 月 28 日出具（2017）沪 01 执 679 号民事裁定书，裁定：（1）冻结、划拨被执行人上海山晟、山路集团、包头山晟、倪某某银行存款 1.38 亿元和利息及迟延履行期间的加倍债务利息；（2）前款不足部分，查封、扣押或拍卖、变卖被执行人上海山晟、山路集团、包头山晟、倪某某相应价值的财产。2018 年 1 月 16 日，一中院依据上述裁定向市场监督管理部门出具协助执行通知书，继续冻结被执行人山路集团持有的石新公司全部股权。

石新公司在石林彝族自治县市场监督管理局登记的股东为云南能投，持股比例分别为 76％，山路集团持股比例 24％。

原告云南能投向一中院提起案外人执行异议，一中院裁定驳回云南能投的异议请求，其不服异议裁定，提起案外人执行异议之诉。

原告云南能投诉称，昆明中院（2015）昆民五初字第 12 号民事判决书确认云南能投为涉案股权的合法所有人，其有权排除强制执行。故请求不予执行一中院于 2018 年 9 月 28 日作出的（2017）沪 01 执 679 号《执行裁定书》及（2017）沪 01 执 679 号《协助执行通知书》中登记于山路集团名下石新公司 24％的股权，并依法解除对上述股权的冻结。

被告中航光合辩称，不同意云南能投诉请。

审 判

一审法院经审理后认为，昆明中院（2015）昆民五初字第 12 号民事判决确认云南能投为涉案股权的所有人，已经对涉案股权的所有权归属作出认定，云南能投是涉案股权的实际所有人，云南能投就本案系争执行标的享有足以排除强制执行的民事权益。同时，中航光合不属于善意第三人的范畴，善意第三人是指基于对商事交易的权利外观的信赖而与其交易的人，中航光合系基于其对山路集团享有的债权而申请执行并冻结涉案股权，其并非商事外观主义原则中的善意第三人。一审法院判决停止对一中院（2017）沪 01 执 679 号执行程序中对云南能投持有现登记于山路集团名下石新公司 24％股权的执行。

被告中航光合不服一审判决，提起上诉称，昆明中院（2015）昆民五初字第 12

号民事判决不属于确权判决,而是请求转移财产权属的债权判决,不能依此排除执行措施。

二审法院经审理后认为,根据《最高人民法院关于人民法院办理执行异议和复议案件若干问题的规定》(以下简称《执行异议复议规定》)第二十六条第一款第二项之规定,金钱债权执行中,案外人依据执行标的被查封、扣押、冻结前作出的另案生效法律文书提出排除执行异议,若该法律文书系就案外人与被执行人之间除权属纠纷以及租赁、借用、保管等不以转移财产权属为目的的合同纠纷之外的债权纠纷,判决、裁决执行标的归属于案外人或者向其交付、返还执行标的的,人民法院对排除执行异议不予支持。这类法律文书确定的权益系基于债权请求权,权利基础在于债权,依据债权平等原则,基于一般债权的请求权不能对抗人民法院在金钱债权执行中采取的查封冻结等强制执行行为。昆明中院(2015)昆民五初字第 12 号民事判决虽在一中院对涉案股权冻结之前作出,但该判决系基于云南能投与山路集团之间的股权转让纠纷而产生的债权请求权而作出,而且本案所涉及的(2017)沪 01 执 679 号执行案件系民间借贷纠纷案件的金钱债权执行案件。案外人云南能投不能依据(2015)昆民五初字第 12 号民事判决排除一中院对涉案股权的强制执行。据此,依照《中华人民共和国民事诉讼法》第一百七十条第一款第二项之规定,二审判决撤销一审判决,驳回云南能投要求停止对一中院(2017)沪 01 执 679 号执行程序中对现登记于山路集团名下石新公司 24%股权执行的诉请。

点 评

执行程序中,经常出现案外人主张对执行标的的权益并申请排除对执行标的强制执行的情况,如何处理该类问题,是实践中的难题。案外人执行异议之诉系案外人对执行标的享有的民事权益与申请执行人执行债权之间的对抗关系,本质上是审查案外人是否享有该民事权益以及该民事权益能否排除法院强制执行的问题。其中,案外人对执行标的享有的民事权益是否足以排除强制执行,应根据该民事权益的实体法性质和效力进行判断。就以上问题的判断标准,《执行异议复议规定》第二十六条规定提供了明确依据。

具体到本案,案外人持另案生效判决要求排除对查封标的物的执行,审理的核心要点在于案外人所持另案判决是否能够对抗法院的强制执行效力。对此,二审法院坚持执行异议之诉的实质审理原则,对另案判决的形式及实质内容均进行了审查,认为另案生效判决是基于股权转让的债权纠纷作出,并非基于物权争议的确认归属请求而作出。即便生效判决从形式上进行了确权,但不属于对所有权的确认,而是债权确认。依债权平等原则,一般债权不能对抗人民法院在金钱债权执行中采取的查封冻结等强制执行行为,如无其他情形,不能排除本案所涉执行案件的强制执行。

案例提供单位:上海市高级人民法院

编写人:余冬爱　张心全

点评人:李　峰　高润星

图书在版编目(CIP)数据

2022年上海法院案例精选/陈昶主编.—上海：
上海人民出版社,2022
ISBN 978-7-208-18077-2

Ⅰ.①2… Ⅱ.①陈… Ⅲ.①案例-汇编-上海-
2022 Ⅳ.①D927.510.5

中国版本图书馆 CIP 数据核字(2022)第 240881 号

责任编辑 史尚华
封面设计 甘晓培

2022年上海法院案例精选
陈　昶 主编
郑天衣 副主编

出　　版	上海人民出版社	
	(201101 上海市闵行区号景路159弄C座)	
发　　行	上海人民出版社发行中心	
印　　刷	上海商务联西印刷有限公司	
开　　本	720×1000 1/16	
印　　张	31	
插　　页	2	
字　　数	575,000	
版　　次	2022年12月第1版	
印　　次	2022年12月第1次印刷	

ISBN 978-7-208-18077-2/D·4057
定　　价　108.00元